未名·法律

21世纪法学系列教材

民商法系列

物权法论

郑云瑞 著

北京大学出版社
PEKING UNIVERSITY PRESS

图书在版编目(CIP)数据

物权法论/郑云瑞著.—北京:北京大学出版社,2011.1
(21世纪法学系列教材)
ISBN 978-7-301-18147-8

Ⅰ.①物… Ⅱ.①郑… Ⅲ.①物权法-法的理论-中国-高等学校-教材
Ⅳ.①D923.21

中国版本图书馆CIP数据核字(2010)第234760号

书　　名:物权法论
著作责任者:郑云瑞　著
责任编辑:周　菲
标准书号:ISBN 978-7-301-18147-8/D·2750
出版发行:北京大学出版社
地　　址:北京市海淀区成府路205号　100871
网　　址:http://www.pup.cn　电子邮箱:law@pup.pku.edu.cn
电　　话:邮购部62752015　发行部62750672　编辑部62752027
出版部62754962
印刷者:北京鑫海金澳胶印有限公司
经销者:新华书店
730毫米×980毫米　16开本　28.25印张　535千字
2011年1月第1版　2011年1月第1版
定　　价:42.00元

作 者 简 介

郑云瑞 华东政法大学民商法学教授，深圳仲裁委员会仲裁员，主要从事民法总论、物权法、合同法、保险法和社会保险法等领域的研究和教学。已经出版的著作有《民法总论》、《民法物权论》、《保险法论》、《社会保险法论》、《财产保险法》和《再保险法》；译著有《合同法的丰富性：当代合同法理论的分析与批判》和《法理学——从古希腊到后现代》；主编《合同法学》、《保险法理论与实务》和《21世纪保险法专题丛书》等。

目　录

第一编　总　　论

第二编　所　有　权

第三编 用益物权

第四编　担保物权

第五编 占 有

第一编　总　　论

第一章 物权法的历史沿革

人类社会财产观念的产生，与早期人类维持生存的基本物质资料密切相关。[①] 最初，物权起源于当时人类对自己生活周围的无主物的先占[②]，物权制度是人类社会最早产生的法律制度。[③] 在继受罗马法的物权观念的同时，现代大陆法系各国物权法又受到了日耳曼法物权观念的影响。在各自所依存的历史传统和现实社会关系的基础上，大陆法系国家各自形成了具有本国特色的物权法。物权在法律观念上的变迁，反映了人类社会的精神及其物质基础的变迁。

物权法是调整物的归属和利用关系的法律规范。[④] 所谓"归属"，是指物归谁所有的问题，即人们对自己财产所享有的权利，反映了所有权关系；所谓"利用"，是指利用他人财产的权利，包括用益物权和担保物权，反映了他物权关系。因此，物权法是关于所有权、用益物权和担保物权的法律规范总称。

第一节 大陆法系国家物权法

一、古代物权法

物权法既决定于一定社会的客观经济基础，反过来又确认、维护一定社会的经济基础。在原始社会，个人作为社会的肢体，人们对物的占有、利用处于自然的无权利意识的状态。从人类进入私有社会、产生私有观念以来，为了使已经取得的财产或者利益得到法律的认可和保障，消除社会的混乱状态，最初确认权利主体对财产的归属和支配的物权法律制度便应运而生。

人类社会早期的发展经历了石器时代、青铜时代和铁器时代。人类社会的财产观念的产生是一个漫长、渐进的过程，而财产观念的发展取决于人类的生存技术，人类社会的每个重大进步，均与生活资源的扩大密切相关。在人类诞生之

---

① "对财产的最早观念是与获得生存资料紧密相连的，生存资料是基本的需要。在每个顺序相承的文化阶段中，人所掌握的物品将随着生活方式所依靠的技术的增加而增加……财产种类的增加，必然促进有关它的所有权和继承权的某些规则的发展。这些占有财产和继承财产的法则所依据的习惯，是由社会组织的状况和进步确定和限制的。"〔美〕路易斯·亨利·摩尔根：《古代社会》（下册），杨东莼、马雍、马巨译，商务印书馆 1977 年版，第 533 页。

② "'先占'是蓄意占有在当时为无主的财产，目的在取得财产作为己有。"〔英〕亨利·梅因：《古代法》，沈景一译，商务印书馆 1959 年版，第 139 页。

③ 参见郑玉波：《民法物权》（第 15 版），三民书局 1992 年版，第 8 页。

④ 《物权法》第 2 条规定："因物的归属和利用而产生的民事关系，适用本法……"

初,人类以大地上天然的果实来维持人类自身的生存和发展,人口稀少,生活资源简单。为抵御猛兽的袭击,人类可能栖息在树上。在这个阶段,人类不可能形成财产的观念。在采用鱼类食物之后,人类开始摆脱了地域和气候的限制。由于鱼类分布广泛,可以不受季节的限制无限量地供应,鱼类成为人类最早的一种人工食物。此后相当长一段时间内,人类开始种植淀粉类的食用植物。淀粉类食物的出现,标志着食物的品种和数量均极大地增加。① 在这个阶段,人类才开始逐步形成财产观念,财产观念是形成物权制度的基础。

(一) 古代罗马物权法

在罗马法之前,古希腊产生了体现早期朴素财产观念的物权法。古希腊物权法既没有描述"财产法"的一般术语,也没有相当于"所有"的抽象术语。法律术语"ουσία"并不意味着抽象的"所有",而是为某人所拥有的具体意义上的某物或者物的集合,未能抽象出对物的权利的绝对性。这些早期朴素的物权观念是大陆法系理念化的物权体系的最初表现形态。古希腊物权法实现了人类由氏族公有到奴隶制私有的转化,而且在产权观念形成的过程中,萌芽了以所有权为核心的物权思想,并重视财产取得方式上的具体规则。这种财产观念的萌芽,成为大陆法系发展的一个重要方向。

农牧业是古罗马社会的经济基础,土地成为罗马社会财富的象征,从而法律必须对土地的占有加以保护。此外,土地的不可替代性和不能再生性,使对土地处分权的保护成为罗马私法的核心使命。罗马私法旨在向个人提供以诉讼方式现实诉讼请求的可能性,因而作为救济手段的诉讼行为在实体法中具有重要地位。罗马私法把诉讼分为对人诉讼(actiones in personam)和对物诉讼(actiones in rem)。对人诉讼,是指为保护债权,仅可对特定的债务人提起的诉讼;对物诉讼,则是指为保护物权或者对物的权利而提起的诉讼。基于对物诉讼,物权法最初的设计目标为调整人与物之间的关系,因而先产生了所有权的概念。但随着对物的利用和收益的保护,他物权也可通过物权的诉讼予以保护。罗马私法理论的形成与罗马法学家及其信奉的自然法观念有密切的关系。② 罗马法学家西塞罗(Cicero,公元前106—公元前43)深受希腊斯多葛学派自然法理论的影响。③ 在古罗马时期(从公元前1世纪到3世纪中期),许多罗马法学家同样也受到希

① 参见〔美〕路易斯·亨利·摩尔根:《古代社会》(上册),杨东莼、马雍、马巨译,商务印书馆1977年版,第18—22页。

② "从整体来讲,罗马人在法律改进方面,当受到'自然法'理论的刺激时,就发生了惊人迅速的进步。"〔英〕亨利·梅因:《古代法》,沈景一译,商务印书馆1959年版,第33页。

③ 参见〔美〕埃德加·博登海默:《法理学——法哲学及其方法》,邓正来译,华夏出版社1987年版,第14页。

腊斯多葛学派自然法理论的影响。[①] 西塞罗所倡导的保护自由公民的权利、建立合乎自然精神的法律秩序等思想,为抽象的物权制度的形成奠定了理论基础。

罗马法上的物(res),“是指外部世界的某一有限部分,它在社会意识中是孤立的并被视为一个自在的经济实体”[②]。由于受到希腊自然法理论的影响,罗马法将一切权利的客体均归纳为物(res)的概念。[③] 罗马法上物的概念是泛指财物,包括现代民法的物权、继承权和债权。[④] 罗马法对物的分类方式种类繁多,但主要有以下三种分类方式:

(1) 不可动物(res immobiles)与可动物(res mobiles)。在现代各国的物权法中,不可动物与可动物的分类表现为不动产与动产的分类。土地和建筑物为不可动物,其他物则为可动物。根据《十二表法》(Twelve Decemviral Tables)的规定,不可动物的取得时效为2年,而可动物的取得时效则为1年。

(2) 要式物(res mancipi)与略式物(res nec mancipi)。要式物与略式物,是罗马早期市民法所特有的物的分类方式,以物的重要性以及所有权的转移是否需要履行法定形式为标准。要式物,是指根据法律的规定,所有权的转移应采取法定形式的物。否则,不产生转移所有权的效力。略式物,是指所有权的转移无须履行一定法律形式的物。对于要式物的买卖,只能以要式买卖(mancipatio)或者拟诉弃权(in iure cessio)的方式进行转让,简单的交付不能产生所有权转移的法律效果。要式物这种市民法上所有权转移的规则,体现了早期罗马法的法律行为的形式主义特点。

(3) 有体物(res corporals)与无体物(res incorporales)。有体物与无体物,是罗马法上非常重要的物的分类。盖尤斯提出了有体物与无体物的分类方式。有体物,是指具有实体的存在,可通过感觉而认知的物体,如土地、奴隶等。无体物,是指没有实体的存在而由人们拟制的物,即权利,如债权、地役权、用益权等。在罗马法上,有体物与无体物的分类意义在于无体物不能以占有的方式取得,因为占有的实质性条件是对物的实际持有。换言之,无体物既不能以时效方式取得,也不能以让渡(traditio)方式来转让。

罗马法上的物权(jus in re),是指权利人可以直接对物行使并排除他人干涉的权利。物权有自物权(jus in re propria)和他物权(jus in re aliena)之分。自物权,是指物权的标的物属于权利人本人的物权,即所有权;他物权,是指物权的标的物属于他人的物权。他物权是从自物权中派生出来的,并依附于自物权。自

---

① 参见〔美〕埃德加·博登海默:《法理学——法哲学及其方法》,邓正来译,华夏出版社1987年版,第16页。

② 〔意〕彼德罗·彭梵得:《罗马法教科书》,黄风译,中国政法大学出版1992年版,第185页。

③ 参见李宜琛:《日耳曼法概说》,中国政法大学出版社2003年版,第49页。

④ 参见周枏:《罗马法原论》(上册),商务印书馆1994年版,第277页。

物权与他物权之间是一种完全物权与不完全物权的关系。罗马法上的物权，有所有权、役权、地上权、永佃权、质权和抵押权等六种。

所有权是众多物权中的一种，而且是物权最重要的部分，是权利人可行使物上的最完整的权利。罗马法上的所有权是指以所有人的资格支配自己物的权利。[①] 在罗马法中，所有权的概念在公元前2世纪被正式确立[②]，但在各个历史时期，所有权有不同的称谓。所有权最早的称谓是"dominium ex jure quiritum"，即"宗联成员的支配权"。[③] 所有权的第二个称谓是"mancipium"。"所有权在罗马法中是从家父权(mancipium)演化而来的，或者说是对家父权的扬弃，它使家父对家子的权利转化为对财产的权利。"[④]到了帝国晚期，所有权的称谓是"proprietas"，是与"usufructus"用益权相对的，是权利人对物所享有的最高权利的技术性术语。[⑤]

罗马法上的所有权制度经历了一个历史发展过程。从所有权的主体看，最初只有贵族享有市民法所有权，平民仅有事实上的占有而不能享有法律上的所有权。《十二表法》才正式承认平民与贵族享有平等的所有权，但外国人仍然不能享有市民法上的所有权。然而随着罗马对外不断地扩张，罗马境内外国人的日渐增多，大法官开始承认外国人享有万民法上的所有权。到公元212年，罗马皇帝卡拉卡拉将市民权授予罗马帝国境内的普通居民，所有权主体方面的差异基本消失。从所有权的客体看，最初并非所有的东西均可作为市民法所有权的标的，只有被人们视为重要的财产，如妻子、子女、奴隶、牲畜以及世袭住宅等，可以作为所有权的客体，受到市民法的保护。随着商品经济的发达，所有权客体的范围不断扩大，而且家属不再成为所有权的客体。从所有权的转移方式看，最初要式物的转移必须采取"要式买卖"或者"拟诉弃权"方式转移，仅有双方当事人之间的合意和物的交付，在法律上并不能产生所有权转移的效果。由于这种所有权的转移方式妨碍了商品的流转，阻碍了经济的发展，大法官对没有履行法定转移方式的要式物的受让人给予保护，从而形成了事实上的所有权。后来，要式买卖和拟诉弃权逐渐被双方当事人之间的合意和交付所取代。所有权转移方式的历史发展，涉及罗马法上所有权的类型，有市民法所有权(dominium ex jure

---

① 在罗马法的文献中没有所有权的定义，仅有所谓的"对所有物的完全支配权"(plena in re potestas)。参见周枏：《罗马法原论》(上册)，商务印书馆1994年版，第299页。

② 参见王泽鉴：《民法物权(通则·所有权)》，中国政法大学出版社2001年版，第149—150页。

③ 参见周枏：《罗马法原论》(上册)，商务印书馆1994年版，第304页。

④ 李仁玉、陈敦：《论所有权观念的历史演进及其启示》，载杨振山主编：《罗马法·中国法与民法法典化》，中国政法大学出版社2001年版。

⑤ "在罗马人中，所有权的早期称谓是'mancipium'。'proprietas(所有权)'作为对物的最高权利的技术性术语，在帝国晚期开始主要相对于'usufructus(用益权)'被加以使用(见§103)。另一个称谓则'dominium'更为古老，但不那么具有技术性，而且它也被用来指'家父'的一般权利或对任何主体权利的拥有。"〔意〕彼德罗·彭梵得：《罗马法教科书》，黄风译，中国政法大学出版1992年版，第196页。

quiritium)、大法官所有权(dominium bonitarium)、万民法所有权(domimium ex jure gentium)和行省土地所有权。

罗马法所有权的权能仅包括使用权(jus utendi)、收益权(jus fruendi)和处分权(jus abutendi)三种,占有并非所有权的一种权能。在物权法中,所有权与占有存在本质的区别,罗马法学家乌尔比安认为,“所有权与占有毫无共同之处”。[①] 罗马法的占有(possessio)是一种事实而不是一种权利[②],是对物的一种实际控制。罗马法并未将占有视为所有权的一种权能,而是独立于所有权之外的一种法律制度。占有制度的目的不是为了保护权利,而是为了制止暴力行为、维护社会的和平。在罗马法中,占有是指占有人可以自由处分物,与物之间所建立的一种事实关系,而且要求占有人有处分物的实际意图。占有是对物的事实上的控制,可以理解为占有关系所体现的是所有权的一般内容。确切地说,占有是所有权的外部形象。[③] 换言之,所有权是真正具备法律保护要件的占有,而有些形式的占有则实际变成所有权的形式。在罗马法中,占有由心素和体素两个要件构成。心素(anmus),是指有将物占为己有的意思。占有人即使直接控制物,如果没有占为已有的意思,不会产生法律上的占有效果。体素(corpus),是指对物的控制,有管领物的事实存在。只有心素和体素两者的结合,才能构成罗马法的占有。罗马法通过令状制度对占有给予法律上的保护[④],即通过大法官颁布占有令状来保护对占有的侵害,主要有占有保持令和占有回复令。[⑤]

在不同的历史时期,罗马法的所有权取得方式主要有以下两种分类方式:

(1) 市民法取得方式、万民法取得方式和大法官取得方式。市民法取得方式、万民法取得方式和大法官取得方式,是罗马法最早的所有权取得方式的分类。市民法取得方式,仅适用于罗马市民之间要式物的所有权取得,具有严格的形式主义的特点。市民法上所有权的取得,有要式买卖、拟诉弃权和时效取得三种方式。万民法取得方式,适用于罗马市民和外国人之间以及外国人之间对要式物和略式物的所有权的取得。万民法取得方式不仅反映了罗马法物权观念的演进,而且也是对古老的市民法规范的发展和补充。万民法所有权的取得,有先占、交付、添附和加工等方式。大法官取得方式,则是为了弥补市民法的形式主义的缺陷而产生的一种所有权取得的方式。在罗马法逐渐废除形式主义之后,

---

① 〔英〕巴里·尼古拉斯:《罗马法概论》,黄风译,法律出版社 2000 年版,第 110 页。

② “……根据占有的原初含义,占有在本质上只是一个事实,与之相联系的法律后果也确凿无疑。”〔德〕弗里德里希·卡尔·冯·萨维尼:《论占有》,朱虎、刘智慧译,法律出版社 2007 年版,第 21—22 页。

③ 参见〔意〕彼德罗·彭梵得:《罗马法教科书》,黄风译,中国政法大学出版 1992 年版,第 269 页。

④ “所有的占有都涉及时效取得或者令状,所有在法律意义上提到占有的法律规范只是为了确定适用时效取得或者令状的可能性。”〔德〕弗里德里希·卡尔·冯·萨维尼:《论占有》,朱虎、刘智慧译,法律出版社 2007 年版,第 21 页。

⑤ 参见周枏:《罗马法原论》(上册),商务印书馆 1994 年版,第 422—428 页。

要式买卖和拟诉弃权方式相继被废除,要式物和略式物之间的区别逐渐消失。最后,市民法所有权取得方式和大法官所有权取得方式趋于一致。

(2) 原始取得方式和传来取得方式。原始取得方式和传来取得方式,是罗马法复兴时期的评论法学派对罗马法所有权取得所采取的分类方式。[①] 所有权的原始取得方式,有自然取得方式与时效取得方式之分。自然取得方式有先占、添附、加工、孳息、发现埋藏物等。时效取得是一种极为古老的市民法制度。时效制度的产生,主要有两个方面的原因:一是物尽其用。罗马所有权的产生是为了适应经济发展的需要,便利于人们的生活。如果土地所有权人抛荒,让奴隶、牲畜游散而不用,法律就没有必要去保护那些因财物过多而废弃不用的人,也没有必要禁止另外一些人因生产和生活上的需要而利用这些物。如果所有权人没有抛弃这些物的意思,则可以在一定期限内提出异议,收回原物。时效制度最初是在公有制向私有制过渡时期,为调整财产所有权人和需要人之间的矛盾而产生的。二是制度缺漏。时效制度是为弥补市民法严格形式主义对所有权取得方面的缺陷和不足。[②] 由于要式买卖方式存在瑕疵,根据市民法的规定不能产生所有权转移的效果,但可因持续不间断地占有标的物而使受让人的权利受到法律的保护。特别是到了共和国后期,随着商品经济的发展,交易和迁徙的频繁,取证问题凸现,因而取得时效又发展成为一种非常便利的证明所有权的方法。

所有权的传来取得方式,又称为继受取得方式,有要式买卖、拟诉弃权和让渡三种方式,前两种方式在查士丁尼法中已经消失,在查士丁尼法中唯一保留的转让方式是简单的让渡(tradizione),让渡是自愿转让所有权的一般方式。让渡的实际行为是对占有的单纯实现,要求受让人在心素和体素上均取得对物的占有,体素使让渡区别于单纯合意的转让。在古典法和查士丁尼法中,对占有的转让可以通过某些隐蔽的或者准精神的方式完成,通过双方当事人之间的合意完成所有权的转让,出现了所谓的拟制让渡(traditio ficta)。[③] 拟制让渡有长手让渡、短手让渡和占有协议三种形式。长手让渡,是指买卖的物并不实际交付而仅向受让人指示并由其支配。短手让渡,是指受让人在受让标的物之前已经占有受让物。例如,承租人或者借用人受让所承租的不动产或者借用物。占有协议,

---

① 参见〔英〕巴里·尼古拉斯:《罗马法概论》,黄风译,法律出版社2000年版,第121页。

② “……‘时效取得’实在是一种最有用的保障,以防止过于繁杂的一种让与制度所有的各种害处。”〔英〕亨利·梅因:《古代法》,沈景一译,商务印书馆1959年版,第162页。

③ 罗马法的所有权取得方式逐渐发展成为近现代所有权的取得方式。在现代物权法中,所有权的取得方式有现实交付和观念交付两种。罗马法中的简单让渡发展成为现代物权法的现实交付。拟制让渡发展成为现代物权法中的观念交付。长手让渡成为现代物权法中的指示交付,短手让渡成为现代物权法中的简易交付,占有协议成为现代物权法中的占有改定。

《物权法》第25条、第26条和第27条分别规定了指示交付、简易交付和占有改定三种交付方式。

恰好与短手让渡的情形相反,让与人并不进行实际的让渡,受让人不能实际占有受让物,而是让与人与受让人之间达成一个协议,允许让与人继续以租赁、使用借贷、用益方式继续占有受让物。

自物权与他物权,是罗马法物权的两个不可或缺的组成部分。在罗马法中,他物权包括役权、永佃权、地上权以及担保物权。罗马法的役权,是指为特定土地或者特定人的便利和收益而使用他人物的权利。役权,是最古老的他物权,有地役权和人役权之分。地役权是以他人土地供自己土地使用便利的权利。地役权有乡村地役权和城市地役权之分,其中乡村地役权是最古老的役权。在罗马农业经济中,乡村地役权具有非常重要的地位,主要有通行权和用水权。城市地役权又有通水权、立墙权和采光权之分。人役权是以他人之物供自己使用和收益的权利,这种权利是为特定人的利益而设立的。罗马法的人役权主要有用益权、使用权、居住权和对奴隶和他人牲畜的使用权。① 罗马法的永佃权,又称为永租权,是通过支付租金从而获得永久的土地使用权,并可由继承人继承的物权。罗马法的地上权,是指通过支付租金使用他人土地建造房屋的权利。罗马法的担保物权的发展经历了信托、质权和抵押权三个阶段。信托担保物权,是指一方当事人按照市民法的规定将物的所有权转移给另一方当事人,约定出让人在履行债务之后,受让人应将受让物返还给出让人。由于债权人占有信托担保物,一旦债权人违背信义,债务人的利益将得不到保障。质权,是指将担保物的占有转移给债权人,作为履行债务的担保。质权不涉及所有权的转移,仅将物的占有转移而已。可见,质权对债务人利益的保护比信托担保更为有利。继信托担保之后,质权成为一种流行的担保方式。在质权之后,罗马法又产生了抵押权。抵押权,是指债权人对于债务人或者第三人提供的担保物而不转移占有,在债务到期未受清偿时,享有出卖担保物而优先受偿的权利。质权与抵押权之间的区别在于债权人是否占有担保物,债权人占有担保物的,则是质权;债权人不占有担保物的,则是抵押权。

虽然罗马法上存在各种具体的物权,但最终还是未能形成一个抽象的"物权"概念。"Jus in rem"一词具有物权的含义,却是中世纪法学家所创设的,而不是当时罗马法学家创造的法律术语。罗马法的物权结构如下:

① 参见〔意〕彼德罗·彭梵得:《罗马法教科书》,黄风译,中国政法大学出版 1992 年版,第 257—260 页。

- 物权
  - 所有权
  - 他物权
    - 地上权
    - 永佃权
    - 役权
      - 地役权
        - 乡村地役权
          - 通行权
          - 用水权
        - 城市地役权
          - 通水权
          - 立墙权
          - 采光权
      - 人役权
        - 用益权
        - 使用权
        - 居住权
    - 质权
    - 抵押权
  - 占有

（二）日耳曼物权法

日耳曼民族是欧洲古代民族之一，从公元前 5 世纪起，分布在斯堪的那维亚半岛、日德兰半岛、波罗的海和北海南岸的一些部落的总称，被希腊人和罗马人称为“蛮族”。日耳曼民族最初为游牧部落，公元前 1 世纪中叶起转为定居农业，并产生阶级分化。在青铜器时代，日耳曼民族分裂成为南北两支，北日耳曼人仍然盘踞在北欧，南日耳曼人向南欧和中欧大迁徙，在公元前 2 世纪又分裂为东日耳曼人和西日耳曼人。在公元前 1 世纪时，强大的罗马帝国与南下的日耳曼人发生了接触。罗马人和日耳曼人以莱茵河和多瑙河为界。伴随日耳曼民族的日益强大，日耳曼人不断地骚乱罗马人，威胁到罗马帝国的安宁。公元 4 世纪时，由于受到匈奴人西迁压力，日耳曼人大举向罗马帝国境内迁徙。在公元 4 世纪中叶，两个民族之间的冲突日益加剧。从公元 5 世纪初到中叶，西罗马帝国各省，相继被日耳曼民族所占领并建立了许多日耳曼封建化王国，如法兰克、伦巴德、奥多亚克、勃艮第、汪达尔—阿兰、东哥特、西哥特、盎格鲁—撒克逊等日耳曼王国。这些日耳曼王国大多是直接从原始社会转向封建制国家的，保留着大量的习惯法。由于在西罗马帝国灭亡前的数百年时间中，直接与罗马帝国发生关系的日耳曼民族，已经或多或少地受到罗马帝国法律制度和思想的影响。日耳曼人仍然根据自身部落的习惯生活，即在日耳曼人中适用日耳曼法；而罗马人仍然根据罗马法生活，即对罗马人适用罗马法。日耳曼征服者让罗马自由人“仍保持其自由，相互间仍得自由生活在其罗马法之下……”[①]如果日耳曼法与罗马法发生冲突，则适用日耳曼法。换言之，在公元 476 年西罗马帝国灭亡之后，罗马法的效力并未丧失，继续在日耳曼人建立的王国内适用，特别是在西哥特和勃

① 〔美〕孟罗·斯密：《欧陆法律发达史》，姚梅镇译，中国政法大学出版社 1999 年版，第 86 页。

艮第王国,作为适用于王国内非日耳曼人的属人法而保存下来。[①] 公元506年,西哥特国王阿拉利克二世(Alaricus Ⅱ,公元484—507年在位)颁布了《西哥特罗马法》(Lex Romana Wisigothorum),并以《阿拉利克罗马法辑要》(Breviarium Alaricianum)而闻名于世,辑要巧妙地摘编了盖尤斯、保罗等罗马法学家的学说,并附以通俗的拉丁语解释。[②] 从公元5世纪末到6世纪初,日耳曼习惯法经罗马法学家和基督教僧侣的改造,欧洲大陆出现了众多"蛮族法典",如《尤列克法典》、《耿多伯德法典》、《萨克森法典》、《巴伐利亚法典》和《撒利克法典》。[③] 蛮族法典的出现,标志着日耳曼法的形成。日耳曼王国以农业为主,农村社会以家族、氏族或者部族为中心的共同生活团体。日耳曼的法律是建立在团体主义基础之上,而不是个人主义基础之上。换言之,日耳曼法律属于团体本位的法律。日耳曼人注重习惯,法律渊源于世代相传的伦常习俗。日耳曼法基本上属于地方性的、部落的和封建性的法律。日耳曼物权法是与中世纪欧洲的庄园制经济制度和领主分封制政治制度密切相关的。在加洛林时代,庄园清晰地出现。大约在13世纪以前,庄园一直是欧洲西北部地区的主导性农村社会经济组织。

日耳曼以庄园经济为主,并未形成商品经济。日耳曼法以对物的利用为中心,并未形成物权法的概念和体系,而是从各种具体的事实关系出发,以对物利用的具体形态,承认各种具体的对物的权利,并未从这些具体的权利中抽象出一个物权。对动产所有权和不动产所有权的支配形态、效力及其保护方法,均存在差异。双重所有权或者分割所有权是日耳曼所有权的一个特点[④],即由上级所有权(dominium directum)与下级所有权(dominium utile)构成[⑤],分别代表领主对土地的管领权、处分权和耕作人对土地的使用权、收益权,这种分割所有权带有较强的地域性。日耳曼物权法的这种地域性,是为强调社会秩序的稳定以及对交易安全的保护,这种价值目标导致了日耳曼法对财产的转让注重形式主义。财产的转移必须遵守一套严格的程式,否则不发生法律效力。在这种思想的指导下,所有权人对物的追及权,因占有人是否履行了"一定的程式"而不同。如果根据所有权人的意志按一定程式转移了对财产的占有,如委托保管、借用和出租等行为,而占有人又将财产经过一定的程式转让给了第三人,所有权人则丧失

---

① 参见〔德〕K.茨威格特、H.克茨:《比较法总论》,潘汉典、米健、高鸿钧、贺卫方译,贵州人民出版社1992年版,第145页。

② 参见〔日〕大木雅夫:《比较法》,范愉译,法律出版社1999年版,第158页。

③ 《撒利克法典》(Lex Salica)是法兰克王国的习惯法和国王法令的汇编,也是流传至今、影响最大的"蛮族法典"。关于撒利克法典的年代,存有争议,但通说认为是公元481—511年之间。

④ "封建时代概念的主要特点,是它承认一个双重所有权,即封建地主所有的高级所有权以及同时存在的佃农的低级财产权或地权。"〔英〕亨利·梅因:《古代法》,沈景一译,商务印书馆1959年版,第167页。

⑤ 参见李宜琛:《日耳曼法概论》,中国政法大学出版社2003年版,第71—73页。"下级所有权",又称为"用益所有权"。

对财产的追及权,只能对占有人行使损害赔偿请求权。通过这种程式,日耳曼法的物权制度割裂了原所有权人对财产的绝对权利。这种"以手易手"的程式,表现为现代意义上的公示制度。在一定程度上,日耳曼法的物权制度打破了继罗马法以来确立的"所有权绝对"的观念,开始保护善意第三人的利益和交易安全,为现代物权法的善意取得制度的建立奠定了基础。

日耳曼法的物权制度贯彻团体本位思想,法律以具体的事实关系为基础,并未没有形成抽象的所有权概念。所有权主体的身份和地位,决定所享有的所有权的性质和范围。[①] 土地所有权形式有马尔克公社土地所有制、大土地所有制(上级土地所有权)、采邑制、农奴份地等形式。日耳曼法的物权制度除了所有权之外,还有地上负担和占有。

在日耳曼法中,有两种区分动产与不动产的标准:一是以标的物是否可以转移为标准;二是以标的物是否容易灭失为标准。日耳曼法是法律习惯的集合,一切法律观念是以具体的事实关系产生的,各个规范相互之间并没有形成抽象统一的概念,造成了动产与不动产的支配形态不同,效力及保护方式也存在差异。

占有(Gewere)是日耳曼法的核心概念。[②] 但是,对于占有(Gewere)的词源,有两种学说:一是认为对物的法律保护,即对物的占有(Gewere)者,就取得对物的法律保护权利。二是认为占有(Gewere)并不是对物的法律保护,而是对物的事实支配而已。占有是物权的一种表现形式。[③] 在日耳曼法中,占有(Gewere)与所有权并不存在明确的区别。[④] 与罗马法中的占有(possessio)不同,日耳曼法中的占有(Gewere)不是一种单纯的事实而是一种权利[⑤],是对财产的一种总的拥有的事实状态。这显然不同于罗马法占有仅为一种事实。日耳曼法的占有(Gewere)是物权外部表现形式,以占有(Gewere)推定某种物权的存在。占有(Gewere)具有物权的公示性质,物权包含在占有(Gewere)之中,并通过占有(Gewere)得以体现。

占有(Gewere)制度是日耳曼物权法的基础。[⑥] 在日耳曼法中,物权只有通过占有(Gewere)才能把握,物权全部都通过占有(Gewere)的外观得以表现;只

---

① 参见由嵘:《日耳曼法简介》,法律出版社 1987 年版,第 48 页。

② 占有,古代日耳曼语为"Giweri, Giwerida.",拉丁语为"vestitura",罗马法为"possessio",英文为"Seisin"或者"Seizin",法文为"Saisin",德文为"Gewere"。

③ "Gewere 之保护,亦即权利之保护。有 Gewere 者,即受权利之推定……现今学者,殆皆一致主张 Gewere 为物权表现之外形……"李宜琛:《日耳曼法概说》,中国政法大学出版社 2003 年版,第 56 页。

④ "所有与占有无明确之区别,对于物有事实之支配者,有 Gewere(占有),因而受保护。持有动产者,对其动产有 Gewere,事实上耕作利用土地者,对于其土地取得 Gewere。"史尚宽:《物权法论》,中国政法大学出版社 2000 年版,第 2 页。

⑤ "日耳曼法之占有(Gewere)系认为分类上人对于物的支配权之外表,即为事实上物之支配关系。"史尚宽:《物权法论》,中国政法大学出版社 2000 年版,第 526 页。

⑥ 参见郑玉波:《民法物权》(第 15 版),三民书局 1992 年版,第 369 页。

有采取占有(Gewere)形式所表现出的权利才被视为物权,并作为物权受到保护。占有(Gewere)不是从本权分离出来独立的、与本权对立的占有,而是在其背后设定了本权、表现本权的占有。占有的效力表现在以下三个方面[①]:一是权利防御的效力。占有受法律保护,一旦有效成立,非经法院判决不得推翻。占有人被推定为合法的物权人。二是权利实现的效力。一旦占有被侵害或者妨碍,占有人可以通过诉讼方式请求除去侵害或者妨碍。三是权利移转的效力。物权的移转只有通过占有移转的方式完成,在不动产转让的情况下,最早是需要进行占有的现实转移来实现,后来只需象征性地移转即可——观念上的占有(Gewere);而动产的转让一直要求进行现实的占有的移转。

动产所有权人根据自己意思,将动产的占有交付给相对人,相对人因此取得对动产的占有。一旦合同关系终止,相对人负有返还占有物的义务。但是,根据日耳曼法的规定,所有权人只能向相对人请求返还占有物。如果相对人将占有物转让给第三人,或者为第三人所侵占,所有权人不得向第三人请求返还,仅能请求相对人进行损害赔偿。物的受让人或者侵占人因占有而取得物的所有权。这就是日耳曼法上的“Hand muss Hand wahren”原则,或者简称为“Hand wahre Hand”[②],即“以手易手”。日耳曼法的占有制度对后世物权法产生了一定的影响。[③]

日耳曼物权法对近代西方国家物权法的形成产生了重大影响,《法国民法典》和《德国民法典》的物权制度主要受到日耳曼法的物权制度影响,英国财产法也同样受到日耳曼法的物权制度影响。[④] 因此,日耳曼物权法对后世的物权法产生了深远的影响。

(三) 罗马物权法与日耳曼物权法之比较

罗马法是以简单的商品经济为基础,以个人本位为主导思想,以保护个人利益(尤其是所有权)为私法制度的中心,承认个人所有权的绝对性、排他性和永续性,形成了以所有权为中心并由抽象概念构成的物权法。日耳曼法则是以土地为中心的农业经济为基础,以物的利用为中心,强调团体主义本位,体现了所有权的相对性,确立了以物的利用关系为中心而没有形成由抽象概念构成的物权法。在日耳曼法中,没有抽象的“物”的概念,也不存在罗马法上的“有体物”

---

① 参见李宜琛:《日耳曼法概说》,中国政法大学出版社 2003 年版,第 60—63 页。

② 同上书,第 91—92 页。

③ “日耳曼法上的关于占有之思想,在近代占有制度中,间亦继受,例如占有之权利推定力、间接占有、即时取得(公信力)等均是,又不动产登记制度,亦可谓将自然的公示方法之 Gewere,予以技术化矣。”郑玉波:《民法物权》(第 15 版),三民书局 1992 年版,第 370 页。

④ “近代的《法国民法典》和《德国民法典》的物权制度,尤其是不动产物权,受到了日耳曼法的较大影响。比较而言,英国的财产法受日耳曼法的影响更大一些……”。钱明星:《物权法原理》,北京大学出版社 1994 年版,第 102 页。

和“无体物”之间的区分。罗马法以人为中心,所有的权利归属于人[①];日耳曼法则以财产为中心,所有的权利归属于财产本身,而人只不过是作为财产管理人而已。罗马物权法与日耳曼物权法之间存在巨大的差异,主要表现在以下四个方面:

第一,日耳曼法是以“利用”为中心,根据对物各种利用的具体形态,承认各种具体的物权。换言之,日耳曼法从各种具体的事实关系出发,通过各种对物利用的具体形态,确认各种对物的权利。物的形态不同,对物的支配形态也不同。例如,动产与不动产属于性质完全不同的权利,效力和保护方法在法律上也不同。日耳曼法上的各种具体的利用权,均为独立的物权,不存在所有权派生出他物权的概念。因此,日耳曼法不存在统一的所有权概念。

罗马法则以“所有”为中心,物权是对物的抽象的支配权利。对物的利用,重视对物的抽象的支配权。[②] 所有权是支配力最为完整的物权,所有人能够按照自己的意思对物行使占有、使用、收益和处分等权利。他物权是在所有权基础上产生的、对物有特定方面支配权的物权,他物权在特定方面的支配力,是所有权的全面支配力的体现。因此,罗马法形成了统一、完整的所有权概念。

第二,日耳曼法认为所有权不是对物抽象的支配权,而是具体的利用权,所有权是相对性的权利。[③] 虽然所有权包含归属和全面支配力的意义,但主要表明对物的实际占有和利用关系,而且所有与占有没有明显的区别。对特定物的全面支配是全部利用权的集合而已,对物的全面支配与对物的部分支配,仅存在量上的差异。在同一物上可以有两个所有权,典型的形式是在同一土地上同时存在“上级所有权”和“下级所有权”。

罗马法则认为对物的全面支配是“所有权”,所有权具有绝对性、排他性和永续性。法律对所有权的限制,不是对所有权本身的限制,而是对所有权行使的限制。在一定条件下,所有权的部分权能可以与所有权分离,形成他物权,他物权只是在一定期限内和在某些方面对所有权的限制。他物权一旦消灭,对所有权的限制立即解除,与所有权相分离的权能自动回复到所有权,所有权恢复全面支配力。

第三,日耳曼法对所有权的分割是质的分割,即对所有权内容中的管理、处分、使用收益等各项权能进行分割,分别由不同的权利主体享有。例如,甲取得管理权能和处分权能,乙取得使用收益权能。[④] 所有权分割之前与所有权的各

---

① 由于受到自然法的影响,“个人所有权是正常状态的所有权,而人的集团所共有的所有权只是通则的一个例外。”〔英〕亨利·梅因:《古代法》,沈景一译,商务印书馆1959年版,第147页。

② 参见史尚宽:《物权法论》,中国政法大学出版社2000年版,第1页。

③ 参见李宜琛:《日耳曼法概论》,中国政法大学出版社2003年版,第69页。

④ 参见史尚宽:《物权法论》,中国政法大学出版社2000年版,第3页。

种权能分割之后的各个部分的内容和价值存在差异，即所有权在分割之前与分割之后在性质上完全不同。例如，日耳曼法的总有权，对土地的收益权属于特定的村民，而对土地的管理、处分权则属于全体村民。在封地分割所有权关系中，土地的使用收益权归属于封臣，管理、处分权归属于领主。

罗马法的所有权的分割是量的分割，即为共有。罗马法上的共有人并不是对共有物的全部享有所有权，而仅对共有物享有部分的所有权。共有人可以自由处分共有部分并可随时请求共有物的分割。分割之前的所有权与分割之后的所有权，性质相同，仅范围不同而已。

第四，日耳曼法将社会的、身份的支配关系反映在物权中[①]，物权的概念包含了公法的支配和公法的义务。例如，土地所有权包括公法上的权能和私法上的权能。[②] 日耳曼法的土地所有权，兼有财产权和领土主权的双重性质。土地名义上归国王所有，国王按照社会地位分封给领主，领主实际上享有土地所有权。不同的土地所有权表明不同权利人的不同社会身份。

罗马法认为物权是一种纯粹的支配权，物权是一种个人主义的权利。建立在个人主义基础上的罗马法的所有权关系是由个人的自由意志决定而不受身份的影响，个人对所有权享有绝对的无限制的支配权。

虽然罗马法与日耳曼法的物权制度存在较大的差异，但均对后世的物权产生了深远的影响。罗马帝国灭亡之后，日耳曼法的物权制度一直影响着中世纪欧洲大陆各国，罗马法以习惯的方式保存下来，直到罗马法的复兴之后，欧洲大陆各国逐渐继受罗马法的物权制度。近现代大陆法系国家的物权制度深受罗马法的物权制度的影响。20世纪之后，随着法律从个人本位向团体本位的转变，物权制度从抽象的支配向具体的利用转化，日耳曼法的物权制度对大陆法系国家的物权制度产生了深远的影响。

二、近代物权法

古代物权法是物权法的起源阶段，而近现代物权法则是物权法的形成和发展阶段。虽然罗马物权法和日耳曼物权法在各个领域内表现出鲜明的对比，但这两种不同的物权观念在不同的历史阶段对物权法的形成和发展，各自发挥了重要的作用。物权法的基本特质是在19世纪近代大陆法系国家的民法典中形成的，大陆法系国家的物权制度是在承继罗马法的基础上形成的。但是，罗马法以个人本位为特征的物权思想，在欧洲大陆各国漫长黑暗的中世纪一直处于湮

---

① 参见李宜琛：《日耳曼法概论》，中国政法大学出版社2003年版，第70页。

② "其土地所有权，为财产权兼领主主权（近代土地所有权，则仅有私有的权能，公法的权能为领主主权而独立）。"史尚宽：《物权法论》，中国政法大学出版社2000年版，第3页。

没状态。例如,中世纪的德国物权制度并不受罗马法上所有权观念的支配,而是受到采邑制度与封建领主土地所有权制度的支配。领主是土地的上级所有人,集私法意义上的物权性权能与公法意义上的主权于一身。领主是(下级)司法审判权拥有者,在土地上是准绝对管理者,如同所有人一样对土地予以支配。这种封建领主制与分割所有权制度是中世纪政治关系的产物,贯穿于整个欧洲近代社会。然而,在15、16世纪随着罗马法在德意志帝国的继受,法学研究开始试图从罗马法中提取清晰的法学概念,来描述已存在的法律现实。如果全盘接受罗马法上的所有权概念,则与当时的德国社会现实不相吻合。罗马法上的所有权不仅是一项对物的完全性的物权,而且是绝对的,包含了支配权与占有权。与此相对,他物权则与所有权有着本质的差别,是由所有人转让部分所有权权能而形成,是在他人物之上所享有的权利。

在18、19世纪个人主义法律思想发达时期,罗马法物权观念风靡一时。为巩固资产阶级革命的成果,适应自由竞争的资本主义的需要,近代资本主义物权法观念和法律主张所有权的神圣与不可侵犯,所有权成为宪法所保障的中心权利。1804年的《法国民法典》,作为直接肯定资产阶级反封建革命成果的民法典,贯彻了1789年的《人权宣言》的有关所有权的思想。近代的法律对所有权的限制是极为罕见的。[①] 显然,《法国民法典》的所有权思想是受到罗马法的个人本位的所有权思想的影响,并以自然法学派和功利主义者的理论为基础的。资本主义初期为扫除发展道路上的封建残余,启蒙思想家强调权利主体人格的独立和自由,尊重个人的权利,把人的财产与人格尊严相联系,认为财产权是人格权的延伸和拓展,侵犯了主体的财产权,也构成了对主体的人格尊严的侵害。理性主义、个人主义、自由主义成了近代资本主义社会的普遍思潮,在法律上表现为所有权绝对、契约自由等民法基本原则的确立。传统的物权理论是以所有权的绝对性为基点构建的,满足了自由资本主义契约自由、自由竞争、自由贸易的要求,进一步促进了近代资本主义经济的繁荣和主体人格独立化。物权法的核心始终围绕所有权存在状态及行使的规范,着眼于最有效地保护财产的静态归属,保护财产所有权本体的完整性,在效力上则表现为所有权被彻底优化。

以《法国民法典》为代表的近代物权法,强调所有权的绝对效力并成为物权的核心,为自由竞争的资本主义的发展,起了极大的促进作用。这种物权观念和制度成为近现代大陆法系国家物权法的共同观念。以所有权为核心的近代物权法,以确认各种物权的产生、变更、消灭为内容,其中"所有权乃对于物之使用价

① "'所有权的绝对性'乃与所有权之'绝对不可侵'及'自由的所有权'理论相为连结。前者乃所有权之绝对不能侵害;后者乃所有权人对自己所有物之使用、收益、处分有绝对的自由。"刘得宽:《民法诸问题与新展望》,三民书局1980年版,第50页。

值交换价值全面的支配;用益物权乃对于使用价值部分的支配,担保物权则对交换价值全部或一部之支配……"[①]物权法确认了各种物权对物的不同方面(使用价值、交换价值)、不同程度(全面的、部分的)的支配力。[②]《法国民法典》规定了较为完备的物权法体系,在立法技术和内容方面也有很大的进步,是自由资本主义时期最为完整的物权法体系。但是,《法国民法典》并未在立法上形成物权概念,物权概念是《德国民法典》在立法上首次创设的。《法国民法典》增加了物权的种类,如权利上的用益权、权利质权等,并将先买权、土地债权等债权也视为物权。在担保物权中,区分了抵押权和质权,形成了逻辑严谨、周密的物权法体系,反映了自由资本主义经济发展的需要。

近代物权法理论以维护所有权的绝对性和优势地位为核心使命,在法律上赋予所有权神圣不可侵犯的至高无上地位,人们对所有权概念推崇备至,从而形成了对所有权概念的崇拜心理。近代物权法注重物的归属关系,维护权利主体对所有物的占有和支配,而忽视了物的动态实现方式。这种物权理论是以所有权的绝对性为基点构建的,符合自由资本主义经济发展的要求,促进了自由资本主义经济的繁荣。但由于近代物权理论的核心在于强调所有权静态的保护,因而出现了利用权被相对弱化的现象。随着市场经济的大规模发展,近代物权法理论和制度制约了社会物质和自然资源的优化配置和充分、合理、高效的利用,出现了致命的缺陷。

三、现代物权法

现代物权法是20世纪之后的物权法,是近代物权法在20世纪之后的延续和发展,涵盖了对近代立法原则的修正、物权法体系的调整、物权理论的再构建以及法律解释适用方法的反省等。现代物权法是在近代物权法的观念、体系的基础上进一步修正、发展的结果。进入19世纪末、20世纪初,资本主义发展到垄断阶段,"不可侵的"、"自由的"近代所有权观念已不能适应现代社会的需要。团体的、社会的所有权观念应运而生,甚至出现了以"社会性的所有权"代替个人所有权的观念。换言之,所有权观念,是个人与社会相调和,即所有权受法律的保障,并应在法律规定的范围内行使。1919年德国《魏玛宪法》充分体现了所有权社会化思想[③],物权理论从以所有为中心向利用为中心的转变,是生产社会化和资源利用的高效化发展的结果,也是物权社会化的发展趋势的体现。社会资源的优化配置和利用,成为现代物权理论的基础。与近代物权法相比,现代物

① 刘得宽:《民法诸问题与新展望》,三民书局1980年版,第76页。
② 参见钱明星:《近现代物权法的发展趋势和我国物权法的制定》,载《中外法学》1999年第3期。
③ 《魏玛宪法》第153条第3款规定:"所有权附有义务,对其行使应同时有益于公共福利。"

权法的变化主要表现在以下四个方面:

(一) 法律本位的社会化

物权法法律本位的社会化,是指物权法从传统的强调物权为排他的不受干涉、不受限制、完全由个人支配的权利,演变为强调物权是负担一定义务、受到社会公益限制和国家法律干预的注重社会利用的权利。物权法法律本位的社会化,主要表现在两个方面:

第一,所有权的限制。对所有权的限制是物权法法律本位社会化的核心。19 世纪末 20 世纪初,社会经济生活发生了急剧变化,与近代所有权观念形成巨大的反差,理论和立法均对所有权进行限制。理论上,德国法学家耶林首倡"社会性的所有权"思想,同时代的另一位德国学者基尔克(O. V. Gierke)则主张"禁止权利滥用"。[①] 耶林和基尔克等学者均强调私人所有权应与社会利益相协调、私人所有权的行使必须有一定限度,对所有权限制的观念逐渐为各国所接受。[②] 立法上,各国法律加强了对所有权的限制,表现在对所有权本身的限制和权利滥用的禁止两个方面。关于所有权的限制,大陆法系各国民法均有明文规定,如《德国民法典》第 905 条和《日本民法典》第 207 条之规定。关于权利滥用禁止,大陆法系国家民法也有明文规定,如《德国民法典》第 226 条和《日本民法典》第 1 条之规定。

第二,他物权的强化。近代以来,在所有权与利用权的关系上是所有权处于优势地位,法律注重保护所有权人的利益,整个物权法也以所有为中心。20 世纪以来,与所有权的绝对性受到法律限制相一致,他物权对所有权的限制也日益加强,他物权人的利益更加受到法律的重视,出现了他物权强化与所有权虚化的倾向,物权法也由"以所有为中心"转变为"以利用为中心"。[③] 现代世界各国物权法的他物权强化,主要表现在三个方面:一是他物权的排他性不断增强。他物权虽是从所有权的占有、使用、收益、处分等权能中分离出来的,但它本身是一种独立的物权,他物权人可排除包括所有权人在内的任何其他人的干涉。二是用益物权成为他物权乃至整个物权法的重心。在对物的利用方面,除了部分消耗性生活资料是由个人所有、个人使用之外,其他消耗性生活资料和大量非消耗性生活资料,均可通过租用的方式获得,而几乎全部生产资料也都可以由所有人之外的其他人来使用。三是担保物权日益注重发挥物的经济效用。现代担保物权

① 参见刘得宽:《民法诸问题与新展望》,三民书局 1980 年版,第 61 页。

② "迄今为止,一直存在着一种不可动摇的趋势,这就是对所有人随心所欲处分其财产的自由,加强法律上的限制。"〔德〕罗伯特·霍恩等:《德国民商法导论》,楚建译,中国大百科全书出版社 1996 年版,第 189 页。

③ "物权理论从所有为中心向利用为中心转变,是生产社会化和资源利用的高效化发展的结果,也是物权社会化发展趋势的体现。"马俊驹、尹梅:《论物权法的发展与我国物权法体系的完善》,载《武汉大学学报》(哲学社会科学版)1996 年第 5 期。

中地位最突出、实务中使用最多的是不移转物的占有的抵押权，抵押权使抵押人仍然保留对物的用益。

（二）物权法的公法化

由于物权法调整财产支配关系，明确物在法律上对于权利主体的归属，对一个社会的稳定、公平和发展有着深远的影响。物权法是调整私人之间基于对物的支配而形成的社会关系的法律规范。根据大陆法系传统的公、私法划分观念，物权法属于私法范畴，应贯彻私法自治原则。在20世纪之前，西方国家在经济上奉行自由放任政策，社会注重对个人的尊重，国家较少干预私人财产权。在20世纪以来，社会经济发生显著变化，自由放任主义的弊端日益显现，整个私法领域面临着前所未有的挑战，出现了对所有权绝对的修正、对契约自由的限制以及创设无过错责任原则等，法律的基本精神是注重社会公益、强化国家干预，从而使民法从纯粹的私法变为兼具公法某些内容与特征的法律，出现了所谓"私法公法化"的趋势。物权的公法化是私法公法化的重要内容与体现，是物的稀缺性及物权在社会经济生活中的重要性决定的，是为适应生产社会化和资源利用高效化的要求而产生的。

涉及物权的公法规范大量增加，是私法公法化的一种具体表现。各国民法典物权编本身规定的公法规范以及对公法的适用规范越来越多。例如，《物权法》第9条、第10条和第42条等规定涉及物权登记、征收及国有化等事项。此外，民法典之外的其他法律涉及物权的公法规范，主要有两个方面的表现：一是在宪法中存在物权法律规范，如《宪法》第9条、第10条和第13条的规定，确认物权特别是所有权为基本权利，并确立所有权的法律保护与限制的基本原则。①二是在行政法等公法中物权法规范也不断增加。例如，土地、建设、公用事业、环境保护、自然资源等法律，包含对物权的行使作出若干限制、设定某些负担。

所有权人违反公法上的限制行使所有权的，在法律上除了应认定为无效外，还可以违反公法上的限制为理由，剥夺所有人的所有权、停止权利的行使。② 对所有权及他物权予以公法上的限制，也是私法公法化一个重要表现。

（三）物权法的国际化

随着世界各国、各地区之间的经济、文化的交流普遍化，特别是冷战结束后出现的世界经济一体化和区域经济集团化的趋势，为物权法的国际化提供了良

---

① 例如，《德国基本法》第14条规定："所有权和继承权受保护。其内容和限制由法律规定。所有权承担义务。它的行使应当同时为公共利益服务。剥夺所有权只有为公共福利的目的才能被允许。剥夺所有权只有依照法律或者根据法律的原因进行，而且该法律对损害赔偿的方式和措施有所规定。该损害赔偿必须在对公共利益和当事人的利益进行公平的衡量之后确定。对损害赔偿额的高低有争议时可以向地方法院提起诉讼。"

② 参见王利明：《物权法论》（修订版），中国政法大学出版社2003年版，第269页。

好的外部环境。物权法本身作为人类开发、利用大自然的产物,在许多方面是相通的,如确定物的范围、物的归属(所有权)、物主与他人之间对物的分享(用益物权、担保物权)、物上权利的设定及变更程序等,特别是作为物的重要组成部分的自然资源的稀缺性,使人类日益重视对自然资源的合理开发利用,因而开始了在相关领域的合作,如公害防治、海底开发、外空利用、濒危物种保护等,为物权法的趋同乃至在某些方面的国际统一奠定了基础。

对于现代物权法的国际化问题,学界存在两种截然相对的观点,即肯定说和否定说。肯定说认为,"随着国际贸易发达,世界交通之便利,使国内市场与国际市场相沟通,遂造成物权的国际化趋势。现今大陆法系各国的物权制度已是大同小异……就是两大法系物权制度之差异,也正在缩小。"①否定说则认为,物权法具有国际化的趋势的说法"显然是不妥当的。物权法难以国际化的特点,也是它与债权法的重要区别"②。实际上,由于物权法的固有法特性,在国际化问题上,物权法不像债权法那样表现得全面、强烈。但是,随着国际贸易、国际交往的发展,各国的物权法的确存在着相互交融、相互借鉴的现象。例如,关于物权的基本原则、所有权的内容及行使、物权的变动、担保物权的种类和内容等,各国物权法都有很多相当一致性的规定。然而,在物权法的不同领域内,物权法的国际化现象并非是同一的。例如,在用益物权的种类和内容上,各国物权法表现出较大的差异。在担保物权的种类和内容上,各国的物权法甚至是大陆法系与英美法系国家之间,也呈现出较大的一致性,如英美法中的附条件买卖(所有权保留)制度、浮动担保、让与担保等,或多或少地为大陆法系各国民法立法判例、学说所吸收。③ 这些现象确实说明了在一定程度上现代物权法存在着国际化的趋势。现代物权法的国际化的发展趋势,不是对近代物权法的否定而仅仅是一种修正。在物权法的核心内容上,以个人与社会相结合的所有权观念取代近代物权法的个人主义的所有权观念;在物权法规范形式上,近代物权以私法性、强行法、固有法为特征,现代物权法则呈现公法性、强行法性的弱化和国际化的趋势,但这种变化不是本质上的变化,它并没有改变物权法的固有属性。

(四)物权与债权关系的模糊化

在传统民法上,物权与债权性质完全不同,物权具有绝对性,是对世权;而债权具有相对性,是对人权,因而两者之间的界限非常清晰,但在现代社会,随着经济生活的多样化,物权法从"所有"为中心演变为以"利用"为中心,债权法在市场经济中的作用增强,为维护社会经济的稳定发展,最大限度地发挥财产的社会

① 梁慧星主编:《中国物权法研究》(上),法律出版社 1998 年版,第 7 页。
② 王利明:《物权法论》,中国政法大学出版社 1998 年版,第 76 页。
③ 参见谢在全:《民法物权论》(上册),中国政法大学出版社 1999 年版,第 12 页。

经济效益的共同需要,法律确认了某些债权具有对抗第三人的效力,最为典型的是“买卖不破租赁”,租赁权本是债权,但法律赋予租赁权具有物权效力。民法上的权利关系的复杂化,物权、债权逐渐相互渗透、相互融合,物权与债权关系的模糊,主要表现为物权的债权化与债权的物权化。

物权债权化,是指物权逐渐具有债权的某些特征,如意定性、相对性等。物权债权化,有三个方面的表现:一是担保物权具有债权性。担保物权的内容主要是价值权、优先受偿权而支配的成分较弱。担保物权的效力附从于所担保的债权的效力,而且担保物权的转让也受制于债权。二是物权的证券化。仓单、提单、商品券、抵押证券的出现,淡化了这些证券所代表的物权绝对权的性质。三是根据合同关系形成的物权。分期付款买卖、融资租赁、租买及让渡担保中的受让人所享有的物权,是根据合同关系产生的。这些物权内容和效力均由合同的约定决定,而不是根据法律的直接规定,是物权债权化的表现。

债权物权化,是指债权逐渐具有物权的某些特征,如法定性、排他性等。债权物权化,有四个方面的表现:一是债权物权化的典型,即租赁权的物权化。租赁原是根据租赁合同发生的债权,根据传统法上物权优于债权的理论,租赁物的所有权应优于租赁权。换言之,所有人对租赁物的任何处分均可以对抗承租人,即“买卖破租赁”规则。然而,这对租赁关系中本就处于弱者地位的承租人来说是极不公平的,也与现代物权法“以利用为中心”的主旨不符,特别是在农地及住房等租赁关系中由于农地、住房是承租人必需的生存条件之一,如果仍然坚持所有人的绝对优先地位,可能会危及承租人的生存权这一基本人权。现代各国物权法均不断强化租赁权,体现在赋予租赁权以对抗第三人的效力、延长租赁权的存续期间[①],其中最重要的是在租赁与买卖的关系上确认原租赁合同对于新所有人即买受人仍然有效,从而在承租人与新所有人之间基于法律的直接规定当然形成新租赁关系,即“买卖不破租赁”规则。二是在所有权保留买卖、让渡担保等情形下,受让人——所有权保留买卖中的买方及让渡担保中的债权人——对标的物的权利即具有物权的特性,在所有权完全移转前受让人所享有的权利也并非完全没有排他的效力。三是无记名债权的证券券面并不记载债权人的姓名,证券的成立、存续以及行使,均以证券的持有为必要,因而是一种证券化的债权,证券的交易必须按照证券法的规定进行。有些国家的民法将证券视为一种特殊的动产,即证券的物权化。四是预告登记制度将物权法规则适用于债权,赋予债权请求权以排他的物权法上的效力,也是债权物权化的一种表现。

---

① 参见刘得宽:《民法诸问题与新展望》,三民书局1980年版,第60页。

第二节 中国物权法

一、古代物权法

我国古代社会始终是以农业经济为主的自然经济占主导地位,历代封建王朝采取重农抑商政策。自然经济占统治地位,商品经济不发达,我国历代封建王朝,虽然既没有出现物权概念,也没有形式意义上的物权法,但有实质意义上的物权法,内容散见于历代王朝的法律、典籍之中,以土地及其附着物,如住宅、山林、农作物等权利为基本形态的物权,用益物权有永佃权、地基权、地役权、典权等形式,担保物权有质权、抵押权等形式,从而形成了一个以所有权为核心,由用益物权、担保物权和占有共同构建的物权体系。

我国古代从传说中的黄帝时代,经尧、舜、禹到夏朝前期,是一个由原始社会向奴隶社会过渡的时期。奴隶主阶级以法律的形式对私有财产给予确认,形成了确认奴隶主阶级私有权的所有权制度。土地所有权是我国古代私法的核心,我国奴隶社会是由氏族社会的公有制转化而来的奴隶主所有权,作为最主要的生产资料的土地采取了国家所有的形式,国王拥有全国土地的所有权。夏、商[①]、周是我国古代奴隶社会的三个王朝,土地制度是建立在井田制[②]上的土地国家所有制。[③] 国王代表整个奴隶主经济拥有全国的土地和奴隶的最高所有权,即"普天之下,莫非王土;率土之滨,莫非王臣"[④]。国王拥有最高所有权表现为由国王将土地分封给奴隶主,受封的奴隶主仅享有分封土地的占有权和使用权,而不是分封土地的所有权。国王可以随时收回奴隶主的封地,即所谓"削地"。封地可以由受封奴隶主的嫡长子继承,但不能买卖。西周中叶之后,地方经济的发展与诸侯的强大,使得王权衰落,宗法制度松弛,土地所有权关系也发生了明显的变化[⑤],以井田制为主的土地国有制逐渐向贵族土地私有制过渡,在

---

① "土地属于国家所有,即是属于商王所有,土地国有实际上表现为土地王有。""商代土地国有,也体现在商王有权将土地赐给奴隶主贵族。"蒲坚主编:《中国历代土地资源法制研究》,北京大学出版社2006年版,第35—36页。

② "周人灭商以后,政治上推行分封制,经济上实行井田制,而这两种制度的基础是土地国有制。"蒲坚主编:《中国历代土地资源法制研究》,北京大学出版社2006年版,第36页。

③ "西周实行分封制,由周王授予各级诸侯土地,而诸侯也向其下的卿、大夫授予土地。分封土地以'井田'为单位,各级获得分封土地的领主不得自由转让土地。"郭建:《中国财产法史稿》,中国政法大学出版社2005年版,第48页。

④ 《诗经·小雅·北山》。

⑤ 到了西周中期之后,金文中出现了土地转让的记载。参见蒲坚主编:《中国历代土地资源法制研究》,北京大学出版社2006年版,第22页。

贵族之间出现了以土地作为抵押、交换、赔偿、租赁和赠与等一系列新的行为。[①] 到了战国春秋时期，随着生产力的发展，井田制遭到了破坏，逐步出现了土地私有制，产生了土地交换、抵押、租赁等现象。在商鞅变法之前，秦国已经有了土地私有化的萌芽。在商鞅变法之后，井田制被彻底废除。[②] 商鞅的两次变法活动标志着中国土地制度发生了根本性变化，土地私有权在法律上才得到最终的确认。秦始皇三十一年，在全国范围内普遍承认土地私人所有权，土地可以自由交易。西汉时期，土地私有制已经确立，出现了大土地国有制、大土地私有制和小土地私有制并存的现象。土地所有权形态表现为国家所有权和私人所有权两种。秦以后的西汉实行名田制，贵族高官凭借政治特权取得对土地的所有权。汉代官有土地以“出假”的形式，不断转化为民间私有。东汉西晋实行占田制，晋代的占田制确认了贵族官僚按照等级差别占田、受田的制度，从而使政治特权和经济特权一体化。隋唐实行均田制，表明这个时期国家对土地私有权的调整和对土地的管理已经趋于制度化和法律化。

均田制起源于北魏，即将土地分为桑田和露田。桑田是种植桑树之田地，桑田的所有权归私人所有。露田是种植粮食之田地，又称为粮田。露田根据法律规定的条件取得，并根据法律规定的条件归还国家。露田的所有权归国家所有，耕种者仅享有占有权。唐朝沿袭了前朝的均田制，在制度上则更为完善，但是均田制到了唐朝已经衰落了，土地私有制得到了进一步的发展并得以完全确立。[③] 唐朝的土地分为官田和私田，官田属于国家所有，有职分田、公解田、屯田、营田。私田有口分田和永业田之分，在性质上认识不一，有认为“永业田是一种受到限制的私人土地所有权”，可以继承；口分田属于国家所有，私人享有使用权，但不能继承。

宋明清是封建经济发展时期的三个王朝，地方豪强占有大量庄园的土地私有制，在农民起义的打击下不断瓦解，中小地主与自耕农随着封建地主经济的发展而得到显著的增加。土地买卖合法化，加速了土地的流转。宋朝的土地仍然分为官田和私田，官田是国家所有的土地，而私田绝大多数为官僚地主所有。明朝土地所有制有官田和民田两种基本形式，但是明朝的官田与民田经常处于相互转化变动之中，总的发展趋势是国有土地逐步私有化。[④] 明朝的国有土地有三种形式，即屯田、官田和庄田（官庄和皇庄）。清朝的国家所有土地称为官地。

---

① 公元前 594 年，鲁宣公实行“初税亩”，承认土地的私有权而一律收税，标志着土地国有制已经被打破。参见张晋藩主编：《中国民法通史》，福建人民出版社 2003 年版，第 6 页。

② “除井田，民得买卖。”张晋藩主编：《中国民法通史》，福建人民出版社 2003 年版，第 52 页。

③ “隋唐五代时期是中国古代土地制度重大变革的时期。尤其是从唐玄宗开元天宝以后，封建的土地所有权形式发生巨大变化，由过去传统的以国有土地为主转变为以私有土地为主要形式。”蒲坚主编：《中国历代土地资源法制研究》，北京大学出版社 2006 年版，第 207 页。

④ 参见蒲坚主编：《中国历代土地资源法制研究》，北京大学出版社 2006 年版，第 407 页。

清朝初期通过圈占土地形成的大量国有土地,随着私有经济的发展,逐渐转化为私有,并在法律上得到确认。总之,随着封建经济的发展,土地商品化程度日益加深,土地的国家所有权逐渐萎缩而私人土地所有权相应地扩张。

我国古代他物权包括用益物权和担保物权,用益物权有永佃权、地基权、地役权和典权之分,担保物权有质权和抵押权之分。

永佃权是我国固有的制度,起源于宋朝①,流行于明清,主要在我国南方地区。土地分为两层,上层称为田面,下层称为田底。永佃权人必须向业主交纳地租,但地租较低。永佃权是一种强有力的物权,永佃权人可以永久耕种土地,即使业主变更,永佃权人可以对抗新的业主,即"倒东不倒佃"或者"换东不换佃"。地基权是使用他人的土地建造房舍的权利。我国古代法并无"地基权"的术语,但有"租地造屋,拆屋还基"的民间习惯,具有地基权的性质。典权是我国特有的制度,起源于汉朝,到宋朝逐渐发展并完善②,典制不规定于律但入于令,效力于律相同。明清之时,典制不仅入于令或者例,而且正式入于律。③

我国古代的质起源于人质。在战国春秋时,诸侯国通常以王子或者太子为质,这种政治意义上的质,后来扩大到财产关系上。我国古代的抵押称为"指产"、"指地借钱",起源较早,在六朝就有记录,到了唐宋时期非常流行。不过,我国古代转移占有的担保物权比不转移占有的担保物权要发达。

我国古代占有是指因国有土地的授予而占有的状态,并未形成现代意义上的占有制度。在夏、商、周时期,分封的奴隶主贵族有对国有土地的占有权。秦汉之后,国有土地的占有权的作用和意义明显下降,仅在实行均田制时期,存在对国有土地的占有权。此外,我国古代承认取得时效制度,长期占有土地,占有人可以取得所有权。④

二、近现代物权法

鸦片战争之后,我国进入了半封建半殖民地的社会,西方法律制度和观念逐渐传入我国。到20世纪初,我国完成了《大清民律草案》,其中第三编是物权,规定了所有权、地上权、永佃权、地役权、抵押权、质权以及占有。北洋政府在1925年完成了民法典草案的编纂,在物权编中增加了典权。国民政府在20年代开始了民法典的编纂,在1929年11月30日颁布了物权编,形成了完整的物

---

① 参见张晋藩主编:《中国民法通史》,福建人民出版社2003年版,第468页。

② 同上书,第15页。

③ 同上书,第835页。

④ 南北朝时期是我国历史上割据动乱时期,北方流徙之民还乡之后,发生了大量的土地所有权纠纷,为此,朝臣李安提出:"所争之田,宜限年断,事久难明,悉属今主。"孝文帝采纳了李安的建议。参见张晋藩主编:《中国民法通史》,福建人民出版社2003年版,第9页。

权体系,内容有所有权、地上权、永佃权、地役权、抵押权、质权、典权、留置权以及占有。1949 年中华人民共和国成立,废除了《中华民国民法》,其后的物权立法发展大致经历了五个阶段:

(1) 1949 年至 1952 年的起步阶段。我国政府废除了封建土地关系,建立了新民主主义的土地和房屋所有权制度。1951 年的《土地改革法》成为土地改革的基本法律依据,实行土地农民所有制。

(2) 1952 年至 1956 年的发展阶段。我国承认多种所有制形式的并存,逐渐引导、鼓励甚至强制实行合作化、集体化、公有化。随着 1956 年的生产资料私有制社会主义改造的完成,建立了社会主义公有制,消灭了私人土地所有权。

(3) 1956 年至 1978 年的停滞阶段。我国实行计划经济,物资实行计划调拨,消灭一切市场经济要素。所有权制度以国家所有权和集体所有权为核心,个人所有权仅限于基本的日常生活资料的所有权。

(4) 1978 年至 2007 年的创新阶段。市场经济呼吁物权制度,保护财产所有权。我国开始了物权制度的建立,先后颁布了《民法通则》、《土地管理法》、《城市房地产管理法》、《担保法》、《矿产资源法》等法律,初步形成了具有中国特色的物权制度。

(5) 2007 年之后的物权法确立阶段。2007 年《物权法》的颁布施行,标志着具有中国特色的社会主义市场经济体制的物权法的建立,此前颁布的物权性法律规范最终通过《物权法》的形式表现出来。

由于认识上的禁区与误区,物权是我国法学界长期忌讳并予回避的法律术语。[①] 随着我国经济的发展,对外开放和交流的扩大,认识上模糊观念的澄清,物权概念才得以恢复其本来面目,在法学研究及司法实践中逐步使用。在颁布《民法通则》之前,我国主要通过国家政策及风俗习惯调整财产关系,物权立法基本处于空白状态。《民法通则》是我国物权立法发展史上的一个里程碑。《民法通则》颁布之后,我国相继颁布实施的物权性法律有 1986 年的《土地管理法》、1993 年的《农业法》、1994 年的《城市房地产管理法》、1995 年的《担保法》、2002 年的《农村土地承包法》以及 2007 年的《物权法》;颁布实施的物权性行政法律和规章有 1990 年的《城镇国有土地使用权出让和转让暂行条例》、1991 年的《城市房屋拆迁管理条例》、1992 年颁布的《划拨土地使用权管理暂行办法》、1997 年的《城市房地产抵押管理办法》、1995 年颁布的《确定土地所有权和使用

① 在起草《民法通则》时,关于是否采用物权概念发生重大分歧,因而未能采用物权概念,而是以“财产所有权和与财产所有权有关的财产权”代替“物权”。

《物权法草案》明确肯定了“物权”,并对物权的概念进行了界定。虽然物权概念本身存在缺陷与不足,但这是我国的物权制度发展过程中的重大突破。正式颁布施行的《物权法》摈弃了草案“物权”概念的缺陷。

权的若干规定》、1995年颁布的《土地登记规则》、1998年的《土地管理法实施条例》、1999年的《闲置土地处理办法》、2007年的《土地登记办法》和《招标拍卖挂牌出让国有建设用地使用权规定》以及2008年的《房屋登记簿管理试行办法》。

2007年颁布的《物权法》吸收、采纳了《民法通则》、《土地管理法》、《城市房地产管理法》、《担保法》以及《农村土地承包法》等法律的规定，但《物权法》并未取代以上任何一部法律，而且《物权法》明文规定继续适用有关法律。[①] 这些法律仍然继续有效，只是部分规范为《物权法》所修改。换言之，《物权法》有不同规定的，适用《物权法》的规定[②]；《物权法》没有规定的，适用原来的法律规定。

《物权法》的颁布，标志着我国物权法律体系的基本确立。物权法的立法实践表明，物权体系的构建不能完全脱离我国的历史和社会现实，在充分考虑我国历史和现实的基础上，运用传统物权法的制度、理论和概念来构建我国的物权制度和体系。换言之，物权立法既不能因强调物权法的固有性而不加改造地全盘接受现行的物权制度，也不能因追求理论上的完整而全盘继受传统物权法理论。《物权法》吸收借鉴了大陆法系物权法制度的传统，总结了我国改革开放以来物权立法的经验，采纳了我国物权法理论研究成果，充分反映了我国物权立法的水平和理论研究水平。《物权法》确立了交易制度的基本规范，对我国社会主义市场经济法律体系的构建和完善具有重大的意义。但是，任何一部法律的完善是相对的，即使是一部非常完善的法律，随着时间的流逝，也会出现漏洞和不足。《物权法》本身也存在一些问题和不足，有待于进一步完善。

（1）法律术语。《物权法》回避了传统物权法固有的法律术语，代之以新创设的“简洁、通俗、易懂”的法律术语，从而使法律术语不够简洁和精确。例如，地上权是传统物权法的法律术语，是在他人土地上建造房屋或者种植竹木的权利。《物权法》颁布之前，我国一系列立法使用“土地使用权”，而《物权法》在土地使用权之外又创设了“建设用地使用权”。此外，“土地承包经营权”[③]也是如此。

（2）物权种类。物权种类规定不全面，与社会经济密切相关的物权没有规

---

① 《物权法》第128条规定：“土地承包经营权人依照农村土地承包法的规定，有权将土地承包经营权采取转包、互换、转让等方式流转。流转的期限不得超过承包期的剩余期限。未经依法批准，不得将承包地用于非农建设。”第130条第2款规定：“因自然灾害严重毁损承包地等特殊情形，需要适当调整承包的耕地和草地的，应当依照农村土地承包法等法律规定办理。”第131条规定：“承包期内发包人不得收回承包地。农村土地承包法等法律另有规定的，依照其规定。”第151条规定：“集体所有的土地作为建设用地的，应当依照土地管理法等法律规定办理。”第153条规定：“宅基地使用权的取得、行使和转让，适用土地管理法等法律和国家有关规定。”

② 《物权法》第178条规定：“担保法与本法的规定不一致的，适用本法。”

③ 以“土地承包经营权”替代了“永佃权”，以债权性术语来表达物权性的概念。

定。比如优先权、所有权保留等在现实生活中存在的物权,《物权法》却未能规定,而根据物权法定原则,一旦发生纠纷,当事人的权益将得不到应有的保护。

(3) 制度缺漏。物权制度的缺漏,主要有三个方面的问题:一是重大物权制度未作规定,留下了制度空白,如所有权的取得时效、添附等制度。二是法律规定不合理,如将不动产纳入善意取得的范围、动产纳入用益物权的对象等。三是一些重大争议的问题悬而未决,如物权请求权是否受到消灭时效的限制,法律没有明确规定。

(4) 规范抽象。物权法的规则,仍然贯彻我国一以贯之的立法原则,即宜粗不宜细的原则,法律规则过于抽象,缺乏操作性。例如,关于相邻关系的处理原则,只是口号式的规定,无法指导司法审判实践。[①] 关于善意取得制度[②],只有一条简单的规定,对善意取得的对象是占有委托物还是占有脱离物等基本的问题也未作出规定。《物权法》的原则性规定,为司法解释留下了非常大的空间。

(5) 定位模糊。物权法是私法,是调整平等民事主体的法律规范。物权法将非经营性的国家财产纳入调整范围,而非经营性的国家财产通常是禁止进入流通领域的。非经营性国家财产并非物权法的调整范围。物权法将国有资产的管理和保护纳入调整范围,对国有资产的管理、监督则属于行政法的范畴;因滥用职权或者玩忽职守而造成国有资产流失的法律责任,则属于刑法的范畴。物权法的性质决定了物权法的定位,物权法的作用是有限的,夸大物权法的功能,不仅不能到达目的,反而会削弱物权法原有的功能。

(6) 缺乏预见性与稳定性。农村集体土地流转问题集中反映了缺乏预见性和不稳定性。土地承包经营分为家庭承包和其他方式的承包两种形式。因承包方式不同,承包经营权的流转方式也有所差别,法律将家庭承包经营权限定在特

---

① 《物权法》第 84 条规定:"不动产的相邻权利人应当按照有利生产、方便生活、团结互助、公平合理的原则,正确处理相邻关系。"

② 《物权法》第 106 条第 1、2 款规定:"无处分权人将不动产或者动产转让给受让人的,所有权人有权追回;除法律另有规定外,符合下列情形的,受让人取得该不动产或者动产的所有权:(一) 受让人受让该不动产或者动产时是善意的;(二) 以合理的价格转让;(三) 转让的不动产或者动产依照法律规定应当登记的已经登记,不需要登记的已经交付给受让人。受让人依照前款规定取得不动产或者动产的所有权的,原所有权人有权向无处分权人请求赔偿损失。"

定范围内[①],十七届三中全会有关土地流转政策突破了《物权法》的规定,加速了土地承包经营权的自由流转,从家庭承包经营权向土地规模经营的发展。[②]

① 家庭承包经营权是指农村集体经济组织成员以家庭承包的方式承包取得的,用于农、林、牧、渔等生产经营活动的有限期限制的集体土地使用权。家庭承包经营权人即承包方只能是本集体经济组织的农户。以该方式取得的除承包经营权的流转,可以采取转包、出租、互换、转让或者其他方式。采取转让方式流转的,应当经发包方同意;采取转包、出租、互换或者其他方式流转的,应当报发包方备案。但是以家庭承包方式取得的土地经营权不得以抵押方式流转。

不宜采取家庭承包方式的荒山、荒沟、荒丘、荒滩等,通过招标、拍卖、公开协商等方式取得的用于农业生产活动的有期限的农村土地使用权即为其他方式的承包经营权。此种承包经营权在同等条件下,本集体经济组织成员享有优先权。如将土地发包给本集体经济组织以外的单位或个人,应先经村民会议2/3以上成员或者1/3村民代表同意,并报乡级政府批准。承包方可以采取转让、出租、入股、抵押或者其他方式流转。

② "加强土地承包经营权流转管理和服务,建立健全土地承包经营权流转市场,按照依法自愿有偿原则,允许农民以转包、出租、互换、转让、股份合作等形式流转土地承包经营权,发展多种形式的适度规模经营。有条件的地方可以发展专业大户、家庭农场、农民专业合作社等规模经营主体。土地承包经营权流转,不得改变土地集体所有性质,不得改变土地用途,不得损害农民土地承包权益。"摘自《中共中央关于推进农村改革发展若干重大问题的决定》(2008年10月12日中国共产党第十七届中央委员会第三次全体会议通过)。

第二章　物权总论

人类社会的存在和发展依赖于外界的物质,物质有限而人类的欲望却无穷尽。任何社会都必须确立人类对外界物质权利的制度,使人类能够安全有序地利用物质。物权制度的目的在于"定分止争"。[①] 物权在法律上的形成因时代和国家的不同而存在差异。在封建社会末期,物权法主要注重物的利用,物权在法律上的观念以"利用"为中心。在18、19世纪个人主义法律思想的影响下,罗马法的物权观念非常盛行,产生了"所有权神圣不可侵犯"的理论,所有权成为宪法所保护的中心权利。在资本主义发达时期,物权法主要注重物的交换价值,物权在法律上的观念,以实现物的交换价值安全为目标,以"所有"为中心[②],物权在法律上经历了从"利用"到"所有"的发展过程。

伴随社会经济状况的变迁,自由资本主义时期的物权观念已经不能适应发生变化的现代社会经济发展的需要,新的物权法理论吸收了日耳曼法的物权观念,强调物权的社会性以及所有权绝对性的缓和。在现代社会中,物权法强调物的利用,在法律上的观念又以"利用"为中心,物权在法律上经历了从"所有"回归到"利用"的变迁。[③] 因此,物权的形成和发展经历了从"利用"——"所有"——"利用"的变迁过程。

第一节　物权的意义

一、物权法的概念与性质

物权法是调整人类对物的占有、使用、收益或者处分的法律规范,作为人类社会的法律制度的一部分,包含了人类对物进行支配的基本规则,而这些物权法规则的构成又取决于宪法制度所确立的基本原则。[④]《物权法》开宗明义地指出

---

① 荀子指出:"礼起于何也?曰:人生而有欲,欲而不得,则不能无求,求而无度量分界,则不能不争;争则乱,乱则穷。先王恶其乱也,故制礼义以分之,以养人之欲,给人之求,使欲必不穷乎物,物必不屈于欲,两者相持而长,是礼之所起也。"(《礼论篇十九》)商鞅则进一步指出:"一兔走,百人逐之,非以兔也,夫卖兔者满市,而盗不敢取,由名分已定也,故名分未定,尧舜禹汤,且皆如鹜焉而逐之;名分已定,贫盗不取。"(《商君书》第二十六篇定分)

② 参见郑玉波:《民法物权》(第15版),三民书局1992年版,第8页。

③ 同上书,第9页。

④ 参见〔德〕鲍尔、施蒂尔纳:《德国物权法》(上册),张双根译,法律出版社2004年版,第3页。

维护国家的基本经济制度，物权法调整的物的归属和利用而产生的法律关系，必然与国家的基本经济制度密切相关。

（一）物权法的概念

物权法是调整人们在对物的支配过程中所形成的法律关系。换言之，物权法调整人们在社会生产、交换、分配、消费的过程中所产生的对物的占有、使用、收益或者处分的法律关系。物权法是以确认各种物权的产生、变更、消灭为主要内容，其中所有权是对物的使用价值和交换价值的全面支配，用益物权是对物的使用价值部分的支配，担保物权则是对物的交换价值部分的支配。[①] 物权法是确认各种物权对物的使用价值或者交换价值以及对物的全面或者部分的支配力。物权对物的支配性，可与任何第三人直接发生利害关系，因而物权法的规定与债权法不同，大多数属于强制性的规范，禁止当事人任意变更而必须强制适用。物权法所调整的财产支配关系的特性，决定了物权法以物权法定原则、一物一权原则、公示公信原则为物权制度体系结构的核心。总之，物权法是建立在这些基本原则之上的，体现着这些基本原则的精神。

物权法有实质意义上的物权法和形式意义上的物权法之分。实质意义上的物权法，是指以调整物权关系为内容的法律规范的总称。凡是调整物权关系的所有法律规范，不论法律规范的名称如何，是调整普通物权关系，还是调整特别物权关系，均为物权法律规范。实质意义上的物权法既包括民法典的物权编，又包含各种单行法律、法规，如《土地管理法》、《森林法》、《草原法》、《渔业法》、《矿产资源法》等。形式意义上的物权法，是指民法典的物权编或者单行的物权法。形式意义上的物权法主要内容有物权的一般性规定、所有权、用益物权、担保物权和占有等。大陆法系国家民法典中的物权编是形式意义上的物权法，我国现在还没有颁布民法典，只有单行的物权法。《物权法》是我国现在形式意义上的物权法。《物权法》的调整对象包括物的归属关系、物的利用关系和物的事实关系三个方面：

（1）物的归属关系。物的归属关系，是指物权法以物权的方式确定财产的归属。物权法所调整的物的归属关系法律规范包括静态物的归属规范和动态物的归属规范两个方面。静态物的归属规范是指对现存物权秩序的维护，如动产的占有人推定为动产的所有权人，不动产登记簿上记载的所有权人推定为不动产的所有权人。[②] 动态物的归属规范是指物权法通过交付制度和登记制度，在物权的动态交易过程中准确地判断变动中的物权状态。《物权法》第一编总则

① “所有权乃对于物之使用价值交换价值全面的支配；用益物权乃对于使用价值部分的支配，担保物权则对交换价值全部或一部之支配。”刘得宽：《民法诸问题与新展望》，三民书局 1980 年版，第 76 页。

② 《物权法》第 16 条规定：“不动产登记簿是物权归属和内容的根据……”。

和第二编所有权规定了物的归属关系。

（2）物的利用关系。物的利用方式种类多种多样，既可以是通过债权方式实现物的利用，如租赁合同、借用合同；也可以通过物权方式实现物的利用，如抵押权、地役权等。物权法通过用益物权制度和担保物权制度实现物的利用，可以确保物权关系长期稳定，借以区别于债权关系的相对灵活和短期的利用关系。《物权法》第三编和第四编的规定属于物的利用关系，其中第三编规定了担保物权制度，第四编规定了用益物权制度。

（3）物的事实关系。除了物的归属关系和利用关系之外，大陆法系各国立法无例外地确立了物的事实关系即占有关系，《物权法》也不例外，第五编规定了"占有"制度。物权法通过占有制度确立了物的事实关系。物的占有事实状态，是物的归属关系和利用关系的前提和基础。动产的占有是确认动产归属关系的依据；在通常情况下，对物的占有是对物利用的前提。因此，物权法的调整对象也包括作为事实状态的占有制度。

从罗马法以来，大陆法系国家传统物权法的核心价值主要体现在确定物的静态归属，实现物权法的定分止争、界定产权的功能。但是，随着社会经济的发展，物权法的价值发生了相应的变化，从传统的注重对静态财产的保护转向对动态交易安全的维护，主要有以下三个方面的意义和作用：

（1）确定权利归属、保护权利的行使。物权法的首要功能在于确定物的归属，定分止争。物权的本质是将特定物归属于特定的权利主体，由该权利主体任意直接支配，享受利益，并排除他人对该支配领域的干预或者侵害。由于资源的稀缺性和人类欲望的无穷尽，如果不能界定财产控制的界限，则人类对财产的争夺将永无休止，人们不能安居乐业，因而需要将一定的财产归属于特定权利主体，使该权利主体能对归属于他的财产可以进行排他性的支配，于是物权制度应运而生。

法律制度本身不能直接创造财富，但可以通过对现有财产的确认和保护，鼓励人们创造财富的进取心，物权法实现了法律的这一功能。"有恒产才能有恒心"，如果社会缺乏完备的物权法，不能形成完整、有效的确认和保护财产的规范体系，人们对财产权利的实现和利益的享有均处于不确定状态，就不可能形成所谓的恒产，人们对投资、置业和创业就缺乏动力和信心。物权法对物权的确认和保护，造就了一种激励机制，调动人们创造和积累财产的积极性，促进社会经济的发展，最终走向共同富裕的道路，构建了社会的和谐与稳定。

（2）保障交易安全、鼓励交易行为。物权法是规范市场经济秩序的基本法律。通过保障并促进交易顺利地进行，物权法为市场经济健康、有序的发展提供强有力的保护。物权法的作用主要体现在三个方面：

一是确认物权的具体形态、奠定交易制度基础。物与物或者物与货币之间的交易,实质是物或者货币上权利的交易,即物权在市场主体之间的移转,而交易得以发生的基础是交易主体拥有交易对象的物权。物权法通过确认各种物权具体的形态并予以切实的保障,为交易的顺利进行奠定制度基础。物的归属是物流转的前提,没有稳定的物的归属秩序,物的流转秩序也难以维持。物权法属于财产归属法,以调整财产归属关系为宗旨,旨在规范财产归属秩序。债权法属于财产流转法,以调整财产流转关系为宗旨,旨在规范财产流转秩序。因此,以财产归属秩序为内容的物权法,为规范财产流转秩序提供可靠的法律基础。

二是确认物权变动规则、规范物权变动秩序。物的交易过程是物权变动的过程,即物的交易结果表现为物权的变动。任何一个交易均以某一交易主体享有某一物权为起点,到另一交易主体取得该物权为终点。在交易过程中,物权法和债权法各自发挥不同的作用。物权法通过确立物权变动的规则,规范交易过程。交易主体双方利用买卖、借贷、互易等合同形式进行交易,而这些合同仅产生债上的法律关系,并不会产生物权变动的效果——即交易主体取得物权从而实现交易目的。如果要产生物权变动的效果,交易主体还应根据物权法的规定,践行一定的公示方式——动产的交易的交付与不动产的交易的登记。[①] 物权法不仅通过设立物权变动的规则,确立交易的起点和终点,而且还通过设立完成交易的条件,影响交易的过程和结果。[②] 一个完整的交易过程要受到合同法与物权法的共同调整,合同仅在交易双方当事人之间产生债权债务关系,但不能直接产生物权变动的效果。

《物权法》颁布之前在我国的司法实践中,存在大量将登记作为不动产买卖合同生效要件的做法。换言之,在以不动产为标的物的买卖合同签订之后,如果双方当事人未能办理登记,则法院宣告买卖合同无效。法院的这种做法混淆了债权行为与物权行为,作为债权行为的买卖合同已经成立并且生效,办理登记则属于物权行为。《物权法》明确物权变动的规则,将交付、登记等公示方法作为物权变动的生效要件而不是作为原因的买卖、借贷、互易等合同的生效要件,具有鼓励交易、维护正常的交易秩序的功能。

三是确立交易原则、保护交易安全。物在法律上的安全有静态安全与动态安全之分。物的静态安全,是指法律保护权利主体已经享有的既定利益,免受他

---

① 《物权法》第 15 条明确区分了物权行为和债权行为,物权行为引起物权变动。物权行为的效力不影响债权行为的效力。换言之,物权行为无效,债权行为仍然有效。《物权法》第 15 条的规定纠正了长期以来我国司法实践不区分物权行为和债权行为的做法,物权行为无效,则认为债权行为也无效。

② 在采纳物权形式主义的物权变动模式的国家中,物权法对交易过程的干预表现得更为明显。根据德国物权法的规定,实现交易目的即发生物权变动的直接依据并不是合同法所规定的买卖、借贷、互易等合同,而是物权法所规定的物权行为。

人任意侵夺和侵害。物的动态安全，是指法律保护权利主体取得利益的行为，能够实现法律上的合理期待。法律对交易安全的保护，通常是通过对善意且无过失的交易者的保护来实现的，旨在维护财产的顺畅流转、实现社会整体效益。物权法通过公示公信原则与善意取得制度维护交易秩序、保护交易安全。公示公信原则与善意取得制度，有助于消除交易风险、减少交易纠纷、降低交易成本，从而维护了交易秩序与交易安全。

(3) 增进物的利用效益、实现物尽其用的目标。通过法律手段促进资源的优化配置，实现帕累托最优效益，是现代物权法的重要目标。物权法作为一种解决因资源的有限性与需求的无限性而引发紧张关系的法律手段，功能不仅仅在于界定物的归属、明晰产权，从而达到定分止争的目的，而是以充分发挥资源的经济社会效益作为追求的终极目标。

在自由资本主义时期，财产权以意志理论为基础，财产被认为是个人自由意志的体现。所有权作为一种重要的财产权，完全由个人享有，受个人意志支配，不仅不应受到任何的干预和限制，而且应给予绝对的保护。这种绝对性所有权观念虽然有助于资本主义市场经济的形成与发展，但是当资本主义发展到一定程度之后，它必然会引发个人利益与他人利益及社会利益的冲突，导致资源闲置、阻碍大规模经济建设，甚至会引发个人滥用所有权损害他人及社会利益的现象。世界各国采取私法或者公法上的措施予以修正，即强调所有权的行使应兼顾他人或者社会公共利益，甚至所有人应承担一定的社会义务，从而使所有权的绝对性受到限制，出现了所谓的“所有权的社会化”。

早期资本主义经济发展需要物权法注重保护所有权本体的完整性，强调对所有人享有的各项权能进行全面保护。所有人对物进行现实的支配及自己利用，导致权利主体对物的所有关系和利用关系趋于一致。所有权仅意味着权利主体对财产的支配、控制状态获得了法律的确认和保障，但这并不意味着一定能实现物尽其用、促进社会财富的增长。在财产只能由所有人利用的情形下，所有人可能并非财产的最佳利用人，并不一定能够实现物尽其用，从而产生了所有权各项权能分离的必要性，即所有人在保留所有权的前提下，将所有权的部分权能分离给他人。在这种情形下，所有权获得了一种观念的存在，变成了对物的抽象的支配，但所有人却通过权能的分离使自身的利益最大化，而非所有人则可以利用所有人的财产组织生产经营，从而使物的效益最大化。物权法由此完成了从“所有”到“利用”的演变。因此，现代物权法的价值表现为最大限度地发挥资源的效用以获得最佳的经济社会效益。[①]

① 参见马俊驹、尹梅：《论物权法的发展与我国物权法体系的完善》，载《武汉大学学报》(哲学社会科学版)1996年第5期。

（二）物权法的性质

人类的社会生活由伦理生活和经济生活两部分构成。调整家庭伦理生活、规范身份秩序的法律，是身份法；调整经济生活、规范财产和交易秩序的法律，是财产法。身份法和财产法，是民法的两个组成部分。物权法是以调整人对物的支配关系为内容的法律，属于财产法的范畴。财产法分为财产归属法和财产流转法两大类。财产归属法，即以保护财产归属秩序为目的的法律。财产归属秩序，是指财产均归属于特定的权利主体，权利主体对归属于自己的财产可以直接支配，并享有该财产所产生的任何利益。在法律规定的范围内，权利主体不仅享有排除他人支配权，而且他人负有不作为的义务。物权法属于财产归属法，以财产的享有和利用为内容，旨在保护财产的静态安全。财产流转法，即以保护财产流转秩序为目的的法律。财产流转法使归属于特定权利主体的财产，通过该权利主体的意思表示而完成财产的流转。债权法属于财产流转法，以财产的流转为内容，旨在保护财产的动态安全。[①] 财产归属法反映了静态的财产关系，而财产流转法则反映了动态的财产关系。物的归属关系与物的流转关系联系密切，物的归属关系是物的流转关系的前提，而物的流转关系又是物的归属关系的实现方法和手段，从而决定了物权法与债权法以不同的法律手段调整财产关系，形成了各自独特的内容。物权法的性质，主要表现在以下三个方面[②]：

（1）物权法是私法。法律有公法与私法之分，但存在多种分类标准。民法是私法的基本法律，物权法是民法的基本组成部分，适用民法的基本原则，体现意思自治的内容，因而物权法是私法。但是，物权法中有大量关于公共利益的规定，如果以"利益说"作为区分公法与私法的标准，则物权法并非纯粹的私法。由于公法与私法的划分是相对的，特别是20世纪出现"公法私法化"、"私法公法化"的趋势之后，公法和私法出现了"你中有我，我中有你"的现象，判断一部法律是公法还是私法，应从其主流作出判断。从这个意义上说，物权法是私法。

（2）物权法是固有法。物权法因国家、民族、历史传统的不同而存在巨大的差异，这是物权法区别于债权法的一个显著特征，世界各国的债权法日益趋同。物权法与各国固有的民族习惯密切相关，具有较强的国家性、民族性和地域性。[③] 德国的历史法学派认为，法律是民族精神的体现。例如，德国的物权法具有较多的日耳曼因素，体现了民族性，反映了固有法的特性。在我国民法的立法史上，典权制度的设立体现了对我国独有习惯的尊重，这也说明了物权法是固有

① 参见谢在全：《民法物权论》（上册），中国政法大学出版社1999年版，第2—4页。

② 参见崔建远：《物权法》，中国人民大学出版社2009年版，第1—2页；王利明：《物权法论》（修订二版），中国政法大学出版社2008年版，第25—27页；梁慧星、陈华彬：《物权法》（第四版），法律出版社2007年版，第7页。

③ 法家的慎子认为："法非徒天下，非从地出，发于人间，合乎人心而已。"

法,体现了物权法的民族性。

(3) 物权法是强行法。私法规范有强制性规范和任意性规范之分,强制性规范是强制适用的,不管当事人的意思如何;任意性规范是否适用,取决于当事人的意思,即当事人可以排除任意性规范的适用。物权法与社会公共利益有重大关系,物权法的规定大多数为强制性规定,禁止当事人进行任意的变更,应当强制适用。与物权法不同,债权法大多数属于任意性规范,当事人既可以选择适用,也可排除任意性规范的适用。物权法的强制性具体表现为物权的种类、物权的内容、物权的变动、物权的公示方式等均由法律直接规定,法律禁止当事人自行创设物权或者改变物权的内容或者效力。

二、物权的概念和性质

(一) 物权的概念

物权概念是由中世纪注释法学始祖伊尔内留斯(Irnerius,1055—约1133年)和阿佐(Azo Portius,1150—1230年)等人在对《民法大全》进行注释、研究时提出的。物权概念自出现以来就一直争论不休,仁者见仁,智者见智,表明了物权概念存在严重的分歧意见。从立法看,创设完整物权体系的《德国民法典》,并未对物权作出解释性的规定。大陆法系其他国家陆续制定的民法典,也并未明确物权的定义。唯一的例外是1811年的《奥地利民法典》,规定了物权的定义①,但法典的规定非常简单,并未揭示物权内在的本质属性。由于物权在民法典中没有适当的定义,于是学说纷纭,见解不一。在物权的形成过程中,大陆法系国家物权法理论形成了三种物权学说:

(1) 对物关系说。人类对物权的最初认识表现为对物关系说。中世纪注释法学派提出了对物关系学说,德国学者进一步完善了这一学说。德国学者邓伯格(Dernburg)、耶林(Jhering)等采纳对物关系说,认为物权是人对物的直接支配而享有物产生了一的财产权。② 债权反映人与人的关系,而物权则反映人与物的关系。

(2) 对人关系说。对人关系说认为,无论债权关系还是物权关系,均属于人与人之间的关系。债权关系与物权关系不同之处在于,债权仅能对抗特定的人,而物权则可对抗任何人。德国学者萨维尼(Savigny)与温特夏德(Windscheid)提出了对人关系说,认为法律所明确规定的各种权利,无论性质如何,所涉及的均为人与人之间的关系。

---

① 《奥地利民法典》第307条规定:"物权是属于个人财产上的权利,可以对抗任何人。"

② "物权乃吾人直接就物享有其利益之财产权。"郑玉波:《民法物权》(第15版),三民书局1992年版,第11页。

（3）折中说。折中说调和了对人关系说和对物关系说两种学说，认为物权包括对物和对人两个方面的关系。物权人对物的支配包括了事实关系和法律关系两个方面。物权人仅有对物的关系，还难以确保权利的安全，还需使他人对物承担一种不作为的消极义务，只有对物的支配性和排他性两者的结合，才能确保物权的效用。折中说是现在的通说。①

以上三种学说均具有一定的合理性，从各个不同的侧面揭示了物权本质在某个方面的表现，可以使我们更为清晰地认识物权的特性。"对物关系说"是针对物权为对物的直接支配权而作出的一种客观、具体的描述，是以具体权利为中心，为区分物权与债权而作出的一种形象化的表述。债权是对人的请求权，而物权是对物的支配权。这种学说的贡献是确定了物权的支配权性质，确立了物权与债权之间的基本界限。

"对人关系说"则是对物权为一种法律关系而作出的一种主观、抽象的表述，将物权置于社会的广泛背景下进行考察，通过物权人对物的"独立的、自主的、静态的"直接支配过程以及人与物的关系，观察到物权人之外的任何人所承担的消极不作为义务以及物权所表现的人与人之间的关系，从而揭示了作为物权的本质属性直接支配性所包含的保护的绝对性。这种学说最大的贡献是揭示了与一切被认为是绝对权的权利相对应的义务的存在，提供了构建绝对权"法律关系"的基础，从而在物权等支配权与债权等对人权之间寻找到了一种共性，为建立法律关系的一般理论提供了依据。因此，物权是对特定物直接支配而享有利益的、排他性的权利。②

"折中说"则折中了以上两种学说，从主观和客观两个方面揭示了物权的内涵，更为全面、准确地说明了物权。《物权法》第 2 条的规定采纳了折中说，规定物权是权利人依法对特定物享有直接支配和排他的权利。《物权法》关于物权的定义较为准确、全面地揭示了物权内涵。可见，物权是对特定物的直接支配而享有其利益、排他性的权利，因而物权是直接支配特定物，享有其利益的权利，并具有排他的绝对效力。

（二）物权的性质

物权是对特定物的直接支配而享有其利益的、排他性的权利。根据《物权法》的规定，物权人对特定物享有的直接支配和排他的权利。物权的性质，主要

---

① 20 世纪 80 年代至 90 年代初，由于我国法学理论被视为某种政治理念的附庸，西方的法学理论均被判定为虚伪地掩盖资产阶级法律的阶级本质的工具。我国学者对于物权的本质的认识，肯定"对人关系说"而否定"对物关系说"。90 年代中叶之后，物权法理论研究趋于正常，近年来学者的观点大多采纳了"折中说"。

② "物权，乃直接支配其标的物，而享受其利益之具有排他性的权利。"郑玉波：《民法物权》（第 15 版），三民书局 1992 年版，第 11 页。"物权者，直接支配一定之物，而享受利益之排他权利。"史尚宽：《物权法论》，中国政法大学出版社 2000 年版，第 7 页。

表现在以下三个方面：

（1）物权为直接支配特定物的权利。[①] 物权的支配性是指物权人可以按自己的意思直接行使物上的权利，无须他人的意思或者行为的介入。物权的支配性表现在两个方面：一是指物权人可以按照自己的意志依法直接占有、使用、收益和处分物，或者采取其他方式支配物。非经权利人的同意，任何人不得侵害或者干涉。对物权人行使物权的侵害或者干涉，则构成物权的侵害，物权人可以行使物权请求权。二是指物权人对物可按照自己的意志独立进行支配而无须得到他人的同意。在没有他人的意思和行为介入的情况下，物权人就能够依据自己的意志依法直接占有、使用物，或采取其他方式支配物。例如，房屋所有权人可以按照自己的意思占有、使用、收益或者处分自己的房屋，无须征得他人的同意；抵押权人在债权届满而没有获得清偿的情况下，可以直接请求法院拍卖抵押物。

从经济学的角度来观察，物权的支配性能够降低权利行使成本。物权人在行使权利时无须他人意思的介入，直接决定对物的使用、收益、处置等事项。在法律规定的范围内，物权人对物的支配享有绝对的自由，无须与其他人进行谈判、协商，无须请求他人的协助、配合，从而降低了物权的行使成本。

物权支配性是对特定物的支配，物包括动产和不动产，原则上以有体物为限。[②]《物权法》第 2 条规定的物，也仅限于有体物。著作权、专利权和商标权等属于知识产权的范畴，在法律技术上的处理方式与物权存在差异。实际上，世界各国立法中，有直接承认无体物的情形。例如，瑞士等国的民法典承认无体物，即权利为物权的客体。《物权法》也承认无体物，但仅限于法律有特别规定的情形。[③] 这些权利与物权类似，准用物权的有关规定，理论上称之为“准物权”。可见，物权的客体仍然以有体物为限。

对物的支配权的行使前提是物必须特定化，即物权客体必须是特定物，没有具体特定的物，不能作为物权的标的。物权的客体应为独立物，物的一部分或者构成部分，既不能直接支配，也无法公示。所谓独立物，是指按照社会经济上的观念，可以自由分割而独立存在的物。一个物是否构成独立物，应根据交易观念和当事人的意思决定。此外，物权人对物享有的支配权直接决定了物权的效力，物权的优先性等效力均来自于法律将某物归属于某人支配，从而使物权人对物的利益享有独占的支配并排他的权利。因此，物权的支配性决定了物权所具有

---

① 参见王利明：《物权法论》（修订二版），中国政法大学出版社 2008 年版，第 3 页；梁慧星、陈华彬：《物权法》（第四版），法律出版社 2007 年版，第 7 页。

② 参见史尚宽：《物权法论》，中国政法大学出版社 2000 年版，第 9 页；郑玉波：《民法物权》（第 15 版），三民书局 1992 年版，第 13 页。

③ 《物权法》第 2 条第 2 款规定：“本法所称物，包括不动产和动产。法律规定权利作为物权客体的，依照其规定。”

的优先性、追及性。

(2) 享有物所产生利益的权利。[①] 物权人直接支配一定的标的物,必然享有标的物所产生的利益。物权所体现的利益,通常表现为所有权人利益、用益物权人利益和担保物权人利益的三种。[②] 所有权人利益包括了物的最终归属及占有、使用、收益和处分物的利益,所有权人所享有的利益是物的全部利益。用益物权人所享有的利益表现为物的使用价值或者利用价值。物的使用价值,如土地使用人基于对土地的使用权而使用土地,获取一定的收益。随着社会经济的发展,物权法从以抽象所有为中心向具体利用发展,物权的利用权能更为突出,因而获取物的利用价值对物权人更为重要。担保物权人所享有的利益表现为物的交换价值。债务人届期不能清偿时,债权人可以依法变卖担保物,就价金优先清偿债权。在市场经济条件下,信用制度的发达,获取物的交换价值利益也日益重要。

(3) 对物的排他性的权利。对于物权的排他性,理论界存有两种不同的认识:第一种观点认为,物权的排他性仅指两个相互对立的物权不得同时存在一个物上。[③] 物权的排他性是由物权的特性本身即物权的直接支配性所决定的。[④] 第二种观点认为,物权的排他性包含两层含义:一是同一物上不许有内容不相容的物权并存;二是物权人有权排除他人对于其行使物上权利的侵害、干涉及妨碍。[⑤] 第二种观点将物权的排他效力作了扩大解释,排除他人的干涉是一切权利所共同享有的外部效力,并非物权所独有的,不能作为物权排他效力的解释。

物权的排他性应当仅指在同一标的物上不得同时设立两个或者两个以上性质不相容的物权,即不能同时设立两个或者两个以上内容或者效力相互排斥的物权。例如,就所有权而言,一个物上不能有两个所有权,一人对某物享有所有权,则其他人不得对该物享有另一个所有权,即排除了任何第三人对该物享有另一个所有权。就他物权而言,一个物上不得有两个或者两个以上相互不相容的他物权。

物权的排他性有三种例外情形:第一,共有。共有是两个或者两个以上的人共同享有同一物的所有权。例如,夫妻双方对夫妻共有财产共同享有所有权。第二,所有权可与他物权并存。例如,甲可以在自己的物上为乙设定用益物权或者担保物权,在甲的物上有一个所有权和他物权并存。第三,数个他物权的并

---

① 参见梁慧星、陈华彬:《物权法》(第四版),法律出版社 2007 年版,第 11 页。

② 参见谢在全:《民法物权论》(上册),中国政法大学出版社 1999 年版,第 16 页。

③ "所谓排他性者乃于同一标的物上,不允许性质不两立之二种以上物权同时并存之谓……"郑玉波:《民法物权》(第 15 版),三民书局 1992 年版,第 12 页。

④ "物权系对物直接支配,故同一物上不能有两个以上同一内容之物权同时存在。此即物权之排他效力。"谢在全:《民法物权论》(上册),中国政法大学出版社 1999 年版,第 25 页。

⑤ 参见陈华彬:《物权法原理》,国家行政学院出版社 1998 年版,第 7 页。

存。例如,甲可以在不动产上为乙设立第一抵押权,然后,又可为丙再设立第二抵押权。

第二节　物权的客体

一、物权的客体

物权的客体是物,物是研究物权法的逻辑起点。物权法是以物为核心展开的,无论是所有权、他物权还是占有,均围绕物——物权客体所形成的社会关系展开。因此,物权法的理解和研究必须以认识和理解物的概念为前提。

(一) 物的概念

从罗马法以来,关于物有三种不同的立法例:

(1) 有体物和无体物的立法例。在罗马法中,物不仅包括有体物[①],而且还包括无体物。[②] 以《法国民法典》为代表的立法例,继受了罗马法的物包括有体物和无体物的立法例。

(2) 有体物的立法例。物仅指有体物——以占有一定空间而有形存在的为限,无体物排除在物的范畴之外。《德国民法典》第 90 条和《日本民法典》第 85 条等采纳了有体物的立法例。

(3) 有体物和部分可支配自然力的立法例。《瑞士民法典》第 713 条规定的物包括有体物和"法律上可支配的自然力"两个方面。《瑞士民法典》的立法例代表了物在当代社会的发展方向,为大多数国家所采纳。

《物权法》并未出现有体物和无体物的概念,《物权法》第 2 条规定的物仅包括动产和不动产,权利仅在法律规定的情形下才可成为物权的客体。实际上,《物权法》的规定涉及有体物和无体物,只是未出现相关的概念而已。《物权法》规定的动产和不动产是有体物,权利即为无体物。《物权法》明确规定以有体物为原则,但例外也承认无体物。权利作为物权的客体,仅限于法律有明文规定的情形。此外,《物权法》和《担保法》关于权利(建设用地使用权)抵押权和权利质权的规定,也表明我国法律承认无体物。

综合大陆法系各国物权立法及理论,物是指在人的身体之外能够满足人们某种需要且能为人所实际控制和支配的对象。物主要有三个方面的特征:

(1) 物是指狭义上的物。物有广义之物与狭义之物之分。广义之物,泛指

---

① "有些物上有形体的,有些是没有形体的。"〔古罗马〕查士丁尼:《法学总论》,张企泰译,商务印书馆 1989 年版,第 59 页。"有形物是那些可以触摸的物品,例如,土地、人、衣服、金子、银子以及其他无数物品。"〔古罗马〕盖尤斯:《法学阶梯》,黄风译,中国政法大学出版社 1996 年版,第 82 页。

② 同上。

一切客观存在,即指物理上的物,包括日月星辰、雷电风雨、山岳河川、电、热、声、光、气、动物、植物以及人类在内的宇宙间的万事万物。狭义之物,是指法律上的物。近代以来,民法形成一个根深蒂固的观念,即人的身体为人格所依附,不能成为物权的客体——物,对于人身体及任何部分均不能成立排他的、全面的支配权,但某些器官一旦与人体分离,如毛发、牙齿等,不再是人格的一部分。广义之物与狭义之物之间的区别在于能否成为权利客体,即法律上的物仅以能够成为权利客体的物为限,而物理上的物则不以能够成为权利客体的物为限。

(2)物不以有体为限。法律上的物通常是有体物,如《德国民法典》和《日本民法典》均有明确的规定。罗马法把物分为有体物与无体物,有体物是实体存在,可以通过触觉而认知的物体;而无体物则没有实体存在,是人们拟制的物,即权利。① 在罗马法中,土地、奴隶、金钱、衣服等属于有体物,而债权、用益权、地役权等属于无体物。② 但罗马法的有体物概念与所有权相同③,而无体物是指所有权之外的财产权,与近代以来无体物的概念不同。近代以来,有体物是指占据一定空间,有一定形状,凭借人类的感官能够感觉到的物。固体、气体和液体均为有体物。④ 无体物是指人类感官不能感觉到的物,如请求权、债权等权利是无体物。《德国民法典》和《日本民法典》采取了有体物的概念,对无体物(权利),则排除在物的概念之外。随着科学技术的发展,风力、水力、电力等自然力20世纪之后在生产和生活领域内的广泛应用,物的范围不断扩展。⑤《瑞士民法典》反映了这种变化,我国物权立法吸收采纳了国外立法经验。《物权法》第2条第3款规定了无体物,反映了我国社会经济的发展需要,具有时代特征。

(3)物是能够为人力所控制和支配的。物必须能够为作为权利主体的人所控制并支配。权利主体是以一定的物质客体确立、变更或者消灭一定的法律关系。如果权利主体之间所设立的权利义务的客体不能为人力所控制和支配,则

---

① 盖尤斯认为:"有体物是具有实体存在,可以由触觉而认知的物体。无体物则指没有实体存在,仅由人们拟制的物,即权利。"周枏:《罗马法原论》(上册),商务印书馆1994年版,第281页。

② 物以可用金钱衡量的为限,有体物与无体物均可以金钱来衡量。人法中的自由权、家长权、监护权等,虽然也是权利,但因其不能以金钱来衡量,所以不是物。参见周枏:《罗马法原论》(上册),商务印书馆1994年版,第281页。

③ 所有权是最为完整的物权,作为物权的所有权具有绝对的排他效力,非常容易与物的本体混为一谈。对所有权与所有物不加区分,习惯上讲所有权就是指所有权的标的。当时罗马的法学理论还没有达到高度的抽象概括的程度。因此,权利与权利客体不加区分。参见周枏:《罗马法原论》(上册),商务印书馆1994年版,第281页。

④ "近年来,学理上对有体物逐渐采扩大解释,认为有体物不必具有一定的形状或者固定的体积,不论固体、液体或气体,均为有体物。至于各种能源,诸如热、光、电气、电子、放射性、核能、频道等,在技术上已能加以控制,工商业及日常生活中已经普遍采用,为民法上的物。"魏振瀛主编:《民法》,北京大学出版社、高等教育出版社2000年版,第119页。

⑤《最高人民法院关于审理盗窃案件具体应用法律若干问题的解释》第1条规定:"根据刑法第264条的规定,以非法占有为目的,秘密窃取公私财物数额较大或者多次盗窃公私财物的行为,构成盗窃罪……(三)盗窃的公私财物,包括电力、煤气、天然气等……"。

权利主体之间的权利义务无法实现,因而权利主体之间法律关系的确立、变更和消灭就失去了意义。即使是有体物,如日月星辰,如果不能为人力所控制和支配,则不是法律上的物。

物是一个发展的概念,从有一定物理形态、看得见摸得着的有体物,发展到光、电、热、声、气等能为人类所支配和控制的自然力以及到人类感官无法感觉到的权利等无体物。进入20世纪之后,物的概念受到了人类社会经济、科技发展的较大的冲击,物的范围不断扩大,主要体现在四个方面:

(1) 人体器官。从1954年成功完成第一例肾脏移植手术以来,随着医学科学的不断发展,现代医学对人的器官、组织的利用技术不断提高。随着输血和器官移植行为越来越普遍,脱离人体的器官及组织、死胎、尸体、人体医疗废物和胎盘等,在不违背公序良俗的情形下在一定的范围内可以成为物权客体。此外,精子、卵子的捐赠使精子和卵子成为权利的客体,代孕现象的出现使子宫成为权利客体,突破了传统的物权理论。

(2) 虚拟财产。[①] 人类进入网络时代后产生了大量的虚拟财产,网络虚拟财产可分为虚拟网络本身和网络上的虚拟财产。虚拟网络本身是一种重要的虚拟财产。网络上的虚拟财产又可分为三种形式:第一种为网络游戏中的网络虚拟财产,包括网络游戏中的账号(ID)及积累的"货币"、"装备"、"宠物"等。第二种为虚拟社区中的网络虚拟财产,包括网络虚拟社区中的账号、货币、积分、用户级别等。第三种为其他存于网络的虚拟财产,包括OICQ号码、电子信箱及其他网络虚拟财产等。

(3) 无线电频谱资源。从1894年意大利工程师马可尼完成电磁波的发送和接收实验,到1901年第一次实现了横跨大西洋的无线电发报。1902年美国人巴纳特·史特波斐德进行了第一次无线电广播,标志着人类社会进入了无线电通信和广播时代。1963年第一颗地球同步卫星发射入轨实现了人类使用卫星传送信息。20世纪80年代欧洲推出了GSM数字移动通信系统,现代通讯业正在数字化通讯领域高速发展。无线电频谱资源成为一种财产。世界各国通过立法规制无线电的利用和资源的分配。我国《无线电管理条例》第4条和《物权法》第50条确认了无线电频谱资源归国家所有。

(4) 空间。伴随人类文明和进步以及社会经济发展的需要,出现了高层建筑、高架铁路、地下铁路、地下停车场、地下商场等,人类对土地的利用从平面向空间发展,出现了空间权,从而突破了近代物权法所确立的土地所有权绝对原则,空间也成为法律调整的对象——物。《物权法》第136条规定建设用地使用

---

① 虚拟财产是否能够成为法律意义上的财产——物,一度为刑事领域内的难点和热点问题。如果虚拟财产不是法律意义上的物,盗窃虚拟财产就不能构成盗窃罪。

权可以在土地的地表、地上或者地下分别设立。

(二) 物的分类

物的分类与物权的分类基本类似,方法和标准基本相同。按照不同的标准,可以对物进行不同的分类。对物分类的了解,有助于更为准确地理解物和物权。

(1) 动产与不动产。以物能否移动且移动是否损害价值、改变性质为标准,物可以分为动产与不动产。动产与不动产的分类是罗马法以来世界各国对物的最基本的一种分类方式,在物权法上具有重要意义的分类方式。

动产是指能够移动且不损害价值或者用途的物。大多数物属于动产,在法律上可以控制支配的各种自然力也属于动产。[①] 不动产之外的物则属于动产。[②] 动产以占有为公示方式,交付为动产所有权转移的标志。但是,船舶、航空器和机动车等高价值的动产,所有权的取得与变更的方式却不是以占有为公示方式,而是以登记为公示方式。这些动产物权的设立、变更和消灭不经登记,不得对抗善意第三人。[③]

不动产是指不能移动或者移动会造成价值减损或者性质变化的物。不动产主要是指土地以及土地上的定着物,有土地、定着物和出产物三种类型。土地是指一定范围的地球表面以及该表面的上空和地下,是最常见的一种不动产。土地由地上、地表和地下三部分构成,根据近代民法的所有权绝对原则,土地所有权人对土地上空或者地下也具有绝对权利,任何人不得以任何方式进行侵害。但是进入现代社会之后,伴随科技的发展,世界各国对空中和地下的利用越来越广泛,对土地所有权人土地的地上和地下权利进行了一定的限制。我国实行土地公有制,土地所有权不得交易,而且地下矿藏资源,如煤炭、石油、天然气等各种矿藏均归国家所有。[④] 我国的地上、地表和地下的所有权均归国家。

定着物是指依附于土地,但具有独立使用价值的物。房屋与其他建筑物是最主要的定着物。建筑物与土地之间的附着关系有临时性与长期性,临时性的附着关系有野营所搭建的帐篷、为演出所搭建的演出戏台、为展览所搭建的展览台、为建筑工人所搭建的临时工棚等。这些建筑物虽依附于土地,但具有临时性质,并不属于定着物。[⑤] 根据一般的社会经济观念,定着物已经成为土地的一部

---

① 《瑞士民法典》第 713 条规定:“性质上可移动的有体物以及法律上可支配的不属于土地的自然力,为动产所有权的标的物。”

② 我国台湾地区“民法”第 67 条规定:“称动产者,为前条所称不动产以外之物。”

③ 《物权法》第 24 条规定:“船舶、航空器和机动车等物权的设立、变更、转让和消灭,未经登记,不得对抗善意第三人。”

④ 《宪法》第 9 条规定:“矿藏、水流、森林、山岭、草原、荒地、滩涂等自然资源,都属于国家所有,即全民所有;由法律规定属于集体所有的森林和山岭、草原、荒地、滩涂除外。”

⑤ 《德国民法典》第 95 条规定:“(1) 为临时目的而将建筑物或者其他工作物附着于土地上的物,不属于土地的组成部分……(2) 为暂时目的而附着于建筑物上的物,不属于建筑物的组成部分。”

分，并持续地依附于土地，且具有独立的价值。

不动产的出产物（如庄稼、树木等）在与不动产分离之前，与不动产的关系，大陆法系各国（地区）有非独立物和独立物两种立法例。非独立物的立法例认为，出产物是不动产的组成部分，在土地上种植的树木、花草、水稻、大麦等农作物，在收获与土地分离之前，是土地的组成部分，非独立的不动产。例如，《德国民法典》第94条和我国台湾地区"民法"第66条均如此规定。独立物的立法例则认为，出产物为独立的不动产，可以成为独立权利客体。《物权法》第180条规定的"其他土地附着物"应包括不动产的出产物，可以单独进行抵押。

动产与不动产是物权法对物进行的最为重要的分类，鉴于动产与不动产在性质、价值以及使用方式上的差异，法律规定了不同的调整原则、规则和公示方式，这是区分动产与不动产的法律意义所在。

（2）主物与从物。以两个物之间的关系为区别标准，物可以分为主物和从物。主物与从物的划分源于罗马法和日耳曼法，现代民法仍然沿用这种分类。主物与从物，是按照物在相互关系中所起的作用进行的分类，在某种法律关系中，相互关联并同属于一人的两个独立的物，其中一个起主导作用的是主物，另一个起辅助主物效用的则是从物。例如，汽车是主物，备用胎是从物。主物与从物在物理上是相互独立的两个物，在使用上又相互联系，密切相关，只有主物与从物相结合，才能发挥物的最大效用。主物与从物的区分主要有两个方面的意义：一是从物随主物的处分而处分；二是主物抵押，从物也随之抵押。

（3）单一物、结合物与集合物。以物的存在或者组成方式为标准，物可以分为单一物、结合物与集合物。单一物，是指在形态上独立成为一个个体而存在的物。单一物可以是自然形成的，也可以是人为的。物的构成部分已经失去个性的，也是单一物。例如，一匹马、一头牛、一块宝石、一块布等。结合物，是指两个或者两个以上物的结合而形成的物。结合物的构成部分，虽然没有失去个性，但在形态上已经成为一个单一物。结合物属于广义的单一物，在法律上视为单一物。例如，房屋、船舶、汽车、飞机、手表、钻戒等。房屋在建成之后，砖、木、钉等仍然存在，并没有变成其他东西，但它们与水泥、沙等东西结合在一起，已经成为一个整体。手表上的每个零件并没有因为组装成手表之后，而丧失零件的个性。集合物，是两个或者两个以上的单一物或者结合物的集合，而各个单一物或者结合物仍然保持独立性。例如，牛群、羊群、图书馆的所有图书、商店的全部商品等。集合物因内容的不同，又可以分为事实上的集合物与法律上的集合物。事实上的集合物是指由多数有体物组成的集合物；法律上的集合物是指由有体物和无体物组成，在法律上被视为的一物，如遗产。单一物、结合物与集合物的区分主要有两个方面的意义：一是权利义务及于单一物和结合物的全部，二是物权请求权行使的方式不同。

（4）流通物、限制流通物与禁止流通物。以物是否具有流通性为标准，物分为流通物、限制流通物与禁止流通物。流通物，是指可以交易的物。普通的物均属流通物，包括动产和不动产，是民法主要的调整对象。限制流通物，是指不能按照一般的交易程序进行交易的物，即法律对于物转让给予一定的限制或者禁止私下转让的物。限制流通物，主要有以下几种：第一，贵金属。黄金、白银包括砂金、矿金、金银条块、金银铸币、金银制品等允许个人持有，但不得私下交易，只能由法律规定的专营单位经营，自然人、普通法人不得买卖黄金和白银。第二，某些特定的文物。根据《文物保护法》及其他有关法规的规定，埋藏在地下（包括内水和领海中）的一切文物属国家所有，任何单位或者个人都不得据为已有或非法转让。公民出卖个人收藏的文物，必须卖给国家指定的文物收购单位，不得进行黑市交易，严禁倒买倒卖，严禁走私出口，严禁私自出卖给外国人。第三，外汇。我国实行外汇管制，外汇仅限于特定的机构进行买卖。[①] 第四，管制物品。麻醉药品、剧毒品、运动枪支及其弹药的生产、流通、使用、保管必须按有关法律、法规规定控制，并限于法律规定的机构经营。禁止流通物，是指不能进行交易的物。禁止流通物主要有：第一，国家专有物。[②] 矿藏[③]、水流[④]和海域属于国家专有物[⑤]，只能作为国家所有权的客体，不得在自然人、法人之间买卖、租赁、抵押或者以其他形式非法转让。第二，部分自然资源。[⑥] 部分自然资源虽非国家专有但法律禁止转让，属于国家专有财产的有土地、矿藏、水流、森林、山岭、草原、荒地、滩涂等自然资源，禁止买卖、出租、抵押或以其他形式非法转让。第三，部分野生动植物资源等。部分野生动植物资源、无线电频谱资源以及国防资产等属于国家专有。[⑦] 四是违禁物品。指为防止危害人们身心健康和维护公序良俗需要禁止流通的物，如淫秽书画、音像制品等。流通物、限制流通物和禁止

---

① 《外汇管理条例》第 8 条规定："中华人民共和国境内禁止外币流通，并不得以外币计价结算，但国家另有规定的除外。"第 24 条规定："金融机构经营或者终止经营结汇、售汇业务，应当经外汇管理机关批准；经营或者终止经营其他外汇业务，应当按照职责分工经外汇管理机关或者金融业监督管理机构批准。"

② 《物权法》第 41 条规定："法律规定专属于国家所有的不动产和动产，任何单位和个人不能取得所有权。"

③ 《矿产资源法》第 3 条规定："矿产资源属于国家所有，由国务院行使国家对矿产资源的所有权。地表或者地下的矿产资源的国家所有权，不因其所依附的土地的所有权或者使用权的不同而改变……"。

④ 《水法》第 3 条规定："水资源属于国家所有，即全民所有。"

⑤ 《物权法》第 46 条规定："矿藏、水流、海域属于国家所有。"第 47 条规定："城市的土地，属于国家所有。法律规定属于国家所有的农村和城市郊区的土地，属于国家所有。"

⑥ 《物权法》第 48 条规定："森林、山岭、草原、荒地、滩涂等自然资源，属于国家所有，但法律规定属于集体所有的除外。"

⑦ 《物权法》第 49 条规定："法律规定属于国家所有的野生动植物资源，属于国家所有。"第 50 条规定："无线电频谱资源属于国家所有。"第 51 条规定："法律规定属于国家所有的文物，属于国家所有。"第 52 条规定："国防资产属于国家所有。铁路、公路、电力设施、电信设施和油气管道等基础设施，依照法律规定为国家所有的，属于国家所有。"

流通物区分的意义是禁止流通物不能成为权利客体,而限制流通物在一定范围内可以成为权利客体,流通物是最为普通的权利客体。

(5)消耗物与非消耗物。以同一物能否重复使用为标准,物可以分为消耗物与非消耗物,又称为消费物与非消费物。消耗物,是指经一次使用就归于消灭或者改变原有形态和性质的物。例如,柴、米、油、盐、酱、醋、茶等日常生活用品均为消耗物。但是有的物在使用之后事实上并未消灭,但是对使用者来说,使用之后该物转移给其他人,如货币,使用之前与使用之后货币仍然存在而且价值也未发生变化,但对使用者来说已经失去所有。对使用者而言,货币与食品经过使用而消灭并无差异,这种物称为法定消耗物,而普通消耗物则称为自然消耗物。非消耗物,是指可以多次反复使用而且不会改变形态和性质的物。例如,房屋、衣柜、衣服、书籍等均为非消耗物,这些物品是通过逐渐消耗而实现经济价值的。消耗物与非消耗物区分的意义是消耗物可以成为消费借贷、买卖等以转移所有权为目的的合同的标的物;非消耗物不仅可以成为转移所有权的合同标的物,而且还可以成为使用借贷、租赁等以转移使用权为目的的合同标的物。

(6)特定物与种类物。以物在交易中是否已指定为标准,物可以分为特定物与种类物。特定物,是指具有独立的特征或者在交易中被指定的物。特定物包括世界上独一无二的物以及从种类物中指定而特定化的物,前者如徐悲鸿的一幅画,或者从一批奥迪汽车中选出来的一辆或者数辆。种类物,是指仅以种类、品质、规格、数量加以确定的物。例如,奥迪 A6 汽车 100 辆。特定物因具有独特的特征或者被指定而具体化,不能以其他物来代替,因而又称为"不可替代物"。种类物则可以相同数量的同种物来替代,因而又称为"可替代物"。特定物与种类物之间的区分不是绝对的,而是相对的。例如,到商店去购买一台某种型号的电冰箱,在电冰箱送到顾客家之前,电冰箱属于种类物,在电冰箱送到之后,电冰箱由种类物变成特定物。特定物与种类物之间的区分主要有三个方面的意义:一是特定物与种类物分别属于不同法律关系的客体;二是特定物与种类物的灭失责任不同;三是特定物与种类物的所有权转移的时间不同。

(7)可分物与不可分物。以物的性质和价值是否因分割而变化为标准,物可分为可分物与不可分物。可分物,是指物的性质和价值不会因分割而发生变化的物,如柴、米、油、盐、酱、醋、茶等。不可分物,是指因物的性质和价值而不能分割,一旦被分割其性质和价值就发生彻底的变化的物,如一头牛、一辆汽车等。如果对一头牛进行分割,活牛就变成死牛,牛就变成了牛肉,性质和价值发生了不可逆转的变化。同样,一辆汽车被分割之后,就是汽车的零件,而不再是汽车。可分物与不可分物的区分主要有两个方面的意义:一是有利于确定多数人之债的债权债务关系,二是有利于正确分割共有财产。

(8)无主物与有主物。以物是否有归属为标准,物可以分为无主物与有主物。有主物,是指归属于某个权利主体的物。例如,某人的住房、汽车等。无主物,是指不归属于任何权利主体的物。例如,抛弃物、无人继承的物。无主物与有主物的区分主要有两个方面的意义:一是对于无主物,当事人凭单方意思即可取得该物;二是对于无主物的归属,世界各国的立法采取了不同的态度。

(9)原物与孳息。以物在相互关系中是否具有派生关系为标准,物可以分为原物与孳息。原物是指按照物的自然属性或者法律规定能够产生收益或者产生新物的物。孳息是指从物中所产生的收益,有天然孳息和法定孳息之分。[①] 天然孳息,是指按照物的自然属性而产生的收益物。[②] 例如,各种果树所结的果子,母牛生的牛犊,奶牛产的牛奶。法定孳息,是指根据法律规定而产生的收益物。[③] 法定孳息是因一定的法律关系而产生的收益,有利息、租金、股利等。产生法定孳息的原物必须是由他人使用,如果由自己使用而产生收益,如利润,并非法定孳息。此外,劳动力所获得的报酬,并非从原物所得,因而也不是法定孳息。区分原物与孳息的意义是孳息与原物分离之后属于有权收取孳息的人所有,而有权收取孳息的人并不一定是所有权人,主要有天然孳息的归属和法定孳息的归属两种情形。天然孳息的归属有原物主义和生产主义两种立法例。法定孳息通常归债权人所有。

(10)混合物与附合物。以不同所有权人的物成为一体时的状态为标准,物可以分为混合物与附合物。混合物,是指分别属于不同所有权人的物之间相互混合,难以分开而形成的物。附合物,是指分别属于不同所有权人的物相互附合成为一体,一旦分离,该物就会彻底损毁。混合物与附合物的区分主要有两个方面的意义:一是混合物可分的,由原所有权人分割;不能分割的,则采取折价分割的方法。附合物的所有权归主物所有权人所有,未能取得物的一方权利人有权要求另一方给予补偿。二是动产可以发生混合和附合两种情况,而不动产不能发生混合,动产可以成为不动产的附合物。动产与不动产附合的,附合物归不动产所有权人,动产所有权人有权要求不动产所有权人给予适当的补偿。

---

① 孳息在罗马法上有多种分类:天然孳息、加工孳息、法定孳息、未分离孳息、已分离孳息、实收孳息、应收孳息、现存孳息以及已消费孳息。参见周枏:《罗马法原论》(上册),商务印书馆1994年版,第292—293页。

② 《法国民法典》第583条规定:"自然果实为土地自然产生之物。动物的产物及其所繁殖的小动物亦为自然果实。土地的人工果实为由耕种而取得的果实。"

《德国民法典》第99条规定:"(一)物的果实,是指物的出产物以及依物的使用方法所取得的其他收获物。(二)权力的果实,是指依权利的使用方法所取得的收入,特别是指有取得土地组成部分的权利时,其所取得的组成部分。(三)果实也指物或者权利因法律关系所取得的收入。"

③ 《法国民法典》第584条规定:"法定果实为房屋的租金、到期原本的利息、分期支付的定期金。土地租赁的地租亦列入法定果实的范围。"

二、一物一权原则

一物一权原则是西方近代物权法所确立的基本原则。一物一权原则是近代大陆法系物权法对罗马法“所有权遍及全部，不得属于二人”的规则的继受，后来逐渐为大陆法系各国所采用。一物一权原则的存在，主要有两个方面的理由：一是有利于物权支配对象即物权客体范围的确定，使物权支配对象的外部范围明确化，以便法律对物权的支配予以保护。二是社会观念认为在物的一部分或者数物之上设定独立的物权，既没有必要也没有意义。一物一权原则既有利于物权公示，又有利于保护交易安全。但是，日本有学者认为，近代物权法的一物一权原则是近代所有权具有商品性的当然归结。[①] 换言之，一物一权原则纯粹源于商品交换的需要，商品交换实际上是商品所有权的交换，而商品所有权的客体在物质上的统一、在范围上的明确，则是商品交换的前提条件。关于一物一权原则的理论，我国学界大致存在物权客体特定说、物权效力排他说和折中说三种不同的主张：

（1）物权客体特定说。物权客体特定说认为，所谓一物一权原则，又称为物权客体特定主义，是关于物权客体的原则或者是对物权客体的基本要求。以物权客体特定主义来认识一物一权，一个物权的客体应当以一物为原则，一个所有权或者他物权不能存在于数个物之上。[②]

（2）物权效力排他说。物权效力排他说认为，一物一权是物权的绝对效力或者排他效力的表现，是对物权排他性的形象表述。一物一权本来要表达的意思是一物上不可能存在两个或者两个以上的所有权或者种类一致、效力相同的用益物权或者担保物权。[③]

---

① “商品的所有权概念不仅要求在内容上是完整的，而且要求其客体具有物质上的统一性，或者更确切地说，应称为一物的统一性……作为商品的所有权以对客体交换价值的独占的、排他的支配为内容，所以必然要求其客体的范围是客观的、明确的，并且通常是唯一的。”〔日〕川岛武宜：《所有权法的理论》，岩波书店 1987 年版，第 161—162 页，转引自王利明：《物权法论》（修订版），中国政法大学出版社 2003 年版，第 112—113 页。

② “一物一权主义系指一物上仅能成立一所有权，一所有权之客体，以一物为限而言。推而言之，一物只能有一权，故物之一部分，不能成立一物权，一物就有一权，故数个物不能成立一物权，物权之计算以一物为单位。”谢在全：《民法物权论》（上册），中国政法大学出版社 1999 年版，第 18—19 页。一物一权主义“是指一个物权的客体应以一物为原则，一物之上不能同时并存两个以上互不相容的物权”。崔建远：《我国物权法应选取的结构原则》，载《法制与社会发展》1995 年第 3 期。“一个物权客体应以一物为原则，一个所有权或他物权不能存在于数个物之上。”钱明星：《论我国物权法的基本原则》，载《北京大学学报》（哲学社会科学版）1998 年第 1 期。

③ “一物之上当然不可存在两个以上的所有权，也不可存在两个以上种类一致、效力相同的用益物权或者担保物权。”梁慧星等：《中国物权法草案建议稿——条文、说明、理由与参考立法例》，社会科学文献出版社 2000 年版，第 99 页。

“指同一标的物之上不得设立内容和效力互不相容的两个以上物权，尤指一物之上只能存在一个所有权。”温世扬：《物权法要论》，武汉大学出版社 1997 年版，第 25 页。

（3）折中说。折中说，又称为客体特定与效力排他说，认为一物一权原则实际上包括物权的排他性原则与物权客体特定性原则两个方面内容，以物权的排他性原则或者物权的客体特定原则来代替一物一权原则，均不妥当。[①]

对“一物”与“一权”之含义的不同解释，涉及一物一权原则中的“一物”与“一权”的界定和理解。“一物”有“客观一物论”与“观念一物论”之分。客观一物论者认为，物权的客体仅限于特定的、独立的一物，集合物上不能设定所有权或者其他物权，物的一部分或者物的成分不能成为物权的客体。对于集合物上成立一个所有权、设定财团抵押及建筑物的区分所有权等，是对“一物”进行特殊解释，或者作为一物一权原则的例外情况。观念一物论者认为，物权客体的特定性和独立性的衡量标准，与其说是物理上的，不如说是社会的一般观念上的、交易上的、法律上的。一个物具有物理上的特定性和独立性，固然为特定和独立之物，能成为物权的客体，即使不具有物理上的特定性和独立性，但在交易上认为具有特定性、独立性之物，法律也可加以确认，允许它成为物权的客体。换言之，一物一权中的“一物”，是指“法律观念上”的一个标的物，既可以是单一物，也可以是合成物或集合物，而不限于客观事实上的一个独立物。

“一权”也有两种不同观点：一是认为一物上的“一权”仅指一个所有权；二是认为在现代法中“一权”并不仅限于指所有权，而且还包括用益物权和担保物权在内。换言之，一物上的一权，是指一物之上不能同时存在两个以上的所有权，也不能并存两个以上内容、效力相抵触的物权。

大陆法系国家的民法典并未规定一物一权原则。一物一权原则是物权法学说上的归纳，目的仅在说明所有权与标的之间的关系。所有权与标的物之间的关系主要包括两个方面的内容：一是物权标的的独立性决定了一物的组成部分不得设立独立的所有权，只有完整的、独立存在的一物上才能设立所有权；二是物权标的的同一性质决定了所有权必须设定在一个独立物之上，而不能设定在由数个物所构成的集合物上。一物之上不仅能存在“一权”，而且还可以有“数个”物权并存，将“一物一权原则”扩张适用于他物权，缺乏逻辑支撑。一物一权原则主要有三个方面的内容：

（1）物权的客体必须特定。物权的客体应限于特定物。特定物既可以是独一无二的物，如上海2010年世界博览会的中国国家馆、上海大剧院、齐白石的一幅画等；也可以是特定化了的种类物，如一双爱步鞋、一张办公桌、一辆宝马汽车等。特定物所具有的特定性，决定了它是不能用其他的物进行代替的。但是，这

---

① 一物一权原则“是指一个物权的客体原则上应为一物，在一物之上只能存在一个所有权，并不能同时设定两个内容相互抵触的其他物权”。郭明瑞等：《民商法原理》（二），中国人民大学出版社1999年版，第11页。

种特定性是从物的可确定性意义上讲的。实际上，某物从物理、化学或者生物等方面的属性上是在不断发生变化的，如果从经济或者社会的观念上仍然承认同一性时，就仍然是特定物。物权的客体不特定化，物权人就无从对物进行直接的支配。当事人之间如果仅仅约定标的物的种类和数量，可以设立债权，但不能设立物权。

（2）一个物之上仅能设立一个所有权。物权具有排他性，一个物之上只能设立一个所有权。虽然有一个物上存在两个或者两个以上所有权人的情形，但并不意味着有两个或者两个以上的所有权存在，共有是数个共有人就同一物共同享有该物的所有权，而不是有数个所有权存在于同一物上。一物之上只能存在一个所有权，而不能存在两个或者两个以上的所有权，这是既符合财产的私有属性，又符合法律的逻辑安排的，因为所有权最主要的制度功能就是确立社会财富的归属关系，定分止争。

（3）物的一部分或者物的成分不能设立独立的所有权。[①] 所有权只能成立在一个独立的物上，在物的一部分或者物的构成部分上不能成立所有权。例如，一套房屋，只能就整套房屋或者房屋的各个具有独立使用功能的房间设定物权，而厨房、卫生间、客厅、卧室等不能单独设立所有权。同样，房屋的梁柱、地板、砖瓦等也不能独立成立所有权。某些形式上并非独立物，但从经济、社会的观念上认为是独立物的，也可以成立所有权。物的一部分或者物的成分，如果与物发生分离，成为独立之物时，也可以成立所有权。例如，购买某块土地砂石的买受人，享有要求交付该砂石的债权，在该砂石与土地分离成为独立物时，买受人即可取得砂石的所有权。

第三节　物权的类型

一、物权法定原则

物权法定原则是指物权种类和内容是法律规定的，当事人不得任意创设物权和物权的内容。物权法定原则是物权法的基本原则，涉及物权的种类和物权的内容两个方面的内容。20 世纪之后，物权法定原则遭到了学界的批判。《物

---

① 2005 年 3 月 14 日，索先生与张女士协议离婚，针对双方共同所有的登记在张女士名下的一套两居室住房，双方在离婚协议中约定：南侧一间归索先生所有，北侧一间归张女士所有。2007 年 1 月，张女士起诉到法院，要求确认离婚协议中有关离婚夫妻各占一房的约定无效，请求依法分割。北京市第一中级人民法院根据《物权法》的一物一权的基本原则作出终审判决，判决确认双方离婚协议中有关房屋的约定无效，两居室房屋一套全部归张女士所有，张女士给付索先生房屋折价款。

一套房屋只能设定一个所有权，虽可由两个或者两个以上个人共有，但法律不允许对同一套房屋设定两个以上的所有权。一套房屋不能由两个以上个人分别所有该套房屋的不同房间。

权法》继受了大陆法系的物权法定原则,明确规定了物权法定原则。[①] 但是,如何避免物权法定原则的僵化给社会经济带来的负面影响,是物权法定原则面对的主要问题。

(一) 物权法定原则的形成

物权的创设方式,大陆法系国家有放任主义和法定主义两种立法例。根据放任主义的立法例的规定,当事人的意思可以创设物权,法律不进行任何限制。《普鲁士民法典》采取放任主义的立法例。根据法定主义的立法例规定,物权的种类和内容仅限于法律的规定,禁止当事人根据自己的意思设定与法律规定不同的物权。现代大陆法系各国民法,采纳了法定主义而排斥放任主义,明文规定了物权法定。[②]《物权法》也明确规定了物权法定原则。

物权法定原则是罗马法确定的原则。在罗马法中,承认具有物权属性的权利有所有权、地上权、地役权、用益权、抵押权以及质权等。这些权利是对物的直接支配权,具有排他性、绝对性。这些权利的类型及取得方式均由法律作出明确规定,非以法定方式取得这些权利的,法律不予保护。[③]

大陆法系继受了罗马法的物权法定原则,只有 1794 年的《普鲁士民法典》例外地采用了物权的放任主义立法原则,《德国民法典》沿用了罗马法中的物权限制主义,尽管立法条文表述中对物权法定没有清晰的阐释,但所表达的思想贯彻了物权法定原则,并且采纳物权法定原则的主要依据是物权与债权的对立性,债权法以契约自由原则为指导原理,物权法则以物权法定原则为指导原理。[④] 在法国,尽管法律条文也未直接规定物权法定原则,学界对《法国民法典》是否采纳了物权法定原则也有不同看法,但主流观点肯定物权法定原则。[⑤] 近代以后,法国、德国、日本、奥地利、荷兰及我国台湾地区的物权法分别继受了物权法定原则。大陆法系各国立法例均无例外地接受了物权法定原则,大致有三个方面的原因[⑥]:

(1) 整理物权类型。物权法定原则是资本主义民法在近代完全确立之后,

① 我国《物权法》第 5 条规定:“物权的种类和内容,法律规定。”

② 《日本民法典》第 175 条规定:“物权,除本法及其他法律所定者外,不得创设。”我国台湾地区“民法”第 757 条规定:“物权除本法或其他法律有规定者外,不得创设。”

③ 参见〔古罗马〕查士丁尼:《法学总论》,张企泰译,商务印书馆 1989 年版,第 48—59 页。

④ 物权法定原则所运用的法律技术,是学说汇纂(pandekton)法学所运用纯熟的抽象与演绎的方法。学说汇纂法学提出了物权的概念并在法典中正式建立物权制度是德意志法系的创造。物权是建立在所有权、用益物权、担保物权等对物支配权之上的抽象的总括性概念。在德国民法体系化的构建过程中,物权法定被当作契约自由的反面被推导出来了。物权法定这一原则背后,是抽象与演绎法学方法的运用。

⑤ 参见尹田:《物权法理论评析与思考》,中国人民大学出版社 2004 年版,第 109—112 页。

⑥ 参见钱明星:《论我国物权法的基本原则》,载《北京大学学报》(哲学社会科学版)1998 年第 1 期。

针对当时复杂的封建土地关系,为避免繁杂的权利登记而造成的混乱结果,简化权利体系,应对物权(主要是土地权利)的类型及内容作出明确规定。物权法定原则,一方面为了限制所有权的效力,禁止所有权人任意设定他物权;另一方面限制过多繁杂的权利对土地及其他财产所有权的束缚,从而赋予所有权的独占性和完全性。

(2) 发挥物的效用。物权与社会经济密切相关,如果允许当事人任意创设物权种类,对所有权设定种种的限制和负担,则影响物的利用。法律明确物权的种类和内容,尽量将满足社会需要的物权形式纳入物权法,建立能够适应社会经济发展要求的,权利种类简明、效力明确的物权体系,有助于最大限度发挥物的效用。

(3) 保护交易安全。物权具有排他性,涉及第三人的利益,从而要求物权的存在及变动能够以某种方式进行公示。如果允许当事人自由创设物权,不仅容易对第三人造成损害,而且还增加了物权公示的难度。在物权的种类和内容法定化之后,不仅有利于物权的公示,而且也有利于确保交易的安全和便捷。

总之,物权法定原则的确立,限制了物权的种类和内容,使财产的归属关系及具体的权利内容明确化,极大地降低了交易费用。物权法定原则不仅限制了他物权的产生,确立了一个简单、明确的所有权规则,而且还为物权变动的公示提供了技术上的可能[①],从而促进了交易的便利,降低了交易成本,保障了交易安全。物权法定原则与公示制度相结合,使交易者免去对交易后果的担忧。只要交易符合法律规则,交易者就可得到无瑕疵的权利。物权法定原则保障了交易的安全,促进了交易的发展。

(二) 物权法定原则的内容

虽然近代以来,大陆法系各国陆续采纳了物权法定原则,但对物权法定原则的内容却有不同的解释。法国学者认为,物权法定原则仅指对物权类型和内容的限制;德国学者认为,物权法定原则不仅包括对物权类型和内容的限制,而且还包括对物权的设立和转移形式的限制;日本学者认为,物权法定原则是对物权种类和内容任意创设的限制。[②] 关于物权法定原则的内容,我国理论界存在以下三种观点:

(1) 物权的种类与内容根据法律规定。[③] 物权法定是指物权的种类与内容

---

① "物权法因须贯彻物权公示原则。倘物权种类许当事人任意创设,则仅依占有而为表象,既不可能,而依登记以为公示,于技术上又困难殊多,故法律为整齐划一,以便于公示计,不能不将物权的种类予以明定,而仅承认当事人在法定的物权内,有选用的自由,并无创设的自由。"郑玉波:《民法物权》(第15版),三民书局1992年版,第15页。

② 参见尹田:《物权法理论评析与思考》,中国人民大学出版社2004年版,第114页。

③ 参见史尚宽:《物权法论》,中国政法大学出版社2000年版,第12页。

由法律规定,当事人不得自由创设。[①] 换言之,当事人不能任意创设物权的种类和内容,物权的种类和内容仅限于法律的规定。我国台湾地区的学者基本采纳这种观点[②],但在《物权法》颁布之前我国大陆地区只有少数的学者采纳这种观点[③],在《物权法》颁布之后,部分学者改变了原先的观点。[④]

(2) 物权的种类、内容及设立与变动方式均由法律规定。法律直接规定物权的种类,禁止任何人创设法律没有规定的物权;法律直接规定物权的内容即权能,禁止物权人超越法律规定行使物权;法律直接规定物权的设立及变动的方式,未按法律规定的方式,则不会产生物权设立及变动的法律效果。[⑤]

(3) 物权的种类、内容、效力和公示方式均根据法律规定。物权必须根据法律规定设定,不得由当事人随意创设;物权的内容只能根据法律规定,不能由当事人通过协议设定;物权的效力必须根据法律规定,不能由当事人通过协议的方式加以确定;物权的公示方式必须根据法律规定,不由当事人任意约定。[⑥] 在《物权法》颁布之前,我国学者大多采纳这种观点。[⑦]

在《物权法》颁布之前,尽管我国的物权法学说接受了物权法定原则的理论,由于缺乏实在法的支撑,物权法学说并没有指明物权法定原则理论的法律渊源与效力,司法审判机关也没有以司法解释或者判例的形式来确立物权法定原则。学说缺少实在法上的统一性,物权法学说关于物权法定原则内容的认识并不一致,出现上述三种分歧。第一种观点认为物权法定是指物权的种类和内容法定,不允许当事人任意创设。这种观点显然是接受了传统民法关于物权法定

---

① "所谓不得创设者,其含义有二:(甲)物权种类之不得创设,即不得创设法律所不认之新种类的物权,例如在他人财产上创设物权的收益权,则非法之所许;(乙)物权内容之不得创设,即就法定物权不得创设与法定相异之内容,例如创设不移转占有之质权,纵亦名之为质权,但以与质权之法定内容不同故,法亦不认许之也。"郑玉波:《民法物权》(第15版),三民书局1992年版,第16页。

② "物权法定主义者,乃物权之种类与内容,均以民法或者其他法律所规定者为限,当事人不得任意创设之谓。"谢在全:《民法物权论》(上册),中国政法大学出版社1999年版,第42页。

"物权之种类,法有一定,即其内容,亦仅依法律之规定,当事人间不得任意创设物权,而契约自由之原则,不适用于物权关系也。"梅仲协:《民法要义》,中国政法大学出版社1998年版,第668页。

③ 参见钱明星:《物权法原理》,北京大学出版社1994年版,第29页;梁慧星主编:《中国物权法研究》(上),法律出版社1998年版,第67页。

④ 参见王利明:《物权法研究》(上卷)(修订版),中国人民大学出版社2007年版,第158页。

⑤ 参见李开国:《民法基本问题研究》,法律出版社1997年版,第267页。

⑥ 参见王利明:《物权法论》(修订版),中国政法大学出版社2003年版,第77—80页。

⑦ "物权法定是指物权的种类、效力、变动要件、保护方法等都只能由法律规定,不允许当事人自行创设。"张俊浩主编:《民法学原理》(上册)(第三版),中国政法大学出版社2000年版,第340页。"物权法定原则是指物权的种类及其内容、物权的公示方法、物权的效力及物权的保护方法等均由法律规定,当事人不得自由创设物权法规定以外的物权。"郭明瑞、唐广良、房绍坤:《民商法原理》(二),中国人民大学出版社1999年版,第9页。"物权法定原则,是指物权的类型,物权的内容、取得和变更,均由法律直接规定,禁止任何人创设法律没有规定的物权和超越法律的限制行使物权的法律原则。"江平主编:《民法学》,中国政法大学出版社2000年版,第317页。在《物权法》颁布之前,这是我国学界的主流观点。

的学说，而且我国《物权法》（草案）从第一次审议稿到第三次审议稿以及《物权法》，均采纳了这种学说。第二、第三种观点认为，物权法定使物权的种类、效力、变动要件、保护方法等由法律予以直接规定，不允许当事人任意创设。这两种观点实际上是对物权法规范作为强制性规范特性的一种概括，而不是传统民法上的物权法定。物权法定原则无疑表现了在物权关系的创设问题上，立法者的意志是对当事人意志的排斥，禁止当事人在物权关系创设的自由，因而物权的种类和物权的内容，必须直接基于法律的规定，当事人不得任意创设。当事人在法定物权种类范围之外自行创设新的物权类型，或者改变法律文明规定的物权内容，均违反物权法定原则。因此，物权法定原则应当是对物权创设和物权内容的限制。

《物权法》明确了物权法定原则的内容，采纳并肯定了传统民法物权法定原则的学说。《物权法》关于物权法定原则的规定，有助于统一我国理论界和实务界对物权法定原则内容的认识。[①] 《物权法》既要适应社会需要，整理现有的物权，统一物权的内容，对具有法律保护意义的利益予以法律上的保护，使其获得较强的效力和法律上的安全；又要在制度安排上保留适当的空间，在物权法律制度的构造中，适当引入私法自治机制，从而使物权法律规范更具有弹性和包容力。

（三）物权法定原则的发展

物权法定原则的产生，有深刻的社会经济原因。物权法定原则对物权种类和内容的限制，稳定了社会经济关系，减少了交易成本，保障了交易安全。但是，随着社会经济的不断发展，物权法定原则暴露出越来越多的弊端，给物权法带来的僵化损害了社会经济发展的活力。[②] 因此，大陆法系物权法出现了物权法定原则的和缓。

物权法定原则从近代的确立到现代的发展过程中，大陆法系各国对物权法定原则的解释，经历了一个从严格解释到宽泛解释的过程。在物权法定原则确立的初期，各国的判例及学说均对法定之"法"予以严格限制，将习惯法排除在"法"之外。现代各国已经承认习惯法上的物权，承认习惯的法源地位已经成为事实[③]，表明了物权法定原则在不同的社会发展阶段对社会的发展产生了不同的影响和作用。

社会经济的发展变化对物权法定的刻板僵化提出了挑战，僵化的物权法定

---

① 在《物权法》颁布之后出版的物权法著作中，根据《物权法》的规定统一了物权法定原则的内容，即物权种类和内容法定。

② "物权法定主义过于僵化，难以适应现时社会经济的发展，倘于习惯能有适宜的公示方法的新物权的生成，自不妨予以承认。"郑玉波：《民法物权》（第15版），三民书局1992年版，第16页。

③ 参见郑云瑞：《民法总论》（第三版），北京大学出版社2009年版，第69页。

原则阻碍了社会经济的发展。物权法定原则的僵化，主要体现在对物权种类和内容的限制，使法律失去了应有的灵活性，抑制了新型权利的出现，压抑了社会对权利的创新功能，将权利的源泉更多地视为来自国家权力，而不是来自市民社会的自发运动。物权法理论对物权法定原则进行了检讨，形成了物权法定无视说、习惯法物权有限承认说和物权法定缓和说三种学说[①]：

(1) 物权法定无视说。日本学者我妻荣倡导物权法定无视说，认为应无视物权法定的规定而承认习惯法物权的效力。习惯法是在长期的社会生活中自发形成的，如果阻挠干涉习惯法物权的效力，反而不利于社会经济的发展。

(2) 习惯法物权有限承认说。如果社会习惯法上所产生的物权，不妨碍物权体系的建立，不违反近代所有权的基本观念，且不属于物权法定所排除的封建物权，又不妨碍物权公示时，可突破物权法定的限制，而直接承认该习惯法上的物权。

(3) 物权法定缓和说。物权法定缓和说认为，新出现的物权如不违反物权法定原则的立法目的，又有一定的公示方法，可以适用物权法定内容从宽解释的方法，解释为非新种类的物权。[②]

以上三种学说中，物权法定无视说过于激进，彻底否定了法律的权威。习惯法物权有限承认说，没有明确习惯法是否属于物权法定原则所指的法律。物权法定缓和说，既满足了社会经济发展的客观需要，又维护了法律的权威。

从大陆法系国家的实践看，《德国民法典》确立了物权法定原则，虽然没有明文规定，但学说及判例均无异议。实际上，德国民法中的物权法定原则从一开始就不是很严格，因为大量的地方法承认了习惯法上各种物权，而且这些权利类型的规定也不能完全满足社会发展的需要。其他权利突破了物权法定原则的限制而获得了法律的承认。[③] 日本民法对物权法定原则的突破主要围绕习惯法上的物权而展开。对物权法定之法是否包括习惯法在内，物权法学说经历了一个从否认到承认的转变过程。日本习惯法上的物权通过判例及单行法而获得了法律上的承认。但是，对于为适应社会经济发展而新出现的物权，则通过仅承认习

---

① 参见谢在全：《民法物权论》(上册)，中国政法大学出版社1999年版，第46—47页。

② 例如，在我国台湾地区的实务中，对最高额抵押的从属性进行从宽解释，承认其为物权法上的物权。物权法定的缓和，也可以利用现有的物权制度。例如，我国台湾地区的让与担保，是以所有权移转之构造与信托约款的债的关系，而获得法律上的地位。

③ 例如，不完全所有权(Anwartschaftsrecht)。德国法上担保形式的发展，出现了“所有权保留”的担保形式。根据《德国民法典》第455条的规定，赊销财产的出卖人可在价金全部清偿之前，保留财产的所有权。在这种担保形式中，与占有相脱离的标的所有权成为一种手段，以保证价金余额的清偿。所有权保留经历了一个发展过程。起初，在买受人最终付清价金并随即取得完全所有权之前，并未取得任何财产权益。后来，人们开始认识到，在买受人偿付了半数或更多价金的早期阶段，就应受到某种保护。这一变化导致了人们对不完全所有权的承认，不完全所有权被视为一种独立的物权形式。不完全所有权打破了物权法定的限制，得到了人们的普遍承认。

惯的法源地位并不能彻底解决这一问题,将新型权利纳入物权体系又存在逻辑上的困难和时间上的滞后性。

物权法定原则的缓和已经是大陆法系各国物权法的发展趋势和必然,我国《物权法》规定了物权法定原则,但未对新出现的物权设立一种确认的规则——即未对物权法定原则的缓和作出回应。习惯法的法源地位仅在一定范围内被承认,包括《民法通则》和《物权法》在内的民法并未直接在总则中肯定习惯法的法源地位,物权法定原则的缓和在我国《物权法》上缺乏应对措施。

二、物权的类型

我国物权法有自己的特点,物权的类型不同于大陆法系国家的物权类型,特别是在《物权法》颁布之前,我国物权类型非常繁杂。在介绍我国物权类型之前,有必要先了解大陆法系国家传统民法物权的类型,不仅有助于我国物权类型的构建和完善,而且对了解我国物权类型的演变具有重要意义。

(一) 传统物权类型

大陆法系物权类型是物权法历史发展过程中逐步形成的,具有科学性和内在的合理性。按照不同的标准,传统物权法的物权有如下不同的分类:

(1) 自物权与他物权。以物权设立的基础为标准,物权可以分为自物权与他物权。自物权是建立在自有物上的权利,即所有权,或者称为完全物权。所有权、自物权和完全物权虽然指的是同一东西,却具有不同的含义,自物权是相对于他物权而言;完全物权是相对不完全物权而言,即具有占有、使用、收益和处分四项权能;所有权是相对于限制物权[①]而言,是指在法律规定的范围内对所有物的全面支配权,即所有人依法对物享有占有、使用、收益和处分的权利,是物权中最完整、最充分的权利。所有权的这种全面的支配利益表现在实物形态和价值形态两种利用形态。实物的利用形态,是指所有人自己通过对物的利用,或者通过设定建设用地使用权、租赁权等将所有物供作他人使用而自己获得利益。价值的利用形态,是指以所有物提供担保获取信用,或者将所有物予以处分而获取物的价值形态。他物权,是指建立在他人物上的权利。不完全物权,是指仅享有占有、使用、收益和处分四项权能中部分权能的权利。限制物权,是指所有权以外的、仅在一定范围内对物进行支配的物权。

区分自物权与他物权的意义主要表现在三个方面:一是他物权具有限制自物权的作用,效力高于自物权,一旦他物权消失,自物权回复其圆满状态。[②] 二

---

① 限制物权是日本学者松冈义正创造的,来源于罗马法的"Jus in re aliena"。

② "限制物权消灭,则所有权自动的回复其完全支配力。"史尚宽:《物权法论》,中国政法大学出版社 2000 年版,第 1 页。

是自物权的权利主体是物的所有权人，而他物权的权利主体则不是物的所有权人。三是自物权是无期限物权，而他物权则是有期限物权。

（2）用益物权与担保物权。以限制物权的支配内容为标准，物权可以分为用益物权与担保物权。用益物权是对他人的物在一定范围内享有使用、收益的物权，即以标的物的使用价值为内容的物权，如传统民法上的地上权、典权、永佃权、地役权等。担保物权是以标的物为债权提供担保的物权，即以支配标的物的交换价值为内容的物权，如抵押权、质权、留置权等。用益物权与担保物权区分的意义是用益物权的权利人根据标的物的性质获得使用收益，并在物的使用过程中实现目的，因而在同一物上不得设立两个或者两个以上的用益物权；担保物权是以支配标的物的交换价值，促使债务人清偿债务而间接实现其目的，因而同一物上可以设立两个或者两个以上担保物权。

（3）动产物权、不动产物权与权利物权。以标的物的种类为标准，物权可以分为动产物权、不动产物权与权利物权三类。动产物权，是指以动产为标的物的物权，包括动产所有权、动产质权、动产抵押权以及留置权。不动产物权，是指以不动产为标的物的物权，包括不动产所有权以及传统民法上的地上权、地役权、不动产抵押权、永佃权以及典权等。权利物权，是指以权利为客体的物权，包括权利质权和权利抵押权。[①] 物权的标的物通常是物，权利物权是一种例外，有的称之为准物权。动产物权、不动产物权和权利物权的区分有三个方面的意义：一是成立和变动的要件、公示方式有所不同。动产物权以占有为公示方式，不动产物权以登记为公示方式，权利物权一般以登记为公示要件。二是物权的方式有所不同。动产物权的取得可以通过善意取得、先占、加工、拾得遗失物、发现埋藏物和添附等方式；这些物权的取得方式并不能适用于不动产物权。三是可以设定的他物权不同。由于用益物权具有对世性，对其他人的权利影响较大，用益物权原则上仅能在不动产物权上设立；在动产物权上通常不得设定用益物权。

（4）主物权与从物权。以物权独立性为标准，物权可以分为主物权与从物权。主物权是指不以主体享有的其他权利为前提，能够独立存在的物权，如所有权、地上权、永佃权、典权等。从物权是指从属于其他权利而存在的物权，权利人须享有其他权利（主权利）才能享有物权。担保物权为典型的从物权，地役权也是从物权。主物权与从物权区分的意义是主物权独立存在，而从物权则依赖于主物权的存在而存在。

（5）意定物权与法定物权。以物权的设立是否以当事人的意思为标准，物

---

① 我国台湾地区"民法"第882条规定："地上权、永佃权、及典权，均得为抵押权之标的物。"

权可以分为意定物权与法定物权。意定物权是指以当事人的意思而发生的物权,如质权、抵押权等。法定物权是指直接基于法律的规定产生的物权,如法定抵押权和留置权等。意定物权与法定物权区分的意义是两者的成立要件和适用法律不同。

(6) 登记物权与非登记物权。以物权是否登记为标准,物权可以分为登记物权与非登记物权。登记物权,是指物权的设立、变更以及终止须经登记机关登记才能产生相应的法律效力。现代各国的法律都规定,不动产物权须办理登记,方可产生相应的法律效果。非登记物权,是指物权的设立、变更以及终止无须登记即可产生相应法律效力。一般而言,动产物权均属于非登记物权,非登记物权以对物的占有的方式向社会公示,通过物的交付即可产生效力。登记物权与非登记物权区分的意义是登记物权的设定和转移经登记而生效,非登记物权则因交付而生效。在动产抵押中,只有登记动产物权可以成为抵押权的标的。

(7) 有期限物权与无期限物权。以物权的存续有无期限为标准,物权可以分为有期限物权与无期限物权。有期限物权,指仅能在一定期限内存续的物权。如以约定方式设定的限定物权,除当事人有特别约定或者法律另有规定外,一般均为有期限物权。例如,抵押权、典权等。无期限物权,是指未定存续期间,得永久存续的物权。如所有权以及传统民法的永佃权。[①] 有期限物权与无期限物权区分的意义是有期限物权存续期间届满,物权消灭;无期限物权,除了物权人抛弃外,永存不灭。

(8) 本权与占有。以是否有权利为内容作为标准,物权可以分为本权与占有。占有是指对标的物有事实上管领力的一种事实状态。各国法律对占有是否作为权利有不同的规定。《日本民法典》规定占有为权利,但是,大陆法系其他国家不承认占有为权利,占有并非物权,而是一种事实状态。本权是相对于占有而言的,是指当事人不仅对标的物有事实上的管领力,并且该管领力是一种权利。对占有而言,一切物权均为本权。本权与占有区分的意义是确定有无本权的存在,以确定保护的方法和程度。

(9) 普通物权与特别物权。以依据的法律不同为标准,物权可以分为普通物权与特别物权。普通物权是指民法典规定的物权,又称为民法上的物权。特别物权是指由特别法规定的具有物权性质的财产权。特别法是兼有民法规范和行政法规范的综合性法律。例如,森林法中的林木采伐权、矿产资源法中的采矿权和探矿权、渔业法中的渔业权、野生动物保护法中狩猎权、海商法中的船舶抵

---

① 永佃权是指支付佃租,永久在他人土地上进行耕作或者放牧的权利。

押权等物权、航空法中的航空器抵押权等,都属于特别法上的物权。普通物权与特别物权区分的意义是两者适用的法律不同,根据特别法优于普通法的原则,特别物权应先适用特别法的规定,只有在特别法没有规定的情况下,才适用普通法的规定。

(二) 我国物权类型

鉴于世界各国的社会经济状况和民族传统上的差异,其物权种类也不尽相同。在《物权法》颁布之前,我国民法一直没有正式采用"物权"的法律术语,也没有系统的"物权"立法。当时立法虽未采纳"物权"概念,却不乏对各种物权具体形态的规定。[①] 但是,学界对当时物权的具体形态,意见不一,分歧较大,主要有二分说与三分说两种不同的观点:

(1) 二分说。二分说将物权分为两大类,又有两种不同的分类方法:第一,以《民法通则》的有关规定为标准,将物权分为财产所有权和与财产所有权有关的财产权。第二,以立法规定为标准,将物权分为《民法通则》规定的物权和《民法通则》和其他法律承认的用益物权和担保物权。《民法通则》规定的物权,即财产所有权,包括国有土地使用权、宅基地使用权、林地使用权、相邻土地使用权、自然资源使用经营权等在内的财产使用权以及承包经营权。

(2) 三分说。三分说将物权分为自物权、他物权和类物权三类。自物权,即所有权。他物权,包括用益物权和担保物权,其中用益物权有国有企业经营权[②]、使用权、承包经营权、典权、采矿权,担保物权有抵押权、质权和留置权。类物权,即占有。

上述两种观点虽存在某些差异,基本上都客观反映了《物权法》颁布之前我国物权的法定形态,但是第一种分类仅对我国当时物权形态进行简单的罗列而没有进行归纳,只能说明我国当时具体的物权形态,从物权法体系的构建来说,并没有任何实质上的意义。后一种分类是按照传统民法物权体系对我国当时物权形态的归纳,符合民法物权的逻辑和规范,对《物权法》的物权体系的构建具有积极意义。

虽然《物权法》已经颁布实施,但是此前的物权立法仍然有效,因而有必要从"民法上的物权"和"特别法上的物权"两个方面,对《物权法》颁布之前的具体物权形态进行考察,这有助于更为清晰地认识我国的物权。我国民法上的物

---

① "中国没有给予自物权、他物权的提法和分类以正式的名分,民法通则甚至回避了物权的概念,但实际上,中国的物权制度,依然属于自物权、他物权体系。所谓与所有权相关的财产权,其实就是他物权,尽管名称不同,对其所作出的解释和定位,完全是在所有权的基础上进行的,借用的法理也是他物权的那一套。"孟勤国:《物权二元结构论》(第2版),人民法院出版社2004年版,第5页。

② "所有权派生出经营权的'两权分离'学说已经在国有企业改革实践中失败……"孟勤国:《物权二元结构论》(第二版),人民法院出版社2004年版,第32页。

权,《民法通则》在第五章第一节“财产所有权和与财产所有权有关的财产权”中,规定了财产所有权、国有土地使用权、土地承包经营权、全民所有制企业经营权、采矿权和相邻权,在第二节“债权”中规定了抵押权和留置权;我国特别法上的物权,包括《企业破产法》规定的破产财产优先权①,《海商法》第二章第二、第三节规定的船舶抵押权和船舶优先权,《担保法》第三章、第四章和第五章规定的抵押权、质权和留置权,以及《土地管理法》、《森林法》、《草原法》、《矿产资源法》、《渔业法》、《野生动物保护法》所规定的土地使用权、林地使用权、草原使用权、矿产资源使用权、渔业权、狩猎权等。从我国民法上的物权和特别法上的物权所罗列的物权形态看,我国当时立法的物权形态,涵盖了所有权、用益物权、担保物权及准物权等传统物权的基本形态。在《物权法》颁布之前,虽然我国不存在形式意义上的物权立法,但通过《民法通则》和一些单行立法,已初步建立了具有中国特色的物权体系。在《物权法》颁布之前,我国物权体系主要有三个方面的缺陷:

(1) 计划经济色彩较重。国家所有权在物权体系中居于核心地位,具有鲜明的计划经济时代的烙印。在实行高度集权的计划经济体制下,社会财产的绝大部分为国家所有或者集体所有,个人财产仅限于维持日常生活所必需的消费资料,在物权法上体现为单一的所有权制度。尽管 20 世纪 80 年代初的经济体制改革之后,我国承认了多种经济成分的法律地位,反映在物权上便有所松动,规定了私有财产权等法律制度。但是,由于深受计划经济的影响,我国当时的物权理论还停留在国家所有权为核心的物权理论上,所有权制度也大大滞后,主要表现为两个方面:其一,注重国家所有权,而忽视公民私人所有权,两者在法律地位上不平等;其二,在国家所有权与相关他物权的关系上,重归属,轻利用,重视维护实物的安全。国家只作财产的消极保护者而不是财产价值的积极创造者,从而使国有资产流通阻滞、混乱,资源浪费严重,经济效益低下,丧失了通过流通而产生的利益。

根据所有权形式的不同而将所有权区分为国家所有权、集体所有权和个人所有权三种基本形态,人为地割裂了所有权本身的同一性和完整性,进而片面地

---

① 《企业破产法》第 113 条规定:“破产财产在优先清偿破产费用和共益债务后,依照下列顺序清偿:(一) 破产人所欠职工的工资和医疗、伤残补助、抚恤费用,所欠的应当划入职工个人账户的基本养老保险、基本医疗保险费用,以及法律、行政法规规定应当支付给职工的补偿金;(二) 破产人欠缴的除前项规定以外的社会保险费用和破产人所欠税款;(三) 普通破产债权。破产财产不足以清偿同一顺序的清偿要求的,按照比例分配。破产企业的董事、监事和高级管理人员的工资按照该企业职工的平均工资计算。”

强调对国家所有权的特别保护[①],轻视对其他形式所有权的保护,这既与民法的平等保护精神相悖,也不符合社会主义市场经济对财产归属秩序和流转秩序的要求。市场经济要求国有资本退出竞争性领域,对各种资本进行同等保护。随着我国社会主义市场经济的确立和完善,国有资本将最终退出竞争性领域。实际上,资本一旦进入流通领域,就丧失了所有制的属性。国有资本以公司的形式进入市场,即成为公司财产,在交易领域确立国家所有权的核心地位,既没有现实意义,也没有理论意义。

(2) 物权无序混乱。物权杂乱无章,没有能够形成一个逻辑严谨、周密完善的物权体系。物权制度这方面的缺陷主要表现在以下五个方面:一是概念很不准确。《民法通则》为回避“物权”的概念,而使用“财产所有权和与财产所有权有关的财产权”的表述,结果漏洞很多,大有歧义。二是没有采纳传统物权法的概念和术语。例如,没有采用传统民法上的地上权、永佃权、用益权等物权概念,代之以土地使用权、土地承包经营权、自然资源承包经营权等新的物权名称,以调整公有制条件下土地和自然资源的利用关系。没有采用传统民法上的地役权概念,相应的法律关系由“相邻关系”的法律规则加以调整,即由相邻权代替了地役权[②];物的占有关系,缺乏全面和统一的法律调整。三是物权法体系结构不合理。在《民法通则》中,担保物权被割裂出去,置于债权篇幅中,破坏了他物权与整个物权法体系的内在逻辑关系。四是抵押权与质权不分。《民法通则》中将抵押权与质权合二为一,违背了基本的法理。抵押权与质权虽均为担保物权,但是适用对象、成立条件及权利的行使方式均不相同,抵押权和质权的混同,必然会造成日常理解及适用上的混乱。五是权利定性错误。将相邻权并入他物权,与传统物权法的逻辑发生冲突。相邻权是所有权的延伸扩展或者必要限制,从罗马法创设之时起,均纳入所有权体系,《民法通则》中将相邻权视为他物权,混淆了自物权与他物权之间的界限。

(3) 物权法简单、残缺不全。物权法过于简单,基本物权缺失,内容残缺不全,无法规范、指引复杂的社会经济生活。虽然《民法通则》规定了财产法的基本制度,但由于条文十分原则,在日常的社会经济社会中,缺乏相应的行为规范,来引导人们的交易行为;在司法实践中,缺乏裁判的依据,许多案件的审理通常是适用有弹性的法律原则、地方政策、风俗习惯。基本的物权制度缺失表现为:

① 对国家财产实行特殊的保护,即采纳请求返还国有财产不受善意取得和时效的限制、所有人不明的财产推定为国家所有的规则。参见佟柔主编:《民法原理》(修订版),法律出版社 1986 年版,第 170—171 页。

② 全国人大法工委的《中华人民共和国物权法草案》以及梁慧星先生组织起草的《中国物权法草案建议稿》采纳了邻地利用权的概念,但是这个概念的内容又完全借鉴大陆法系的地役权。采纳邻地利用权很容易给人造成误解,认为土地必须以“相邻”为必要,这既混淆了地役权与相邻权的概念,又不符合现代地役权的发展趋势。

我国法律没有规定物权公示制度、善意取得制度、取得时效制度、占有制度等。物权制度的内容残缺不全最为有力的表现是：海商法、企业破产法和民用航空法均有具体优先权制度，而作为民事基本法的《民法通则》却缺乏相应的上位的规定。[①] 此外，在现代社会的经济生活中新出现的财产关系和财产问题，物权立法未能及时规定，只能通过司法解释或者其他途径来予以补救，这反映了我国物权法的滞后性。

总之，在《物权法》颁布之前，物权体系比较杂乱、简单，还不完善、欠发达。伴随市场经济制度在我国的逐步确立，为我国的物权制度的成熟创造了社会经济条件。同时，市场经济的发展，也要求进一步完善我国的物权制度。《物权法》的颁布，标志着我国基本物权体系的确立。《物权法》确立的物权概念，是我国物权体系的基础。在物权概念的基础上，《物权法》确立了包括所有权、他物权和占有在内的物权体系，具体如下图[②]：

- 物权
  - 自物权——所有权
  - 他物权
    - 用益物权
      - 建设用地使用权
      - 宅基地使用权
      - 土地承包经营权
      - 地役权
    - 担保物权
      - 抵押权
      - 质权
      - 留置权
  - 类物权——占有

第四节　物权的效力

一、物权的效力

物权的效力，是从罗马法以来物权法中的一个重要问题，但关于物权的效力却存在各种不同认识。我国学界对物权的效力，主要有三种观点：

（1）物权的效力是物权排除侵害的效力。物权的效力是为了确保物的权利人对标的物的直接支配并同时享有物上权利的圆满状态不受侵犯，法律赋予物

① 《物权法》没有规定优先权制度，这个制度缺陷仍然存在。

② 大陆法系各国民法所规定的物权如下：罗马法物权包括所有权和他物权，他物权分为役权（地役权和人役权〔用益、使用、居住、劳役〕）、地上权、永佃权和质权（质权与抵押权没有严格区分）；法国民法物权包括所有权、用益权、使用权、居住权、地役权、质权、留置权、先取特权；德国民法物权包括所有权、役权（地役权、用益权、限制的人役权）、地上权、先买权、土地负担、抵押权、土地债务及定期土地债务、质权以及占有；瑞士民法物权包括所有权、役权（地役权、用益权及其他役权）及土地负担、不动产担保以及动产担保；日本民法物权包括占有权、地上权、所有权、永小作权、地役权、留置权、先取特权、质权、抵当权以及入会权。参见郑玉波：《民法物权》（第15版），三民书局1992年版，第20—21页。

权的某些特定的保障力。[①]

（2）物权的效力是物权自身的全部效力。物权的效力是当事人发生物权法上的效果行为所获得的强制力。[②]

（3）物权的效力是行为本身的效力。物权的效力是指合法行为产生物权法上的效果的保障力。[③]

以上三种观点并未准确说明物权效力。权利的效力是法律赋予权利的强制力，即权利人为实现利益而获得的法律保障力。任何权利的效力均来源于法律，是法律的强制力在特定权利义务关系中的体现而已。权利的效力是权利本身所具有的法律强制力，而不是指权利人行为的效果、行为的强制力或者行为的保障力。

物权的本质是直接支配特定的物并享受其利益的排他性权利。物权效力的本体，是社会性地容忍物权人以直接支配标的物方式实现物权的内容，物权的实现无须他人的协助或者帮助。对物的支配效力是物权的基本效力，即物权人对物的支配所应获得的保障力，是物权的功能和作用的概括体现。物权的效力理论是以保障物权的支配效力而展开的。换言之，物权效力理论关注物权人在行使对物权的支配权时，物权的强制力如何对物权人支配权的圆满状态存在和行使，提供切实可行的保障，而不是整体研究物权的支配效力本身以及在物权支配效力基础上所派生的全部具体效力。

大陆法系国家的物权立法对物权效力并没有系统、完整的规定，物权效力是物权法理论对物权效力的法律规范的抽象归纳。由于立法上无法确定物权有何种效力，学界对物权效力的观察、分析角度又不尽相同。对物权效力的认识存在较大的分歧，主要有二效力说、三效力说和四效力说三种学说：

（1）二效力说。二效力说认为，物权的效力有物权优先权效力与物权请求权效力两种。物权对客体的直接排他性的支配权产生物权的优先效力和物权的请求权。[④]

（2）三效力说。三效力说认为，物权具有三种效力，但对物权所具有三种效力的内容，又有两种不同的观点：一是认为物权具有排他效力、优先效力与物上

① “为确保物权人直接支配标的物、享受物权利益的圆满状态不受侵害，大陆法系各国法律赋予了物权某些特定的保障力。”梁慧星主编：《中国物权法研究》（上），法律出版社1998年版，第76页。

② “物权的效力是指物权所特有的功能和作用。”王利明：《物权法论》（修订二版），中国政法大学出版社2008年版，第6页。

③ “物权的效力，是指合法行为发生物权法上之效果的保障力。”陈华彬：《物权法原理》，国家行政学院出版社1998年版，第90页。

④ “物权，为对于客体之直接排他支配权。自此本质，发生优先的效力及物权的请求权。”史尚宽：《物权法论》，中国政法大学出版社2000年版，第10页。“物权之本质在乎对其标的物得直接支配而具有排他性，依此则当然发生‘优先效力’与‘物上请求权’两者。”郑玉波：《民法物权》（第15版），三民书局1992年版，第21—22页。

请求权效力三个方面[①];二是认为物权的效力有对物的支配力、对债权的优先力、对妨害的排除力(即物上请求权)三个方面。[②]

(3)四效力说。四效力说认为,物权具有四种效力。四效力说是国内目前较为流行的所谓"集大成"之学说,认为物权的效力有排他效力、优先效力、追及效力和物权请求权效力四种。[③]

二效力说、三效力说和四效力说从不同的视角说明物权的效力,一定程度上反映了物权效力的内容,但二效力说更为准确地说明了物权效力的内容,物权的效力表现为优先效力和物权请求权两个方面的内容。物权的排他效力是物权的当然属性,物权本身是一种具有排他性的权利,这是任何物权所具有的特性。物权的追及效力,包括在物权优先效力和物权请求权之中。[④] 物权优先效力包括物权之间的优先效力和物权与债权之间的优先效力两个方面内容,无论是物权之间的优先效力还是物权与债权之间的优先效力均体现了物权的追及效力。物权请求权包括返还请求权、排除妨害请求权和预防妨害请求权三个方面内容,物权的返还请求权体现了物权的追及效力。因此,物权效力表现为物权优先效力和物权请求权两个方面的内容。

二、物权的优先效力

物权的优先效力,也称为物权的优先权。优先权制度起源于罗马法,法国、日本等大陆法系国家的民法典均有专章规定。[⑤] 优先权这个词是从外文翻译而来的,拉丁文为 Privilegia,法文为 Privil eges,日本翻译为"先取特权"。我国《民法通则》没有优先权的任何规定,只是在《海商法》、《民用航空法》、《税收征收管理法》等法律中规定了船舶优先权、航空器优先权以及税收优先权,但税收优

---

① 参见谢在全:《民法物权论》(上册),中国政法大学出版社 1999 年版,第 31—40 页。

② 参见张俊浩主编:《民法学原理》(上册)(第三版),中国政法大学出版社 2000 年版,第 398—403 页。

③ 参见崔建远:《物权法》,中国人民大学出版社 2009 年版,第 37 页;王利明:《物权法论》(修订二版),中国政法大学出版社 2008 年版,第 6—9 页;梁慧星、陈华彬:《物权法》(第四版),法律出版社 2007 年版,第 55 页;郭明瑞、唐广良、房绍坤:《民商法原理》(二),中国人民大学出版社 1999 年版,第 41—47 页。

④ "物权,为对于客体之直接排他支配权。自此本质,发生优先的效力及物权的请求权。学者有谓此外尚有追及权(Verfolgungsrecht; droit de suite)者,乃指不问客体辗转入何人之手,得追随其物主张其物权之效力而言。然此效力,可认为已包括于上述二效力之内。"史尚宽:《物权法论》,中国政法大学出版社 2000 年版,第 10 页。

"此外学者间有认为尚能发生'追及效力'者……不过物权之有此种效力,原可包括于优先效力或物上请求权之中不必另列,以免画蛇添足。"郑玉波:《民法物权》(第 15 版),三民书局 1992 年版,第 22 页。

⑤ 《法国民法典》第 2095 条规定:"优先权,为依债务的性质而给予某一债权人先于其他债权人、甚至抵押权人而受清偿的权利。"

《日本民法典》第 303 条规定:"先取特权人,依本法及其他法律规定,就其债务人的财产,有优先于其他债权人受自己债权清偿的权利。"

先权属于公权的范畴。关于优先权的内容和范围,学界有一效力说与二效力说两种观点:

(1) 一效力说。一效力说有物权优先于债权的效力说和物权之间的优先效力说两种。物权优先于债权的效力说认为,物权的优先效力仅限于物权优先于债权的效力[①],物权之间不存在优先效力。物权之间的优先效力说则认为,物权的优先效力仅限于物权之间的优先的效力。物权的优先效力,与其说是物权与债权之间,不如说是物权与物权之间。[②] 在同一物上设定不相容的数个物权时,先设立的物权发生优先的效力。债权之间不会因设立时间上的先后而发生优先效力问题,产生较晚的债权因清偿期较早,反而优先产生在前的债权而更早得以清偿。

(2) 二效力说。即物权的优先效力,包括物权之间的优先效力和物权与债权之间的优先效力两个方面的内容。我国多数学者主张物权之间的优先效力和物权对债权之间的优先效力说。[③]

物权的优先权,是指同一标的物上有两个或者两个以上相互冲突的权利并存时,具有较强效力的权利先于具有较弱效力的权利的实现。物权优先效力既存在于物权相互之间,也存在于物权与债权之间的关系。物权的优先权是物权因对标的物的直接支配权而具有的排他性的表现,是法律根据物权的特性而赋予强有力的法律效力。物权的优先权表现为物权之间的优先效力和物权对债权的优先效力两个方面。因此,二效力说更切合世界各国的物权优先效力的立法和实践。

(一) 物权之间的优先效力

物权相互之间的优先效力源于物权的直接支配性。物权对标的物的直接支配性和排他性决定了物权相互之间的效力。换言之,物权相互之间效力的确立标准是物权成立的时间顺序,即“时间在先,权利在先”。物权相互间的优先效力有两种情形:

(1) 成立在先的物权优先于成立在后的物权。根据“时间在先,权利在先”的原则,物权之间的优先效力是以物权成立时间的先后,作为确定物权效力的依

---

① “物权生优先权,所谓优先权者,乃其权利较一般债权人得优先行使之谓。”〔日〕梅谦次郎:《民法要义》,物权篇第一章,转引自郑玉波:《民法物权》(第15版),三民书局1992年版,第25页。“优先的效力,谓物权优先于债权之效力。”史尚宽:《物权法论》,中国政法大学出版社2000年版,第10页。

② “物权发生优先权,非谓物权与债权之关系,乃指物权相互间之关系而言。”〔日〕三潴信三:《物权法提要》(上、下卷),孙芳译,中国政法大学出版社2005年版,第10页。

③ 参见钱明星:《物权法原理》,北京大学出版社1994年版,第34页;梁慧星、陈华彬:《物权法》(第四版),法律出版社2007年版,第57—58页;王利明:《物权法论》(修订二版),中国政法大学出版社2008年版,第7—8页;郑玉波:《民法物权》(第15版),三民书局1992年版,第22—23页;谢在全:《民法物权论》(上册),中国政法大学出版社1999年版,第33—34页。

据。在同一标的物上有两个或者两个以上不同内容或者性质的物权同时存在时,成立在先的物权优先于成立在后的物权[①],是物权相互间优先效力的原则。物权相互间以成立时间之先后确定效力的强弱,本质上是对现存的、既得的物之支配权的保护。任何一种物权作为对标的物的直接支配权,确定了物权人依自己的意志和利益对标的物的支配范围。任何人都必须尊重物权人的该支配范围,不得侵入该支配范围干涉物权人的权利行使。在同一标的物上后设立的物权只有在不侵入、干涉先成立的物权的支配范围的条件下才能得以成立。否则,时间在后的物权根本就不能成立。根据"时间在先,权利在先"的原则所产生的优先效力,物权的优先效力主要有两种情形:

一是优先享受权利。物权的排他性表现为在性质上可以共存的物权,则同一标的物上可以同时存在两个或者两个以上这类物权。但是,成立在先的物权优先行使,即后成立的物权不得不让先成立的物权居于优先地位,并仅于不妨碍先成立的物权的范围内才得以成立。例如,同一供役地上有足够水源,供役地人先后为两个人设定了汲水地役权。如果以后发生水源不足的情况,则设定在先的地役权人优先享受权利。只有设定在先的地役权人行使权利后,设定在后的地役权人才可以享受权利。再如地上权人在自己的地上权上为他人设定抵押权后,又为他人设定地上权的,则在抵押权实行时可以请求除去次地上权。但在地上权上设定次地上权后,又为他人设定抵押权的,则该抵押权实行时不可以请求除去该次地上权。

二是先成立的物权压制后成立的物权。两个排他性极强的物权不能同时存在于同一个标的物上,在有先设定的该种物权时,则后发生的物权当然不能成立。例如,在某人享有所有权的房屋上,他人不能同时再设立所有权。如果他人根据买卖、取得时效等法律事实取得该房屋的所有权,则必然导致原所有人的所有权消灭。再如已在一块土地上设定地上权时,就不能在该土地上再设定一个永佃权。

(2) 成立在后的物权优先于成立在先的物权。"时间在先,权利在先"是物权之间优先效力的一般原则,即先成立的物权优先于后成立的物权,但是作为例外情形,后成立的物权也有可能优先于先成立的物权。成立在后的物权优先于成立在先的物权,主要有三种情形:一是限制物权优先于所有权。限制物权是在特定方面支配标的物的物权,即对所有权进行限制。地上权、抵押权等限制物权都是在他人所有物上设定的权利,在同一标的物上,限制物权虽然成立于所有权

---

① 例如,甲先在自己的土地上为乙设定了通行地役,又在该同一块供役地上为丙设定了汲水地役。因该汲水地役权的行使,丙也可通行该供役地。但是,由于乙的地役权设定在先,具有强于丙的汲水地役权的效力,因而丙只有在不妨碍乙的地役权的行使的情况下才可以利用供役地。

之后,但限制物权是根据所有权人的意志设定在所有权上的负担,是对所有权的限制,因而限制物权有优先于所有权的效力。二是法律有特别规定的。法律对物权效力顺位有确定规定的,则排除“时间在先,权利在先”原则的适用。例如,《海商法》规定船舶优先权先于船舶留置权受偿,船舶留置权先于船舶抵押权受偿。[①] 三是社会公共利益或者社会政策。社会公共利益或者社会政策排除了“时间在先,权利在先”原则的适用,导致成立在后的某些物权优先于成立在先的物权。

(二) 物权对债权的优先效力

在同一标的物上同时有物权和债权存在的,无论物权是先于债权成立还是晚于债权成立,物权对债权均具有优先效力,是物权对债权优先效力的一般原则。物权对债权的优先效力,主要表现为两个方面:

(1) 物权优先于特定债权。债权是以某特定物为给付标的物,而在该标的物上又有物权存在,则无论该物权成立的先后,其效力均优先于该债权。物权的优先效力,表现在以下两种情形:一是物已为债权的给付标的,如就该物再成立物权时,则物权具有优先的效力。例如,在“一物二卖”情形下,如果后一买受人已经接受了出卖物(动产已交付或者不动产已经办理了所有权移转登记手续),则该买受人即取得了出卖物的所有权。该买受人的所有权,当然优先于在先的买受人的债权。二是物为债权给付的内容,如为买卖、赠与、使用借贷标的物,如果该标的物上存在限制物权,则不论该限制物权是何时成立,其效力均优先于债权,债权人不得对物权人请求交付或者转移物,也不能请求除去该标的物上的限制物权。

(2) 物权优先于普通债权。在债务人的财产上设有担保物权的,担保物权人享有优先受偿的权利。例如,债务人在房屋上设定了抵押权,在实行该抵押时,无论该债务人的财产是否够清偿债务,抵押权人对于抵押房屋的卖得价金享有优先受偿权。即使该债务人宣告破产,也不影响抵押权的优先效力。此外,取回权也是物权优先于债权的表现。[②] 非属于债务人所有之物,所有人有取回该物的权利,即为取回权。例如,出卖人已将出卖物发送,买受人尚未收到,也没有付清价款而宣告破产时,出卖人可以解除买卖合同,并取回其标的物。

物权优先于债权是一般原则,但是也有例外。物权不具有优先效力,是物权优先于债权的例外,主要有两种情形:

---

① 《海商法》第25条规定:“船舶优先权先于船舶留置权受偿,船舶抵押权后于船舶留置权受偿……”

② 《企业破产法》第39条规定:“人民法院受理破产申请时,出卖人已将买卖标的物向作为买受人的债务人发运,债务人尚未收到且未付清全部价款的,出卖人可以取回在运途中的标的物。但是,管理人可以支付全部价款,请求出卖人交付标的物。”

（1）买卖不破租赁。买卖不破租赁，是指租赁权优先于受让人对租赁物的所有权。这是世界各国基本确认的一个原则。租赁合同成立之后，租赁物转让的，租赁合同对租赁物的受让人仍然有效，受让人不得变更或者终止租赁合同。《合同法》第229条和《民法通则》的司法解释规定了买卖不破租赁。

（2）社会公共利益或者社会政策。基于社会公共利益或者社会政策方面的原因，法律规定物权优先性的丧失。《海商法》第21条、第22条和第23条规定了债权优先于物权的几种情形。

三、物权请求权

物权请求权，又称为物上请求权[①]，或者物权的请求权，是大陆法系国家物权理论上的抽象与总结，而非立法上的直接用语，因而学界有各种不同的称谓。物权请求权制度是大陆法系民法特有的物权保护方法的概括，是物权法的不可或缺的重要组成部分。

（一）物权请求权的历史沿革

罗马法并未形成“物权请求权”概念，罗马法中的对物之诉是物权请求权的雏形。罗马法对物权的保护是通过确立不同类型的诉讼和诉权而实现的。诉讼最基本的分类是对人的诉讼（actiones in personam）和对物的诉讼（actiones in rem），对物的诉讼是借以维护物权不受任何第三人侵犯的诉讼。

对人诉讼与对物诉讼的区分标准在于保护的权利类型不同。对人诉讼是保护债权，只能对特定的债务人提起，通常在诉讼程式中须记载被告的姓名，但被告无须交付诉讼保金或提供保人。对物诉讼是保护物权和身份权这类具有绝对性的权利，对任何侵犯其权利的人，无论加害人为谁，均可提起诉讼，被告须提供保人以担保其按时出庭、履行判决等。

罗马法有关所有权保护的诉讼，可以看做是近代物权请求权制度的萌芽。罗马法对所有权的保护，主要有要求返还所有物之诉、所有权保全之诉和回复占

---

① 学界对物权请求权与物上请求权进行了区分：“本法将本节规定的各种请求权称为物权请求权，而未采用‘物上请求权’概念，这样做的目的，一是为了强调物权请求权是与债权请求权相对应的概念，强调两者之间没有种属关系；二是为了强调物权请求权对物权的附从性、不独立性，以及这种请求权在物权保护中的目的性和它在物权制度中的地位。物上请求权概念还有一个缺点：无法准确地区分物上的债权请求权和物权请求权这两种截然不同的权利。”梁慧星主编：《中国物权法草案建议稿——条文、说明、理由与参考立法例》，中国社会科学文献出版社2000年版，第199页。“物权请求权，在物权法上又称物上请求权，笔者认为这两个概念是有区别的。一方面，物权请求权是基于物权产生的请求权，在物权受到侵害或者有遭受侵害的可能时行使；而物上请求权，则是基于物产生的请求权，是在物受到侵害或者有遭受侵害的可能时行使的。物权请求权源于物权的绝对性、支配力，是物权权能实现的保障和效力的体现；而物上请求权的概念没有抽象出这种法律特性。另一方面，物权请求权表明它是与债权请求权相对应的，而物上请求权则没有此种区别。此外，物上请求权其实比物权请求权的范围要宽。除了包含物权请求权之外，还应当包括基于占有的保护请求权。因此，用更为准确的物权请求权代替物上请求权更为科学。”王利明：《物权法研究》，中国人民大学出版社2002年版，第209页。

有之诉三种方法。要求返还所有物之诉(rei vindicatio)是所有权人针对非法占有者提出的、要求承认自己的权利从而返还物及其一切添附的诉讼。[①] 所有权保全之诉(actio negatoria),又称排除妨害之诉,是所有权人针对他人侵害其所有权的行使而提起的诉讼,以便排除或阻止他人对物滥用权利的行为,无论这种侵害行为是已经出现还是可能出现。[②] 回复占有之诉,又称为菩布利西亚那之诉(actio publiciana),是以其发明者大法官菩布利西乌斯(publicius)的名字命名的,是指在取得时效完成之前,善意并有合法原因的受让人,丧失对物的占有时所提起的回复占有之诉,因而又称为善意占有之诉。[③]

在罗马法的所有权保护方法中,所有物返还之诉仅适用于对所有权的保护,排除妨害之诉则既适用于对所有权的保护,也适用于对地役权、永佃权、抵押权、用益权等他物权的保护。对他物权的保护也形成了一系列的对物诉讼,构成他物权的保护方法。对他物权的保护,罗马法主要有役权中的役权确认之诉、永佃权中的物权诉讼、地上权的物权诉讼以及担保物权中的抵押权诉四种方式。罗马法中的役权,分为地役权与人役权,但主要是地役权制度。地役权是指为自己特定土地的便利而利用他人特定土地的权利。当役权人的役权遭到供役地人的否认或者他人妨害其行使时,役权人即可提起役权确认之诉。[④] 永佃权人的权利包括对佃租物的使用、改良、收取孳息、任意处分、设定他物权等,几乎相当于所有权。当永佃权受到侵害时,永佃权人可提起"永佃诉权"(actio emphyteuticaria),以请求返还永佃物,及适用"所有权保全之诉"(actio negatoria)以排除或者防止妨害。[⑤] 罗马法上的地上权,是指支付地租、利用他人的土地为建筑物并享用的权利。地上权制度的目的在于弥补罗马法上严格的所有权观念及其与经济原则的违背。地上权人可提起"准对物之诉(quasi in rem actio)",即要求返还原物。[⑥] 罗马法上的担保物权,是指债务人或者第三人为保证债务的履行而设定的物权,包括信托、质权和抵押权。对担保权的保护,主要有两种方式:一是占有令状,二是抵押权诉。占有令状适用于对质权的保护,抵押权诉适用于对抵押权的保护。抵押权诉属于物权诉,与所有物返还之诉相似,当债务人已陷入履行迟延而不占有抵押物,即抵押物被他人持有或占有时,抵押权人可提起该诉,请

① 参见〔意〕彼德罗·彭梵得:《罗马法教科书》,黄风译,中国政法大学出版社 1992 年版,第 227 页。

② 同上书,第 230 页。

③ 参见周枏:《罗马法原论》,商务印书馆 1994 年版,第 356 页。

④ 同上书,第 379 页。

⑤ 参见〔意〕彼德罗·彭梵得:《罗马法教科书》,黄风译,中国政法大学出版社 1992 年版,第 267 页。

⑥ 参见周枏:《罗马法原论》,商务印书馆 1994 年版,第 389 页。

求判令被告交出抵押物。[1]

在所有权和他物权的保护方法中,罗马法并未形成物权请求权的概念,但孕育了物权请求权制度,为后世民法创设物权请求权制度提供了依据。罗马法随着罗马帝国的灭亡而失去了作为国家法律的效力,但作为一种文化遗产,却以丰富的内容、严谨的体系和强大的魅力而为近代大陆法系国家所继受。诉讼法与实体法的分离,是近代法律体系的重要变化之一。诉讼法不再规定实体权利的内容,实体法也不再规定诉讼意义上的制度,私权与诉权也随之分离。法国法是这种分离的最早尝试者。1804 年《法国民法典》和 1807 年《法国民事诉讼法典》有关财产权的保护制度,也随这种分离而被分割在实体法与诉讼法中。关于物权尤其是所有权的保护,《法国民事诉讼法典》第 23 条以下规定了占有之诉(action possessoire)与本权之诉(action petitoire),物权的标的限制为不动产。《法国民法典》第 25 条也涉及关于"返还不动产的诉权"的规定,第 597 条、第 599 条和第 701 条还规定"用益权人得准用对所有权保护的方法,排除来自所有权人的侵害";"地役权人得排除供役地所有人对地役权的侵害"。从性质上而言,这些方法均属于物权的保护方法,是实质上的物权请求权。换言之,这些物权保护方法为近代意义上的物权请求权制度的雏形。但这种规定既不是直接的、明确的,也不是系统的、类型化的,基本体例是沿袭罗马法的规定,甚至还比不上罗马法对物之诉规定得那样条理化。《法国民法典》的立法体例并没有确立物权请求权的概念,而是由《德国民法典》完成这一历史使命。19 世纪末以体系完美、逻辑严谨而著称的《德国民法典》最终确立了物权请求权制度。物权请求权以"请求权"形式出现,在物权编之下有详细的规定。物权请求权在内容上非常详尽和细致,基于所有权所产生的请求权相关规定多达 24 条。物权请求权在体系上有条不紊,核心是基于所有权保护的规定,他物权则准用关于所有权保护的规定,占有人也可基于占有提起各种请求权。在《德国民法典》的影响下,大陆法系国家的民法典纷纷确立了物权请求权制度。

我国清末的《大清民律草案》和 1925 年北洋政府《中华民国民律草案》即民法典第二草案出现了物权请求权。1929—1931 年,南京国民政府颁布《中华民国民法》确立了物权请求权制度,分为基于所有权的物权请求权(第 767、788、793—795 条)、基于占有的物权请求权(第 962 条)及地役权的物权请求权(第 858 条)。虽然关于他物权的物权请求权的规定不够全面,但仍然不失为一个较完备的法律制度。1949 年,南京国民政府的"六法全书"被废除,民法典在我国大陆失效,直到 1986 年《民法通则》颁布之前,我国缺失物权请求权制度。《民法通则》既没有物权请求权这个概念,也没有独立于侵权行为的物权请求权制

① 参见周枏:《罗马法原论》,商务印书馆 1994 年版,第 404 页。

度，仅有关于物权请求权内容的简单涉及，而且在概念区分和性质界定上模糊不清。随着民法典的起草，学界开始讨论、研究物权请求权制度，物权请求权制度已为我国物权理论所认可。《物权法》规定了物权请求权，《物权法》第34条规定了返还请求权，第35条则规定了排除妨害请求权和预防妨害请求权。《物权法》关于物权请求权的规定形成完整的物权请求权制度，物权请求权成为自成体系的物权保护方法。

(二) 物权请求权的性质

物权请求权，是指物权人排除妨害、回复物权圆满状态的权利。换言之，物权请求权是指当物权的行使受到妨害或者有妨害的可能时，物权人为排除或者防止妨害，恢复物权的圆满支配状态，而请求妨害人为一定行为或者不为一定行为的权利。物权请求权是保障物权人对物的支配权所必需的，目的在于对正在进行侵害的排除或者对将来有可能发生侵害的预防。

物权请求权的性质，是物权请求权制度的基本问题。物权请求权性质的讨论，不仅有理论价值，而且有实务上的意义，涉及物权请求权的地位以及对物权的保护问题。从《德国民法典》正式确立物权请求权以来，对于物权请求权的性质有过较大的争论，出现过不同的主张与学说。关于物权请求权的学说虽表述各异，但大体可归纳为以下三种典型观点：

(1) 债权说。债权说认为，物权请求权是发生在特定人之间的请求为一定行为或者不为一定行为的独立权利，属于债权性质的权利，适用债法的有关规则。①

(2) 物权作用说。物权作用说又称为物权说，认为物权请求权是根据物权的作用所产生的权利，是物权效力的具体表现。物权请求权既不是物权，也不是债权，更不是一种独立的请求权，而仅为物权作用或者效力的一种具体体现。我国台湾地区和日本判例采纳这种学说。②

(3) 准债权说。准债权说认为，物权请求权不是物权本身，而是类似于债权的一种独立的请求权，但从属于基础物权并与之共命运。由于仅能对特定相对人行使以及其内容是请求相对人为一定行为或者不为一定行为，与债权相似，但又不完全是一种债权，因为请求权的产生、转移或者消灭与物权本身密切相关。

以上三种学说中，债权说和准债权说将物权请求权简单地等同于债权，而物

---

① "物上请求权的性质为债权。物上请求权既非物权，也非物权之权能，更非独立于物权、债权以外的其他权利……物权的保护性权能表现为一切人之不作为的请求权……债权的保护性权能表现为请求债务人（特定义务主体）为特定之给付的请求权。"傅鼎生：《物上请求权的时效性》，载《法学》2007年第6期。

② "判例指出，'物上请求是所有权的一种作用，并不是独立的权利'。"〔日〕田山明辉：《物权法》（增订本），陆庆胜译，法律出版社2001年版，第18页。

权作用说又否认物权请求权的独立性。物权请求权是一种既不同于债权,也不同于物权的权利[1],以上三种观点均不足采信。物权请求权是以物权为基础的一种独立的请求权[2],具有两个方面的内容:

(1) 物权请求权是一种独立的请求权。物权请求权并非物权本身而是一种请求权,是基于物权产生的请求权。请求权是请求他人为一定行为或者不为一定行为的权利。物权人请求特定相对人为一定行为或者不为一定行为,以恢复物权的完满支配状态,即为物权请求权。物权请求权不属于物权,不以对物的直接支配为内容,而是以请求他人为一定行为为内容,体现了物权请求权的一定意义上的债权属性,物权请求权在效力实现方面适用关于债的给付与履行的一般原理,从而充分说明物权请求权绝不是物权的作用或者权能。由于物权请求权兼具物权的属性和债权的属性而又非物权或者债权,从而使物权请求权成为一种独立的请求权,是物权所特有的现象。

(2) 物权请求权为基于物权而产生的请求权。请求权的意义是为权利的保护与实现而设立的,因而绝对权与相对权均有请求权。物权请求权是以物权为基础而享有,因物权的存在而存在,随物权的转移而转移,因物权的消灭而消灭。但是,物权请求权并非随物权的产生而产生,物权请求权是在物权遭受侵害或者侵害可能时产生的。[3] 请求权的功能不是以填补损害,而是以回复物权人对物的圆满支配状态为宗旨,因而物权请求权的行使不受次数的限制。物权请求权是物权的救济手段,是物权行之有效的保护方法。

(三) 物权请求权的效力

物权请求权的一般构成要件的确立,不仅对于物权请求权理论的完善,而且对于物权人运用和行使物权请求权以及相对人就物权人的请求提出抗辩也是至关重要的。物权请求权,主要有三个构成要件:

(1) 请求权人应享有物权。物权请求权是基于物权产生的请求权,物权的存在是行使物权请求权的前提和基础,主要有两个方面的内容:一是权利人必须享有物权。物权是行使物权请求权的前提条件,不论是自物权还是他物权,是用益物权还是担保物权。如果权利人享有人身权、知识产权、债权而不是物权,则不能行使物权请求权;如果权利人是占有人而不是物权人,享有的权利是占有权,也不能行使物权请求权,而只能依据占有保护的规则行使占有保护请求权。

---

① 参见王利明:《物权法论》(修订二版),中国政法大学出版社 2008 年版,第 49 页。

② "总之,物权请求权既具有债权请求权的某些特征,又与物权具有密不可分的联系,它既不同于债权请求权,又不同于物权,可以将其视为一类独立的请求权。"王利明:《物权法研究》(上卷)(修订版),中国人民大学出版社 2007 年版,第 214 页。

③ 关于物权请求权与物权产生的时间,学界有不同的观点。例如,王利明先生认为"物权请求权随着物权的产生而产生……"王利明:《物权法研究》,中国人民大学出版社 2002 年版,第 210 页。

二是权利人必须是物的现时物权人。过去是物的权利人而现在已经丧失物权的,当然不享有物权请求权;根据法律行为将获得物权但还没有取得物权的人,也不能行使物权请求权。例如,甲、乙通过合同约定,将一幅土地的使用权由甲转让给乙,合同已成立并生效,但还未办理转让登记手续。如果这时丙在该幅土地旁擅挖壕沟,危及土地之效用,只有出卖人甲享有向丙行使排除妨害请求权,买受人乙因还未成为该幅土地的物权人,因而不能直接向丙行使物权请求权。如果因甲怠于行使请求权而导致土地效用受损,乙只能基于债权请求权要求甲减少相应的土地转让金或者由甲恢复原状后再行转让。

(2) 对物权人行使物的支配权构成妨害或者妨害的危险。对物的支配权行使的妨害或者妨害可能是行使物权请求权的实质要件,主要有三个方面的内容:一是应有妨害物权支配权行使的事实。如果相对人的行为对物权人行使权利没有任何影响,则物权人不得行使物权请求权。例如,甲对与乙共栋之墙实施加固作业,则乙不得以妨害为由请求甲排除妨害。二是妨害的事实应当影响到物权人对物的正常支配。在通常情形下,妨害应是处于持续状态,并使物权人无法或难以依正常方法与效用支配物,物权的圆满状态受到损害。如果仅仅是偶然的妨害,或者虽然有妨害的事实发生但并未影响物权人正常行使权利,物权人应予合理的容忍,而不能动辄行使物权请求权。例如,新房装修而发出的噪音,婴儿在夜间发出的啼哭,工地施工而临时将工料堆放于邻地的闲置场所等,均可认为属于物权人应予合理容忍的情形。三是妨害应当是现时发生或者有妨害发生危险的。如果有妨害发生但后来已经消失的,则尽管曾经影响物权人正常行使权利,但物权人现在不能主张请求权,这并不是因适用消灭时效的结果,而是由于妨害已经不存在,因而失去行使请求权的前提条件。但是,如果妨害事实已经消灭但妨害结果仍然存在,则可行使物权请求权,或者行使损害赔偿的债权请求权。

(3) 相对人的妨害行为应当违反物权人的意志。如果物权人自愿限制其权利的行使,并使相对人产生合理的信赖,物权人不能行使物权请求权。例如,甲将房屋租与乙,在租赁期内,甲不能圆满地支配该房屋,甲不能对乙行使物权请求权。此外,妨害产生之后,必须有相对人,物权人才能行使物权请求权。物权请求权的内容是请求特定的相对人为一定行为或者不为一定行为,如果没有或者找不到相对人,即使有妨害物权正常行使的事实,物权人也无法行使物权请求权。

只有符合以上三个条件的,物权人才能够行使物权请求权。物权请求权的实现途径有私力救济与公力救济两种。物权请求权的私力救济,是指在物权受到侵害时，物权人以自己的力量维护或者恢复物权的圆满状态。[①] 在物权受到侵害之际，如果禁止权利人以私力的方式制止侵害的发生，只能加重损害的程度，增加救济的成本，对权利人、相对人不利，甚至对社会也不利，因而允许私力救济是非常必要的。

物权请求权的公力救济，是指在物权受到侵害时，由物权人向法院提起诉讼，由法院通过诉讼程序以国家强制力对物权实施的保护。公力救济的种类有提起民事诉讼、申请强制执行和提起行政诉讼三种。私力救济与公力救济的结合，形成对物权请求权的有效实现途径和完善保护体系。

(四) 物权请求权的内容

关于物上请求权的内容，各国民法的规定基本相同，即物权请求权包括返还请求权、排除妨害请求权和预防妨害请求权三种[②]：

(1) 返还请求权。返还请求权，是对于无权占有或者侵夺人，物权人请求占有人返还其物的权利。《物权法》第 34 条规定，物权人可以请求动产或者不动产的无权占有人返还原物。返还请求权的构成条件是相对人无权占有物。无权占有是指没有法律根据，或者未经物权人许可而占有他人之物，即无权源的占有。返还请求权的请求主体是物权人，包括所有权人、他物权人和占有人，相对人为现在占有人，即现在事实上控制物而无权源的人。返还请求权是以排除现在的侵害状态、回复物的圆满支配状态为内容的权利。因此，返还请求权只能向现在占有人行使。

相对人是否仅限于直接占有人，即对间接占有人，物权人是否享有物上请求权，有消极说与积极说两种观点。消极说认为，间接占有人不能成为返还请求权的相对人。因为返还请求权是以物的交付为目的，间接占有人并没有事实上支配物，因而由间接占有人交付物，存在事实不能的情形。积极说认为，间接占有人也可成为返还请求权的相对人。因为物的交付不以现实交付为限，由间接占有人以其对于直接占有人的返还请求权，让与受让人，受让人从而取得间接占有，也是交付。通说认为，物权人对间接占有人也可行使物权请求权。

(2) 排除妨害请求权。排除妨害请求权，是指在物权的圆满状态被占有以外的其他方法妨害时，物权人请求妨害人除去妨害的权利。《物权法》第 35 条规定，物权受到妨害的，物权人可以请求排除妨害。排除妨害请求权以物权的行使受到占有以外的其他方法的妨害为成立条件。妨害是指以占有以外的方法阻碍或者侵害物权的支配，既可以是事实上的妨害，如擅自在他人土地上通行、将垃圾倒入他人庭院、在他人门前停车等；也可以是法律上的妨害，如土地登记的

① 参见梅仲协：《民法要义》，中国政法大学出版社 1998 年版，第 512 页。

② 我国民法学界关于物权请求权内容的表述差异较大。

错误或者不实等。排除妨害请求权的行使,应以妨害行为的存续且不法为条件,妨害人主观上是否有过错,则在所不问。排除妨害请求权的请求主体为物权人,相对人是现在使物权丧失其圆满支配状态的人。无论妨害是基于妨害人的行为,还是因妨害人的所有物而产生,妨害人均应负责排除。

(3) 预防妨害请求权。预防妨害请求权,是指对有出现妨害物权可能的,物权人有请求防止妨害发生的权利。《物权法》第 35 条规定,物权可能受到妨害的,物权人可以请求消除妨害的危险。预防妨害请求权的发生以有妨害物权的可能为必要。所谓有妨害物权的可能性,是指物权现在虽没有发生现实的妨害,但将来有可能发生妨害。至于是否有妨害物权的可能性,是一个事实的判断问题,应根据一般社会观念来决定。妨害人是否存在过错,妨害的危险是否基于人的行为或者基于不可抗力,则在所不问。预防妨害请求权的请求主体为物权人,相对人为对物权有妨害之虞的人。权利人对于相对人得请求以其自己的费用防止其妨害,无论妨害危险是因妨害人的行为而产生,还是因妨害人的所有物而产生,或是基于不可抗力产生的,均无不同。在多数情况下,妨害的防止须通过妨害人实施积极行为才能实现,当然也不排除通过妨害人的消极行为而达到防止妨害的目的。

(五) 物权请求权与消灭时效

物权请求权,是以物权的存在为前提和基础,与物权同存亡共命运。物权消灭,物权请求权也随之而消灭。在物的毁灭导致物权绝对的消灭或者因交付导致物权相对的消灭的情形下,物权请求权也相应地消灭。但是,大陆法系国家的立法与理论对物权请求权是否因时效而消灭,却存在不同的观点,有肯定说和否定说两种立法例。

德国的立法采纳肯定说。根据《德国民法典》的规定,请求权适用消灭时效[①],因而所有的请求权均应适用消灭时效[②],物权请求权是请求权的一种,应适用消灭时效的规定,唯一的例外是已经登记的不动产之请求权不受时效限制。[③]因此,德国学者明确提出,消灭时效适用于所有的请求权。[④]

日本的立法采纳否定说。《日本民法典》没有规定物权请求权是否适用消灭时效问题。[⑤] 消灭时效届满之效力,日本民法是采取权利消灭主义,除所有权

---

① 《德国民法典》第 194 条规定:"要求他人作为或者不作为的权利(请求权)因时效而消灭。"

② 参见〔德〕M. 沃尔夫:《物权法》(第 20 版),吴越、李大雪译,法律出版社 2004 年版,第 129 页。

③ 《德国民法典》第 902 条第 1 款规定:"由已登记的权利所产生的请求权,不因超过时效而消灭……"

④ "消灭时效适用于几乎所有的请求权。"〔德〕迪特尔 · 梅迪库斯:《德国民法总论》,邵建东译,法律出版社 2000 年版,第 90 页。

⑤ 《日本民法典》第 167 条规定:"债权因 10 年间不行使而消灭;债权或所有权以外的财产权,因 20 年间不行使而消灭。"

不适用消灭时效外,其他权利均应适用消灭时效,因而物权请求权也应当包括在内。但是,日本判例认为,所有物的返还请求权与所有权一样不因消灭时效而归于消灭。[①] 日本民法学者持同样的观点,认为物权请求权不应适用消灭时效。[②] 这是因为物权请求权不能离开物权而独立存在,因而不能脱离物权单独因消灭时效而消灭。如果物权请求权因消灭时效而消灭,所有权将变成没有实质内容的空虚的所有权。

我国法律对物权请求权是否适用消灭时效没有明文规定,既未肯定又未否定。实际上是否定物权请求权适用于消灭时效。学界对物权请求权是否适用消灭时效问题分歧意见较大,有肯定说、否定说与折中说三种观点。

(1) 肯定说。肯定说认为,除已登记的不动产物权所产生的请求权不应适用消灭时效外,其余的物权请求权均应适用消灭时效。肯定说采纳了德国立法和学说的观点。

(2) 否定说。否定说认为,物权请求权不应适用消灭时效,主要有三个方面的理由:一是物权请求权与物权不可分离,与物权共命运,既然物权不适用消灭时效,物权请求权也不能适用。否则,物权将变成空虚的物权而无存在的价值。二是物权请求权通常适用于各种持续性的侵害行为,对这些侵害行为难以确定时效的起算点,因而物权请求权不能适用消灭时效。三是如果物权请求权适用消灭时效的规定,则不符合消灭时效的目的。

(3) 折中说。折中说综合了肯定说和否地说,认为是否适用消灭时效应视不同种类的物权请求权而定。[③] 返还财产请求权与恢复原状请求权,应受消灭时效的限制[④];排除妨害请求权、消除危险请求权及所有权确认请求权,均不受消灭时效的限制。[⑤]

以上三种学说中,否定说是我国民法理论的通说,但理由不能令人信服。消灭时效的功能在于确保法律生活秩序的安定,防止权利的滥用;督促权利人及时行使权利,避免社会财物与资源的闲置和浪费,制裁怠于行使权利者。消灭时效

① “基于所有权的所有物返还请求权,系物权的一个作用,非由此所发生的独立的权利,因此不得不认为,所有物返还请求权与所有权本身一样,不罹于消灭时效。”《日本大审院判例》,大正 5 年 6 月 23 日民录,第 1161 页。转引自梁慧星主编:《中国物权法研究》(上),法律出版社 1998 年版,第 100 页。

② 日本判例和通说认为,物权请求权不适用消灭时效,但是也存在反对的观点。参见〔日〕田山明辉:《物权法》(增订本),陆庆胜译,法律出版社 2001 年版,第 18 页。

③ “物上请求权是否受诉讼时效的限制,取决于其是否属于我国诉讼时效制度的客体……并非任何一项物上请求权都可以成为诉讼时效的客体……原物返还请求权,除登记的物权外,应当受到诉讼时效的限制……《物权法》第 33 条规定的请求确认物权的权利,不应当受到诉讼时效规定的限制。”傅鼎生:《物上请求权的时效性》,载《法学》2007 年第 6 期。

④ “能够适用诉讼时效的物权请求权只能是返还原物请求权。”王利明:《物权法论》(修订二版),中国政法大学出版社 2008 年版,第 56 页。

⑤ 参见梁慧星:《民法总论》,法律出版社 1996 年版,第 242 页。“排除妨害、消除危险请求权,是不适用诉讼时效的。”王利明:《物权法论》(修订二版),中国政法大学出版社 2008 年版,第 56 页。

旨在维护现存的社会经济秩序,保障人们对现在社会经济秩序的合理信赖,享受安宁的市民生活。如果物权请求权与债权请求权一样适用消灭时效,既可鼓励人们积极行使和享受权利、促进交易与发展,又避免了社会秩序不稳定,弘扬诚实信用的理念。此外,还存在消灭时效与取得时效的衔接问题,如果法律不承认物权请求权适用消灭时效,法律将如何确立取得时效。由于物权请求权是否适用消灭时效的争议较大[①],而且多数学者持否定态度,导致立法回避了该问题。《物权法》没有规定物权请求权是否应适用消灭时效,最高人民法院关于消灭时效的司法解释又回避了这个问题。

(六)物权请求权的竞合

请求权的竞合,是指在同一事实上存在两个或者两个以上的请求权,而行使其中任何一种请求权均可产生相同的结果。在请求权竞合的情况下,针对同一目的的多个请求权,在请求权行使之前,这些请求权是相互独立存在的。[②] 请求权竞合所产生的数个请求权仅针对同一给付,请求权只能行使一次,其中一个请求权的行使,意味着其他请求权的消灭。[③] 物权请求权与债权请求权的竞合,大致有以下两种情形:

(1)物权请求权与合同之债的债权请求权的竞合。在租赁关系终止之后,承租人不返还租赁物的,则出租人基于对租赁物的所有权享有返还请求权,基于租赁关系享有返还请求权,前者是基于物权享有的请求权,后者是基于债权享有的请求权。

(2)物权请求权与侵权之债的债权请求权的竞合。物权侵害者有故意或者过失时,物权人不仅享有物权请求权,也因侵权行为产生的损害而享有债权的请求权。物权侵害者有故意或者过失时,如果物没有被毁损或者灭失,则产生物权请求权与债权请求权的竞合。

---

① "物权请求权原则上不应适用消灭时效……"王利明:《物权法研究》,中国人民大学出版社 2002 年版,第 247 页。

② 参见〔德〕卡尔·拉伦茨:《德国民法通论》(上册),王晓晔、邵建东、程建英、徐国建、谢怀栻译,法律出版社 2003 年版,第 352 页。

③ 同上书,第 351 页。

第三章　物权变动

物权变动是物权制度的核心，反映了动态物权的外在表象。从物权主体和物权本体观察，物权变动的表现方式存在差异。从物权主体看，物权变动表现为物权的取得、变更和丧失；从物权本体看，物权变动则表现为物权的产生、变更和消灭。物权变动必然产生一定的法律后果，而物权变动的法律后果是与物权变动模式密切相关的。物权变动模式的形成，受到社会经济发展状态、法律传统和历史传统等多种因素影响。

第一节　物权变动的意义

一、物权变动的概念

物权变动，是指物权的设立、变更以及消灭的总称。物权变动是物权立法、司法和理论中的一个重要问题。物权法确立物权的设立、变更以及消灭的规则，规范权利主体设立、变更以及消灭物权的法律行为，调整权利主体之间物权关系的设立、变更以及消灭。一旦发生物权纠纷，法院通过物权变动规则，确认物权的归属，解决物权纠纷。物权理论通过研究交易中物的流转客观规则，归纳总结物权变动的原因、原则、生效条件，指导物权立法和司法活动，促进社会经济的发展。物权变动主要表现在物权的设立、变更和消灭三个方面。

(1) 物权的设立。物权的设立，是指权利主体根据法律规定设立新的物权。为自己设立物权，称为物权的取得；为他人设立物权，称为物权的设定。物权的设立是一个新物权的产生，通常称为物权的发生。物权的发生，有原始取得和继受取得两种方式。原始取得，是指不以他人已经存在的权利为依据而取得的物权，即为权利的绝对发生，又称为固有取得。例如，因无主物的占有、添附、拾得遗失物、发现埋藏物、生产、天然孳息等取得物权的情形，属于原始取得。因事实行为而取得物权的，通常属于原始取得。由于并非继受他人现存的权利而取得的物权，与他人的权利没有任何关系，原始取得一旦完成，物权标的物上的一切负担均因原始取得而归于消灭，原物权人不得就该标的物主张任何权利，这是原始取得的法律效果。[①] 继受取得，是指以他人已经存在的权利为依据而取得的

① 参见谢在全：《民法物权论》(上册)，中国政法大学出版社 1999 年版，第 53 页。

物权,即权利的相对发生,又称为传来取得。例如,因买卖、赠与等取得物权的情形,属于继受取得。因法律行为取得的物权,通常为继受取得。根据不同的标准,继受取得有两种不同的分类[①]:一是以继受方法不同为标准,继受取得有转移继受取得与创设继受取得之分。转移继受取得,简称转移取得,是指就他人物权按照原状转移而取得的物权,如因买卖、赠与等法律行为而取得的物权。创设继受取得,简称为创设取得,是指在标的物上创设限制物权而取得的物权,如房屋所有权人在自己的房屋上设定抵押权,或者在自己的动产上设定质权。创设取得仅限于限制物权,所有权不能通过创设取得方式而取得。二是以继受范围或者形态的不同为标准,继受取得有特定继受取得与概括继受取得之分。特定继受取得,简称为特定取得,是指对特定的标的物的继受取得,如因买卖、赠与法律行为而取得的物权。概括继受取得,简称为概括取得,是指就他人的权利义务不限于特定物而全部予以继受,如因继承行为而取得被继承人的全部权利义务是典型的概括取得。

(2) 物权的变更。物权的变更,是指物权在不丧失其同一性的情形下,物权存在的内容所发生的变化。物权的变更有广义与狭义之分。广义上的物权变更,是指物权的主体、客体或者内容上发生变化;狭义上的物权变更,是指物权标的、内容等部分发生变化。主体变更是权利人的更迭,属于物权的得失问题。从严格意义上说,主体变更应当排除在物权的变更之外,物权的变更仅指客体和内容的变更[②],因而物权法上的物权变更是指狭义上的变更而不是广义上的变更,如标的物数量上的增加或者减少、权利内容的扩大或者缩小。主体的变更或者标的、内容彻底改变,结果导致物权的取得或者消灭,从物权的取得或者终止角度表述更为合理,而不是物权变更问题。

(3) 物权的消灭。物权的消灭,是指某一物权归于消灭,即物权与权利主体相分离。从物权主体方面观察,即权利人丧失物权。物权的消灭有绝对消灭与相对消灭之分。物权的绝对消灭,有两种情形:一是标的物在客观上已经不存在,即物的损毁。例如,房屋被大火烧毁。二是标的物仅与权利人分离,客观上仍然存在,但其他人也没有取得该物的权利。例如,物的抛弃或者遗失。物权的相对消灭,是指物权仅与原权利人相分离,但权利本身仍然存在,归新的权利人享有。例如,在买卖中,出让人(卖方)丧失标的物的所有权,而受让人(买方)获得标的物的所有权。

二、物权变动的原因

物权变动的原因,是指能够引起物权设立、变更或者终止的法律事实。物权

① 参见谢在全:《民法物权论》(上册),中国政法大学出版社 1999 年版,第 53—54 页。
② 参见郑玉波:《民法物权》(第 15 版),三民书局 1992 年版,第 26 页。

变动的原因主要有法律行为和法律行为之外的其他法律事实两大类。民法是调整交易关系的法律,物权法是民法的重要组成部分,法律行为基本上反映交易关系,因而法律行为是引起物权变动的主要原因。[①] 法律行为之外的法律事实也能够引起物权变动,但处于次要地位,主要有先占、发现埋藏物、加工、添附、继承、混同等。征收、没收、罚款等属于公法行为[②],国家通过行政权力而取得物的所有权,是基于公权而不是私权,并不是私法的调整对象,因而不是物权法上所讨论的引起物权变动的原因。将公法上的行为列入物权变动的原因,值得商榷。

在法律行为之外的法律事实所引起的物权变动中,法律凭借国家强制力规定特定法律事实,在不同权利主体之间对财产归属的强制性配置,体现着特定条件下国家对财产秩序的价值追求,由于不体现私法关系中当事人的意思自治,法律关系相对简单,对这些法律关系的规制,各国立法例基本相同。因法律行为引起的物权变动中,既有根据权利主体的意思表示而引起物权变动的内在动因,又有登记或者交付为物权是否变动的外在标准,因而其法律关系十分复杂。各国立法关于物权变动制度的差异,集中表现在法律行为所引起的物权变动。物权变动的原因主要表现为导致物权的取得与物权消灭两个方面的法律事实[③]:

(1) 物权的取得。物权取得的法律事实有法律行为和法律行为之外的其他法律事实两个方面。以法律行为方式取得物权,如因买卖、互易、赠与、遗赠等法律行为取得所有权,通过物的所有权人与第三人的设定行为设立抵押权、质权、典权、地上权、地役权、永佃权等限制物权。以法律行为之外的其他法律事实取得物权,如因时效、法律规定(留置权)、附合、混合、加工、继承以及拾得遗失物、发现埋藏物而取得物权。

(2) 物权的消灭。物权消灭的法律事实也有法律行为和法律行为之外的其他法律事实两个方面。法律行为导致物权消灭的,有抛弃、合同、撤销权的行使。抛弃是直接引起物权消灭的法律行为,即以消灭物权为目的的单方法律行为。抛弃是一种单方法律行为,只需权利人作出抛弃物权的意思表示,即可产生抛弃物权的法律效力,但不动产的抛弃,还需办理注销登记。否则,不会产生法律效力。合同也是一种能够引起物权消灭的法律行为,即双方当事人之间关于约定物权存续的期间或者约定物权消灭的意思表示合致的法律行为。例如,甲以不动产为抵押向银行贷款,甲在贷款合同期届满时,履行了还款义务,银行的抵押权消灭。撤销权的行使,也能导致物权的消灭。撤销权的行使,既可以是基于法律的

---

① 参见梁慧星主编:《中国物权法研究》(上),法律出版社 1998 年版,第 139 页。

② "物权变动的原因主要有以下三类:一是法律行为……二是法律行为以外的其他原因……三是某些公法上的原因。如因公用征收或没收而致物权变动。"陈华彬:《物权法原理》,国家行政学院出版社 1998 年版,第 108—109 页。

③ 参见钱明星:《物权法原理》,北京大学出版社 1994 年版,第 44—47 页。

直接规定，也可以是基于当事人之间的约定。如根据我国《土地管理法》第37条的规定，土地使用权人在受让土地2年内没有开发的，国家有权收回土地使用权。

法律行为之外的其他法律事实导致物权消灭的，有标的物的灭失、法定期间届满以及混同。标的物的灭失是较为常见的引起物权消灭的原因。物的灭失是指物权标的物在生活中被消费或者在生产中被消耗或者因其他原因而消失或者损毁。如果法律对限制物权存续期间有规定的，一旦法定的存续期间届满，物权消灭。混同是指两个没有必要同时存在的权利归属于一个权利主体而导致其中一个权利的消灭。混同既是债权消灭的原因，也是物权消灭的原因。关于混同的效果，大陆法系各国有两种不同的立法例：一是消灭主义①，二是不消灭主义。② 大多数国家的立法采纳了消灭主义，但是物权因混同而消灭是一般原则，在某些情形下，物权混同也不会导致物权的消灭。③ 如某一物的所有权与该物上所设立的他物权，同时归属于一个权利主体时，他物权不因混同而消灭。例如，甲将房屋抵押给乙，然后又将房屋抵押给丙，乙为第一抵押权人，丙为第二抵押权人。假设甲又将房屋卖给了乙，如果根据混同物权消灭的原则，乙对房屋的所有权就要受到损害。乙对房屋的抵押权因混同而消灭之后，丙升为第一抵押权人，一旦甲无力履行其对丙的债务，丙即可行使房屋的抵押权，乙的利益就受到损害。因此，以他物权为标的的权利，如果其存续对权利人或者第三人有利益的，不因混同而消灭。

第二节　物权变动的原则

物权变动必须遵循一定的原则，即物权的设立、变更和消灭必须遵循一定的原则。物权是对标的物的直接支配权，具有排他性和优先性。物权的存在及变动，应当有一定外在的表现形式，使第三人能够从外部认识物权的存在及变动。否则，交易安全缺乏保障。为保障交易安全，近代大陆法系国家民法产生了公示原则与公信原则。公示原则是公信原则的前提和基础，公信原则是公示原则的效力体现和保障。

一、公示原则

公示原则，是指物权变动行为应当以法律规定的公示方式表现物权的变动，

---

① 《日本民法典》第179条规定："同一物的所有权及其他物权归属于同一人时，其他物权消灭。但是，该物或者该物权为第三人权利标的时，不在此限……"

② 《德国民法典》第889条规定："存在于他人土地上的权利，并不因为土地所有权人取得权利或者权利人取得土地所有权而消灭。"

③ 参见郑玉波：《民法物权》（第15版），三民书局1992年版，第43—44页。

才能产生相应的法律效果的原则。根据公示原则,物权的设立、变更、消灭应当以某种能够从外部查知的方式表现出来,这种方法能够使人们了解到物权设立及变动之后的物权状况。[①] 在物权变动中,公示原则是指物权的变动行为只有以法律规定的公示方式表现权属的变动才能产生相应法律效果。近代以来,各国物权法确立了物权变动的公示方法,不动产以"登记"为权属变动的外在表现形式,动产则以"交付"即转移占有为权属变动的外在表现形式。换言之,不动产物权以"登记"为公示方法,而动产物权则以"交付"为公示方法。《物权法》第6条规定了不动产物权登记和动产物权交付制度。

物权公示不仅有物权变动中的公示,而且还应有物权存在的公示。换言之,物权公示包括物权存在的公示和物权变动的公示两个方面的内容。[②] 物权存在的公示,即物权静态的公示,目的在于标记权利人;物权变动的公示,即物权动态的公示,目的在于及时反映物权权属的变动状况。这两种公示方式关系密切,物权静态的公示是物权动态的公示基础和前提。在交易之前,买受人通常以某种方式来确定出卖人是权利人,这种方式即为物权存在的公示方式,通过物权存在的公示方式,买受人准确地判断出卖人是物的权利人,反映了公示制度的价值和现实意义,从而静态的物权公示构成动态的物权公示的前提。因此,公示原则是指物权存在以及物权变动应具有反映权属状态的外在表现方式。[③]

物权的公示方式属于法律的强制性规定,当事人不得通过合同方式任意加以变更。物权公示方式的强制性,主要表现为三个方面:

(1)物权的设立行为和变动行为方式法定。物权的设立和变动应当采取法律规定的方式。否则,不会产生相应的法律效果。换言之,物权的设立行为和物权的变动行为没有采取法律规定的方式,物权的设立行为和变动行为无效,但物权行为的无效并不影响债权合同行为的效力,债权合同仍然有效。《物权法》第15条明确规定了未办理物权登记的不动产物权合同,债权合同仍然有效。

(2)物权的公示方式法定。物权的公示方式应当符合法律的规定,不符合法定公示方式的物权不能产生法律效力。《物权法》第23条规定动产以交付为公示方式,《物权法》第14条规定不动产以登记为公示方式,《物权法》第212条规定,动产质权的设立以动产占有的转移为生效要件。

---

① "所谓公示原则,是指物权的设立、变动必须依据法定的公示方式予以公开,使第三人能够及时了解物权的变动情况。"王利明:《物权法论》(修订二版),中国政法大学出版社2008年版,第39页。

② "物权公示,指物权享有与变动的可取信于社会公众的外部表现形式。物权公示的对象为物权的享有与变动。"梁慧星、陈华彬:《物权法》(第四版),法律出版社2007年版,第89页。

③ 关于物权公示原则的内容,主流观点认为,物权公示原则是物权变动的公示。例如,"物权公示之原则,为关于物权变动公示之原则。"史尚宽:《物权法论》,中国政法大学出版社2000年版,第30页;"公示原则系指物权变动之际,必须以一定的公示方式,表现其变动,始能发生一定法律效果之原则。"谢在全:《民法物权论》(上册),中国政法大学出版社1999年版,第56页。

(3) 物权公示方式的效力法定。物权公示方式的效力属于法律的规定,即交付或者登记是物权的生效要件还是对抗要件,应依据法律的规定。根据《物权法》的规定,动产交付和不动产登记,均属于物权的生效要件而不是对抗要件。

(一) 不动产公示方式

物权变动的公示方法,在罗马法上经历了由要式买卖和拟诉弃权方式的严格仪式到交付为公示方式的演变过程,虽然古代埃及已经出现不动产登记制度,但是罗马法并没有采纳。近代不动产物权登记最初仅适用于抵押权,后来逐渐扩大到不动产物权。欧洲国家在近代确立了不动产登记制度。大陆法系国家一般将不动产的物权状态登记于主管机构依法设定的、可公开查阅的簿册上;英美法系国家则将不动产的权属状态记载于依法制成的地券上,地券一式两份,一份交由权利人保存,一份由登记机关存查。大陆法系国家关于不动产的登记,有登记生效要件主义和登记对抗主义两种立法例[①]:

(1) 登记生效要件主义。以德国、瑞士为代表登记生效要件主义的立法例,即实质登记主义。实质登记主义是指将登记作为不动产物权设立、变更和消灭的生效要件,不经登记在当事人之间不能产生物权变动的效力。[②] 根据登记生效要件主义的立法例,不动产的各项变动均须登记。否则,不动产物权的变动不会产生法律效力。奥地利和我国台湾地区民法也采取了这种立法例。

(2) 登记对抗主义。以法国、日本等为代表的登记对抗主义的立法例,即形式登记主义。形式登记主义,是指不动产的设立、变更和消灭的生效,以当事人之间的法律行为生效为条件,登记与否不影响物权变动的效力,而仅仅产生对抗第三人的效力。[③]

登记生效要件主义与登记对抗主义各有利弊。登记生效要件主义将登记与不动产物权变动本身结合为一体,对不动产物权变动采取了严格公示的态度,有利于统一确定物权变动时间,使物权的归属关系明晰化,也有利于保护善意第三人的利益。但是,登记生效要件主义过于注重形式,缺乏必要的灵活性,容易助长"一物二卖"现象。登记对抗主义则将登记与不动产物权变动本身分开,不以登记作为物权变动要件,因而不动产交易较为便捷。但是,登记对抗主义的不动产物权变动缺乏外在的公示方式,不利于保护善意第三人的利益。登记生效要

---

① 参见梁慧星主编:《中国物权法草案建议稿》,中国社会科学文献出版社 2000 年版,第 137 页。

② 《德国民法典》第 873 条第 1 款规定:"转让土地所有权、对土地设定权利以及转让此种权利或者对此种权利设定其他权利,需有权利人与相对人关于权利变更的协议,并应将权利的变更在土地登记簿中登记注册,但法律另有规定的除外。"

③ 《日本民法典》第 176 条规定:"物权的设定及转移,只因当事人的意思表示而发生效力。"第 177 条规定:"不动产物权的取得、丧失及变更,非依登记法规定进行登记,不得以之对抗第三人。"

件主义与登记对抗主义两者的制度价值存在重大的差异,登记生效要件主义偏重于交易秩序的维护,登记对抗主义则注重当事人的意思和交易的效率,但两者均有顾此失彼的弊端。为避免上述弊端,一些国家和地区立法以某种立法例为原则,以另一种立法例为补充,弥补了采取单一立法例的缺陷。例如,日本民法以登记对抗主义为原则,但对采矿权则采取登记生效要件主义;相反,德国民法虽采取登记生效要件主义,但也并不是一概适用于各种不动产物权,例如,抵押证券、土地债务证券等担保物权证券的让与就无须办理登记。

根据德国、瑞士及我国台湾地区民法的规定,因继承、公用征收、法院判决等法定事由取得不动产物权的,登记仅为物权的处分要件而不是生效要件。换言之,因继承、公用征收、法院判决等法定事由不经登记直接取得物权,但这些物权在登记之前不能处分。这种立法被称为"相对登记主义"。各国立法在不动产物权变动方面所采取的立场,通常不是单一的、绝对的。

我国《物权法》规定的登记制度,则是以登记生效要件主义为原则,以登记对抗主义为例外。根据《物权法》规定,不动产登记采纳登记生效要件。[①] 在《物权法》颁布之前,对不动产登记问题,虽然《民法通则》没有相应的规定,但有关法律、法规采取了物权登记生效要件主义的立法例。例如,《城市房地产管理法》第36条规定,房地产转让、抵押,当事人应当按照有关规定办理权属登记,第60条和第61条则规定了权属登记规则。《城市私有房屋管理条例》第6条规定,城市私有房屋所有权转移或者房屋现状变更时,应当办理所有权移转或者房屋现状变更登记。《物权法》第14条沿袭了先前的立法规定,不动产物权的设立和变动采纳了登记生效原则。但在以下五种情形中,《物权法》采纳了登记对抗主义:

(1)交通运输工具物权的设立和变动。根据《物权法》第24条的规定,船舶、航空器和机动车等物权的设立和变动,船舶、航空器和机动车等物权的登记为对抗第三人要件。船舶、航空器和机动车等物权从合同生效时设立或者发生变动;权利人没有办理登记的,不能对抗善意第三人。

(2)土地承包经营权的变动。根据《物权法》第129条的规定,土地承包经营权互换或者转让的,土地承包经营权从合同生效时发生变动。当事人应当到县级以上政府相关部门申请互换或者转让登记,未经登记的土地承包经营权不得对抗善意第三人。

(3)地役权的设立。根据《物权法》第158条的规定,地役权从地役权合同生效时设立,地役权的登记不影响地役权设立的效力。当事人未向登记机构申

---

① 在债权合同生效而不动产物权未发生变动的情形下,我国的司法审判实践认定债权合同有效,以保护债权合同当事人的债权请求权。

请办理地役权登记的,未经登记的地役权不得对抗善意第三人。地役权合同生效后,当事人应及时向登记机构申请办理地役权登记。

(4) 以在建交通工具上设定抵押权。根据《物权法》第188条的规定,以正在建造的船舶、航空器为抵押标的物的,抵押权从抵押合同生效时设立。当事人应办理在建船舶和航空器的抵押登记,未经登记的抵押权不得对抗善意第三人。

(5) 以生产资料等为抵押标的物。根据《物权法》第189条的规定,当事人以生产设备、原材料、半成品、成品为抵押标的物的,抵押权从抵押合同生效时设立。当事人应办理抵押登记,未经登记的抵押权不得对抗善意第三人。

除了上述五种情形之外,物权的设立和变动均采纳登记生效规则。《物权法》对物权的设立和变动以登记生效主义为原则,以登记对抗主义为例外。此外,不动产物权变动采纳登记生效主义,是《物权法》的物权变动的生效原则,但是并非所有的不动产物权的设立、变更和消灭均需要登记才能产生法律效力。不动产物权登记的例外有两种情形:

(1) 无须进行不动产登记的物权。根据《物权法》第9条的规定,属于国家的自然资源包括矿藏、水流、海域、森林、山岭、草原、荒地、滩涂、城市的土地、无线电频谱资源以及国防资产等所有权的设立无须登记。国家所有权依法不能转让,也不可能设立新的所有权。有些自然资源无法进行登记,因而也无须登记。

(2) 不以登记为生效要件的物权。根据《物权法》的规定,部分不动产物权的变动不以登记为生效要件。但是,在《物权法》颁布之前,对因其他法定事由而发生的物权变动,我国法律缺乏相应的规定。《物权法》填补了这一法律缺漏,《物权法》第28条、第29条、第30条和第31条遵循了大陆法系物权法的惯例,确立了与法律行为导致物权变动不同的规则,即对以法律行为之外的事实行为引起的物权变动,不以登记为物权变动要件。换言之,为保障交易安全和社会经济秩序,在因继承、强制执行、取得时效、法院判决、仲裁裁决、新建、添附、婚姻关系等而引起不动产物权变动的情形下,应采取相对登记主义原则。在上述情形下,当事人无须登记即可取得标的物的所有权,但在登记之前,权利人不能处分标的物。此外,根据《物权法》第127条的规定,土地承包经营权的设立也无须登记。因此,如果将登记作为不动产物权变动的唯一的生效要件,则实际上否认了有关法律规定和司法行为的绝对效力。

(二) 动产公示方式

随着近代不动产登记制度的确立,交付就成为动产物权变动的公示方法。交付不像登记那样具有永久的公示力,而且作为物权变动的公示方法,也未必真实可靠,但是动产变动频繁,不可能全面实行登记制度,因而只能把占有的移转即交付,作为物权变动的外在的表现形式。

关于交付的效力,大陆法系国家民法有生效要件主义和对抗要件主义两种立法例：

（1）生效要件主义。根据生效要件主义立法例的规定，交付是动产物权让与的生效要件。换言之，当事人之间让与动产的意思表示——债权行为不会直接产生动产物权转移的效力。动产不转移的占有，则不会产生动产物权转移的效果。《德国民法典》第929条的规定属于这种立法例。①

（2）对抗要件主义。根据对抗要件主义立法例的规定，动产物权的让与因当事人之间的法律行为生效而生效。换言之，当事人之间让与动产的意思表示——债权行为直接产生动产物权转移的效力，而交付仅仅为对抗第三人的要件。《日本民法典》第178条的规定属于这种立法例。②

我国现行物权立法属于第一种立法例，即生效要件主义。根据《物权法》第23条、《民法通则》第72条和《合同法》第133条的规定，所有权转移是以交付——占有转移为标准，即使交易双方当事人就财产交易达成了合意，如果没有践行交付，也不会产生所有权转移的效果。《物权法》的规定属于强制性规范，当事人不得变更或者排除《物权法》的规定；《民法通则》和《合同法》关于交付的规定，属于任意性规范，当事人可以通过特别约定排除该规定的适用。根据强行法优于任意法的规则，应当适用《物权法》的规定。《物权法》第23条的规定实际上与《民法通则》和《合同法》的规定效果是一致的，根据但书条款的规定，其他法律有规定的除外。根据《民法通则》和《合同法》的规定，当事人可以约定物权变动的时间。可见，《物权法》第23条的规定流于形式，得不到应有的效果。

交付，是指权利人将占有的物或者物权凭证转移给他人占有的行为。交付，即占有的转移。占有转移的构成，应当满足三个条件：一是对标的物的实际控制发生转移，即占有的体素；二是具有占有转移的意思，即占有的心素；三是必须是受让人占有，即占有的合法性。

交付有现实交付与观念交付之分。③ 现实交付，是指动产占有的直接移转，即出让人将动产的占有实际转移给受让人，将动产直接置于受让人的实际控制之下。现实交付是将动产由出让人的控制转移到由受让人控制，从而产生动产物权变动的效果。直接交付行为并不是一定要求出让人自己完成，出让人可以委托其他人代为完成交付行为。

现代社会追求交易的迅捷和便利，通常无须要求对交易物直接占有的移转，而是采取一些变通的方法，以替代现实交付，因而称为交付的替代，即非真正的

---

① 《德国民法典》第929条规定："转让动产所有权需由所有权人将物交付于受让人，并就所有权的转移由双方成立合意。受让人已占有该物的，仅需转移所有权的合意。"

② 《日本民法典》第178条规定："动产物权的让与，除非将该动产交付，不得以之对抗第三人。"

③ 参见郑玉波：《民法物权》（第15版），三民书局1992年版，第40页。

交付。立法也同样赋予这些观念交付法律上的效果。[①] 观念交付,就是指在某些特殊情形下,法律允许当事人通过特别的约定的方式替代动产的现实交付。观念交付减少了实际交付所付出的交易费用,降低了交易成本,更为便利、快捷,符合社会经济快速发展的需要。观念交付有简易交付、占有改定和指示交付三种具体表现方式:

(1) 简易交付。简易交付,是指动产物权的受让人在合同订立之前已经占有受让的标的物,让与合意成立即视为交付。[②] 简易交付通常是因委托、寄托、租赁、使用借贷、设定质权、雇用或者其他关系,受让人已占有受让的标的物。在简易交付的情形下,由于双方当事人已经就动产所有权的转移达成合意,动产所有权已经发生了占有的转移,因而没有必要再继续履行交付行为。换言之,通过动产物权转让的合意替代对动产的现实交付,这种交付是一种无形的交付、观念上的交付。在简易交付之前,尽管受让人已经占有标的物,但不是以所有人的意思而为的占有,因而是一种他主占有。在简易交付之后,受让人对标的物是以所有人的意思而为的占有,即自主占有。因此,简易交付使受让人由他主占有变为自主占有。

简易交付方式也为我国的一系列立法所承认,《物权法》第 25 条和《合同法》第 140 条对简易交付方式均有明确的规定。在买卖合同订立之前,买受人根据一定的法律关系占有标的物的,买卖合同的生效时间即为标的物的交付时间。换言之,买卖合同的生效时间即为标的物的所有权发生转移的时间。

(2) 占有改定。占有改定,是指动产物权的出让人与受让人之间约定标的物的权利让与之后,仍由出让人继续占有标的物,则在让与合意成立时,视为交付完成。《物权法》第 27 条规定了占有改定,《德国民法典》第 930 条和我国台湾地区"民法"第 761 条也规定了占有改定。占有改定的目的在于出让人在出让标的物之后继续占有标的物,从而既符合出让人的要求,又能继续发挥物的效用。但是,出让人继续占有标的物以替代实际交付,不具有对抗第三人的效力。在占有改定的情形下,受让人并没有直接占有标的物,而是出让人继续占有标的物,因而受让人由通常情形的直接占有转化为间接占有,而出让人则从自主占有

---

① 从公示的本意上看,交付应当是现实交付。只有现实交付才能通过外在方式表现物权变动,而观念交付中的占有改定和指示交付,实际上并没有公示物权变动。简易交付与占有改定、指示交付一样,实际上也没有现实的占有转移,新的物权人原来是物的实际占有人,物权变动从物权的真实情况与外在的表现方式不一致转变为一致。指示交付从表明面看仅维持了现状,而占有改定却是反其道而行之,物权变动的真实情况恰好与外在的表现方式不一致。参见叶金强:《公信力的法律构造》,北京大学出版社 2004 年版,第 17 页。

② 《德国民法典》第 929 条规定:"……受让人已占有该物的,仅需转移所有权的合意即可。"

我国台湾地区"民法"第 761 条第 1 款规定:"动产物权之让与,非将动产交付,不生效力。但受让人已占有动产者,于让与合意时,即生效力。"

变为他主占有。例如,甲将其电脑卖给乙,又与乙约定在甲购买新电脑之前,仍然由甲使用乙的电脑。甲对电脑的占有为直接占有、他主占有,而乙对电脑的占有则为间接占有。

(3)指示交付。指示交付,是指动产由第三人占有时,出让人将其对于第三人的返还请求权让与受让人,以代替交付。《物权法》第26条规定了指示交付,《德国民法典》第931条和我国台湾地区"民法"第761条也规定了指示交付。学理上,指示交付又称为让与返还请求权或者返还请求权代位,是为了解决当事人进行动产让与时,作为交易对象的动产,仍然由第三人占有的问题。例如,出租人将其出租物转让给第三人的,可以适用指示交付方式。

现实交付是对动产直接占有的转移;观念交付是占有之观念的转移,即让与人在移转动产所有权时,并未将动产直接交付给受让人,而仅仅是间接占有的转移,但根据法律规定或者当事人约定仍能产生动产交付效力的行为。观念交付则非真正之交付,是动产占有在观念上的移转。观念交付与现实交付之间存在三个方面的区别:一是观念交付是间接占有的转移,现实交付是直接占有的移转。二是观念交付是法律所认可的当事人之间的特别约定,现实交付是法律的直接规定。三是观念交付是一种特殊的物权变动的公示方式,现实交付是普通的物权变动的公示方式。①

除了现实交付和观念交付之外,还有一种交付方式,即拟制交付。② 拟制交付,是指出让人将标的物的权利凭证,如仓单、提单,交付于受让人,以代替标的物的现实交付。③《物权法》没有规定拟制交付,《合同法》第135条不仅规定了拟制交付,而且明确了权利凭证的交付是所有权转移的标准。在拟制交付中,拟制交付的载体是能够代表标的物所有权的凭证,让与人以标的物的凭证移转给受让人,以代替实物交付的行为,即仓单、提单和货票等标的物凭证的交付,即视为标的物的交付。从标的物的凭证交付之时起,标的物的所有权从让与人转移给了受让人。法律将物权凭证的持有人推定为真正的所有权人,标的物凭证的转移,推定为标的物的占有人发生了变化,持有标的物的凭证即意味着对标的物的直接占有。

---

① 参见杨震:《观念交付制度基础理论问题研究》,载《中国法学》2008年第6期。

② 关于拟制交付,包括我国台湾地区的物权法教科书在内都很少提到。王利明先生在论述交付问题时,简单地介绍了拟制交付的概念,并未展开论述。参见王利明:《物权法论》,中国政法大学出版社1998年版,第149页。王泽鉴先生则在指示交付中论述拟制交付,但未提及拟制交付概念,原文为"动产物权经证券化时,其物权变动须交付表彰动产物权的证券,以代替动产之交付"。王泽鉴:《民法物权——通则·所有权》,中国政法大学出版社2001年版,第138页。

③ "动产物权业经证券化者,其物权之变化须以交付表彰动产物权之证券以代替该动产之交付。例如仓库、提单、载货证券所载物品之交付,于交付该项证券于有受领权人时,与交付物品有同一之效力。"谢在全:《民法物权论》(上册),中国政法大学出版社1999年版,第104页。谢在全先生是在论述指示交付时作出上述论述的,借以说明物权证券交付并非指示交付,但他并未提出拟制交付的概念。

拟制交付是随着海上贸易发展起来的。在海商法中，提单作为一种海上运输合同的证明和物权凭证被广泛运用。提单是代表货物所有权的凭证，提单的交付视为现实货物的交付。提单的出现简化了交易过程，缩短了交易时间，因而表彰现实物权的凭证交易方式被扩大应用到其他的交易领域，如在仓储合同中广泛使用仓单，在运输合同中使用载货证券。物权证券化改变了传统商事交易的观念，以物权凭证交付代替现实交付在某些领域已经成为商事惯例。

现实交付是以转移占有为交付的条件，受让人直接占有标的物；拟制交付是以转移标的物的凭证为交付的条件，只是占有标的物的凭证。现实交付和拟制交付虽均包含实际的交付，但两者存在差异，现实交付的对象是标的物，而拟制交付的对象则是标的物的凭证。观念交付是通过双方的约定替代实际的交付，在当事人之间没有发生实物的交付，仅仅在观念上的或者理念上的交付而已；拟制交付也不存在物的实际交付，仅仅交付物权凭证，因而也属于“观念”交付。因此，拟制交付是介于现实交付和观念交付之间的一种交付方式。

现实交付、观念交付及拟制交付三种交付方式，反映了现代社会经济生活的内在要求，得到了各国立法的普遍承认。我国法律遵循了这些交易惯例，肯定上述三种交付方式，以满足社会主义市场经济发展的内在需要。

交付为动产物权变动的公示方法，仅以法律行为引起的物权变动为限。但是，因继承、强制执行、先占、取得时效、拾得遗失物、添附等原因而引起的动产物权变动，则不适用交付规则。

交付不仅有占有转移的表象，而且还应有占有转移的意思。换言之，交付必须是基于权利人的意思，如果让与人并没有使受让人取得特定的动产物权的意思，而受让人自行占有动产的，不构成现实交付。此外，对动产的事实上的控制权发生转移，即权利人有转移占有的意思，也构成物的现实交付，即使标的物占有本身并未实际发生转移。

（三）公示制度的价值

公示是整个物权变动的核心，物权公示制度的价值在于保护交易安全。保护交易安全是物权公示制度的核心价值，静态安全也是物权公示制度的价值所在。[①] 物权一经公示，对于知道或者推定知道的人而言就产生了对抗效力。同时，经公示的物权进入交易领域后，就强化了物权的排他效力，有利于保护权利人的权利，防止他人侵害，减少纠纷的产生，从而实现对物的静态安全的维护。

---

① 以《法国民法典》为代表的近代民法奉行古罗马法的“任何人不得以大于其所有之权利给他人”的规则，注重保护静态安全，把权利瑕疵的不利后果归于交易第三人，将以买卖合同作为原因的所有权变动，完全交由合同当事人的意思来确定，买卖合同无效，所有权的变动当然无效，公示仅有对抗第三人的效力。这反映了市场经济初期立法对交易的态度。这种制度虽然在一定程度上注意到了交易的便捷、迅速问题，却忽略了交易安全。

在现代市场经济条件下,财产是经常流转的,物权关系也因此而经常处于变动之中。在交易过程中,当事人不仅要关心商品本身是否存在瑕疵,而且更关心物上的权利是否存在瑕疵。如果物上的权利存在瑕疵,则交易目的就不能实现。然而,在现实的交易中,经常出现标的物上的权利存在某种瑕疵的情况。权利瑕疵,主要有以下两种情形:一是无处分权的占有人非法转让标的物;二是在所转让的物权上可能存在着某种负担,即受另一种物权的限制。无论什么原因产生的权利瑕疵,取得这种物权的受让人,均会受到原权利人的追索。在这种情况下,原权利人和取得权利的受让人对同一个标的物就会存在难以两立的权利要求。在两种权利要求相互排斥、不能并存的情况下,法律必须作出明确的选择,要么保护原权利人的利益,要么保护受让人的利益。对原权利人利益的保护,属于静态安全的保护;对善意受让人利益的保护,则属于动态安全的保护。交易安全是动态安全的主要表现形式,即市场主体根据自己的活动进行交易时,法律对这种交易行为进行保护,不使交易行为归于无效,实际上,是对交易过程中善意且无过失的第三人的保护。为适应现代市场经济发展的需要,法律必须在原权利人和善意第三人之间谋求某种利益的平衡,兼顾静态安全与动态安全——交易安全。物权公示制度旨在静态安全与动态安全之间达到一种平衡。物权公示制度的价值,主要表现在三个方面:

(1) 确定物权归属、解决物权的纠纷。就登记物权而言,由于物权的设立应当办理登记,通过登记确定某项物权的归属,登记簿记载的权利人在法律上应当是该物的权利人。即使登记簿的记载存在错误,但在登记变更之前,登记簿记载的权利人推定为真正的权利人。登记簿上的登记是物权最有效的证据和最清晰的界定。从这个意义上说,物权法的定分止争功能,需要通过登记制度体现出来。

(2) 保护交易安全、维护交易秩序。交易是使物权从一个权利主体移转到另一个权利主体,为使这种移转正常进行,防止移转中的欺诈等行为,就必须使交易双方充分了解交易客体的权属状况,了解物权状况的各种信息,包括权利人是否真正享有物权、物权的负担状况如何、物权的存续期限等。在了解物权各种情况的基础上,当事人才能决定是否进行交易以及决定交易的条件。如果不充分了解这些信息,不仅会使交易受阻或者交易成本增加,而且会给交易欺诈行为提供机会,妨碍正常的交易秩序。登记制度使各种物权的权属和设立情况等信息得以全面公开,权利的变动得以清晰透明和公开,并使权利的让渡能够顺利地、有秩序地进行。

(3) 降低交易成本、提高交易效率。通过公示使物权信息完全公开化,不仅为交易当事人提供了极大的方便,而且因为公示制度使当事人能够充分信赖登记的内容,从而在从事交易之前不必要投入极大的精力和费用,去实际地调查、了解对方当事人是否对转让的财产享有物权,或者被转让的财产的上是否设有负担等,从而极大地降低了交易成本。因此,对登记的信赖,能尽快地、迅速地完成交易。

二、公信原则

公信原则,是指根据法律规定的公示方式所表现出来的物权,即使该物权不存在或者内容上有差异,对于信赖法定公示方式所表现的物权而进行交易的人,法律为保护该善意交易人的利益而承认其具有与真实物权相同的法律效力。换言之,尽管被公示的物权不存在,但因信赖该公示而进行交易的,同样能获得法律的保护,从而产生与真实的物权状况一样的法律效果。这种法律效果是公示方法所具备的效力,即公信力。如果公示制度不能产生公信力,不仅公示制度形同虚设,而且不利于保护交易安全。公信原则的实质是通过赋予公示方式以公信力,补正了无权处分人所为的处分瑕疵,阻断了权利人对物的追及效力,保护了善意第三人的利益,从而维护了交易安全。可见,公信原则以公示原则为基础,并在功能上对公示原则进行补充。

公信原则以保护交易安全为使命,参与交易的当事人只需按照公示方法所表现出来的物权状态进行交易,无须耗费大量的时间和精力调查了解标的物的实际权利状态,从而降低了交易成本,便利了交易。公信原则虽然以牺牲物权的静态安全为代价,以保护物权的动态安全,但并非否定物权静态安全,各国通过确立一系列相关的法律制度来保护真正权利人的权利,即保护物权静态的安全,从而达到物权的静态安全和动态安全的利益平衡。在赋予动产占有以公信力的同时,法律通过赋予动产物权人的不当得利返还请求权和不法行为的损害赔偿请求权,以保护真正动产物权人的权利。在赋予不动产登记以公信力的同时,一方面法律采取各种预防措施,完善登记簿与登记手续,从而避免在登记之际无权利者的登记。对于登记的申请,登记申请人必须提供相关的法律文书,或者要求登记人员对交易关系进行实质审查。登记的实质审查制度,可以了解缺乏有效基础的法律关系的登记申请,从而减少不实登记。另一方面,异议登记制度和赔偿制度为真正权利人的权利提供救济,防止登记公信力给真正的权利人造成更大损失,以此平衡物权的动态安全与静态安全。

动产公信原则起源于法国。根据罗马法的“任何人不得以大于其所有之权利给他人”以及“我发现我自己的物之处,我得取回之”的法谚,则无论是动产还是不动产均没有适用公信原则的可能。但在日耳曼法上作为公示方法的占有,具有物权转移的效力。日耳曼法有“所有人任意让与他人占有其物,则只能对该他人请求返还”及“以手护手”的法谚,法国固有法上有“动产不许追及”的法谚。该法谚发展演变为善意受让人取得物权,通说认为这是动产公信原则的起源,其后为近代各国物权法所继受,以善意取得或者即时取得制度的方式出现。

动产占有的公信力表现为,占有被赋予权利推定力和动产物权的善意取得制度。占有的权利推定力,是指以公示的外在表现方式,推定动产物权的归属。换言之,如果没有相反证据,根据占有的外在表现方式,就可以认定物权归占有人所有。[①] 动产物权的善意取得制度,是物权公示公信力的典型表现,世界各国民法规定了善意取得制度。我国也不例外,但《物权法》第 106 条的规定扩大了善意取得的适用范围,将不动产也包括在内。

不动产公示原则起源于德国。日耳曼法上的占有转移物权的效力以及"所有人任意让与他人占有其物,则只能对该他人请求返还"及"以手护手"的法谚,形成了《德国民法典》第 892 条的规定,其后又为《瑞士民法典》所继受。

关于不动产登记的公信力,各国和地区的立法例不尽相同。各国虽然对不动产均采取登记为不动产物权的公示方法,但登记是否具有公信力,却有不同的立法选择和价值判断。在德国、瑞士等国家和我国台湾地区,不动产登记采取实质审查制度,因而法律赋予不动产登记以公信力。[②] 凡信赖登记而进行物权交易的善意第三人,可依据登记的公信力获得法律保护。

在法国、日本等国家,不动产登记并非不动产物权变动的生效要件,不动产的登记是仅具有对抗第三人的效力,因而登记不具有公信力。[③] 法国的不动产登记机关是行政机关,仅审查不动产交易的形式上的正当性,这种形式审查不能保证登记所公示的物权的准确性。日本的登记采取形式主义的审查方式,因而登记没有公信力。[④] 法国、日本等国家不动产登记不具有公信力,与物权变动的意思主义立法模式无关,而是由于采取登记的形式审查制度,不能确保登记的准确性。

《物权法》没有明确承认物权登记的公信力,但是《物权法》第 16 条的规定体现了公信原则。《物权法》第 16 条规定的不动产登记簿是确定物权归属的依据,赋予不动产登记簿以公信力。[⑤] 《物权法》确立不动产登记簿具有公信力,是

---

① 《德国民法典》第 1006 条规定:"为了动产的占有人的利益,推定占有人即为物的所有人。"《日本民法典》第 188 条规定:"占有人于占有物上行使的权利,推定为适法的权利。"

② 《瑞士民法典》第 973 条规定:"因善意信任土地登记簿之登记,取得所有权或其他物权者,其取得受保护。"

③ 公示的对抗效力与公示的公信力是不同的,公示的对抗效力是保护物权人利益的,而公示的公信力是保护善意第三人利益的。

④ "但日本民法中,除类推适用第 94 条第 2 款的情况外,在不动产交易方面通说·判例的观点是不采用公信的原则。""日本的登记制度,采用由登记官形式主义审查的方式,而登记薄上的记载,一般没有公信力,这一点学说上没有异议。"〔日〕田山明辉:《物权法》(增订本),陆庆胜译,法律出版社 2001 年版,第 31、43 页。

⑤ "《物权法》第 16 条……实际上就是确立了登记的权利推定效力。不动产登记簿是物权归属和内容的依据。""《物权法》第 16 条的规定其实也包含了对信赖登记产生的信赖利益的保护……"王利明:《物权法论》(修订二版),中国政法大学出版社 2008 年版,第 42、43 页。

推定公信原则的依据。此外,《物权法草案》明确规定[1],记载于不动产登记簿的人是不动产的权利人,动产的占有人是动产的权利人。法律明确承认登记的公信力,既可以保护善意第三人的利益,维护交易安全;又可全面贯彻物权公示原则。

在不动产登记制度下,任何不动产物权的取得和变更,均应办理登记手续;否则,不会发生物权变动效力。登记产生物权变动效力,即原权利人丧失物权,而新的权利人取得物权。登记簿成为不动产物权的公示方式,法律赋予这种公示方式以公信力,即建立起登记簿记载的权利人是真正的权利人规则,构成不动产登记簿的公信力。法律赋予登记以公信力,既可保护善意第三人的利益,维护正常的交易秩序,保护交易安全;还可以全面贯彻物权公示原则。如果为登记所公示的物权,不具有绝对的公信力,权利人要通过登记的公示实现权利的宣告和对抗第三人的权利主张,就缺乏相应的制度保障。换言之,没有公信原则的支撑,公示原则就失去其存在的价值。

公信原则与公示原则,两者相辅相成,从不同的角度确保物权变动快捷顺畅地完成。公信原则以公示原则为基础,并在功能上对公示原则加以补充、完善,是公示原则效力的延伸。公信原则是解决法定公示方式与真实权属状态之间差异的法定推定效力。

第三节 物权登记制度

不动产登记制度,是指不动产登记机构根据法定的程序和条件将不动产物权的状态记载于不动产登记簿上,产生一定法律效果的制度。不动产登记制度是不动产制度的重要内容。从 20 世纪 90 年代起,我国通过《城市房地产管理法》、《土地管理法》、《物权法》等一系列法律法规逐步确立了我国的不动产登记制度。登记制度不仅是不动产交易有序化的前提,而且也是物权制度赖以建立的基础。健全的登记制度,是不动产物权设立和有序转移制度的保障,是和谐社会构建的基础。登记制度的建立,体现了国家对不动产交易关系的干预,通过登记将不动产物权的设立、变更和消灭以登记簿的形式向社会公众予以公开,从而使社会公众了解不动产上的物权状态。登记制度可以确定不动产物权的归属,有效地解决物权纠纷;保护不动产的交易安全,维护基本的交易秩序;提高交易效率,降低交易成本。

---

① 《物权法草案》第 4 条规定:"物权应当公示。记载于不动产登记簿的人是该不动产的权利人,动产的占有人是该动产的权利人,但有相反证据证明的除外。法律规定不经登记即可取得物权的,依照其规定。"

一、不动产登记制度

不动产登记，即不动产物权登记，是指不动产物权变动应在不动产所在地的不动产登记机构设立的专门登记簿上予以记载，以确定物权利归属及权利状态并予以公示的行为。[①] 换言之，不动产登记是登记机构根据登记申请人的申请对不动产物权的设立、变更、转让和消灭依据法定的程序在不动产登记簿上记载并供权利人和利害关系人查阅。[②] 不动产登记是不动产物权设立和变动的公示方式，通过不动产登记向社会公开不动产物权的设立和变动情况，使第三人了解物权变动的实际状况。

物权登记制度是不动产制度的重要内容之一，不动产登记制度则是物权登记制度的主要内容，而不动产物权登记的效力是不动产登记制度的核心。不动产登记对物权变动的效力，大陆法系国家有两种立法例：一是德国、瑞士等国家所采取的登记生效主义；二是法国、日本等国所采取的登记对抗主义。

（一）不动产登记的模式

世界各国的不动产登记制度，主要源于权利登记制、契据登记制和托伦斯登记制三种基本的登记制度。

权利登记制，是指不动产物权的设立、变更和消灭，仅有当事人意思表示仍不能发生效力，必须践行法定的登记手续，才能发生物权变动的法律效力。权利登记制是《德国民法典》所确立的，因而又称为德国登记制。此外，瑞士、荷兰、奥地利和北欧的一些国家也采纳权利登记制的立法例。根据权利登记制的立法例，登记不仅是公示不动产权利状态的方法，而且还是不动产物权变动的生效要件。换言之，物权因法律行为而发生变动的，还应同时满足有物权变动的意思表示和践行登记手续两个方面的条件。一个法律行为不能同时产生债权和发生物权变动效力，发生债权的意思表示——债权行为，仅能在当事人之间产生债权债务关系，而不能产生物权变动的效力；物权变动的意思表示——物权行为，才能产生物权变动效力；践行登记手续是物权变动意思表示的外在行为。[③]

契据登记制，是指不动产物权的设立、变更和消灭，仅有当事人的意思表示，即可产生物权变动的法律效力。不动产登记机构在进行不动产登记时，仅对登记申请人提交的不动产交易合同中记载的内容予以登记，因而称为契据登记制。契据登记制，是《法国民法典》所确立的，因而又称为法国登记制。此外，意大

---

① 不动产登记簿是指记载不动产上的权利状况并备存于特定机构的簿册。在不动产登记制度中，不动产登记簿册具有特殊的地位，即不动产登记簿是确定不动产物权的归属和内容的依据。

② 我国《物权法》第18条规定："权利人、利害关系人可以申请查询、复制登记资料，登记机构应当提供。"

③ 或者说物权变动的意思表示附着于登记行为之上，登记行为是物权变动意思表示的外在表现。

利、西班牙、日本等国也采纳这种立法例。根据契据登记制,登记并非不动产物权状态的公示方法,而是对抗第三人的方法,即不动产物权不经登记,不得对抗第三人。换言之,物权因法律行为而发生变动的,只需有当事人的意思表示即可发生物权变动效力,发生债权的意思表示即为产生物权变动的意思表示,即一个法律行为可以同时导致债权的发生和物权变动的法律效力。

托伦斯登记制,是托伦斯爵士(Sir Robert Torrens)在南澳大利亚根据权利登记制改良而来的,因而又称为澳洲登记制,或者权利交付主义。在权利登记制的基础上,托伦斯登记制增加了记载权利状态的地券和证书并交与权利人的规定。不动产物权登记证书一式两份,一份由登记官员收存,并将内容登记在登记簿上,另一份则由不动产物权人收存。根据托伦斯登记制,在初次进行不动产登记时,不动产登记机构根据一定程序确定不动产物权状态并制成地券。在不动产物权发生变动时,当事人将不动产物权转让合同,连同地券一起交给登记机构,经登记机构审查之后,在登记簿上记载权利的移转。托伦斯登记制的特点是:初始登记是非强制性的,但是任何不动产权利一经申请第一次登记后,不动产权利的变更非经登记不发生效力。托伦斯登记制为澳大利亚、新西兰、英格兰、苏格兰、新加坡、马来西亚、加拿大和美国的部分州所采纳。

三种登记制度的差别在于登记的效力不同。契据登记制实行登记对抗主义,权利登记制与托伦斯登记制则实行登记生效主义。在登记对抗主义模式下,物权变动仅由当事人的纯粹的债权意思表示而完成,无须具备一定的形式要件,但是如果要产生对抗第三人的效力,则须办理登记手续。在登记生效主义模式下,不动产物权变动必须进行登记,如果当事人只是达成了物权变动的合意而没有完成登记手续,则物权变动的意思表示不仅不会产生公信力,而且也不会产生物权变动的法律效果。

(二)我国的不动产登记制度

我国关于不动产登记的法律种类繁多,既有法律,又有规章,还有司法解释和地方性法规,由此造成了登记机构的不统一和登记效力的差异。[①] 在《物权法》颁布之前,涉及不动产登记的法律有《土地管理法》、《城市房地产管理法》、《担保法》、《森林法》、《草原法》、《渔业法》;涉及不动产登记的规章有《土地登记规则》(国土资源部 1996 年颁布)[②]、《城镇房屋权属登记管理办法》(建设部 1997 年颁布,2001 年修订,2008 年废止)和《城市房屋产权产籍管理暂行办法》

---

① 我国长期以来基本上将不动产登记作为行政机关的一项职权,是国家公权力对交易秩序的一种行政干预手段和措施,而不是作为物权变动的公示方式,从而形成了不动产登记机构和行政机关职能的一一对应关系,导致了多头登记现象的产生。

② 2007 年 11 月 28 日国土资源部第 5 次部务会议审议通过了《土地登记办法》,但该办法并未废除《土地登记规则》。

(建设部1990年12月31日实施,已于2001年7月12日废止);涉及不动产登记的地方性法规有《上海市房地产登记条例》、《深圳经济特区房地产登记条例》和《珠海市房地产登记条例》等。《物权法》第一编第二章第一节规定了我国的登记制度,即实行统一登记制度。但是,《物权法》仅有原则规定,并无具体的不动产登记规则。根据《物权法》的规定[①],不动产登记规则另行制定法律和行政法规。在法律和行政法规作出规定之前,地方性法规可以对登记制度作出规定。[②]

《物权法》颁布之后,国土资源部颁布了《土地登记办法》,建设部颁布了《房屋登记办法》和《房屋登记簿管理试行办法》。[③] 国土资源行政主管部门和建设行政主管部门两大行政主管部门,仍然希望保留原有的不动产登记制度,保持两套不同的登记制度体系。由于狭隘的部门利益之争,我国不动产登记制度的统一仍然任重而道远。可见,我国不动产登记管理在目前的行政管理体制下暂时还难以实行统一的登记制度。

不动产的登记的种类,法律和行政法规没有规定,只有效力等级较低的规章对此作出规定。在我国各地实际运行的登记制度是地方性的登记制度,上海、深圳、珠海、南京等出台了地方性的登记条例。由于不存在国家级的登记机构,国务院两个部委的行政规章仅具有指导意义,各地在办理不动产登记时适用地方性的登记条例。在全国性的不动产登记法出台之前,我国的登记制度的研究对象应当是我国各个地方的登记规则,而且这些地方性登记规则必将影响全国性的不动产登记法的制定。

在《物权法》颁布之前有两个规章规定不动产登记制度:一是1995年国土资源部颁布的《土地登记规则》[④],该规则将土地登记分为初始土地登记和变更土地登记。初始土地登记又称总登记,是指在一定时间内,对辖区全部土地或者特定区域的土地进行普遍登记;变更土地登记,是指初始土地登记以外的土地登记,包括土地使用权、所有权和土地他项权利设定登记,土地使用权、所有权和土地他项权利变更登记,名称、地址和土地用途变更登记,注销土地登记等。二是

---

① 《物权法》第10条第2款规定:"国家对不动产实行统一登记制度。统一登记的范围、登记机构和登记办法,由法律、行政法规规定。"

② 《物权法》第246条规定:"法律、行政法规对不动产统一登记的范围、登记机构和登记办法作出规定前,地方性法规可以依照本法有关规定作出规定。"

③ 《房屋登记簿管理试行办法》第1条规定:"为规范房屋登记簿管理,保障房屋交易安全,保护房屋权利人及相关当事人的合法权益,根据《中华人民共和国物权法》、建设部颁布的《房屋登记办法》(建设部令第168号),制定本办法。"

④ 《土地登记规则》实际已经为2007年颁布的《土地登记办法》所取代,但《土地登记办法》并未明确废除《土地登记规则》。

1997年建设部颁布的《城市房屋权属登记管理办法》(2001年修订)①,该办法将登记分为总登记、初始登记、转移登记、变更登记、他项权利登记、注销登记。②

在《物权法》颁布之后,以上两个不动产登记规章已经为另外两个新的规章所取代:一是2007年国土资源部颁布的《土地登记办法》,该办法将登记分为总登记、初始登记、变更登记、注销登记、更正登记、异议登记、预告登记和查封登记等。二是2008年建设部颁布的《房屋登记办法》将登记分为初始登记、变更登记、转移登记、更正登记、异议登记、预告登记和注销登记等。

对于不动产登记的种类,由于我国法律和行政法没有规定,仅有国务院部委的规章和地方性法规,这些规章和法规缺乏统一性。关于总登记和初始登记之间的关系,有两种不同的规定:一是在《土地登记规则》中,总登记和初始登记是同一的,两者没有区别。二是《城市房屋权属登记管理办法》和《土地登记办法》将总登记③和初始登记区分开来。④ 实行房地统一登记制度的上海、深圳和珠海,仅规定了初始登记制度,而未规定总登记制度。⑤

实际上,总登记和初始登记是有区别的,总登记是指对一个区域的土地或者一个新建房地产权利状态的统一登记。初始登记是指对一宗地块的建设用地使用权或者对建筑物所有权进行的首次登记。上海、深圳、珠海的房地产登记条例将出让、划拨的建设用地使用权的登记纳入初始登记。

地方性法规对登记种类规定基本相同,但地方性法规对登记种类在表述上存在一定的差异,如上海的不动产登记种类有初始登记、转移登记、变更登记、他

---

① 《房屋登记办法》第98条规定:"本办法自2008年7月1日起施行。《城市房屋权属登记管理办法》(建设部令第57号)、《建设部关于修改〈城市房屋权属登记管理办法〉的决定》(建设部令第99号)同时废止。"

② 《房屋登记办法》(征求意见稿)将登记分为所有权登记、他项权利登记、预告登记、查封登记、更正登记和异议登记。在所有权登记中有初始登记、变更登记、转移登记、注销登记。在所有的登记种类中并未出现总登记。

③ 《城市房屋权属登记管理办法》第14条第1款规定:"总登记是指县级以上地方人民政府根据需要,在一定期限内对本行政区域内的房屋进行统一的权属登记。"

《土地登记办法》第21条规定:"本办法所称土地总登记,是指在一定时间内对辖区内全部土地或者特定区域内土地进行的全面登记。"

④ 《城市房屋权属登记管理办法》第16条规定:"新建的房屋,申请人应当在房屋竣工后的3个月内向登记机关申请房屋所有权初始登记……集体土地上的房屋转为国有土地上的房屋,申请人……申请房屋所有权初始登记。"

《土地登记办法》第25条规定:"本办法所称初始登记,是指土地总登记之外对设立的土地权利进行的登记。"

⑤ 《上海市房地产登记条例》第66条仅规定了总登记而没有其他的规则,该条规定:"对本市房地产总登记时应当登记而未登记的土地使用权和房屋所有权,当事人可以凭房地产权属来源证明,向房地产登记机构申请登记。"

项权利登记、注销登记、预告登记;南京的不动产登记种类有初始登记、转移登记、变更登记、备案登记、他项权利登记、注销登记、预告登记;深圳的不动产登记种类有初始登记、转移登记、抵押登记、变更及其他登记、撤销核准登记;珠海的不动产登记种类有初始登记、转移变更登记、其他变更登记、商品房预售登记以及注销登记。这些地方性登记规则确立的登记种类主要有初始登记、转移登记、变更登记、更正登记、异议登记、他项权利登记、注销登记、预告登记等登记制度。

(1) 初始登记。初始登记,是指凡未经登记机构确认的不动产权利、领取不动产权利证书的权利人所办理的不动产权利的登记。初始登记是相对于转移登记、变更登记、注销登记的一种登记种类。不动产的初始登记,主要有以下三种情形:一是以划拨、出让和租赁方式取得的土地使用权的登记①;二是出让、租赁土地使用权年限届满后,经批准续期的,房地产权利人应当重新办理土地使用权的登记②;三是新建房屋的登记。《房屋登记办法》第 30 条和第 31 条规定了新建房屋的登记为初始登记,《上海市房地产登记条例》第 25 条规定的新建房屋的登记为初始登记。

(2) 转移登记。转移登记,是指经初始登记的不动产权利发生变动的,权利人向登记机构进行的登记。转移登记通常因买卖、交换、赠与、继承、遗赠、法院的判决以及仲裁机构的裁决而产生。《房屋登记办法》第 32 条和《上海市房地产登记条例》第 28 条规定了转移登记。不动产权利一旦发生转移,不动产权利与初始登记不一致。在不动产交易时,这种不一致增加了第三人确定不动产权利状态的难度,危害交易安全。因此,不动产权利因发生一定的事实而导致权利变动的,应及时办理相关的登记手续。

(3) 变更登记。变更登记,是指经初始登记的不动产权利因一定的事实发生导致权利变动而向登记机构进行的登记。在以下几种情形中,房地产用途经批准改变的登记为变更登记:一是房地产权利人姓名或者名称发生变化的登记;二是土地、房屋面积增加或者减少的登记;三是房地产分割、合并的登记;四是房地产坐落地址或者房地产名称发生变化的登记。《房屋登记办法》第 36 条和《上海市房地产登记条例》第 32 条规定了变更

---

① 如《土地登记办法》第 26 条规定的划拨国有建设用地使用权初始登记、第 27 条规定的出让国有建设用地使用权初始登记、第 29 条规定的租赁国有建设用地使用权初始登记、第 30 条规定的作价出资或者入股国有建设用地使用权初始登记、第 31 条规定的授权经营国有建设用地使用权初始登记、第 32 条规定的集体土地所有权初始登记、第 33 条规定的集体建设用地使用权初始登记、第 35 条规定的集体农用地使用权初始登记。

② 《上海市房地产登记条例》第 22 条规定:"以出让、租赁方式取得土地使用权的,房地产权利人应当申请土地使用权初始登记……出让、租赁土地使用权年限届满后……应当重新办理土地使用权初始登记。"

登记。

(4) 他项权利登记。他项权利登记，是指经初始登记的不动产权利因抵押等担保行为以及设定用益物权而进行的登记。他项权利登记主要是因不动产成为担保物权和用益物权的对象而产生的登记行为。例如，抵押权登记、地役权登记等。《房屋登记办法》第42条和第63条《上海市房地产登记条例》第43条规定了他项权利登记。

(5) 注销登记。注销登记，是指经初始登记的不动产因自然原因而灭失或者为权利人所抛弃，不动产权利因期限届满消灭而进行的登记。注销登记，通常有以下几种情形：一是房屋因倒塌、拆除等原因灭失的登记；二是以出让、租赁等方式取得的土地使用权依法终止的登记；三是土地使用权、房屋所有权因抛弃而终止的登记；四是土地使用权、房屋所有权因行政机关、人民法院依法作出的征收、收回、没收等行为终止的登记。《房屋登记办法》第38条和《上海市房地产登记条例》第36条规定了注销登记。

综上所述，在我国现行登记制度中，国务院部委部门规章所确立的总登记制度，与交易行为没有内在联系，因而在民事上毫无意义。实际上，总登记制度应有的本意是房地产开发商在完成项目开发之后，所办理的整个小区或者整个写字楼的权属登记为总登记。开发商办理总登记之后，各个小业主所办理的第一次权属登记为初始登记。在初始登记之后，小业主通过买卖、交换、赠与、继承、遗赠、法院的判决以及仲裁机构的裁决而产生的登记为转移登记。

关于不动产物权登记的效力[①]，我国实行登记生效主义[②]。根据《物权法》的规定，不动产物权的设立、变更和消灭，实行登记生效的规则。[③] 登记为不动产物权变动的要件，物权变动是债权意思表示和物权意思表示的结合。换言之，不动产物权变动，除了双方当事人的意思表示之外，还须践行登记手续。《物权法》采纳权利登记制，把当事人之间的物权变动关系与对社会的公示关系统一起来，使物权变动的对内和对外效力在时间上实现了统一，从而降低了交易风险，保障了交易安全。

---

① 在《物权法》颁布之前，关于不动产物权的登记效力有三种规定：一是登记对抗主义。《森林法》、《矿产资源法》和《草原法》的规定，实行登记对抗主义。二是法律规定应当登记，但未规定法律后果。《土地管理法》第12条，《城市房地产管理法》第36条、第60条和第61条等仅规定不动产物权的设立、变更和消灭应当办理登记，但没有规定未登记的法律后果。三是登记为债权生效的条件。根据《担保法》第41条的规定，登记为抵押合同的生效条件。

② 《城市房屋产权产籍管理暂行办法》第18条规定："凡未按照本办法申请并办理房屋产权登记的，其房屋产权的取得、转移、变更和他项权利的设定，均为无效。"

③ 《物权法》第9条规定："不动产物权的设立、变更、转让和消灭，经依法登记，发生效力……"

（三）不动产登记机构

《物权法》虽然规定实行统一登记制度，统一登记机构[①]，但在法律和行政法规对登记制度作出统一规定之前，我国登记机构将维持条块分割、各自为政的局面，缺乏统一的不动产登记机构。原建设部的《房屋登记办法》、住房和城乡建设部的《房屋登记簿管理试行办法》仅定位于房屋权利的登记问题，并未涉及土地及其他不动产权利的登记问题，有悖于《物权法》关于统一登记规则和登记机构的规定。国土资源部的《土地登记办法》所规定的土地登记，是指将国有土地使用权、集体土地所有权、集体土地使用权和土地抵押权、地役权以及依照法律法规规定需要登记的其他土地权利记载于土地登记簿公示的行为。住房和城乡建设部及国土资源部各自从部门利益的角度仍然希望维持房屋和土地分别登记制度，妨碍了我国统一登记制度的建立。

我国不动产分别登记制度，表现为各种不动产的登记分散在各个不同的行政管理部门。根据《担保法》第42条和第43条的规定，因登记对象的不同，登记机构也不同，主要有土地管理部门、房产管理部门、林业主管部门[②]、运输工具登记部门、船舶和飞行器登记部门、工商行政管理部门和公证部门。此外，根据《矿产资源法》和《渔业法》等法律的规定，矿产、渔政管理部门等也具有相应的登记职能。

我国登记机构一览表

序号	登记权利	权利类型	登记机构	法律依据
1	集体土地所有权	不动产所有权	县级以上地方人民政府土地管理部门	《土地管理法》第11条[③]
2	房屋所有权		县级以上地方人民政府房产管理部门	《城市房地产管理法》第61条[④]
3	森林、林木、林地所有权		县级以上林业管理部门	《森林法》第3条[⑤]，《森林法实施条例》第3条、第4条[⑥]

① 《物权法》第10条规定："……国家对不动产实行统一登记制度……"

② 土地登记在土地管理部门，房屋产权登记在建设行政管理部门，林地权登记在森林管理部门等。

③ 《土地管理法》第11条规定："农民集体所有的土地，由县级人民政府登记造册，核发证书，确认所有权……"

④ 《城市房地产管理法》第61条："……在依法取得的房地产开发用地上建成房屋的……由县级以上地方人民政府房产管理部门核实并颁发房屋所有权证书。"

⑤ 《森林法》第3条规定："……国家所有的和集体所有的森林、林木和林地，个人所有的林木和使用的林地，由县级以上地方人民政府登记造册，发放证书，确认所有权或者使用权……"

⑥ 《森林法实施条例》第3条规定："国家依法实行森林、林木和林地登记发证制度……"。

（续表）

序号	登记权利	权利类型	登记机构	法律依据
4	机动车所有权	动产所有权	公安机关交通管理部门	《道路安全交通法实施条例》第5条①、《机动车登记规定》第2条②
5	航空器所有权		国务院民用航空主管部门	《民用航空法》第6条、第11条③,《民用航空器权利登记条例》④
6	船舶所有权		港务监督机构 渔政主管部门	《海商法》第9条⑤、《船舶登记条例》第8条⑥、《渔业船舶登记条例》第4条⑦
7	建设用地使用权	用益物权	县级以上地方人民政府土地管理部门	《土地管理法》第11条、《城市房地产管理法》第61条
8	农村土地承包经营权		县级以上地方人民政府农业行政主管部门	《农村土地承包法》第11条⑧
9	宅基地使用权		县级以上地方人民政府土地管理部门	《土地管理法》第62条⑨
10	乡镇企业建设用地使用权		县级以上地方人民政府土地管理部门	《土地管理法》第11条
11	森林、林木、林地使用权		县级以上地方人民政府林业主管部门	《森林法》第3条,《森林法实施条例》第3条、第4条

① 《道路安全交通法实施条例》第5条规定:“初次申领机动车号牌、行驶证的,应当向机动车所有人住所地的公安机关交通管理部门申请注册登记……”

② 《机动车登记规定》第2条规定:“……直辖市公安机关交通管理部门车辆管理所、设区的市或者相当于同级的公安机关交通管理部门车辆管理所负责办理本行政辖区内机动车登记业务……”

③ 《民用航空法》第6条规定:“经中华人民共和国国务院民用航空主管部门依法进行国籍登记的民用航空器,具有中华人民共和国国籍,由国务院民用航空主管部门发给国籍登记证书……”第11条规定:“民用航空器权利人应当就下列权利分别向国务院民用航空主管部门办理权利登记:(一) 民用航空器所有权……”

④ 《民用航空器权利登记条例》第3条规定:“国务院民用航空主管部门主管民用航空器权利登记工作,设立民用航空器权利登记簿,统一记载民用航空器权利登记事项……”

⑤ 《海商法》第9条规定:“船舶所有权的取得、转让和消灭,应当向船舶登记机关登记……”

⑥ 《船舶登记条例》第8条规定:“中华人民共和国港务监督机构是船舶登记主管机关……”

⑦ 《渔业船舶登记条例》第4条规定:“……地方各级渔港监督机关是负责办理渔业船舶登记的登记机关……”

⑧ 《农村土地承包法》第11条规定:“……县级以上地方人民政府农业、林业等行政主管部门分别依照各自职责,负责本行政区域内农村土地承包及承包合同管理。乡(镇)人民政府负责本行政区域内农村土地承包及承包合同管理。”

⑨ 《土地管理法》第62条规定:“……农村村民住宅用地,经乡(镇)人民政府审核,由县级人民政府批准……”

（续表）

序号	登记权利	权利类型	登记机构	法律依据
12	采矿权	准物权	各级人民政府地质矿产主管部门	《矿产资源法》第11条①
13	取水权		各级人民政府水行政主管部门	《水法》第12条②
14	海域使用权		各级海洋行政管理部门	《海域使用管理法》第7条、第16条③,《海域使用权登记办法》第3条④
15	养殖权		县级以上地方人民政府渔业行政主管部	《渔业法》第11条⑤
16	捕捞权		县级以上地方人民政府渔业行政主管部	《渔业法》第23条⑥
17	建设用地使用权抵押权	抵押权	县级以上地方人民政府土地管理部门	《城市房地产管理法》第62条⑦
18	土地承包经营权抵押权		县级以上地方人民政府农业行政主管部门	《农村土地承包法》第11条
19	生产设备、原材料、产品抵押权		工商行政管理部门	《动产抵押登记办法》第2条⑧
20	机动车抵押权		公安机关交通管理部门	《道路安全交通法实施条例》第8条⑨、《机动车登记规定》第22条⑩

① 《矿产资源法》第11条规定:“……省、自治区、直辖市人民政府地质矿产主管部门主管本行政区域内矿产资源勘查、开采的监督管理工作……”

② 《水法》第12条规定:“……县级以上地方人民政府水行政主管部门按照规定的权限,负责本行政区域内水资源的统一管理和监督工作。”

③ 《海域使用管理法》第7条规定:“……沿海县级以上地方人民政府海洋行政主管部门……负责本行政区毗邻海域使用的监督管理……”第16条规定:“单位和个人可以向县级以上人民政府海洋行政主管部门申请使用海域……”

④ 《海域使用权登记办法》第3条规定:“海域使用权的取得、变更、终止应当依照本办法进行登记……”

⑤ 《渔业法》第11条规定:“……单位和个人使用国家规划确定用于养殖业的全民所有的水域、滩涂的,使用者应当向县级以上地方人民政府渔业行政主管部门提出申请,由本级人民政府核发养殖证……”

⑥ 《渔业法》第23条规定:“国家对捕捞业实行捕捞许可证制度……”

⑦ 《城市房地产管理法》第62条规定:“房地产抵押时,应当向县级以上地方人民政府规定的部门办理抵押登记。”

⑧ 《动产抵押登记办法》第2条规定:“企业、个体工商户、农业生产经营者以现有的以及将有的生产设备、原材料、半成品、产品抵押的,应当向抵押人住所地的县级工商行政管理部门(以下简称动产抵押登记机关)办理登记……”。

⑨ 《道路安全交通法实施条例》第8条规定:“机动车所有人将机动车作为抵押物抵押的,机动车所有人应当向登记该机动车的公安机关交通管理部门申请抵押登记。”

⑩ 《机动车登记规定》第22条规定:“……机动车作为抵押物抵押的,应当向登记地车辆管理所申请抵押登记……”

（续表）

序号	登记权利	权利类型	登记机构	法律依据
21	林木抵押权	抵押权	县级以上地方人民政府林业主管部门	《森林资源资产抵押登记办法(试行)》第7条①
22	船舶抵押权		港务监督机构 渔政主管部门	《海商法》第13条、《渔业船舶登记条例》第19条②、《船舶登记条例》第21条③
23	航空器抵押权		国务院民用航空主管部门	《民用航空法》第11条④
24	上市公司股权质权	权利质权	证券登记结算机构	《物权法》第226条⑤
25	未上市公司股权质权		工商行政管理部门	《物权法》第226条
26	专利权质权		中国专利局	《物权法》第227条⑥、《专利权质押合同登记管理暂行办法》⑦
27	著作权质权		国家版权局	《物权法》第227条、《著作权质押合同登记办法》⑧
28	商标权质权		国家工商行政管理局	《物权法》第227条、《商标专用权质押登记程序》⑨

---

① 《森林资源资产抵押登记办法(试行)》第7条规定:“抵押森林资源资产的登记工作由县级以上地方人民政府林业主管部门的资源管理部门负责初审,资产管理部门负责办理登记或变更登记手续……”

② 《渔业船舶登记条例》第19条规定:“渔业船舶抵押权的设定、转移和消灭,抵押权人和抵押人应当共同依照本办法进行登记……”

③ 《船舶登记条例》第21条规定:“对经审查符合本条例规定的,船籍港船舶登记机关应当自收到申请之日起7日内将有关抵押人、抵押权人和船舶抵押情况以及抵押登记日期载入船舶登记簿和船舶所有权登记证书,并向抵押权人核发船舶抵押权登记证书。”

④ 《民用航空法》第11条规定:“民用航空器权利人应当就下列权利分别向国务院民用航空主管部门办理权利登记……(四)民用航空器抵押权。”

⑤ 《物权法》第226条规定:“……以基金份额、证券登记结算机构登记的股权出质的,质权自证券登记结算机构办理出质登记时设立;以其他股权出质的,质权自工商行政管理部门办理出质登记时设立……”

⑥ 《物权法》第227条规定:“以注册商标专用权、专利权、著作权等知识产权中的财产权出质的……质权自有关主管部门办理出质登记时设立。”

⑦ 《专利权质押合同登记管理暂行办法》第2条规定:“中国专利局是专利权质押合同登记的管理部门。”

⑧ 《著作权质押合同登记办法》第4条规定:“国家版权局是著作权质押合同登记的管理机关……”

⑨ 《商标专用权质押登记程序》第2条规定:“商标专用权质押登记机关是国家工商行政管理局……”

（续表）

序号	登记权利	权利类型	登记机构	法律依据
29	公路、桥梁、隧道、渡口、高速公路收费权质权	权利质权	地市级以上交通主管部门	《国务院关于收费公路项目贷款担保问题的批复》（国函（1999）28号）①
30	应收账款质权		中国人民银行征信中心②	《物权法》第223条③和第228条④
31	基金份额		证券登记结算机构	《物权法》第226条
32	高等院校收费权质权		省级教育行政部门	《中国人民银行、教育部关于进一步解决学生公寓等高等学校后勤服务设施建设资金问题的若干意见》（银发［2002］220号）⑤

现行的登记机构制度在实践中的弊端，主要表现在以下三个方面：

（1）登记机构不统一。分散的登记机构，导致登记的程序和权属证书不统一，损害了登记制度的权威。房产和土地的分别登记制度，导致两种登记信息系统、两种产权产籍档案库，两种登记程序、两种权属证书，使参与交易的第三人增加了交易风险和交易成本。登记机构条块分割、各自为政，缺乏统一的登记机构，涉及十几个登记机构。

（2）登记制度不统一。分散的登记机构制度，极易产生房地分别抵押和重复抵押现象。由于土地和房产两部门的登记资源和信息不能共享，土地上有建筑物，在房产部门登记设定抵押权的同时，又到土地登记部门设立了土地抵押权，从而造成土地部分重复抵押的现象。

---

① 交通部、人民银行：你们《关于收费公路项目贷款担保有关问题的请示》（交财发〔1999〕148号）收悉。现批复如下：公路建设项目法人可以用收费公路的收费权质押方式向国内银行申请抵押贷款，以省级人民政府批准的收费文件作为公路收费权的权力证书，地市级以上交通主管部门作为公路收费权质押的登记部门……

② 中国人民银行征信中心是为履行《中华人民共和国物权法》第228条赋予的登记职责而建立了应收账款质押登记公示系统。应收账款质押登记公示系统具有登记、查询和登记文件验证三大功能。登记成功的时间是应收账款质权设立的时间，也是确立同一应收账款之上多个质权优先受偿顺序的标准。应收账款质押登记公示系统是现代动产担保制度重要的组成部分，有助于推动应收账款质押融资业务的开展，对解决中小企业融资难问题也将发挥积极作用。

③ 《物权法》第223条规定："债务人或者第三人有权处分的下列权利可以出质……（六）应收账款……"

④ 《物权法》第228条规定："以应收账款出质的……质权自信贷征信机构办理出质登记时设立……"

⑤ 《中国人民银行、教育部关于进一步解决学生公寓等高等学校后勤服务设施建设资金问题的若干意见》第1条规定："……商业银行要积极开展学生公寓收费权质押贷款业务，应与借款人签订书面质押合同。质押合同必须经省级教育行政部门审批和统一登记，自登记之日起生效。"

(3) 登记缺乏公信力。登记机构为了获取部门利益,重收费而轻审查[①],致使登记公示制度流于形式,从而导致登记缺乏公信力。不动产登记的根本目的并不是行政管理,而是为了完成物权变动、进行物权公示、提供统一的不动产物权的法律基础。

统一不动产登记机构是我国登记制度发展的必然趋势。但对如何统一登记机构,存在不同的观点。[②] 从国外的实践看,不动产登记机构的设置大致有两种模式:一是法院负责不动产登记,如德国、瑞士等国;二是行政机关负责不动产登记,如日本。国外的不动产登记机构,有两个重要特点:一是不动产登记机构为法院或者专门的不动产登记机构;二是不动产登记机构的统一性。以上两个方面的特点反映了物权公示原则对不动产登记制度的内在要求。

我国的不动产登记机构采纳由法院负责的可能性不大,较为可行的是行政机构主导的登记制度。不动产登记涉及部门利益,从我国的实际出发,应该保留目前的行政机关负责登记的制度。由于房产登记机构掌握房屋的登记资料,由房产登记部门继续负责不动产的登记,可能是一种合理的选择。但应彻底废除各种名目的收费,加强登记制度的建设,使登记官员逐步专业化和职业化,建立不动产登记官员的责任追究制度[③]和登记机构的赔偿责任制度。[④]

(四) 登记的公信力

公信力,是指法律推定某种公示手段所公示的权利为真实的权利。换言之,即使物权公示方式所表现出来的物权不存在或者内容有瑕疵,但对信赖该公示方式所表现出来的物权而为交易的,法律仍然承认该公示方式所表现出来的物权具有与真实物权存在相同的法律效果而加以保护。登记具有公信力是因为登记簿是对权力归属和内容的真实记载,是国家公权力干涉私权的结果,是对财产归属和交易的确认。公信力制度设计的目的是为保护交易安全,如果登记没有公信力,交易安全缺乏相应的制度保障,公示制度的价值就大打折扣。

物权的公示是否具有公信力,完全是立法政策选择的结果,而不是公示必然

---

① 长期以来,我国不动产登记通常是按财产标的的金额收取一定比例的登记费用。无论从社会管理或者社会服务的角度来看,按财产标的进行收费均无合理依据。作为物权登记,不论标的大小,程序是一样的,不动产标的的价值的高低不会增加登记机构的成本支出,对于按标的的大小来收取不同的费用是不合理的。因此,《物权法》明文规定不动产登记应按件收费,不得以登记的标的价值收费。

② 参见王崇敏:《我国不动产登记制度若干问题探讨》,载《中国法学》2003 年第 2 期。

③ 登记官员因重大过失出现错误登记、遗漏登记、遗失登记资料、迟延登记等事项的,应根据行为性质、行为后果,酌情给予警告、处分,直至开除公职。登记官员与他人相互勾结、恶意串通,给国家、集体或有关当事人利益造成重大损失的,应该追究登记官员的刑事责任。登记官员不仅应承担行政、刑事责任,而且还要承担民事赔偿责任。

④ 《物权法》第 21 条第 2 款规定了登记机构的损害赔偿责任,但仅有原则性的规定,缺乏可操作性。在制定统一的不动产登记制度时,法律应进一步确定归责原则、损害赔偿的范围以及损害赔偿的性质等,确立可操作性的规定,进一步明确登记机构的权利和义务,以确保不动产权利人的权利不受侵害。

的逻辑结果。是否赋予公示以公信力,取决于立法者在两种冲突的利益之间的协调与平衡,取决于立法者对于物权法的价值目标之间的判断与选择。关于登记的公信力,《物权法》第 16 条规定:“不动产登记簿是物权归属和内容的根据……”不动产登记簿是权利人享有不动产权利的证明文件,能够清楚地说明不动产权利变动的状况。根据《物权法》的规定,不动产登记簿是判断物权归属和内容的依据。不论实际的权利状况如何,法律均推定登记簿上记载的权利是真实的权利,即登记簿上记载的权利人是真正的权利人。第三人因信赖登记簿上的记载而进行交易所取得的不动产物权,受到法律保护。即使登记簿上的记载有错误,基于交易安全方面的考虑,法律保护因信赖登记簿进行交易的善意第三人取得不动产物权。因此,登记具有公信力。

不动产登记簿是证明不动产物权的根据,由登记机构保存,并允许公开查询。[①] 不动产登记的内容应当公开,不仅向不动产利害关系人公开,而且还向社会公众公开。换言之,任何自然人和法人均有权到登记机构查阅、抄录或者复印不动产登记簿的有关内容,而登记机构不得以任何理由加以阻挠,从而可以有效地维护不动产交易安全,确立不动产登记簿的公信力。但是,根据《物权法》的规定,只有权利人和利害关系人可以申请查阅、复印登记资料。

根据《物权法》的规定,不动产权属证书是权利人享有不动产物权的证明;不动产权属证书记载的事项与不动产登记簿的记载不一致的,除有证据证明不动产登记簿确有错误外,应以不动产登记簿为准。[②] 不动产登记簿与不动产权属证书的关系,是内容与形式的关系。不动产登记簿的完成是不动产登记,不动产登记簿是不动产物权归属和内容的依据;不动产权属证书是不动产物权归属和内容的外在表现形式而已,本身并不具有代表不动产权利的功能。[③] 因此,在不动产交易中,不动产权属证书仅具有初步的证明作用,不动产权属的真实状况应以登记机构的登记簿所记载的内容为准。

但是,不动产登记簿也不具有“绝对”的证据效力。虽然不动产登记的权利

---

① 《土地登记办法》第 72 条规定:“国家实行土地登记资料公开查询制度。土地权利人、利害关系人可以申请查询土地登记资料,国土资源行政主管部门应当提供。土地登记资料的公开查询,依照《土地登记资料公开查询办法》的规定执行。”

② 《物权法》第 17 条规定:“不动产权属证书是权利人享有该不动产物权的证明……”

《土地登记办法》第 16 条规定:“土地权利证书是土地权利人享有土地权利的证明……”

《房屋登记办法》第 5 条规定:“……房屋登记簿是房屋权利归属和内容的根据,由房屋登记机构管理。”

《上海市房地产登记条例》第 17 条规定:“……房地产权证书、登记证明与房地产登记册的记载不一致的,以房地产登记册为准。”

③ “证书是记载一定的法律事实或法律行为的法律文书,其作用仅仅是证明这种法律事实或法律行为曾经发生……证书本身与实体上的权利义务并无直接的密切关系,权利完全可以离开证书而存在。”谢怀栻:《票据法概论》,法律出版社 1990 年版,第 2 页。

推定效力,赋予登记以确定不动产物权归属的证据效力。不动产登记簿上记载的权利人,即被依法推定为真正的权利人。但是,不动产登记簿上记载的权利可能与实际权利状态不一致,为纠正这种登记簿的错误记载,法律赋予权利人或者利害关系人申请更正登记的权利。

二、异议登记制度

异议登记,是指在不动产登记簿上记载对不动产权属登记正确性的异议,从而破除了登记的权利推定和公信力,排斥善意第三人的信赖,借此保护权利人和利害关系人的利益。换言之,异议登记是对不动产登记的正确性有异议而提起的登记。异议登记制度是物权法上的重要制度,是更正登记之前所采取的一种临时性措施,最早为普鲁士法所创立,后为德国、日本等国所采纳。[①] 我国《物权法》第 19 条,《土地登记办法》第 58 条、第 59 条以及第 60 条和《海域使用权登记办法》第 22 条等法律法规,也确立了异议登记登记制度。

在通常情况下,不动产登记物权与实际的不动产物权是一致的,但是在实际中可能存在登记物权与实际物权不相符的情况,即不动产登记瑕疵。由于不动产登记具有的登记权利正确性推定效力和保护善意当事人的公信力,从而使得不动产登记瑕疵导致不动产真实权利人的权利丧失或者受到损害。为保护真实权利人和利害关系人的合法利益,世界各国物权法规定了异议登记制度和更正登记制度。

异议登记制度,是对登记错误状态下的真正权利人或者利害关系人提供的一种救济手段,可以及时或者临时提供一种保护措施。异议登记是真实权利人以及利害关系人对不动产登记簿的正确性提出异议而向登记机构申请的登记。异议登记是暂时中止登记簿的公信力,维护真实权利人的合法权利。异议登记作为一种保护真实权利人和利害关系人利益的临时措施,可以限制登记权利人按照登记簿记载的内容去行使权利。此外,异议登记还可以暂时排除第三人依登记簿的公信力取得不动产的所有权。

更正登记是对不动产登记簿上的瑕疵记载进行改正补充而实施的登记。更正登记彻底终止实现登记的权利推定效力,终局性地终止第三人根据不动产登记簿的记载对现实登记权利的取得。更正登记是对原登记权利的涂销登记,属于对真正权利的初始登记。更正登记因启动方式的不同,可以分为依申请的更

---

① 《德国民法典》第 899 条第 1 款规定:"在第 894 条规定的情况下,可将对土地登记簿的正确性提出的异议进行登记。上述登记根据临时处分或者因土地登记簿中的更正涉及其权利的人的同意而进行。为了发布临时处分命令,无须证实异议提出人的权利已受到危害。"

《日本不动产登记法》第 3 条规定:"预告登记,因登记原因之无效或撤销,而提起登记之涂销或回复之诉时为之。但因登记之撤销而提出之诉讼,以其撤销可对抗善意第三人者为限。"

正登记和依职权的更正登记两种方式。依申请的更正登记，是指不动产登记簿上记载的权利人、真实的权利人或者利害关系人向登记机构申请对登记记载的内容进行更正，由登记机构对申请人提交的书面证据进行审查。依职权的更正登记，是指登记机构依职权对登记簿记载的内容进行更正。根据《上海市房地产登记条例》第 18 条的规定，房地产权利人发现房地产登记册的记载有误的，可以申请更正。申请更正的事项涉及第三人房地产权利的，有关的权利人应当共同申请。房地产登记机构发现房地产登记册的记载有误的，应当书面通知有关的房地产权利人在规定期限内办理更正手续；当事人无正当理由逾期不办理更正手续的，房地产登记机构可以依据申请登记文件或者有效的法律文件对房地产登记册的记载予以更正。

异议登记与更正登记相结合，形成保护事实上的权利人和利害关系人的制度体系。权利人或者利害关系人认为不动产登记簿记载的事项错误或者遗漏的，可以向登记机构申请更正登记；不动产登记簿记载的权利人不同意更正的，利害关系人可以申请异议登记。权利人和利害关系人必须按照法律法规规定异议登记和更正登记的程序和期限，进行异议登记和更正登记。

异议登记与公示公信制度相伴而行，较好地协调了登记权利人、真正权利人及交易第三人之间的利益，有利于缓和物权变动中公示公信原则对第三人保护的绝对性，弥补对真正权利人保护的漏洞。不动产以登记为公示方法，在不动产物权中表现为登记簿记载的状态与现实状况不符时，则登记有误。真正的权利人，可以请求更正登记簿册的记载，但要进行更正登记，需要获得有关利害关系人的同意，或者有替代该同意的法院判决文书，从而更正登记通常需要较长的时间。在更正登记之前，真正权利人的权利可能受到侵害。为确保真正权利人的权利免受可能的侵害，法律确立了异议登记制度作为突破登记的公信力的一种辅助手段。异议登记的效果是使现实登记的权利人不能按照登记的内容行使权利，从而避免了更正登记前因登记的公信力而使异议登记权利人的权利受到侵害。此外，异议登记还具有中止登记取得时效的法律效力。可见，设立异议登记制度的目的，在于对抗现实登记的权利的正确性，即中止不动产登记权利的正确性推定效力及公信力，是为阻却登记公信力而采取的一种预防措施，借以排除第三人的公信力利益。更正登记是彻底修正登记错误的制度，更正登记的完成，意味着登记错误的消除和正确登记的建立，从而排除了第三人取得错误登记物权的可能性，这是保护真实权利人的最有力手段。

三、预告登记制度

预告登记，是指保全一个以将来发生不动产物权变动为目的的请求权而进行的登记。预告登记制度起源于德国,后为瑞士、日本和我国台湾地区所采纳[①],我国《物权法》第20条、《土地登记办法》第62条和《房屋登记办法》第68条等法律法规也采纳了预告登记制度。预告登记所登记的并非现实的不动产物权,而是未来发生的不动产物权变动的请求权。预告登记制度是在确定的财产权利登记条件不具备的情况下,为保全将来的财产权变动能够顺利进行,对相关的权利请求权进行登记。

预告登记的实质作用在于限制现实登记的权利人行使处分权,保障预告登记权利人的合法权益,赋予预告登记的请求权以物权效力。预告登记是一种特殊登记类型,在通常情况下,不动产物权的登记为已经完成的不动产物权登记,而预告登记则不是现实的不动产物权登记,而是对将来发生的不动产物权变动请求权的登记[②],是为保障债权人实现物权变动的债权请求权而不是物权。在债的合同订立之后,由于当事人约定的条件并未成就,权利取得人还不可能在不动产登记簿中登记为不动产的权利人,虽然原权利持有人已经承担了债法上的出让物权的义务,但该债权的取得人除了债法上请求权之外,并无排斥第三人的权利。预告登记制度是对债权请求权的保全,将这种债权请求权在不动产登记簿上进行预告登记,即将物权公示手段适用于债法的请求权,从而使债权请求权具有对抗第三人的效力。在预告登记之后,即使所登记的不动产要被强制执行或者被纳入破产管理,这些妨碍被保全的请求权行使的行为,不能产生法律效力。预告登记的目的在于保全被登记人的权利请求权,借以确保被登记人将来能够取得物权,对此后产生的与该项内容相同的不动产处分行为具有排他的效力,可以对抗任何第三人。预告登记制度将物权法的规则适用于债法,赋予债权请求权以排他的物权法上的效力,是债权物权化一种表现。

预告登记将产生保全效力,即保障债权请求权发生所指定的法律效果。在

---

① 《德国民法典》第883条规定:"为了保全转让或废止土地上的一项权利的请求权,或保全转让或废除设定于土地上的权利的请求权,或保全变更此种权利的内容或其顺位的请求权得于土地登记簿中为预告登记。在预告登记后对土地或权利进行处分的,以处分将妨害或侵害请求权为限,其处分无效。以强制执行或假扣押执行的方式或由破产管理人进行处分的,也适用此种规定……"

我国台湾地区"土地法"第79条之一规定:"声请保全下列请求权之预告登记,应由请求权人检附登记名义人之同意书:一、关于土地权利移转或使其消灭之请求权。二、土地权利内容或次序变更之请求权。三、附条件或期限之请求权。前项预告登记未涂销前,登记名义人就其土地所为之处分,对预告登记之请求权有妨碍者无效。预告登记、对因征收、法院判决或强制执行而为新登记、无排除之效力。"

我国台湾地区《土地登记规则》第125条规定:"申请预告登记,应提出登记名义人同意书及印鉴证明。登记机关于登记完毕后,应通知申请人和登记名义人。"

② 我国《房屋登记办法》第67条规定:"有下列情形之一的,当事人可以申请预告登记:(一)预购商品房;(二)以预购商品房设定抵押;(三)房屋所有权转让、抵押;(四)法律、法规规定的其他情形。"

《上海市房地产登记条例》第49条规定:"房屋尚未建成时,有下列情形之一的,当事人可以申请预告登记:(一)预购商品房以及按照市人民政府有关规定进行预购商品房的转让;(二)以预购商品房设定抵押及其抵押权的转让;(三)以房屋建设工程设定抵押及其抵押权的转让;(四)法律、法规规定的其他情形……"。

不动产债权合同成立后,虽然不动产权利人(合同的债务人)承担了转移其权利的义务,但由于合同债权人所享有的债权不具有对抗第三人的效力,仅仅凭借债权请求权,物权变动的目的有可能落空。这种债权请求权通过预告登记的方式进行登记之后,法律规定不动产权利人违反预告登记的处分行为无效,从而保障了预告登记的债权请求权的实现。保全债权请求权的效力是预告登记的最基本的功能。[①] 但是,即使进行了有效的预告登记,债权人仍然应及时行使债权。根据我国《物权法》的规定,债权人应在债权消灭或者能够进行不动产登记之日起3个月内申请登记,否则,预告登记失效。[②]

根据大陆法系国家的法律规定,预告登记还具有顺位保护的效力。[③] 预告登记可以保障请求权所指定的物权变动享有登记的顺位。顺位是不动产物权合同在不动产登记簿上按照设立的时间形成的顺序。登记在先的请求权所指定的物权变动优于登记在后的请求权,只有顺位在先的物权实现后,顺位在后的物权才能实现。预告登记制度不仅保全请求权指向的实体权利,而且还保全请求权的顺位。此外,由于预告登记具有保全顺位的效力,预告登记因而对于第三人具有预告的意义,保障交易安全。但是,我国的《物权法》并未规定预告登记具有顺位保护的效力。

在《物权法》颁布之前,《城市房地产管理法》第45条、《城市房地产开发经营管理条例》第27条、《城市商品房预售管理办法》第10条以及部分地方性法规[④]规定了商品房预售合同的登记制度。法律以及国务院及其部委颁布的行政法规和规章所规定的商品房预售合同的登记,仅表现为备案制,不具有保全登记人请求权的效力,不能对抗第三人;地方性法规所规定的商品房预售合同的登

---

① 《物权法》第20条规定:"……预告登记后,未经预告登记的权利人同意,处分该不动产的,不发生物权效力。"

《土地登记办法》第62条规定:"……预告登记期间,未经预告登记权利人同意,不得办理土地权利的变更登记或者土地抵押权、地役权登记。"

② 《物权法》第20条规定:"……预告登记后,债权消灭或者自能够进行不动产登记之日起3个月内未申请登记的,预告登记失效。"

《土地登记办法》第62条规定:"……预告登记后,债权消灭或者自能够进行土地登记之日起3个月内当事人未申请土地登记的,预告登记失效……"。

③ 《德国民法典》第883条第3款规定:"以转让某项权利为请求权的标的时,该项权利的顺位按预告登记日期加以确定。"

日本《不动产登记法》第7条规定:"本登记的顺位依假登记的顺位而定。"

④ 《上海市房地产登记条例》第49条规定:"房屋尚未建成时,有下列情形之一的,当事人可以申请预告登记:(一)预购商品房以及按照市人民政府有关规定进行预购商品房的转让;(二)以预购商品房设定抵押及其抵押权的转让;(三)以房屋建设工程设定抵押及其抵押权的转让;(四)法律、法规规定的其他情形。应当由当事人双方共同申请的登记,一方当事人未提出登记申请的,另一方当事人可以单方申请预告登记。经预告登记后,当事人取得土地使用权、房屋所有权或者房地产他项权利的优先请求权。"

《南京市城镇房屋权属登记管理条例》第10条规定:"申请以约定方式限制房屋权属的预告登记或者商品房预购登记以及他项权利登记的,应当由双方当事人共同登记。"

记，为预告登记，具有对抗第三人的效力。法律和国务院的法规所规定的预告登记，是有名无实的预告登记制度；地方性法规所规定的预告登记，是名副其实的预告登记制度。《物权法》吸收采纳了地方立法的经验，确立了商品房预售的预告登记制度，明确规定在预告登记期间，如果没有获得预告登记权利人的同意，任何处分该不动产的行为无效。

预告登记会因一定事由的出现而失去其保全请求权的效力，从而归于消灭。预告登记归于消灭的原因，主要有以下三个方面：

(1) 债权请求权消灭。预告登记是为了保全债权请求权的实现，预告登记所保全的债权请求权归于消灭，预告登记则丧失其存在的基础。换言之，预告登记所依据的基础法律关系因履行而消灭、被宣告无效或者被撤销，则预告登记的效力归于消灭。

(2) 预告登记失效。预告登记所保全的请求权的权利人放弃或者届时不行使权利，利害关系人可以申请注销该预告登记，从而使预告登记的效力归于消灭。债权人应在债权消灭或者能够进行不动产登记之日起 3 个月内没有申请登记的，预告登记失效。

(3) 抗辩权的行使。预告登记的义务人行使抗辩权，从而使预告登记归于消灭。预告登记仅为债权请求权的行使进行保全，并不改变请求权原有的法律关系。预告登记中的义务人，基于原有的债权债务关系对请求权人仍享有抗辩权。抗辩权的行使可以使预告登记的效力归于消灭。例如，在商品房预售合同中，购房人未能按照合同约定付清房款，出卖人有权对购房人的请求权提出抗辩，从而使预告登记的效力归于消灭。

在预告登记期限内，未经登记权利人的同意，现实登记权利人违反登记内容处分不动产物权的行为，不发生物权变动效力。对经预告登记的不动产物权出现一物二卖现象，司法审判机关通常认定第二次处分行为无效，借以维护预告登记权利人的合法权益。

第四节 物权行为

物权行为是指以物权的设立、变更和消灭为目的的法律行为，即产生物权法上效果的法律行为。物权行为是萨维尼提出的，为《德国民法典》所确立，并成为以《德国民法典》为代表的民法典的一个非常重要的物权概念。物权行为是德国民法极端的抽象思维的产物，其制度和理论较为深奥。

一、物权行为的历史沿革

罗马法的所有权的转移，遵循严格的形式主义。当事人之间的单纯债权合意,不能产生所有权转移的效果。在罗马市民法上转移所有权最古老的方式是要式买卖,要式买卖的含义是以手取之或者以手攫取,这反映了原始社会后期渔猎民族确定所有权的方式。随着社会的发展、法律思想的进步,要式买卖逐渐演变成为转移所有权的要式行为。要式买卖最初只适用于动产,后来又扩展到不动产。要式买卖物可以通过交付,转移物的所有权。拟诉弃权是罗马法中继要式买卖之后极为重要的一种转移所有权方式,晚于《十二铜表法》。以拟诉弃权方式完成交易后,在受让人给付价金或者提供担保之前,标的物的所有权并不发生转移。拟诉弃权方式比要式买卖方式简单、方便。但是以要式买卖和拟诉弃权方式转移所有权,手续烦琐,拘泥形式,而且仅有当事人的合意和物件的交付,还不能发生法律效力。

随着商品交换的发展,逐步形成了一手交钱一手交货的简单方式转移所有权,即万民法"交付"(traditio)。但是,罗马市民法不承认"交付"能产生变更要式移转物所有权的效力,要式移转物以"交付"方式转让的,转让后的物的所有权仍然属于出让人,受让人在持续占有该物一定时间后,才能取得市民法所有权。为保护受让人的利益,罗马法出现了大法官所有权。罗马法一方面并不公然否认市民法的效力,另一方面又承认要式移转物因"交付"行为成为受让人的财产,在出让人起诉追物时,授予受让人以"物已出卖和交付的抗辩"驳回出让人的起诉。市民法所有权和大法官所有权在帝政时期并行不悖,查士丁尼之后二元制的所有权才正式统一起来。[①] 所有权转移的程序逐渐简化,以占有转移所有权的方式从而成为新的交易制度。经交付可以使物的所有权发生转移,而单纯的合意则不能产生所有权变动的效果。[②]

德国在15—16世纪开展了接受罗马法的活动。德意志民族认为,自己是神圣罗马帝国的继承者,在罗马法复兴时全面继承了罗马法。继罗马法复兴运动之后,德国发起了一场以普芬道夫为代表的德意志理性法运动。理性法学对德意志法特别是私法影响巨大,德国开始了私法系统化的进程。法学家采用演绎法,摈弃了从社会生活经验中获取各种材料进行法学思考的方法,这种"几何学方法"导致了德意志法学向概念化方向发展。[③] 概念化法学为抽象物权行为理论产生奠定了基础。

物权行为理论的倡导者,是历史法学派的创始人萨维尼。萨维尼把法律视作一个历史上形成的文化现象,认为法律萌生于特定民族的灵魂深处并在那里

---

① 参见周枏:《罗马法原论》(上册),商务印书馆1994年版,第306页。

② 在考察罗马法契约制度的发展之后,梅因发现这样的现象,"'让与'转移'财产所有权','契约'创设'债权'"。〔英〕亨利·梅因:《古代法》,沈景一译,商务印书馆1959年版,第178页。

③ 参见沈达明、梁仁洁编著:《德意志法上的法律行为》,对外贸易教育出版社1992年版,第7页。

经过长期的历史进程孕育成熟。[①] 法律是逐步成长、历史流传并根植于民俗和民情之中的习惯法。在研究罗马法物权制度的基础上，萨维尼提出了物权行为理论。德国的物权行为制度和理论，是德国民法传统和民法理论长期发展的自然结果。从罗马法到普鲁士物权法，再到《德国民法典》，关于物权变动规则的历史变迁以及运行轨迹，表明了法律制度和理论发展的不可分割性和连续性。物权行为理论是德国法学发展史和民法制度长期发展的产物。[②]

二、物权行为理论

物权行为制度是《德国民法典》确立的，成为德意志法系的象征。[③] 物权行为理论由 19 世纪普通法法学发展而来，是德国抽象法学的产物。在《现代罗马法体系》中，萨维尼全面系统地论述了物权行为理论，提出了完整的物权行为理论。在萨维尼看来，以履行买卖契约或者其他以转移所有权为目的的契约而进行的交付，并不仅仅是一个纯粹的事实履行行为，而是包含一个以转移所有权为目的的物权行为。萨维尼进一步将物权行为理论抽象化，主张物权行为在效力和法律后果上应与原因行为的有效问题相分离，即将物权行为与债权行为相分离，并进而主张一方当事人原为履行买卖契约而交付标的物，而另一方当事人误以为赠与而接受时，这种错误不影响物权契约的效力，也不影响所有权的转移。

---

① 参见〔德〕K. 茨威格特、H. 克茨：《比较法总论》，潘汉典、米健、高鸿钧、贺卫方译，贵州人民出版社 1992 年版，第 258 页。

② 自从物权行为理论出现以来，德国法学界对物权行为理论，存在两种对立的观点。反对者认为，第一，物权行为理论人为地割裂了原因行为与结果行为之间的必然联系，违背社会生活常理，不符合一般的社会观念，难以为人们所接受和理解。第二，物权行为无因性理论的主要功能在于保护交易安全，在德国普通法时期，因不承认善意取得制度，这个理论有其存在的必要和合理性，但在善意取得制度确立后，物权行为无因性保护交易机能的绝大部分已被这个制度所取代。物权行为已经没有存在的必要。第三，物权行为理论使物权变更不考虑原因行为，严重损害了出让人的利益，违背交易活动中的公平原则。在标的物交付之后，买卖合同未成立、无效或者被撤销的，根据物权行为的无因性，物权行为不受债权行为的影响，受让人仍然取得标的物的所有权。出让人仅可根据不当得利的规定请求返还，出让人从所有权人转变为债权人，不能享受法律对物权的特殊保护。第四，萨维尼关于源于错误的交付也是有效的观点，难以令人信服和接受。

倡导者则认为，物权行为具有如下优点：第一，有利于区分各种法律关系，便于法律适用。依据物权行为无因性理论，债权行为与物权行为完全分离。例如，就买卖交易而言，分为三个独立的法律关系，一是债权契约关系；二是物权契约关系；三是转移价款所有权契约关系。这三种法律关系明确，易于判断。第二，有利于保护交易安全，充分保护受让人的利益。根据物权行为理论，物权行为独立于债权行为，债权行为不成立，或者被宣告无效或者被撤销，不影响物权行为的效力，受让人仍然取得所有权，如果受让人将标的物转让给第三人，第三人是该标的物的合法所有者。

上述两种观点可以看出，物权行为理论的优点是有助于保障交易安全，缺陷是过分技术性，一般人难以理解，尤其将出让人的地位由物权请求权降低为债权请求权，对出让人极为不利。

③ 德国学者 K. 茨威格特和 H. 克茨指出："如果要指出'典型的'德意志法系的特征，我们会选择物权法，更确切地说是'抽象物权契约'理论。'抽象物权契约'理论表现在立法中、学理中和法院判决中，好像在德国法中无处不在似的。"〔德〕K. 茨威格特、H. 克茨：《抽象物权契约理论——德意志法系的特征》，孙宪忠译，载《外国法译评》1995 年第 2 期。

萨维尼的物权行为理论包含三个方面的内容：

（1）独立性。一个买卖契约由两个各自独立的债权行为和物权行为构成。一个物的交易过程实际上是由一个债权行为和一个物权行为构成，债权行为和物权行为构成一个完整的买卖契约。

（2）无因性。物权行为的效力独立于债权行为。换言之，债权行为的效力不影响物权行为的效力。债权行为无效，物权行为仍然有效。

（3）统一性。物权行为是转让所有权的合意，双方当事人转让所有权的合意包含在交付行为之中，交付行为本身就是物权行为，物权行为包含在交付行为之中。

在萨维尼物权行为理论基础上，德国的法学家逐步将物权行为理论发展完善，并演化成为《德国民法典》的物权行为理论。物权行为，又称物权契约[1]，但两者仍有细微的区别。物权行为是既有双方行为，又有单方行为；物权契约只能是双方行为，不可能有单方行为。但就物权交易而言，物权行为是双方行为。因此，从这个意义上来看，物权契约和物权行为的含义是相同的，具体如下图所示[2]：

- 物权行为
  - 不动产物权
    - 单独行为抛弃
    - 物权契约
      - 所有权转移
      - 抵押权的设定
  - 动产物权
    - 单独行为抛弃
    - 物权契约
      - 所有权转移
      - 质权的设定

1876 年《德国民法典（第一草案）》曾采纳物权行为的概念，但受到多方面的批评，认为物权行为的概念不够精确。法典编纂委员会采纳了批评意见，没有使用物权行为，而是代之以物权合意，并明确物权合意是否为物权行为是法学理论问题。现代德国三本具有代表性的物权法教科书均认为，物权的合意本身就是物权行为。[3]

物权行为的理论基础是无因性理论。[4] 物权契约无因性的理论，是在 19 世纪普通法学的基础上发展起来的。但在这以前，习惯上物的转让要具备“名义”与“形式”两个条件，“名义”是指当事人为转移所有权而建立的法律关系，如买

① “物权行为是以物权的设定、转移、变更或者消灭为目的的法律行为，物权行为通常为物权契约，但不限于物权契约。”史尚宽：《物权法论》，中国政法大学出版社 2000 年版，第 18 页。

② 参见王泽鉴：《民法学说与判例研究》（第 5 册），中国政法大学出版社 1998 年版，第 11 页。

③ 同上书，第 7 页。

④ 物权行为的独立性是与物权行为的无因性密切相关的，独立性是无因性的基础和前提。独立性是指物权行为与债权行为相分离，并独立于债权行为之外。债权行为仅使一方当事人享有债权，另一方当事人承担债务，而不产生所有权变动的效果。只有通过物权行为，才能产生所有权转移的效果。

卖等，即转移所有权的原因。“形式”是指标的物的实际交付或者其他替代交付的行为。当时强调名义与形式的统一，即所有权的取得需有合法的依据，并没有提出无因性问题。[①]

萨维尼在《现代罗马法体系》中提出物权契约的无因性理论[②]，萨维尼创立物权契约无因性理论的目的是为保护交易安全。所有权让与的原因行为和物权行为分离，使标的物返还请求权的证明变得单纯化。根据物权行为的无因性，标的物的原所有人仅对受让人行使权利，而不能向从受让人处取得标的物的第三人行使权利，这样保护了善意第三人的利益。[③] 因为在普通法时期，德国没有善意取得制度，物权契约无因性对原所有人返还标的物的权利进行限制是非常必要的。从某种意义上说，物权契约无因性成为善意取得制度的替代品。在普通法时期，物权契约无因性具有保护交易安全的功能，减少了交易风险，促进了社会经济的发展。

物权契约的无因性产生的社会基础是当时的实质审查主义登记制度。1794年的普鲁士普通邦法实行实质审查登记制度，并规定如果登记上存在“法定方式”上的缺漏，负责登记事务的官员应承担责任。在这种登记制度下，登记事务官员为避免因遗漏而承担损害赔偿责任，审查范围不仅包括直接引起物权变动的物权行为本身，而且还包括作为物权变动原因的债权契约。从谋求交易安全的角度考察，严格的实质审查主义登记制度确保了当事人的实际权利义务关系与实际登记的一致性，但因国家权力介入到对物权变动原因的审查，产生了严重的弊端：一方面对物权变动原因的审查，延长了交易时间，增加了交易成本，从而阻碍了社会经济的发展；另一方面登记事务官员为避免承担因不正确登记而产生的责任，在登记过程中对每一细节逐一进行审查，扩大了审查范围，审查范围涉及公民的私生活。随着不动产交易的日益频繁，到了19世纪实质审查主义的弊端日渐突出，加上市民自由主义精神的渐次发达，实质审查制度对公民私生活的干涉和妨碍，达到了无以复加的地步，引起社会的不满和批评，废除旧的实质审查主义的登记制度而采用新的登记制度，成为当时德国社会的普遍呼声。因此，登记的形式主义审查制度便应运而生。

萨维尼倡导的无因性理论成为改革实质审查制度的理论基础。无因性的物权行为理论，简化了物权变动的登记程序，排除了不动产交易的障碍与登记官员对私人交易的过渡干预。依据物权行为理论，物权变动的效力与债权关系相分离。在不动产登记之际，登记官员的审查范围仅限于直接发生物权变动的物权

① 参见孙宪忠：《德国当代物权法》，法律出版社1997年版，第57页。

② “基于错误的买卖契约是不可撤销的买卖契约，基于错误的交付也是完全有效的。”转引自陈华彬：《物权法原理》，国家行政学院出版社1998年版，第124页。

③ 参见陈华彬：《物权法原理》，国家行政学院出版社1998年版，第125页。

行为。

三、物权变动模式

由于历史传统不同，大陆法系国家形成了意思主义、形式主义和折中主义三种不同的物权变动模式。[①]

（一）意思主义的物权变动模式

意思主义的物权变动模式，是指除了当事人的债权意思之外，物权变动无须其他要件。[②] 当事人之间的债权意思表示就可以产生物权变动效力，交付或者登记不是物权变动成立或者生效条件，而是对抗第三人的要件。[③] 物权行为被债权行为所吸收，物权变动是债权行为的结果而已，物权行为没有独立性可言。

法国和日本采纳了意思主义的物权变动模式。在意思主义的立法例下，物权公示与物权转移发生分离。物权变动因当事人的意思表示的合致而发生效力，既不需要物权行为，也不需要交付或者登记为生效要件，动产的交付或者不动产的登记仅为对抗第三人的要件。意思主义的立法例，强调物权变动尊重当事人的意思，当事人之间的合意是物权变动生效要件，有利于鼓励交易，但却不利于对交易安全的保护。总之，意思主义反映了物权交易当事人的意思自治原则，排除了国家对物权当事人的介入和干预，避免了国家干预个人意志。债权合意完全建立在当事人意思自治的基础上，物权变动是债权变动的当然结果，无须任何形式，从而避免了繁琐的物权交易手续，使交易迅速、快捷、便利。

（二）形式主义的物权变动模式

形式主义的物权变动模式，是指物权变动除了当事人的意思表示以外，还必须具备一定的形式。物权因法律行为产生变动，应有物权变动的意思表示以及履行交付或者登记的法定形式，才能成立或者生效。债权的意思表示与物权的意思表示，是两个相互独立的法律行为。物权变动中的债权契约仅能发生债权法上的权利义务关系，物权变动还必须借助独立于债权契约而存在的物权契约。物权合意是物权契约的核心，但仅有独立于债权意思的物权合意，仍然不能引起物权变动。物权变动还应具备一定的形式，即不动产的登记，动产应的交付。如果没有登记或者交付行为，即使有债权契约与物权合意，也不能发生物权变动。

---

① 参见谢在全：《民法物权论》（上册），中国政法大学出版社 1999 年版，第 63—65 页。

② 以买卖合同为例，标的物所有权的移转，以当事人之间的买卖合同为依据，取决于当事人的自由意志，既不需要交付或登记行为，也不需要独立于买卖合同的物权行为。

③ 在意思主义的物权变动模式下，当标的物是现实的特定物时，债权合同一经生效，即引起物权变动。标的物占有的移转或者办理相应的登记手续，仅为物权变动的公示，从而赋予了物权变动的对抗效力。如未经公示，出卖人与第二买受人就同一标的物又订立买卖合同，并办理了交付或者登记手续，则第二买受人基于物权的公示原则取得标的物的所有权，而出卖人对第一买受人已经履行不能，第一买受人只能追究出卖人的违约责任，而不能对抗后买受人经公示的所有权，即债权不能对抗物权。

换言之，债权契约不能产生物权变动的效果，导致物权变动的法律行为，除当事人物权合意之外，还须履行交付或者登记的法定程序（如下图所示）。

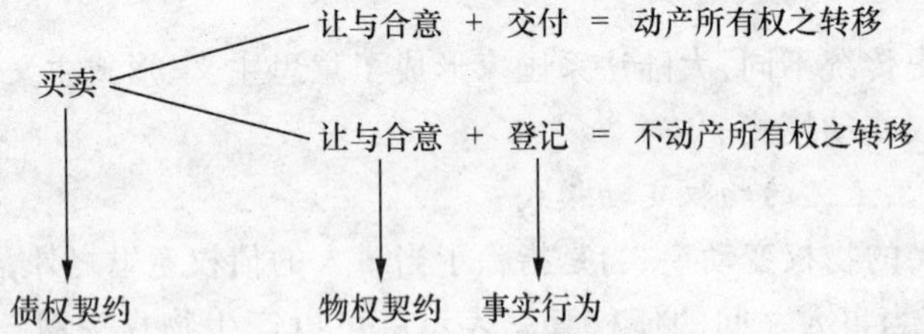

德国和我国台湾地区采纳了形式主义的物权变动模式。交付或者登记是物权变动的成立或者生效要件，不是对抗第三人的要件。在形式主义的立法例下，物权公示与物权转移二者发生融合。[1] 物权行为是债权行为的履行行为，动产物权变动是以当事人之间的合意与转移占有而生效，不动产的变动是以当事人之间的合意与登记而生效，对第三人具有约束力。在这种立法例中，物权变动的外部表现方式明确，安全性强，适应交易关系的需要。总之，形式主义消除了债权合意转移的弊端，以交付或者登记作为物权变动的生效条件，可以保障交易安全，不仅使法律关系明了化、客观化，而且还使当事人之间的物权变动关系与对抗第三人的法律关系一体化，从而避免了意思主义下物权变动的法律关系被分割为对内关系和对外关系。

（三）折中主义的物权变动模式

物权因法律行为发生变动，除债权合意外，还需履行交付或者登记的法定方式。债权的意思表示与物权的意思表示，两者合二为一，但仅有当事人的债权意思表示还不足以发生物权变动效果，还需履行交付或者登记等手续，物权变动才能成立或者生效。折中主义有意思主义和形式主义的优点，又无两者的缺点。瑞士采纳了折中主义的立法模式，物权行为与债权行为并无严格区分，原因行为与登记行为的结合而产生了物权变动的效力。

四、我国的物权行为制度

在《物权法》颁布之前，对于我国的立法和司法是否存在物权行为，存在两种截然对立的观点，即肯定说[2]和否定说[3]，否定说是当时的主流观点。《物权法》明确肯定了对物权行为制度，从而宣告了这场论争的终结。《物权法》第15条的规定区分了物权合同与债权合同，纠正了长期以来我国司法实践中的错误

① “物权变动在法律上，以物权合意与登记为要件，且两者须相互一致。”〔德〕鲍尔、施蒂尔纳：《德国物权法》（上册），张双根译，法律出版社2004年版，第397页。

② 参见孙宪忠：《德国当代物权法》，法律出版社1997年版，第76—78页。

③ 参见梁慧星：《我国民法是否承认物权行为》，载《法学研究》1989年第6期。

做法。长期以来,司法实践一旦发现物权合同无效,随即宣告债权合同也无效。《物权法》的规定充分肯定了债权合同的效力。即使物权合同无效,根据债权合同的规定,合同当事人仍然应当承担债权合同责任。

在《物权法》颁布之前,《民法通则》是我国民事基本立法,对物权交付的规定反映了我国物权交易的基本制度。根据《民法通则》第72条的规定,以合同方式取得物的,物权从交付之时转移。如果当事人就物的买卖达成契约即债权契约,而没有履行交付手续的,物权并不发生转移。此外,物权的转移要求在买卖契约(债权契约)之外,还必须有一个转移物权合意的物权契约,即交付行为。物权的转移是债权契约的必然结果。

《合同法》第133条沿袭了《民法通则》的规定,只是表述略有差异。《物权法》第23条在《民法通则》和《合同法》的基础上明确区分了动产和不动产,动产物权的设立和转移从交付时发生效力。我国法律既没有采纳法国的意思主义,也没有采纳德国的形式主义。换言之,单独债权的意思表示不能产生物权转移的效力,只有意思表示与交付行为的结合,才能产生物权变动的效果。因此,我国动产的物权变动采纳了折中主义的立法例。

关于不动产登记的规定。在《物权法》颁布之前,不动产物权变动的规定,全部体现在单行法中,即1993年《城市私有房屋管理条例》[①]、1994年《城市房地产管理法》[②]、《土地管理法》[③]。《物权法》对不动产物权变动沿袭了以往立法的规定[④],即根据法律规定应当登记的不动产物权的变动,从在不动产登记簿记载时产生物权变动的效力。可见,我国不动产物权变动采纳了"债权契约与登记生效"的立法例,登记是不动产物权变动的外部表现。换言之,我国动产和不动产物权变动的立法例采纳了折中主义的立法例,债权的合意与交付或者登记的结合,才能产生物权变动的法律效果。

---

① 《城市私有房屋管理条例》第6条规定:"房屋所有权转移或房屋现状变更时,须到房屋所在地房管机关办理所有权转移或房屋现状变更登记手续。"

② 《城市房地产管理法》第60条第3款规定:"房地产转让或者变更时,应当向县级以上地方人民政府房产管理部门申请房产变更登记,并凭变更后的房屋所有权证书向同级人民政府土地管理部门申请土地使用权变更登记,经同级人民政府土地管理部门核实,由同级人民政府更换或者更改土地使用权证书。"

③ 《土地管理法》第12条规定:"依法改变土地所有权或者使用权的,必须办理土地权属变更登记手续,更换证书。"

④ 《物权法》第14条规定:"不动产物权的设立、变更、转让和消灭,依照法律规定应当登记的,自记载于不动产登记簿时发生效力。"

第二编　所　有　权

第四章 所有权通则

所有权是所有人对所有物最为完整的支配权,具有全面性、整体性、弹力性和恒久性。[①] 所有权是物权制度的基础和核心,是物权最充分和最典型的表现形式。物权法是围绕所有权的规定而展开的。所有权虽然是对所有物的一种全面的支配权,但并非是毫无限制的,对所有权的限制有自愿性的限制和强制性的限制两种形式。用益物权和担保物权对所有权的限制,属于自愿性的限制。这种限制体现了所有权人的意思,是意思自治原则在物权法领域的表现,说明了物权法的私法属性。法律对所有权的限制,即有权利行使的限制和相邻关系的限制两种情形,属于强制性限制。所有权的强制性限制体现了物权法的强行法的特征,是物权法和债法的一个重要区别。

第一节 所有权制度的演变

一、所有权的本质

关于所有权的本质,即所有权的根本属性,西方学者进行了各种有益的探索,形成了各种不同的学说。对这些学说基本内容的分析和研究,有助于认识所有权的起源及制度变迁,因而是论述所有权制度所不可或缺的。关于所有权本质,西方国家在历史上主要形成了以下六种学说[②]:

(1) 神授说(The theistic conception of property)。神授说认为,地球是神授予人类的,人类对地球上的一切均享有所有权。神授说是人类社会早期关于所有权的学说。人类社会早期,智慧还没有开化,将不知道的事情均归于神的意志,法律也不例外。但是,所有权是人类社会的世俗事务,而不是神事。

(2) 法定说(The legal theory)。法定说认为,所有权是根据法律规定产生的,也因法律规定而消灭。换言之,所有权是法律的产物。法定说仅说明了权利的成立依据问题,但没有解释和说明承认权利的原因,没有解释所有权存在的正当性问题,对所有权存在是否正当的问题,并没有实际的参考意义和价值。

(3) 自然权说(The natural theory)。自然权说认为,所有权是自然权,即自然法上的权利。在近代自然法盛行时期,自然权说非常流行,但也随自然法学说

---

① 参见梁慧星主编:《中国物权法草案建议稿》,中国社会科学文献出版社 2000 年版,第 212 页。

② 参见郑玉波:《民法物权》(第 15 版),三民书局 1992 年版,第 51—52 页。

的衰微而消亡。自然权说不能解释一些人拥有大量的财产所有权,而另一些人却一无所有。换言之,自然权说无法说明人类社会从古到今的贫富不均的社会现象。

(4) 先占说(The occupation theory)。先占说认为,无主物先占是所有权发生的起源,而且是所有权存续的理由。先占说最早是由荷兰的格劳秀斯(Hugo Grotius)提出的,其后也有许多学者追随这种理论。近代社会以来,先占说仅能解释部分所有权产生的原因,但未能解释全部所有权产生的原因,也不能说明承认私有财产制度的理由。在现代社会中,先占并非取得所有权的主要方式,而让与、继承等是取得所有权的主要途径。

(5) 劳力说(The labour theory)。劳力说认为,劳力是所有权存在的基础,个人在物上的劳作是所有权产生的依据。在《政府论》中,英国的洛克(John Locke)提出了劳力说,目的在于弥补自然说和先占说的漏洞。劳力说认为,不劳而获的,如根据资本而获利的,则属于不当得利。劳力说是对私有制的否定,不利于人类社会的进步和发展。

(6) 社会说(The social theory)。社会说认为,所有权的依据不应仅仅考虑个人利益,而且还应考虑社会公共利益。换言之,所有权的权属应归属于个人,但所有权的行使应考虑社会公共利益,因而个人所有权是一种附条件且受限制的权利。德国的拉德布鲁赫(Gustav Rahdbruch,1878—1949)认为,德国《魏玛宪法》第153条的"所有权附有义务"的规定是社会说在制度上的具体表现。法国的狄骥(Léon Duguit,1859—1928)倡导的社会连带法学理论,不是强调对个人利益的保护,而是强调社会利益的保护,排除个人主义的所有权概念。社会说表明法律由权利本位进入社会本位。

除了以上六种学说之外,西方国家还出现过社会契约说、人格说、掠夺说等学说。这些学说影响了所有权观念和制度的演变,促进了近现代所有权观念和制度的形成和发展,特别是自然权说对近代所有权观念和制度的形成,具有深远的影响。美国《独立宣言》宣告"所有权与生俱来",而法国《人权宣言》则规定"所有权神圣不可侵犯",即所有权绝对原则。所有权绝对原则促进了近代社会的繁荣和发展,保护了近代私有财产。对所有权的过度保护以及个人对所有权的绝对支配,形成了财产的集中,出现了严重的社会问题。在19世纪末20世纪初,出现了一种新的法律思潮,即所有权社会化的思潮。所有权社会化思潮认为,基于人类本性所有权应该由个人拥有,但所有权的行使必须符合社会公共利益。

二、所有权观念和制度的演变

由于世界各国的民族历史、文化及社会结构的差异,各国的所有权观念和制度的产生和变迁也表现了时空上的差异。大陆法系所有权演变经历了带有浓厚个人主义色彩的罗马法上的所有权、中世纪政教合一的封建所有权和近代资本主义社会的个人主义所有权三个发展阶段。

近代的个人主义所有权，是罗马法所有权观念与制度在近代民法上的复兴。伴随近代资本主义生产关系的形成与发展，特别是经历了14世纪—16世纪的罗马法复兴、文艺复兴运动和宗教改革运动的洗礼，新兴资产阶级思想家冲破了宗教神学思想的束缚，认为所有权是与生俱来的、上天赋予所有人对财产的绝对支配权利。17、18世纪自然法学占主导地位，强调个人权利本位。[①] 在这种历史背景下，古罗马法所有权观念与制度遂重新崛起，并成为自由资本主义时期的主要法律思潮。近代法上的所有权价值观念表现为个人主义和自由主义。对所有权的绝对尊重成为近代民法的基本原则，个人对所有权的享有和行使，不受任何个人意志或者国家意志干涉的绝对自由。

近代所有权的绝对性包括绝对不可侵性、绝对自由性、绝对优越性三个方面。土地作为人类最基本的生产资料，是所有权制度的核心。绝对不可侵性，是指土地所有权为绝对不可侵夺的权利，即土地所有权具有排他性。所有权的绝对不可侵性是对长期侵夺私有财产、阻碍商品经济发展的封建专制王权的彻底否定。绝对自由性，是指所有权人对自己所有的土地，可任凭自己意志自由使用、收益和处分。所有权行使的自由是对封建王权及其官吏干涉私人财产权利和经济自由的彻底否定。绝对优越性，是指土地所有权通过契约关系而与土地利用权形成对立时，所有权应处于绝对优越的地位。绝对不可侵性、绝对自由性、绝对优越性三者相辅相成，浑然一体。所有权绝对原则，是对制约着生产力发展的封建制度的扬弃，是从身份到契约的运动以及对社会经济基础演变的成果的观念化和法制化，是资本主义市场经济存在和发展的权利基础。所有权绝对原则最典型地体现于私人土地所有权之上。

19世纪随着历史法学派[②]、分析法学派的兴起，自然法学的统治地位发生了动摇。德国在萨维尼的反对下推迟了民法典的制定。分析法学派创始人奥斯丁(John Austin，1790—1859)将法律分为自然法、人类法和万物法三种，认为实在法是人类社会真正法律。法律规则与道德等价值观念没有必然的和内在的联系，法律应该是一种纯技术和工具性的东西。与历史法学派的观点恰好相反，分

---

① “个人是一切法律制度的出发点，理性是一切法律制度的基础，自由意志是理性的内涵，平等是上帝的安排，享受权利、祈求幸福是人生最终的目的……”。〔美〕博登海默：《法理学——法哲学及其方法》，邓正来译，华夏出版社1987年版，第82页。

② 萨维尼认为“法律决不是可以由立法者任意地、故意地制定的东西……它深深根植于一个民族的历史之中，而且其真正的源泉乃是普遍的信念、习惯和‘民族的共同意识’。就像民族的语言、建筑及风俗一样，法律首先是由民族特性、‘民族精神’决定的。”马俊驹、江海波：《论私人所有权自由与所有权社会化》，载《法学》2004年第5期。

析法学认为国家是法律的唯一来源。19 世纪末 20 世纪初，社会法学派取代了分析法学派的主导地位，注重法律的社会过程、社会效果，认为法律不仅在于强调个人的自由与权利，而且更为重要的是强调个人利益与社会利益的和谐，倡导采取社会本位的立法政策。

社会法学理论对物权法的变迁产生了重大影响，所有权领域表现为对所有权的绝对性进行限制。在自由资本主义时期，所有权绝对原则造成社会财富日益集中，贫富悬殊、劳资对立、财富浪费等社会问题，各种矛盾不断激化。在这种情形下，对个人主义的所有权制度的修正，在一定程度上能够缓解各种社会矛盾，团体本位的所有权思想应运而生。团体本位所有权思想认为，个人所有权的行使必须符合国家和社会的公共利益，即所有权是为增进人类的共同需要和幸福而存在。最早倡导社会所有权思想的是德国的耶林（Jhering）。耶林认为，所有权行使的目的，不仅应满足个人利益，而且还也应符合社会利益，并主张应以社会所有权制度取代个人所有权制度。德国的基尔克（Otto Friedrich von Gierke，1841—1921）基于日耳曼法的团体本位思想，倡导所有权社会化的思想。法国的狄骥也倡导所有权的社会化，否认所有权是一种权利。所有权社会化的立法最早出现在 1919 年德国的《魏玛宪法》[①]，第二次世界大战之后的德国基本法也作出了相应的规定。[②] 所有权的社会化思想获得了世界各国的一致承认，社会利益作为一种价值载体被引入所有权制度之中，导致所有权观念的变化，即所有权被视为一种社会关系。此外，伴随现代社会经济的发展，所有权的社会功能也从对财富的享有发展成为对财富的创造，所有权分离和转换理论获得了社会的承认，用益物权的地位和作用日渐增强，并获得了前所未有的地位。

第二节 所有权的意义

一、所有权的概念

罗马法学家认为，早期所有权（dominium）的形成是地役权（servitus）和用益

① 《魏玛宪法》第 153 条规定：“所有权负有义务，其行使应同时有益于公共福利。”

② 《德国基本法》第 14 条规定：“所有权和继承权受保护。其内容和限制由法律规定。所有权承担义务。它的行使应当同时为公共利益服务。剥夺所有权只有为公共福利的目的才能被允许。剥夺所有权只有依照法律或者根据法律的原因进行，而且该法律对损害赔偿的方式和措施有所规定。该损害赔偿必须在对公共利益和当事人的利益进行公平的衡量之后确定。对损害赔偿的高低有争议时可以向地方法院提起诉讼。”

权(ususfructus)产生的结果。[①] 地役权和用益权大约是在公元前3世纪或者2世纪左右形成的。从《学说编纂》的一些片断来看,前古典的法学家曾讨论过用益权。到了帝国晚期,罗马法产生对物的最高权利——所有权(proprietas),主要相对于用益权(ususfructus)被使用,享有用益权的人称为"用益权人"。正是由于他物权的产生,客观上需要法律进一步明确土地所有权人的地位,"dominium"和"proprietas"才适应这种需要而产生。但在所有权概念正式出现以前,在逻辑上,我们仍然不能把"ususfructus"或者"servitus"称为"他物权",正是这两种形式物权的出现,才促成了所有权即"proprietas"的产生。在罗马法的文献中,没有关于所有权的定义,仅有"对所有物的一般支配权"。[②] 中世纪的注释法学派从积极和消极两个方面对所有权进行分析,前者是指对物有为各种行为的权利,如使用、收益和处分等权利;后者则是禁止他人对物为任何行为的权利。[③] 所有权具有绝对性、排他性和永续性三个特性。[④]

罗马帝国灭亡之后,欧洲进入漫长的封建中世纪,与封建庄园的生活方式相适应,日耳曼人保持了原始习惯,罗马法上的抽象所有权一度湮灭。日耳曼法以事实关系为基础,承认对物的各种支配和利用为权利,所有权因动产和不动产而存在差异。动产所有权具有绝对性和排他性,而不动产所有权则出现了"双重所有权"。领主对土地的所有权为"上级所有权",即对土地的管理权和处分权;土地的耕种人对土地的权利为"下级所有权",即对土地的使用权和收益权。日耳曼法并未形成抽象的、绝对的所有权观念,而是一种以对物利用为中心的相对的所有权观念。

罗马法和日耳曼法的所有权观念,对近现代各国的物权法产生了不同程度的影响。在欧洲中世纪罗马法复兴时期,注释法学派将所有权解释为所有权人对所有物的占有权、使用权、收益权和处分权权能,即使其中一些权能因限制物权的设立暂时与所有权人分离,一旦这些权利消灭,又回复所有权人,恢复所有权的圆满状态。罗马法的概括主义定义方法和注释法学派的列举主义定义方法分别为法国法系和德国法系继承与发展,对近现代大陆法系的所有权制度产生了重大影响。根据《法国民法典》第544条的规定,除了法律禁止之外,所有权

---

① 在罗马法中,所有权表述为"dominium",原有统治、管辖、控制、支配的含义,在法律上即"对物完全的权利",在这个词出现之前,罗马法中出现了许多表达财产概念的词,如 familia, pecunia, mancipium, manus, partia, potestas 等,但这些均未准确表达所有人对物的绝对支配权,在内涵上包含了家长对家子的权利。参见王利明:《物权法论》(修订版),中国政法大学出版社2003年版,第245页。

② 周枏:《罗马法原论》(上册),商务印书馆1994年版,第299页。

③ 注释法学派认为:"所有权是以所有人的资格支配自己的物的权利"或者"所有权是所有人除了受自身实力和法律的限制外,就其标的物可以为他所想为的任何行为的能力。"周枏:《罗马法原论》(上册),商务印书馆1994年版,第299页。

④ 参见周枏:《罗马法原论》(上册),商务印书馆1994年版,第299页。

是对于所有物有绝对无限制的使用、收益及处分的权利。[①]《法国民法典》对所有权的定义采纳了列举主义的方法,所有权定义具体列举的方式简单明了、通俗易懂,对其他国家或地区的立法产生了较大的影响。西班牙、日本、我国台湾地区和苏联民法典等在所有权的含义上都采取了列举主义的立法方式。根据我国《物权法》第 39 条的规定,所有权人对自己的不动产或者动产,依法享有占有、使用、收益和处分的权利。因此,《物权法》第 39 条对所有权的定义也采纳了列举主义的方式。

大约从 19 世纪 50 年代开始,以列举主义方法界定所有权含义开始受到学者的批判,出现了以抽象概括主义的界定所有权的方式。大规模的罗马法继受运动以及德意志民族抽象思维的传统导致《德国民法典》所有权的定义采纳了抽象的概括主义方式。根据《德国民法典》第 903 条的规定,所有权人在不违反法律和第三人利益的范围内可以随意处分自己的所有物,并排除他人的任何干涉。[②]

与古代罗马法的混沌概括主义方式相比,《德国民法典》所确立的抽象概括主义是所有权认识发展过程中的否定之否定。先有混沌的笼统认识,然后通过具体的列举主义方式明确所有权丰富多彩的内容,再以抽象的概括方式以避免事实类型列举不足的缺陷,以否定的方式界定所有权的内涵,从正、反两方面理解所有权。所有权的积极权能是所有人对物的全面支配,包括但并不限于占有、使用、收益、处分等权能,充分体现了所有权人对标的物支配性;消极权能为所有人仅在权利行使范围内排除他人的干涉。概括主义方法比较抽象,难以为人们所理解,但是在结构上比列举主义方法更为严谨,充分反映了所有权的法律属性。因此,所有权是指所有人在法律规定的范围内,自由支配物并享有排除他人干涉的权利。[③]

二、所有权的性质

所有权是最为典型的物权,是财产权的核心内容。所有权是以全面的对物的支配权能为内容的权利,是所有人在法律规定的范围内,自由支配标的物并享

---

① 《法国民法典》第 544 条规定:"所有权是对于所有物有绝对无限制的使用、收益及处分的权利,但法律禁止的使用除外。"

② 《德国民法典》第 903 条规定:"在不违反法律和第三人利益的范围内,物的所有权人可以随意处分其物,并排除他人的任何干涉。"

《德国民法典》关于所有权的定义,对我国法学界产生了非常大的影响,史尚宽先生、郑玉波先生、王泽鉴先生、佟柔先生等对所有权的定义,都采取了抽象概括主义而不采具体列举主义。

③ "所有权为现行私法的秩序之基本,于一定限界内对于外界之事务有完全支配权。"史尚宽:《物权法论》,中国政法大学出版社 2000 年版,第 59 页。"所有权者乃一般的全面的支配其客体而具有弹性及永久性之物权也。"郑玉波:《民法物权》(第 15 版),三民书局 1992 年版,第 53 页。

有排他干涉的权利。所有权的性质,表现在完全性、整体性、永久性和弹力性四个方面:

(1)所有权的完全性。所有权对标的物具有完全的支配性,即所有权是所有人在法律规定的范围内对其所有物完全享有占有、使用、收益和处分的权利。所有权是完全的支配权,是他物权的源泉。与所有权不同,他物权仅能在一定范围内支配其客体。换言之,他物权仅在某些方面对标的物支配的权利,而所有权是全面对标的物支配的权利。例如,地上权、永佃权、典权和地役权等用益物权,仅享有对标的物的占有、使用或者收益的权利,而抵押权、质权和留置权等担保物权,仅享有对标的物的占有或者处分的权利,即在一定范围内享有对物的支配权,而不是所有权对物的完全的支配权。①

(2)所有权的整体性。所有权虽然对其客体具有种种支配权能,即对标的物的占有、使用、收益和处分的权能,但并非这些权能的集合,而应当是在法律规定的范围内,可以自由行使的整体性的权利。所有权的整体性决定了所有权本身不得在时间和空间上进行分割。例如,根据所有权设立的抵押权,不能解释为所有权的处分权能的分离,而是所有权整体内容一部分的具体化。

(3)所有权的永久性。所有权的永久性是指所有权的存续不得设定期限,而不是所有权永远不会消灭。所有权的永久性是相对限制物权的有期限而言的,无论是用益物权还是担保物权均为有期限物权,事先预定一定的存续期间,存续期间届满,他物权消灭。所有权除了因标的物的转让、灭失、取得时效、权利人抛弃或者其他原因之外,将永久存续。

(4)所有权的弹力性。所有权既然具有整体性,则所有权的内容可自由伸缩。所有人为他人在自己的物上设定抵押权、地上权等他物权之后,虽然所有权的实质内容几乎成为一个空虚的权利,但是所有权人在保有其处分力的限度内,所有权仍然具有统一的支配力。一旦他物权消灭,所有权所有的负担被除去,所有权即回复其原来的圆满状态,从而实现完全的支配权,即所有权的弹力性。例如,所有权人在土地上设定地上权或者永佃权之后,即受到所设定的他物权的约束,而所有权本身似乎成为没有任何权能的"空虚所有权"(Nuda proprietas,也称为裸体所有权),然而一旦地上权或者永佃权消灭,则所有权即回复其圆满状态。

① 德国中世纪存在上级所有权与下级所有权制度,即将所有权由"质"上分割为二,一是耕作权,一是征租权,二者并存在一块土地之上,并无从属关系。古代日本也有"上土权"与"底土权"的称谓,也是分割所有权的一种形态。我国古代也有一田两主的制度(双重所有权),即将一块土地分为上、下两层,上者为上地,有田皮、田面、皮业及小业等称谓;下者为底田,有田根、田骨、骨业及大业等称谓。福建漳州曾出现过一田三主制,这种所有权制度与分割所有权性质相同。参见郑玉波:《民法物权》(第15版),三民书局1992年版,第54页。

三、所有权的类型

关于所有权类型的划分标准[①],我国主要有两种不同的划分标准[②]:

(1)以所有制为标准。我国教科书一贯以所有制性质为标准,将所有权分为国家所有权、集体所有权和个人所有权三种。第一种观点认为,《物权法》作为财产法的基本法,必须反映所有制的状况。所有权是所有制在法律上的体现,所有权的性质决定于所有制,并为巩固和维护一定的所有制服务。我国是公有制占主导的多种所有制经济形式并存的实行社会主义市场经济的国家,公有制占主导地位的制度决定了《物权法》应当对国家所有权和集体所有权作出规定。

(2)以动产和不动产为标准。以物是动产还是不动产为标准,将所有权划分为动产所有权和不动产所有权。这种物权的分类方式认为,《物权法》应当按照宪法修正案的精神建立各种所有权一体承认和平等保护的原则。按照所有制标准对所有权进行分类很可能使私人所有权处于相对弱势的地位,有悖所有权主体平等的原则。市场经济的本质是竞争经济,不平等地保护各种经济成分就不可能形成真正的竞争机制,也就不可能建立起真正意义上的市场经济。《物权法》的功能和作用在于规范物权的类型、界定各物权的内容,规范各种物权变动的规则、权利行使的规则等。

国家所有权和集体所有权是《宪法》确立的,《宪法》第9条和第10条规定了国家所有权和集体所有权。《宪法》作为国家的根本大法,任何法律均不得违反《宪法》的规定,《物权法》也不例外。但是,在《物权法》中不规定国家所有权和集体所有权,并不是否认《宪法》的规定,而仅仅说明这种区分不宜规定在《物权法》中,与《物权法》的私法属性不吻合。

纵观大陆法系各国的物权法,极少以所有制为标准划分所有权,当然这并不是否定所有权的分类方法,而仅仅说明这种分类方法不适于属于私法范畴的物权法。私法强调对财产所有权的平等保护,对财产所有权的区分意味着对财产所有权保护的歧视和区别对待。私法是调整交易关系的法律,在社会主义市场经济条件下,国有财产通常是不进入流通领域的。国有财产一旦进入流通领域,就丧失固有的属性,即“公”的性质,成为法人财产,而法人财产的属性是“私”

---

① 郑玉波先生将所有权分为两类:一是以所有权的客体为标准,将所有权分为不动产所有权与动产所有权;二是以所有权的主体为标准,将所有权分为单独所有权和共同所有权。参见郑玉波:《民法物权》(第15版),三民书局1992年版,第74页。

② 王利明先生主持编纂的《中国物权法草案建议稿及说明》按照所有制标准划分所有权为国家所有权、集体所有权和私人所有权。梁慧星先生主持编纂的《中国物权法草案建议稿》是以动产和不动产为标准将所有权划分为动产所有权和不动产所有权。

的。尽管如此,由于物权法具有固有性,《物权法》在充分考虑我国国情的同时也应当清醒地认识到,这种所有权的分类不仅不能体现中国特色,反而会破坏私法固有的秩序。因此,不宜在《物权法》中规定国家所有权和集体所有权。

《物权法》第五章规定了国家所有权、集体所有权和私人所有权,采纳了以所有制为标准的所有权分类方式,将所有权分为国家所有权、集体所有权和私人所有权,并确立了国家所有权在所有权制度中的独特地位,规定了国家所有权的保护方法和手段。

第三节 所有权的权能

所有权的权能,是指所有权人行使所有权的各种可能性,有所有权的积极权能与所有权的消极权能之分。所有权的积极权能,是指所有权人对物依法享有占有、使用、收益和处分的权利。[①] 所有权的消极权能,是指排除他人干涉的权能。《物权法》并没有规定所有权的消极权能,但从民法解释上应当肯定我国所有权制度具有消极权能。在物完全处于所有权人控制的情形下,所有权的权能的划分并没有实际意义,只有在权能与所有权分离的情形下,权能的划分以及对各种权能的具体内容的界定成为必要。在物权体系中,与所有权相对的他物权,是基于所有权派生出来的物权,是对所有权的限制。由于他物权的存在,所有权权能的划分具有现实意义。

所有权权能与所有权的关系,理论上有两种不同的观点[②]:一是权利集合说。权利集合说认为,所有权是由各种权能组成的集合体,各项权能可以成为单独的权利,集合起来则成为一个完整的所有权。所有权的权能是构成所有权的权利。二是权利作用说。权利作用说认为,所有权的各项权能是所有权的不同作用而已。所有权的各项权能与所有权分离,是所有权不同作用的体现。以上两种观点从不同的角度说明了所有权与权能之间的关系。

一、所有权的积极权能

所有权的积极权能表现为占有、使用、收益和处分四个方面:

(1) 占有权能。占有权能,是指对物的实际控制事实。占有表现为一种持续的状态,而这种持续状态通常被认为是拥有所有权最为明显的证据。占有权

---

① 《物权法》第 39 条规定:"所有权人对自己的不动产或者动产,依法享有占有、使用、收益和处分的权利。"

《民法通则》第 71 条规定:"财产所有权是指所有人依法对自己的财产享有占有、使用、收益和处分的权利。"

② 参见王利明:《物权法论》(修订版),中国政法大学出版社 2003 年版,第 258 页。

能的行使是使用权能行使的前提和基础。占有权能在通常情形下属于所有人,但所有人之外的其他人可根据所有人的意思获得对物的占有权能。占有权能的分离并不影响所有权的效力。所有人之外的其他人获得占有权能时,同样受到法律的保护,所有人不得随意要求占有人返还标的物。占有权利通常是与使用权能、收益权能或者处分权能同时与所有人相分离。例如,在用益物权中,占有权能与使用权能和收益权能三个权利同时与所有人相分离,用益物权人享有对物的占有、使用和收益,所有人仅保留了对物的处分权能。

(2) 使用权能。使用权能,是指按照物的性质和功能对物的利用,实现权利的利益。使用权能是在不改变或者损毁物的情形下对物的利用。使用是所有权的一项重要权能,在通常情形下,使用权能归属于所有人,所有人通过对物的使用,实现对物的利益。与占有权能一样,使用权能可以根据法律规定或者当事人的意思转移给其他人,从而导致了使用权能与所有权的分离,非所有人获得了物的使用价值,而所有人则在一定条件下获得物的价值。但是,使用权能是以占有权能为条件,对物的使用权能的享有必须同时享有对物的占有权能。然而,享有对物的占有权能并非一定享有对物的使用权能。例如,质权人仅享有对质物的占有而不能对质物的使用。

(3) 收益权能。收益权能,是指收取标的物的天然孳息或者法定孳息。使用与收益的合称为用益。收益有事实收益和法定收益之分。事实收益,是指所有人收取天然孳息,如果实的摘取、奶牛产奶、种马生产驹子等;法定收益,是指所有人收取法定孳息,如收取租金、利息等。在自然经济条件下,所有权以使用为中心。在现代市场经济条件下,所有权则以收益为中心。收益权能与所有权在一定条件下分离,而且收益权能通常是和占有权能、使用权能同时与所有权分离的。例如,在永佃权等用益物权中,收益权能、占有权能、使用权能与所有人同时分离,所有人仅保留处分权能。

(4) 处分权能。处分权能,是指对物的处置。处分有事实上的处分与法律上的处分之分。事实上的处分又称为实物形态上的处分,是指对物加以物质上的变形、改造或者损毁等行为。事实上的处分行为属于事实行为,包含两个方面的内容:一是在客观上使物归于消灭,如汽车因火灾、爆炸而损毁;二是在客观上改变物的性状,即使物从一种形态转变为另一种形态,如房屋的拆迁、米酿成酒等。法律上的处分又称为价值形态上的处分,是指权利的转移、设定、抛弃等。法律上的处分行为属于法律行为,物的形态并未发生任何变化,但物上的权利发生了变化,即物的权属或者性质发生变化。例如,房屋由甲转移给乙,或者甲在其房屋上为乙设定了一个抵押权等。法律上的处分包含两个方面的内容:一是所有权发生转移,即权利主体的变更,抛弃也属于这种情形。抛弃可以视为对不特定人的赠与,也是一种交易行为,只不过是零价值的交易而已。二是所有权的部分权能的转让。例如,用益物权或者担保物权的设立,也是处分权能的体现,而这一处分权能通常为人们所忽视。

在所有权的行使及所有人利益的实现过程中,占有、使用、收益和处分四项权能各自起着不同的作用,但是每项权能均从不同的方面表现了所有权所具有的本质属性,即对自己所有的物的支配,所有权并非占有、使用、收益和处分四项权能的简单相加,而是这四项权能有机结合所构成的一个完整的权利整体。

二、所有权的消极权能

所有权的消极权能是指排除他人干涉的权利。[①] 在没有他人干涉的情形下,这种权能隐而不现。虽然各国物权法明确规定了所有权的消极权能,但是《物权法》和《民法通则》并没有明确规定所有权的消极权能。即使我国法律没有规定所有权的消极权能,但根据所有权的排他性,所有权应具有消极权能。否则,一旦所有权遭到不法侵害或者干涉,就不能得到救济。所有权请求权是所有权消极权能的体现,对所有权的保护是通过所有权请求权实现的。根据《物权法》的规定,基于所有权产生的物权请求权包括标的物的返还请求权、排除妨害请求权和预防妨害请求权三个方面的内容。

第四节 所有权的保护

排除他人干涉或者妨碍是为了保护所有权,而物权请求权是保护物权的手段。所有权是最为典型的物权,基于所有权产生的物权请求权是最完全的。所有权的物权请求权分为所有物返还请求权、所有权妨害排除请求权及所有权妨害预防请求权三种。

一、所有物返还请求权

所有物返还请求权,是指所有人对于无权占有或者侵夺所有物的非法占有人,请求返还所有物的权利。[②] 所有物被他人无权占有或者被侵夺,是对所有权圆满状态最严重的侵害。所有权始于对物的占有,为保护所有人回复对所有物

---

① 《德国民法典》第 903 条规定:"在不违反法律和第三人利益的范围内,物的所有权人可以随意处分其物,并排除他人的任何干涉。"

《瑞士民法典》第 641 条规定:"(1) 物的所有人,在法律规范的限制范围内,对该物得自由处分。(2) 其有权请求物的扣留人返还该物并有权排除一切不当影响。"

我国台湾地区"民法"第 765 条规定:"所有人,于法令限制之范围内,得自由使用、收益、处分其所有物,并排除他人之干涉。"

② 参见王利明:《物权法论》,中国政法大学出版社 1998 年版,第 155 页;梁慧星主编:《中国物权法研究》,法律出版社 1998 年版,第 106 页。

之完满支配状态，法律对所有权规定了所有物返还请求权。因此，所有人基于所有权自动地享有所有物返还请求权。

(一) 所有物返还请求权的构成要件

在所有物被他人无权占有或者被侵夺时，所有人产生了所有物返还请求权。所有物返还请求权，有下列三个构成要件：

(1) 所有物的返还请求权主体。所有物的返还请求权主体是失去占有的所有人，如果失去占有的不是所有人，而是享有他物权的合法占有人，则其回复占有的请求权是基于他物权的物权请求权，而不是基于所有权的所有物返还请求权。所有物返还之诉，通常是直接占有人失去占有后向无权占有人提出。但是，如果所有人通过出租、设定他物权方式，使他人合法占有所有物，或者在买卖、赠与等转让行为中因手续等因素而致买受人或者受赠人等并没有直接占有标的物，仍由出卖人、赠与人等占有标的物，一旦发生第三人非法侵夺的情形，直接占有人可行使占有物返还请求权；作为所有人的间接占有人，可以直接向非法占有人行使所有物返还请求权。[①]

(2) 所有物返还请求权的相对人。所有物返还请求权的相对人是无权占有人。所有物返还请求权的相对人，应当是权利人提出请求时物的占有人。只要存在无权占有的客观事实，则无论占有人主观上是否有故意、过失或者其他可归责的事由，均构成无权占有，所有人可向无权占有人请求返还。

(3) 相对人对物占有的性质。相对人对物的占有是无权占有。有无权占有或者侵夺所有人的所有物的客观事实存在，是所有物返还请求权行使的实质要件。无权占有，是指没有合法的占有权利而占有所有人的物；侵夺，是指违背所有人的意思而强行取得并占有所有人的物。侵夺形成的占有，也构成无权占有。由于无权占有是所有物返还请求权行使的前提，因而判断无权占有的标准则非常重要。无权占有是指没有合法的原因的占有，如窃贼对赃物的占有、拾得人对遗失物的占有等。无权占有有时可能是由有权占有转化而来的，如租赁期限内承租人的占有为有权占有，而租期届满后如果承租人仍占有租赁物，则由有权占有转化为无权占有。有权占有，即使是非物的所有人占有，如地上权人、留置权人、质权人、典权人、承租人、借用人、保管人等对标的物的占有，分别基于其享有的地上权、留置权、质权、典权、租赁权、使用权、保管权等正当权源，在法律规定或者约定的期限内，所有人不得向地上权人、留置权人、质权人、典权人、承租人、借用人、保管人等请求返还所有物。

(二) 所有物返还请求权的效力

所有物返还请求权符合上述三个构成要件的，则产生所有物返还请求权的

---

① 参见刘凯湘：《论基于所有权的物权请求权》，载《法学研究》2003 年第 1 期。

效力。所有物返还请求权之目的在于回复对所有物的占有,因而返还占有应以占有人向所有人交付所有物为内容。罗马法有"我发现我自己的物,我得取回之"法谚[①],所有人收回被他人非法占有的所有物、回复占有的完满状态,是自古存在的法则。

无权占有人的交付以现实交付为主,同时也包括观念交付。所有物返还请求权的客体是占有的返还,而不是所有权的返还。由于所有权并未发生过改变,而仅仅是占有发生了改变,因而返还的方式是占有的移转,而不是所有权的移转。根据物权法的占有制度,占有的移转因占有物的交付而产生效力,现实交付是直接占有的移转,观念交付则是现实交付以外的其他占有转移方式。为实现返还请求占有的移转,相对人应以自己的行为并负担相应的费用,以实现所有物的占有移转。[②] 在无权占有期间,由所有物所生的天然孳息和法定孳息,在所有物返还时应一并移转给所有人。

如果占有人在占有期间对标的物进行改良、添附的,或者即使不存在改良、添附行为,但占有人消极的保存行为对标的物的存续具有实益的,在占有人以自己的行为和费用返还占有的同时,从平衡双方当事人的利益考虑,根据诚信原则,所有人应补偿占有人对物支出的合理费用。[③]

一旦物发生损毁,可能产生所有物的损害赔偿请求权的有两种情形:一是在物发生毁损的情形下,原物仍然存在,如果采取恢复原状的方法,能够恢复物的初始状态而无减损,则所有人可行使返还请求权并同时行使排除妨害请求权。如果恢复原状后仍有价值减损,则所有人可在请求返还所有物的同时请求损害赔偿。二是在物发生灭失的情形下,标的物已不复存在,所有人不能行使所有物返还请求权,而仅能行使损害赔偿请求权。

（三）所有物返还请求权的限制

所有物返还请求权,是所有权遭受侵害时最强有力的保护措施,所有人遭遇他人无权占有或者侵夺其所有物的情形,即可行使所有物返还请求权,以确保其对所有物的圆满支配状态。但是,根据诚实信用原则,为了避免所有人滥用对物的所有权,保护相对人的合法权利,现代各国物权法对所有物返还请求权进行了适当的限制,或者赋予相对人适当的抗辩权,借以达到利益的平衡。相对人对所有物返还请求权的抗辩事由,主要有动产善意取得、取得时效、消灭时效和给付

---

① 参见谢在全:《民法物权论》(上册),中国政法大学出版社 1999 年版,第 60 页。

② "唯返还所有物,究否应以相对人之费用为之?学说上尚有争执,通说认为应由相对人负担为原则……"郑玉波:《民法物权》(第 15 版),三民书局 1992 年版,第 62 页。

③ "占有人支出的费用可分为保存费用与改良费用,保存费用为必需费用,如动物之饲料费用、房屋之正常维修费用等,应予全部补偿;改良费用,如属合理之改良且使标的物现实地增加了价值,也应补偿,但以标的物现存之增加价值为限……"刘凯湘:《论基于所有权的物权请求权》,载《法学研究》2003 年第 1 期。

不能四种情形：

（1）动产善意取得的抗辩。根据动产善意取得制度，在非所有人占有动产的情形下，占有人将动产转让给第三人，第三人善意受让该动产，即使占有人，即出让人没有移转所有权的权利，善意第三人即受让人仍取得该动产的所有权。善意取得制度的目的在于保护交易安全，以积极的方式使受让人取得动产的所有权，作为动产所有权的取得方式之一，阻隔所有权的追及力，限制原所有人对动产的返还请求权。在动产让渡的情形下，原所有人以善意第三人即受让人为相对人请求返还所有物时，善意第三人以善意取得为由拒绝返还，是最强有力的抗辩。

（2）取得时效的抗辩。无权占有人占有标的物，如果符合取得时效的构成要件，则依法取得标的物的所有权，从而成为所有权返还请求权的抗辩。动产取得时效完成后，占有人即自动取得其所有权，原所有人不得向占有人行使所有物返还请求权。不动产取得时效完成后，无权占有人并不能当然取得不动产之所有权，而仅取得请求登记为所有人的权利。在登记机关登记之前，原所有人提出所有物返还请求权，无权占有人可以取得时效为由进行抗辩。

（3）消灭时效的抗辩。以消灭时效为所有物返还请求权的抗辩理由与以取得时效为抗辩理由不同，取得时效是无权占有人以主动进攻的方式，证明自己已经取得原属请求权人的物的所有权，从而否定请求权人的请求权。消灭时效则是无权占有人以消极防御的方式，证明请求权人的请求权已罹于时效而归于消灭，从而否定其请求权。

（4）给付不能的抗辩。在给付不能的情形下，无权占有人可对所有物返还请求进行抗辩，但如果因可归责于无权占有人的事由而导致给付不能时，无权占有人应对请求权人承担损害赔偿责任。

二、所有权妨害排除请求权

所有权妨害排除请求权，是指所有权的圆满状态在被以占有之外的其他方法妨害时，所有人有权请求除去对所有权的妨害而保持所有权的圆满状态。[①] 所有权妨害排除请求权起源于罗马法中的所有权保全之诉，即针对他人对不动产主张存在的役权，也就是所谓的“地役权否认之诉”，是作为所有物返还之诉的辅助之诉。这种观念一直延续到《德国民法典》，该法典第1004条规定了所

① “所有权妨害除去请求权者，乃是所有人，于其所有权之圆满状态，被占有以外之方法妨害时，对于妨害人得请求其除去之权利也。”谢在全：《民法物权论》（上册），中国政法大学出版社1999年版，第135页。

有权妨害排除请求权[①]，而所有权妨害排除请求权被认为是对第985条规定的所有物返还请求权的重要补充。

(一)所有权妨害排除请求权的构成要件

在所有权的圆满状态在被以占有之外的其他方法妨害时，所有权人可以行使所有物妨害排除请求权。所有物妨害排除请求权，有三个构成要件：

(1)所有权妨害排除请求权的主体。所有权妨害排除请求权的主体，应当是所有权受到妨碍的所有权人。排除妨害请求权的请求权人，应当是为现实所有权受到妨害的合法所有人，相对人以占有之外的其他方法妨害所有权的行使。相对人妨害所有权事由的发生，应当是相对人能力支配范围之内，而不仅仅限于相对人的自身行为，也可能是基于自然力产生的妨害，例如，相对人的大树被风刮倒在邻地；或者由于第三人的行为而产生的妨害，例如，某块土地因前所有人掘取泥土导致邻地的坍塌。这些均由妨害物的现行所有人承担责任，相对人对妨害事由的发生是否具有故意或者过失，则不影响责任的承担。

(2)所有权妨害排除请求权的相对人。所有权妨害排除请求权的相对人，应当是妨害所有人行使所有权的加害人。相对人以占有以外的方法妨害所有人的所有权，致使所有权的圆满状态受到侵害。这既是所有权妨害排除请求权与所有物返还请求权的根本区别，也是所有权妨害排除请求权的实质性构成要件。相对人以无权占有以外的其他方法妨害所有权，既有事实上的妨害，又有法律上的妨害。所有权人提出排除妨碍请求权时，妨碍仍在发生，即仍处于继续状态而对所有权产生持续的妨碍。

(3)妨害的性质。妨害在客观上应是非法。相对人的行为只要在客观上给所有人的所有权造成了妨碍，就应承担排除妨碍的义务，而不问其主观上有否过错。但是，给所有人造成的妨碍必须是非法的。换言之，如果根据法定或者约定的容忍义务，所有权人应当忍受这种妨碍，则妨碍并不是非法的，所有人则不得行使妨碍排除请求权。

所有人承担的容忍义务有法定与约定两种形态：一是法定的容忍义务。例如，城市规划建设需拆迁房屋产权人的房屋，所有人应容忍而不得请求排除妨碍。二是约定的容忍义务，即所有人以合同的方式约定，允许相对人实施某种行为而客观上妨碍其所有权的行使，所有人也不得行使排除妨害请求权。例如，甲允许乙通行其土地。

(二)所有权妨害排除请求权的效力

所有权妨害排除请求权的效力是请求排除妨害，由妨害人以自己之行为与

① 《德国民法典》第1004条规定："所有权人受到除剥夺或者扣留以外的其他方式的妨害时，可以要求妨害人排除妨害……"

费用排除妨害,以恢复所有权人对标的物的正常行使与圆满的支配状态。排除妨害如果发生费用,则应由相对人承担。在排除妨害原因的场合,通常不会发生费用。例如,停止擅自穿行他人土地的行为、停止播放噪音的行为等。即使发生费用,也是直接为妨害人本人的利益而发生。在排除妨害结果的场合,通常可能发生费用支出,该费用原则上应由妨害人承担。

三、所有权妨害预防请求权

所有权妨害预防请求权,又称所有权妨害防止请求权,是指所有人对有妨害所有权的可能性,可请求防止妨害发生的权利。[①] 所有权妨害预防请求权在罗马法上已有规定,但罗马法是将妨害预防请求权与妨害排除请求权合并规定,统称为妨害排除之诉或者所有权保全之诉。《瑞士民法典》沿袭了罗马法的这种立法例。《德国民法典》第 1004 条规定,所有权有继续受到妨害可能时,权利人可以提起妨害之诉。《德国民法典》将妨害预防请求权独立出来,作为与所有物返还请求权、妨害排除请求权并列的一项独立的物权请求权。关于所有权妨害预防请求权是否独立于所有权妨害排除请求权的问题,国内学界有不同的观点。[②]

(一)所有权妨害预防请求权的构成要件

所有权妨害预防请求权的构成要件有请求权人、相对人和妨害发生的可能性。行使妨害预防请求权的人应当是所有权人,包括依法可得行使所有权的人,如遗产管理人、失踪人的财产管理人、破产清算人等。妨害预防请求权的相对人,应当是将危险加害于所有权人,且对危险物或危险行为有支配权的人。所有人的所有权尽管没有现实的妨害,但有遭受侵害的极大可能,如不采取预防措施,则将遭受现实的妨害,从而导致所有权丧失其圆满状态。例如,甲在其紧邻乙的房屋土地大量挖沙掘土,有危及乙的房屋地基稳固的极大可能,则乙可行使妨害预防请求权。

(二)所有权妨害预防请求权的效力

妨害预防请求权的效力是相对人应采取预防行为,排除引起妨害可能性的原因,即消除可能引起妨害的危险。相对人消除可能引起妨害的危险行为,可以是积极的作为,也可以是消极的不作为。例如,甲的房屋因年久失修而有向紧邻

---

① 所有权妨害预防请求是指"所有人对于有妨害其所有权之虞者,得请求其防止妨害之权利"。谢在全:《民法物权论》(上册),中国政法大学出版社 1999 年版,第 137 页。

② "请求排除妨害既包括请求除去已构成之妨碍,也包括防止可能出现的妨碍,前一种请求于存在实际妨碍之时提出,其目的在于除去已存在之妨碍,可称为'请求除去妨碍',后一种请求于出现妨碍之虞时提出,其目的在于预防可能的妨碍,可称为'请求防止妨碍'。"彭万林主编:《民法学》(第 2 版),中国政法大学出版社 1999 年版,第 282 页。

乙的房屋倾倒的明显迹象，乙可以向甲行使妨害预防请求权，甲的义务是积极的行为，即对自己的房屋采取加固措施，进行修复或者拆掉重建；又如，甲在紧邻乙的房屋挖沙掘土，有危及乙房屋安全的危险，乙行使妨害预防请求权，请求甲停止挖沙掘土，则甲的义务是消极的不作为，即停止挖沙掘土的危险行为。

第五节　取得时效

一、取得时效的意义和性质

时效是指一定的事实状态经过一定的期间而产生一定法律后果的制度。换言之，一定的事实状态持续一定的期间，则不问这种事实状态是否与真实的权利相一致，法律直接确认这种事实状态为权利的制度。法律的目的原本是为了保障真实的权利，然而时效制度的目的却是为了尊重事实状态，保护长期以来所形成的法律关系，以达到社会的和谐和稳定，而不管真实的权利状况。时效制度制度的产生，主要有两方面的原因[①]：

（1）维护正常的社会秩序。一定的事实状态如果能够长期存在，社会必定对这种事实状态产生合理的信赖，可能在此基础上建立各种法律关系，一旦这些法律关系被推翻，则势必对社会公众产生重大影响，从而有悖正常的社会生活秩序。因此，法律为了维护稳定的社会秩序，不得不承认这种现状。

（2）维护法律的尊严。长期的事实状态，是否与真实权利一致，可能因为时间长久难以取证，从而无法判断，不如直接承认长期存在的事实状态。即使有真实权利人存在，但由于其怠于行使权利，成为在权利上“睡眠”的人，法律没有保护的必要。

时效有取得时效与消灭时效之分，各国对时效制度有两种不同的立法例：一是取得时效与消灭时效规定在民法总则，法国和日本属于这种立法例。二是消灭时效规定在民法总则编而取得时效规定在物权编，德国属于这种立法例。

取得时效制度起源于古代罗马。在古罗马时期，由于土地荒芜影响生产和社会安定，为鼓励人们充分利用他人废弃的土地和其他生产资料，同时也为了弥补因市民法对财产转让的严格形式主义而造成的权利缺陷，使不符合法律规定的形式要件但实际取得了财产的市民可以取得相应的所有权，《十二表法》正式确立了取得时效制度。[②] 在维护市民法传统的前提下，让买受人通过时效而取得占有财产的所有权，弥补了法律行为严格形式主义的缺陷。中世纪的注释法

---

① 参见郑玉波：《民法物权》（第15版），三民书局1992年版，第56—66页。

② 《十二表法》第6表第3条规定：“凡占有土地（包括房屋）二年，其他物品一年，即因占有取得所有权。”

学派将取得时效与消灭时效合为统一的时效制度,1804 年的《法国民法典》继受了注释法学派的时效制度,法典第 2219 条规定的时效是取得财产所有权的方法。《日本民法典》第 162 条和 163 条也同样规定了所有权和其他财产权的取得时效。《德国民法典》采取了与《法国民法典》不同的立法例,在物权编规定取得时效制度。取得时效适用于动产、占有或者登记取得土地所有权、以对物的占有为要素的限制物权。《瑞士民法典》对动产、登记或者占有取得土地所有权适用取得时效。

我国《物权法》并未规定取得时效,从公布的民法典草案看,在民法典总则中规定了取得时效,因而我国采纳了《法国民法典》的立法例。事实上,《德国民法典》将取得时效规定在物权法中的立法例,可能更符合取得时效制度的内在逻辑。取得时效是以占有他人之物或者行使一定财产权,经过法定期间,根据法律规定取得所有权,在性质上属于事实行为而不是法律行为。①

二、取得时效的构成要件

时效取得作为一种事实行为,要发生法律上的效力,应当具备法律上规定的要件。从世界各国民法典的规定看,取得时效的构成要件有一定的事实状态、一定的期间、他人所有物。符合上述要件的占有,即产生时效取得的法律效果,占有人取得所有权,原来存在于标的物上的权利消灭。取得时效的构成,主要有三个要件:

(1) 一定的事实状态。在取得时效中,一定的事实状态是指占有,而占有是指对物有事实上的控制力。构成所有权取得时效的占有,要求对物的占有是自主、善意、公然、和平的占有,即主观状态是自主、善意的占有,客观状况是公然、和平的占有。

自主占有,是指占有人以自己所有的意思占有标的物,是动产和不动产取得时效的共同要件,也是时效取得的核心要件。“以自己所有的意思”,要求占有人以自己的意思占有标的物,将自己置于与所有人同样的地位。然而,是否以所有的意思为占有,是占有人内心的状态,难以举证,因而通常推定占有人为自主占有。主张自主占有的事实,只需证明占有的事实存在,则推定其具有“所有的意思”,除非有相反的事实推翻。

善意占有,是指占有人不知道或者不应当知道其占有的标的物权利上有瑕疵的占有。关于时效取得制度之占有是否以善意为限,各国立法和理论存在不同的观点。大陆法系国家和地区有两种立法体例:一是肯定主义。德国、瑞士和

---

① 参见谢在全:《民法物权论》(上册),中国政法大学出版社 1999 年版,第 147 页。

法国采取这种立法例[①]，但德国、瑞士对登记取得时效和未登记不动产，均不需善意。二是否定主义。日本、意大利和我国台湾地区采取这种立法例。[②] 学界也有肯定和否定两种观点。肯定说认为，恶意占有取得时效利益，违反诚实信用原则，不利于维护社会正义。[③] 否定说认为，善意是否必要，应以取得时效功能发挥而定，在稳定社会秩序和促进物尽其用方面，善意并无益处。[④] 日本和我国台湾地区民法规定，善意的取得时效期限为 10 年，恶意的取得时效期限为 20 年。善意是否作为取得时效的构成要件，取决于各国的立法政策。由于善意是一种内心状态，外人不得而知，对善意的举证一般为推定，结果在很大程度上使善意流于形式。

公然占有，是指对占有物有利害关系人，不能使用特别隐秘的方法占有标的物。与之相对的是隐秘占有。占有是隐秘还是公然，应视占有人对占有物的利害关系人是否存在有意掩盖其占有的事实。对占有物的利害关系人有意掩盖其占有事实的，为隐秘占有；无意掩盖其占有事实的，为公然占有。[⑤]

和平占有，是指不以暴行或者胁迫取得或维持的占有。与之相对的是暴力占有，即瑕疵占有。如果本来是和平占有，但后来却以暴行或者胁迫维持其占有的，则变为带有暴行或者胁迫的瑕疵占有，不能成立取得时效。然而，原来的强暴占有也可因占有人的变更而转换为和平占有。

（2）一定的期间。取得时效制度的目的在于保护持续、永久占有动产或者不动产的事实。占有人即使对标的物为自主、和平和公然占有，但如果没有经过一定的期间，也不能根据时效取得财产所有权。大陆法系国家根据标的物的性质、善意与否，规定了一定的期间，在解释上认为应以持续为必要，由于涉及公共

---

① 《德国民法典》第 937 条 2 款规定："取得人在取得自主占有时非出于善意或者在以后知悉所有权不属于自己的，因时效而取得的所有权消灭。"

《法国民法典第》第 2268 条规定："在任何情形均推定占有人为善意，主张恶意者，应负举证责任。"第 2269 条规定："在取得占有时系善意者，即为善意占有。"

《瑞士民法典》第 728 条第 1 款规定："作为所有人占有他人动产，且无争议、无间断地占有五年之久时，因时效而取得所有权。"

② 《日本民法典》第 162 条规定："（一）以所有的意思，二十年间平稳而公然占有他人物者，取得该物所有权。（二）以所有的意思，十年间平稳而公然占有他人不动产者，如果其占有之始系善意且无过失，则取得该不动产的所有权。"

我国台湾地区"民法"第 768 条规定："以所有之意思，五年间和平公然占有他人之动产者，取得其所有权。"第 769 条规定："以所有之意思，二十年间和平继续占有他人未登记之不动产者，得请求登记为所有人。"第 770 条规定："以所有之意思，十年间和平继续占有他人未登记之不动产，而其占有之始为善意并无过失者，得请求登记为所有人。"

③ 参见史浩明：《取得时效制度研究》，载《天津社会科学》1994 年第 3 期。

④ 参见温世扬、廖焕国：《取得时效立法研究》，载《法学研究》2002 年第 2 期。

⑤ "从而客观的为公然，则权利人及其他利害关系人，虽不知占有之事实，尚不失为公然之占有。反之客观的为隐秘之占有，纵令权利人偶知其占有之事实，尚不得谓为公然之占有。"史尚宽：《物权法论》，中国政法大学出版社 2000 年版，第 139 页。

利益,不得任意延长或者缩短。基于公平与效率,根据社会经济的发展状况,各国关于取得时效期间的规定,长短不一。随着经济和科学技术的发展,权利人行使权利的便利,交易频繁,应缩短时效期间。

时效期间通常从占有人无瑕疵占有之时开始计算。但在取得时效进行过程中,出现了某些事由,导致已经进行的期间全部归于无效,从而导致取得时效期间的中断。[①] 取得时效的中断有自然中断与法定中断之分。自然中断的事由大多违反取得时效的构成要件,或者占有因心素的变更或者体素的丧失,从而导致中断。[②] 取得时效自然中断的事由,主要有以下五种情形:一是占有人自行中止占有,如占有人抛弃占有将物返还给所有人;二是以所有的意思占有变为不以所有的意思的占有,如由自主占有变为他主占有;三是占有被他人侵害而没有回复占有;四是占有物的丧失;五是占有性质的变更,如由公然而变为隐秘,由和平而变强暴占有。以上五种事由均构成取得时效的中断。法定中断是指取得时效基于法律原因中断的,主要有权利人向法院提起诉讼、向占有人提出返还请求以及占有人承认权利人的权利。

时效期间的中止,是指取得时效期间进行过程中因一定事由而暂停时效期间的计算。导致取得时效中止的事由消失后,取得时效仍然继续计算。取得时效中止有取得时效期间的停止与取得时效期间的不完成两种。日本和我国台湾地区仅规定了取得时效期间的不完成,而德国、瑞士及意大利对二者均有规定。导致取得时效中止的事由主要有在取得时效期间的最后6个月存在不可抗力,无行为能力或者限制行为能力人欠缺法定代理人,存在法定代理关系、夫妻关系以及继承人、管理人仍未确定的情形。

(3)他人所有之物。根据大陆法系国家的民法规定,以时效取得所有权的标的物应当是他人所有之物,即有主物——他人所有的动产或者不动产。自己所有的动产和不动产,不会产生取得时效的问题,而对无主物的占有,适用先占取得制度而不是时效取得制度。共有物通常认为属于取得时效的客体。共有物的所有权属于全体共有人,如果其中一共有人以单独所有的意思占有共有物,就共有物的他共有人应有部分,能够通过时效而取得。

三、取得时效的效力

取得时效的效力因动产与不动产而存在差异,动产的占有人一旦完成取得时效,即取得该动产的所有权,无须办理其他手续;而不动产的占有人在完成取

① “盖依时效而取得所有权,乃是以一定之事实状态,继续达一定之期间为其基础,若时效进行中,竟有与此不相容之事实发生,则取得时效自无从继续进行,而必须中断。”谢在全:《民法物权论》(上册),中国政法大学出版社1999年版,第159页。

② 参见史尚宽:《物权法论》,中国政法大学出版社2000年版,第79页。

得时效时，仍然不能取得该不动产所有权，仅仅取得该不动产所有权的登记请求权，只有在践行登记手续之后，才取得该不动产所有权。[①] 因此，不动产所有权的取得是相对的，而动产所有权的取得是绝对的。

取得时效完成之后，取得时效的效力是否具有溯及力，即溯及到占有开始时发生，立法和理论有肯定说与否定说两种。[②]《日本民法典》第 144 条规定了具有溯及力，而我国台湾地区民法则规定不具有溯及力。

取得时效的效力表现为因时效取得所有权的取得，是原始取得而不是继受取得。物上的原有权利因时效而归于消灭，原权利人不具有不当得利返还请求权。虽然取得时效是原始取得，但权利并非没有限制。例如，不动产占有人允许邻地所有人通行下的占有时，则因时效取得所有权之后，这种限制仍然存在。

四、所有权之外的其他财产权的取得时效

世界各国的立法均承认所有权之外的其他财产权的取得时效，所有权之外的其他财产权的取得时效，适用动产和不动产取得时效的规定。但是，由于各国立法例并未规定所有权之外的财产权的对象，学界对此存在不同的认识。通说认为，所有权之外的财产权，不仅包括物权，而且还包括债权、继承权以及知识产权中的财产权。[③] 但是，并非所有的财产权均可适用取得时效，基于身份关系产生的专属财产权、根据法律规定而并非当事人意思表示成立的权利[④]、因一次行使即归于消灭的权利[⑤]，以上这些财产权不适用取得时效的规定。[⑥]

---

① “不动产占有人在未办妥登记前，对原所有人除其所有物返还请求权已罹于消灭时效外，仍属无权占有。”谢在全：《民法物权论》（上册），中国政法大学出版社 1999 年版，第 156 页。

② 参见郑玉波：《民法物权》（第 15 版），三民书局 1992 年版，第 71 页。

③ “所有权以外之财产权，其主要者为物权及债权，专利权、商标权、著作权等所谓无体财产权及撤销权、解除权等之所谓形成权，亦属之。”史尚宽：《物权法论》，中国政法大学出版社 2000 年版，第 84 页。

④ 例如，留置权。

⑤ 例如，撤销权、解除权、买回权、选择权。

⑥ 参见史尚宽：《物权法论》，中国政法大学出版社 2000 年版，第 84 页。

第五章　不动产所有权

不动产与动产是物最为基本的分类,体现了物在私法上的属性,具有重大的理论和实践意义。大陆法系立法和理论认为,不动产是指土地及其定着物,如《法国民法典》第518条规定,土地及建筑物依其性质为不动产。不动产所有权是以不动产为标的物,即以土地及其建筑物为标的物。根据《担保法》第92条的规定,不动产是指土地以及房屋、林木等定着物。不动产之外的其他物,属于动产。《物权法》并未对不动产的范围进行界定。根据我国的立法和实践,土地和定着物是不动产的两个组成部分。土地包括地表、地下和空中,定着物包括房屋、其他地上建筑物和与不动产分离之前的不动产出产物。① 我国实行土地公有制,土地归国家和集体所有,土地并非交易的对象,不能进入流通领域,土地不能成为权利客体。在我国法律实践中,不动产仅指定着物。定着物主要指建筑物,即房屋。

根据《宪法》第10条、《物权法》第47条以及《土地管理法》第6条和第7条的规定,我国实行土地国家所有和集体所有,即城市土地归国家所有、农村土地归集体所有,任何法人和自然人均不得拥有土地所有权,而仅享有土地的使用权。

第一节　土地所有权

"劳动是财富之父,土地是财富之母。"从物权法的发展及其规范内容看,土地始终是物权最重要的标的②,土地所有权是最基本的不动产物权。我国有关土地的立法性文件繁多,但从土地为物权标的角度来看,在《物权法》颁布之前我国还不存在完整的物权法,《民法通则》甚至没有使用"物权"的概念③,如果严格按照物权法定主义原则,则除所有权之外,很难按照当时的立法来确定我国土地物权种类及其体系,因而学界在阐述我国土地物权制度时,出现了概念使用

---

① 不动产分离之前的不动产出产物有苗木、庄稼和各种果树所生的果子等。

② 土地是人类赖以生存和发展的最珍贵的自然资源,是一切劳动过程得以实现的必要条件和物质基础,是农业最基本的生产资料和工业生产的场所,也是人民的居住场所。我国总土地面积为960万平方公里(折合144亿亩),其中有耕地14.9亿亩、草地42.9亿亩、林地18.3亿亩,其他面积为67.9亿亩。我国的人均耕地仅有1.2亩左右,远远低于世界人均耕地4.8亩的水平。

③ 《民法通则》第五章仅有"财产所有权和与财产所有权有关的财产权"为章名,并未使用"物权"概念。

不规范、土地物权种类及其体系混乱的状况。《物权法》明确了我国物权法在民法体系上的选择与定位，基本继受了传统大陆法系的物权制度而不是英美法系的财产法制度。大陆法系的物权制度是以所有权为核心而建立的抽象体系，并经现代社会的发展而向他物权体系发展，从而实现物尽其用的社会目的。《物权法》以所有权为核心，辅之以包括用益物权和担保物权在内的他物权和占有制度，继受了大陆法系的物权传统。

一、土地所有权制度的变迁

根据《宪法》和《物权法》等法律规定，土地所有权有国家土地所有权和集体土地所有权两种形式。我国土地所有权制度经历了从私有制到公有制的历史变迁过程，但城市土地所有权和农村土地所有权制度的变迁方式存在巨大的差异。新中国成立后的农村土地所有权制定变迁，主要经历了以下四个阶段：

（1）私人土地所有权确立阶段。1950 年的《土地改革法》充分贯彻了“耕者有其田”的指导思想。1950 年到 1952 年之间，在我国广大农村地区进行了土地改革运动，废除了地主土地所有权制度，实行农民土地所有制。农民获得了土地所有权和土地使用权。1954 年《宪法》第 8 条充分肯定了这一成果，保护农民土地所有权和其他生产资料所有权。

（2）私人土地所有权到公有制的过渡阶段。1953 年到 1957 年之间，国家实行土地合作社制度，引导农民走合作化道路，土地所有权发生了变化。土地合作社经历了农业生产互助组、初级农业合作社和高级农业合作社三个阶段，土地由农民私有逐步过渡到集体所有。

（3）公有制的确立阶段。1958 年到 1978 年之间，我国农村地区完成了从初级社到高级社，再到人民公社的过程。[①] 伴随社会主义改造的完成，农村土地集体所有制逐步代替了“农民土地所有制”。1962 年的《农村人民公社工作条例修正案》（又称《六十条》）发布，标志着农村土地集体所有制的确立，农村土地私有制的消灭。在广大农村，我国确立了“三级所有，队为基础”的农村土地所有权制度。

（4）农村土地使用权制度的形成和发展阶段。从 1978 年起，我国实行家庭

---

① 人民公社是政社合一的组织，始建于 1958 年，到 1984 年解体，历时 38 年。据统计，1957 年全国共组建了 74 万个高级合作社，1958 年合并组建成 2.6 万个人民公社。人民公社的特征是土地（包括其他生产资料）高度的集中和统一，将土地的农业生产合作社集体所有制改变为人民公社所有制，这种土地制度的实行脱离了中国农村生产力发展的实际水平，加上高度集中的劳动方式和平均主义的分配方式，影响了农民的生产积极性。

联产承包责任制的土地使用权制度。[①] 集体经济组织拥有土地所有权，农民拥有土地使用权。家庭联产承包责任制的实行，极大地调动了农民的生产积极性，大大地提高了土地的使用效率。《民法通则》第80条从法律上确认了家庭联产承包责任制的土地使用权制度，《农村土地承包法》第3条又进一步肯定和完善了以家庭承包经营为基础、统分结合的双层经营体制的农村土地使用权制度。《农村土地承包法》和《物权法》明确肯定了土地承包经营权的物权性。

(5) 农村土地合作社。土地合作社是由享有农村土地承包经营权的农户和从事农业生产经营的集体组织，以土地的经营权入股、委托代耕等流转方式进行集中统一规划、统一经营的农村互助性合作经济组织。土地合作社是一种新型土地流转模式，农民入社并自愿将土地交给合作社经营后，可获土地流转费作为基本收入，还以土地收益权入股成为股东，以红利形式分享每年土地产出，流转出土地的农民还可以到企业打工，获得薪金性收入。[②] 入社农民以承包经营的土地通过存储方式，将土地存储租金作为出资方式。土地合作社不改变土地所有制关系，不改变土地用途，农户按入社土地产生的效益以及跟合作社的约定获取分红收益。农民专业合作社逐渐成为郊区农民参与市场竞争、扩大经营规模、增加收入的有效途径。

土地合作社的经营范围是经营社员存储的土地，从事农业生产、开展与农业生产有关的技术培训、技术交流和信息咨询服务。[③] 通过建立农村土地股份合作社，可解决一家一户生产经营规模小、产品单一、抵御自然灾害能力差、收益低、增收慢等问题，可实现规模经营、促进都市农业发展，最终促进农民增收。土地合作社不断吸收成员，壮大实力，争取更多村民的加入，村民每年可享有固定的保底分红和二次分配所取得的收益，寻找适合全村的好项目，将更科学、更绿色的企业引进村，将先进技术带给每一个村民，实现土地流转的真正目的，改变以前贫穷落后生产方式。

我国城市私人土地所有权制度的变迁，则不像农村土地所有权制度变迁那样清晰。在1955年之前，我国城市地区实行土地公有制和私有制并存的局面。到了1956年，伴随我国生产资料私有制的社会主义改造的完成，确立了城市土

---

① 家庭联产承包责任制起源于小岗村承包责任制。1978年，安徽凤阳小岗村的18个村民冒着坐牢的危险，在一份承包责任制的文书上按了鲜红的手印。根据协议约定，如果村干部坐牢杀头，其他农户保证把他们的小孩养到18岁。坐牢杀头的情况最终没有发生，包产到户、包干到组的措施开始实行，公社的田地划给个别社员经营，社员向公社纳公粮。在此之前的小岗村是全县有名的吃粮靠返销、用钱靠救济、生产靠贷款的“三靠”村，每年秋收后，几乎家家外出讨饭，而大包干刚一年，村民们就解决了温饱问题，小岗村这种被饥饿逼出来的改革，后来被誉为“掀开了农村改革的序幕”。

② 十七届三中全会明确提出，按照依法自愿有偿原则，允许农民以转包、出租、互换、转让、股份合作等形式流转土地承包经营权。

③ 2008年10月，山东省枣庄市山亭区徐庄镇土地合作社是全国首家获得工商注册并成功拿到农信社发放的45万元贷款的土地合作社。

地的国家所有权制度。但是,在城市土地从私有到国有的变迁过程中,缺少明确的法律规范,主要是通过政策指导完成的。法律明确规定城市土地私人所有权消灭并宣告国家所有权确立的是 1982 年的《宪法》。

在"城市土地国家所有,农村和城市郊区土地集体所有"的土地公有制下,土地所有权和使用权不分离,土地实行无偿、无期限的使用和土地权利的非市场化制度,造成了土地资源的不合理配置,土地价值和利用效益的低下。改革开放之后,社会经济的发展要求我国建立起符合社会主义商品经济要求的土地权利制度。到了 20 世纪 80 年代末,我国突破了原有的制度,承认土地租赁和土地使用权的转让,确立了国有土地有偿使用制度,从而有利于土地资源的合理配置,提高了土地价值和利用的效益,维护了正常的社会经济秩序。

二、土地国家所有权

土地国家所有权,是指国家对属于自己的土地依法享有的占有、使用、收益和处分的权利。土地国家所有权制度,是在新中国成立初期对全社会的土地所有权关系进行根本性制度变革过程中形成的。[①] 从土地国家所有权的主体、客体和行使三个方面,说明土地国家所有权的内涵。

(1) 土地所有权主体的唯一性。国家是土地国家所有权的唯一主体,国家代表全体国民对国有土地享有占有、使用、收益和处分的权利,其他任何法人和自然人均不得成为土地国家所有权的主体。关于土地国家所有权主体的立法例,世界各国有一元制和多元制两种。在一元制的国家中,仅存在单一的土地国家所有权;在多元制国家中,存在多个彼此独立的国家土地所有权。在联邦制国家中,联邦政府、州政府以及州以下的地方政府均在自己的辖区内拥有本级政府的土地。我国属于一元制立法例的国家,中央政府是土地国家所有权的唯一主体,国务院代表国家行使土地所有权。

(2) 土地所有权的客体广泛性。关于土地国家所有权的客体,《宪法》第 10 条、《物权法》第 47 条和《土地管理法》第 8 条均有明确的规定。《物权法》沿袭了《宪法》的规定,但在具体的表述上略有差异。《土地管理法》关于国有土地所有权的规定与前两种基本一致。从上述法律规定可以看出,土地国家所有权的地域范围,实际上就是国有土地与集体土地之间的范围划分。现行的立法又没有对城市的概念作出清晰的界定,实务中又难以对城市与农村的界限作出准确的划分。解决问题的关键是准确界定城市市区土地的范围。城市土地,主要包

① 1949 年中华人民共和国成立之后,全面接收了前政府的国有土地,没收了官僚、买办资产阶级的土地;1950 年《土地改革法》规定,农村的部分土地收归国家所有。1953 年颁布的《关于国家建设征用土地办法》以及此后陆续颁布的其他有关征用的法律、法规,国家将属于个人(合作化之前)和集体(合作化之后)所有的土地,通过征用的方式收归国家所有。

括以下两种情形：

一是城市市区的土地。对城市市区土地的性质，法律有明确规定，不存在任何异议。《宪法》和《物权法》均规定，城市土地属于国家所有，《土地管理法》进一步明确“城市市区的土地属于国家所有”。但是，对“城市市区的土地”存在较大的分歧，我国立法、司法和学界主要有两种不同的主张，即城市建成区的土地与城市规划区的土地。城市建成区的土地，是我国理论界和土地管理部门普遍持有的观点。虽然说城市建成区的土地具有较大的合理性，但仍然存在一定的缺陷，在城市建成区内仍然存在一些未经国家依法征用的集体土地，即所谓的“插花村”或者“城中村”。对这些集体土地的处理，存在三种观点：第一，凡是没有办理征用手续的集体土地，集体所有性质不变；第二，由原农民继续使用的农业用地，可以确定继续为集体所有；非农业用地则应确定由国家所有，而且无须给予补偿；第三，按照法律规定，城市建成区的土地应当一律归国家所有，对城市建成区内的未经征用的集体所有土地，应当补办征用手续，支付补偿费。[①] 实际上，对上述情形应当分两种情况区别对待：第一，在《土地管理法》实施之前已经属于建成区内的集体所有土地，属于国有化的对象应确权为国家所有，而不是征用的对象。第二，在《土地管理法》实施之后，因城市市区扩大而进入建成区的集体所有土地，属于征用的对象应办理征用手续，补发征地补偿费。

二是城市市区以外的国有土地。法律对城市市区以外的国有土地，也有明确规定。在实务中，经常出现城市市区之外的国有土地和集体土地的界定问题，根据《土地管理法》第 8 条的规定，除法律规定属于国家所有之外，其他均归农民集体所有。换言之，除了《土地管理法实施条例》第 2 条规定的 5 种情形之外，其他的土地均归农民集体所有。从新中国成立后的实际情形看，对于城市市区以外的荒地、空地的开发和利用的主体主要是农村集体组织或者农民。

（3）土地所有权行使方式的独特性。土地所有权的行使方式不同于一般的所有权，国家是一个政治上的实体，无法直接行使土地的所有权。根据《土地管理法》第 2 条规定，由国务院代表国家行使土地国家所有权。实际上，国务院也无法直接行使土地国家所有权，而是由省、市、县人民政府代表国家行使土地所有权。[②] 但关于地方政府行使土地国家所有权，存在两个问题：一是地方政府是否有权行使土地国家所有权；二是哪一级地方政府可以行使土地国家所有权。对于以上两个问题，学界虽有争议，但其现实意义不大。在实务中，对土地所有权的行使却很少产生疑问。司法实践产生的问题是，是由地方政府还是土地管

---

① 参见王卫国：《中国土地权利研究》，中国政法大学出版社 1997 年版，第 77 页。

② 学界通过授权说来说明地方政府行使土地国家所有权的合法性。“地方政府经中央政府授权，可以代表国家行使所有权……地方政府的行使权不是以所有权代表的资格为基础，而是以所有权代表即中央政府的授权为基础。”王卫国：《中国土地权利研究》，中国政法大学出版社 1997 年版，第 83 页。

理部门作为行使土地国家所有权的主体。根据《土地管理法实施条例》第 22 条的规定,供地方案批准后,由市、县人民政府向建设单位颁发建设用地批准书,但是出让合同的签订当事人是土地管理部门和土地使用权的受让人,合同履行中出现的纠纷通常是由于政府的不作为或者作为的具体行政行为引起的。换言之,土地使用权出让合同的主体是土地管理部门,而土地出让合同的实际履行主体却是地方政府。因地方政府的合同履行行为而导致违约的,土地使用权的受让人是起诉土地管理部门还是地方政府。

土地国家所有权行使主体的多元化,造成了我国土地市场的混乱状态、土地资源的浪费和土地价格的飞涨,对和谐社会的构建和经济的可持续发展产生了严重的不良影响。《土地管理法》所规定的国务院为土地国家所有权主体的唯一代表,仅具有政治象征意义,并无实际的法律意义。

三、土地集体所有权

土地集体所有权,是指集体组织对属于自己的土地依法享有的占有、使用、收益和处分的权利。根据《宪法》第 10 条、《物权法》第 58 条和《土地管理法》第 8 条等法律的规定,农村和城市郊区的土地除法律规定属于国家所有之外,均属集体所有。此外,农村的宅基地、自留地和自留山等也属于集体所有。

我国从西周以来三千多年的历史进程中,农村土地制度经历了三次大的变迁:一是战国时期的井田制向土地私人所有制的变迁;二是 20 世纪 50 年代中期的土地私有制向土地的社会主义公有制的变迁;三是 20 世纪 80 年代初期完成的农地集体经营向以家庭承包经营为主的变迁。

新中国成立后我国农村土地所有权制度的基本模式是集体所有、家庭承包制。这种模式是新中国成立后经历一系列的社会变革逐渐形成的,变革过程大致分为以下四个阶段:

(1) 农民私人土地所有权的确立。以 1950 年的《中华人民共和国土地改革法》为标志,我国建立了农民私人土地所有制,实现了“耕者有其田”,极大地调动了农民的积极性,农村经济得以迅速恢复。

(2) 土地私有制下的统一经营土地制度。这个阶段实行土地农民私有、集体统一经营使用的土地制度。土地改革完成后,农民成了小块私有土地的所有者和耕种者,但由于小农经济自身的局限性,农村经济在经过短暂的恢复后,面临着严峻的挑战。为了应对这个挑战,政府引导农民走合作化的道路,而合作化道路先后经历了互助组与初级农业合作社两个发展过程。

(3) 土地集体所有权的确立。这个阶段完成了农民私有、集体统一经营使用的土地制度向集体所有统一经营使用土地制度的转变。1956 年的《高级农业生产合作社示范章程》,标志着土地私有制向集体所有制的转变。在高级农业合作社里,土地集体所有,集体经营。1958年开始的人民公社化运动,土地所有权仍然属于集体所有,但集体所有权的主体发生了变化,1962年的《人民公社条例》和《关于改变农村人民公社基本核算单位问题的指示》,确立了"三级所有,队为基础"的体制,最终将土地私有制改造成为农村集体所有制。在实行这种土地制度期间,土地所有权和使用权高度集中,土地不能出租、买卖。

(4) 家庭承包经营制的确立。这个阶段实行农村土地集体所有,家庭承包经营使用的土地制度。1978年的十一届三中全会之后,农村推行土地所有权承包经营制,实现了农村集体土地所有权与经营权的分离,扩大了农民经营自主权。[①] 1986年的《民法通则》、1993年的《农业法》第10条和1998年的《土地管理法》第14条等确认了土地承包经营权的法律地位,2002年的《农村土地承包法》第3条和第4条进一步肯定了土地承包经营权制度和家庭承包经营权,强调了承包关系的稳定性。

集体土地所有权的主体虚位,是现行集体土地所有权的缺陷。《宪法》、《民法通则》、《物权法》以及《土地管理法》都规定了农村土地属于集体所有,但对农村集体土地所有权的主体,立法和实践中都不明确。根据法律规定,农村集体土地所有权的主体是乡农民集体、村农民集体和村民小组农民集体,但存在三个方面的问题:

(1) 乡农民集体经济组织事实上并不存在。政社合一的体制废除后,无论是法律规定还是事实上都不存在所谓的乡农民合作社,不存在代表乡农民集体的组织或者机构作为农村集体土地所有权的主体。法律规定的乡农民集体所有,实际上成为无人所有。乡镇政府作为基层国家行政机关,在法律上不可能成为集体土地的主体。由于集体所有制土地存在无人所有现象,使乡镇政府对土地的管理职能与所有权合二为一,集体土地事实上成了国有土地。

(2) 村民委员会不能作为农村土地所有权的主体。村民委员会不是农村集体经济组织,而是农村群众性自治组织[②],即村民自我管理、自我教育、自我服务的基层群众性自治组织。因此,村民委员会不能成为农村集体土地的主体。

(3) 村民小组不是农村土地所有权的主体。村民小组,是乡村社会的生活

① 我国农村集体所有的土地主要是供农民维持其生存的,只有农村集体组织的成员才有权使用集体所有的土地。因此,农民对农村集体所有土地的使用权具有大陆法系传统民法中人役权的性质。

② 1980年广西宜山、罗城两县的农民自发地组成了一种准政权性质的群众自治组织即村民委员会,标志着人民公社化以来的生产大队的行政管理体制开始解体。此后,河北、四川等省农村也出现了类似的群众性组织,并越来越向经济、政治、文化等方面扩展。1982年《宪法》确认了村民委员会的法律地位,为村民自治提供了法律依据。

单位,也是乡村社会的最基层组织,是村民自治组织的重要组成部分。[①] 村民小组是一个松散的村民内部组织,并不具有权利主体资格,因而不能成为集体土地所有权的主体。

在主体虚位的情形下,集体土地所有权制度存在两个方面的缺陷和不足[②]:一是少数干部凭借集体土地所有权,任意摊派,加重农民负担;任意处分土地,造成土地流失;以权谋私,丧失土地使用分配上的公正性。二是土地名义上是集体所有权,实际上是少数人专有,随意撕毁承包合同,随意干涉农地经营,甚至私自卖地,滥用权利侵害农民的合法权益。鉴于这些问题的存在,为保护农村土地和农民的合法权益,学界提出了四个方面的改革措施:一是取消集体土地所有权,实行农村土地国有化;二是取消集体土地所有权,实行农村土地私有化;三是部分取消集体土地所有权,实行农村土地的国家所有、集体所有和农民私人所有三者并存或者集体所有和农民私人所有二者并存;四是保留集体土地所有权,实行农村土地使用制度的改革。[③] 我国农村土地制度的变革,应当承认和保护农民的既得利益,维护农村的社会稳定,逐步推行,分步到位。

四、土地所有权与土地使用权的分离制度

土地所有权具有占有、使用、收益和处分四项基本权能。换言之,土地所有权人依法享有对土地的占有、使用、收益和处分的权利。[④] 土地占有权、土地使用权、土地收益权和土地处分权,既可与所有权合为一体,也可与所有权分离。土地使用权是从土地所有权派生出来的,是土地所有权的一个权能。但与传统物权法理论不同,土地使用权与土地所有权相分离不是暂时性的。土地使用权与土地所有权一旦分离,便摆脱了所有权的束缚,与所有权处于分离状态。[⑤] 在传统物权法理论中,使用权与所有权分离,使用权并不包含任何处分权能,也不

---

① 村民小组(即原生产队),在人民公社解体以后,农村基层自治组织——村划分的行政编组。村民小组是乡村的农业区最基层的行政编组,直接管辖的对象为农户。村民小组在新中国成立以后各个时期对应的农村农业区最基层的行政编组或作业单位有土地改革至大跃进以前为“农业合作社”(即初级农业社)、人民公社时期为“生产队”、家庭联产承包责任制以后为“村民小组”。村民小组可以分别由几户、十几户或几十户组成,人口稀疏的西部地区可以由数户至几十户的差异,人口密度高的中部、东南沿海地区多以30—50户为主,多则近百户。村民小组按居住地区划分,全国多数地区均在原来的人民公社时期的生产大队所辖的“生产队”一级设村民小组;多以自然地形分别设立村民小组,有些大的自然村落分设几个村民小组。

② 参见王卫国:《中国土地权利研究》,中国政法大学出版社1997年版,第96页。

③ 同上书,第104—110页。

④ 土地所有权人对土地的占有权,是指对土地实际控制的权利。使用权,是指利用土地的价值以及实际利用土地的权利。收益权,是指通过对土地的利用而产生利益的获取权。处分权,是指对土地以流转、抵押等方式处置的权利。

⑤ 根据《物权法》第149条的规定,住宅建设用地使用权期限为70年,期间届满的自动续期。实际上,住宅类的建设用地使用权是无期限的。

能独立存在，而是依附于所有权而存在。在我国的土地制度中，土地使用权与土地所有权分离之后，土地使用权便成为独立的物权，而且土地使用权人享有对土地使用权占有、使用、收益和处分的权利，即同时享有所有权的四个权能。土地使用权的性质类似于所有权，土地使用权人不仅享有占有、使用和收益的权利，而且还享有处分的权利。根据《物权法》第143条的规定，土地使用权人可以对建设用地使用权进行转让、互换、出资、赠与或者抵押等。正是土地使用权的独立性，才使土地使用权的流转成为可能，从而使我国的土地资源可以通过市场的方式实现合理配置。

我国实行土地所有权与土地使用权相分离的制度，虽然在法学理论上还有待于进一步的探讨，但在实践中，已经成为我国土地法律制度的客观现实。

第二节 土地权利与房屋所有权

土地，是指地球陆地的表层，由砂土、岩石、水等组成的地球的表面而能够为人类所支配。土地权利的空间范围应包括一定深度的陆地表层及其一定高度的空气空间。房屋，是指有一定面积空间的利用，在地上地下所建造的构筑物。在自然属性上，房屋是不能离开土地而独自存在的，但在法律上，对土地和房屋的权利是否可以分开、土地和房屋是否可以作为相互独立的不动产，世界各国有“一元主义”和“二元主义”两种不同的立法体例：

(1) 房地产权合一的“一元主义”立法例。房屋总是建立在特定的土地之上，土地之上一旦建造了房屋，对土地的占有和使用，即表现为对房屋的占有和使用。房屋和土地的不可分性，决定了房屋所有权与土地权利的密切联系。罗马法上有“地上物属于土地”的附合原则，地上的建筑物不得单独为所有权的标的，只能与土地为一体而归属于土地所有人。德国、瑞士民法是“一元主义”立法例的代表，认为建筑物是土地的一部分，不能成为独立的不动产。[①]

(2) 房地产权分离的“二元主义”立法例。日本民法是“二元主义”立法例的代表，认为土地和房屋均为独立的不动产，房屋可以独立于土地而存在，而不是附着于土地的财产。土地与房屋可以发生法律上的分离，即土地的权利与房屋的权利可以相互独立地进行交易，可以相互独立地移转并设定抵押权等权

---

① 《德国民法典》第94条规定：“土地的重要构成部分为定着于土地之物，特别是建筑物及与土地尚未分离的土地出产物。”

《瑞士民法典》第642条规定：“所有人对该物的组成部分享有所有权。物的组成部分系一切依地方习惯组成该物的、非经破坏、损害或者变更不能分离的部分。”

利。[①] 在土地和房屋各自独立的立法中,土地和建筑物之间有以下四种法律关系:一是土地和地上地下房屋同一性质的财产权利,可以依法分别由两个以上法律关系主体享有;二是彼此相连接的分别由两个以上法律关系主体享有的土地和房屋的当事人之间,通常以地上权关系明确相互之间的权利义务;三是土地和房屋的权利可以分别转让和抵押;四是在土地或者房屋应分别转让由第三人获得时,第三人依法承受出让人和相对应的土地或者建筑物之间的地上权关系。

我国房地产权的立法例,有两个层面的问题:一是土地所有权与房屋所有权的关系;二是土地使用权与房屋所有权的关系。我国实行土地公有制,即土地所有权归国家和集体所有,任何法人和自然人不得享有土地所有权。法人和自然人享有房屋的所有权,而没有土地所有权。房屋所有权独立于土地所有权存在,房屋所有权可以独立于土地所有权而单独进行交易。因此,在土地所有权与房屋所有权关系上,我国属于房地产权分离的二元制立法例。

但是,从我国实际出发,土地与房屋的权利关系,应当是指土地使用权与房屋所有权关系,而不是土地所有权与房屋所有权关系。1949 年新中国成立后,我国逐步形成了"城市土地国家所有,农村和市郊土地集体所有"的土地公有制。在计划经济时代,所有权和使用权不相分离以及土地无偿无期限使用和土地权利非市场化的制度。1988 年修订的《宪法》和《土地管理法》突破了原有的制度,承认了土地出租和土地使用权转让,并创设了国有土地有偿使用制度。1990 年的《城镇国有土地使用权出让和转让暂行条例》对城镇国有土地使用权出让和转让作出了一系列规定,从而构建了在土地公有制基础上的土地使用权制度,承认土地使用权是一种相对独立的财产权,而且可以按照法律规定进入市场。2002 年的《招标拍卖挂牌出让国有土地使用权规定》和《招标拍卖挂牌出让国有土地使用权规范》规定的国有土地使用权的出让程序和方法,建立和完善了土地市场机制,发挥市场配置资源的基础性作用,提高了土地利用效率;节约集约用地,优化了土地利用结构,促进了经济增长方式的转变和产业结构的优化升级。

在我国的法律体系中,一方面法律规定房屋所有权和土地使用权是两种相互独立的权利,另一方面《城镇国有土地使用权出让和转让暂行条例》第 23 条和第 24 条以及《城市房地产管理法》第 32 条又规定房屋所有权和土地使用权必须同时转让。《物权法》第 146 条、第 147 条、第 182 条和第 183 条不仅沿袭了先前的法律规定,而且规定得较为全面。土地使用权转让或者抵押时,土地上的

---

① "构造上得独立登记之建筑物以及依权原使附着于土地之定着物,例如地上权人永佃权人租赁权人,在他人土地所有建筑物或其他定着物,为独立的不动产。"史尚宽:《民法总论》,中国政法大学出版社 2000 年版,第 257 页。

房屋所有权随之转让或者抵押,而不能仅仅转让或者抵押土地使用权。土地使用权人转让地上的房屋的,该房屋使用范围内的土地使用权也随之转让。在土地使用权与房屋所有权关系上,我国采取了房地产权合一的"一元主义"立法例,即房屋所有权人与土地使用权人两者合一的原则。这个原则的通俗表述为《物权法》第146条的"房随地走"或者《物权法》第147条的"地随房走"。房屋所有权人与土地使用权人的一致性原则,必然要求转让房屋所有权时也必须转让土地使用权,转让土地使用权时也必须转让其上房屋的所有权。土地使用权和房屋所有权总是属于同一个人,实际上排除了房屋为非土地使用权人所有的情形。

土地使用权和房屋所有权的主体一致性的合理性在于房屋和土地的天然不可分性,没有土地就不可能有房屋,而房屋必须建在土地之上。土地使用权和房屋所有权主体的一致性,能够最大限度地避免产生各种纠纷。在土地使用权和房屋所有权主体不一致的情形下,土地使用权人可能要求房屋所有权人拆除房屋,而房屋所有权人则可能禁止土地使用权人使用土地,其结果是土地使用权人和房屋所有权人均难以行使权利,从而造成了资源的浪费。再者,从交易领域看,在土地使用权和房屋所有权主体分离的情形下,由于房屋所有权人不享有土地使用权,房屋所有权本身是一种不完整的所有权;土地使用权人如果不享有房屋的所有权,其权利本身也是不完整的,并不具有土地使用权的完整价值。在土地使用权和房屋所有权主体不一致的情形下,土地使用权和房屋所有权均难以进入流通流域进行交易,因而对交易构成巨大的障碍。[①]

第三节 建筑物的区分所有权

一、建筑物区分所有权的基本理论

(一)建筑物区分所有权的历史沿革

建筑物区分所有权,世界各国的立法例不尽相同、称谓不一,但实质内容基本相同。原始社会的生产力水平低下,人们穴居巢洞,没有形成建筑物区分所有权观念的社会经济条件。建筑物区分所有权观念的萌芽于奴隶社会。伴随生产

---

① 王利明先生则持相反的观点,认为:"在现代社会,随着经济的发展和对资源利用效率的提高,土地之上和地下可以作各种不同用途的利用,各种空间的利用权也获得法律确认,尤其是土地之上房屋的多层性、单元性以及分层分单元的让与特征使其权利结构呈现出极为复杂的状态。这样,单纯从土地权利或房屋权利角度,是不可能解释各种权利和利用状态的。如果要求房屋所有权和土地使用权在任何形式交易中都必须同一的,即只能作为一项交易的财产对待,不利于对不动产及其权利的有效率的利用,也不利于充分鼓励交易,促进社会财富的增长。"王利明:《物权法研究》,中国人民大学出版社1998年版,第319页。

和交换的发展，奴隶社会的人口不断集聚于城市，城市的形成又进一步促进了生产和交换的发展。大约在公元前两千年的古巴比伦王国，产生了与现代区分所有建筑物相似的建筑物形态，标志着建筑物区分所有权的萌芽。由于罗马法贯彻“一物一权”原则，特别是确认所谓“建筑物所有权属于建筑物所附着之土地所有人”或者“地上物属土地所有人”的原则，因而在罗马法中并不存在建筑物的区分所有权观念。中世纪的日耳曼法，逐步形成了建筑物区分所有权的观念。[①]

区分所有建筑物的出现，起源于19世纪工业革命之后的城市化运动。工业革命带来的生产力的不断提高吸引了大批的劳动人口涌向城市，旧式城市的布局已无法容纳高速增长的新增人口，出现了“住宅缺失”的现象。区分所有建筑物在同一面积的土地上比传统的建筑能容纳更多的人，极大地提高了土地的利用效率，区分所有建筑物满足了时代的需要。在现代社会，城市人口的日趋庞大和建筑材料及建筑技术的进步，促使建筑物向高层化发展，居住在同一栋建筑物的区分所有人也相应增多，从而形成了多个业主共同使用同一楼宇的现象，与此相关的楼宇管理问题也日益凸现，建筑物区分所有权法律制度便应运而生。1804年《法国民法典》第664条的规定[②]，创设了建筑物区分所有权制度。人类进入20世纪，在经历了两次世界大战的浩劫之后，一方面大量的建筑物遭到了破坏，人们流离失所；另一方面城市人口激增，导致住宅问题尖锐化。这个时期的科学技术的进步，使建筑物的纵向发展成为现实，从而解决了住宅问题，缓解了社会矛盾。世界各国加紧了区分所有的立法，1938年法国的《有关区分各阶层不动产共有之法律》废除了《法国民法典》第664条的规定，该法在1965年和1967年两次被修订，修订后称为《住宅分层所有权法》。瑞士在民法典颁布之前，习惯法已经承认建筑物区分所有权，但是民法典由于受到罗马法的影响，没有承认区分所有权制度。1963年，瑞士通过修订民法典的方式确认区分所有权制度。建筑物区分所有制度解决了日益复杂的高层建筑物所有权法律关系，在《法国民法典》的影响下，意大利、葡萄牙、西班牙、瑞士以及我国台湾地区民法等先后建立了建筑物区分所有权制度。

我国长期以来实行城市房屋的公有制，房屋所有权归国家或者集体所有，没有产生建筑物区分所有权制度的可能。20世纪80年代末，我国开始了住宅的商品化，出现了建筑物区分所有问题。1989年建设部的《城市异产毗连房屋管

---

① 参见梁慧星主编：《中国物权法研究》（上册），法律出版社1998年版，第369页。

② 《法国民法典》第664条规定：“一座房屋的数层楼分属于数个所有人时，如所有权契据中未规定修缮或者重建的办法，修缮或者重建应依下列规定办理：大墙及屋顶，由全体所有权人，各按照其所有某层楼价值比率，分担费用。每层楼的所有人各负责修建其在上面步行的地板。一层楼的所有人负责修建上升二层楼的楼梯，并依次类推。”

理规定》[①],承认了建筑物的区分所有权。进入21世纪,我国全面推行住宅商品化,建筑物区分所有问题日渐凸现,为确认产权、调整权利主体之间的关系,构建和谐社会,迫切需要构建建筑物区分所有权制度。2003年的《物业管理条例》仅规定了物业管理问题,对建筑物的区分所有权没有作出相应的规定,在《物权法》颁布之前,我国法律没有规定建筑物区分所有权制度。《物权法》第六章规定了业主的建筑物区分所有权,从而建立了建筑物区分所有权制度。

(二)建筑物区分所有权的概念

建筑物区分所有权制度最早起源于《法国民法典》,后来逐渐为大陆法系的物权立法所确立。关于建筑物区分所有权的概念,形成了以下几种学说:

(1)一元论说。一元论说是法国学者为解释《法国民法典》第664条提出的,有专有说与共有说之分。专有说认为,建筑物区分所有权是指区分所有人对其专有部分的所有权。[②] 日本的《建筑物区分所有权法》以及我国台湾地区的《土地登记规则》采纳了专有说。共有说认为,区分所有建筑物整体由全体区分所有权人所共有。《瑞士民法典》采纳了共有说。一元说的缺陷在于要么强调专有所有权,要么强调共有所有权,没有充分说明专有所有权与共有所有权共同构成建筑物区分所有权制度的主要内容,不利于区分所有权的圆满实现。

(2)二元论说。二元论说是法国学者针对一元论说的缺陷而提出的补正性观点,认为建筑物区分所有权是由对专有部分的所有权和共用部分的所有权所构成的一项权利。建筑物区分所有权,是指两个或者两个以上人区分所有某一建筑物时,各所有人对独自占有、使用的部分享有专有所有权,并对全体所有人共同使用或者两个或者两个以上所有人之间共同使用的部分享有共有所有权的一种复合物权。[③] 1965年法国的《住宅分层所有权法》、我国台湾地区民法以及我国有关行政法规[④]采纳了这种"二元论说"。但是,这种学说忽视了基于建筑物区分所有权人之间的团体关系产生的成员权,是建筑物区分所有权的一项权能。建筑物区分所有权的产生,是基于两个或者两个以上的人对某一建筑物区

① 该规定属于部门规章而不是法律,效力等级低,而且其本身规定极不完整,规定不是为了确定业主的权利,而是为了房屋的管理。此后发布的《城镇房屋所有权登记暂行办法》和《城市房屋产权产籍管理暂行办法》并未确认建筑物所有人的登记问题。

② "数人区分一建筑物而各有其一部分者,谓之区分所有权。"史尚宽:《物权法论》,中国政法大学出版社2000年版,第120页。

③ "区分所有,不论其区分之为纵为横,其所有权之行使,仅能及于所有之部分,而不能达于全部,此点与独有有异,但区分所有不无共有部分,例如楼梯、墙壁、走廊、厕所等在法律上辄推定为其为共有(亦称互有),从而与共有各区分所有人权利义务之所及,此点与独有异,而与共有同,可见区分所有,其所有权之范围,实与一般之情形有所差异也。"郑玉波:《民法物权》(第15版),三民书局1992年版,第76—77页。

④ 1989年建设部发布的《城市异产毗连房屋管理规定》第2条规定:"本规定适用于城市(指直辖市、市、建制镇,下同)内的界产毗连房屋。本规定所称异产毗连房屋,系指结构相连或具有共有、共用设备和附属建筑,而为不同所有人所共有的房屋。"

分所有。在区分所有建筑物上，建筑物区分所有权人相互间的关系极为密切，各建筑物区分所有权人在行使专有部分权利时，不得妨碍其他建筑物区分所有权人对专有部分的使用，不得违反全体建筑物区分所有权人的共同利益，从而在各建筑物区分所有权人之间形成了一种共同利益关系。这种共同利益关系的维护，需要由全体建筑物区分所有权人形成区分所有权人团体，由该团体直接管理或者委托其他机构管理区分所有建筑物的共同事务，保障了建筑物区分所有权人对专有部分所有权和共用部分所有权的享有。因此，成员权是建筑物区分所有权不可分割的构成部分。

（3）三元论说。三元论说，又称为"最广义建筑物区分所有权说"，是由德国的贝尔曼（J. Barmann）提出的。三元论说认为，被区分的各空间所有权是"特别所有权"（Sondereigentum）、共用部分的所有权是"共有权"（Miteigentum）以及以各区分所有人之间形成的权利是"社员权"（Mitgliedschaftsrecht），三个要素构成了建筑物的区分所有权。1951 年的德国《住宅所有权法》采纳了三元论说，专有权、共有权以及成员权是建筑物区分所有权的有机构成部分，这三种权利是一个有机整体，不得分割处分或者继承。《物权法》第 70 条采纳了三元论说，建筑物区分所有权由专有部分所有权即专有权、共有部分所有权即共有权和包含共同管理权的成员权构成。

三元论说全面说明了建筑物区分所有权的有机构成部分，克服了一元论说与二元论说的局限性，反映了建筑物区分所有权的本质特征，包容了因区分所有建筑物而产生的所有法律关系，调和了建筑物区分所有权个人与团体之间的矛盾与冲突，维护了全体建筑物区分所有人的共同利益。

建筑物区分所有权是一种复合性的不动产权利，不同于以单一的特定物为客体的一般不动产所有权。一方面，建筑物区分所有人对特定的专有部分享有单独的所有权，这种所有权与一般的所有权不存在任何差异；另一方面，建筑物区分所有人还对共用的走廊、楼梯、屋顶等建筑物部分享有共有的权利。此外，全体建筑物区分所有权人因共有关系而形成的成员权。建筑物区分所有权与普通不动产所有权的性质存在差异，既具有普通不动产所有权的特点，又具有共同所有权的特点。但是，建筑物区分所有权与传统物权法上的共有存在差异，在传统的共有理论之中，共有只分为按份共有和共同共有。建筑物区分所有则是整个建筑物的按份共有、共同使用部分的共同共有[①]以及专有使用部分的专有。因此，既不是按份共有，也不是共同共有，而是按份共有、共同共有和专有的混合。

---

① 例如，楼梯、走廊、电梯、绿地等其他公用设施，全体区分所有人对其享有共同共有的权利，而不是按份共有的权利。

专有部分的专有所有权是建筑物区分所有权的基础，共有权和成员权的享有是以建筑物区分所有权为基础的。实际上，区分所有建筑物在物理结构上既然由专有部分和共用的走廊、楼梯及屋顶等部分组成，建筑物区分所有人所拥有的权利不应被限制在专有部分，建筑物区分所有权自然延伸到共用部分。然而，建筑物区分所有人在享有对专有部分和共用部分的权利之外，还拥有因共有关系而产生的成员权。综上所述，建筑物区分所有权，是指由专有所有权、共有所有权及因共同关系而形成的成员权共同构成的不动产权利。

二、专有所有权

专有所有权，指建筑物的区分所有人对建筑物的专有部分所享有的占有、使用和收益的权利。《物权法》第 71 条规定了建筑物区分所有权中的专有所有权。最高人民法院的司法解释规定了建筑物区分所有权的专有部分区分的标准和范围。①

建筑物的专有部分应当具有构造上的独立性和使用上的独立性。构造上的独立性，是指建筑物的专有部分与其他专有部分或者共用部分由墙壁、天花板、地板等完全分隔开来，形成一个独立的空间。独立性的标准应以一般的社会观念来确定。使用上的独立性，则指建筑物的专有部分具有满足区分所有人社会经济生活需要的功能，以能否单独使用及有无独立的经济效用为判断标准，并以区分的明确性、间隔性、通行直接性、专用设备的存在及共用设备的不存在为依据。

专有所有权是一种所有权，区分所有人能够在法律限制的范围内对专有部分进行占有、使用、收益和处分。换言之，区分所有人可以自由决定将专有部分用于居住、出租、设定抵押及转让等。然而，专有所有权也像所有权一样受到法律的限制，《物权法》第 71 条规定业主行使专有权不得危及建筑物的安全，不得损害其他业主的合法权益。法律的限制又有私法限制与公法限制之分。私法的限制又可分为权利行使的限制与相邻关系的限制：

(1) 禁止专有所有权的滥用。诚实信用原则是民法的基本原则，权利的行使与义务的履行，均应遵循诚实信用原则。禁止权利的滥用是诚实信用原则派生出来的，任何权利的行使均不应违反公共利益，或者以损害他人为目的。区分

---

① 《关于审理建筑物区分所有权纠纷案件具体应用法律若干问题的解释》第 2 条规定："建筑区划内符合下列条件的房屋，以及车位、摊位等特定空间，应当认定为物权法第六章所称的专有部分：(一) 具有构造上的独立性，能够明确区分；(二) 具有利用上的独立性，可以排他使用；(三) 能够登记成为特定业主所有权的客体。规划上专属于特定房屋，且建设单位销售时已经根据规划列入该特定房屋买卖合同中的露台等，应当认定为物权法第六章所称专有部分的组成部分。本条第一款所称房屋，包括整栋建筑物。"

所有建筑物的专有部分紧密相连，各专有部分的使用都与建筑物的维持及区分所有权人的共同利益紧密相连，如果允许区分所有权人任意处分专有部分，就可能会产生不良影响。例如，对专有部分的不当改造，如拆除承重墙、柱等，会严重威胁建筑物的安全；对专有部分的不当使用，如将居住用的专有部分改为饭店、卡拉 OK 歌舞厅等，会影响他人的环境权、安宁权等。因此，必须对专有所有权的行使进行限制。

（2）相邻关系的限制。因区分所有建筑物的专有部分紧密相连，对某一专有部分的维护和修缮必须借助与其相邻的其他专有部分的使用。按照不动产相邻关系理论，被使用的专有部分的区分所有人必须容忍他人的上述行为。基于公平正义的理念使用他人专有部分的区分所有人，应当对他人受到的损害进行补偿。

对于专有部分范围的确定，学界有空心说、壁心说、墙面说和折中说四种不同的观点：一是空心说。空心说认为，专有部分是由与其他专有部分或者共有部分所共有的墙壁、地板和天花板所构成的空间。二是壁心说。壁心说认为，专有部分是指与其他专有部分或者共有部分所共有的墙壁、天花板和地板等中心线。三是墙面说。墙面说认为，专有部分是指与其他专有部分或者共有部分共有的墙壁、天花板和地板等部分表层粉刷部分。四是折中说。折中说认为，区分所有人对建筑物的维持管理关系上，专有部分仅包括与其他专有部分或者共有部分共有的墙壁、天花板和地板等表层所粉刷部分；在外部关系上，专有部分包括与其他专有部分或者共有部分共有的墙壁、天花板和地板等中心线。① 以上四种学说的分歧在于与其他专有部分或者共有部分共有的墙壁、天花板和地板等是专有部分还是共有部分。实际上，与其他专有部分或者共有部分共有的墙壁、天花板和地板等既是专有财产，又是共有财产。②

三、共有所有权

共有所有权，是指建筑物区分所有权人对区分所有建筑物的共有部分所享有的占有、使用和收益的权利。《物权法》第 72 条规定了建筑物区分所有权中

① 参见王利明：《物权法论》（修订版），中国政法大学出版社 2003 年版，第 365 页。

② 《城市异产毗连房屋管理规定》第 9 条规定：“……（一）共有房屋主体结构中的基础、柱、梁、墙的修缮，由共有房屋所有人按份额比例分担。（二）共有墙体的修缮（包括因结构需要而涉及的相邻部位的修缮），按两侧均分后，再由每侧房屋所有人按份额比例分担……”

的共有所有权,最高人民法院的司法解释明确了共有部分的范围。[①]

共有所有权是指区分所有权人按其专有部分在全部专有部分中所占的比例而对共用部分享有的一种共同所有权,性质上属于按份共有。在按份共有关系中,共有人的份额是确定的;而在区分所有权的共有关系中,区分所有人对建筑物共有部分所有权的份额是不确定的,区分所有人因对建筑物的专有权而产生的共有权,是一种共同共有关系,无法按照专有部分在建筑物中的比例来确定对共有部分的份额。假设按份共有关系确立,结果是区分所有人的专有部分比例大,则对建筑物的过道、电梯等公共部分以及小区的公共部分拥有更多的权利,但事实并非如此。对共有部分的权利不能简单地认为是共同共有,也不能简单地认为按份共有。关于共有部分的性质,学界存在三种观点[②]:

(1)按份共有。专有部分与共有部分是一体的,共同部分的所有权从属于专有部分,应随专有部分所有权的转移而转移。因此,区分所有人对共有部分的共有权应为按份共有。

(2)共同共有。区分所有权的共有部分是无法分割的,区分所有的大门、屋脊、墙壁、公用消防设施、小区绿化等应为区分所有人共同所有。

(3)按照建筑物的形态和分割方式决定共有性质。如果以纵向的分割法来区分建筑物,各个区分所有人之间的结合状态不明确,共有部分应是按份共有;如果以横向分割或者纵向分割方式,各个区分所有人之间的区分状态明确,共有部分应当是共同共有。

世界各国的立法对共有部分的范围、性质没有明确的规定。从区分所有建筑物的构造来看,除专有部分以外的建筑结构均应属于共有部分。共有部分,是指专有部分以外的其他建筑物部分以及不属于专有部分而用以共同使用的附属建筑物。根据《物权法》第73条的规定,共有部分,应当包括公用场所,公用设施,绿地、道路和车位以及物业用房等四个部分:

(1)公用场所。公用场所,是指能够为全体业主共同使用或者利用的地方。专有部分以外的其他部分,如电梯、走廊、屋顶、地下室、广场、门庭、大堂等。

(2)公用设施。公用设施,是指为保障专有部分使用而修建的配套建筑。换言之,公用设施是指不属于专有的附属建筑。附属建筑有建筑物的附属物和建筑物的附属设备两种,前者如排水设备、给水设备、空调设备、防火设备、各种

① 《关于审理建筑物区分所有权纠纷案件具体应用法律若干问题的解释》第3条规定:"除法律、行政法规规定的共有部分外,建筑区划内的以下部分,也应当认定为物权法第六章所称的共有部分:(一)建筑物的基础、承重结构、外墙、屋顶等基本结构部分,通道、楼梯、大堂等公共通行部分,消防、公共照明等附属设施、设备,避难层、设备层或者设备间等结构部分;(二)其他不属于业主专有部分,也不属于市政公用部分或者其他权利人所有的场所及设施等。建筑区划内的土地,依法由业主共同享有建设用地使用权,但属于业主专有的整栋建筑物的规划占地或者城镇公共道路、绿地占地除外。"

② 参见王利明:《物权法论》(修订版),中国政法大学出版社2003年版,第369页。

配管线等;后者如天井、水塔、消防设备、游泳池、停车场、建筑物的照明设备等。

(3) 绿地、道路和车位。根据《物权法》规定,建筑区划内的绿地,属于业主共有,但属于城市公共绿地或者明示属于个人的除外。小区绿地为全体业主共有财产,开发商不享有小区绿地所有权。如果开发商保留绿地所有权,基于自身利益考虑,可能改变绿地用途,从而侵害业主利益。此外,根据《物权法》第74条的规定,小区内未经市政规划的道路和占用业主共有的道路或者其他场地用于停放汽车的车位①,属于全体业主共有。但是,在建筑区划内的规划用于停放汽车的车位、车库的归开发商所有。②

(4) 物业服务用房。物业服务用房,是指物业服务公司为小区物业服务而使用的房屋。物业服务用房应属于全体业主共有。③ 开发商在小区开发时应同时建造物业服务用房,并向全体业主转移物业服务用房所有权。

区分所有建筑物的共有部分,具有从属性和不可分割性两种属性。一是从属性。对共有部分的享有是以对专有部分的享有为前提条件,一旦专有部分所有权发生变更、移转或者消灭,共有部分所有权也相应地发生变更、移转及消灭。二是不可分割性。共有部分不得分割而为各区分所有权人所专有,只能以整体形式供所有区分所有权人共同享有和使用。

区分所有权人作为共有部分共有人,享有对共有部分的使用、收益与处分的权利。对共有部分的使用权是对所有的物进行使用,如走廊用于通行、水塔用于给所有居民供水、小区绿地供业主嬉戏休闲等。但是,这种使用不仅应符合一般的社会正义的观念及不违反强行法的规定,并且应考虑到共用部分的性质而使用,并不得损害其他共有权人的利益。收益权是共有权的一项重要权能。建筑物外墙可用于悬挂广告、停车场车位紧缺等都使共用部分可为区分所有权人带来收益。各区分所有权人基于收益权可以对共有部分所产生的利益享有权利,同时也对建筑物的维护分担费用。按照国外立法例,全体区分所有权人通过设立一个管理基金,由区分所有权人选任的管理委员会或者管理人负责管理,有收益时纳入基金,需维修时则由基金支出费用,各区分所有权人只需定期交纳一定的费用,出让区分所有权时将其在基金中的份额作为出让合同金额的一部分,即可简便而又合理地行使收益权。处分权,是所有权的一项基本权能,包括事实上的处分与法律上的处分。共有部分是维持建筑物功能必不可少的部分,对共有

① 《关于审理建筑物区分所有权纠纷案件具体应用法律若干问题的解释》第6条规定:"建筑区划内在规划用于停放汽车的车位之外,占用业主共有道路或者其他场地增设的车位,应当认定为物权法第74条第3款所称的车位。"

② 在《物权法》颁布之前,司法实践中有判决直接认定车库归建筑物区分所有权人即全体业主共有,如南京星汉花园一案;但是大多数判决驳回了业主的诉讼请求,如武汉卓刀泉南路南苑花园案、北京华清嘉园案等。关于车库的权属,主要有分摊说、成本说和公共设施说三种学说。

③ 《物权法》第73条规定:"……建筑区划内的……物业服务用房,属于业主共有。"

部分的事实上的处分不得损害其用途以及建筑物的维持。世界各国区分所有权法大多规定,各区分所有权人有权在不损害建筑物共有部分用途的情况下对其进行修缮与改良。对共用部分法律上的处分,则因共用部分的从属性,应随专有部分的转让而转让。

各区分所有权人作为共用部分所有人的义务,区分所有权人不仅须依共用部分的性质对其进行使用并承担共同费用和负担,而且因共用部分对于区分所有建筑物的维持至关重要,区分所有权人还须依照共同制定的管理规约的内容行使其共用部分所有权。

四、成员权

成员权,是指建筑物的区分所有权人作为区分所有建筑物的管理团体的社员而享有的权利。建筑物区分所有权与其他所有权不同之处,除了对专有部分和共用部分享有所有权之外,还享有成员权。[①]

区分所有建筑物是为了解决城市土地的匮乏而使多人共同居住于一栋楼房,借以提高土地的利用效率。多人共同居住于一栋建筑物,所有人的权利对象限于区分所有建筑物的专有部分及共用部分,但是建筑物的安全与安宁是他们行使所有权的基础,从而全体区分所有权人形成一个共同体,按照全体所有权人的意思对建筑物进行管理,包括对物管理和对人管理。对物管理,是指对建筑物、基地及附属设施的保存、改良、利用以及处分等管理。对人管理,是指对各区分所有权人之间的共同关系所进行的管理,包括对建筑物不当毁损行为的管理,对建筑物不当使用行为的管理及对生活妨害行为的管理等。这个共同体实质上是一种由区分所有权人为维持建筑物的安全及安宁而组成的管理团体。每个区分所有权人可以行使表决权、管理规约制定权、选举和罢免管理人的权利及请求权,同时负有执行管理团体会议作出的决议、遵守管理规约和接受管理者管理的义务。

基于对建筑物的安全与安宁的维护,全体区分所有权人组成一个管理团体——区分所有权人会议,每个区分所有权人都是会议中的一员,并按其专有部分所占比例在会议中享有相应的表决权。[②] 根据世界各国的立法例规定,人数较多的区分所有权人会议也可以推选出管理委员会作为日常管理机构。对于建筑物的日常管理和维持,都由区分所有权人会议或者管理委员会按照管理规约具体执行。

---

① 《物权法》第 70 条规定:"……对专有部分以外的共有部分享有共有和共同管理的权利。"

② 《物权法》第 76 条规定:"……决定前款第五项和第六项规定的事项,应当经专有部分占建筑物总面积 2/3 以上的业主且占总人数 2/3 以上的业主同意。决定前款其他事项,应当经专有部分占建筑物总面积过半数的业主且占总人数过半数的业主同意。"

关于管理团体性质,即区分所有权人会议是否具有法人资格,存在不同的立法例。德国《住宅所有权法》采取否定说,认为区分所有权人会议不具有法人资格。区分所有权人会议是没有权利能力的社团,当然不具有法人资格,权利义务的最终归属仍然归属于单独的区分所有权人。法国《住宅分层所有权法》则采取肯定说,承认区分所有权人会议具有法人资格。日本《建筑物区分所有权法》则采取折中说,认为30人以上的区分所有权人组成的管理团体经3/4以上人数及表决权形成的多数决同意,可申请登记为法人。区分所有权人会议具有法人资格的规定,使区分所有权人会议对外成为独立的权利主体,享有权利,承担义务;对内以自治规约处理区分所有权人之间的关系,则使有关建筑物区分所有权的法律关系更加清晰,易于操作。我国的立法应承认管理团体具有法人资格。

管理规约,是规范区分所有建筑物的管理、使用等的自治性规则。根据私法自治原则,在不违反强行法规范及公序良俗原则的前提下,规约的内容可根据区分所有权人的共同意思自由订立。管理规约规制的事项,包含四个方面的内容:一是关于区分所有权人的基础法律关系的事项;二是关于区分所有权人之间共同事务的事项;三是调整有关区分所有权人间利害关系的事项;四是对违反义务者予以处罚的事项。管理规约为区分所有权人管理团体的最高自治规则,区分所有权人会议或者管理委员会的决议均不得与之相抵触。

管理基金,是由区分所有权人出资组成的,并归区分所有权人会议或者管理委员会管理的资金。管理基金用于建筑物的修缮和改良,如果法律承认管理团体的法人资格,则管理基金可作为管理团体活动的基础;在不承认管理团体的人格时,区分所有权人也只需对该基金无法支付的债务分担责任;对于建筑物的共同收益,也由管理基金统一管理。

五、建筑物区分所有权的种类

根据世界各国立法和实务,建筑物区分所有权有纵割式建筑物区分所有权、横割式建筑物区分所有权和混合式建筑物区分所有权等三种形式:

(1)纵割式建筑物区分所有权。纵割式建筑物区分所有权,是指在纵割式区分所有建筑物上所成立的区分所有权。纵割式区分所有建筑物是指将一般连栋式和双并式等分间所有的建筑物纵切为数户的建筑物。这种形态的区分所有建筑物,各区分所有人之间的共用部分极为简单,除共同壁、梁、柱外,屋顶、楼梯、外廊都是分开的,外围壁、基地等均以境界壁为界,分属于各专有部分。纵割式区分所有建筑物与一般独门独院的单独所有的建筑物,几乎没有什么区别,其纵割式区分所有权与一般单独所有权,也没有多大的区别,其区分所有权特有的问题较少,因而这种类型的区分所有权不是建筑物区分所有权的研究重点。

(2)横割式建筑物区分所有权。横割式建筑物区分所有权,是指在横割式区分所有建筑物上所成立的区分所有权。横割式区分所有建筑物是指上下横切分层所有的建筑物。例如,将一栋四层楼的建筑物,上下横切为四层,分别为甲、乙、丙、丁四人所有。这种形态的区分所有建筑物,其区分所有人之间的共有部分,除共同壁、梁、柱外,尚有共同的屋顶、楼梯、走廊、外围壁等,其横割式建筑物区分所有权完全不同于一般的所有权,是建筑物区分所有权的研究重点之一。

(3) 混合式建筑物区分所有权。混合式建筑物区分所有权,是指在纵横分割式区分所有建筑物上所成立的区分所有权。纵横分割区分所有建筑物是指上下横切、左右纵割分套(单元)所有的建筑物。例如,将一栋四层楼的建筑物上下切为四层后,再以左右纵割为一套套的套房,我国称为单元。这是区分所有建筑物最常见的形态,是现代公寓大厦的基本区分形态。这种形式的区分所有建筑物的共同部分与横割式区分所有建筑物相同,在其上成立的混合建筑区分所有权,是建筑物区分所有权的研究重点。

建筑物区分所有权类型区分的意义,表现在以下三个方面:

(1) 反映建筑物区分所有权的实质。在纵横分割式区分所有权中,区分所有人之间的共有关系极为简单,而横割式和纵横分割式区分所有权中区分所有人之间的共有关系十分复杂。横割式和纵横分割式的建筑物区分所有权能够反映建筑物区分所有权的本质特征。纵割建筑物区分所有权,除共同壁、梁、柱外,与一般所有权并没有差异,应排除在建筑物区分所有权之外。

(2) 规范建筑物区分所有的共有部分和共同关系。在纵割式建筑物区分所有权下,共有部分按一定标准分属于各个所有人,他们之间并无密切的共同关系,不发生管理团体的成员权问题。在横割式和纵横分割式建筑物区分所有权下,基于维持区分所有权的需要,对建筑物的共有部分无法分割,各个区分所有人对共有部分享有共有权;基于对建筑物的管理、维护和修缮,区分所有权人之间形成了管理团体的成员权。

(3) 指导建筑物区分所有权的立法。由于建筑物区分所有权具有纵割式、横割式及混合式区分所有权三种类型,而后两者是建筑物区分所有权的重点。世界各国有两个不同的立法例:一是对三种类型的区分所有权进行统一立法。例如,法国的《住宅分层所有权法》和日本的《建筑物区分所有权法》。二是仅对横割型和混合型区分所有权进行立法。例如,德国的《住宅所有权法》。然而,从现代各国有关建筑物区分所有权立法的最新发展趋势来看,横割式和混合式区分所有权,仍然是立法的重点,也是我国立法、司法和学说理论的重点所在。

第四节 不动产相邻关系

一、不动产相邻关系的概念及意义

不动产相邻关系,简称相邻关系①,是指两个或者两个以上相互毗邻的不动产所有人或者使用人之间,一方在行使所有权或者使用权时,根据法律规定有权要求另一方提供便利或者接受限制,调和不动产所有人或者使用权人之间的利益冲突,以平衡不动产所有权或者使用权人的利益关系。相邻关系是不动产相邻的各方因行使所有权或者使用权而产生的权利义务关系,是所有权的扩大或者限制,是物权法的一项重要制度。由于民法是权利法,相邻关系又称为"相邻权"。但是,由于相邻关系制度的目的在于平衡不动产相邻各方当事人之间的利益关系,调和其利害冲突,因而"相邻关系"比"相邻权"更能准确地表述相邻关系制度的目的,体现相邻关系制度的价值。在大陆法系各国民法典中,相邻关系调整土地通行关系、流水与排水关系、越界建筑物问题、建筑物的通风与日照妨碍以及煤气、噪音、震动、臭气等不可量物侵害等。

传统的相邻关系是以不动产的相互毗邻为前提而存在的,而现代相邻关系的侵害主要是噪音、震动、大气污染、水污染、恶臭等不可量物对相邻方的侵害,这种侵害不再仅仅限于相毗邻,而包含了毗邻和邻近以及通过媒介(即流水、空气等物)而产生相邻三种含义。现代相邻关系则不一定是严格的土地的连接,而主要是基于环境的生物性、地理上的整体性、生态的连锁性和环境影响的广泛性而发生的更大范围的"相邻"。这种"相邻"意味着只要他人不动产的使用对自己不动产的使用产生影响,或者说对本人不动产的使用影响到他人不动产使用的整个辐射面积和空间,都可称为"相邻"。在现代社会中,由于不可称量物质的大量侵害的涌现,如果固守原始的相邻观念,将给人们日常纠纷的解决造成十分不便。因此,有必要扩展"相邻"的内涵。

相邻关系制度起源于古代罗马法。古罗马时代,最早出现了作为土地所有权限制的相邻关系制度——禁止权利滥用,即"凡行使权利不得以侵害他人权

---

① "相邻",在法律上并没有一个统一的概念。传统民法以"相互毗连的不动产"为限。例如,"相邻接的不动产所有人间"。史尚宽:《物权法论》,中国政法大学出版社 2000 年版,第 87 页。"相邻关系者邻接之不动产,其所有人相互间之权利义务关系也。"郑玉波:《民法物权》(第 15 版),三民书局 1992 年版,第 77 页。在现代民法中,"相邻"不以"相邻接"为限,"……不以相邻接之土地者为限,举凡侵入物所生之土地,均包括在内"。谢在全:《民法物权论》(上册),中国政法大学出版社 1999 年版,第 174 页。"相邻法也不仅适用于直接相邻的不动产关系。同时,远距离的不动产也困难受到相邻法的调整,只要其不动产的影响能够延伸到远距离的不动产。"〔德〕M. 沃尔夫:《物权法》(第 20 版),吴越、李大雪译,法律出版社 2004 年版,第 154 页。

利为条件"。《十二表法》出现了相邻关系制度的雏形,规定了采光权和越界果实权利归属问题。[①] 从罗马法到19世纪末,农牧业是社会经济的基础,人类对土地的利用以平面利用为主,因而不动产相邻关系主要是土地之间的相邻关系,完全由民法调整。这个时期的相邻关系称为民法上的相邻关系。20世纪以来,随着社会经济的发展,新的社会关系不断涌现,导致相邻关系的复杂化,出现了公法调整相邻关系。例如,噪音、空气污染、水污染等,由此形成了私法调整相邻关系和公法调整相邻关系交错的现象。

相邻关系是根据法律的直接规定产生的,是对所有权的限制和扩展,并不是一种独立的物权,而是所有权当然所具有的内容。相邻关系在法律上属于强制性规范,当事人不得通过约定加以排除。关于不动产所有人或者使用权人之间约定排除适用法律对相邻关系的强制性规范,这种约定的效力问题,学界有有效说和无效说两种观点。有效说认为约定在当事人之间产生效力,但不能对抗第三人;无效说认为约定违反相邻关系的强制性规范而无效。有效说和无效说均有失偏允,相邻关系是法律的强制性规范,当事人不能通过协议加以排除。[②]

相邻关系是立法上对相邻土地和建筑物的利用作最低限度的调节,在土地私有制下,相邻关系在本质上是相邻一方土地所有权的扩张,相应地是另一方土地所有权的限制,不成其为一项独立的物权。这种所有权的扩张或限制是法律强行规定的,无须相邻各方所有人的协商。因此,没有必要为相邻关系而办理不动产登记。

二、不动产相邻关系的基本原则

根据《民法通则》第83条的规定,相邻方应按照有利生产、方便生活、团结互助、公平合理的精神处理相邻关系。《物权法》第84条的规定与《民法通则》第83条的规定一脉相承,沿袭了《民法通则》处理相邻关系的基本原则,即有利生产、方便生活、团结互助、公平合理的原则。这个基本原则深受我国传统的道德规范与法律规范被非理性混合所形成思想的影响,导致法律的基本原则往往以空洞的口号形式表达。[③] 这些以空洞的口号所确立的基本原则,实际上难以指导法院审判实践。不动产相邻关系中的"有利生产、方便生活、团结互助、公

① 《十二表法》第七表"土地权利法"第9条规定:"凡高度达15呎的树木,为使其阴影不至损害近邻地区,其周围须加修剪。如果近邻地区的树木因被风吹,倾斜到你的地区来,你可以根据十二表法提出收拾它的诉讼。"第10条规定:"允许收集从近邻地区掉下的橡实。"

② 虽然物权法的强制性规范,当事人不得排除适用,但是实际上,由于根据不告不理原则,法律不会主动干预当事人之间的约定。只有一方当事人诉诸法律时,当事人之间违反法律强制性规定的约定,才会被宣告无效。

③ 参见费安玲:《不动产相邻关系与地役权若干问题的思考》,载《江苏行政学院学报》2004年第1期。

平合理”的原则，在处理不动产相邻关系中，“有利生产”与“方便生活”实质上是一对矛盾，而且通常是一种无法调和的矛盾。例如，某公交车修理厂与某居民住宅小区相邻，公交车在夜间停运后进修理厂进行检修，从午夜到凌晨修理厂内产生的巨大噪音，使居民无法入睡。修理厂产生的巨大噪音影响了小区居民的正常生活，要么修理厂搬迁，要么居民小区搬迁。对法律直接规定的所有权行使的限制或者扩展，各相邻主体并不能通过对团结互助的道德规范的追求来要求对方放弃自己的权利或者拒绝履行自己的义务。这种口号式的原则不应规定在立法中。不动产相邻关系的处理，应遵循接受限制和损害赔偿两个基本原则。

（1）接受限制的原则。不动产相邻关系应当是不动产相邻关系权利人必须接受限制原则，在德国法中称之为“所有权承担义务原则”。[①] 在其他许多国家的民法典中，均有对不动产所有人的相邻关系权利人在行使其权利时，必须接受限制的规定，这是各国民法对相邻关系中各方权利行使之利益平衡的共性规定，也是设立不动产相邻关系制度的宗旨与目的。相邻关系是权利人在行使权利时所必须接受的限制，是法律对所有权的限制。相邻关系是对所有权的法定限制，《物权法》关于相邻关系的所有规定，均是围绕对所有权的限制而展开的。《物权法》第 86 条到第 92 条的规定，均表现为对不动产权利人权利的限制。相邻关系是法律对所有权行使的最低限度的限制；地役权则是对所有权约定的限制，而且是对所有权的最大限度的限制。

（2）损害赔偿原则。在不动产相邻关系中，不动产权利人违反法律的规定，或者为了自己的便利而给相邻人的利益造成损害时，应当承担损害赔偿责任。《物权法》第 90 条规定相邻的不动产权利人因噪音、热气、废气、排污等对相邻的其他权利人造成损害的，加害人向受害人进行赔偿，属于违反法律规定的情形。《物权法》第 92 条规定为用水、排水、通行、铺设管线等利用相邻的不动产而给相邻不动产权利人造成损害的，受益的不动产权利人应承担赔偿责任。但在通常情形下，为通风、采光、通行等便利而利用相邻不动产的，属于义务人的法定义务，提供便利一方的不动产权利人不得要求另一方权利人给予补偿。[②]

《物权法》第 84 条和第 85 条的规定涉及不动产相邻关系的基本原则。《物权法》第 84 条规定的利弊得失，前文已有论述。《物权法》第 85 条规定的法律适用原则，表明了习惯在我国法律中地位的确立，从而保证了物权法的适用性和稳定性。根据《物权法》第 85 条的规定，处理相邻关系的法律有规定的，从其规定；法律没有规定的，根据当地习惯处理。习惯是指在长期社会实践中逐渐形成

① 参见孙宪忠：《德国当代物权法》，法律出版社 1997 年版，第 188 页。

② 参见王利明：《物权法研究》（上卷）（修订版），中国人民大学出版社 2007 年版，第 672—673 页。

的并为人们所公认的行为规范，是调整社会关系的行为准则。[①] 习惯一经国家认可适用，即具有法律约束力。习惯作为调整相邻关系的规范，是对法律和法规的重要补充，起到填补法律漏洞的作用。

三、不动产相邻关系的类型

不动产相邻关系有邻地侵害的防止、水的相邻关系、邻地使用相邻关系和越界相邻关系四种类型。在近代物权法中，相邻关系以相邻为必要；在现代物权法中，相邻关系不以相邻为必要，主要表现在不可量物的侵害。换言之，在邻地侵害的防止、水的相邻关系、邻地使用相邻关系和越界相邻关系四种相邻关系中，第一种类型的相邻关系中，不以相邻为必要，而在第二、第三、第四种相邻关系中仍然以相邻为必要。

（一）邻地侵害的防止

在行使土地权利时，土地所有权人或者使用权人应注意相邻关系，不得损害相邻方的利益。我国《物权法》第 90 条、《瑞士民法典》第 684 条和我国台湾地区"民法"第 774 条规定了邻地侵害的防止。邻地侵害的防止，主要有不可量物的侵害、固体物和液体物的侵害、不动产危险的防止及预防请求等三个方面的内容：

（1）不可量物的侵害。气、热、光、噪声、电流、电波等破坏邻近土地使用权人安静生活的，应当禁止或者采取有效措施以免邻人的财产、健康和生命受到损害。人类社会步入 20 世纪以来，科学技术日新月异，一方面人们从现代科技的进步中获益，另一方面由于科技进步带来的气、热、光、噪声、电流、电波等对人们身心健康的侵害日益加重，因此，不可量物的侵害已经引起人们的关注。

（2）固体物和液体物的侵害。因危害与危险而引起的相邻关系，以废气、废渣、废水、垃圾、放射性物质等污染环境的物质必须严格按照环境保护的有关规定处理，不得妨碍或者损害邻人的正常生产与生活。放置或者使用易爆、易燃、剧毒物品，必须严格按照有关规定办理，按规定应当与邻人的建筑物保持适当的距离，或者采取必要的防范措施，不得使邻人的健康、生命以及财产等受到损害的危险。

（3）不动产危险的防止及预防请求。邻人在自己的土地上建造房屋、铺设管线、挖掘水沟、水井、地窖等，应当注意其他相邻人的安全，不能因此损害其他设施。建筑物有倒塌危险时，建筑物所有人应当及时采取措施防止危险的发生。

---

① "习惯包括习俗和惯例，此处所说的习惯主要是生活习惯，习惯是人们长期生活中形成并遵守的生活准则，可以调节人们之间的生产生活，例如，实践中水资源的利用往往需要尊重长期形成的习惯。"王利明：《物权法研究》（上卷）（修订版），中国人民大学出版社 2007 年版，第 670 页。

对于已经发生或者可能发生的危险，相邻方有权要求他方排除。相邻一方给相邻他方已经造成损失的，应当承担赔偿责任。

（二）水的相邻关系

水的相邻关系是指因流水、用水、排水引起的相邻关系。《物权法》第 86 条和《水法》第 12 条规定了水的相邻关系。在流水和排水关系中，相邻各方应当按照水的自然流向合理利用水源，水流上游要照顾下游用水。高地邻人应当允许流水通过自己使用的土地，让高处的水流向低流地，如《日本民法典》第 214 条规定土地所有人不得妨碍自邻地自然流来之水。上游和高地的邻人不能擅自截留流水影响下游和低地的邻人用水，如我国台湾地区"民法"第 775 条规定由高地自然流至之水，而为低地所必需者，高地所有人纵因其土地之必要，不得防堵其全部。在水源不足时，水的相邻关系应当按照"由近到远，由高到低"的原则通过各方，合理分配、共同使用。水涝成患或者防水排放已经形成自然道的，下游或者低地的邻人应当允许上游或者高地流水通过自己使用的土地。也不得擅自堵截。流水与排水一方如果需要改变水的自然流向，应当征得相邻他方的同意，不能任意控制水源、排除水患而损害他方的权益。

与自然排水不同，人工排水原则上并没有使用邻地的权利。[①] 土地所有人不得设置屋檐或者其他工作物，使雨水直接注入相邻的不动产。《法国民法典》第 681 条、《日本民法典》第 218 条和我国台湾地区"民法"第 777 条对此有明确规定。

（三）邻地使用相邻关系

邻地使用相邻关系包括管线铺设权、邻地通行权、邻地使用权和通风采光权四种情形：

（1）管线铺设权。铺设电线、电缆、水管、暖气和燃气管线等通常涉及社会公共利益，利用相邻土地的理由应当客观充分，如果不利用相邻土地，施工无法正常开展，不仅造成一定的经济损失，而且还影响正常的社会经济生活。根据《物权法》第 88 条的规定，铺设管线需要通过邻人的地下或者上空，以及因某项施工必须临时使用相邻他方的土地，该相邻人都应当给予方便，准予通行和使用。但是，管线的铺设人应选择对邻人损害最少的线路和方法铺设，并支付补偿金。[②]

---

① 参见史尚宽：《物权法论》，中国政法大学出版社 2000 年版，第 96 页；谢在全：《民法物权论》，中国政法大学出版社 1999 年版，第 181 页。

② 我国台湾地区"民法"第 786 条规定："土地所有人，非通过他人之土地，不能安设电线、水管、煤气管或其他筒管，或虽能安设而需费过巨者，得通过他人土地之上下而安设之。但应择其损害最少之处所及方法为之。并应支付偿金。依前项之规定，安设电线、水管、煤气管或其他筒管后，如情事有变更时，他土地所有人得请求变更其安设。前项变更安设之费用，由土地所有人负担。但另有习惯者，从其习惯。"

(2) 邻地通行权。邻地通行权是指,一方由于地理条件的限制必须利用邻地方所有或者使用的土地以获得通行的便利。邻地通行权原则上以袋地为限。换言之,因使用邻地而引起的相邻关系,通常是相邻一方的房屋或者土地,由于自然条件或者其他原因,处于相邻他方建筑物或者土地包围之中,不通过相邻他方土地而不能通行,他方应当允许通行;要求通行的一方应当与对方协商,并选择使对方受损失最小的路线,穿越邻地到公共通道,即相邻必要通行关系。对于历史上形成的通道、桥梁道路,不得任意堵塞、设置障碍,影响邻人的正常通行或者使用。如果必须改道,应该征得相邻他方的同意,协商解决。我国《物权法》第 87 条、《日本民法典》第 210 条和我国台湾地区"民法"第 787 条规定了邻地通行权。

(3) 邻地使用权。邻地使用权,是指土地使用权人在其土地使用权范围内建造或者修缮建筑物,有必要使用邻地时,对于邻地使用权人有请求容忍使用其土地的权利。利用相邻土地包括临时通行、搭脚手架、工棚、工作平台、堆放建筑材料等。邻地使用权仅以建造或者修缮建筑物为限,其他行为,如开挖沟渠、种植树木等不得适用邻地使用权。邻地使用权因使用而受到损害的,可以要求损害赔偿。我国《物权法》第 88 条、《日本民法典》第 209 条以及我国台湾地区"民法"第 792 条规定了邻地使用权。

(4) 通风采光权。相邻一方在建造房屋和其他设施时,应该注意照顾相邻他方的通风、采光,必须与相邻方的房屋保持适当距离,不得影响邻居的通风和采光。我国《物权法》第 89 条规定,建造建筑物不得违反国家有关工程建设标准①,妨碍相邻建筑物的通风、采光和日照。建筑物的所有权人有权在建筑物上开设窗户进行通风和采光。凡是因相邻人的建筑物及其附属物或种植的竹木的距离过近,影响通风或者采光,或者可能影响通风或者采光的,建筑物所有权人可以行使排除妨碍请求权。

(四) 越界相邻关系

越界相邻关系,是指土地使用权人在自己的土地上建造房屋、种植竹木、果树时,侵害了邻地的土地使用权而产生的相邻关系。越界相邻关系有越界建筑、越界竹木枝根和越界自落果实三种情形。我国《物权法》没有规定越界相邻关系,这个立法漏洞有待司法解释来补充。伴随城市化和住房商品化,在某些类型的物业小区中会出现越界相邻关系纠纷。

(1) 越界建筑。在自己的土地上建造房屋时,土地使用权人应当与地界保

① 《中华人民共和国国家标准城市居住区规划设计规范》第 5 条规定,大城市住宅日照标准为大寒日≥2 小时,冬至日≥1 小时,老年人居住建筑不应低于冬至日日照 2 小时的标准;在原设计建筑外增加任何设施不应使相邻住宅原有日照标准降低;旧区改造的项目内新建住宅日照标准可酌情降低,但不应低于大寒日日照 1 小时的标准。

持适当的距离，不得侵占对方的土地使用权。根据罗马法地上物属于土地的原则，越界部分的建筑应归相邻土地所有权人所有。相邻土地所有权人可以请求拆除越界部分建筑。罗马法确立的原则损毁了建筑物的整体价值。然而《德国民法典》第912条规定了相邻土地所有权人的容忍义务，对建筑物予以维持现状。相邻土地所有权人或者使用权人因容忍建筑越界所遭受的损害，可以请求损害赔偿。关于越界建筑，我国《民法通则》和《物权法》均无规定。

（2）竹木枝根越界。两地相邻接，竹木的枝根难免越界。如果越界的竹木枝根妨碍邻地的使用，则涉及邻地使用权人的剪除权问题。我国《物权法》对越界的竹木枝根剪除权没有规定，大陆法系各国民法典有不同的规定。《法国民法典》第673条规定，邻人应请求竹木的所有权人刈除越界的竹木枝根。《日本民法典》第233条规定，对于竹木的枝，邻人应请求其所有权人刈除；对于越界的根，则可以直接刈除。《德国民法典》第910条规定，对于越界的竹木枝，邻人应请求所有权人刈除，如果所有权人逾期不刈除的，邻人可以直接刈除；越界竹木的根，邻人可以直接刈除。

（3）自落果实越界。果熟落地，是自然规律。如果墙外归他人所有，则涉及落地的果实所有权的归属问题。罗马法规定果实归树木所有权人所有。我国《物权法》没有规定，大陆法系国家民法典有不同的规定。德国、瑞士等国的民法规定，落地的果实归邻地所有权人。

我国台湾地区民法对越界相邻关系的处理有明确的规定。我国台湾地区"民法"第796条规定，土地所有权人建造的房屋越界的，如果邻地所有权人明知越界而未提出异议的，仅可请求损害赔偿。第797条规定，对于越界竹木枝根，土地所有权人可以请求邻人刈除越界竹木的根枝；逾期未刈除的，可以直接刈除越界竹木根枝。关于越界自落果实，归邻地所有权人所有。①

关于越界相邻关系，《物权法》没有规定，有待司法解释来填补这个法律漏洞。我国应当确认在越界竹木根枝之相邻关系中邻地使用权人的剪除权；凡是邻地使用权人容忍竹木枝根越界的，应有取得自落果实的权利。

第五节 空 间 权

从罗马法到19世纪工业革命之前，人类社会对土地的利用仅限于土地的地表平面，土地所有权的行使及于土地的上空和地下，即土地所有权人享有以地表为中心的上下的垂直支配力。19世纪工业革命之后，伴随科学技术的进步，人

① 我国台湾地区"民法"第798条规定："果实自落于邻地者，视为属于邻地。但邻地为公用地者，不在此限。"

类社会的生产力得到飞速发展,城市人口快速增长,土地资源日显稀缺。在这种情形下,以立体的方式利用土地,成为世界各国土地利用的发展趋势。现代科学技术的飞速发展,使人类社会对土地立体利用成为可能和现实。[①] 在世界各国的立法中,空间权渐次成为一种独立的财产权利,而不是附属于土地所有权的一种权利。

一、空间权的概念及性质

空间权,是指土地地表或者地下一定范围内的空间所享有的权利,即对于横切空中或者地中而形成的断层空间所享有的权利。

关于空间权性质,理论与实践均存在较大的争论,各国或地区对空间权有两种不同态度:一是将空间权定位于用益物权,如《日本民法典》第 269 条的规定;二是将空间权定位于所有权,如《法国民法典》第 552 条和我国台湾地区“民法”第 773 条的规定。关于空间权,世界各国或地区有三种立法例:

(1) 专门立法规定空间权。这种立法例以美国为代表,伊利诺伊州在 1927 年制定了第一部空间法,即关于铁道上空的空间权的让渡与租赁;俄克拉何马州在 1973 年制定了空间法,归纳总结了空间权的判例与学说,认为空间是一种不动产,与其他不动产一样,可以成为处分的标的。

(2) 民法典规定空间权。这种立法例为大陆法系国家所普遍采纳,以德国、日本和瑞士为代表。大陆法系国家通常将空间地上权视为地上权的一部分,如《德国民法典》将空间权直接归入“地上权”一章,在第 1012 条中规定普通地上权和空间地上权,未能对两者进行区别。日本则是在对民法典进行修正时,将空间权的条款规定在“地上权”一章。

(3) 打包立法。将空间权规定在某个立法中,这种立法例以我国台湾地区为代表。台湾为避免因空间权制度的设立而修改其他法律,采取了打包的方式,解决空间地上权问题。在 1988 年制定的“大众捷运法”中确立了空间地上权制度。

我国《物权法》将空间权定位于用益物权[②],在用益物权编中规定了空间使用权。《物权法》第 136 条规定,可以在土地之上或者之下分别设立地上建设用

---

① 例如,由于现代土木、建筑技术的进步,不断涌现出的高架铁路、高压电线、空中走廊和地下铁路、地下街道、地下商场、地下停车场、地下管道等土地立体化利用形式。

② 我国学界大多采纳了《物权法》的观点,认为空间权是用益物权。“《物权法》将空间权规定在建设用地使用权部分。据此,多数学者认为,就《物权法》立法本意而言,我国《物权法》仍然沿袭了大陆法系的立法模式,采取了建设用地使用权包含空间权的做法……所以,空间权不能成为独立的权利,而只是属于建设用地使用权的范畴。”“空间权一旦分别设立,经过登记就形成了独立的用益物权,这就突破了传统大陆法系国家空间权包含在地上权之中的做法。”王利明:《物权法研究》(下卷),中国人民大学出版社 2007 年版,第 135—136 页。

地使用权或者地下建设用地使用权。此外,还有相关的单行法及一些地方性法规。①

空间权的客体有广义和狭义之分。广义的空间权的客体,是指包括除地表之外的一切空间范围;狭义的空间权客体,仅指一定范围的空间,即仅指除附属于地上权空间之外的其他空间。在法律上,作为空间权客体的空间仅指狭义的空间而不是广义的空间。地上权人对自己土地一定上下空间的使用,是地上权的当然附属部分,因而不能成为空间权的客体。在法律上,空间被分割为两大部分。第一部分是作为地上权附属部分的空间,这部分空间当然归地上权人(土地使用权人)所有。地上权人(土地使用权人)在使用该部分土地建造工作物或者种植林木时,必然会使用这部分空间,如果把这两者截然分开,标的仅为一层土表的地上权,便没有实际使用价值,设立地上权(土地使用权)将没有任何实际意义。第二部分是除地上权(土地使用权)附属空间之外所独立存在的空间,通常指横切于空中或者地中的断层空间。

二、空间权的内容

按照不同的标准,空间权有不同的分类方式。按照空间权的客体,空间权可以分为地上的空间权和地下的空间权。地上空间权,是指对地表以上特定断层空间所享有的占有、使用、收益、处分权利。地下空间权,是指对地表以下特定断层空间所享有的占有、使用、收益、处分的权利。例如,铺设地下管线、建造地铁等。按照空间权的性质,空间权可以分为空间所有权和空间利用权。

(一) 空间所有权

空间所有权,是指对地表之上或者地表之下特定断层空间的绝对支配权。空间所有权的归属"在土地归私人所有的国家里,空间所有权主要规定为空间附属于土地,但对土地所涉及的空间的深度或高度进行法律的规定,超出部分归国家享有所有权"②。在土地私有制国家,个人空间所有权不得影响他人的正常无害的通过和公共目的,存在着国家和土地所有人分别拥有特定空间的情形。在土地所有权实行公有制的国家中,空间权应归国家所有。

传统的土地所有权显然包括了土地之上或者土地之下一定空间的所有权。19 世纪末 20 世纪初,由于受到"社会的、团体的土地所有权"思潮的影响,大陆法系各国开始对土地所有权的范围作一定限制。随着人口日趋增长和土地资源的日趋紧缺,需要土地利用向上或者向下无限扩展时,空间作为一项独立的资源

① 1996 年的《中华人民共和国防空法》、《上海市民消防条例》、《上海市规划条例》、《上海市民防工程管理办法》。

② 彭诚信:《我国土地公有制度对相邻权的影响》,载《法商研究》2000 年第 1 期。

逐渐受到人们的重视。空间所有权才逐渐从土地所有权中独立出来,成为空间权的重要组成部分。我国实行土地公有制,与土地性质相类似,位于土地之上和之下的空间,所有权应当属于国家所有。

虽然我国法律并未确定空间权的归属,但从相关的法律规定看,空间权应归国家所有。首先《宪法》第 10 条和《物权法》第 47 条规定,城市土地归国家所有。既然土地归国家所有,土地之上和之下的空间权理应国家所有。① 其次,《物权法》第 136 条规定,建设用地使用权可以在土地之上或者之下分别设立,国家享有空间所有权。再次,《宪法》第 9 条和《物权法》第 46、48 条规定,矿藏等自然资源归国家所有。矿藏为地下埋藏物,既然国家为地下埋藏物的所有权人,也是地下空间权的所有权人。

空间所有权的范围应当是地上超过一定高度的空间或者地下超过一定深度的空间,而不是地上或者地下的没有限制的空间范围。土地所有权和土地使用权所利用的是土地地表及地表上的空间,空间权所利用的是土地地表之上或之下的特定断层空间。换言之,土地直接之上或者之下的一定空间范围,并非空间权的权利对象,而是土地所有权和土地使用权的权利对象。根据我国《物权法》第 138 条的规定,在土地使用权出让时,应当将土地上下的空间随土地使用权同时移转②,一方面在土地上下的空间,天然地与土地联系在一起;另一方面我国的土地使用权人取得土地使用权,不是仅仅在于土地的地表,土地使用离不开地上或者地下的一定空间,即使土地使用权人在土地的上面建造建筑物,也需要地上和地下的一定空间。与土地直接相连的地上或者地下一定空间范围是土地使用权的权利范围,是与土地使用权相伴而生的,并非空间权的权利范围。否则,土地使用权人在获得土地使用权的同时还须申请空间权,这显然与生活现实相矛盾,与法律逻辑不一致。土地所有权和土地使用权是为实现对土地地表的开发利用而设立的,而空间所有权则更多地是侧重于对地表上下各个空间断层的土地立体空间而设立的,空间所有权独立于土地所有权和使用权存在。

从性质上看,空间权是对土地所有权的限制,与相邻关系相似。如果将空间权定位于用益物权,则空间权的设立应获得土地所有权人或者土地使用权人的同意,而且还须支付相应的费用。空间权大多是为公共利益服务的,而且地上超过一定高度的空间或者地下超过一定深度的空间,已经超越土地使用权的空间范围。虽然法律没有规定空间权的归属,但由于我国实行土地国家所有制,空间

---

① 《法国民法典》第 552 条第 1 款规定:"土地所有权包含该地上空和地下的所有权。"

② 我国《物权法》规定土地之上或者之下的空间,随土地使用权同时转移。可见,《物权法》第 138 条规定的空间,并非空间权的权利范围,而是土地使用权的权利范围。

所有权的主体应是国家，而不可能是法人或者自然人。[①]

（二）空间利用权

空间利用权，是指对地表之上或者地表之下横切一个断层的空间以使用、收益为目的的权利。[②] 空间利用权按照不同标准，有不同的分类。按照空间位置，空间利用权可分为空中利用权和地中利用权；按照存续的期间，空间利用权可以分为有期限的空间利用权和无期限的空间利用权；按照是否可以转移，空间利用权可以分为可转移的空间利用权和不可转移的空间利用权。其中，空中利用权和地中利用权是国际通行的空间利用权的分类，空中利用权是最主要的空间利用权。空中利用权通常以地上权的特殊形式予以规定。地中利用权，主要表现为城市地下空间的利用权。

我国法律虽然没有规定空间所有权，但规定了空间利用权，即空中利用权和地中利用权。根据《物权法》第136条的规定，建设用地使用权可以分别在土地的地表、地上和地下设立，在地表设立的建设用地使用权，即为通常意义上的建设用地使用权；在地上设立的建设用地使用权，即为空中利用权；在地下设立的建设用地使用权，即为地中利用权。

三、城市地下空间的利用

城市地下空间的利用与空间权的关系密切，城市地下空间的利用有两个层面[③]：一是与地表直接相连的地下车库涉及的地下空间[④]，这属于建设用地使用权的自然延伸部分。二是超过一定深度的地下空间。前者与空间权没有关系，后者则涉及空间利用权。我国现阶段城市地下空间的利用主要涉及地下管线和地下铁路，大规模商业性的地下空间开发利用非常少。地下管线和地下铁路的建设和运营涉及公共利益，属于公用事业；而商业开发和利用，则属于营利性的。两者的性质截然不同，所涉及的法律问题也大相径庭。

城市地下空间的利用，我国《城乡规划法》第33条仅有原则性规定，并无实

---

① 我国各大城市纷纷修建地铁，虽然城市的土地使用权绝大部分已经出让，但当地政府既没有征求土地使用权人的同意，也没有对土地使用权人进行补偿。可见，空间权与土地使用权没有关系，而是与土地所有权有密切的关系。

② “人们支配一定的空间是为了有效地利用空间，因而空间权的内容主要是利用权。”王利明：《物权法研究》（下卷）（修订版），中国人民大学出版社2007年版，第132页。

③ 根据地下工程的使用功能和地质环境条件，城市的地下空间可分为四个层次：(1) 在地下0—3米的表层，主要埋设一般的市政管线（包括供水、雨水、污水、燃气、电力、电信等）；(2) 在地下3到15米的浅层，主要是大直径的地下管线、地铁隧道、地下建筑物等；(3) 在地下15—30米的中层，主要有物流管道以及地下建筑物等；(4) 在地下30米以下的深层，主要建有一些特种工程。

④ 根据中华人民共和国行业标准《汽车库建筑设计规范》，地下汽车库（Underground garage）的停车间室内地平面低于室外地平面高度超过该层车库净高一半，其中微型车、小型车的地下车库最小净高不小于2.20m。地下汽车库库址宜结合城市人防工程设施选择，并与城市地下空间开发相结合。汽车库内停车方式可采用平行式、斜列式（有倾角30°、45°、60°）和垂直式，或混合采用此三种停车方式。

质性内容。国务院有关部委的两个规章有所涉及,即《确定土地所有权和使用权的若干规定》和《城市地下空间开发利用管理规定》。此外,地方性规章也有规定,如《浙江省土地登记办法》和《上海市城市地下空间建设用地审批和房地产登记试行规定》规定了地下空间使用权。

地下空间的开发建设用地可以采取有偿和无偿两种方式。[①] 单体地下空间工程项目通常属于经营性用途,以出让方式获得地下空间使用权,出让地下空间使用权既可以采取协议方式,也可采取招标、拍卖和挂牌等方式。[②] 地下空间使用权也可以采取划拨方式获得,而且主要是采取划拨方式获得。我国现阶段的地下空间使用权主要用于公益性的项目建设,商业性的地下空间项目开发较少。城市地下空间的利用主要表现为地下车库、地下管线和地下铁路三个方面。

(一)地下车库

人类对土地的利用已经朝着立体化发展,地下空间权已经形成。但由于地下空间立法的缺位,地下空间的产权争议问题已经开始凸现,集中体现在住宅小区的地下车库。地下车库最大的问题是权属纠纷。在《物权法》颁布之前,小区地下车库权属纠纷不断。为解决地下车库的权属纠纷,《物权法》对地下车库的权属作出了明确规定。根据《物权法》第74条的规定,开发商可以出售、赠与、租赁等方式处分地下车库。从《物权法》的上述规定看,开发商享有地下车库的所有权,否则,开发商无权处分地下车库。

从现行的法律制度框架看,《物权法》的规定有利于开发商,而不利于业主。开发商与业主之间对地下车库的权属纠纷仍然没有平息。《物权法》第74条的规定虽然体现了私法的意思自治原则,但弱势的业主只能完全接受开发商强加的各种不合理条款,从而使开发商侵害业主利益披上了合法的外衣。

当下较为流行的观点认为,从地下车库所依附的土地使用权归属来看,开发商在卖出住宅或者商业用房之后,该物业所占的土地使用权全部分摊给全体业主。物业的土地使用权由业主对专有部分的所有权和对共有部分的所有权构成。开发商已不再享有该物业的土地使用权,因而也不能享有土地上建筑物的所有权和支配权。车库是作为物业的公共配套设施,是附着于土地上的建筑物,开发商由于丧失了土地的使用权,从而也丧失了作为该土地上附着物的车库的所有权,地下车库应由建筑物所有权人共有。但是,这种观点的理由并不充分。

实际上,地下车库权属纠纷并不仅仅涉及《物权法》的规定,主要还是由于我国的房地产制度产生的。我国从住房商品化之后,对商品房的成本和销售缺

---

① 《上海市城市地下空间建设用地审批和房地产登记试行规定》第3条规定:"地下空间开发建设的用地可以采用出让等有偿使用方式,也可以采用划拨方式……"

② 《上海市城市地下空间建设用地审批和房地产登记试行规定》第6条规定:"经营性项目的地下土地使用权出让金,按照分层利用、区别用途的原则,参照地上土地使用权出让金的标准收取……"

乏相关控制,导致房地产业的暴利。一旦我国房地产价格回归理性,地下车库权属纠纷问题将迎刃而解。实际上,《物权法》的规定本身是中性的。开发商出售地下车库本身不违反法理,如同地上的建筑物一样,地下车库是开发商投资建造的,开发商有权收回投资成本。换言之,开发商在取得土地使用权之后,有权按照规划进行地上和地下的建筑物的建造。开发商获得地上和地下建筑物的所有权。开发商不仅可以出售地上建筑物,而且也可以出售地下建筑物。

（二）地下管线

伴随我国城市建设的飞速发展,地下管线的重要性日益凸现。[①] 我国城市地下管线管理滞后于城市建设的发展[②],并成为我国城市建设和国民经济发展的瓶颈。城市道路"开膛破肚"的现象,应当通过制度来解决。

由于地下管线涉及燃气、供热、供水、雨水、污水、中水、电力、输油、照明、通信信息、广播电视、公安交通等城市基础设施,应由国家投资建造,或者由国家授权机构投资建造,实行使用收费制度。既有利于统一规划、协调管理,又可避免地下资源的流失或者重复建设,彻底解决"拉链道路"的问题。解决路面"开膛破肚"最有效的办法,是在城市主干道一次性挖掘共用市政管廊,即共同沟。[③] 共同沟是指将设置在地面、地下或者架空的各类公用管线集中容纳于一体并留有供检修人员行走通道的隧道结构,主要适用于流通量大、地下管线多的重要路段,尤其是高速公路、主干道。管廊内包括电力电缆、通信电缆、给水和燃气管道等,共同沟像一个大口袋,袋口露出地面,人可在"袋"内直立行走、定期检查,防止重大事故发生,维修或增加排管只需从袋口进入。

地下空间的所有权归国家,地下管线的投资人以出让方式获得地下空间的利用权。在出让期间内享有地下空间的利用权,并因投资行为而获得地下管

---

① 城市地下管线是城市基础设施的重要组成部分,承载着城市规划、建设、管理的重要基础信息。城市地下管线如给水、排水、燃气、电力、电信、热力、工业等管线,就像人体内的"血管"和"神经",日夜担负着输送物质、能源和传输信息的功能,是城市赖以生存和发展的物质基础,是城市的"生命线"。

② 2005年北京市颁布《北京市城市地下管线管理办法》;2007年上海市人民政府发布的《中国2010年上海世博会园区管线综合管沟管理办法》规定了管沟的主管部门、投资渠道、管沟的使用和管理等。

③ 1833年,巴黎在开始有系统地规划排水网络时,法国就开始兴建共同沟。1861年,英国伦敦修造了宽12英尺、高7.6英尺的共同沟。1890年,德国开始在汉堡建造共同沟。到20世纪,西班牙、匈牙利等国也开始兴建共同沟。1958年,日本开始兴建共同沟,首先在人口密度大、交通状况严峻的特大城市展开。至1992年,仙台、冈山、广岛、福冈、熊本等地方中心城市都已建成。全国共同沟总长1992年达到310公里。目前仍以每年15公里的速度增长。东京临海副城市中心历时7年、耗资3500亿日元建成总长度16公里的共同沟,这条共同沟位于地下10米、宽19.2米、高5.2米,把上水管、中水管、下水管、煤气管、电力缆、通信电缆、通信光缆、空调冷热管、垃圾收集管等九种城市基础设施管道科学、合理地分布其中。

1993年,上海建设了我国第一条现代共同沟——浦东新区到张扬路共同沟。张扬路共有1条干线共同沟、2条支线共同沟,其中支线共同沟共容纳了给水、电力、信息与煤气4种城市管线,为我国其他城市共同沟的发展提供了可资借鉴的经验和教训。北京中关村西区建设的地下市政综合管廊,将水、电、气等多种管道铺设在一条共同沟里,是我国内地第二条现代化的共同沟。

线的所有权。地下管线的使用人，向投资人支付使用费而获得地下管线的使用权。

（三）地下铁路

地下铁路是城市中的现代化交通工具，地铁与城市中的其他交通工具相比，不仅可以避免城市地面拥挤和充分利用空间，而且还具有运量大、速度快、无污染、准时、方便、舒适等优点。[①] 地下铁路所使用的地下空间的深度应比地下管线的深度更深，地下铁路所属的地下空间所有权归国家所有。地下铁路属于公用事业，而且通常是由地下铁路所在地的城市政府投资兴建的，地下空间使用权通常以划拨方式取得。

地下铁路作为城市交通立体化的契机，以地铁车站为核心吸引各种交通方式，在大城市多种交通线路的平面或立体交叉点上形成一个大型的交通换乘枢纽，吸引各方向客流和车流并结合地下公共空间形成城市中的重要节点。地下铁路换乘枢纽站有效连接城市空间，使地上、地下空间延续一体化的特点，为地下铁路物业综合开发带来了商机。地下铁路车站与周围地下空间相通，提高了地下空间的可达性和使用价值，促使周围土地开发多层地下空间。

① 目前全世界已有一百多座城市开通了三百多条地铁线路，总长度超过6000公里。美国是世界上拥有地铁线路最多的国家。纽约、芝加哥、费城、华盛顿等10个城市的地铁达1200公里，约占全世界的五分之一。世界上运行线路最长的地铁是纽约地铁，它的线路达37条之多，全长416公里。伦敦是世界上最早修建地铁的城市，第一条地铁线在1863年1月10日通车。伦敦地铁总长394公里，仅次于纽约地铁，居世界第二。

我国是世界上动工新建地铁的城市最多的国家。北京、天津、上海、香港、广州、南京等城市地铁已先后通车，重庆、青岛、沈阳、深圳等城市正在兴建或计划修建地铁。根据北京市规划，到2020年，北京市地铁总长度为561.5公里。根据上海市的远景规划，轨道交通网络总长为970公里，到2012年轨道交通网络总长为510公里。

第六章　动产所有权

动产所有权，是指以动产为标的物的所有权。不动产所有权的标的物仅限于土地及土地上的定着物，即建筑物；动产标的物范围极为广泛，既有固体物，也有液体、气体等。不动产所有权主要因法律行为取得，传来取得方式是不动产主要的取得方式；动产所有权的取得除了法律行为之外，还有先占、善意取得、拾得遗失物、发现埋藏物以及添附等，传来取得和原始取得均为动产所有权的取得方式。不动产所有权的公示方式是登记，动产所有权的公示方式是占有。不动产所有权制度与动产所有权制度存在较大的差异，相邻关系是不动产所有权所特有的制度，而善意取得制度是动产所有权所特有的制度。

第一节　善意取得制度

善意取得，又称为即时取得，是指动产占有人向第三人移转动产所有权或者为第三人设定他物权，即使动产占有人无处分动产的权利，善意受让人仍可取得动产所有权或者他物权的制度。善意取得包含动产所有权的取得与他物权的取得，我国《物权法》规定的善意取得制度也包括所有权的善意取得和他物权的善意取得两种情形。[①]

善意取得制度，是近代以来大陆法系民法物权法的一项重要制度，涉及财产所有权的静态安全与财产交易的动态安全保护的优先与取舍，对于保护善意取得财产的第三人合法权益，维护交易活动的动态安全，具有重要意义。善意取得是适应商品交换的需要而产生的一项法律制度，在市场交易中，从事交易的当事人通常无法了解相对人是否有权处分财产，因交易成本等因素也很难对交易商品的权属进行逐一调查。在市场交易中，买受人善意取得交易物后，如果由于转让人的无权处分而使交易无效，并要求买受人返还交易物，则不仅要破坏现有的财产法律关系，而且还会使买受人产生不安全感，从而妨碍了交易的进行。善意取得制度虽然在一定限度内限制了所有权的追及力，从而在一定程度上牺牲了

---

① 《物权法》第 106 条规定："无处分权人将不动产或者动产转让给受让人的，所有权人有权追回；除法律另有规定外，符合下列情形的，受让人取得该不动产或者动产的所有权：(一) 受让人受让该不动产或者动产时是善意的；(二) 以合理的价格转让；(三) 转让的不动产或者动产依照法律规定应当登记的已经登记，不需要登记的已经交付给受让人。受让人依照前款规定取得不动产或者动产的所有权的，原所有权人有权向无处分权人请求赔偿损失。当事人善意取得其他物权的，参照前两款规定。"

所有人的利益,但是在保护交易安全、促进货物的流通方面,却具有重要的作用。因此,各个国家和地区的立法普遍确认了这一制度。

一、善意取得制度的历史沿革

与其他法律制度不同,善意取得制度的源起不能追溯到罗马法,而是以日耳曼法为契机演绎发展而成。在罗马法上,所有权概念出现较早,形成了较为完备的所有权制度,因而土地所有权关系清晰明了,占有与物权相分离而成为独立的制度。在罗马法的观念上,占有是一种事实而不是权利。占有制度的机能在于维护社会秩序的稳定而不是保护权利,一旦占有与所有权发生冲突时,在确权之前,大法官通常发布暂时维持占有现状的命令。[①] 在这种占有观念支配下,受让人信赖物的占有人为所有权人,缺乏法律依据,因而缺乏形成善意取得制度的条件。

与罗马法不同,占有(Gewere)是日耳曼法的核心概念,是物权的一种表现形式。日耳曼法的占有(Gewere)与所有权并不存在明确的区别。对动产所有权的享有,必须以占有为条件。占有是权利的外衣,动产的占有人推定为动产的所有人;对动产享有权利者,也需通过占有标的物而加以表现。与罗马法中占有(possessio)仅为一种事实不同,日耳曼法中的占有(Gewere)不是一个事实而是一种权利。在日耳曼法中,占有(Gewere)是物权外部表现形式,通过占有(Gewere)推定某种物权的存在。占有(Gewere)具有物权的公示性质,物权包含在占有(Gewere)之中并通过占有(Gewere)得以体现。物的占有人是物的所有人。换言之,对物的占有即享有对物的权利。反之亦然,对物享有权利必须占有物。受让人因对物的占有而可能取得对占有物的权利,而物的真正权利人却因没有直接占有物,其对物的权利效力而减弱。第三人根据动产所有人的意思而直接占有动产时,所有人对动产权利的效力减弱,一旦直接占有动产的第三人将动产让与他人,所有人不得向受让人请求返还。日耳曼法的这种占有观念及其相应的制度设计,为日后善意取得制度的产生奠定了制度基础。

通说认为,近代大陆法系国家民法上的善意取得制度源于日耳曼法上的"以手护手"(Hand muss Hand wahren)原则。[②] 根据"以手护手"原则,所有人将自己的动产交付给第三人,仅能向该第三人请求返还,如果第三人将动产转让给受让人,则所有人不得向受让人请求返还,仅可向第三人请求损害赔偿。罗马法上却不存在这一制度。相反,在罗马法中,强调所有权的绝对性和追及效力,除

---

① 参见周枏:《罗马法原论》(上册),商务印书馆 1994 年版,第 407 页。

② 参见梁慧星主编:《中国物权法研究》(上册),法律出版社 1998 年版,第 474 页。

非因取得时效而取得所有权。物权人对物具有追及效力[1],表明任何人不能转让属于他人的财产。否则,真正的权利人可以请求受让人返还受让的动产。但是,近代动产善意取得只是在“结果”上与日耳曼法的“以手护手”原则相同,两者却存在本质的区别。日耳曼法的“以手护手”原则,是限制所有权追及力之结构,即受让财产的第三人之所以不予返还受让财产,一方面是原所有人因丧失占有而导致所有权效力的减弱,从而丧失返还请求权;另一方面则是日耳曼法上独特的占有(Gewere)制度,占有制度要求权利应当以占有为外衣,取得占有的人虽然未必有真实的权利,但并非完全没有权利,占有人因对物的占有的外衣而享有权利。善意取得制度的着眼点是善意受让人权利的取得,原所有权丧失请求善意受让人返还原物的权利,是善意受让人取得占有物权利的法律后果,而不是导致善意受让人取得占有物权利的原因。

近代以来,大陆法系各国继受了日耳曼法的善意取得制度。1794 年的《普鲁士普通邦法》一方面继受了罗马法的制度,不承认善意取得制度,即动产受让人不管是善意还是恶意,有偿还是无偿,所取得的标的物是占有委托物还是占有脱离物,动产所有人原则上具有追及权;另一方面又规定动产受让人给予保护的特殊情形,动产受让人从国库、公共拍卖场所、基尔特商人等受让动产的,原所有权人对标的物不具有追及权,动产的受让人取得标的物的所有权。总之,《普鲁士普通邦法》对善意取得制度采取了排斥的态度,承认善意取得是一种例外而已。1811 年的《奥地利民法典》继受了日耳曼法的“以手护手”原则,承认了善意取得制度,将物区分为占有委托物和占有脱离物,动产的受让人以善意、有偿方式可以取得占有委托物,而从拍卖场所等特定场所购买的占有脱离物也可取得动产的所有权,但在其他场所购买占有脱离物则不能获得动产的所有权。

法国在 14—16 世纪受到罗马法的影响,强调物的追及效力。到了 18 世纪,伴随资本主义的发展,判例和学说强烈要求限制动产所有人的追及效力,吸收日耳曼法的“以手护手”制度,1804 年的《法国民法典》确立了善意取得制度[2],按照日耳曼法的占有(Gewere)制度和观念,构筑自己的善意取得制度。[3]《法国民法典》第 2279—2280 条规定了善意取得制度。法国的善意取得又称为即时取得,规定在民法典的时效制度中。法国民法在观念上认为善意取得是时效制度的一种。1888 年的《西班牙民法典》和《日本民法典》继受了《法国民法典》的即

① “物在呼唤主人”,“无论何人,不能以大于自己所有之权利,转让与他人”,“发现我物之处,我取回之”。谢在全:《民法物权论》(上册),中国政法大学出版社 1999 年版,第 218 页。

② 《法国民法典》第 2279 条规定:“对于动产,占有具有与权利证书相等的效力。”

③ 参见梁慧星主编:《中国物权法研究》(上册),法律出版社 1998 年版,第 478 页。

时取得制度。[①] 但是,即时取得制度遭到了学界的抨击,按照民法的时效制度理论,时效制度的基本要素是时间的经过。换言之,没有时间的经过,则没有时效。即时取得制度并没有时间的经过,因而将即时取得理解为"即时时效",有悖时效制度的基本理论,是不妥当的。

作为日耳曼帝国继受者的德国,继受了日耳曼法的"以手护手"的观念。《德国民法典》确立了善意取得制度,成为世界各国善意取得制度的立法典范。《德国民法典》第三编物权法第三章第三节第932—935条规定了善意取得制度。[②]《德国民法典》使善意取得作为动产物权变动的一种方式而得以建立。德国法上的善意取得,严格地限于动产范围,不动产不适用善意取得制度。[③] 1942年的《意大利民法典》采取了无限制的承认善意取得制度,按照民法典第1153—1157条规定,无论动产的受让人是有偿取得还是无偿取得,取得的动产是占有委托物还是占有脱离物,均可发生善意取得。大陆法系各国的善意取得制度,主要有以下三个方面的特征:

(1) 善意取得制度仅适用于动产而不适用于不动产。交付是动产的物权变动的公示方法,而登记是不动产的物权变动的公示方法。物权变动经过公示之后,即发生法律上的公信力,当善意第三人基于对物权公示方法的信赖进行交易时,不论物上的权利是否真实,受让人的权利均应加以保护。通过法定的公示方法,第三人能够从外观上了解物权变动的事实。不动产的物权变动的公示方式是登记,不动产交易的双方当事人应按照法律的规定办理所有权变更的登记手续,从而不存在无所有权人或者无处分权人处分不动产所有权的可能,也就不存在适用善意取得制度的必要前提。因此,在建立不动产登记制度后,善意取得的原理以及规则在不动产法领域已经无法适用。

(2)"极端法"态度与"中间法"态度。关于善意取得制度,大陆法系国家物权立法有不同的态度,即"极端法"态度与"中间法"态度。[④] 基于立法政策对静态安全和动态安全的权衡,"极端法"态度不是强调静态安全,就是强调动态安全;"中间法"态度兼顾了静态安全和动态安全。在"极端法"态度中有极端肯定善意取得制度的国家和极端否定善意取得的国家。《意大利民法典》对善意取得制度采取极端肯定的态度,而北欧地区的挪威和丹麦等国的立法对善意取得

① 《日本民法典》第186条规定:"对占有人,推定其以所有的意思,善良、平稳而公然地开始占有动产者,如系善意无过失,则即时取得行使于该动产上的权利。"

② 《德国民法典》第932条规定:"物虽不属于让与人,受让人也得因第929条规定的让与成为所有人,但在其依此规定取得所有权的当时为非善意者,不在此限。"第929条规定:"为让与动产的所有权必须由所有人将物交付于受让人,并就所有权的移转由双方成立合意。"

③ "第二十三章动产的善意取得",〔德〕M. 沃尔夫:《物权法》(第20版),吴越、李大雪译,法律出版社2004年版,第251页。

④ 参见梁慧星主编:《中国物权法研究》(上册),法律出版社1998年版,第485—486页。

则采取极端否定的态度。近现代大多数大陆法系国家,如德国、法国、日本及原苏联等物权立法,均采“中间法”态度,即标的物如果是占有委托物,原则上认为发生善意取得;标的物如果是占有脱离物,原则上不发生善意取得。换言之,“中间法”态度的国家即根据标的物的不同而分别确定是否发生善意取得,而不是一概肯定或者否定善意取得制度的适用。

(3)不同的立法安排。从善意取得制度的立法上的安排看,虽然善意取得制度均安排在物权编中,但却在不同的位置之中。《德国民法典》的善意取得制度出现在物权编第三章第三节“动产所有权的取得和丧失”中;《法国民法典》的善意取得制度出现在“时效”一章中①;《日本民法典》和《瑞士民法典》的善意取得制度则出现在“占有”一章中。《德国民法典》立法例的规定表明,善意取得制度是动产所有权制度所特有的,而不是不动产所有权与动产所有权所共有的制度。②

我国《物权法》则在“所有权取得的特别规定”中规定善意取得制度,表明《物权法》规定的善意取得制度,不仅适用于动产,而且还适用于不动产。《物权法》不当地扩大了善意取得制度的适用范围,将不动产纳入善意取得制度的范围,破坏了善意取得制度的内在逻辑。③

二、善意取得制度的理论基础

善意取得制度是以牺牲动产所有权人的利益,即动产所有权静态安全为代价,以保障动产交易安全,即动产所有权动态安全。交易安全固然重要,但如果所有权人的利益得不到法律的保护,则交易安全的保护又有何意义?在社会主义市场经济中,对动产所有权和交易安全的保护具有同等的重要性,既不能因强调所有权的重要性而贬低交易安全的重要性,也不能因强调交易安全的重要性而贬低所有权的重要性。在历史的发展过程中,关于善意取得制度存在四种不同的学说:

(1)即时时效或者瞬间时效说。即时时效认为,善意取得之所以使善意的受让人取得动产的所有权,完全是“即时时效或者瞬间时效”作用的结果。法国、意大利等国学者倡导该说,在立法上,《法国民法典》和《日本民法典》将善意取得制度规定在时效制度中,是这种学说在立法上的反映。

(2)占有保护说。占有保护说认为,根据物权公示原则,动产占有具有公信力,善意受让占有人即被推定为法律上的所有人,从而发生善意取得的效果。

① 《法国民法典》在总则中规定了“时效制度”。

② 我国物权立法从清朝末年到民国时期均受到《德国民法典》的影响,近年的物权法理论研究也明显受到德国物权法制度和理论的影响。

③ 《物权法》第16条规定了登记的公信力,不动产不应再适用善意取得制度。

(3) 权利外形说。权利外形说认为,善意取得制度是为了保护权利的外形,即善意取得制度建立在占有的“权利外形上”,对外形的信赖需要法律保护,从而使物权人负起某种“外形责任”。

(4) 法律赋权说。法律赋权说认为,善意受让人之所以能从无权利人处取得权利,是法律直接赋予了占有人处分原权利人动产的权利。

即时时效说存在明显的缺陷,时效制度是以时间以及时间的经过为条件的,而善意取得制度与时间以及时间的经过缺乏联系,因而即时时效说不能说明善意取得制度存在的理论依据。占有保护说和权利外形说分别从公示和权利外观角度说明善意取得制度的理论依据,以公示公信原则为理论基础,具有一定的合理性,说明了善意取得制度的理论基础。法律赋权说强调法律规定的作用,由于任何一种权利均是法律赋予的,因而法律赋权说并未说明善意取得制度的理论依据。

善意取得制度是为保护占有的公信力,保护交易安全、鼓励交易,维护商品交易的正常秩序,促进市场经济的有序发展。保护交易当事人的信赖利益实际上就是保护交易安全;一旦交易安全缺乏保障,则任何一个进入市场进行交易的权利主体,在购买财产或者在财产上设定权利时,均需对财产的权属进行详尽确实的调查,以排除从无权处分人处取得财产及相应权利的可能。这样不仅提高了交易成本,阻碍了交易的进行,而且还影响社会经济的发展。善意取得制度承认善意买受人可以即时取得所有权,则交易者就能放心地进行交易,从而有利于市场经济的健康发展。因此,占有的公信力能够较为有力地说明善意取得制度确立的基础。

三、善意取得的构成要件

大陆法系的善意取得制度并不适用于不动产,善意取得制度仅限于动产,只承认动产交易适用善意取得制度,而不承认不动产的善意取得。我国民法的理论与实务对善意取得制度认识不一,《物权法》规定的善意取得制度不仅可以适用于动产,而且还可以适用于不动产。善意取得的构成要件的认识,对于构建完整、科学的善意取得制度具有重大意义。根据大陆法系国家善意取得制度,善意取得应具备四个方面的要件:

(1) 标的物应是以法律行为方式取得的动产且为占有委托物。善意取得制度仅适用于动产所有权的取得，即善意取得的标的物仅限于动产。[1] 不动产所有权以登记为公示方法，在交易上不会使人误信占有人为所有权人，因而不动产不得成为善意取得标的物。[2] 动产的公示方式以占有为原则，登记为例外，非常容易使人相信占有人是所有权人，因而只有以占有为公示方法的动产，才有适用善意取得制度的必要。《法国民法典》和《日本民法典》有明文规定[3]，其他国家和地区的民法也有类似规定，限制了善意取得制度适用的财产范围。

货币和无记名证券是一种特殊的动产，可适用善意取得制度。对于不动产的出产物，在其还未与不动产分离时，是不动产的组成部分，不能适用善意取得制度，但与不动产相分离之后成为动产，则可适用善意取得制度。

债权不能适用善意取得制度。债权具有相对性，没有一种可以对外公示的方法以表明债权的存在，不存在适用善意取得制度的前提条件，因而不能适用善意取得制度。但随着社会经济的发展，债权的流转日益频繁、活跃，出现了证券化的债权，如公司债券、大额可转让存单及各种票据。这些证券化的债权在民法上通常视为动产，对于其中不记名或者无须办理登记手续的，可适用善意取得制度。仓单、提单和载货证券等物权证券所表彰的动产，也可适用善意取得制度。

只有以法律行为方式发生的动产所有权转移，才有可能适用善意取得。善意取得制度旨在保护交易安全，只有在受让人与出让人之间存在交易行为时，才有适用善意取得的必要。对于当事人因先占、继承、盗窃、抢夺、抢劫而取得财产的情形，均无善意取得制度的适用可能。在受让人因买卖、互易、出资、消费借贷、清偿债务以及其他以权利的移转为目的的法律行为而取得动产所有权时，才适用善意取得制度。此外，善意取得的适用应以受让人有偿取得动产所有权为条件。换言之，以赠与方式取得的动产所有权不得适用善意取得制度。

让与人占有的物是占有委托物，而不是占有脱离物。占有委托物，是指基于原所有人意思而为他人所占有的物，主要有因租赁、借用、承揽、保管等合同而交付他人占有的动产。占有脱离物，是指非基于原所有人意思而丧失占有的物，主要有盗赃物、遗失物、遗忘物、误取物等。大多数国家的善意取得制度仅适用于

---

① “善意受让之成立要件……（1）标的物须为动产……”郑玉波：《民法物权》，三民书局1992年第15版，第95页。“……故善意取得之标的物，以动产为限。”谢在全：《民法物权论》（上册），中国政法大学出版社1999年版，第221—222页；“善意取得……指无权处分他人动产的让与人，在不法将他人的动产交付给买受人后……则他便取得该动产所有权……”梁慧星、陈华彬：《物权法》（第四版），法律出版社2007年版，第203页。

② 参见郑玉波：《民法物权》（第15版），三民书局1992年版，第95页。

③ 《法国民法典》第2279条第1款规定：“对于动产，占有有相当于权利根源的效力。”《日本民法典》第192条规定：“平衡且公然开始占有动产的人，为善意且无过失时，即时取得在其动产上行使的权利。”

占有委托物。例如,德国、法国、日本、奥地利、瑞士等国。但是,占有脱离物是否完全不适用善意取得或者适用善意取得的条件,各国法律的规定有所不同。《德国民法典》原则上不承认占有脱离物得适用善意取得,对金钱、无记名证券以及以公开拍卖方式让与的物,则可适用善意取得。[①]《法国民法典》规定所有人仅在向善意受让人给予补偿的情形下,才能向受让人请求返还原物。[②]《日本民法典》的规定与《法国民法典》相同。[③]

我国《物权法》对此没有作出规定,但其他法律和法规则采纳了各国通行的规则,原则上仅适用于占有委托物,而占有脱离物的适用应有严格的限制。善意受让人从拍卖行、公共市场、或者由贩卖与其物同种类的物的场所,受让动产的,所有人仅在向善意受让人偿还了其所支付的相应价金之后,才能请求返还原物。

(2) 让与人是占有人与无权处分人。让与人必须是动产的占有人。让与人对动产的占有使受让人产生合理的信赖,让与人对动产的占有是适用善意取得的前提条件。让与人对动产的现实控制(管领力),即构成占有,而不是以对动产的直接占有为必要,间接占有、辅助占有,甚至瑕疵占有也包括在内。

让与人不仅是动产的占有人,而且还应当是动产的无权处分人。让与人处分财产的行为是无权处分,即让与人没有处分权而进行了法律上的处分行为,如买卖或者设定担保物权导致动产所有权的转让或者在动产上设定负担。如果让与人是有处分权人,则让与是有权行为,没有适用善意取得的必要。让与人是无处分权人的,有三种情形:一是让与人没有处分动产的权利。例如,让与人仅是动产的承租人、借用人、保管人及其附条件买卖的买受人等,对标的物享有占有权,但不具有处分权。二是让与人原有处分权,但后来因各种原因又丧失了对动产的处分权。[④] 例如,让与人以受让动产所有权或者其他权利为目的受让动产之后,法律行为被确认为无效或者被撤销。无效法律行为或者被撤销法律行为的效力自始归于无效,从而使出让人在法律行为被确认无效或者被撤销前所为的处分行为,成为无权处分行为。三是让与人处分共有动产。例如,一个共有人未经其他共有人同意擅自处分共有动产的情形。以上三种情形,均可适用善意取得制度。

---

① 《德国民法典》第 935 条规定:"从所有人处盗窃的物、所有人遗失或因其他原因丢失之物,不得依第 932 条至 934 条有关善意取得之规定取得其所有权。所有人仅为间接占有人时,物为占有人所丢失者,亦同。对金钱、无记名证券以及以公开拍卖方式让与的物,不适用前项规定。"

② 《法国民法典》第 2280 条规定:"现实占有人如其所占有的盗窃物或遗失物系由市场、公卖或贩卖同类物品的商人处购得者,其原所有人仅在偿还占有人所支付的价金时,始得请求返还原物。"

③ 《日本民法典》第 193 条规定:"于前条情形,占有物系盗赃或者遗失物时,受害人或者遗失人自被盗或者遗失之时起 2 年间,可以向占有人请求返还其物。"

④ 在承认物权行为独立性和无因性的国家和地区,这种情形不发生善意取得问题。由于物权行为的独立性和无因性,债权行为的无效或者被撤销,不影响物权变动的效力,此时让与人已取得物的所有权,而不是无权处分人。

(3) 让与人已经将动产交付给受让人。占有的转移是适用善意取得的条件之一,即让与人向受让人实际交付了动产,而受让人实际占有交付的动产。只有通过交付即占有的转移,才发生动产所有权的转移。如果仅仅是达成动产交易的合意,而没有发生动产占有的转移,则不能产生善意取得的效果。根据《民法通则》第72条、《合同法》第133条和《物权法》第23条的规定,动产所有权从交付之时起转移。受让人要取得动产所有权,需要受让动产的交付,即占有受让的动产。动产的交付有现实交付和观念交付之分,观念交付又有简易交付、占有改定、指示交付和拟制交付之分。在现实交付和简易交付的情形下,受让人已经直接占有动产,因而受让人可根据善意取得制度取得动产权利。在让与人与受让人之间按照占有改定方式进行交付时,让与人根据其与受让人之间的约定而直接占有动产,受让人则间接占有动产。在这种情形下,能否直接适用善意取得制度,使受让人取得动产所有权,有肯定说与否定说两种观点。[①] 肯定说认为,占有改定可以适用善意取得。[②] 例如,《德国民法典》第933条明文规定占有改定可适用善意取得。否定说认为,占有改定不能适用善意取得。只有在让与人将动产交付给受让人时,善意的受让人才能取得动产所有权,因而只有在动产现实交付于受让人的情形下,才能适用善意取得。从动产公示方式看,采取占有改定的交付方式,动产所有权虽然因占有改定而发生变更,但缺乏必要的公示方式,第三人无法判断所有权的转移,而且让与人仍然可以再次将动产进行转让。否定说可能更有利于保护交易安全。在指示交付情形下,让与人将所有物返还请求权让与受让人,受让人可基于善意取得制度取得动产所有权。在拟制交付情形下,让与人将动产的权利凭证交付给受让人,受让人因占有动产的权利凭证而取得动产的所有权。因此,可以适用善意取得。

(4) 受让人的受让行为是善意的。动产的善意取得以受让人的善意为条件,如果受让人具有恶意,则不得适用善意取得。关于受让人的善意,有"消极观念说"与"积极观念说"两种判断标准。"消极观念说"认为,受让人的善意,是指第三人在取得该动产时,根据客观情况和第三人的交易经验,不知道也不应当知道出让人是无权处分财产。第三人的善意以接受出让人交付时为限,即使在受领财产后知道出让人是无权处分,也不影响受让人对动产所有权的善意取得。"消极观念说"减轻受让人的义务,有利于交易的实现,符合鼓励交易原则,但是使受让人在交易时不承担相应的注意义务[③],放纵受让人导致原所有权人与受

---

① 刘得宽先生列举了四种学说:否定说、肯定说、折中说、共同负担损失说。参见刘得宽:《民法诸问题与新展望》,三民书局1980年版,第325—326页。

② 参见梁慧星主编:《中国物权法研究》(上册),法律出版社1998年版,第494页;谢在全:《民法物权论》(上册),中国政法大学出版社1999年版,第229页。

③ 参见王利明:《物权法研究》,中国人民大学出版社1998年版,第268页。

让人之间的权利失衡。“积极观念说”则认为,受让人必须将让与人视为原权利人,即根据让与人的权利外在表现形式而信赖其有真实权利。换言之,受让人必须认为所实施的行为是法律行为。“积极观念说”要求受让人了解让与人对动产的真实权利,对受让人要求过于苛刻,导致较高的交易成本,不利于交易的实现,有悖于鼓励交易的原则,并且要对受让人的主观心理进行判断,缺乏可操作性标准。在以上两种学说之外,出现了第三种学说,即折中说,调和“积极观念说”与“消极观念说”。

折中说认为,在判断受让人是否为善意时,应采取推定的方法,即推定受让人是善意,而由原所有权人承担举证责任,证明受让人具有恶意或者有重大过失。如果原所有权人能够证明,受让人知晓让与人为无权处分,或者交易的价格明显低于市场价,或者交易并非在公开的市场进行的,则可以确定受让人具有恶意。

以上四个方面的要件是大陆法系国家善意取得制度的构成要件,是经过长期实践检验的产物。大陆法系的善意取得制度的历史和现实经验,值得我们构建善意取得制度时借鉴。

四、善意取得的法律效果

善意取得的法律效果,是指在符合善意取得构成要件的情形下所产生的法律后果。根据法律的规定,一旦具备善意取得的要件,即使让与人对让与的动产没有处分权,善意受让人也能够取得该动产的所有权,但在性质上该取得是原始取得还是继受取得,则存在较大争议,有原始取得说、继受取得说和原始取得或者继受取得之争无意义说三种观点:一是原始取得说。原始取得说认为,通过善意取得制度从无权处分人处取得动产所有权或者他物权,与继受取得在本质上不同,权利的取得并不是根据让与行为,而是根据法律的直接规定,善意取得属于原始取得。对善意取得动产所有权而言,原权利上的限制原则上应归于消灭,受让人对动产享有完全的所有权。二是继受取得说。继受取得说认为,除占有人无处分权之外,占有的让与行为与有效的法律行为并无明显差别,将善意取得理解为继受取得,并无不当。换言之,善意取得中的善意受让人取得权利不是来源于占有的效力,而是法律行为所产生的效力。三是原始取得或者继受取得之争无意义说。原始取得或者继受取得之争无意义说认为,善意取得的性质是原始取得还是继受取得的讨论是没有意义的。原始取得说是近代以来的通说。善意取得制度是国家立法基于保护交易安全,对原权利人和受让人之间的权利所作的一种强制性的物权配置,受让人取得动产所有权是基于物权法的直接规定而不是法律行为,具有确定性和终局性。

善意取得涉及三方当事人,即对动产原所有人、让与人和受让人产生三方面的法律关系：动产原所有人与受让人之间的法律关系，让与人与受让人之间的法律关系及原所有人与让与人之间的法律关系：

（1）原所有人与受让人之间的法律关系。在善意取得情况下，原权利人与受让人之间将发生一种物权变动。受让人因善意而即时取得标的物的所有权，原权利人的所有权因善意取得而消灭。善意取得是动产所有权取得的一种方式。原权利人不得向善意的受让人主张返还原物。换言之，如果原权利人向受让人请求返还原物，则受让人可以善意取得为由对原权利人的请求权进行有效的抗辩。

（2）让与人与受让人之间的法律关系。让与人与受让人因法律行为而产生债权债务关系，受让人因善意而取得让与人移转占有的动产所有权，而受让人应向让与人支付动产的价款，如果受让人没有按照与让与人之间的约定支付价款，应向让与人承担违约责任。

（3）原所有人与让与人之间的法律关系。原权利人因受让人的善意取得而丧失标的物的所有权，又不能请求受让人返还动产，法律上对原权利人提供了一种债权上的救济措施，即原权利人可以基于债权上的请求权要求让与人承担合同责任或者侵权责任。

五、我国的善意取得制度

我国的善意取得制度起源于 1911 年的《大清民律草案》，是继受大陆法系法律制度的产物。《大清民律草案》第 1278 条规定了善意取得制度，第 1279 条区分了占有委托物与占有脱离物。北洋政府起草的《民律第二次草案》沿袭了《大清民律草案》的规定，第 284 条规定了善意取得制度，第 285 条也对占有委托物与占有脱离物进行了区分。在 1929—1931 年之间，国民党政府颁布了我国历史上第一部民法典，建立了现代意义上的善意取得制度。法典的善意取得制度是以《大清民律草案》和《民律第二次草案》为蓝本，参照德国、瑞士、日本等国的善意取得制度而设立的，确立了以动产所有权转移为目的的善意取得制度，区分了占有委托物与占有脱离物。

1949 年新中国成立之后，我国废除了国民政府的“六法全书”，善意取得制度在我国大陆地区不复存在。民法理论与实务对我国民法是否存在善意取得制度，存在肯定说与否定说，但肯定说是主流观点。[①] 在《物权法》颁布之前，我国的基本民事立法并未承认善意取得制度，而是主要通过一系列的司法解释在司法实践中确立了善意取得制度，这些司法解释有《关于没收和处理赃款赃物若

① 参见梁慧星主编：《中国物权法研究》（上册），法律出版社 1998 年版，第 510—511 页；王利明：《物权法研究》，中国人民大学出版社 1998 年版，第 263—264 页。

干问题的暂行规定》、《民法通则司法解释》、《关于审理诈骗案件具体应用法律的若干问题的解释》、《关于依法查处盗窃、抢劫机动车案件的规定》、《担保法司法解释》等。

在《民法通则》颁布之后出台的民事特别法一般都涉及善意取得制度,如票据法、拍卖法和信托法等。《票据法》第12条从反面确认了善意取得票据的人,可以享有票据权利,从而表明《票据法》肯定了善意取得制度。《拍卖法》第58条通过对委托人和拍卖人对拍卖物责任的承担,保护了买受人对拍卖所得物的所有权,肯定了善意取得制度。《信托法》第12条关于善意受益人取得信托利益的规定,从法律上正式确立了动产善意取得制度。因此,我国通过民事特别法和司法解释的相关规定在《物权法》颁布之前已经确立了善意取得制度。

《物权法》第106条的规定颁布标志着我国基本民事立法承认善意取得制度,《物权法》所确立的善意取得制度有利于维护交易安全和良好的交易秩序,具有重大的意义。但是,《物权法》将善意取得制度适用于不动产,不适当地扩大了适用范围。善意取得制度仅适用于动产,而不适用于不动产。不动产物权建立了以不动产登记为公示方式的物权公示制度,不动产登记簿的公开性,使第三人无法在不动产领域内提出不知道交易标的物存在瑕疵的抗辩。不动产登记制度建立之后,善意取得制度无法适用于不动产,物权公示制度已经能够保护交易安全。

第二节 先占制度

先占,又称为无主物的先占,是指先占者以所有的意思,先于他人占有无主动产而取得所有权的事实。先占是原始社会取得所有权的唯一方法,也是古代法确定所有权的重要方法。在人类社会早期,地广人稀,许多财产没有确定归属,先占成为取得所有权的主要方法。在现代社会中,世间万物均有明确的归属,先占制度已经丧失了往日在法律中的重要地位,但是在某些特定的情形下,先占仍然可以成为取得所有权的一种方法。

先占制度虽然起源于古代罗马法,但在我国也具有悠久的历史。《唐律·杂律》有关于"先占取得"无主动产的规定,《唐律》的规定为宋代和元代法律所沿袭。明清时期的先占取得无主动产所有权的制度,在宋元时代的基础上进一步发展和完善。关于先占的性质,有三种不同的观点:

(1) 法律行为说。法律行为说认为,物权法以应具有所有的意思作为先占的要件,而这种所有的意思是取得所有权的效果意思,因而先占是法律行为。

(2) 准法律行为说。准法律行为说认为,先占是以意思为要素的准法律行为中的非表现行为,先占是法律对一定的意思行为承认其具有取得所有权效果的私法制度。[1]

(3) 事实行为说。事实行为说认为,“以所有的意思”并非效果意思而是事实上对动产的完全支配、控制的意思,基于对无主动产占有的事实,法律赋予取得所有权的效果,先占属于事实行为而不是法律行为。[2] 事实行为说是通说。[3]

关于无主物的先占制度,世界各国有三种立法例:

(1) 先占自由主义。不论动产或者不动产,均允许通过先占取得物的所有权。罗马法先占制度采取了先占自由主义的立法例。

(2) 先占权主义。国家对不动产有先占权,即不动产的先占权仅属于国家,国家之外的其他权利主体不得对不动产行使先占权。只有在法律许可情况下,动产才能通过先占取得所有权。日耳曼法先占制度采纳了先占权主义的立法例。

(3) 二元主义。无主物被区分为动产无主物与不动产无主物,动产无主物适用先占自由主义,自然人和法人均可依先占取得动产的所有权;不动产无主物则适用国家先占主义,只有国家才可取得不动产的所有权。大多数国家采取了二元主义的立法例。例如,德国和法国,对于无主的动产采用先占自由主义;对无主的不动产则采用先占权主义。

从我国的实际情况看,土地归国家和集体所有,任何自然人和法人不可能成为土地的所有权人,不动产不可能适用先占。在法律上能够适用先占的仅限于动产。我国先占制度的立法,应采纳二元主义立法例,即将无主物分为无主动产和无主不动产,对于无主动产,采先占自由主义,即自然人或者法人可基于先占取得动产的所有权;土地公有制的属性不适用先占制度,无主不动产则采先占权主义,即只有国家可通过先占取得不动产的所有权。先占制度的建立和完善,使现实生活中所有的无主物都依法确立所有权,实现物有所归,物尽其用,使先占权人的利益得到应有的保障,从而维护市场经济秩序的繁荣与稳定。

按照世界各国的通例,先占应当满足以下三个构成要件[4]:

(1) 占有的标的物是无主物。无主物,是指现在不属于任何人所有的物,至

---

① 学者之间对先占性质的讨论主要是在法律行为说与事实行为说之间展开,主张准法律行为说的学者非常少,但日本学者我妻荣是该说的倡导者。参见郑玉波:《民法物权》(第15版),三民书局1992年版,第99页。

② 我国台湾地区“民法”第802条规定:“以所有的意思,占有无主之动产者,取得其所有权。”郑玉波先生认为,“以所有之意思”不是效果意思,根据先占取得所有权是基于先占的事实而不是基于意思表示。参见郑玉波:《民法物权》(第15版),三民书局1992年版,第97页。

③ 参见谢在全:《民法物权论》(上册),中国政法大学出版社1999年版,第233页。

④ 在罗马法中,先占的构成要件为:无主物、占有的体素和占有的心素。参见周枏:《罗马法原论》(上册),商务印书馆1994年版,第339页。

于在此之前是否有所有权人,则在所不问。抛弃物和野生动植物均可成为无主物。先占人无须在主观上认识占有物为无主物,只要被占有的物在客观上属于无主物即可。[①] 遗失物和埋藏物应按照遗失物和埋藏物归属规则处理,不适用先占制度。法律许可的野生动植物也是无主物,无主物以野生动植物为主,如山上的野花、野兔、鸟兽等。[②] 野生动物经猎人捕获,因先占而取得所有权。

(2) 以所有的意思占有动产。先占必须具备心素和体素两个要件。心素,是指先占人必须以"所有的意思"对动产实施占有。即先占人有在事实上希望与所有权人处于同一支配地位的意思占有无主动产。体素,是指先占人必须对动产实施实际的控制。先占人对无主动产的控制并不是一定要有身体与动产的直接接触。例如,猎人将猎物捕获之后,将猎物放在笼子里面。心素与体素的结合,表明先占人对动产的占有构成先占。因先占属于事实行为,只要行为人发现无主的动产并占为己有,客观上足以使他人认为先占人有据为己有的表示即可。

(3) 占有的物不是禁止流通物。根据物的法律属性不同,物有流通物、限制流通物和禁止流通物之分。流通物可以成为先占标的物,某些限制流通物也可以成为先占的标的物,而某些限制流通物则不可。例如,枪支、弹药、毒品等不适用先占制度。禁止流通物不能成为先占的标的物。例如,国家专有的财产和淫秽书画、音像制品等不能适用先占制度。先占应遵守有关法律、法规的规定。

具备以上三个条件的先占,先占人取得无主动产的所有权。因先占而取得无主动产的所有权,先占人并非基于他人既存的权利取得动产所有权。故因先占取得动产所有权属于原始取得,而不是继受取得。先占是原始取得,动产上原有的所有负担,均归于消灭。但是,《物权法》并未规定先占制度。

第三节 拾得遗失物

一、拾得遗失物的概念及意义

拾得遗失物,是指发现他人遗失物而占有的一种法律事实。关于拾得遗失物的性质,学界均认为拾得遗失物是事实行为而不是法律行为。因此,拾得人不以具有完全行为能力为必要,也不以存在所有意思为必要。

---

① "然在先占人,无知悉其标的物为无主动产之必要,先占之物体,以客观的无主之动产为已足。先占人误以为非无主物而为先占,亦不妨取得其所有权。"史尚宽:《物权法》,中国政法大学出版社 2000 年版,第 125 页。

② 根据我国《物权法》第 49 条的规定,法律规定属于国家所有的野生动植物,归国家所有。因此,这部分野生动植物不得成为先占的标的。

关于拾得遗失物是否可以成为动产所有权取得的原因，历来有肯定和否定两种不同的立法例，即罗马法的不能取得动产所有权主义[①]与日耳曼法的取得动产所有权主义。《法国民法典》受到日耳曼法的影响，采纳了有限的拾得人取得遗失物所有权主义。《德国民法典》的遗失物拾得也继受了日耳曼法的有关制度。法国和德国的民法典对近代以来世界各国民法典的影响，使得现代世界各国民法典的拾得遗失物立法例，大多是在日耳曼法立法例的基础上发展而来，如《法国民法典》第 717 条、《德国民法典》第 973 条、《瑞士民法典》第 722 条、《日本民法典》第 240 条。

我国拾得遗失物制度起源较早。西周初期的《易经》对拾得遗失物的处理有详细的记载。[②]《周礼·秋官·朝士》记载："凡得获货贿、人民、家畜者，委于朝，告于士，旬而举之，大者公之，小者庶民私之。"凡得到遗失的财物、逃亡奴隶和跑失的牲畜，应向"朝士"报告，由"朝士"招领，十日内无人认领，奴隶马牛归公，小额财物则归拾者，以资酬劳。[③] 秦汉时有关遗失物归属的法律条文已经佚失，但汉代对于遗失物归属的法律规定与西周相似。晋律关于遗失物的法条也已佚失，但晋律也规定遗失物须归还原主，拾得遗失物者如不将遗失物送官就构成犯罪。与秦汉时期相比，法律对拾得遗失物的规定已经有所变化。秦汉之后法律限制遗失物按先占原则占为己有，唐代法律继承了该传统，立法强调遗失物必须交还原主，拾得人负有送官义务，而无获得其一部分为己有的权利。[④] 宋元时期的法律有关遗失物的归属问题，完全沿袭唐律令中的有关规定。与唐宋法律不同，明代的法律所保护的重点已不是遗失人的所有权，而是拾得人的利益[⑤]，这是拾得遗失物制度在我国古代立法史上的巨大变化。清代初始完全沿袭明律规定。[⑥] 1925 年北洋政府起草的民律草案沿袭了《大清民律草案》关于遗失物的规定。1929—1931 年之间颁布的《中华民国民法》采纳了附条件取得所有权主义。

我国拾得遗失物制度的历史沿革揭示，尽管我国存在"拾金不昧"的传统，但该道德规范并没有完全淹没法律规范。从秦汉至唐宋之间，对拾得遗失物的处理规则，对道德规范力量的强调达到了极点，但明清之后的立法发生了巨大的

---

① 罗马法注重保护所有人对客体的占有、支配以及所有人享有的处分权，因而在处理拾得遗失物关系时采用不取得所有权主义，即无论经过多长时间，拾得人对遗失物都不能够取得所有权。

② 按照当时的法律和惯例，凡得到跑失的牛、马、羊，或者遗失的其他财物，或者逃亡的奴隶的，应呈报专门机关，归还原主，并可以从原主那里得到补偿金，否则将遭到起诉。

③ 参见武树臣：《中国传统法律文化》，北京大学出版社 1996 年版，第 222—224 页。

④ 参见叶孝信主编：《中国民法史》，上海人民出版社 1993 年版，第 256—257 页。

⑤ "凡得遗失之物，限 5 日内送官，官物还官；私物召人识认，于内一半给与得物人充赏，一半给还失物人。如 30 日内无人识认者全给。限外不送官者，官物坐赃论，私物减二等。其物一半入官，一半给主。"《明律·户律·钱债》。

⑥ 《大清民律草案》第 1033 条规定："拾得遗失物人依特别法令所定取得其所有权。"

变化,从保护遗失物所有人转变为保护遗失物拾得人的利益。

我国在新中国成立之后的拾得遗失物制度经历了一个简单到逐步完善的过程。《民法通则》第79条规定了拾得遗失物的归属和费用,《物权法》在《民法通则》规定的基础上进一步完善了拾得遗失物制度,对拾得遗失物的归属(《物权法》第109条)、通知义务(《物权法》第109条)、交存义务(《物权法》第109条)、保管义务(《物权法》第111条)、费用偿还请求权(《物权法》第112条)、灭失责任(《物权法》第111条)等作出了明确的规定。根据《物权法》第109条和第113条规定,拾得遗失物归遗失物的所有权人,拾得人应及时通知遗失物的所有权人,或者送交有关部门。在6个月内,如果没有人认领的,则遗失物归国家所有。根据《物权法》第111条规定,拾得人具有保管拾得遗失物的义务,因拾得人保管不当而造成拾得遗失物损毁或者灭失的,拾得人应承担赔偿责任。此外,《物权法》第112条还规定了拾得人的费用返还请求权。

二、拾得遗失物的构成要件

拾得遗失物是引起遗失物拾得法律关系产生的法律事实,作为一种法律事实,拾得遗失物由人、物、行为三方面的内容构成:

(1)拾得遗失物的主体。遗失人与拾得人是拾得遗失物的主体,但理论与实务对遗失人和拾得人的范围的理解存在分歧。自然人和法人均可以成为遗失人。从遗失人与遗失物的关系看,遗失人通常为遗失物的所有人,但又不以所有人为限,遗失物的质权人、留置权人、保管人、借用人、承租人、运送人及他们的辅助占有人,均可成为遗失人。但是,根据《民法通则》的规定,享有财产的主体除自然人和法人外,还有国家。《物权法》并未规定拾得遗失物的主体问题。学界对国家是否成为遗失人,存在肯定与否定的观点。民法的私法属性决定,一切权利主体一旦进入私权领域,相互间的差别自动丧失,国家也失去公的身份。

虽然自然人和法人均可成为拾得人,但法人不同于自然人,法人的意思应当由机关或者按照约定由雇员执行,并不是机关或者雇员所有的拾得行为,均导致该法人成为拾得人。在以下两种情形中,私法人成为拾得人:一是法人机关的代表人或者雇员依照法人的指示执行拾得行为;二是法人与雇员约定在一定情形下拾得遗失物以该法人为拾得人。除了上述情形之外,法人机关的代表人或者雇员拾得遗失物的,以自然人的身份为拾得人。公法人是否能够成为拾得人,是一个颇具争议的问题。日本和德国承认公法人可成为拾得人,如《德国民法典》第978条和《日本遗失物法》第4条之规定。为解决在车、船、建筑物及非供一般公众通行场所因拾得遗失物而产生的纠纷,各国法律一般对在车、船、建筑物及非供一般公众通行场所遗失物之拾得人资格作了明确规范,如《瑞士民法典》第720条和《日本遗失物法》第10条之规定。

（2）遗失物。关于遗失物的概念，各国立法均未予以明文规定，学界对遗失物的构成要件的理解存在较大的分歧，从而遗失物概念也存在较大的差异。遗失物，是指有权占有人因非自愿而丧失对动产的占有，在被拾得前又无人占有的有主动产。遗失物的构成应满足三个方面的条件：一是动产及有主物。遗失物仅限于动产，不动产在性质上不可能遗失。遗失物还应是有主物，如果是无主物，则是先占制度的客体，而不是拾得遗失物制度客体。二是有权占有人非自愿而丧失对物的占有。如果所有权人丧失对动产的占有是基于自己的意思，则属于所有权的抛弃，该动产因所有权人的抛弃行为而成为抛弃物，并不是遗失物。遗失物是基于所有权人或者其他有权占有人非自愿的行为丧失对动产的占有。三是在被拾得之前无人占有。如果动产已经为他人所占有，则不能构成遗失物。所有权人将物遗失在他人住所、旅馆、车船、飞机等以及因错误而占有他人的动产，均不构成遗失物。

（3）拾得遗失物的行为。拾得遗失物是指发现遗失物且占有遗失物的事实行为。世界各国立法均没有规定构成拾得遗失物行为的条件，但学界认为发现和占有两个因素的结合构成拾得遗失物的行为。发现遗失物，是指认识遗失物之所在。发现在先，占有在后。不发现遗失物就不可能占有遗失物。发现仅仅为一种事实状态，不需要发现人意思的存在。占有遗失物，是指对于遗失物获得事实上的管领力。在遗失物拾得的两个构成要素中，虽然发现先于占有，没有遗失物的发现，则不可能产生遗失物的占有，但遗失物占有的重要性却高于遗失物的发现。①

具有以上三个条件的，拾得遗失物即宣告成立，而拾得人不能像先占一样当然取得遗失物的所有权，拾得人还须按照一定的程序履行一定的义务，才有可能取得遗失物的所有权。

三、拾得遗失物的效力

拾得遗失物因拾得人对遗失物的处置方式的不同而产生不同的法律效力。拾得人对遗失物的处置，是指拾得人是合法处置遗失物，还是非法处置遗失物。虽然世界各国法律均规定了拾得人享有的各种权利，但是拾得人对这些权利的享有并非因拾得行为而当然取得，实际上拾得遗失物仅仅是拾得人获得权利的基础，拾得人最终是否享有这些权利是以拾得人履行各种法定义务为前提的。在拾得遗失物的法律关系中，应当突出拾得人的义务，以义务为中心来设定权

① 例如，某甲与某乙同行，某甲较某乙先发现遗失物，如果某乙抢先占有遗失物，则某乙为拾得人，即使某乙发现遗失物是由某甲所告知，情况也是如此。原因在于某乙具备发现和占有两个要素，而某甲仅具有发现的要素，而欠缺占有的要素。

利，拾得人如不按照法律履行义务，则不能够享有法律所规定的权利，而且在一定的情形下还须承担相应的法律责任。

(1) 拾得人的义务。遗失物的拾得人负有一定的法定义务，如果拾得人违反法定义务，将承担相应的法律责任。遗失物拾得人的法定义务有通知义务、保管义务、报告义务、交存义务、返还义务：

一是通知义务。《物权法》第109条规定了拾得人的通知义务。拾得并占有遗失物的拾得人，其首要义务是立即通知遗失人或者所有人或者其他有权受领人。即使拾得人按照法律的规定，在向主管机构履行了报告义务之后，才知晓遗失人、遗失物的所有人或者其他有权受领人的，通知义务仍然存在。在拾得人无法知晓遗失人、遗失物的所有人或其他有权受领人的情形下，拾得人的通知义务则被免除。拾得人违反通知义务的，将丧失报酬请求权。《德国民法典》第972条规定了违反通知义务的法律后果，但是我国《物权法》并未规定违反通知义务的法律后果，从而使通知义务的规定流于形式。

二是保管义务。拾得遗失物原为无因管理，法律将其从无因管理制度分离出来而成为独立的法律制度。在通常情形下，拾得人居于无因管理人的地位，负有保管遗失物的义务[①]，以免遗失物毁损、灭失。《德国民法典》第966条和《瑞士民法典》第721条规定了拾得人的保管义务。法律在强调拾得人对遗失物应承担保管义务的同时，还规定了拾得人在必要时负有维持遗失物的义务。[②] 但是，如果拾得人未能尽到合理保管遗失物的义务，则应当承担相应的法律责任。我国《物权法》既规定了拾得人的合理保管义务，又规定了拾得人对故意和重大过失而造成遗失物损毁或者灭失的，承担损害赔偿责任。

三是报告义务。报告义务不同于通知义务，通知义务的对象是遗失人、所有人或者其他有权受领人，而报告义务的对象则是主管机构。按照《德国民法典》的规定，拾得人在无法知晓有权受领人时，应立即将遗失物及可能对查明有权受领人有关的重要信息报告主管机构。拾得人依法应将遗失物交付公平拍卖时，在拍卖前也应报告主管机构。我国台湾地区"民法"第803条将拾得人的通知义务和报告义务规定在一起，即拾得人在知遗失物之所有人时应负通知义务，在不知遗失物之所有人或所有人所在不明时则负向警署或自治机关的报告义务。

---

① "拾得人居于无因管理地位，应负保管遗失物之责任。"史尚宽：《物权法论》，中国政法大学出版社2000年版，第131页。

② 在德国，如果遗失物有易于腐败的性质或其保管费用过高，拾得人应将拾得遗失物交付公平拍卖，以拍卖遗失物的价金代替遗失物；在遗失物被拍卖后，拾得人有权将拍卖所得的价金交付于主管机构，以免除自己的保管义务；如果主管机构命令拾得人将拍卖遗失物的价金交付给主管机构，则拾得人应履行交付价金给主管机构的义务。在瑞士，经过主管机构批准且公告后，拾得人不仅在遗失物的保管费用过大时可以拍卖遗失物，而且在由警署或公共场所管理机构保管超过一年以上的，保管机构也能够公平拍卖遗失物。在拍卖遗失物后，以拍卖价金代替遗失物。

在我国台湾地区，拾得人可以在履行遗失物招领揭示的义务和报告义务两者之间进行选择，但如拾得人选择向警署或者自治机关履行报告义务，则其可免除对遗失物作出招领揭示的义务。然而，在拾得人已为招领揭示之后一定时期内无人认领的，拾得人仍然应履行报告义务。总之，在通常情形下，报告义务与通知义务是选择适用的，遗失物的拾得人履行其中一种义务，则免除了另一种义务。但是，我国《物权法》并未规定拾得人的报告义务。因此，立法上存在缺漏。

四是交存义务。从各国的立法看，拾得人的交存义务并不一定包含在报告义务中。我国《物权法》第109条规定了拾得人的交存义务。根据《德国民法典》的规定，拾得人在履行报告义务时，并不负有交存义务，只有在主管机构有要求的情形下，拾得人才有义务将遗失物或者其拍卖所得价金交付给主管机构；然而，在主管机构没有要求的情形下，将遗失物或者或其拍卖所得价金交付给主管机构则是拾得人的权利而不是义务。根据《瑞士民法典》的规定，拾得人的交存义务也是一项独立的义务，但其依据遗失物的价值对拾得人的交存义务作出了区别对待。日本的拾得遗失物立法，对拾得人规定了较为严格的交存义务。[1]总之，拾得人交存遗失物的义务与报告义务是两种不同的义务。拾得人违反交存义务的，应承担相应的法律责任。

五是返还义务。遗失物并不是无主物，各国法律均规定遗失物在拾得后一定期间内，如果有人认领的，拾得人应将遗失物返还给有权受领人，但是各国对于该期间的规定，则有所不同。我国《物权法》规定的期限较短，期限为发布招领公告之日起6个月。《瑞士民法典》规定的期限较长，在公告或者报告后5年内，遗失物的拾得人有返还义务。德国、日本和我国台湾地区法律也规定该期间为6个月，而意大利法律则规定为1年。此外，各国立法对于接受返还的主体有不同的规定。《德国民法典》和《日本遗失物法》的规定基本相同，即拾得人应向遗失人或其他有权受领人返还遗失物。《瑞士民法典》则规定，拾得人将遗失物返还给失主。更多国家或者地区的立法则规定，拾得人应将遗失物返还给遗失物的所有人，如意大利、越南和我国台湾地区等。在许多国家遗失物的保管人并非拾得人，将遗失物返还给有权受领人时，如果返还人不是拾得人，则返还人在返还前应获得拾得人的同意，以保证拾得人的有关权利的实现。

（2）拾得人的权利。遗失物的拾得人在履行各种法定义务之后，享有费用偿还请求权、报酬请求权以及取得遗失物所有权：

---

① 在日本，拾得人在拾得遗失物后，应尽快向遗失人或所有人以及其他有权受领人返还遗失物，或者交给警察机关，如果从拾得之日起7日内不为上述行为的，将丧失费用偿还请求权、报酬请求权及取得遗失物所有权的权利；如果在船只、车辆、建筑物等场所拾得物件的，在24小时内不将遗失物交付管守人的，也将丧失拾得人的各种权利。如果拾得人履行了交存义务，则其应负担的招领、保管及返还义务即归于消灭，而受领交付的有关机关则应为遗失物的招领、保管及返还。

一是费用偿还请求权。遗失物的拾得人或者接受拾得人交存的遗失物的机构,有权请求遗失物受领人偿还其所支出的合理费用。[①]《瑞士民法典》仅规定拾得人有权请求赔偿全部费用,而对费用具体内容并未作出规定。日本的法律则明确规定了费用的具体内容,根据《日本遗失物法》第3条的规定,拾得人得请求偿还的费用包括遗失物的保管费、公告费及其他必要费用,而且该法第6条还明确规定拾得人的费用偿还请求权应在物件返还后1个月内提出,如果在物件返还后经过1个月的,丧失费用偿还请求权。此外,根据《德国民法典》第972条和《日本遗失物法》第3条的规定,在遗失物受领人偿还必要费用之前,拾得人对遗失物享有留置权。留置权的规定,切实保护了遗失物拾得人的合法权益。但是,我国《民法通则》和《物权法》仅规定了拾得人支出费用的偿还请求权,既未规定要求偿还费用的具体种类和内容,又未规定遗失物的拾得人对遗失物享有留置权。因此,我国法律的规定过于抽象,缺乏可操作性。

二是报酬请求权。在遗失物拾得后一定期限内,遗失人、所有人或其他有权受领人认领遗失物的,拾得人有权请求受领人支付适当的报酬。德国[②]、意大利、日本等国立法均明确规定了遗失物拾得人的报酬请求权,如果遗失人不按照法律规定向拾得人支付报酬,则拾得人可以留置遗失物,以保证自己享有的报酬请求权的实现。但是,如果所有有权受领人均抛弃受领遗失物的权利,则免除其向拾得人支付费用和报酬的义务。我国《民法通则》和《物权法》没有规定遗失物的拾得人享有报酬请求权,显然,不符合基本的法理。[③] 但是,根据无因管理,遗失物的拾得人仍然有权要求遗失物的所有权人或者其他有权受领遗失物的受领人支付相应的报酬。

三是取得遗失物所有权。根据各国立法的通例,受领人在一定期限内未认领遗失物的,有关机构应将遗失物或者拍卖遗失物所得的价金交给拾得人,拾得人则取得遗失物或者拍卖遗失物的价金的所有权。根据《德国民法典》第973条的规定,拾得人向主管行政机关报告拾得物后6个月期满,即取得对拾得物的所有权。但是,根据我国《民法通则》和《物权法》的规定,遗失物的拾得人确定不能取得遗失物的所有权,这是立法缺陷。

拾得人取得拾得遗失物的所有权,属于原始取得。拾得遗失物上的物权

① 《德国民法典》第970条规定:"拾得人出于保管或保存遗失物的目的,或出于查明有权受领人的目的而支出依当时情况认为必要支付的费用的,可以向有权受领人请求偿还该费用。"

② 《德国民法典》第971条第1款规定:"拾得人可以要求受领权利人支付拾得人报酬。拾得物的价值在1000马克以下者,其报酬为该价值的5%;超过1000马克的部分,为超过部分价值的3%计算;拾得物为动物的,为其价值的3%;如拾得物仅对有权受领人有价值的,拾得人的报酬应依公平原则加以确定。"

③ 《物权法》的规定混淆了法律规范和道德规范之间的界限,不恰当地将道德规范提升为法律规范。

(质权)因拾得人取得拾得遗失物的所有权而归于消灭。在拾得遗失物的认领期间内,拾得人对拾得遗失物享有期待权。[①] 遗失物拾得人的这种期待权既可处分,也可继承。

第四节 发现埋藏物

一、发现埋藏物的概念及意义

发现埋藏物,是指占有发现埋藏物而取得其所有权的一种法律事实。这种法律事实是动产所有权取得的一种方式,与先占、拾得遗失物的性质相同。发现埋藏物属于法律事实中的事实行为,而不是法律行为。不以所有的意思为必要,发现人仅须有意思能力,而无须具有完全行为能力。关于发现埋藏物所有权的归属,大陆法系国家有三种立法例:

(1) 发现人取得所有权主义。罗马法最初认为埋藏物是土地的附合物,归土地所有权人所有,后来改为由发现人与土地所有权人各取一半。[②]《法国民法典》和《德国民法典》继受了罗马法的规则,规定土地所有权人发现埋藏物的,归土地所有权人所有;他人发现埋藏物的,发现人与土地所有权人各得一半。

(2) 公有主义。埋藏物归国家或者诸侯所有,发现人不能获得埋藏物的所有权,日耳曼法采纳公有主义的立法例。

(3) 报酬主义。发现埋藏物的所有权,归埋藏物的所有权人所有,发现人仅可取得不超过埋藏物价值半数的报酬。瑞士民法采纳报酬主义的立法例。[③]

关于发现埋藏物的立法例,我国《民法通则》第 79 条和《物权法》第 114 条采纳了公有主义,即埋藏物的所有权归国家所有,发现人既不能取得埋藏物的所有权,又不能获得相应的报酬。在现代社会中,公有主义的立法例可能是低效的。

二、发现埋藏物的构成要件

按照世界各国的发现埋藏物制度,发现埋藏物的构成,需要满足以下三个要件:

(1) 应为埋藏物。埋藏物,是指埋藏于土地或者包藏物之中且权属不明的动产。埋藏物的构成,应满足三个条件:一是埋藏物以动产为限,不动产因体积

---

① 参见史尚宽:《物权法论》,中国政法大学出版社 2000 年版,第 136 页。

② 参见〔意〕彼德罗·彭梵得:《罗马法教科书》,黄风译,中国政法大学出版 1992 年版,第 201 页。

③ 《瑞士民法典》第 723 条第 3 款规定:"埋藏物的发现人,有请求相当报酬的权利。但报酬不得超过埋藏物本身价值的半数。"

过大不易埋藏。[①] 动产价值的高低并不构成埋藏物的条件。二是埋藏物应为埋藏之物,隐藏在他物之中,从外部无法识别其存在状态。他物在学说上称为包藏物,埋藏物的包藏物通常为土地,但又不以土地为限,建筑物和动产也可成为包藏物。例如,皮箱的夹层中所藏之物,夹层衣服内所藏之物。埋藏的原因可以是人为的,也可是自然的。三是所有权人不明。埋藏物是指根据其性质或者存在的状态,可以推定其曾为人所有,而且现在仍然为其或者其继承人所有,但所有人究竟是谁,却难以辨明,因而埋藏物是有主物[②],并非无主物。埋藏物的所有权人通常已经丧失占有,如果仍然占有,则可知其所有权人,不会产生所有权人不明的状态。反之,动产虽然埋藏在包藏物中,但所有权人非常明确或者根据情形可以推定出所有权人,则不是埋藏物。

(2) 发现并占有埋藏物。发现埋藏物是指认识埋藏物之所在。至于发现是有意的还是偶然的,则不影响埋藏物的发现。仅有发现仍然不能构成发现埋藏物,还须有对埋藏物的占有,发现与占有的结合才构成发现埋藏物。[③] 虽然拾得遗失物和发现埋藏物均以发现与占有为其构成要件,但两者之间的重点不同。前者占有优于发现,而后者发现优于占有。

(3) 他人的埋藏物。埋藏物仅限于他人的物,而不是自己的物。如果自己埋藏自己发掘,则根本没有属于发现埋藏物的必要。埋藏的时间通常应较为久远,但又不以此为必要。《德国民法典》第 984 条和《瑞士民法典》第 723 条规定以经过较长的期间为必要。

三、发现埋藏物的效力

发现埋藏物的效力,取决于不同国家的立法例,既可归发现人所有,也可归国家所有。大多数国家的立法例规定发现埋藏物归发现人所有,或者发现人与埋藏物的所有人各取一半,如《德国民法典》第 984 条和《法国民法典》第 716 条之规定。少数国家采取归国家所有的立法例,我国属于这种立法例。《民法通则》和《物权法》规定埋藏物归国家所有,值得探讨。在现代社会主义市场经济条件下,立法要求发现埋藏物归国家所有,脱离了我国社会现实,起不到应有的效果。除了具有历史、艺术、文化和科学价值的文物归国家所有之外,其他的埋藏物应采纳大多数国家通行的规则,归埋藏物的发现人所有。

---

① 日本学者我妻荣先生认为,在理论上埋藏物不应仅限于动产,如建筑物也可被埋藏。参见郑玉波:《民法物权》(第 15 版),三民书局 1992 年版,第 104 页。

② 参见郑玉波:《民法物权》(第 15 版),三民书局 1992 年版,第 104 页。

③ 根据《日本民法典》第 241 条的规定,仅有发现即可构成而无须占有。根据《德国民法典》第 984 条的规定,在发现之外,还须有占有,才构成发现埋藏物。

第五节　添　　附

添附是附合、混合及加工的统称。附合、混合及加工均为动产所有权取得的原因,在法律效果上具有共同特点,因而合称为添附。添附是法律事实,因添附而取得动产所有权属于原始取得,与先占、拾得遗失物、发现埋藏物等性质完全相同。

添附,是指不同所有权人物的结合而形成一个不可分的物。添附起源于罗马法①,是罗马法以来一种公认的动产所有权取得的一种方式。② 因添附而形成的物,事实上不可能恢复原状,或者经济上不合理,各国立法根据添附的事实,重新确认物的归属问题。③

数个物的结合形成一个独立的物,导致所有权的单一化是添附特点。添附必须是不同所有权人之间物的结合,可能是动产与动产之间的结合,也可能是动产与不动产之间的结合。添附制度旨在鼓励经济价值的创造,以避免回复原状给社会经济产生的破坏,以维护社会经济的稳定,因而在法律上因添附而结合成为一个独立的物,由一人取得合成物的所有权或者共有该合成物,即所有权的单一化,这也是"一物一权"原则的体现。添附物的归属问题,在法律上属于任意性规范。根据私法自治原则,可由当事人协商确定添附物的归属。《民法通则司法解释》第 86 条对添附物的归属问题有明确的规定,但该规定有不合理之处,有待进一步的完善。但是,我国《物权法》还没有关于添附——附合、混合和加工的规定,这是物权法的一个重大的缺漏。

一、附合

附合,是指一物附合于他物成为该物的重要组成部分,不损毁物则不可分离,或虽可分离但费用过大。附合有不动产与动产的附合、动产与动产的附合两

---

① 在罗马法中,添附是指两物(其中一物为主物,另一物为附属物)合并而发生的所有权取得,它发生在附属物被主物吸收而变成主物的组成部分或构成要素,主物的所有者就是这个整体的所有者。参见〔意〕彼德罗·彭梵得:《罗马法教科书》,黄风译,中国政法大学出版 1992 年版,第 201 页。

② "罗马的法学家并不认为添附是取得所有权的方法,而认为是主物所有权的扩大和增加。但后世的注释法学家则将添附作为取得所有权的方式之一。"周枏:《罗马法原论》(上册),商务印书馆 1994 年版,第 340 页。

③ 关于添附物的归属有三种方式:(1) 回复原状,各归其主;(2) 维持现状,使各物的所有权人之间形成共有关系;(3) 维持现状,使物归属于一个人独有。第一种方式虽然并不是绝对不可能,但会造成社会资源的浪费;第二种方式容易产生纠纷;第三种方式则是世界各国立法的通行方式。参见郑玉波:《民法物权》(第 15 版),三民书局 1992 年版,第 106 页。

种情形。[①]

（一）动产与不动产的附合

动产与不动产的附合，简称为不动产附合，是指动产与他人不动产的结合而成为不动产的不可分割的组成部分，从而发生动产所有权变动的法律事实。不动产附合的构成，应满足三个要件：

（1）动产与不动产的附合。动产是附合者，而不动产是被附合者。动产附合于不动产之上。至于附合的原因可以是自然的，也可以是人为的；可以是当事人的行为，也可以是第三人的行为。人的行为可以是善意的，也可以是恶意的。

（2）动产因附合而丧失独立性。动产因附合的法律事实的发生而丧失其自身的独立性，不动产所有权人因此取得附合物的所有权。动产附合于不动产，成为不动产不可分割的组成部分。一旦动产与不动产分离，不是损毁就是改变其性质。动产附合于不动产之后，其固定性和持续性表明动产已经丧失其独立性。例如，甲在装修时，误将乙的地砖铺设到自己家，将涂料刷到墙上。

（3）动产、不动产为不同的所有权人。动产与不动产必须分别属于不同的权利主体，如果动产与不动产均属于同一权利主体，则不可能发生因附合而取得动产所有权问题。只有在动产属于他人的情况下，不动产所有权人因附合而取得动产的所有权。

符合上述条件的，构成动产与不动产的附合。不动产附合成立，即产生相应的法律效力。动产与不动产的附合导致不动产所有权人取得动产所有权。不动产所有权人取得动产是事实行为，而不是根据法律行为取得，属于原始取得。在动产上所设立的一切负担，因动产所有权的消灭而归于消灭。动产所有权也因附合而归于消灭，动产的原所有权人因附合而受到损害的，可以根据不当得利的规定，请求不动产所有权人进行赔偿。

（二）动产与动产的附合

动产与动产的附合，简称为动产附合，是指动产与动产的结合而成为一个独立物，从而产生动产所有权变动的法律事实。动产附合的构成，应满足如下三个要件：

（1）动产与动产的附合。附合者与被附合者均为动产，附合是人为的还是自然的，是善意的还是恶意的，则在所不问。

（2）动产附合之后成为一体而丧失独立性。一动产在附合之后，丧失本身的独立性而成为另一动产的组成部分。两个动产无法分离，或者分离之后会损毁动产。例如，甲将乙的颜料涂画在自己的画布上。

---

① 在罗马法中，附合分为不动产与不动产的附合、动产与动产的附合以及不动产与动产的附合三种形式。参见周枏：《罗马法原论》（上册），商务印书馆1994年版，第340—343页。

(3) 动产分属不同的权利主体。动产属于同一所有权人,则不会发生动产附合问题,产生所有权的变动。

符合上述条件的,构成动产与动产之间附合,形成之后的结合物称为合成物。动产附合成立即产生相应的法律效力,原则上各动产所有权人按动产附合时的价值共有合成物。但是,如果两个动产,一个可以视为主物,另一个可以视为从物,则主物的所有权人获得合成物的所有权。

二、混合

混合,是指所有权人不同的动产相互搀合在一起,难以分开并形成新的财产,从而发生动产所有权变动的法律事实。因混合而产生的动产,称为混合物。混合物的构成,应满足三个要件:

(1) 动产与动产之间的混合。混合必须是动产与动产之间的混合,动产与不动产不可能发生混合。动产可以是固体物、液态物和气态物,固体物之间的混合(如米与米的混合),称为混淆;液体物之间的混合(如酒与酒的混合),称为混和。[①]

(2) 不能识别或者识别的费用过高。动产与动产之间的混合必须达到不能识别或者识别的费用过高的程度。例如,茅台酒与五粮液酒之间的混合,是不能识别;大米与糯米之间的混合,虽然能够识别但识别的费用过高。在附合的情形下,动产虽然不能分离,但能够识别;而混合之后的动产不仅不能分离,而且还难以识别。

(3) 动产分属不同的权利主体。混合的动产与被混合的动产应分属不同的所有权人,如果属于同一所有权人,不会产生所有权的变动,则不会产生混合的问题。

符合上述条件的,即产生混合的效力,发生物权的变动。[②] 原则上,各动产所有权人按其混合时的价值共有混合物。如果有主物、从物之分的,则主物的所有权人取得混合物的所有权。例如,咖啡和糖的混合,咖啡可以视为主物,咖啡的所有权人取得混合物的所有权。在我国司法实践中,对混合物的归属问题的处理,通常根据原动产价值的高低来决定,混合物通常归动产价值高的一方当事人所有,而对价值低的当事人给予相对于原动产的补偿。[③]

---

① 参见史尚宽:《物权法论》,中国政法大学出版社 2000 年版,第 146 页。

② "……无论混合具有怎样的性质,罗马法文献均不承认所有权的改变……"〔意〕彼德罗·彭梵得:《罗马法教科书》,黄风译,中国政法大学出版社 1992 年版,第 207—208 页。

③ 参见王利明:《物权法论》(修订版),中国政法大学出版社 2003 年版,第 197 页。

三、加工

加工,是指对他人动产进行制作或者改造而产生所有权变动的法律事实。加工起源于罗马法①,近代大陆法系国家通过民法典确立了加工制度。加工的构成,应满足三个构成要件:

(1) 标的物仅限于动产。加工的标的物仅限于动产,通常是利用他人的动产进行制作或者改造,从而形成新的动产。但对动产的加工之后,制作的新物为不动产的,是否属于加工,日本学者对此持肯定态度。② 对不动产的"加工"③,不会导致所有权的变动,仅可产生无因管理或者不当得利问题。

(2) 加工的动产应属于他人。加工的材料应当属于他人,而不是加工人自己的材料。如果是加工人自己的材料,则不会产生所有权变动问题,就没有适用加工制度的必要。即使在加工过程中加入了部分自己的材料,也不影响加工的成立。被加工的材料,既可以是原材料,也可以是粗制品或者半制品。

(3) 因加工行为而制作成为加工物。加工必须有加工行为,以及因加工行为而产生的加工物,即加工行为与加工物之间的因果关系。加工行为就是对他人的原材料进行制作或者改造的劳动,投入了劳力、知识、技术以及时间等。加工行为属于事实行为。加工之后所制作的物必须是一个新物,否则不会产生加工问题。例如,将他人的布料制成衣服,将他人的皮革制成皮具。如果仅对他人的物品进行修补,则不构成加工。例如,修补皮鞋。

符合上述条件的,构成加工的效力,产生加工物的归属问题。罗马法对加工后的新物归属问题,存在较大的争议:一种观点强调对加工人利益的保护,主张新物归加工人所有;另一种观点则强调对原材料所有人利益的保护,主张新物归材料所有人所有。随着社会经济的发展,法律逐渐强调对加工人利益的保护。现代大陆法系国家或地区有两种立法例:一是以材料主义为原则,以加工主义为例外。这种立法例规定,加工物的所有权以归属于材料所有权人为原则,以归属于加工人为例外。《法国民法典》、《日本民法典》和我国台湾地区民法采取这种立法例。二是以加工主义为原则,以材料主义为例外。这种立法例规定,加工物的所有权以归属于加工人为原则,而以归属于材料所有权人为例外。《德国民法典》和《瑞士民法典》采取这种立法例。

---

① "加工(specificazione)是对原材料的改造,以使物获得一种自己特有的性质,即它的经济一社会功能,比如:人们用葡萄制成葡萄酒,用青铜或大理石制造雕像,用羊毛制作毛衣。"〔意〕彼德罗·彭梵得:《罗马法教科书》,黄风译,中国政法大学出版社 1992 年版,第 206 页。

② 参见谢在全:《民法物权论》(上册),中国政法大学出版社 1999 年版,第 266 页。

③ 例如,对土地的开垦等。

第七章 共 有

共有,是指两个或者两个以上权利主体对一物共同享有所有权。[①] 多数人共同所有一物,是多数人所有关系。近代以来,除了单独所有权之外,世界各国立法承认共同所有权,简称为共有,即一物的所有权同时为数人共同享有的状态。根据一物一权原则,一物上仅能够设立一个所有权,但一个所有权能够同时为两个或者两个以上的人享有。权利应当有主体,但是权利主体的数量并没有限制的必要。因此,各国立法承认共有制度。[②]

共有可分为按份共有和共同共有两种形式,我国《物权法》第 93 条规定共有包括按份共有和共同共有两种。按份共有是指按份共有人对共有的不动产或者动产按照份额享有所有权,《物权法》第 94 条规定了按份共有。共同共有是指共同共有人对共有的不动产或者动产共同享有所有权,《物权法》第 95 条规定了共同共有。

第一节 共有的历史形态

从共有制度的历史发展看,共有经历了罗马法的共有、日耳曼法的总有和合有三种形态。

(1) 罗马法的共有。共有"是指数人共享一物的所有权"[③]。共有是罗马法共同所有的一种形态。在罗马法中,共有没有按份共有与共同共有之分,主要是指按份共有。[④] 罗马法的共有是建立在个人权利基础上的,共有人各自独立,应有部分明确。共有人对共有物的权利表现为一种抽象的、观念上的权利,共有人对整个共有物享有所有权,能够独立地行使所有权,但是共有人行使权利的范围不得超过共有的份额。共有人不必事先获得其他共有人的同意,即可转让或者抛弃共有份额。[⑤] 共有是对所有权量的分割,而不是质的分割。共有人对于标

---

① 我国《物权法》第 93 条规定:"不动产或者动产可以由两个以上单位、个人共有……"该条的表述不规范,"单位"和"个人"并非法律术语,应代之以"法人"和"自然人"。

② 参见郑玉波:《民法物权》(第 15 版),三民书局 1992 年版,第 114 页。

③ 参见〔意〕彼德罗・彭梵得:《罗马法教科书》,黄风译,中国政法大学出版社 1992 年版,第 230—234 页。

④ 参见周枏:《罗马法原论》(上册),商务印书馆 1994 年版,第 309 页。

⑤ 参见〔意〕彼德罗・彭梵得:《罗马法教科书》,黄风译,中国政法大学出版社 1992 年版,第 232 页。

的物均保有管理及收益的权能，但对标的物的管理采取多数决定的方式。在共有物的分割上，共有人可以协商解决，罗马法有实物分割、折价、变卖等三种方式。共有人不能协商解决共有物的分割问题，可以申请仲裁，也可以诉请法院解决。

（2）日耳曼法的总有。总有是多数人结合的一种共同体，以团体成员资格而享有财产收益权的状态。日耳曼的村落共同体的所有形态是总有的典型。在日耳曼法中，总有是对所有权的内容，按照团体内部的规约加以分割，是对所有权的一种质的分割，所有物的管理权和处分权能属于村落团体，村落的成员仅享有所有物的使用和收益权能，各个成员不能单独让与这个权能，也没有应有部分可言，更不能请求分割。收益权能是基于村落的成员资格享有，同时也因该村落成员资格的丧失而丧失。总之，日耳曼法的总有制度是法律团体本位的具体体现，是团体色彩最为强烈的共同所有形态。[①]

在近代所有权制度形成之前，这种共有所有形态在农村共同生活中极为普遍，现代社会仍然有残留的痕迹。例如，日本的入会权[②]，新中国成立前习惯上的祀产、祠堂、学田等宗族财产以及会馆等与日耳曼法上的总有类似。

（3）合有。合有，又称为公同共有，是介于总有与共有之间的一种共有所有的形态，数人基于公同关系而共同享有一物所有权的状态。合有起源于日耳曼法的总有，是团体色彩较浓的共同所有形态。[③] 共有人之间具有共同目的，而共同所有是实现共同目的的手段而已。共有人对共有物的管理权能受到为实现共同目的而设立规则的限制，在共同目的存续期间，各共有人不得处分应有部分，也不得请求分割。换言之，各共有人的应有部分在共同目的存续期间是潜在的；仅在共同目的终了时，应有部分确定并可处分。《德国民法典》和《瑞士民法典》规定了合有，德国民法上的合伙财产、共同继承财产及夫妻共同财产属于合有形态的共同所有。

总有与合有之间有两个方面的区别：一是总有的构成人员较多，且结为团体；而合有的所有人，则人数较少，仅为共同态而已。二是总有财产的管理、处分权归属于构成成员的团体，而不是单个的成员；合有的构成成员均享有管理、处分的权利，只不过管理、处分权应由各个构成成员结合一致、共同行使而已。

总之，共有是量的分割，而总有是质的分割，合有是介于共有与总有之间的

---

① 随着社会经济的发展，总有团体转化为法人，总有权也相应地成为法人的单独所有权。参见梁慧星主编：《中国物权法研究》，法律出版社 1998 年版，第 550 页。

② “入会权谓某村之住民于一定之山林原野，依其村习惯上之规则，共为收益之权利。”史尚宽：《物权法论》，中国政法大学出版社 2000 年版，第 154 页。

③ 合有制度的起源，原来是古代亲属法上的家族共同态，因共同继承等身份关系而发生。参见李宜琛：《日耳曼法概说》，中国政法大学出版社 2003 年版，第 75 页。

一种共同所有的形态。共有是个人主义本位法律的共同所有形态,而总有是团体本位法律的共同所有形态。共有为近代以来世界各国立法所普遍采纳,合有也有被采纳,但总有已经几乎消失,原因有以下两个方面:一是所有权质的分割已经被地上权、永佃权和典权等用益物权所替代;二是团体共有的形态已经为现代法人制度所替代[①],成为单独所有。

第二节　按份共有

一、按份共有的概念及性质

按份共有,又称为分别共有,是指两个或者两个以上的共有人按照一定的份额分别对共有财产享有权利和承担义务的一种共有关系。按份共有是最为常见的共有方式。按份共有制度起源于罗马法的共同所有形态,现代各国的按份共有制度直接继受了罗马法的按份共有制度。我国《民法通则》和《物权法》确立了共有制度,将共有分为按份共有和共同共有。

按份共有是对所有权的量的分割[②],而不是对所有权质的分割。[③] 共有人对共有物的权利并非局限于共有物的特定部分,而是及于共有物的全部。共有人对共有物享有一定的份额,按照该份额享有权利。共有的份额由当事人约定,或者按照出资比例决定。如果各个共有人共有的份额不明确,则推定各共有人份额相等。共有人对共有物的份额是抽象的存在,既不是共有物量上的分割,也不是共有物的使用部分。共有人对共有物的份额并不局限于共有物的特定部分,而是存在于共有物的整体。共有人的权利义务及于整个共有物,即共有人按照各自的份额对整个共有物享有权利并承担义务。关于按份共有的性质,理论上分歧较大,主要有以下五种学说[④]:

(1) 实在部分说。实在部分说认为,按份共有物确实有实在部分存在,各个共有人在实在的部分上,各享有一个所有权。该说违反一物一权原则,未被各国立法采纳。

---

① 即为社团法人和财团法人所替代。在有一定数量的成员的情形下,设立社团法人,其共有物形式上属于社团法人单独所有,而不是共有。在共用人不特定的情形下,设立财团法人,其共有物形式上也属于财团法人单独所有,而不是共用人的共有。参见郑玉波:《民法物权》(第15版),三民书局1992年版,第118页。

② 在所有权量的分割情形下,每个共有人均享有占有、使用、收益及处分的权能,仅仅是因份额不同而在行使的权利范围上的不同而已。参见王利明:《物权法论》(修订版),中国政法大学出版社2003年版,第310页。

③ 所有权质的分割是指所有权权能与所有权相分离,即占有、使用、收益及处分等所有权的各项权能的分割。例如,一共有人享有使用权,另一共有人享有处分权,即构成所有权的质的分割。

④ 参见郑玉波:《民法物权》(第15版),三民书局1992年版,第121页。

(2) 理想分割说。理想分割说认为,各个共有人在标的物上,进行想象中的部分分割,从而各自享有一个所有权。如果理想中的所有权成立,实在的所有权又如何处理,因而理想分割说与共有观念不符。

(3) 内容分属说。内容分属说认为,所有权的各种作用,分别由共有人享有。这种学说实际主张对所有权质的分割,违反共有的本质属性。

(4) 计算部分说。计算部分说认为,所有权可以用金钱计算其价格,共有人按照价格比例分享共有物。价格是物的价值表现,与物的本身并非一回事,共有人是对物的共有,而不是价格的共有,因而该说也不足采信。

(5) 权利范围说。数人共同对一物享有所有权,为避免共有人行使权利的冲突,确立权利行使的范围,使共有人在各自的范围内行使权利,这个范围就是各个共有人对共有物的份额。

在以上五种学说中,权利范围说充分说明了按份共有的性质,为大陆法系各国立法所采纳。

二、按份共有的内部关系

按份共有的内部关系,是指按份共有人之间的权利义务关系,即共有人对共有物的占有、使用、收益和处分过程中所产生的权利义务关系。按份共有的内部关系,主要表现在以下几个方面。

(一) 应有部分

(1) 应有部分的确定。应有部分,是指共有人对共有物所持有的份额,即对共有物所有权所享有权利的比例。在按份共有中,一共有物由数个共有人共同享有所有权,则数个共有人应如何直接支配共有物,应当有一定的范围限制,作为行使所有权的标准。按份共有的应有部分,通常应根据共有发生的原因来确定,通常有三种情形:一是基于共有人的意思产生的共有关系,则根据共有人的意思确定共有的应有部分,充分体现意思自治原则;二是基于法律规定产生的共有关系,则根据法律规定确定共有人的应有部分①;三是如果共有人没有约定应有部分,法律对此又没有规定的,则以等额原则推定各共有人的应有部分均等。② 共有物为不动产的,在办理不动产所有权登记时,应同时登记各共有人对共有的不动产的应有部分。

(2) 应有部分的处分。应有部分的处分包括对应有部分的分出、出让、负担的设立及抛弃。应有部分的分出,是指共有人将在共有物上的份额分割出去。

① 我国台湾地区"民法"第 808 条规定:"发现埋藏物而占有者,取得其所有权。但埋藏物系在他人所有之动产或不动产中发现者,该动产或不动产之所有人与发现人,各取得埋藏物之半。"

② 我国台湾地区"民法"第 817 条第 2 款规定:"各共有人之应有部分不明者,推定其为均等。"

法律或者共有人对分出有限制的,共有人应遵从其规定。共有人分出应有部分的份额之后,退出共有关系。《民法通则》第 78 条规定共有人可以出让应有部分。

应有部分的转让,是指共有人将在共有物上的份额转让给第三人。共有人对共有物的应有部分是对共有物享有权利的比例,体现了各共有人的个人意志和利益,因而共有人可以自由转让应有部分,而无须其他共有人的同意。但是,如果共有人对共有物的应有部分的转让有明文限制的,则应根据共有人之间的约定处理。否则,转让方的行为即构成违约,对其他共有人应承担违约责任。

共有关系通常是建立在共有人之间相互信赖基础上的,为防止某一共有人转让共有份额可能对其他共有人造成损害,法律对转让行为进行了一定的限制,规定了转让份额的共有人的事先通知义务以及其他共有人的优先购买权。我国《民法通则》第 78 条、《物权法》第 101 条规定了优先购买权。在转让共有份额之前,转让方应通知其他共有人,共有人应在一定期限内行使优先购买权。否则,共有人的优先购买权丧失,转让方可以将份额转让给非共有人。

应有部分负担的设立,存在否定与肯定两种观点:一是否定说。否定说认为,应有部分不能设定负担,以应有部分设定负担的无效。二是肯定说。肯定说认为,应有部分可以设定负担。共有人可以自己的份额在共有物上设定负担。既然应有部分可以转让,应有部分就可以设定负担。[①] 肯定说是通说。关于应有部分设定负担问题,《担保法》没有明文规定,但是《民法通则》和《物权法》允许应有部分的转让,因而应有部分可以设定负担。

应有部分的抛弃,是指共有人放弃共有物的份额。应有部分具有所有权的效力,共有人可以作法律上的处分,有权抛弃应有份额。在性质上,抛弃行为属于法律上的处分。共有人为抛弃行为之后,其他共有人是否能够取得被抛弃部分的所有权,有肯定说与否定说两种观点:肯定说认为,应有部分与所有权具有相同的性质即弹力性,某一应有部分消灭,就解除了对其他部分的限制,其他应有部分随之扩张。共有人抛弃的应有部分不得适用先占规则,也不能收归国库所有,而应按比例归其他共有人所有。《日本民法典》采纳这种观点。[②] 否定说认为,所有权的弹力性仅表现在限制物权消灭时,所有权回复原来的圆满状态;应有部分是共有人对共有物所有权的比例,既不是限制物权对应有部分的限制,也不是应有部分相互之间的限制,在共有人抛弃应有部分的份额时,不会使其他

---

① “处分系高度行为,设定负担系低度行为,处分既得自由为之,设定负担应无不许之理。况设定抵押权后,实行抵押权之结果,充其量亦不过就抵押标的物之应有部分为转移所有权之处分,与应有部分之处分同。”谢在全:《民法物权论》(上册),中国政法大学出版社 1999 年版,第 284 页。

② 《日本民法典》第 255 条规定:“共有人之一人,抛弃其应有部分时,或者无继承人而死亡时,其应有部分归属于其他共有人。”

共有人的应有部分产生回复圆满状态的问题。《物权法》对此没有明文规定,但是共有人抛弃的应有部分,应归属于其他共有人所有,主要有以下两个方面的原因:一方面共有关系的基础是共有人之间的信赖关系,任何第三人的加入,可能使共有关系的不稳定,并产生纠纷;另一方面应有部分不仅仅体现为一种权利,同时还可能是一种责任和义务。例如,在合伙关系,合伙人对合伙组织的债务承担无限连带责任。

(二) 共有物的使用及收益

按份共有是两个或者两个以上共有人按照应有部分对一物享有所有权,共有人按照应有部分的份额对共有物的全部享有使用、收益的权利。使用,是指根据物的性质,在保持物的性质不发生变化的前提下对物的利用,以满足一定的需要。收益,则是指通过对物的利用而获得经济利益。收益不仅可以获得法定孳息和天然孳息,而且还可以获得其他利益。共有人对共有物的使用不得按照共有人的应有部分进行分割,每个共有人均享有使用权。如果使用权没有限制,则每个共有人可以自由使用共有物;如果使用权有限制,则按照应有部分的比例,在时间和空间上分配使用权。①

共有人的共有权遭到其他共有人的侵害,如共有人未经其他共有人的同意而直接对共有物的占有、使用、收益,是对其他共有人共有权的侵害,共有人可以对实施加害行为的共有人行使共有物返还请求权。②

(三) 共有物的管理

共有物的管理,是指共有人对共有物的行使管理权能,包括保存行为、改良行为和利用行为。

(1) 保存行为。共有物的保存行为,是指对共有物的物质上的保全和权利上的保全行为。③ 保存行为旨在防止共有物的灭失、损毁或者共有人权利的丧失、限制,以维持现状。对共有物的简单修缮及其他的保存行为,可以由共有人单独进行。保存行为是为维持共有物现状所必备的,大多数属于刻不容缓的事情,而且对其他共有人有好处。各共有人享有独断权。保存行为是对共有物上所实施的事实行为或者维护共有人权利的法律上的行为,前者有为保存上的必要而实施的简单修缮;后者有第三人对共有物将完成取得时效时,为保存共有人对共有物的权利所实施的登记申请。总之,保存行为是共有人的个人单独行为,无须征得其他共有人的同意。

关于易腐烂物品,如鱼虾、蔬菜、水果等,共有人给予变卖以保全价值的,是

---

① 参见史尚宽:《物权法论》,中国政法大学出版社 2000 年版,第 158 页。

② 参见梁慧星主编:《中国物权法研究》(上),法律出版社 1998 年版,第 569—570 页;王利明:《物权法论》(修订版),中国政法大学出版社 2003 年版,第 314—315 页。

③ 参见郑玉波:《民法物权》(第 15 版),三民书局 1992 年版,第 122 页。

否属于保存行为,存在肯定说与否定说两种不同的观点。肯定说认为,易于腐烂物品有立即变卖的必要,变价行为虽然属于处分,但该行为是为了保存共有物的价值,仍然属于保存行为。[①] 否定说则认为,保存行为是以维持共有物的现状为目的,而物的变卖则属于处分行为,两者性质完全不同。[②]

(2)改良行为。共有物的改良行为,是指不改变共有物的性质而增加共有物的价值或者效用的行为。与保存行为不同,改良行为既不是必要行为,也不是急迫行为。例如,对房屋的修缮属于保存行为,而对房屋的装潢,则属于改良行为。前者是维持房屋存在所必要的,而后者则增加房屋的观赏性、舒适度。改良行为不具有保存行为的急迫性和必要性,所需的费用较高,与其他共有人的利益密切相关,不能由共有人单独处理。但是又不像处分行为关系重大,必须由全体共有人同意。立法通常采取了折中的办法,介于处分行为与保存行为之间,规定共有物的改良行为必须经多数共有人同意即可。[③]

(3)利用行为。共有物的利用行为,是指以满足共有人共同需要为目的,在共有物性质不发生变化的情形下,决定共有物的使用收益方法的行为。例如,共有人将共有的汽车出租给第三人使用。对共有物的利用既不涉及共有物权利的转移或者在共有物上设定负担,又不涉及防止共有物的灭失或者增加共有物的效用和价值。因此,利用行为与处分行为、保存行为和改良行为均不同。

(4)分管协议。分管协议,是指共有人之间就共有物的使用、收益或者管理方法等事项所达成的合意。分管协议仅仅对共有物的管理达成协议,而不是对共有物的分割达成协议。共有物的所有权仍然属于全体共有人,只是由不同的共有人分别行使管理权。根据分管协议的规定,共有人对共有物的分管部分享有占有、使用、管理的权利,分管的共有人不得任意处分分管的共有物,任何处分行为均需获得全体共有人的同意。分管协议属于债权合同,仅在共有人之间有效,不具有对抗第三人的效力。根据《德国民法典》第746条和第1010条的规定,经登记的分管协议,具有对抗第三人的效力。实际上,这种情形仅限于不动产共有物;而以占有为公示方式的动产共有物,就不具有对抗第三人的效力。

(四)共有物的处分

共有物的处分有法律上的处分与事实上的处分之分。无论是法律上的处分

---

① 参见史尚宽:《物权法论》,中国政法大学出版社2000年版,第159页。

② 参见谢在全:《民法物权论》(上册),中国政法大学出版社1999年版,第293页。

③ 《物权法》第97条规定:"处分共有的不动产或者动产以及对共有的不动产或者动产作重大修缮的,应当经占份额2/3以上的按份共有人或者全体共同共有人同意,但共有人之间另有约定的除外。"

《瑞士民法典》第647条第3款规定:"为保护物的价值及使用性能而进行必要的养护、重建及更新,须经绝对多数共有人的事先同意……"

《日本民法典》第252条规定:"关于共有物的管理事项,除前条情形外,按各共有人应有部分的价格,以其过半数者决定……"

还是事实上的处分，均须获得全体共有人的同意。未经全体共有人同意而实施的法律上的处分行为，如出让、互易等处分行为无效。但如果共有物是动产，占有动产共有物的共有人未经其他共有人同意而实施处分行为的，善意受让第三人取得该动产的权利。未经全体共有人同意而实施事实上的处分的，实施处分行为的共有人应对其他共有人承担侵权责任。

（五）管理费用的负担

共有物的管理费用是指保存、利用、改良费用以及其他有关费用，如保险费、税费等。共有物的管理费用及其他负担，除了共有人另有约定之外，应当由各共有人按照应有部分分担。我国《物权法》第98条规定，对共有物的管理费用以及其他负担，有约定的从约定；没有约定或者约定不明确的，按份共有人按照其份额负担，共同共有人共同负担。共有人既按照应有部分对共有物享有所有权，又对共有物的负担按照应有部分分担，才符合公平、正义原则。共有关系属于共有人之间的私的关系，与社会公共利益没有关系，根据私法自治原则，由共有人协商决定。各国立法规定，共有物费用应按照共有人的应有部分负担。① 共有人所承担的费用超过应负担份额的，该共有人有权就超过部分向其他共有人追偿。

三、按份共有的外部关系

按份共有的外部关系，是指共有人与第三人之间的法律关系，即共有人因共有物对外的权利义务关系。

（一）对第三人的权利

共有人按照应有部分对共有物享有权利，而且权利及于整个共有物。共有人基于对共有物的应有部分，为全体共有人的利益可以就共有物的全部单独向第三人行使请求权。第三人对共有物为妨害时，共有人基于应有部分圆满状态的回复，有除去共有物全部妨害的必要时，有权要求第三人除去对物的全部妨害。第三人侵占共有物的，共有人行使所有物返还请求权时，应将利益返还给全体共有人，而不得将利益返还给共有人本人。②

（二）对第三人的义务

共有人对外承担义务，通常有连带责任与按份责任两种方式。根据法律规

① 《德国民法典》第748条规定："共有人对其他共有人有义务，按其份额比例承担共有物的负担以及为保存、管理和共同使用所支出的费用。"

《日本民法典》第253条规定："各共有人应按其份额支付管理费用及其他共有物的负担。"

② 《德国民法典》第1011条规定："各共有人均可以对第三人主张由所有权产生的各项请求权，但返还请求权仅可以根据第432条的规定为之。"第432条规定："数人可以要求履行同一不可分给付时，如果他们不是连带债权人，债务人可以对全体债权人共同履行给付，而各债权人也只能为全体债权人要求给付……"

定或者共有人之间的约定,各共有人应对全部债务对债权人承担清偿责任的,属于连带责任;共有人仅以自己的应有部分对债权人承担清偿责任的,属于按份责任。

共有人对第三人应承担连带责任还是按份责任,应根据共有人与第三人义务的性质来确定。如果义务是可分的,共有人则承担按份责任;如果义务是不可分的,共有人则承担连带责任。例如,共有的建筑物坍塌造成相邻房屋损毁的,共有人承担连带责任;共有的动物对他人造成伤害的,共有人承担连带责任。

四、共有物的分割

按份共有因共有物的灭失、共有物转让、共有物归属于一共有人以及被征收等而导致按份共有关系的终止。在按份共有关系终止时,共有人通常要对共有物进行分割。在按份共有中,各共有人相互间不存在一种团体性质的共有关系,共有人的所有权因共有物而受到限制,近现代各国法律在个人主义思潮的影响下,基于个人主义所有权概念,承认共有人享有对共有物的分割请求权。分割请求权是与共有人地位不可分离的权利,在应有部分转让时,受让人当然享有分割请求权。分割请求权是消灭共有关系的意思表示,具有形成权行使的性质。共有人可以随时行使分割请求权,请求分割共有物[①],但因共有物的使用目的不能分割或者合同约定不能分割的期间内除外。[②] 法律禁止共有人约定永久不得分割,《日本民法典》第256条规定最长期限为5年。我国台湾地区"民法"第823条规定,最长期限为5年;共有人约定超过5年的,缩短为5年。[③]

关于共有物的分割,我国《物权法》第99条规定,有约定的,从约定;没有约定的,共有人可以随时请求分割。共有物的分割,有协议分割与裁判分割两种方式:

(1) 协议分割。协议分割是指共有人之间就共有物的分割达成协议。协议分割应当获得全体共有人的同意,如果共有人没有参与分割协议,或者不同意的,分割协议不发生效力。分割协议不以书面为必要,凡是明示或者默示的意思表示,对分割事先或者事后的同意,均构成分割协议。分割协议一旦生效,不仅对共有人产生效力,而且也对应有部分的受让人产生约束力。

共有人在分割共有物时,在不损害共有物的价值的前提下,可以选择实物分割、变价分割和作价分割三种方式进行分割:一是实物分割。在共有物是可分物

---

① 《德国民法典》第749条规定:"共有人可以随时要求解除共有关系……"

② 参见史尚宽:《物权法论》,中国政法大学出版社2000年版,第166—167页。

③ 我国台湾地区"民法"第823条规定:"各共有人,得随时请求分割共有物。但因物之使用目的不能分割或契约订有不分割之期限者,不在此限。前项契约所定不分割之期限,不得逾五年。逾五年者,缩短为五年。"

时,可以对共有物按照共有人各自的份额进行实物分割,共有物在分割之后,价值没有任何损害。例如,共有物为牛肉,则可以进行实物分割。二是变价分割。在共有物时不可分物时,如果对物进行实物分割,将破坏物的价值,共有人可以将共有物变卖,共有人按照各自的份额取得共有物的价款。例如,一头牛、一套房子、一辆汽车等。三是作价补偿。在共有人为不可分物时,其中一共有人希望获得共有物的,可以将共有物作价,对其他共有人的应有部分进行补偿,取得整个共有物的所有权。

(2) 裁判分割。共有人对共有物的分割不能达成协议时,可以诉请法院分割。[①] 共有关系的终止,对全体共有人均有利害关系,希望分割的共有人应以其余反对分割的全体共有人为共同被告提起诉讼。分割共有物的诉讼,是请求法院决定共有物的分割方法,判决导致共有人之间共有关系终止,创设了共有人之间的权利义务关系,是形成之诉。

审判上的分割方法,限于以原物分割与变价分割方法两种。《德国民法典》和《日本民法典》以原物分割为原则,变价分割为例外。

共有物分割之后产生相应的法律效力,即各按份共有人分别取得所分得部分的单独所有权。但单独部分所有权取得的效力发生的时间,有两种不同的立法例:一是认定主义,又称为宣示主义,即认为共有物的分割,是各共有人权利的认定。取得单独所有权的效力应溯及到共有关系产生之际,这是法国法系国家的立法例。二是转移主义,又称为交付主义,即认为共有物的分割,是各共有人以应有部分相互转移。取得单独所有权的效力不能溯及既往,而是在分割完毕之后发生,这是德国法系国家的立法例。

共有物分割之后,共有人之间还存在担保义务。各共有人对于其他共有人因分割而取得的物,按照应有部分,承担与出让人相同的担保责任。[②] 这种担保责任有权利瑕疵担保与物质瑕疵担保,前者又称为追夺担保,后者又称为瑕疵担保。[③] 担保责任的内容是请求减少价金以及损害赔偿。

共有物分割之后,共有人应妥善保存分割物证书,在共有人之间或者与第三人发生纠纷时证明权利的存在。根据我国台湾地区的民法规定,共有物分割之后,各分割物有证书的,由各共有人保存所得物的证书;共有物的证书,应由取得

---

① 《瑞士民法典》第 651 条规定:“……共有人对终止共有关系的方法不能达成协议时,应根据法院的命令分割实物,或者如既分割又不严重减损该物价值是不可能的,则应公开或者在共有人中间拍卖之。”

《日本民法典》第 258 条规定:“共有人分割协议不成时,可以请求法院分割……”

② 《日本民法典》第 261 条规定:“各共有人,按其应有部分,对于其他共有人因分割而得到的物,负与出卖人相同的担保责任。”

③ 参见史尚宽:《物权法论》,中国政法大学出版社 2000 年版,第 171 页;郑玉波:《民法物权》(第 15 版),三民书局 1992 年版,第 127 页。

最大部分的分割人保存。

分割物的证书,各分割人如果有使用的必要时,可以请求使用其他分割人所保存的证书,其他分割人不得拒绝。如果保存人拒绝或者因故意、过失而导致证书灭失的,应承担责任。

第三节 共同共有

一、共同共有的概念

共同共有,又称为公同共有,是指基于一定原因形成共同关系的两个或者两个以上共有人,对共有物享有权利和承担义务的一种共有关系。广义的共同共有包括总有和合有,狭义的共同共有仅指合有,民法上的共同共有通常是指狭义上的共同共有。

共同共有是基于共同关系而共有一物,即以共有关系存在为前提条件,而这种共有关系仅存在于婚姻家庭领域以及具有一定亲属身份关系的自然人之间,即以夫妻关系、家庭关系以及共同继承关系为前提,超越这个领域的共有关系则不是共同共有,而是按份共有。《德国民法典》在物权编的所有权中,即第1008—1011条规定了"按份共有",而在家庭编中规定夫妻共同财产制。但是,我国台湾地区民法超越了共有关系上述范畴,合伙之类的合同关系也可构成共同共有关系。

我国学界基本认为,共同共有是不分份额的共有,在共同共有关系存续期间,共有人不能确定对共同共有物的份额,只有在共同共有关系终止时,才能确定各共有人对共有物的份额。[①] 实际上,共同共有的份额应该也是确定的。否则,共同共有关系消灭时,共有人对共同共有物份额的确定缺乏依据。立法和理论并未对此作出回答。在共同共有关系中,共有人之间存在一定的身份关系而身份关系又无法转让。在共同共有关系消灭之前,共有人不能向非共有人转让共有的份额,但这并不能说明共有份额的不存在或者不确定。共有人对共有物享有平等的权利,承担平等的义务。换言之,共有人对共有物的全部享有平等的占有、使用、收益和处分的权利,同时也承担等同的义务。[②] 共同共有物的分割通常也是以平均分割方式进行的,共同共有人对共有物是等额的按份共有,而不

① 参见王利明:《物权法论》(修订二版),中国政法大学出版社2008年版,第204页;梁慧星、陈华彬:《物权法》(第四版),法律出版社2007年版,第237页。

② 实际上,这也是我国理论和实践对共同共有物分割的依据。

是份额是不确定的。[①]

共同共有与按份共有之间有一定的区别，两者的主要不同之处表现在以下三个方面[②]：

（1）成立的基础与存续期间不同。共同共有的成立基础是共有人之间的具有一定身份关系的共有关系，即夫妻关系、家庭关系等；按份共有不以身份关系为前提，而是基于共有人之间的合意，反映了交易关系，体现了交易规则。按份共有存续的期间通常较短；共同共有是以共有人之间的一定身份关系为存续前提的，存续期间通常较长，如夫妻关系、家庭关系。

（2）权利的享有和对共有物的管理不同。按份共有人虽然按照对共有物的份额对共有物的整体享有权利，但使用和收益权是按照份额来确定的；共同共有人对共有物的权利及于共有物的整体，而不是按照对共有物的份额享有所有权，经共有人全体同意之后，即可对共有物行使使用和收益权。在按份共有中，除了共有人有特别约定外，对共有物的保存行为，通常由共有人单独进行，改良行为则由共有人的半数以上通过；在共同共有中，除了法律另有规定或者共有人另有约定外，对共有物的管理应由全体共有人同意。

（3）对份额的处分和分割的限制不同。按份共有人可以自由处分共有物的份额；在共同共有中，共有人在共同共有关系终止之前，不得处分共有物的份额。在按份共有中，除了因共有物的使用目的不能分割或者共有人约定的期限内不能分割的之外，共有人可以随时请求分割共有物；在共同共有中，共有人在共同共有关系存续期间不得请求分割共有物。

二、共同共有的类型

按照我国现行的立法和理论，共同共有主要有夫妻共有财产、家庭共有财产和遗产分割前的共有三种类型。[③]

（一）夫妻共有财产

夫妻共有财产，是指夫妻关系存续期间所形成的各种财产。夫妻共有财产是我国共同共有财产的基本类型，法律依据是我国《婚姻法》第17条的规定。夫妻共有财产包括夫妻关系存续期间各自的合法收入、共同劳动收入、因继承或者接受赠与而取得的财产，但遗嘱或者赠与合同中明确指定为夫或者妻一方财

---

① “共同共有没有共有份额。共同共有是份额不确定的共有……在共同共有中，各个共有人的份额是一种潜在的份额。”魏振瀛主编：《民法》，北京大学出版社、高等教育出版社2000年版，第252页。一方面不承认共同共有存在份额，另一方面又承认其存在潜在的份额。这种矛盾的论述，也为共同共有是一种等额的按份共有提供了一个强有力的佐证。

② 参见谢在全：《民法物权论》，中国政法大学出版社1999年版，第341页。

③ 我国《物权法》虽然规定了共同共有制度，但并未规定共同共有产生的原因或者类型。

产的除外。根据《婚姻法》第 18 条的规定,夫妻婚前的财产属于一方的个人财产,而不是夫妻共有财产。在婚姻存续期间,夫妻一方或者双方劳动所得,难以确定为一方个人财产还是夫妻共有财产的,应属于夫妻共有财产。婚前个人财产,婚后使用夫妻共有财产进行重大修理和改造的,财产的增值部分应属于夫妻共有财产。在婚姻关系存续期间,下列财产也属于夫妻共有财产:一是一方以个人财产投资取得的收益;二是夫妻双方取得的住房补贴和住房公积金;三是夫妻双方取得的养老保险金和破产安置补偿费。①

夫妻可以自由约定财产的归属。确定夫妻财产属性,有约定的从约定;没有约定的,则根据法律的规定。换言之,夫妻可以约定婚姻存续期间的财产或者婚前财产属于共有财产或者部分共有财产,双方的约定应采取书面形式。

夫妻双方对夫妻共有财产享有平等的占有、使用、收益和处分的权利。② 对夫妻共有财产的处分,应双方一致同意;一方明知对方处分夫妻共有财产而未直接表示反对的,视为同意。夫妻共有财产只有在婚姻关系终止或者夫妻一方死亡时,才能进行分割。

(二) 家庭共有财产

家庭共有财产,是指家庭成员在家庭共同生活关系存续期间共同创造、共同取得的全部财产。家庭关系不仅包括夫妻关系,还包括父母子女关系,祖父母、外祖父母、孙子女、外孙子女关系,兄弟姐妹关系等。家庭共有财产以家庭共同生活关系存在为前提条件,来源是家庭成员在共有生活期间的共同劳动收入和所得,主体是对家庭共有财产的形成有过贡献的家庭成员。未对家庭共有财产作出贡献的成年子女离家独立生活,"分"得父母的部分财产,属于父母的赠与而不是家庭共有财产的分割。

家庭成员对家庭共有财产享有平等的权利,对家庭共有财产的占有、使用、收益和处分,应获得全体家庭成员的同意,但是,法律另有规定或者家庭成员另有约定的除外。通常只有在分家析产时,家庭成员才对家庭共有财产进行分割。对家庭共有财产的分割应在协商一致的基础上进行;协商不成的,可以通过诉讼解决。

(三) 遗产分割前的共有

继承开始之后,遗产分割之前,如果有两个或者两个以上的继承人,各继承人对遗产的共有为共同共有。共同共有的遗产,由继承人推举一人为管理人,继

---

① 《婚姻法司法解释(二)》第 11 条规定:"婚姻关系存续期间,下列财产属于婚姻法第 17 条规定的'其他应当归共同所有的财产':(一) 一方以个人财产投资取得的收益;(二) 男女双方实际取得或者应当取得的住房补贴、住房公积金;(三) 男女双方实际取得或者应当取得的养老保险金、破产安置补偿费。"

② 《婚姻法》第 17 条规定:"……夫妻对共同所有的财产,有平等的处理权。"

承人对被继承人的债务承担以遗产为限,超过部分不承担责任。[①] 继承人可以随时请求分割遗产,分割溯及继承开始之际。

三、共同共有的效力

共同共有的效力表现在对内和对外两个方面,即共同共有人之间的内部关系和共同共有人与第三人之间的外部关系。

(一) 共同共有人之间的内部关系

共同共有人之间的内部关系表现为,共同共有是基于共同关系产生的,共有人的权利及于整个共有物,共有人对共有物享有平等的使用、收益权。在共有关系存续期间,共有人不得任意处分共有物,不得请求分割共有物。关于共有人对共有物份额的抛弃问题,应视共有关系而定。在夫妻共有财产关系中,任何一方不得抛弃共有物的份额,抛弃行为无效。在继承关系中,继承人可以抛弃共有物的份额,抛弃行为有效。

(二) 共同共有人与第三人之间的外部关系

共同共有的外部关系是指共同共有的对物效力,是共有人与第三人之间的权利义务关系,是一种连带权利义务关系。共有人对第三人的权利为连带债权,任何一个共有人均有权请求第三人清偿全部债权;共有人对第三人的义务为连带义务,第三人有权请求任何一个共有人清偿全部的债务。例如,因共有物对第三人造成损害的,共有人对外承担连带责任。

第四节 准 共 有

准共有,是指两个或者两个以上人按份共有或者共同共有所有权之外的其他物权。[②] 按份共有和共同共有主要是为所有权而设立的共有制度,物权中的其他权利,如土地使用权、土地承包经营权、宅基地使用权、地役权、抵押权、质权、准物权、著作权等知识产权以及债权等,也可能产生按份共有和共同共有的情形。学说将所有权之外的其他财产的按份共有和共同共有,称为准共有。我国《物权法》第 94 条将共有限于动产或者不动产,但《物权法》第 105 条又规定,用益物权和担保物权的共有适用共有的共有规定。因此,《物权法》确认了准共有制度。

准共有的标的是所有权之外的其他财产权,主要有以下三种情形:

---

① 《继承法》第 33 条规定:"继承遗产应当清偿被继承人依法应当缴纳的税款和债务,缴纳税款和清偿债务以他的遗产实际价值为限。"

② 我国台湾地区"民法"第 831 条规定:"本节规定,于所有权以外之财产权,由数人共有或共同共有者准用之。"

(1) 准共有的标的仅限于财产权。以财产权为限,财产权之外的其他权利不得成为准共有的标的,人格权、身份权不是准共有的标的。[①] 用益物权和担保物权,均可为准共有的标的。[②] 例如,甲、乙、丙分别借款给丁,三个人就丁的房屋设定一个抵押权,并办理抵押权登记,即产生该抵押权的准共有。甲、乙、丙共同享有一个抵押权,该抵押权的行使应获得全体准共有抵押权人的同意。

(2) 知识产权,如著作权、商标权、专利权等也可为准共有的标的。实际上,知识产权共有的情形在现实社会中非常多,特别是著作权和专利权在很多情况下是由数人共同完成的。例如,甲、乙、丙及丁共同完成《合同法学》一书,该书的著作权由甲、乙、丙及丁共有。

(3) 债权也可成为准共有的标的。虽然债权是一种期待权,但仍然体现为一定的财产利益,债权是准共有的标的。债权的准共有是对一个债权的分享,即债权的准共有人共同享有一个债权,其对债务人的债务履行请求权的行使应当以全体准共有人的名义要求全部履行。

---

① 有学者认为人格权可以成为准共有的标的。"人格利益准共有是指两个或两个以上的民事主体对同一项特定的人格利益共同享有权利的共有形式。"杨立新:《论人格利益准共有》,载《法学杂志》2004年第6期。

② 我国《物权法》第105条规定:"两个以上单位、个人共同享有用益物权、担保物权的,参照本章规定。"

第三编　用益物权

第八章 用益物权

物权是权利人对物的直接支配并享有其利益的权利。所有权是典型的物权，是在法律规定的范围内对物的全面支配，即对物的占有、使用、收益和处分权利。由于物具有使用价值和交换价值，为发挥物的使用价值，在物上设定用益物权，如地上权、永佃权、典权等；为发挥物的交换价值，在物上设定担保物权，如抵押权、质权及留置权等。用益物权和担保物权合称为限制物权。用益物权和担保物权均为设立在他人物权之上的物权，又称为他物权。在所有权上设定限制物权之后，所有权的支配力受到所设定的限制物权的限制。限制物权消灭，则所有权自动回复其完全支配力，即回复所有权的圆满状态。

第一节 用益物权的历史沿革

用益物权制度起源于罗马法。从历史发展的进程来看，罗马法上的用益物权经历了从地役权到人役权，再到永佃权和地上权的逐渐演变发展过程。[①] 在罗马法中，用益物权包括役权、永佃权、地上权。[②] 近现代大陆法系各国的用益物权制度基本上是在继受罗马法上的用益物权制度的基础上，结合本国的实际情况而发展起来的。从各国物权法的规定来看，各国的国情不同，物权法规定的用益物权的种类和内容也不尽相同。例如，在罗马法中役权分为地役权和人役权，人役权又包括用益权、使用权、居住权和奴畜使用权[③]；《法国民法典》规定了用益权、使用权和居住权、地役权。这种规定沿袭了罗马法中的用益物权的分类，即把役权分为人役权和地役权[④]，而用益权、使用权和居住权则属于人役权的范围。《德国民法典》规定的用益物权有地上权、先买权、土地负担、役权，其中役权包括地役权、用益权和人的限制役权；《日本民法典》规定了地上权、永佃权和地役权三种用益物权；《瑞士民法典》仅规定了役权及土地负担，役权的具体种类包括地役权、用益权、居住权、建筑权、对泉水的权利。各国用益物权的立法，说明了两个方面的问题：一是用益物权大多是以土地为标的的不动产物权，

---

① 参见〔意〕彼德罗·彭梵得：《罗马法教科书》，黄风译，中国政法大学出版社 1992 年版，第 251—269 页。

② 参见周枏：《罗马法原论》（上册），商务印书馆 1994 年版，第 360 页。

③ 同上书，第 368—376 页。

④ 同上书，第 362—376 页。

二是地役权、地上权、用益权是用益物权的基本形态。

在我国古代法中,用益物权包括地上权、地役权、地基权、永佃权、典权。[①]这些用益物权基本上都是以土地为用益物的,反映了我国古代农业经济的特点。在清末起草的《大清民律草案》中,规定了地上权、永佃权和地役权三种用益物权。北洋政府时期的民法典草案增加了典权,1929—1931 年南京国民政府颁布的《中华民国民法》物权编规定的用益物权有地上权、永佃权、地役权和典权,从而构建了完整的用益物权体系。

1949 年新中国成立之后的土地制度,消灭了用益物权制度。用益物权在我国一度消失,直到《民法通则》的颁布。1950 年 6 月 30 日中央人民政府公布的《中华人民共和国土地改革法》和 1950 年 11 月 21 日公布的《城市郊区土地改革条例》,规定没收地主的土地,分配给无地和少地的农民。对于土地改革后的农民私人土地所有权,法律上给予严格的保护,在一定程度上也承认土地的他项权利。随着 1956 年生产资料所有制的社会主义改造的完成,建立了社会主义公有制,私人土地所有权便不复存在。当时我国法学界认为,所有权以外的他物权是私有制之下的特有现象,社会主义公有制的建立,特别是土地的社会主义公有之后,社会主义就不存在所有权以外的其他物权,特别是用益物权。与此相适应,法律仅承认所有权一种物权形态。例如,1982 年颁布的《土地管理法》第 6 条规定:"城市市区的土地属于全民所有即国家所有。农村和城市郊区的土地,除法律规定属于国家所有的以外,属于集体所有。"另外,通过《民法通则》及其他法律、法规的规定,明确了国家、集体及其他法人组织、个人对房屋以及其他建筑物的所有权。在土地利用问题上,我国在 1986 年以前的较长历史时期中一直实行国有土地无偿的、无期限的使用制度。后来,为适应商品经济发展的需要,我国立法规定了一些用益物权。《民法通则》在"与财产所有权有关的财产权"中规定了国有土地使用权、农村土地承包经营权、国有自然资源使用权、采矿权、国有企业经营权、相邻权,并在一些特别法中规定了捕捞权、狩猎权、放牧权、水权。最高人民法院通过司法解释确认了典权、地上权。[②]

---

① 参见钱明星:《物权法原理》,北京大学出版社 1994 年版,第 103 页。

② 例如,1951 年的《最高人民法院华东分院关于解答房屋纠纷及诉讼程序等问题的批复》、1951 年的《最高人民法院就山西省院请示联合提出意见希研究转知的指复》、1981 年的《最高人民法院关于地主家庭出身的能否回赎土改前出当给劳动人民的房屋的请示的复函》、1990 年的《最高人民法院关于公私合营中典权入股的房屋应如何处理问题的函》、1993 年的《最高人民法院复云南省高级人民法院的函》、1993 年的《最高人民法院关于李秀萍、李生华诉朱伯华房产纠纷一案如何处理的复函》、1992 年的《最高人民法院关于郑松宽与郑道瀛、吴惠芳等房屋典当卖断纠纷案如何处理的复函》等均承认典权。

第二节 用益物权的概念及性质

用益物权,是指对他人所有物上在一定的范围内使用、收益的一种限制物权。我国《物权法》第 117 条规定,用益物权人对他人所有的不动产或者动产,依法享有占有、使用和收益的权利。[①] 用益物权是基于物的使用价值产生的一种物权,是人类为解决物质资料的所有与需求之间的矛盾而发展起来的,是所有权与权能相分离的必然结果。这种权能的分离适应了商品经济要求扩大所有权、扩展财产使用价值的需求。

人类社会的物权观念,经历了从对物的"所有"到对物的"利用"的发展过程。人类社会早期两种物权制度,分别反映了对物的"所有"和对物的"利用"的物权观念。罗马法的物权制度是简单商品经济在法律上的反映,以"个人主义"为立法思想,形成了以所有权为中心的物权法体系,强调物的"所有"而非"利用",这种物权观念直接影响了近代大陆法系国家的物权法。日耳曼法的物权制度是农业经济在法律上的反映,以"团体主义"为立法思想,形成了以物的"利用"为中心的物权法体系,这种物权观念直接影响了英美法系国家的财产法。罗马法的以"所有"为中心的物权观念适应了资本主义初期经济发展的需要,为大多数资本主义国家所接受。但是,随着资本主义经济的发展,这种观念逐渐不能适应社会经济发展的需要,而日耳曼法的以"利用"为中心的物权观念,却满足了社会经济发展的要求,因而不断为越来越多的国家所采纳。现代物权法充分体现了以"利用"为中心的物权观念,以物的"所有"为中心的传统物权观念,已经被以物的"利用"为中心的现代物权概念所取代。用益物权作为以物的使用、收益为内容的物权,反映了现代物权法以"利用"为中心的物权观念。用益物权在现代物权法中的地位和作用不断提升,但是所有权在物权法中的核心地位仍然没有动摇。[②]

用益物权是与所有权相关的一种物权,用益物权具有以下四个方面的特征:

(1) 用益物权是一种他物权、限制物权及有期限物权。用益物权是建立在他人物权之上的一种权利,即以他人对物享有所有权为前提条件,对他人的物所享有的使用、收益的权利。

---

① 《物权法》扩大了用益物权的设定范围,不仅可以在不动产上设定用益物权,而且还可以在动产上设定用益物权。《物权法》的规定显然采纳了《德国民法典》的立法例,《德国民法典》第 1032 条规定了在动产上设定用益物权。但是根据德国学者的解释,动产用益权的适用范围非常窄。在实践中,单个动产上的用益权几乎不为世人所知。参见〔德〕鲍尔、施蒂尔纳:《德国物权法》(下册),张双根译,法律出版社 2004 年版,第 532 页。

② "尽管用益物权对所有权的限制,但是用益物权的存在仍须以对所有权的尊重为基础。"梁慧星主编:《中国物权法研究》(下),法律出版社 1998 年版,第 586 页。

基于用益物权的他物权性质,用益物权还是限制物权和有期限物权。用益物权是一种限制物权,具有两个方面的含义[①]:一是用益物权自身的限制。用益物权的自身限制表现为仅在一定方面支配标的物的权利,没有完全的支配权。例如,地上权仅限于特定的方面使用他人的土地,而不像所有权那样作为一种完全的权利,是一种全面支配标的物的权利。二是用益物权对所有权的限制。在权利的效力范围上,用益物权效力高于所有权的效力,是对所有权的限制。例如,土地上所有人在自己的土地上为他人设定了地役权,则地役权人在其权利范围内限制土地所有人使用土地。

所有权是没有一定存续期限而永久存续的物权。用益物权则有一定期限,存续期限届满,用益物权即归于消灭。用益物权的存续期限,既可表现为一个确定的期限,也可表现为一个不定期的期限。用益物权之所以附有一定的存续期限,是因为用益物权是在他人之物上设定的权利,是对所有权的限制。如果允许设定永久无期的用益物权,则所有权会处于一种有名无实的境地,有损所有权的本质。

(2)用益物权是以使用、收益为目的的权利。用益物权以对标的物的占有为前提,以对标的物的使用、收益为目的。[②] 用益物权必须将标的物的占有移转给用益物权人,由用益物权人在实体上支配标的物。否则,用益物权的目的就无法实现。例如,在地上权中,如果土地所有权人不移转对土地的占有,地上权人不占有土地,地上权人则根本不可能在土地上营造建筑物。用益物权是对标的物的一种有形的支配,而且这种有形的支配是对物利用的前提条件。与用益物权不同,担保物权在于获得物的交换价值,不是以对物的有形支配为必要,对物的无形支配即可实现其担保的目的。[③]

用益物权的目的在于对物的使用和收益,从而不可能具有担保物权的变价受偿性和物上代位性等属性。换言之,用益物权不涉及以用益物的价值清偿债务问题,也不涉及用益物灭失后以其他物代替的问题。用益物权因用益物权的种类不同而存在着范围和程度上的差别。例如,传统民法上的地上权和永佃权都是以土地为用益物的权利,但两者的用益范围和程度却存在着明显的不同。地上权以在土地上营造建筑物和种植树木为用益范围,而永佃权则以在土地上耕作或牧畜为用益范围。

(3)用益物权是一种独立的物权。用益物权不以用益物权人对所有人享有

---

① 参见梁慧星主编:《中国物权法研究》(下),法律出版社 1998 年版,第 583 页。

② "用益物权的内容中核心是使用收益权。"王利明:《物权法研究》(下卷)(修订版),中国人民大学出版社 2007 年版,第 8 页。

③ 在质权和留置权中,虽然以对标的物的占有为必要,但这种占有是权利的保持和公示的方法,并不是对标的物利用的前提。

其他财产权利为存在的前提。用益物权的独立性表明用益物权不具有担保物权所具有的从属性。换言之,用益物权不以他权利存在为前提,不因他权利的消灭而消灭。在用益物权独立性问题上,只有地役权是例外,地役权具有从属性。[①]地役权的从属性与担保物权的从属性存在明显的差别。地役权的从属性是指地役权不得与需役地所有权分离而存在,不得保留地役权而处分需役地所有权。这种从属性具体表现为地役权必须与需役地所有权一同让与,地役权不得与需役地分离而成为其他权利的标的。

(4) 用益物权的客体仅限于不动产。用益物权是不动产物权。用益物权的标的物只限于不动产,动产不能成为用益物权的客体。这是与所有权和担保物权客体的不同之处,所有权和担保物权的标的物既包括不动产,也包括动产。不动产一般是指土地及其定着物(主要是房屋)。用益物权的标的物主要是土地,如地上权、永佃权、地役权等权利都是以土地为其标的物的。但典权、居住权等权利则主要是以房屋作为其标的物。

第三节 中国用益物权制度

在《物权法》颁布之前,尽管我国还没有完整的物权法,但通过《土地管理法》和《民法通则》以来所颁布的各种物权立法,初步形成了我国的用益物权体系。从整体上说,这个阶段我国的用益物权制度还是比较杂乱的,还存在着相当多的缺陷,主要有以下两个方面的缺陷和不足:

(1) 法律概念不准确、立法技术不完善。在传统民法物权法中,物权、自物权、他物权、用益物权及担保物权等,是一个用语准确、内容严谨、具有内在逻辑结构的概念体系。与债权法不同,物权法调整财产支配关系的手段有物权法定主义、一物一权主义、物权优先效力、公示及公信原则等。但我国物权立法,一直没有使用物权、用益物权等概念,也没有运用物权法应有的调整手段调整物权关系,这使得用益物权形态内容范围不清、效力不明、性质不清、概念不准,非常不利于权利的保护,从而影响了社会经济的发展。

(2) 用益物权立法内容不完整、体系杂乱。《民法通则》涉及用益物权规定的条文仅有4条,应当在基本法中予以规定的用益物权却缺乏相应的规定,如地上权、典权、地役权等;而应当以特别法的形式予以规定的用益物权却规定在基本法中,如采矿权;已规定的用益物权之间的内容范围交叉重叠,界限不清,如国有土地使用权与国有资源使用权、国有自然资源使用权与采矿权等。此外,这个体系对现实的土地利用关系有很多重大遗漏,如个人房屋的地上权、对房屋的居

---

① 参见钱明星:《物权法原理》,北京大学出版社1994年版,第321页。

住权等。从罗马法到《德国民法典》,尽管各国设立的用益物权种类不尽相同,但各国民法均有完备的用益物权体系,以涵盖本国所有权与其权能相分离的各种形式。我国《民法通则》虽然规定了一些用益物权,司法解释中也确认了某些用益物权,但当时我国的用益物权尚未形成一个科学、完整的体系。

在《物权法》颁布之前,我国学界对于构建我国的用益物权体系,存在较大的差异,主要有四种观点:一是用益物权包括经营权、承包经营权、地上权、典权、采矿权、地役权;二是用益物权包括地上权、地役权、用益权、永佃权、典权;三是用益物权包括经营权、承包经营权、地上权、地役权(相邻权)、典权、采矿权、租赁权;四是用益物权包括经营权(国有企业经营权、农村集体组织成员的承包经营权)、国有自然资源使用权(国有土地使用权、水面滩涂养殖使用权、草原使用权、水使用权、采矿权)、地上权、地役权、典权。以上四种观点的共同之处在于以现行的立法为依据,讨论我国用益物权问题。然而,由于当时我国用益物权立法的局限性,这些观点存在的明显缺陷就不言自明了。

《物权法》确立的我国用益物权体系,包括地上权、土地承包经营权、地役权、海域使用权、探矿权、采矿权、取水权和使用水域、滩涂从事养殖、捕捞的权利等。[①]《物权法》建立了我国的用益物权体系。

① 参见崔建远:《物权法》,中国人民大学出版社 2009 年版,第 266 页;梁慧星、陈华彬:《物权法》(第四版),法律出版社 2007 年版,第 261 页。

第九章 地上权与建设用地使用权

地上权是传统民法物权中的一种用益物权,起源于古代罗马法,是一种古老的用益物权;土地使用权则是我国立法所规定的一种用益物权,是一种新型的用益物权。[①] 土地使用权涉及土地使用权的出让、转让、出租和抵押等问题,属于合同关系[②],因而又具有债权性质。土地使用权是《物权法》颁布之前为我国一系列物权立法所使用的概念[③],而《物权法》又创设了一个新的概念——建设用地使用权。建设用地使用权,主要是指城市国有土地使用权。

第一节 地 上 权

一、地上权的概念及意义

地上权,是指在他人土地上以建造建筑物、其他工作物或者种植竹木为目的而使用他人土地的权利。[④] 地上权起源于罗马法,罗马法的地上权是指通过支付地租的方式而使用他人的土地建造房屋的权利。罗马法的地上权仅限于建筑物的建造,竹木的种植并不包含在内。

根据罗马市民法的"地上物属于土地"原则,房屋从属于土地,房屋的所有权应从属于土地所有人。换言之,古罗马时期,依照所有权制度中的添附原则,建筑人支付地租后,在他人土地上营造的房屋、工作物,应当由土地所有人取得所有权,建筑营造者不能取得充分的权利,这给非所有人的实际生活带来了许多不便,也有失公允。罗马后期出现了在一定条件下使用他人土地并享有其房屋或者工作物所有权的地上权。地上权人对建筑物享有占有、使用、出租、转让、继

---

① 参见王卫国:《中国土地权利研究》,中国政法大学出版社 1997 年版,第 135 页。

② 参见王利明:《物权法论》(修订版),中国政法大学出版社 2003 年版,第 415 页。

③ 2007 年第十届全国人民代表大会常务委员会第二十九次会议通过的《关于修改〈中华人民共和国城市房地产管理法〉的决定》,并未使用《物权法》中的"建设用地使用权",而是继续沿用"土地使用权"。

④ "地上权,是指在他人的土地上营造建筑物或种植树木而长期使用该他人土地的权利。"张俊浩主编:《民法学原理》(上册)(第三版),中国政法大学出版社 2000 年版,第 447 页。"地上权者,谓以在他人土地上有建筑物或其他工作物或竹木为目的,而使用其土地之权。"谢在全:《民法物权论》(上册),中国政法大学出版社 1999 年版,第 345—348 页。"地上权是因在他人所有的土地上拥有建筑物等作业物或竹木而使用该土地的权利。"〔日〕田山辉明:《物权法》(增订本),陆庆胜译,法律出版社 2001 年版,第 199 页。

承、抵押及设定役权等权利,而且地上权人在转让地上权时,土地所有权人并没有优先购买权,也不能收取手续费。罗马法的地上权制度为现代各国民法所继承和发展,但是各国地上权存在两种不同的立法例:一是强调土地定作物的所有权,即认为地上权为在他人土地上建筑、林木等附着物的所有权,而对土地的使用仅视为附着物所有权的间接效果。例如,《法国民法典》第553条[①],《德国土地法》第12条均有类似规定。二是强调土地本身的使用,即地上权以使用土地为目的,而不以现有工作物或竹木存在于土地上为必要,地上权可以就无建筑物或其他工作物存在的土地而设定,也不因建筑物的灭失而灭失。例如,《日本民法典》第265条和我国台湾地区"民法"第832条、第841条之规定。[②]

地上权具有以下三个方面的意义:

(1) 地上权是建立在他人土地之上的物权。地上权虽然一种不动产物权,但仅以土地为限,在建筑物或者工作物上不得设立地上权。地上权不以"地上"为限,"地下"也可。[③] 设立地上权的土地应归属于他人,不得在自己的土地上设立地上权。

(2) 地上权是以保有建筑物、工作物或者竹木所有权为目的的物权。建筑物是指在地上或者地下所建造的房屋;工作物是指建筑物之外的其他地上或者地下的一切设施,如桥梁、隧道、引水渠、池塘、水库、雕像、纪念碑、地窖等;竹木是指以植树造林为目的的竹木,而以耕作为目的种植的茶树、桑树、果树等,则属于永佃权的范围。关于地上权的客体问题,大陆法系国家有两种立法例:一是沿袭罗马法的规定,将地上权的客体限定在建筑物和工作物上,《德国民法典》属于这种立法例;二是地上权的客体除了建筑物和工作物之外,还包括竹木,《日本民法典》和我国台湾地区"民法"均属于这种立法例。

(3) 地上权是以使用他人土地为目的的限定物权。地上权是以使用土地为目的权利,是用益物权,同时又因地上权的设定,土地所有人的权利受到了限制,因而地上权又是限制物权。地上权是以使用土地为目的,对于地上没有建筑物、工作物或者竹木的,地上权人可以建造或者种植,而且地上权不因建筑物、工作物或者竹木的灭失而消灭。《德国民法典》第1016条和我国台湾地区"民法"第841条规定,均不承认地上物的灭失而导致地上权的消灭。

---

① 《法国民法典》第553条规定:"地上或者地下的一切建筑物、植物及工作物,在无相反证据前,推定土地所有人以自己费用所设置并归其所有……"

② 《日本民法典》第265条规定:"地上权人,因于他人土地上有工作物或者竹木,有使用该土地的权利。"

我国台湾地区"民法"第832条规定:"称地上权者,谓以在他人土地上有建筑物,或其他工作物,或竹木为目的而使用其土地之权。"第841条规定:"地上权不因工作物或竹木之灭失而消灭。"

③ 参见郑玉波:《民法物权》(第15版),三民书局1992年版,第159—160页。

二、地上权的设立及效力

地上权属于不动产物权,不动产物权的取得原因均适用于地上权,地上权的取得方式有法律行为与法律行为以外的其他法律事实两种:

(1) 以法律行为取得地上权。以法律行为方式取得地上权的有创设取得和移转取得两种方式。创设取得地上权是指通过当事人的合意或者遗嘱方式设立地上权。移转取得地上权是指通过地上权人的让与行为取得的地上权。地上权的取得应以书面方式并履行登记手续。以法律行为方式是地上权取得的主要方式。

(2) 法律行为之外的其他法律事实取得地上权。以法律行为之外的其他法律事实取得地上权有时效取得、继承、法定地上权等三种方式。以法律行为方式取得的地上权,以登记为生效条件,而根据法律规定取得的地上权,在登记之前即取得地上权,但在登记之前不得处分。

地上权的存续期间①,法律没有明文规定。按照通说,当事人有约定的从其约定,没有约定的从习惯。例如,工作物的自然生命期,竹木的采伐期。如果没有习惯,则由法院决定。如果地上权人的工作物是建筑物的,在地上权因存续期间届满而消灭之前,应请求地上权在建筑物可使用期限内,延长地上权的期间。地上权人拒绝延长的,不得请求就该建筑物进行补偿。② 如果土地所有权人拒绝延长地上权期间的,应对地上权人进行补偿。

地上权的效力表现为地上权人的权利与义务。地上权人的权利为土地使用收益权、相邻权、处分权、补偿请求权等,地上权人的义务为有地租约定的有支付地租的义务、土地原状恢复义务。地上权人享有土地使用收益权、相邻权、处分权和补偿请求权四个方面的权利:

(1) 土地使用收益权。地上权是以在他人土地上有建筑物、工作物或者竹木为目的而使用他人的土地。地上权人的首要权利是对土地的使用权,对土地的使用应限定在设定行为所规定的目的范围内。设定行为不仅可就建筑物、工作物或者竹木全部或者一部分限定目的范围,如以保有建筑物及竹木为目的或者仅以保有竹木为目的;也可对种类加以限定,如限于建造平房、或者限于种植松林,从而地上权人使用土地不得超过限定的范围。此外,地上权既然是以使用

---

① "关于地上权的最长期间有无限制,通说均认为无最长期限之限制……"谢在全:《民法物权论》,中国政法大学出版社 1999 年版,第 363 页。

② 台湾地区"民法"第 840 条:"地上权人之工作物为建筑物者,如地上权因存续期间届满而消灭,土地所有人,应按该建筑物之时价为补偿。但契约另有订定者,从其订定。土地所有人,于地上权存续期间届满前,得请求地上权人,于建筑物可得使用之期限内,延长地上权之期间。地上权人拒绝延长者,不得请求前项之补偿。"

土地为目的的物权,则为实现地上权的内容,对土地的占有是使用土地的前提。因此,准许地上权人直接占有使用土地,并排除他人的妨害,享有物上请求权。

(2) 占有的土地及建筑物的相邻权。地上权人对于地上标的物依附的土地,与所有人享有同样的相邻权,以保护地上权人的权益;对于地上建筑物、工作物,因地上权人享有所有权,也享有相邻权。①

(3) 地上财产及地上权的处分权。地上权是财产权,除合同另有约定外,地上权人可以自由处分权利。地上权人对地上权的处分有转让、抵押及抛弃三种方式:一是地上权的让与。让与是指地上权人将其权利让与第三人。地上权与地上物应一并转让,以免地上物失去存在的权源,有违地上权设定的目的。二是地上权的抵押。地上权可以作为抵押权的标的,地上权人以地上权设定抵押权以担保债务的履行。三是地上权的抛弃。地上权的抛弃虽然是单方行为,但地上权与土地所有权人具有利害关系,地上权人应向土地所有权人作出抛弃的意思表示。因此,我国台湾地区"民法"第 834 条规定须向土地所有人以意思表示方式进行。

(4) 取回权的补偿请求权。地上权期限届满或者因其他原因而消灭,地上权人在归还土地时,可以请求取回地上设置物。在地上权人的工作物为建筑物的情形下,如果地上权因存续期间届满而消灭,土地所有人应按该建筑物的市场价格对地上权人进行补偿。

地上权人在享有上述权利的同时,也承担相应的义务。地上权人主要有支付地租和恢复土地原状两个方面的义务:

(1) 支付地租的义务。地上权的设定既可是有偿的,也可是无偿的,因而地租的约定或者支付并非地上权的成立要件。在有地租约定时,地租的支付义务属于债权债务的关系,而地上权则属于物权关系,两者之间的关系如何,学界存在不同的认识②:一是单纯的债权债务关系说。单纯的债权债务关系说认为,地租为单纯的债权债务关系。二是物上负担说。物上负担说认为,地租是一种物上负担,地租与地上权结合为一体,有不可分的关系。三是折中说。折中说以地租是否需要登记为依据,未经登记的地租为单纯的债权债务关系;已经登记的地

① 我国台湾地区"民法"第 833 条规定:"第七百七十四条至第七百九十八条之规定,于地上权人间,或地上权人与土地所有人间,准用之。"

② 参见郑玉波:《民法物权》(第 15 版),三民书局 1992 年版,第 165—166 页。

租则与地上权结合为一体，应当与地上权一同转移。折中说是近代的通说。[①]

地租的支付方式，有一次支付和分期支付两种方式。当事人可以约定具体的支付方式。地租通常以金钱的方式支付，但不以金钱支付为限，当事人可以约定以金钱之外的其他物进行给付。

（2）恢复原状义务。地上权消灭时，土地所有人恢复对于土地的支配权，地上权人应负恢复原状的义务。地上权人处分地上物的，土地所有人有先买权，地上权人负有准予土地所有权人先买的义务。

地上权是物权的一种，物权消灭的原因均适用，但地上权有特别的消灭原因：一是地上权的存续期间届满。地上权是有期限物权，当地上权的存续期限届满时，地上权原则上归于消灭。二是地上权的抛弃。地上权的抛弃是地上权消灭的原因之一。三是因欠地租而被撤销。在以分期支付方式交付地租的地上权中，地上权人欠付到期的地租，土地所有人在经适当催告之后，可撤销地上权。[②]四是约定解除地上权事由。在设定地上权时，如果双方当事人约定解除地上权事由的，一旦约定事由出现，地上权即告解除。

地上权因存续期届满（定有期限者）、地上权的抛弃、地上权因法定原因被撤销、约定事由发生、土地丧失、土地被征用等原因归于消灭。地上权消灭后，地上权人负有交还土地的义务，并注销地上权登记。地上权人有权收回工作物和竹木，回复土地原状。如有建筑遗留在土地上时，土地所有人可以时价购买，地上权人不得拒绝。

第二节　建设用地使用权

关于建设用地使用权，我国立法上有土地使用权和建设用地使用权两个概念：一是《物权法》之前的立法所确立的土地使用权；二是《物权法》所确立的建

---

① 日本学者我妻荣对折中说有过详细的论述："定期支付地租之地上权，其土地所有权与地租请求权，地上权与地租支付义务究立于何等关系？地租请求权本系一种债权，然在此情形，地租债权乃是实现土地所有权作用之手段，而与土地所有权结合；其反面，地租债务乃实现地上权内容之负担，而与地上权结合。从而在法律之构成上，地租债权从属于土地所有权，地租债务从属于地上权，而各别的结果构成一个法律的地位，但此种结合之地位，须依不动产上之物权关系予以登记始生对抗力自不待言。此种结论，不唯为多数学者所是认，而判例亦同。"转引自郑玉波：《民法物权》（第15版），三民书局1992年版，第168页。

② 我国台湾地区"民法"第836条规定："地上权人积欠地租达二年之总额者，除另有习惯外，土地所有人，得撤销其地上权。前项撤销，应向地上权人以意思表示为之。"

设用地使用权。[1] 建设用地使用权是《物权法》所确立的概念,我国今后的实践中将采用建设用地使用权。但《物权法》之前立法所确立的土地使用权,已经在人们的观念中根深蒂固,可能在相当长的时间内在一定范围内将继续沿用。《物权法》颁布之后修订的《城市房地产管理法》仍然继续沿用土地使用权。

一、土地使用权

土地使用权,是指土地使用权人依照法律规定或者合同约定,享有使用国有土地或者集体土地并取得收益的权利,即以开发利用、生产经营、社会公益事业为目的,在国家所有或者集体所有的土地上营造建筑物或者其他附着物并进行占有、使用、收益和处分的权利。

在《物权法》颁布之前,我国立法一直使用"土地使用权"的概念。土地使用权的概念有广义土地使用权与狭义土地使用权之分。广义土地使用权包括建设用地使用权(国有土地使用权和集体土地使用权)、土地承包经营权、宅基地使用权等。狭义土地使用权,仅指国有建设用地使用权,也是我国法律所确立的土地使用权的内容。但是,土地使用权是没有经过法学上严格论证提出的法律概念。[2] 因此,这个概念在法律意义上的内涵、外延、内容及种类等缺乏明确、科学的规定。

---

① "建设用地使用权"作为一个法律术语,是《物权法》提出的。但是,此前的《土地管理法》和《城市房地产管理法》中出现了"建设用地"术语,2004 年修改之前的《土地管理法》第四章的章名为"国家建设用地",而 2004 年修改之后的《土地管理法》第四章的章名为"建设用地"。此外,修改之后的《土地管理法》第 11 条规定农民集体所有土地用于非农业建设时,出现了"建设用地使用权"的表述;在规定国有土地使用权时,则仅出现"使用权",而没有出现"建设用地使用权"。这是《物权法》颁布之前的法律第一次出现的"建设用地使用权"。在《物权法》颁布之后修订的《城市房地产管理法》(2007 年 8 月 30 日修订)仍然继续沿用了"土地使用权",而没有采纳"建设用地使用权"。可见,关于建设用地使用权的术语在立法上仍然还未统一。

② 土地使用权的形成与发展是与我国改革开放和经济发展密切相关的。1979 年的《中外合资经营企业法》(第 5 条)及其《实施细则》对场地使用费及收费办法作出了的规定。1987 年深圳的《深圳经济特区土地管理条例》,率先在全国范围内试行了土地所有权和使用权分离,建立了全国第一个土地使用权市场,为国有土地使用权出让和转让制度的立法迈出了第一步。1988 年的《中华人民共和国城镇土地使用税暂行条例》,使国有土地使用权成为一种相对独立并且十分重要的土地权利。同年,宪法修正案的通过,正式确立了"土地使用权可以依照法律的规定转让"。同年,修改之后的《土地管理法》第 2 条第 4 款规定:"国有土地和集体所有土地的使用权可以依法转让,土地使用权转让的具体办法,由国务院另行规定。"这为国有土地有偿使用提供了基本法律依据,标志着我国土地有偿使用制度的法制化。1989 年的《关于加强国有土地使用权有偿出让收入管理的通知》是具体贯彻土地有偿使用制度的重要规范性文件。根据该通知的规定,土地出让收益由地方政府与中央政府共同分享。1990 年的《城镇国有土地使用权出让与转让暂行条例》和《外商投资开发经营成片土地暂行管理办法》,又进一步促进了土地权利的发展。1994 年的《城市房地产管理法》使国有土地使用权的出让和转让制度,不但在内容上得到了一定的完善,而且在法律形式和效力上得到了较大程度的提升。2002 年的《指标拍卖挂牌出让国有土地使用权规定》要求经营性用地必须以招拍挂方式出让土地使用权。次年,又发布《协议出让国有土地使用权规定》,明确规定同一地块上有两个以上意向受让人的不得以协议方式出让土地使用权。通过上述一系列法律、法规的颁布实施,在《物权法》颁布之前,我国已经初步形成了一个较为完整的国有土地使用权的法律体系。

土地使用权概念的重大缺陷,不仅表现在规范含义与词语含义之间存在很大的差异,而且还表现在规范含义的不确定性。例如,在《宪法》第10条第3款、《城镇国有土地使用权出让和转让暂行条例》第8条、《民法通则》第80条、《土地管理法》第9条以及《城市房地产管理法》第2条等所规定的土地使用权的概念的内涵和外延并不确定,因法律条文规定的具体情形不同而存在两种不同的情形:

(1)宽泛的土地使用权与特定的土地使用权。宽泛的土地使用权,包括国有土地使用权和农村集体土地使用权两大类。国有土地使用权是指国有土地的使用人依法利用土地并取得收益的权利。国有土地使用权的取得方式有划拨、出让、出租、入股等。有偿取得的国有土地使用权可以依法转让、出租、抵押和继承。划拨土地使用权在补办出让手续、补缴或者抵交土地使用权出让金之后,才可以转让、出租、抵押。农村集体土地使用权是指集体土地的使用人依法利用土地并取得收益的权利。按照《土地管理法》的规定,农用地使用权通过发包方与承包方订立承包合同取得。宅基地使用权和建设用地使用权通过土地使用者申请,县级以上人民政府依法批准取得。农村集体土地使用权包括土地承包经营权、农村集体建设用地使用权和宅基地使用权。《宪法》和《土地管理法》是从概括性、综合性角度使用土地使用权的概念,是指依法对各类土地的占有、使用、收益的权利,如土地承包经营权、建设用地使用权(国有土地使用权和集体土地使用权)、宅基地使用权等,属于宽泛的土地使用权。特定的土地使用权,仅指国有土地使用权。《城市房地产管理法》和《城镇国有土地使用权出让和转让暂行条例》所使用的土地使用权,仅限于国有土地使用权,并不包含其他土地使用权,因而土地承包经营权和宅基地使用权不包括在内。

(2)物权性质的土地使用权与债权性质的土地使用权。土地使用权的内涵和外延的不确定,导致了土地使用权性质的多样性,即物权性质的土地使用权和债权性质的土地使用权。物权性质的土地使用权,是指根据我国现行法律的规定而设立的,按照物权法理论应属于用益物权范围的土地使用权。从现行的立法看,我国主要有三种形式的物权性土地使用权[1]:第一,根据《城镇国有土地使用权出让和转让暂行条例》的规定而设定的国有土地使用权;第二,根据《土地管理法》的规定而设立的乡镇建设用地使用权;第三,根据《农村土地承包法》规定在农用地上为农业目的而设立的农业用地使用权,即土地承包经营权。

债权性质的土地使用权,是指根据土地租赁合同、借用合同、经营承包合同等而取得的,按照民法理论应属于债权性的土地使用权。属于债权性的土地使用权主要有三种情形:第一,根据土地租赁合同而取得的土地使用权,即土地使

① 参见梁慧星主编:《中国物权法研究》(下),法律出版社1998年版,第613页。

用权人与承租人通过租赁合同进行土地使用权的租赁，从而使承租人获得土地使用权。第二，根据土地借用合同而取得的土地使用权。土地借用是指土地所有权人或者使用权人无偿将土地交由他人占有、使用。土地借用权的产生是我国长期以来国有土地无偿划拨制度的产物，由于没有土地市场，剩余土地通过借用在土地使用人之间流转，一定程度上缓解了土地供需矛盾、提高了土地利用率。第三，根据土地承包经营合同而取得的土地使用权。土地承包经营合同有两种形式：一是物权性的土地承包经营合同。根据《土地承包法》的规定，集体经济组织与集体经济组织成员之间签订的土地承包合同，属于物权性质的承包经营合同。二是债权性的土地承包经营合同。集体经济组织与集体经济组织成员之外的自然人或者法人签订的土地承包经营合同以及《土地承包法》第二章第五节“土地承包经营权的流转”中规定的土地承包经营权流转到集体经济组织之外的自然人或者法人的土地承包经营合同，均为债权性质的土地承包经营合同。因此，土地使用权缺乏一个明确、清晰的概念。

此外，我国法律是以权利主体的性质为依据将土地使用权分为国有土地使用权、集体土地使用权，集体土地使用权又分为农用地使用权、乡镇企业建设用地使用权、宅基地使用权等。这种以权利主体身份状态作为权利的确定标准，带有浓厚的计划经济色彩，与社会主义市场经济体制格格不入，说明我国现行的土地使用权存在着种种缺陷和不足。《物权法》以建设用地使用权代替了土地使用权，土地使用权的种种缺陷和不足，仍然在一定程度上存在。

二、建设用地使用权

建设用地使用权，是指建设用地使用权人依法对国有土地享有占有、使用、收益并排除他人非法干涉的权利。建设用地使用权人可以在依法取得使用权的建设用地上建造建筑物、构筑物及其他相关的附属设施，并对这些地上物享有占有、使用、收益和处分的权利。[①]

（一）建设用地使用权的性质

《物权法》以建设用地使用权取代了土地使用权，仅仅是表述方式的变化，概念本身的内涵并未发生任何变化。建设用地使用权是从土地所有权中分离出来的一种独立的财产权。在本质上，建设用地使用权不是通常意义上所有权人为实现收益权而将使用权分离出去，并不能简单地被视为实现土地所有权收益的一种方式。建设用地使用权与土地所有权分离的目的，是为了实现一定的社会目标。我国的土地所有权仅是公有制的一种表现形式，土地所有权只是制度

---

① 《物权法》第135条规定：“建设用地使用权人依法对国家所有的土地享有占有、使用和收益的权利，有权利用该土地建造建筑物、构筑物及其附属设施。”

意义上的,不能交易、不能流转,处于静止的状态;以出让方式获得的建设用地使用权才是可以流转的土地权利,才真正具有民法上财产的意义。

按照建设用地使用权出让制度,土地使用权人在支付了全部建设用地使用权出让金后,办理登记,领取建设用地使用权证,即取得建设用地使用权。以出让方式取得的建设用地使用权,建设用地使用权人可以转让、继承、出租、抵押等方式对建设用地使用权进行处分。[①] 通过建设用地使用权出让制度的建立,我国创制了一种可以自由处分的民法上的财产权利,使建设用地使用权成为可流转的、独立的财产权。建设用地使用权人对建设用地使用权的处分,无须征得土地所有人的同意。建设用地使用权人取得的建设用地使用权与从所有权中分离出来的一般意义上的使用权不同,建设用地使用权人享有传统物权法上所有权的权能,即享有对土地的占有、使用、收益、处分的权能。实际上,我国建设用地使用权具有所有权的功能,弥补了土地公有制不能流转的缺陷和不足。我国法律所确立的建设用地使用权制度,一方面维护了土地公有制,另一方面土地资源通过市场化的行为得以有效利用。

我国建设用地使用权不同于传统物权法的用益物权,既具有用益物权的属性,又具有所有权的功能。建设用地使用权主要是建立在国有土地所有权基础上的,建设用地使用权是国家以所有人的身份通过出让方式而设立的。建设用地使用权的设立与传统物权法用益物权的设立相同,因而具有用益物权的属性,相当于传统物权法的地上权。但在功能上,建设用地使用权又与土地所有权相同。我国的建设用地使用权,既不能简单地等同于传统物权法的地上权,又不能等同于土地所有权。建设用地使用权制度是我国土地公有制度下的一种特殊制度,是我国法律的一个独创。

(二) 建设用地使用权的设立

根据《物权法》第 137 条的规定,建设用地使用权的设立主要有划拨和出让两种方式。除了以上两种方式之外,建设用地使用权还可以租赁和出租。

(1) 建设用地使用权的划拨。建设用地使用权的划拨,是指经县级以上人民政府批准,土地使用人在缴纳补偿、安置等费用后取得建设用地使用权的行为。建设用地使用权的划拨必须报经县级以上人民政府批准,并由县级以上人民政府土地行政主管部门向建设用地使用权人颁发《国有土地划拨决定书》和《建设用地批准书》。

建设用地使用权的划拨属于一种无偿的行政配置方式,建设用地使用权人

① “建设用地使用权作为一种用益物权,权利人有权对该权利进行处分。这种处分权包括两个方面:(1) 建设用地使用权人有权对权利本身加以处分。其处分的方式包括将建设用地使用权出资入股、设定抵押权、转让、互换或者赠与等……(2) 对建设用地使用权之上的建筑物、构筑物及其附设施的处分……”王利明:《物权法研究》(下卷)(修订版),中国人民大学出版社 2007 年版,第 128 页。

既无须向作为土地所有者的国家缴付土地使用费，又没有使用期限上的限制。法律对以划拨方式设立的建设用地使用权有严格的限制，并且对划拨建设用地使用权的范围也有严格限制，主要限于公共利益和社会公益目的。

根据法律和行政法规的规定，以划拨方式取得建设用地使用权的人，必须严格按照《国有土地划拨决定书》和《建设用地批准书》中规定的划拨土地面积、土地用途、土地使用条件等内容使用土地，不得擅自变更。如果建设用地使用权人要变更土地建设用途的，应当经土地行政主管部门同意，报原批准用地的人民政府批准。未经批准，划拨建设用地使用权不得转让，空地未经批准不得出租、抵押。

法律、行政法规以及司法解释严格限制划拨建设用地使用权的流转，并规定了流转的条件和程序。《城镇国有土地土地使用权出让和转让暂行条例》、《城市房地产管理法》以及《关于审理涉及国有土地使用权合同纠纷案件适用法律问题的解释》规定了较为严格的流转条件和程序，限制划拨建设用地使用权的流转。但是，取得建设用地使用权证、具有合法的地上建筑物、其他附着物产权证明的划拨建设用地使用权，按照行政法规的规定，报经有批准权的人民政府批准后，可以转让，但应由受让方办理建设用地使用权出让手续，并缴纳建设用地使用权的出让金。有批准权的人民政府，决定可以不办理建设用地使用权出让手续①，转让方应将转让的房地产所获得的土地收益上缴国家。划拨土地上的房屋可以出租，但需要将其中的土地收益上缴国家。房屋及其划拨建设用地使用权可以同时抵押，但抵押权实现时，依法拍卖该房地产后，应当首先从拍卖所得的价款中扣缴相当于建设用地使用权出让金的价款后，抵押权人方可受偿。

划拨建设用地使用权虽然属于建设用地使用权人的权利，但与出让建设用地使用权相比，是一种不完全的权利。建设用地使用权人可以在划拨建设用地使用权上设定抵押权，但在抵押权实现时，划拨建设用地使用权可转为出让建设用地使用权，在扣缴建设用地使用权出让金后，抵押权人可优先受偿。划拨建设用地使用权经批准后也可以转让，转让后的建设用地使用权用途不符合法定划拨建设用地使用权范围的，受让方应当办理建设用地使用权出让手续。

(2) 建设用地使用权的出让。建设用地使用权的出让，是指土地使用人通

① 有批准权的人民政府决定不办理出让的情况主要有继续划拨、作价出资、入股等几种。

过支付建设用地使用权的出让金而在一定年限内取得建设用地使用权的行为。[①] 根据《土地管理法》、《城市房地产管理法》等法律和行政法规的规定，建设用地使用权出让，必须符合土地利用总体规划、城市规划和年度建设用地计划。[②]

在《物权法》颁布之前，建设用地使用权出让可以采取招标、拍卖、挂牌或者双方协议的方式，但商业、旅游、娱乐和豪华住宅等经营性建设用地使用权出让必须采用招标、拍卖、挂牌方式。2002 年的《招标拍卖挂牌出让国有建设用地使用权规定》规范了建设用地使用权出让行为。[③] 在总结先前建设用地使用权出让制度的基础上，《物权法》明确规定建设用地使用权的出让，应采取招标和拍卖等公开竞价方式。根据《物权法》的规定，工业、商业、旅游、娱乐和商品住宅等经营性用地以及同一土地有两个或者两个以上意向用地者的，应当采取招标、拍卖等公开竞价的方式出让。县级以上人民政府土地行政主管部门通过拍卖、招标、挂牌或者协议方式确定建设用地使用权人后，应当与建设用地使用权人签订书面出让合同。建设用地使用权人应根据《国有建设用地使用权出让合同》的规定，按时付清全部建设用地使用权出让金，并向登记机构申请建设用地使用权登记，领取《国有土地使用证》，获得出让建设用地使用权。

建设用地使用权人应当按照出让合同约定的土地用途和条件开发、利用和经营土地，需变更建设用地使用权出让合同约定的土地用途时，应当取得出让方和县级以上人民政府城市规划行政主管部门的同意，签订建设用地使用权出让合同变更协议或者重新签订建设用地使用权出让合同，相应调整建设用地使用权出让金。建设用地使用权人依法取得的建设用地使用权，在出让合同约定的使用年限届满之前，国家不得收回；在特殊情况下，根据社会公共利益的需要，可以依照法律程序提前收回，并根据建设用地使用权人使用土地的实际年限和开

---

① 我国立法关于土地使用权出让制度的发展表现为先地方试行，后全国全面推开，经历了以下三个阶段：第一，1979 年至 1987 年之间。伴随外资的引进，我国出现了土地使用权的出让，主要有 1979 年的《中外合资经营企业法》和 1980 年的《中外合资企业建设用地暂行规定》以及 1987 年的《上海市土地使用权有偿转让办法》（首次提出“土地使用权的出让”和“土地使用权的转让”）。第二，1987 年至 1988 年之间。深圳、珠海、广州、海南、厦门、杭州、天津等地方性法规规定土地使用权的出让，1988 年的宪法修正案规定了土地使用权的出让。第三，1988 年之后。《土地管理法》、《城镇国有土地使用权的出让和转让暂行条例》以及《城市房地产管理法》等确立了我国土地使用权出让制度。

② 土地使用权的出让，必须由土地所在地的县级人民政府有计划、有步骤地进行。县级人民政府土地行政主管部门应当根据社会经济发展计划、产业政策、土地利用总体规划、土地利用年度计划、城市规划和土地市场状况，编制国有土地使用权出让计划，报经同级人民政府批准后，及时向社会公布，并具体组织实施。县级人民政府土地行政主管部门应当按照出让计划，会同城市规划等部门共同拟订出让的每幅地块的用途、年限、规划条件和其他土地使用条件等方案，报经县级人民政府批准后，由县级人民政府土地行政主管部门具体组织实施。

③ 2007 年 9 月 21 日，根据《物权法》的规定，国土资源部修订了《招标拍卖挂牌出让国有建设用地使用权规定》。全国以招、拍、挂方式出让建设用地使用权的土地面积和价款从 2001 年的 0.66 万公顷和 492 亿元，提高到 2006 年的 6.65 万公顷和 5492 亿元，分别提高了 9 倍和 10.2 倍。

发土地的实际情况给予相应的补偿。建设用地使用权出让合同约定的使用年限届满,建设用地使用权人需要继续使用土地的,应当在届满前一年申请续期,除根据社会公共利益需要收回该幅土地的,应当予以批准。经批准准予续期的,应当重新签订建设用地使用权出让合同,依照规定支付建设用地使用权出让金。建设用地使用权出让合同约定的使用年限届满,建设用地使用权人没有申请续期或者虽申请续期但未获批准的,建设用地使用权由国家无偿收回。

在土地出让年期内,土地使用权人有权将其依法取得的出让建设用地使用权转让、出租、抵押,但首次转让建设用地使用权的,根据法律规定应当符合以下三个条件:第一,按照出让合同约定已经支付全部建设用地使用权出让金,并取得建设用地使用权证书。第二,按照出让合同约定进行投资开发,属于房屋建设工程的,完成开发投资总额的25%以上;属于成片开发土地的,形成工业用地或者其他建设用地条件。第三,转让建设用地使用权时,房屋已经建成的,转让方应持有房屋所有权证书。

出让建设用地使用权转让,应当签订书面转让合同。原建设用地使用权出让合同载明的权利、义务随之转移。建设用地使用权转让后,建设用地使用权的使用年限为原建设用地使用权出让合同约定的使用年限减去原建设用地使用权人已经使用年限后的剩余年限。

(3) 土地租赁与建设用地使用权的出租。土地租赁与建设用地使用权的出租,是我国土地有偿使用的另外两种方式,是对出让建设用地使用权的补充。我国法律对国有土地租赁仅有原则性规定,国务院的行政法规和部门规章对土地租赁有进一步的规定。

土地租赁,是指国家将国有土地出租给使用人使用,由使用人与县级以上人民政府土地行政主管部门签订一定年期的土地租赁合同,并支付租金的行为。土地租赁是国有土地有偿使用的一种形式,是出让方式的补充,不适用于经营性房地产用地。土地租赁可以采取招标、拍卖、挂牌或者双方协议的方式,经营性建设用地使用权租赁,必须采取招标、拍卖、挂牌方式。

对土地租赁的适用范围,法律没有明确的规定,国务院部委的规章对此作出了规定,即对因发生土地转让、场地出租、企业改制和改变土地用途后依法应当有偿使用的,可以实行租赁。对于新增建设用地,重点仍应是推行和完善国有土地出让,租赁只是作为出让形式的补充。对于经营性房地产开发用地,无论是利用原有建设用地,还是利用新增建设用地,都必须实行出让,不实行租赁。

土地承租人应当与县级以上人民政府土地行政主管部门签订土地租赁合同。承租人按规定支付土地租金并完成开发建设后,经土地行政主管部门同意或者根据租赁合同约定,可将承租建设用地使用权转租、转让或者抵押,但必须依法登记。

建设用地使用权出租,是指建设用地使用权人作为出租人将建设用地使用权随同地上建筑物、其他附着物租赁给承租人使用,由承租人向出租人支付租金的行为。建设用地使用权人应与承租人订立书面的租赁合同。无论是出让建设用地使用权的出租还是划拨建设用地使用权的出租,建设用地使用权本身不得单独出租,建设用地使用权应与地上的建筑物和附着物一起,才可以出租。建设用地使用权出租的标的物具有复合性,不仅包括建设用地使用权,还包括土地上的建筑物及其他附着物。当出租地上建筑物和其他附着物时,建筑物和其他附着物范围内的建设用地使用权随之出租;出租建设用地使用权时,建设用地使用权上的建筑物、其他附着物也随之出租。出租行为并没有使作为出租人的建设用地使用权人完全丧失建设用地使用权。出租人作为受让人同国家订立的出让合同中的权利义务并没有转移给承租人,出租人同国家的权利义务关系不变,仍需履行出让合同规定的权利义务。

承租人将承租土地转租、分租给第三人的,承租人原租赁合同继续有效,承租建设用地使用权仍由原承租人持有,承租人与第三人建立了附加租赁关系,第三人取得土地的他项权利。承租人转让土地租赁合同的,租赁合同约定的权利义务随之转给第三人,承租建设用地使用权由第三人取得,租赁合同经更名后继续有效。地上房屋等建筑物以及其他附着物被抵押的,承租建设用地使用权可随之抵押,但承租建设用地使用权只能按合同租金与市场租金的差值及租期估价,抵押权实现时土地租赁合同同时转让。在使用年期内,承租人有优先受让权,租赁土地在办理出让手续后,终止租赁关系。

法律对出租的建设用地使用权有严格的限制。在通常情形下,划拨建设用地使用权不得出租。划拨建设用地使用权出租所得,应当将租金中所含土地收益上缴国家。出让建设用地使用权和租赁建设用地使用权可以出租。出让建设用地使用权人在规定的期限内可以出租,但建设用地使用权人应当按照建设用地使用权出让合同规定的期限和条件投资开发、利用土地。承租人支付土地租金并完成开发建设后,经土地行政主管部门同意或者根据租赁合同约定,可将承租建设用地使用权转租。承租人将承租土地转租或分租给第三人的,承租建设用地使用权仍由原承租人持有,土地承租人与第三人建立了附加租赁关系,第三人取得土地的他项权利。

国家对土地使用人依法取得的承租建设用地使用权,在租赁合同约定的使用年限届满前不收回;因社会公共利益的需要,依照法律程序提前收回的,应对承租人给予合理补偿。承租建设用地使用权期满,承租人可申请续期,除根据社会公共利益需要收回该幅土地外,应予批准。未申请续期或者申请续期但未获批准的,承租建设用地使用权由国家依法无偿收回,并可要求承租人拆除地上建筑物、构筑物,恢复土地原状。但是,承租人未按合同约定开发建设、未经土地行政主管部门同意转让、转租或不按合同约定按时交纳土地租金的,土地行政主管部门可以解除合同,依法收回承租建设用地使用权。

承租建设用地使用权是一种建设用地使用权,权利人有使用、收益和部分处置权。例如,出租人将租约未到期的承租建设用地使用权提前收回时,必须给予承租人补偿;承租建设用地使用权人将承租建设用地使用权转让时通常可以获得一定的收益。

国有土地租赁与建设用地使用权出租,均为国有土地有偿使用方式。在国有土地租赁和建设用地使用权出租的概念中,都采用了租赁、租金等术语,使人容易混淆,土地租赁和建设用地使用权出租之间,有三个方面的差别:一是两者所处的土地市场不同。土地租赁属于土地一级市场,而建设用地使用权出租则属于土地二、三级市场。二是法律关系主体不同。在土地租赁关系中,法律关系的主体是土地所有权人与土地使用人;在建设用地使用权出租法律关系中,出租人是通过划拨、出让取得建设用地使用权的受让人,承租人则为取得一定年限的土地及地上建筑物、其他附着物的全部或者一部分的使用权,向出租人支付租金。三是土地使用人的权利性质不同。土地租赁的土地使用人取得的承租建设用地使用权,尽管具有债权的性质,但它是一种物权化的债权,不但享有占有、使用、收益权,而且还享有部分处分权,可以依法转租、转让和抵押。承租人转让土地租赁合同时,租赁合同约定的权利义务随之转给第三人,租赁合同经更名后继续有效。土地出租的土地使用人的权利是债权性的,对土地的使用受到严格的限制。土地的承租人没有处分的权利,出租方所拥有的建设用地使用权并未发生转移,承租方仅在出租方建设用地使用权的基础上取得使用土地的权利,承租方不享有转租、转让和抵押的权利。

(4)国有建设用地使用权作价出资。国家以建设用地使用权作价出资是指国家以一定年限的国有建设用地使用权作价,作为投资投入股份有限公司或者有限责任公司,相应的建设用地使用权转化为国家对企业出资的国家资本金或者股本金。国有建设用地使用权作价出资,应当由县级以上人民政府土地行政主管部门根据建设用地使用权价格和出让金标准,核算应折算的出资额或股本额,并向企业颁发《国有建设用地使用权作价出资(入股)决定书》,明确土地用途、使用年限、出资额或股本额和双方的权利、义务。

由于作价出资的建设用地使用权转化为价值形态的资本金,国家以股东的身份参与企业经营。这种特殊的土地配置方式有严格的范围限制,通常限于涉及国民经济命脉的领域、重要基础性和公益性产业领域。[①] 在这些领域中,国有

---

① 这些领域包括航空航天工业、邮电通讯、汽车制造、石油和天然气开采、重要矿业采选、铁路运输、港口、城市基础设施、自来水生产和供应业、电力的生产和供应业、煤气的生产和供应业等。

经济占支配地位或者垄断经营，采用国有建设用地使用权作价出资方式配置，有利于保证国有经济的控股地位，增大国有资本比重和增强企业活力。

作价出资建设用地使用权是土地使用权人通过国家作价出资方式取得的国有建设用地使用权。作价出资建设用地使用权的权利性质与出让建设用地使用权的权利性质一致，在使用年期内可依法转让、作价出资、出租、抵押等。

（三）建设用地使用权的流转

建设用地使用权的流转，是指建设用地使用权人依法以转让、互换、出资、赠与、抵押等方式处分建设用地使用权的行为。建设用地使用权的流转应符合法律规定的形式要件和实质要件。根据法律规定，建设用地使用权的流转应采纳书面方式，并办理登记手续。建设用地使用权流转时，其期限不得超过建设用地使用权的剩余期限。

在转让、互换、出资、赠与、抵押等处分建设用地使用权的行为中，转让是建设用地使用权最为重要的流转方式。建设用地使用权的转让，是指建设用地使用权人将建设用地使用权以合同方式转移给其他人的行为。建设用地使用权的转让有广义与狭义之分，广义的建设用地使用权转让包括买卖、互换、赠与等方式，而狭义的建设用地使用权转让仅指买卖方式。《物权法》规定的建设用地使用权转让仅指狭义的，即建设用地使用权人将建设用地使用权转让给他人并获得价款的行为。无论是以划拨方式还是以出让方式获得的建设用地使用权，均可以转让，但两者的转让条件存在差异。以划拨方式取得的建设用地使用权在转让前，应获得有批准权政府部门的批准，并缴付土地使用权的出让金。以出让方式取得的建设用地使用权，则可以通过买卖方式自由转让。

建设用地使用权的转让，法律规定了一定的转让条件。在满足法律规定条件的情形下，建设用地使用权才可以转让。否则，建设用地使用权的转让行为无效。首先，建设用地使用权人必须获得建设用地使用权。建设用地使用权人应支付全部建设用地使用权出让金，并办理权属登记手续，取得建设用地使用权证书。建设用地使用权证书不仅是使用权人权属证明，而且是转移建设用地使用权的前提。其次，建设用地使用权完成了出让合同规定的投资额。建设用地使用权人应按照建设用地使用权出让合同的规定进行投资开发，属于房屋建设工程的，完成投资开发总额的25%以上；属于成片开发的，则形成工业用地或者其他建设用地条件。再次，权利义务一并转让。建设用地使用权人转让建设用地使用权时，应将原建设用地使用权出让合同规定的权利义务一并转移给受让人，不能仅转移权利而不转移义务。[①]

(四) 建设用地使用权的存续期间

建设用地使用权的存续期间分为有期限和无期限两种。法律对建设用地使用权的期限是按照住宅和非住宅为标准作出的区分。在《物权法》颁布之前，建设用地使用权均有明确的使用期限，所有的建设用地使用权均为有期限的建设用地使用权，包括70年、50年和30年三种不同的期限，住宅用地为期70年，工业、教育、科技、文化、卫生、体育、综合或者其他用地为期50年，商业、旅游、娱乐用地为期40年。

《物权法》修改了上述规定。根据《物权法》的规定，以住宅与非住宅为标准，住宅建设用地使用权期间届满自动续期。[②] 实际上，《物权法》确认了住宅建设用地使用权的无期限性；非住宅建设用地使用权期间届满则按照法律规定办理。《物权法》的规定解决了住宅所有权的无期限性与建设用地使用权的有期限性之间的冲突，即住宅所有权人对住宅所享有的所有权受到建设用地使用权期限的限制。《物权法》的规定完善了建设用地使用权制度，建设用地使用权自动续期规则，切实保护了私人住宅所有权，为居住权和基本人权提供了切实的保障。但是，住宅建设用地使用权自动续期的前提条件是住宅存续[③]；一旦住宅灭失，住宅建设用地使用权则没有必要自动续期。

(五) 建设用地使用权的回收

建设用地使用权的回收，有划拨建设用地使用权的回收和出让建设用地使用权的回收两种情形：

(1) 划拨建设用地使用权的回收。土地使用制度改革初期，我国没有承认划拨建设用地使用权是建设用地使用权人的财产权。在收回划拨建设用地使用权时，仅对地上建筑物和其他附着物进行补偿，而对划拨建设用地使用权不予补偿。随着土地使用制度改革的深入及我国土地市场化进程的加快，我国逐步承认了划拨建设用地使用权的财产权属性。[④]

划拨建设用地使用权可永续无限期地使用，但在特殊情况下，可以收回划拨

---

① 在我国实现经济生活中，建设用地使用权未经任何投资情况下的流转大量存在，即建设用地使用权炒卖的现象司空见惯。通常以建设用地使用权所在的项目公司整体转让，达到规避法律禁止建设用地使用权转让的目的。

② 自动续期是指住宅建设用地使用权期满之后，无须到有关政府主管部门办理延期手续，即可自动延长，从而避免了因申请、审批等环节而产生费用和成本。

③ 参见王利明：《物权法研究》(下卷)(修订版)，中国人民大学出版社2007年版，第170页。

④ 《国土资源部关于改革土地估价结果确认和土地资产处置审批办法的通知》(2001年2月13日第44号文件)承认划拨土地使用权是一种财产权。

《国土资源部关于改革土地估价结果确认和土地资产处置审批办法的通知》第2条第2款规定："为支持和促进企业改革，企业改制时，可依据划拨土地的平均取得和开发成本，评定划拨土地使用权价格，作为原土地使用者的权益，计入企业资产。"

建设用地使用权。《土地管理法》第58条规定了收回划拨建设用地使用权的情形。城市拆迁是一种典型的收回国有建设用地使用权的政府行政行为，现阶段城市拆迁中被拆迁房屋的建设用地使用权大多数为划拨建设用地使用权。区位是城市土地最重要的特征，城市拆迁补偿款考虑的区位因素，就是对被拆迁房屋所占用范围内建设用地使用权的补偿。在被拆迁房屋占用的土地为划拨土地时，划拨建设用地使用权也应当得到合理的补偿。

（2）出让建设用地使用权的回收。出让建设用地使用权的回收，通常有以下四种情形：一是出让建设用地使用权届满。出让建设用地使用权是有期限的建设用地使用权，一旦期限届满，由国家无偿回收。建设用地使用权价格是一种有限年期的使用权价格，这种使用权随着土地剩余使用年限的缩短而逐渐减少，当达到规定的使用年限后将会被国家无偿收回。因此，建设用地使用权人必须在使用年限内将包括建设用地使用权取得费用在内的所有投入收回。

二是出让建设用地使用权提前回收。国家提前回收出让建设用地使用权的，应对建设用地使用权人进行补偿。对建设用地使用权人的建设用地使用权的补偿，应包含两个方面的因素：第一，建设用地使用权人对土地的投入。建设用地使用权人对土地的投入包括建设用地使用权的取得成本和对土地的开发成本。第二，建设用地使用权的剩余使用年限。

三是闲置土地的回收。闲置土地，是指建设用地使用权人依法取得建设用地使用权后，未经原批准用地的人民政府同意，超过规定的期限未动工开发建设的建设用地。根据行政法规的规定，闲置土地有以下三种情形：第一，国有土地使用权出让文件未规定动工开发建设日期，从国有土地有偿使用合同生效或者土地行政主管部门建设用地批准书颁发之日起满1年未动工开发建设的；第二，已动工开发建设但开发建设的面积占应动工开发建设总面积不足1/3或者已投资额占总投资额不足25%且未经批准中止开发建设连续满1年的；第三，法律、行政法规规定的其他情形。

在城市规划区范围内，以出让等有偿使用方式取得土地使用权进行房地产开发的闲置土地，超过出让合同约定的动工开发日期满1年未动工开发的，可以征收相当于建设用地使用权出让金20%以下的土地闲置费；满2年未动工开发时，政府可以无偿收回建设用地使用权。国家无偿收回未能在规定的期限内开发土地的建设用地使用权，提高了土地的利用效能，避免了建设项目的拖延及土地长期闲置，同时，也避免了因炒卖建设用地使用权造成国家土地收益流失。

四是建设用地使用权人不履行义务。建设用地使用权人不履行建设用地使用权出让合同规定的义务，在两种情形下，建设用地使用权可以被依法收回：一是预期未支付土地出让金；二是未按出让合同和规划要求开发和利用建设用地使用权。

建设用地使用权回收导致建设用地使用权的消灭,并产生相应的法律后果。一旦建设用地使用权消灭,应及时办理注销登记,并收回建设用地使用权证书。法律对建设用地使用权的注销仅有原则性的规定,而行政法规规定了建设用地使用权的注销条件和程序规则。

三、集体建设用地使用权

集体建设用地使用权,指建设用地使用权人依法对农村集体土地享有占有、使用、收益并排除他人非法干涉的权利。集体建设用地使用权人可以在依法取得使用权的集体建设用地上建造建筑物、构筑物及其他相关的附属设施,并对这些地上物享有占有、使用、收益和处分的权利。根据《土地管理法》的规定,在集体所有的土地上设立的建设用地使用权,是以集体所有的土地作为建设用地,有乡(镇)村公益用地使用权和乡(镇)村企业建设用地两种情形。

(一) 集体建设用地使用权的设立

集体建设用地使用权的设立有乡(镇)村公益用地使用权和乡(镇)村企业建设用地两种情形:

(1) 乡(镇)村公益用地使用权。农村集体经济组织或者由农村集体经济组织依法设立的公益组织,在经过依法审批后,对用于本集体经济组织内部公益事业的非农业用地享有建设用地使用权。根据《土地管理法》及其实施细则的规定,乡(镇)村公共设施、公益事业建设,需要使用土地的,经乡(镇)人民政府审核,向县级以上地方人民政府土地行政主管部门提出申请,按照省、自治区、直辖市规定的批准权限,由县级以上地方人民政府批准。

(2) 乡(镇)村企业建设用地。农村集体经济组织使用乡(镇)土地利用总体规划确定的建设用地兴办企业,或者与其他单位、个人以土地使用权入股、联营等形式共同举办企业的,应当持有关批准文件,向县级以上地方人民政府土地行政主管部门提出申请,按省、自治区、直辖市规定的批准权限,由县级以上地方人民政府批准。如果其中涉及占用农用地的,应当依照土地管理法的有关规定办理审批手续。

(二) 集体建设用地使用权的流转

《物权法》和《土地管理法》等法律对集体建设用地使用权流转实行严格的限制,但并非完全禁止集体建设用地使用权的流转。《物权法》禁止以集体建设用地使用权单独抵押,但允许乡镇、村企业厂房等建筑物所占用范围内的建设用地使用权与厂房等建筑物一并抵押,从而可能导致集体建设用地使用权流转。《土地管理法》实际上承认了在符合特定条件下集体建设用地使用权可以以入股、联营等方式进行流转。

从我国现行法律规定来看,集体建设用地使用权流转市场并没有得到合法的确立,近年来随着社会经济的发展和城市化进程的加快,集体建设用地私下流转已经相当普遍。无论是经济发达地区还是欠发达地区,集体建设用地使用权流转都已大量存在,尤其是城乡结合部已经成为流转的主要区域。

虽然国家立法中对集体建设用地使用权的流转缺乏明确的规定,实践中各地集体建设用地使用权的流转普遍存在,地方政府为更好地引导和管理当地的集体建设用地使用权流转,陆续制定了一些地方性规定,如广东省、湖北省、河南省分别制定了集体建设用地使用权流转的政府规章;佛山市、中山市、东莞市、肇庆市、汕头市、无锡市、佳木斯市、临沂市等地先后制定了集体建设用地使用权流转的规范性文件。地方性规范性文件对集体建设用地使用权流转的规定,主要有两个方面的突破:

(1) 地方性规范性文件承认集体建设用地使用权流转的合法性。在流转方式上,地方性规范性文件对集体建设用地使用权流转的方式主要有出让、转让(含以土地使用权作价出资、入股、联营和交换、赠与、兼并等)、出租、转租、抵押等方式,如出租或者出让用于商业、旅游、娱乐等经营性活动的,则需要通过土地交易市场以招标、拍卖、挂牌等方式进行公开交易。

(2) 将集体建设用地使用权的主体扩大为集体经济组织以外的权利人。在主体范围上,对集体建设用地使用权主体一般没有严格的限制,但也有的地方对可使用集体建设用地使用权的项目进行规定。[①] 在流转市场的划分上,各地一般把流转市场分为首次流转和再次流转。首次流转是农村集体土地所有者将农村集体建设用地土地使用权从土地所有权中分离出来,在一定年限内出让、出租给他人使用,由土地使用者向土地所有者支付农村集体建设用地有偿使用费、租金,或者以农村集体建设用地使用权出资入股、联营取得股利或收益;再次流转是依法有偿取得农村集体建设用地使用权的单位或个人,在土地使用年限内,将土地使用权再行转让、出租、抵押。

地方性规范性文件对集体建设用地使用权流转的规定,提高了土地利用效率,一定程度上稳定了土地利用市场。地方性立法是国家立法的先导,集体建设用地使用权的流转是社会经济发展的必然,集体建设用地使用权与国有土地建设用地使用权的并轨,是社会主义市场经济发展的内在要求,是权利平等性的体现,使广大农村居民得以分享我国经济发展的成果,最终实现社会的和谐发展。

---

① 如《广东省集体建设用地使用权流转管理办法》规定,兴办各类工商企业,包括国有、集体、私营企业,个体工商户,外资投资企业(包括中外合资、中外合作、外商独资企业、“三来一补”企业),股份制企业,联营企业等,兴办公共设施和公益事业,兴建农村村民住宅等可使用集体建设用地。

四、宅基地使用权

宅基地使用权，是我国特有的一种用益物权。宅基地使用权有广义与狭义之分，广义的宅基地使用权包括城镇宅基地使用权和农村宅基地使用权，但城镇宅基地使用权属于历史遗留问题，法律没有明文规定，现实中较少涉及。狭义的宅基地使用权，仅指农村宅基地使用权。

（一）农村宅基地使用权

农村宅基地使用权，是指农村居民在依法取得的集体经济组织所有的宅基地上建造房屋及其附属设施，并对宅基地进行占有、使用和有限制处分的权利。法律仅规定了农村宅基地使用权。《物权法》从第 152 条到第 155 条，共有四个条文原则性地规定了宅基地使用权。在《物权法》颁布之前的《民法通则》和《城市房地产管理法》并未涉及宅基地使用权，仅有《土地管理法》、1982 年国务院发布的《村镇建房用地管理条例》（1986 年废止）、1984 年《最高人民法院关于贯彻执行民事政策法律若干问题的意见》（1996 年失效）以及 2004 年国土资源部制定的《关于加强农村宅基地管理的意见》提及宅基地使用权的概念，但并未对宅基地使用权的含义进行界定。

我国农村土地经历了农民私人所有和农村集体经济组织集体所有两个阶段，农村的宅基地也经历了从农民私人所有到集体所有的历史性变化。1962 年的《农村人民公社工作条例修正草案》对农村宅基地首次规定包括宅基地在内的农村土地所有权收归集体[①]，社员仅有使用权而没有所有权。1963 年的《关于对社员宅基地问题作一些补充规定的通知》进一步明确了宅基地的所有权仍归集体所有。[②] 农村宅基地所有权从此转变为宅基地使用权，由此形成的我国农村个人住房所有权和宅地使用权相结合的农村居民住房产权结构，一直延续至今。农村宅基地使用权，有三个方面的特点：

（1）身份的特殊性。农村宅基地使用权是因使用权人的特殊身份取得的，即仅限于特定的农村居民。只有集体经济组织内的成员，才有资格向所在的集体经济组织申请农村宅基地的使用权。非本集体内的成员不得在本集体内申请宅基地，即法律禁止外村的村民和城镇居民申请或者购买农村宅基地使用权。

---

① 《农村人民公社工作条例修正草案》明确规定："生产队范围内的土地，都归生产队有。生产队的土地，包括社会的自留地、自留山、宅基等等，一律不准出租或买卖。"

② 《关于对社员宅基地问题作一些补充规定的通知》规定："社员的宅基地，包括有建筑物和没有建筑物的空白宅基地，都归生产队集体所有，一律不准出租和买卖。但仍归各户长期使用，长期不变，生产队应保护社员的使用权，不能想收就收，想调剂就调剂；宅基地上的附着物，如房屋、树木、厂栅、圈、厕所等永远归社员所有，社员有买卖房屋或租赁屋的权利。房屋出卖后，宅基地的使用权即随之转移给房主，但宅基地的所有权仍归集体所有。"

(2) 使用无偿性和无期限性。农村宅基地使用权的取得是无偿的[①],是国家给农民的一种福利。只要符合法定的申请条件,申请人就可以取得宅基地使用权,而且不需要支付使用费。农村宅基地使用权,关系到农民的基本生活保障,农村居民在取得农村宅基地使用权后没有时间限制,而且可以继承。宅基地上的建筑物灭失后,使用权人对宅基地的使用权仍然存在,可以重新建造。

(3) 从属性。农村宅基地使用权依附于房屋所有权,不可单独流转,但房屋所有权转移时,农村宅基地使用权也随之转移。法律禁止单独对农村宅基地使用权进行出卖、出租、抵押、赠与等流转行为。

农村宅基地使用权的设立,根据法律规定,农村村民每户只能申请一处宅基地,而且宅基地的面积不得超过省、自治区、直辖市规定的标准。农村宅基地使用权的申请人必须是本村的村民,宅基地使用权是集体成员对集体所有的土地所享有的权利。农村宅基地使用权的客体仅限于集体所有土地,原则上是原有的宅基地和村内的空闲土地,涉及农用地的,应按照有关规定办理农用地转用审批手续。农村宅基地使用权的申请,必须经乡镇人民政府核准,再报县级人民政府批准。经批准后,申请人获得宅基地使用权人,方可在宅基地上建造房屋及其附属设施。农村宅基地使用权的行使和处分,《物权法》没有规定具体的规则,仅规定适用《土地管理法》的规定。法律禁止农村宅基地使用权单独转让,但可以与地上物一同处分。宅基地使用权的受让人仅限于集体组织成员,城镇居民不得通过受让方式成为农村宅基地使用权人。[②]

农村宅基地使用权的消灭,有绝对消灭和相对消灭之分:

(1) 绝对消灭。农村宅基地使用权的绝对消灭是指农村宅基地使用权不存在了,即农村宅基地使用权的客体——宅基地不仅与其主体相分离,而且他人也未取得其权利。在两种情形中,农村宅基地使用权绝对灭失:一是宅基地灭失。宅基地是农村宅基地使用权的客体,宅基地因地震、火山喷发、河流改道、山体滑坡等自然灾害的影响,不能恢复原状,不能继续使用或者灭失的,农村宅基地使用权归于消灭。当然如果只是宅基地上的建筑物或其他附属设施灭失的,不影响宅基地使用权的效力。二是国家和集体的征收。国家和集体为了公共利益的需要,对农村宅基地进行征收,并改变了该宅基地的用途的,导致该地块的农村宅基地使用权消灭,任何人不能再取得对该地块的农村宅基地使用权。

(2) 相对消灭。农村宅基地使用权的相对消灭,是指农村宅基地使用权的原主体权利丧失和新主体权利的取得。农村宅基地使用权相对消灭,也就是农

---

① 虽然法律和政策明文禁止农村宅基地使用权收费,但实际上,我国农村宅基地使用权收费现象仍然大量存在,一是村委会向村民收取较高的费用,二是乡镇政府向村民收取一定的费用。

② 如北京宋庄画家村村民房屋买卖合同被一审、二审法院宣告无效。因此,画家村村民之外的其他居民不能取得农村宅基地使用权和房屋的所有权。

村宅基地使用权继受取得，主要表现在因房屋的出租、出卖、继承、赠与和遗赠等行为而引起的原宅基地使用权人的使用权消灭和另一方对该使用权的取得。此外，农村宅基地使用权的抛弃，也导致农村宅基地使用权的相对消灭。农村宅基地使用权是使用权人的一种权利，虽然必须经由政府部门的审批才能获得，但使用权人可以以抛弃的方式对农村宅基地使用权进行处分。原农村宅基地使用权经抛弃而归于消灭，"抛弃宅基地使用权的，不得再申请新的宅基地使用权"。农村宅基地使用权被抛弃后，该宅基地上的所有权恢复圆满状态，可以再设立新的宅基地使用权。农村宅基地使用权消灭或者变更的，应及时办理注销登记或者变更登记。

（二）城镇宅基地使用权

关于城镇宅基地使用权，根据1983年原城乡建设环境保护部颁布的《城镇个人建造住宅管理办法》，城镇居民可以申请国有土地建造的城镇个人住宅，属于自筹自建、民建公助和互助自建的，所有权归建房者个人所有。[①] 建房家庭应具有城镇户口，配偶一方是农村户口的，不得在城镇建房。[②] 实际上，新建的城镇个人住宅，业主对国有土地享有的使用权和农村宅基地使用权并无本质的区别。但是，1988年颁布的《土地管理法》和1994年颁布的《城市房地产管理法》确立了建设用地使用权制度，城市居民不可能像农村居民一样通过取得宅基地使用权建造自己的住宅。国有建设用地使用权逐渐取代城镇住宅宅基地使用权。城镇宅基地使用权已经没有存在的制度空间，城镇宅基地使用权在法律上消灭，无力购买高价商品房的城市中低收入阶层，失去了自建房屋的可能。在高价商品房的推动下，全国各地城市郊区出现了大量的建造在农村宅基地或者集

---

① 《城镇个人建造住宅管理办法》第8条第1款规定："城镇个人建造的住宅，属于本办法第二条第二款第（一）、（二）、（三）项的，所有权归个人；属于本办法第二条第二款第（四）项的，所有权根据具体情况确定。"第2条规定："本办法所说的城镇个人建造住宅，包括以下几种形式：（一）自筹自建：城镇居民或职工自己投资、投料、投工，新建或扩建住宅；（二）民建公助：以城镇居民或职工自己投资、投料、投工为主，人民政府或职工所在单位在征地、资金、材料、运输、施工等方面给予适当帮助，新建或扩建住宅；（三）互助自建：城镇居民或职工互相帮助，共同投资、投料、投工，新建或扩建住宅；（四）所在地人民政府同意的其他形式。"

② 《城镇个人建造住宅管理办法》第3条规定："凡在城镇有正式户口、住房确有困难的居民或职工，都可以申请建造住宅；但夫妇一方户口在农村的，一般不得申请在城镇建造住宅。城镇个人建造住宅，须由建造人所在单位或所在地居民委员会开具证明，向所在地房地产管理机关提出申请，经审核同意后，才准建造住宅。"

体所有土地上的商品房,俗称"小产权房"。① 小产权房成为城市部分居民购房的另一种选择。虽然现行的法律制度严格禁止在集体所有制土地上建设商品房,但是鉴于我国现阶段城市高房价的实际状况,为缓和过高的城市房地产价格和普通城市居民的住房需求之间的矛盾,在将来我国有可能出台新的措施。小产权房纠纷已经成为我国司法审判的一个难题。②

（三）农村建设用地使用权的流转——小产权房

小产权房也称乡产权房,不是一个法律上的概念,是人们在社会实践中形成的一种约定俗成的称谓,是指在农村集体所有的土地上建造的房屋,仅有乡(镇)政府或者村委会的盖章以证明房屋的权属,并没有房屋土地管理部门盖章确认,没有法定的产权证。在我国城市郊区发展农村住宅小区划的过程中,一些村集体经济组织在本村集体土地上集中建设农民住宅楼,安置本集体经济组织成员。

我国对小产权房的法律和政策经历了从许可到禁止的发展演变过程。1982年的《村镇建房用地管理条例》允许城镇居民在农村购买房屋。1987年的《土地管理法》明确肯定了城镇居民使用农村集体建设用地建造房屋。1998年第二次修订《土地管理法》删去城镇居民在农村集体建设用地上建房的规定。从1999年起,我国全面禁止城镇居民建造或者购买农村集体建设用地使用权房屋。1999年的《关于加强土地转让管理严禁炒卖土地的通知》明确禁止城镇居民在农村集体建设用地上建造或者购买房屋。③ 2008年的《关于严格执行有关农村集体建设用地法律和政策的通知》则明文禁止城镇户口的居民建造和购买小产权房,首次在文件中出现"小产权房"。

---

① 据报道,北京的房山、顺义、密云、通州等地共有80多个"小产权房"项目,近10万套房屋,占北京房地产市场的1/4,房价只有商品房的1/3。号称"京城最火小产权房"的是京郊的张家湾镇太玉园小区,占地100多万平方米,入住超过7000人。北京宋庄的画家村、亚北的别墅区,都是个体自发或者开发商受利益驱动下,征用村民宅基地建造而成的。在农村集体的土地上建商品房,最早可以追溯到20世纪90年代初,但2003年后,持续走高的房价推动了"小产权房"的迅速升温,并最终引起社会的广泛关注。参见王小乔:《"小产权房":生命中不能承受之便宜》,载《南方周末》2007年7月12日,第18版。

另据国土资源管理部门不完全统计,截至2010年上半年全国小产权房面积超过60亿平方米。

② 近年来,农村土地大幅度增值,农民纷纷反悔,要求法院确认房屋买卖合同无效,收回当时低价出售的房屋。由于法律存在漏洞,小产权房纠纷成为全国性的司法难题。2004年北京市高级人民法院发布《关于印发农村私有房屋买卖纠纷合同效力认定及处理原则研讨会会议纪要的通知》,规定农村私有房屋买卖合同应以认定无效为原则,以认定有效为例外。法院应综合权衡买卖双方的利益,根据拆迁补偿所获利益,和房屋现值与原价的差异对买受人赔偿损失。此外,对于买受人已经翻建、扩建房屋的情况,应对其添附价值进行补偿。宋庄画家村案的判决,充分体现了上述原则。

③ 《关于加强土地转让管理严禁炒卖土地的通知》第2条规定:"……农民集体土地使用权不得出让、转让或出租用于非农业建设,农村集体经济组织不得占用集体农地建住宅向城市居民出售,也不得批准城市居民占用农民集体土地建住宅……"。

(四)农村宅基地的改革

为规避我国严格耕地保护制度下各地建设用地指标的短缺①,我国在很多城市近郊的原农村建设用地开始被大规模拆迁,远郊甚至纯农区的宅基地也开始被拆迁,农民开始大规模集中居住。根据《关于规范城镇建设用地增加与农村建设用地减少相挂钩试点工作的意见》的规定,城镇建设用地增加与农村建设用地减少相挂钩,将拟复垦为耕地的农村建设用地地块和拟用于城镇建设的地块共同组成建新拆旧项目区,通过建新拆旧和土地复垦,实现项目区内建设用地总量不增加,耕地面积不减少、质量不降低,用地布局更合理的土地整理工作。

农民宅基地拆迁复垦就成为近年来很多发达地区地方政府在土地工作重点。农民原有宅基地往往占地面积较大、比较分散,通过宅基地拆迁并让农民集中居住,破解了上级分配的建设用地指标额度,成都、天津和嘉兴等城市政府采取了各种措施推动农村宅基地的拆迁和农民居住的集中化。

从2003年开始,成都市开始实施"三个集中"的统筹推进,即工业向集中发展区集中、农民向城镇集中、土地向规模经营集中。工业向集中发展区集中,以工业化带动城镇和第三产业发展,创造转移农村富余劳动力的条件;农民向城镇集中,为城镇聚集人气、创造商机,农民向二、三产业转移,为土地规模经营创造条件;土地向规模经营集中,推动了现代农业发展,促进农民增收和新农村建设,进而推动农业现代化。

从2005年开始,天津市以"宅基地换房"方式实施小城镇建设②,"十二镇五村"开展试点涉及津郊近18万农民。宅基地换房模式是一块宅基地征为国有,1/3的土地给农民盖楼,1/3的土地给开发商用以商业开发。由于城市化过程中农村土地的增值,政府不仅无须为农村居民迁居改造支付财政资金。政府既给农民提供了住房,又获得了城市发展空间。

从2008年开始,嘉兴市开始在13个乡镇开始"两分两换"的试点,即宅基地和承包地分开,搬迁与土地流转分开,以宅基地置换城镇房产,以土地承包经营权置换社会保障。"两分两换"节约大量宅基地,而宅基地复耕可弥补非农用地的不足。通过宅基地(房产)置换,13个试点乡镇的土地节约率都在50%以上。分散而居的农民,平均户均宅基地占地1亩以上,置换到城镇住房后,别墅的安置户平均占地只有0.5亩,公寓式安置则在0.3亩左右,节地效果明显。嘉兴土地使用制度改革实验正在长三角渐次推广。

---

① 我国要确保18亿耕地红线的目标成为世界上最严格的耕地保护制度。中央政府建立了一套集权式的建设用地计划管理体制,通过土地利用总体规划和年度土地利用计划来实现。在这种体制下,每年基层政府能够审报并实施的建设用地指标来自于中央政府"计划指令"式逐级分解下达。

② 即农民按照规定的置换标准,以宅基地换取小城镇内的一套住宅,迁入小城镇居住。原村庄建设用地进行复耕,而节约下来的土地整合后再招、拍、挂出售,用土地收益弥补小城镇建设资金缺口。

但是，我国农村既有的宅基地配置格局是几十年、甚至上百年逐渐形成的，在方便农业生产和农民生活方面有相当的合理性，通过大拆大建的方式让农民集中居住就可能会带来一系列问题。由于集中居住力度过大、集中居住速度过快，导致集中居住区距离一些农民耕种的农地距离过远，交通成本相当高，而集中居住小区不仅未配置农作物晒场，甚至连放置农机具的场所也没有。此外，那些被复垦的宅基地，原有耕作层在盖房时就被破坏，复垦后的耕地质量值得担忧。

第三节　地上权与建设用地使用权

在《物权法》颁布之前，关于土地使用权与地上权两者之间的关系，学界有两种截然相对的观点，即肯定说和否定说。肯定说认为，我国现行的土地使用权与大陆法系传统物权法上的地上权是一致的，有主张直接使用地上权的概念解说土地使用权①；有主张直接以地上权概念取代土地使用权。② 否定说认为，物权法应当继续采用土地使用权的概念。③

从物权法的建议稿草案看，梁慧星先生起草的建议稿以基地使用权代替了土地使用权，《物权法》则以建设用地使用权代替土地使用权，只有王利明先生起草的建议稿仍然保留土地使用权（第233—270条）。王利明先生建议稿中的土地使用权涵盖了城市土地使用权、农村土地承包经营权、宅基地使用权、地役权、空间利用权和特许物权，其中特许物权中养殖权、采矿权、林业权与土地利用有关。

保留土地使用权，有两个方面的优点：一是土地使用权的概念是在我国改革开放二十年来土地使用权制度立法的基础上整合而形成的，在社会生活中已经广泛为人们所接受，忠于现行法律的规定。一旦物权立法采纳土地使用权的概念，可以实现物权法与以往法律、法规的平稳过渡。二是土地使用权的保留有利于我国物权法和其他法律之间的衔接，不必因物权法的颁行而对其他法律作大的修改，节省了立法的成本。

这种土地使用权的构造明显的不足表现为：对具体的土地使用权的划分过于琐碎，土地使用权、宅基地使用权、空间利用权，均为在国家所有或者集体所有

---

① “地上权是因建筑物或者其他工作物而使用国家或者集体所有的土地的权利。”钱明星：《物权法原理》，北京大学出版社1994年版，第293页。

② “地上权。它包括我国现行法规定的土地使用权、宅基地使用权。”崔建远：《物权：生长与成长》，中国人民大学出版社2004年版，第7页。

③ “以地上权代替土地使用权是不妥当的，我国现行立法规定的土地使用权的范围是非常广泛的，包含了地上权的内容。土地使用权不仅在内容上可以涵盖地上权，而且比地上权更具灵活性和合理性。”王利明：《物权法论》（修订版），中国政法大学出版社2003年版，第419页。

的土地上或者土地下的一定空间营造建筑物或者其他附着物的权利,与传统民法中的地上权没有任何差别。土地使用权和宅基地使用权都是利用土地地表营造建筑物,唯一不同的是享有土地使用权而营造建筑物是以开发利用、生产经营、社会公益事业为目的,而宅基地使用权是以居住为目的。[①] 为弥补土地使用权、宅基地使用权仅对土地地表利用予以保护的缺陷,于是又增加了空间利用权,以保护地表上、下一定范围空间的利用。同样,地基使用权和建设用地使用权两个概念的创设和引入[②],不如直接引入传统民法的地上权,以免引起物权法律制度和理论不必要的"混乱"。

根据传统民法物权理论,地上权是指为建造建筑物或者工作物及种植竹木而使用他人土地的权利。我国法律虽然没有地上权制度,但从法律所规定的城镇国有土地使用权和宅基地使用权,是利用国家所有或者集体所有的土地营造建筑物或其他工作物并取得建筑物、工作物的所有权来看,实际上就是传统民法的地上权,与地上权不存在差异,两者在取得方式、权利义务、消灭的原因及后果等方面基本相同:

(1) 地上权和土地使用权的取得方式相同。地上权取得分为法律行为和法律行为以外的法律事实两种方式。法律行为方式取得地上权分为地上权的设立与地上权的让与两种方式,地上权的设立和让与,均以登记为有效要件;法律行为以外的法律事实取得地上权有继承、取得时效和法定地上权三种方式,其中法定地上权是指土地及土地上的建筑物同属一人所有,而仅以土地或建筑物抵押,在拍卖土地或者建筑物时,视为已有地上权的设定。在我国,城镇国有土地使用权的取得方式也可以分为法律行为和法律行为以外的法律事实取得两种方式。法律行为取得土地使用权有土地使用权的出让、划拨和转让三种方式,《城镇国有土地使用权出让和转让暂行条例》详细规定了土地使用权的出让、划拨;法律行为以外的法律事实取得土地使用权仅有继承一种形式。城镇国有土地使用权的取得,必须经过登记才能生效。

(2) 地上权和土地使用权的权利义务相同。从权利义务看,地上权人的权利义务主要表现为土地的使用权、基于地上权的物上请求权、出租权、地上权的让与、地上权的担保、相邻关系的适用、地租的支付等。我国城镇国有土地使用权人和宅基地使用权人的权利义务与地上权人基本相同,也包括土地的使用、基

---

① 根据《物权法》的规定,宅基地使用权仅指农户对集体土地的占有和使用的权利。例如,《物权法》第152条规定:"宅基地使用权人依法对集体所有的土地享有占有和使用的权利,有权依法利用该土地建造住宅及其附属设施。"

② "基地使用权,是指在他人所有的土地上建造并所有建筑物或其他附着物而使用他人土地的权利。""基地使用权,是一个基本与传统民法中的地上权相对应的法律概念……'基地使用权'……可以作为'地上权'一词通俗而恰当的替代词。"梁慧星:《中国物权法建议草案》,第446、448条。

既然基地使用权与地上权可以相互替代,是否有必要创设一个新的术语来替代传统民法的地上权?

于使用权的物上请求权、出租权、出让权、设定担保权、土地使用费的支付等。

(3) 地上权和土地使用权消灭的原因及法律效果相同。地上权的消灭原因包括地上权的抛弃、地上权被撤销、约定事由的发生、第三人因时效取得地上权等。地上权消灭的法律效果包括地上权人取回工作物、恢复原状、土地所有人的购买权、土地所有人的补偿义务以及土地所有人延长地上权期间的请求权等。《城镇国有土地使用权出让和转让暂行条例》第39条规定了土地使用权消灭的原因,包括使用年限届满、提前收回以及土地灭失等。

随着社会的发展,除了在物权体系中逐渐强化之外,地上权还具有客体扩大化的趋势,即一方面地上权的客体不仅有建筑物,还包括其他工作物和竹木;另一方面空间也成为地上权的客体,即地表上、下一定范围的空间利用的规制,视为地上权延伸。[①] 鉴于现有的农用地和建设用地的划分,不将竹木列为地上权的客体,使地上权与我国现行立法有效衔接,地上权的客体仅限于建筑物和其他工作物,从而以地上权替代"土地使用权"或者"建设用地使用权"可能更为合理。但是,《物权法》最终确立了以"建设用地使用权"替代"土地使用权"。

① 《物权法》第136条规定:"建设用地使用权可以在土地的地表、地上或者地下分别设立……"

第十章 永佃权与土地承包经营权

永佃制度起源于宋朝，是我国固有的制度。① 明朝和清朝期间，永佃制度在我国南方地区广为流传。欧洲大陆各国以及日本的永佃权制度起源于罗马法，是传统民法的用益物权。土地承包经营权是基于土地承包经营合同产生的一种权利，属于债权性质的权利。② 永佃权是一种无期限的用益物权，而土地承包经营权是一种有期限的债权，两者之间存在本质的差异，但两者之间的共同之处在于均以种植、养殖、畜牧为目的而长期地使用他人所有的土地。

第一节 永 佃 权

一、永佃权的概念及起源

永佃权，是指永佃权人通过支付佃租而取得永久在他人土地上进行耕作或者畜牧的用益物权。永佃权最早出现于古希腊③，在永佃权之前的罗马法制度是"赋税田的出租"，"赋税田"是指那些没有被分配或者出卖、也未被任何人占据而是被以一百年期限或者永久地出租的土地以及被长期或者永久地出租的市政当局和僧侣团体的土地。承租人只要正常纳税，即可平安地无限享有土地。因此，罗马法的永佃权起源于"赋税田的出租"。

古罗马时，伴随罗马帝国的侵略扩展，国家获得了大量的土地，为避免土地荒芜，将土地永久地租借给市民，从事耕作而征收地租。寺院和个人也采取这种方式将自己所有的土地租借给他人耕种而收取地租。这种租赁的性质虽为债权，但因租赁的期限较长，大法官承认承租人的权利，赋予物权效力。4 世纪中叶，罗马继续将国有土地租给市民，租期以永久为原则，佃租权改称永佃权（jus perpetuum）。在查士丁尼法中，永佃权是可以转让和继承的物权，永佃权人在享

---

① 参见张晋藩主编：《中国民法通史》，福建人民出版社 2003 年版，第 468 页。

② "土地承包经营权必须物权化，其原因在于……""土地承包经营权并不是直接依法律规定取得的，需要由发包人和承包人之间签订承包合同……"王利明：《物权法论》，中国政法大学出版社 1998 年版，第 455、459 页。

③ "永佃权在罗马法和希腊—东罗马法中有各种各样的先例和历史联系。""在希腊的城邦，就像把我们带到公元前五世纪的铭文所记述的那样，存在着将未耕耘的土地长期或永久地出租以便加以开垦的情况，和对已开垦土地的类似出租情况。"〔意〕彼德罗·彭梵得：《罗马法教科书》，黄风译，中国政法大学出版社 1992 年版，第 264、265 页。

有使用土地权利的同时也承担相应的义务。[①]

罗马法上的永佃权主要因契约、遗嘱或者遗赠、司法裁判而设定。永佃权人的权利有长期或者永久地享有对永佃物及其附属物的使用、收益的权利；以不减损永佃物的价值为前提，永佃权人可改良标的物或者变更用途；永佃权人收取永佃地的孳息；永佃权人可任意处分永佃权，以转让或者以遗嘱处分方式处分永佃权，但不得抛弃永佃权；永佃权人可在永佃期内设定他物权。永佃权人所负担的义务主要有按期缴纳租金，否则将丧失权利，即使遭遇天灾战祸而歉收，也不得请求减免租金；永佃权人还负担管理和一般修缮费用，缴纳赋税；永佃权人应以善良人的注意来耕种土地、使用房屋；转让永佃权时，永佃权人应当提前两个月通知土地所有人，并以受益价值的2%给付土地所有人。近代大陆法系国家继受了罗马法的永佃权制度，《法国民法典》、《德国民法典》、《瑞士民法典》及《日本民法典》均规定了永佃权。

对于我国古代永佃权的起源，学界认识不一。有人认为永佃权出现于秦汉时期[②]，有人认为永佃权出现在北宋时期。[③] 实际上，中国古代的“永佃”与西方的“永佃权”，确有相似之处，但绝不能完全等同起来。[④] 中国古代虽有永佃权某些内容的实践，但没有出现“永佃权”这一概念[⑤]，也不可能形成有关“永佃权”的理论。

宋代有关永佃制的记载逐渐增多。国家将公田（包括荒闲田土）长期或者永久地出租给农民，收取地租，租额一般高于税额；公田归国家所有，国家可以出卖。佃农将承租的土地视为自己的“永业”；永佃户对公田可使用、收益和处分，从事农业生产、“种植园林”、建房修坟；“子孙相承”；准许出卖、出租、转租；享有先买土地的优待；永佃户的权能以缴租为条件。伴随永佃制的发展，在江南逐渐形成了一种新的土地习惯，即“一田两主”制。同一地块分为上下两层，上地（称田皮、田面等）与底地（称为田根、田骨等）归属于不同的人，这种习惯上的权利

---

① “一种可以转让的并可转移给继承人的物权，它使人可以充分享用土地同时负担不毁坏土地并交纳年租金的义务。”〔意〕彼德罗·彭梵得：《罗马法教科书》，黄风译，中国政法大学出版社1992年版，第267页。

② “秦汉时以‘假田’形式向农民出租公田，即允许农民永久占有公田，向政府缴纳‘假税’可以看做是永佃权”。叶孝信：《中国民法史》，上海人民出版社1993年版，第549页。

③ “永佃权在北宋时已出现。”张晋藩：《中国法制通史》（第七卷），法律出版社1999年版，第222页。

④ “永佃权与‘永佃’，虽仅一字之差，其渊源、内涵及意义等则相去甚远。‘永佃’如同‘世耕’、‘永耕’，乃清代民间契约用语，它们直接反映某种租佃关系。永佃权则否，它是一个分析概念，其确定内涵首先来自于现代民法，其渊源又可以追溯至古代罗马。”梁治平：《清代习惯法：社会与国家》，中国政法大学出版社1996年版，第88页。

⑤ “中国的永佃权，旧称之为佃，户部则例‘民人佃种旗地，地虽易主，佃户仍旧，地主不得无故增租夺佃’，盖即永佃权之意……我亦间有田面权（永佃权）与田底权（土地所有权）之称。”史尚宽：《物权法论》，中国政法大学出版社2000年版，第206—207页。

关系就是"一田两主"。田面权与田底权并列,是一个永久性的独立物权。底地所有人的权利,是每年可以从享有土地使用、收益权的上地所有人收取地租,但是欠租一般不成为解约原因。

在明清时期盛行的"一田两主"制,到清末民国时,在许多地区仍然非常流行。天津县的习惯规定,倒东不倒典。[①] 闽清县习惯[②]、绥远全区习惯[③],表明永佃人可以对永佃土地的田面自由处分,而且田底人与田面人各自行使自己的权能,互不受对方的影响。

《大清民律草案》在第三编物权中第一次设"永佃权"专章,从1086条到1101条,共16条。"永佃权"的内容,主要参照《日本民法典》第五章"永小作权"的规定。北洋政府时期的《中华民国民律草案》的"永佃权"内容与《大清民律草案》基本相同,但更接近《日本民法典》"永小作权"的规定。南京国民政府时期颁布的《中华民国民法》正式确立了永佃权制度。"六法全书"被废除之后,永佃权制度在我国大陆地区消失。在台湾地区永佃制度仍然存在,但后来因当局实行扶持自耕农及自行使用土地,1953年颁布了"耕地改革条例",实行农民有田自耕。因此,永佃权制度也已基本在台湾地区消失。

二、永佃权制度

永佃权,是指以耕种或者畜牧为目的而长期使用他人的用益物权。例如,我国台湾地区"民法"第842条规定,永佃权,是指支付佃租永久在他人土地上为耕作或者牧畜的权利。永佃权是以使用他人土地为目的的物权,永佃权的标的物仅限于土地,在建筑物不能设立永佃权。永佃权是以耕种或者畜牧为目的的物权,即在他人的土地上进行耕种或者放牧,与地上权存在重大差异,地上权人是以建造建筑物或其他工作物或者种植竹木为目的而使用他人土地。耕种是指栽培植物,植物不以稻、麦等五谷及菜蔬为限,草本或者木本植物如桑树、果树的种植也包括在内。但是,以植树造林为目的而种植竹木的,则属于地上权。畜牧则是以繁殖为目的而饲养各种家禽或者家畜。永佃权虽然以耕种或者畜牧为目的,但在耕种或者畜牧的必要范围内而建造供农作、养殖、畜牧使用的建筑物,或

① 土地"自租之后,准租主不租,亦准转租转兑;如至期租价不到,准许业主将地撤回;如至开种地亩之时租价不到,有中人一面承管。此系同中三面言明'倒东不倒典',各持一纸,各无反悔"。《民事习惯调查报告录》(上),中国政法大学出版社2000年版,第13页。

② "闽清之田多分根、面。该田如归一主所有,其契约或阄书上必载明根面全;如属两主所有,则面主应向官厅完粮,根主应向面主纳租,但该两主皆得自由移转其所有权,不得互相干涉。"《民事习惯调查报告录》(上),中国政法大学出版社2000年版,第306页。

③ "绥区土地系蒙古原产,迨后汉人渐多,由蒙人手中租典垦种之地,历年既久,遂以取得永佃权。转典、转卖随意处分,蒙人不得干预。惟无论移转何人,均须按年向蒙人纳租若干。"《民事习惯调查报告录》(上),中国政法大学出版社2000年版,第416页。

者建造与其经营关系密切的房屋、晒场、仓库、畜舍等附属工作物，属于永佃权的范围，而不必另外设立地上权。永佃权是以支付佃租而永久使用他人土地的物权。永佃权的设立以有偿为条件，而地上权的设立可以是无偿的。永佃权是永久在他人土地上耕种或者畜牧的权利，不得附期限，附有期限的永佃权，则适用租赁的有关规定；地上权是否可以永久存续，存在不同的观点。

永佃权与地上权有相似之处，均为使用他人土地的用益物权，两者均可转让，可以抵押，但它们因使用目的、期限规定、成立要件（是否支付佃租）、土地是否可以出租（永佃权不能出租）等方面的不同而存在差异。永佃权与土地租赁的区别则更为明显：永佃权为物权，而土地租赁为债权；永佃权经登记生效，而土地租赁则在租赁合同生效时即生效；永佃权是永久存续的，而土地租赁则有明确的期限；永佃权可以让与他人，而土地承租人不得转让权利。

永佃权的设定与地上权的设定大致相似，有法律行为和法律行为之外的法律事实两种方式。以法律行为设立永佃权，有永佃权的设立和永佃权的让与两种方式。以法律行为设立的永佃权应当以书面方式进行，且在办理永佃权登记手续之后，才产生效力。以法律行为之外的法律事实设立的永佃权主要有继承。继承开始时，继承人即当然享有永佃权，永佃权无须办理变更登记，但未经登记的永佃权不能处分。

永佃权的效力表现为永佃权人的权利和义务。根据我国台湾地区民法的规定，永佃权人的权利有使用收益权、让与及设定担保权、相邻权、优先承买及承典权收买请求权；永佃权人的义务是支付佃租和回复土地原状。

永佃权是永久利用他人土地的权利，似乎没有消灭的可能性。实际上，永佃权仍然存在消灭的情形。永佃权没有存续的期间，不会因期限届满而归于消灭。但标的物的消灭、国家征用、混同等物权消灭的一般原因，在永佃权中仍然适用。永佃权特有的消灭原因有所有权人撤佃[①]和抛弃。

永佃权消灭将产生相应的法律后果。永佃权人应及时涂销永佃权的登记并将土地交还给土地所有权人；永佃权人取回土地上的物及设备，回复土地原状；土地所有权人应按照市场价格购买永佃权人的地上物及设备，并应向永佃权人返还生产用具等附属物及偿还特别改良费用。

第二节　土地承包经营权

土地承包经营权是我国集体土地使用权的主要表现形式，涉及众多法律规定。《民法通则》、《物权法》、《土地管理法》和《农村土地承包法》均涉及土地承

① 永佃权人违反禁止出租的规定和欠租高达两年的总额，均为所有权人撤销永佃权的事由。

包经营权。我国集体土地使用权的具体表现形式包括土地承包经营权、乡镇企业建设用地使用权和宅基地使用权。

《农村土地承包法》的立法目的、登记确权的程序、承担责任的方式等方面的规定，肯定了土地承包经营权的物权性，但是土地承包经营权的成立要件、流转程序的限制以及承担责任的性质，仍然没有摆脱债权性的痕迹。[①]《物权法》第128条基本沿袭了《农村土地承包法》的规定，明确规定土地承包经营权的流转应按照《农村土地承包法》的规定。

一、土地承包经营权的概念及性质

(一) 土地承包经营权的概念

土地承包经营权，是指农民、集体经济组织根据法律规定和土地承包经营合同约定对农业用地的占有、使用、收益的权利。[②] 根据《物权法》第125条的规定，土地承包经营权人是在承包经营的土地上从事种植业、林业、畜牧业等农业生产的权利。涉及土地承包经营权的法律，有《民法通则》、《物权法》、《土地管理法》和《农村土地承包法》等四部法律。

关于土地承包经营权在农村土地使用权体系中的地位，有两种不同的观点：一是认为土地承包经营权是农村土地使用权的一种并列的概念[③]；二是认为土地承包经营权是基于土地所有权或者土地使用权产生的权利[④]。

我国的立法与理论对农村土地的使用权有不同的称谓，但是“土地承包经营权”是最为恰当的概括。土地承包经营权在表述上呈现出多样性，说明了三个方面的问题：一是现阶段农村土地使用权制度中存在并列或者交叉的使用权，还没有经严谨明确的法律规范整合，形成规范、统一的使用权制度体系；二是现阶段农村的基本土地制度，特别是农业用地的使用权制度，仍然处于一个快速发展变化的时期，导致了立法和理论对农业土地使用权的内容与形式的表述，具有不确定性；三是土地使用权和土地承包经营权，均为不规范的法律术语，应当重新予以界定和规范。在《物权法》起草过程中，对土地承包经营权的称谓存在较大的争议，有农用地使用权、农用权、永佃权和耕作权等，但最终还是继续沿用了

---

① 在债权债务关系中，债务的转让，应获得债权人的同意，否则，债务的转让行为无效；债权的转让，债权人应通知债务人。在土地承包经营权转让时，应获得发包人的同意，由此可见土地承包经营权的债权性。

② “土地承包经营权，是指农民、集体在法律规范和合同约定的范围内对于集体所有的或者国家所有的由全民所有制单位、集体所有制单位使用的土地占有、使用、收益的权利。”王家福、黄明川：《土地法的理论与实践》，人民日报出版社1991年版，第56页。

③ “由于土地使用权与承包经营权同为使用收益土地之权，系互不相容的权利，因此设定了土地承包经营权后，该块土地上即不会再设定土地使用权。”崔建远：《物权：生长与成长》，中国人民大学出版社2004年版，第143—144页。

④ 参见王家福、黄明川：《土地法的理论与实践》，人民日报出版社1991年版，第56—57页。

土地承包经营权的称谓。

土地承包经营权是在我国实践中逐步形成的。① 农地承包经营制是我国农民在实践中自发创造出来的，在一定程度上促进了农业生产效率的提高和农村经济的发展，但这种制度的产生既缺乏系统的理论准备和制度设计，又不是自上而下有组织有计划实施的，一直缺乏系统的物权制度和理论的支持，存在着很多缺漏和不足。伴随社会经济的发展，这种缺陷日渐凸现，并有可能成为阻碍农村经济发展的因素。

（二）土地承包经营权的性质

关于农地承包经营权的性质一直有争议，有债权说、物权说、债权兼物权说、物权兼债权说、（复合）所有权说、田面权说等，债权说和物权说是两种主要学说。物权说认为，农地承包经营权是一种物权，而不是债权。② 物权说主要有三个方面的理由：一是土地承包经营权是《民法通则》第五章第一节“财产所有权和与财产所有权有关的财产权”所规定的权利，表明《民法通则》实际上是将该权利作为物权来规定的；二是土地承包经营权是在法律和承包合同约定的范围内对承包土地的直接控制、利用的权利；三是土地承包经营权是具有排他性的财产权。

债权说则认为，农地承包经营权是债权，而不是物权。③ 债权说主要有三个方面的理由：一是土地承包经营关系的实质表现为集体内部分工、分配的权利义务关系，是发包人与承包人之间的内部关系。承包人的身份充分体现了这种内

---

① 土地承包经营制度经历了两个阶段：(1) 1978 年—1984 年的家庭联产承包责任制的形成和确立阶段。对安徽省凤阳县小岗村农民的实践，我国经历了从不允许、允许例外、小范围允许到全面推广的过程。1980 年《关于进一步加强和完善农业生产责任制的几个问题》确定了包产到户的性质，初步肯定了包产到户，加速了包产到户在全国的发展。1982 年《全国农村工作会议纪要》规定，包产到户、包干到户或者大包干，都是社会主义的生产责任制，不同于合作化以前的小私有的个体经济，而是社会主义农业经济的组成部分。完全肯定了包产到户、包干到户的合法地位。1983 年《当前农村经济政策若干问题》对“双包”为主的家庭联产承包责任制进行了高度评价和理论总结，认为家庭联产承包责任制是在党的领导下我国农民的伟大创造。中国农村一场伟大的制度变革基本完成。(2) 1985 年之后的家庭联产承包责任制的稳定和完善阶段。为了鼓励农民在家庭经营上扩大生产规模，提高经济效益，1984 年《关于 1984 年农村工作的通知》规定“土地承包应在 15 年以上。生产周期长的和开发性的项目，如果树、林业、荒山等，承包期应该更长一些”。1993 年《关于当前农业和农村经济发展的若干政策措施》进一步规定，在原定的耕地承包期到期之后，再延长 30 年不变。开垦荒地、营造林地、沿河改土等从事开发性生产的，承包期可以更长。为了避免承包地的频繁调整，防止耕地规模不断被细分，提倡在承包期内实行“增人不增地、减人不减地”的办法，并允许土地使用权依法有偿转让。根据上述规定，1993 年全国各地区先后开始了第二轮土地承包工作。到 1998 年底，全国农村家庭承包经营的土地面积占总耕地面积的比重稳定在 97% 以上，80% 以上的村组开展了土地承包期限延长工作，其中承包期为 30 年的面积占延包总面积的 60% 左右。

② “从这一（承包）合同作为法律事实产生的承包经营权，并非债权，而是一种物权。”王家福、黄明川：《土地法的理论与实践》，人民日报出版社 1991 年版，第 57 页。“中国民法上的土地承包经营权相当于上述的永佃权。”崔建远：《物权：生长与成长》，中国人民大学出版社 2004 年版，第 143 页。

③ “……表明民法通则实际上是将该权利作为物权来规定的，但是司法实践中，历来认为土地承包经营权只是一种债权。”王利明：《物权法论》（修订版），中国政法大学出版社 2003 年版，第 454 页。

部关系，从承包经营责任制实行到现在，承包人仅限于本集体经济组织的成员——本村的村民。基于这种内部关系而取得的土地承包经营权，实际上仅对相对人——作为土地所有权人的集体具有约束力，而对任何第三人没有约束力，即缺乏对世权。二是承包人不得自行转让土地承包经营权。物权人能够自主地转让其权利，是物权的一个基本特征。例如，作为物权的永佃权，永佃权人可以自行转让，而无须土地所有权人的同意。我国则对土地承包经营权的转让采取限制的态度。1999 年《最高人民法院关于审理农业承包合同纠纷案件若干问题的规定（试行）》第 14 条规定，未经发包人同意，土地承包经营权的流转行为无效。《农村土地承包法》第 37 条则限制了发包方同意的范围，仅限于土地承包经营权以转让方式进行流转；以转包、出租、互换等其他方式进行流转土地承包经营权的，则无须经发包人同意。《物权法》第 128 条则沿袭了《农村土地承包法》的规定。三是承包经营权的设立基础是土地所有权和土地使用权，形成了这样一种物权体系结构，即土地所有权之上设立土地使用权，土地使用权之上又再设立一个土地承包经营权。在农用地上设立使用权之后，就不可能再设定具有物权性质的土地承包经营权。

在《物权法》颁布之前，法律对土地承包经营权的性质没有明确的规定，物权说与债权说，均有一定的合理性，但债权说理由更为充分。对土地承包经营权保护的核心问题，并非性质是物权还是债权，而是守法意识和执政为民思想的贯彻执行。当然，在此并无意否认物权对保护土地承包经营权人利益的效力。

《物权法》在用益物权中规定了土地承包经营权，表明了在《农村土地承包法》的基础上进一步肯定了土地承包经营权的物权属性和地位。《物权法》第 125 条规定土地承包人对承包经营的土地享有占有、使用、收益的权利，符合用益物权的基本特征，第 127 条和第 129 条确立了土地承包经营权的登记制度，这些规定均表明土地承包经营权的物权性。但是，《物权法》和《农村土地承包法》对土地承包经营权流转的限制性规定，则在一定程度上削弱了土地承包经营权的物权性。

二、土地承包经营权的弊端

《民法通则》在“所有权和所有权有关的财产权”中规定了土地承包经营权，即在物权法的框架下设计的土地承包经营权制度，《物权法》在“用益物权”中规定了土地承包经营权，因而土地承包经营权是一种独立的物权。但是，由于在土地承包经营权提出之时，理论准备不足，又缺乏实践的反馈，在制度设计方面存在缺陷，《民法通则》对土地承包经营权所赋予的物权性，在具体的土地承包经营实践中却体现得不充分，背离了立法者的初衷。在过去的实践中，对土地承包经营权没有真正按物权法的方法加以规范，而是以债权方式加以调整，从而表现

出某些弊端,主要体现在四个方面:

(1) 土地承包经营权的内容不明确。根据物权法定主义原则,物权的种类、内容均受到法律的限制,不允许当事人任意创设和变更,而债的发生实行任意原则,合同的形式、内容均由当事人任意约定。《民法通则》第 80 条第 2 款对土地承包经营权仅作原则性规定,而对权利的内容、权利的取得、权利的消灭等均未作出规定。[①] 这些事项因没有法定标准而由合同加以约定,发包方完全可以利用自己的优势地位,通过合同条款对承包人加以限制或者附加各种不合理的义务和条件。尽管《农村土地承包法》第 16 条规定:“承包方享有下列权利:(一) 依法享有承包地使用、收益和土地承包经营权流转的权利,有权自主组织生产经营和处置产品……”但是土地承包经营权的债权属性已经在实践中产生了很大的负面影响。

(2) 土地承包经营权的不合理限制。基于物权的直接支配性和独立性,物权人可根据自己的意思,无须他人的意思或者行为介入,对标的物为管领处分、实现权利内容,而债权是相对权、请求权,债权人必须借助于相对人的意思和行为,才能实现权利、享受利益。现行的土地承包经营制度要求承包人按承包合同享有合同规定的权利,承包人的自主经营权受到较大限制,不利于充分调动农民的生产积极性,提高土地使用效率。在土地承包制实行初期,承包人取得土地承包权后,土地承包经营权在很大程度上受发包人的支配,经营什么、如何经营,取决于发包人的意思,并且承包人只能自己经营,不得将土地转包、出租、抵押、互换、入股等。随着改革的深入,在新的一轮土地承包经营过程中,国务院批转农业部《关于稳定和完善土地承包关系的意见》和《最高人民法院关于审理农业承包合同纠纷案件若干问题的规定(试行)》,规定承包人可以将承包合同转让或者转包给第三者,但必须经发包人同意。承包人的支配权仍受到很大程度的限制,土地承包经营权应有的物权性特征仍未得到充分、彻底的体现。《农村土地承包法》虽然肯定了对土地承包经营权的流转的权利,但是又进行了限制。《物权法》又进一步肯定了上述规定,实际上与其他立法没有实质性的差异,并没有确认土地承包经营权的自主流转。

(3) 土地承包经营权的流转受到限制。土地承包经营权自主转让与土地承包经营权的长期稳定,关系密切。两者统一的基础,是土地承包经营权的物权化。土地承包经营权的长周期性需要承包人作长期的投入,而长期投入的前提就是土地承包制度的长期稳定与土地承包经营权的自主转让。土地经营的投入收益周期长,意味着加大了风险预期的不确定性,承包人因各种原因,很可能需

---

① 正是《民法通则》的立法上的缺陷,导致了土地承包经营权的先天不足,在形式上属于物权,而实质上却沦为债权。

要在承包期限内作投资转移。只有土地承包经营权能够自主转让,承包人才有可能在必要时以转让费的形式收回投资。与承包经营权的长期稳定一样,土地承包经营权的自主转让也是农业经营投入长期化的必要保障。在土地承包经营制实行的初期,虽然国家政策规定可以承包15年,但各地落实时通常仅签订的承包期限为3年或者5年。土地承包合同期满后,因缺乏刚性约束,出现不续签土地承包合同的情形。《土地管理法》第14条和第15条规定,农村集体所有土地的承包经营期限依承包人的不同而区分为两种情况:一种是本集体组织的成员承包的,承包期限为30年;另一种是本集体经济组织以外的单位或个人承包的,承包期限由双方当事人通过承包合同进行约定。《农村土地承包法》沿袭了《土地管理法》的规定,确定了耕地的承包期限为30年。30年的承包期限应当说不短,但由于承包人不能自主转让承包经营权,不能排除引起土地经营中的短期行为的可能。

(4)土地承包经营权主体身份的限制。农地承包经营权是农地承包经营制在法律上的表现形式,家庭承包的承包方仅限于集体经济组织的农户,具有明确的身份限制。如果本集体经济组织以外的单位或个人需要承包农民集体所有土地的,应经村民会议2/3以上成员或者2/3以上村民代表的同意,并报有关部门批准。本集体经济组织以外的单位和个人只能直接承包不宜采取家庭承包方式的荒山、荒沟、荒丘、荒滩等农村土地。这种区别对待的方式在我国以往农业生产力发展水平相对落后,农业生产社会化、现代化程度较低的情况下,是符合农村大部分地区的现实状况的,是有利于保护本集体经济组织成员利益的。然而,在我国经济较发达地区,一些农民依靠务工经商发家致富,放弃对土地的耕种蓄养。[①] 这显然违背了《土地管理法》的"十分珍惜、合理利用土地和切实保护耕地是我国的基本国策"的宗旨。在这种情况下,对于本集体经济组织以外的单位与个人经营使用农民集体所有的土地仍然给予如此严格的限制,只会导致土地闲置,阻碍土地使用权的自由流转和土地资源效益的发挥,进而阻碍农村经济的发展。由于《物权法》明确规定,承包人按照《农村土地承包法》的规定进行土地承包经营权的流转。因此,上述问题在今后仍然存在。

三、土地承包经营权的设立及流转

(一)土地承包经营权的设立

土地承包经营权的设立,是指有关当事人根据法律规定和合同约定,创设农

① 以广东省为例,据不完全统计,1996年来全省约有丢荒、闲置土地21780亩,占耕地面积的0.08%,其中耕地面积减少中丢荒比例曾一度高达4.1%。参见蒋海、时旭辉、齐洁、高卓然:《广东农地利用现状及其合理性分析》,载《农业经济问题》1999年第5期。

村土地承包经营权的行为。根据《物权法》的规定,土地承包经营权从土地承包经营合同权合同生效时设立。当事人之间设立土地承包经营权的合意,即宣告土地承包经营权的设立。土地承包经营权的设立无须登记,登记为对抗第三人的要件。土地承包经营权的设立采纳了意思主义,而不是物权设立通常采取的登记主义。但在土地承包经营权设立之后,政府有义务向土地承包经营权人发放土地承包经营权证。土地承包经营权证一方面是权利凭证,证明土地承包经营权人权利的存在;另一方面是承包合同的凭证,证明土地承包经营权合同的存在和内容。

土地承包经营权的设立,是以土地承包经营权合同订立的方式实现的。土地经营权合同,也称为土地承包合同,不仅是设立土地承包经营权的依据,而且也是确立当事人权利义务和物权内容的依据。土地承包经营权合同的订立有两种方式:一是以家庭承包方式订立土地承包经营权合同,土地承包经营权合同主要以家庭承包方式订立;二是以招标、拍卖、公开协商等方式订立土地承包经营合同,不宜采用家庭承包方式的荒山、荒沟、荒丘、荒滩等通常以招标、拍卖、公开协商等方式土地承包经营权合同。以上两种土地承包经营权合同,在合同的主体、客体及内容等方面存在较大的差异①:

(1) 土地承包经营权合同主体不同。家庭承包经营权合同主体,仅限于本集体组织的内部成员,其他人不得成为家庭承包经营权的主体;以招标、拍卖、公开协商等方式订立的土地承包经营权合同主体可以是本集体组织的成员之外的法人和自然人,本集体组织的内部成员仅享有优先权。

(2) 土地承包经营权合同客体不同。家庭承包经营权合同客体,是农用地使用权;以招标、拍卖、公开协商等方式订立的土地承包经营权合同客体,则是荒山、荒沟、荒丘、荒滩的使用权。

(3) 土地承包经营权合同权利限制不同。根据《农村土地承包法》第 37 条的规定,家庭承包经营权合同设定的承包经营权,虽然可以流转,但流转受到限制。此外,《物权法》第 184 条禁止在这种承包经营权上设定抵押权。但《物权法》第 133 条规定以招标、拍卖、公开协商等方式设定的土地承包经营权,则可以自由流转,而且可以设定抵押权。

根据《农村土地承包法》第 21 条的规定,土地承包经营权合同应采取书面方式,但是《物权法》没有规定土地承包经营权合同的形式。因此,土地承包经营权合同应采取书面方式。

土地承包经营权是有期限物权,土地承包经营权的期限法律有明确规定。根据《物权法》第 126 条和《农村土地承包法》第 20 条的规定,耕地承包经营权

---

① 参见王利明:《物权法研究》(下卷)(修订版),中国人民大学出版社 2007 年版,第 65 页。

期限为30年,草地承包经营权期限为30年至50年,林地承包经营权期限为30年至70年。根据《物权法》第126条的规定,土地承包经营权合同期满的,土地承包经营权人可以继续承包。

(二)土地承包经营权的流转

我国农业和农村经济已进入了一个新的发展阶段。[①] 根据市场需求和区域资源比较优势,对农业产业结构进行战略性调整,从而实现由传统农业向现代农业的跨越。但是"包干到户、地块碎化、分散耕种、小农经营"的现状,严重地制约了新农村建设的快速推进,正确引导、规范农村承包经营权流转已成为当务之急。土地是农业生产的最基本要素,创新农地使用制度,建立灵活有效的流转机制,关系到农业资源配置的效率和优化,关系到农村要素市场的发育。[②] 在坚持以家庭承包为基础、统分结合的双层经营体制下,明确承包经营农地使用权的独立性,在遵守有关法律的规定下实现土地承包经营权的流转,推进农业结构的战略性调整、发展效益农业。

根据《物权法》第128条、《农村土地承包法》第37条的规定,土地承包经营权的流转可以采取转让、转包、抵押、互换、入股等方式。土地承包经营权流转的主体是承包人,承包人有权决定土地承包经营权是否流转以及流转方式。在实践中,实现农村土地承包经营权主要有以下六种流转方式:

(1)转让。承包经营权人将土地承包经营权完全转让他人,不再享有土地承包经营权,也不负担交付承包费相关的义务,而土地承包经营权的受让人概括继受取得原承包人的权利和义务。对于土地承包经营权的转让,有不同的认识。反对土地承包经营权转让的理由是,土地是农民的生存保障,如果允许农民转让承包经营权,农民将失去土地,从而将引发一系列社会问题。但是,随着我国农村经济的发展和社会保障体制的逐步建立,土地的社会保障功能逐渐减弱,在沿海地区和一些第二、三产业发达的地区,出现了土地无偿转包,甚至"倒贴皮"的现象。[③] 按照《农村土地承包法》的规定,土地承包经营权的转让应获得发包方的同意。在土地承包经营权转让后,土地承包经营合同的主体发生变更。其他方式的土地承包经营权的流转,仅仅是债权债务的转移,物权性的土地承包经营

---

① 随着《中共中央关于制定国民经济和社会发展第十一个五年规划的建议》的实施,以"积极推进城乡统筹发展、推进现代农业建设、深化农村改革、大力发展农村公共事业"为主要内容的建设社会主义新农村的力度不断加大,农业现代化、产业化、机械化、标准化、规模化发展的现代农业建设格局已逐渐成为我国新农村建设的必然要求。

② 全国各地都在积极探索土地承包经营权的流转。2002年,江西省和四川省土地承包经营权流转面积已超过300万亩,山西省土地承包经营权流转面积达193.5万亩。宁夏、青海、新疆土地承包经营权流转面积超过了16.5万亩,西藏地区也达到了7.05万亩,与以前相比,有明显扩大。参见马晓河、崔红志:《建立土地流转制度,促进区域农业生产规模化经营》,载《管理世界》2002第11期。

③ 有相反的观点认为"调查的结果显示,转让是较少采用的一种流转方式,仅占全部流转的10%"。蒋月等:《农村土地承包法实施研究》,法律出版社2006年版,第78页。

权并未发生移转。

法律对土地承包经营权的转让采取了一系列的限制性措施。首先,《农村土地承包法》第 37 条规定耕地承包经营权的转让应经发包人同意。其次,转让人应有稳定的收入来源。《农村土地承包法》第 41 条规定承包方应有稳定的非农业职业或者有稳定的收入来源,以确保转让一旦失去赖以生存的土地而出现难以生存的问题。最后,《农村土地承包法》第 33 条规定,受让人必须是从事农业生产的农户,以确保农用地的性质不发生变化。

土地承包经营权的转让,应办理登记;未办理登记手续的,土地承包经营权的转让行为不能对抗善意第三人。

(2) 抵押。根据我国法律规定,部分土地承包经营权可以抵押。但是法律禁止对在耕地上设定的土地承包经营权进行抵押。承包人在土地承包经营权上为债权人设立抵押权,承包人到期不能偿还债务,债权人有权对该土地承包经营权以变卖、拍卖或协商折价的方式进行处分。因此,可设定抵押权的土地承包经营权仅限于荒山、荒沟、荒丘、荒滩等土地承包经营权。

(3) 转包。承包人将土地承包经营权的土地交由第三人从事农业经营,但仍保留土地承包经营权人的法律地位,仍是与集体组织签订的土地承包合同的承包方,而转包方仅根据与土地承包经营权人之间的转包合同享有权利承担义务。转包可以分为有偿转包、无偿转包和倒贴转包。转包是土地承包经营权流转的主要形式。①

(4) 互换。土地承包经营权人将所享有的不同地块的土地承包经营权进行调换。土地承包经营权人采取调换的方式进行流转,实际结果是土地承包经营权发生转让。根据《农村土地承包法》第 37 条的规定,土地承包经营权的互换报发包方备案。

土地承包经营权的互换,应办理登记;未办理登记手续的,土地承包经营权的互换行为不能对抗善意第三人。

---

① 例如,浙江省温州市人均耕地面积仅 0.31 亩的温州是典型缺粮地区,粮食自给率只有 35%。由于粮食生产受比较效益、耕种规模、台风灾害等因素影响,当地农民种粮积极性近年来持续下降,粮食生产特别是早稻生产出现连年下滑趋势,一些地区出现耕地抛荒现象。在基层政府的倡导下,温州各地农村近年来积极创新耕地流转模式,促进粮食规模化经营。农户把承包田有偿转包给大户集中经营,模式包括"招投标式转包"、"中转站式转包"和"中介机构合同转包"等三种。作为温州土地流转的主要模式,目前种粮大户转包模式承担着全市 40% 以上的早稻生产任务。通过创新耕地流转模式,实现耕地向种粮能手、村级集体、专业合作社集中,并实施全程机械化服务。这些举措不仅遏制了耕地抛荒现象,还成功稳定住了粮食生产。

(5) 入股。农民以土地承包经营权作为投资,入股组成股份合作制[①],这种方式对于引进资金、技术入股,发展高产、优质和高效农业和绿色农业具有可行性,广泛利用这种方式,一方面可以调整农业生产结构,提高农业生产率;另一方面又可以在一定程度上把农民从土地上解放出来,在第二、三产业寻找就业机会。

(6) 反租倒包。集体组织以一定条件把已经发包给承包人的土地租回来,然后再统一发包给种田大户或者其他法人或者自然人从事规模农业经营。在《农村土地承包法》颁布之前,这种流转方式已经是一种广泛采取的流转方式,有利于实现农村土地规模化经营。单个零散交易的谈判成本和履约成本很高,过高的交易费用将会阻止相当一部分土地承包经营权流转的发生,如果发挥集体经济组织的作用,承包户将承包的土地先租给集体经济组织,而规模经营者只需同集体经济组织谈判,从而节约了交易成本。

在以上六种土地承包经营权流转形式中,以转让和互换方式流转土地承包经营权的,应当办理土地承包经营权的登记手续。否则,不得对抗善意第三人。因此,登记并非转让和互换的生效条件。

土地承包经营权虽然可以流转,但法律对土地承包经营权的流转规定了限制条件,主要有两个方面的限制:一是土地承包经营权的流转不得改变土地的农业用途,受让人不得将土地用于农业之外的其他建设。二是土地承包经营权的流转期限不得超过承包期的剩余期限。

四、土地承包经营权的效力

土地承包经营权是用益物权,是直接支配承包土地并享有排他的权利,土地承包经营权人依法对承包土地享有占有、使用、收益和依法处分的权利。土地承包经营权及其内容,是由法律规定的。[②]

土地承包经营权的效力主要表现为土地承包合同双方当事人的权利义务。发包方享有发包权、监督权和承包金收取权,承担维护土地承包经营权人的土地

---

① 苏州市在2006年3月注册了全国第一个土地股份合作社。1992年广东省南海市开始试行土地股份制,以行政村或者村民小组为单位将集体财产及集体土地折成股份集中起来组建股份合作组织,然后由股份合作组织直接出租土地或者修建厂房再出租,村民出资入股凭股权分享土地非农化的增值收益。南海土地股份制中农户的股权是土地承包权的延伸。股份合作组织一般是规定原集体组织的承包农户才有权入股分红,承包制下农民拥有的土地转让权只限于农业用途,而股份制则将农民的土地转让权延伸到非农用途,农民可以凭借股权分享土地农转非带来的增值收益,农民收入显著提高。南海土地股份合作组织同时也是土地所有者,原来消极的土地发包方——村集体组织——成为积极的土地经营者,代表土地所有者的股份合作组织控制着土地非农用途的转让权,占据了大部分土地增值收益,给农户分红比较少,50%以上的经营收益成了集体资产,归集体组织管理者支配。股民对管理者的监督比较困难,政权机构和集体经济组织庞大,行政开支巨大,集体资产使用效率较低。

② 根据我国《物权法》的物权法定原则,物权的类型和内容由法律确定。

承包经营权的义务。

(1) 发包人享有的权利有发包权、监督权和承包金收取权。发包权是发包方享有的最为重要的权利。发包方可以发包本集体经济组织的土地,也可发包国家所有依法由集体经济使用的农村土地。发包方有权监督承包方按照承包合同的约定合理使用土地。承包方违反承包合同规定的用途使用土地并造成土地损害的,发包方有权制止承包方的行为。土地承包合同是一个有偿合同,为体现市场规则,提高土地利用效益,发包方可以收取一定的承包金。

(2) 发包人有维护土地承包经营权人的土地承包经营权的义务。发包人的主要义务表现为:不得侵害土地承包经营权人的土地承包经营权,不得非法变更、解除土地承包经营合同。在承包合同期限内,发包人不得随意调整土地承包经营权,不得随意收回土地承包经营权。

承包人对承包的土地享有占有、使用、收益和处分的权利,承担维护承包土地的义务。

(1) 承包人的权利。《物权法》第125条规定了土地承包经营权人对承包土地的占有、使用和收益的权利。占有权是指土地承包经营权人对承包的土地的控制和支配,是土地承包经营权人实现使用权和收益权的前提和基础。使用权是指土地承包经营权人根据承包合同约定用途,将承包土地用于种植、养殖、畜牧等方面的农业用途。收益权是指土地承包经营权人收取承包土地所产生孳息的权利。法律规定了土地承包经营权人的收益权。处分权是指土地承包经营权人对土地承包经营权的处分,包括转让、转包、互换、抛弃土地承包经营权的权利。《农村土地承包法》第32条到第43条规定了土地承包经营权的流转问题,但对土地承包经营权的流转设定了一定的限制条件。

(2) 承包人的义务。承包人应维持承包土地的农业用途,不得用于非农业用途;应保持承包土地的生态与环境的良好性能和品质。对违反上述义务的承包人,法律规定了相应处罚措施。

第三节 永佃权与土地承包经营权

永佃制度,在我国起源于封建时代初期,延续数千年。永佃权制度之所以源远流长,根本原因是该制度能够使佃户安心耕作、有助于社会经济稳定。[①] 各国永佃权制度,无论表现形式如何,均具有三个方面的共同特征:

(1) 永佃权的期限具有永久性、无期限性。永久性的特点一方面符合农业生产的长周期性,永佃权人可以对农业生产进行长期投入,有利于农作物的改良

---

① 参见史尚宽:《物权法论》,中国政法大学出版社2000年版,第206页。

和土地资源合理高效利用;另一方面,也使永佃权人安心生产,有利于农村社会的稳定和农村经济的持续发展。

(2)永佃权的主体没有法律限制。永佃权是以支付佃租为对价而存在于他人土地上的限制物权,永佃权主体已超出本集体经济组织及其内部成员的范围,有利于各种农业技术专门人才及组织的合理流动,有利于资源的优化配置。

(3)永佃权是以耕作、畜牧为目的而存在于他人土地之上的一种独立的用益物权。[①] 永佃权所具有的物权性有利于永佃权人权利的行使和保护,有利于维护永佃权人劳动生产的积极性。在权利行使上,永佃权人享有占有、使用并在他人土地上收益的权利。永佃权人在他人土地上不论耕作什么、畜牧什么,也不论怎样耕作、怎样畜牧,均享有充分的自主决定权,不受包括土地所有者在内的一切人的干涉。另外,基于永佃权的物权性,永佃权人也可以自主决定转让或者抛弃此项权利,而无须事先征得土地所有人的同意。在永佃权受到侵害时,永佃权人可以直接行使物上请求权,包括妨害除去请求权、消除危险请求权和妨害防止请求权。在不破坏土地的前提下,永佃权人可以不受任何限制地享有土地的权利。永佃权人除可以获取孳息外,还可以设立役权和抵押权。

永佃权的上述特征恰好弥补了土地承包经营权的缺陷,可以永佃权替代农村土地承包经营权。[②] 但是,学界仍主张法律规定的固有性,要将土地承包经营权在民法典中加以规定,这无疑会影响民法典的稳定性和科学性。2002 年《农村土地承包法》颁布,但并不意味着农地承包经营制及农地承包经营权在制度设计、性质等方面已经成熟和完善。相反,《农村土地承包法》在农地承包经营制等许多问题上仍然没有解决,不仅难以有效地规范和保障农地使用制度的发展与完善,而且也制约了物权立法中我国农地使用权制度的重新设计与完善,影响物权立法的稳定性,增加立法成本。此外,在《农村土地承包法》实施前,我国绝大部分农村地区的第二轮土地承包工作均已结束,土地承包期为 30 年。根据"法无溯及力"的基本原则,也许《农村土地承包法》中的许多内容要到 30 年之后才能有机会广泛适用。因此,《农村土地承包法》的制定和颁布,仍然遵循"头痛医头,脚痛医脚"的立法思路。

永佃权是否具有现代价值,并非取决于永佃权是否是建立在土地私有或者

① "由于土地承包经营权与永佃权都是利用他人土地从事农业生产的权利,因此,两者在目的上是一致的。"房绍坤:《物权法用益物权编》,中国人民大学出版社 2007 年版,第 50 页。

② 参见杨立新:《论我国土地承包经营权的缺陷及其对策》,载《河北法学》2000 年第 1 期。

公有制基础上[①],而是取决于永佃权是否还具有现代的活力,是否能确实保障农民的根本利益,是否有助于农民生活的改善、社会的稳定、经济的发展等。永佃权作为一种用益物权,使获得永佃土地的农民得到物权而非债权上的保护。

永佃权的剥削性并非来自永佃权本身,在本质上,永佃权反映的是一种长久的或永久的租佃关系,永佃权的剥削性与社会的根本性的政治制度、经济制度等相关。换言之,在个人与个人之间,在国家与个人之间都可以就农地产生永佃关系;永佃权并不是封建社会的特有制度,本身并不具有剥削性。在社会主义制度下,完全可以建立起社会主义的永佃权制度,即农村集体组织成员,支付佃租长久或者永久地享有租佃集体组织的土地为耕作或者畜牧的权利。没有必要担心永佃权制度的封建性和剥削性。

以日本永佃权制度在现实生活中已渐趋消亡以及我国台湾地区已经开始对永佃权制度进行修正为依据,学界出现了无论是物权法还是民法典,都必须舍弃使用"永佃权"概念的主张。日本和我国台湾地区永佃权的衰落已成定局,但这不能成为我们否定永佃权的理由,要具体问题具体分析。日本明治三十二年(公元 1899 年),《民法施行法》第 47 条中增加第 3 款规定:"于民法典施行前设定的可永久存续的永佃权,自民法典施行之日起经过五十年后一年内,所有人可以支付相当偿金,请求消灭永佃权。如所有人抛弃此权利或于一年内不行使此权利,则于其后一年内,永佃权人可以支付相当代价,收买其所有权。"日本的永佃土地面积逐渐减少,直至永佃权在实际生活中已逐渐趋于消失。我国台湾地区通过"耕者有其田条例"的实施,使得农民拥有了土地所有权。农民有田自耕,不愿将自己的土地永久地供他人使用;再者,由于农业生产的"经济效益极低",少有人愿"于他人之土地设定永佃权",永佃权失去存在的价值。但在我国大陆地区,土地归集体或者国家所有,农民对土地不享有所有权,不存在日本或者我国台湾地区的情形。相反,土地归集体或者国家所有,与罗马永佃权产生时的条件相似。在中国古代,永佃制的一种形式,就是在国家与私人之间形成的。我国的物权法,可以借鉴古代"一田两主"制的某些内容,通过规定永佃权制度,使农民长期或长久地享有"田面权",国家拥有"田底权"。这既利于保障农民的土地耕作权,又能保证我国土地的公有制性质。因此,当代中国具有永佃权存在的基础。

---

① 多数观点认为,土地私有制是永佃权的制度基础。"永佃权是建立在土地私有制基础上的,是耕种者与地主之间的关系;而土地承包经营权是建立在土地公有制基础上的,是承包方与发包方之间的关系,承包方一般是本集体经济组织成员。"房绍坤:《物权法用益物权编》,中国人民大学出版社 2007 年版,第 54 页。

第十一章 地 役 权

地役权是一种古老的物权形式，是为实现自己土地的利益而利用他人土地的权利。不仅大陆法系国家普遍存在地役权，而且英美法系国家也承认地役权。在《物权法》颁布之前，我国立法没有地役权的规定，《民法通则》仅规定了相邻关系。相邻关系与地役权颇为相似，大陆法系国家也有将相邻关系作为一种地役权加以规定的立法例。[①] 从法律性质上说，地役权与相邻关系是不同的。相邻关系属于自物权的范围，创设的目的是对所有权行使效力及范围进行直接限制；地役权属于他物权的范围，创设的目的在于利用他人土地以便于实现自己土地的利益。罗马法将相邻关系作为所有权行使的限制性措施，纳入所有权体系。德国、日本、瑞士等大陆法系国家民法，均沿用了罗马法的相邻关系制度。我国《物权法》在用益物权中规定了地役权，将地役权与相邻关系区分开来，在用益物权体系中，赋予地役权应有的地位。

第一节 地役权的概念

一、地役权的历史沿革

地役权是发源于古罗马的法律制度。在罗马法中，役权有地役权和人役权之分。[②] 役权只能为某一特定土地或者某一特定人而设立。为某一特定土地而设立的役权，称为地役权；为某一特定人设立的役权，称为人役权。役权本质上属于所有权的一种负担，即对有役权负担的物的所有权所进行一定的限制，但役权又不是所有权的部分权能。地役权是役权最原始的类型。换言之，地役权是最早出现的一种役权，人役权的出现要晚于地役权，而且人役权在某种程度上源于地役权。

随着古罗马原始公社的解体及土地私有的出现，地役权即开始形成。在王政时期，地役权是罗马他物权的唯一形式。伴随着罗马社会的发展，罗马人对土

---

① 例如，《法国民法典》在地役权篇第二章"法律规定的役权"中就规定了诸如流水、通风、采光、滴水、通行等相邻关系。

② "在优士丁尼法中，役权这个词是从总体上指对他人物的最古老的古典权利。"〔意〕彼德罗·彭梵得：《罗马法教科书》，黄风译，中国政法大学出版社1992年版，第251页。

地、物的利用方式越来越丰富，不断扩大地役权的适用范围[①]，产生了通行权、汲水权和放牧权等地役权。到罗马共和国时期，无夫权婚姻和解放的奴隶日渐增多，每遇家长亡故，那些没有继承权且又没有劳动能力人的生活便成了问题。为使这些人生有所靠、老有所养，丈夫和家主就把一部分家产的使用权、收益权、居住权等遗赠给妻子或者被解放的奴隶，从而出现了所谓“特殊役权”，即具有地役权内容的人役权。但随着地役权范围的不断扩大，罗马古典法基于固有观念，便不再承认这些地役权。[②] 到了共和国晚期，出现了人役权的概念。人役权包括用益权、使用权、居住权和奴畜使用权四种，其中最主要的是用益权。[③] 用益权，是指在不毁坏物的实体的情形下使用他人物品并收取其利息的权利。用益权人应当承担维护用益物所必需的一切费用以及一切与该物相关的义务。用益权是为照顾某一特定人而设立的，最长期限是该人的生存期间。使用权，是指使用他人之物并包括按照自己的需求收取孳息的权利。居住权，是指居住和出租他人房屋的权利。

罗马法的役权制度对现代大陆法系国家产生了深远的影响，德国法系国家的影响尤为明显。用益权体现了大陆法系的基本特点，实际上成为大陆法系识别的标志。《法国民法典》废弃了那些可能使人联想不受限制的封建劳役术语，继受了罗马法除奴畜使用权之外的人役权制度。《法国民法典》第 578—624 条规定了用益权，第 625—636 条规定了使用权和居住权，第 637—710 条规定了役权或者地役权。《意大利民法典》基本继受了《法国民法典》的做法。《德国民法典》在第五章役权中规定了地役权、用益权和限制的人役权。

清朝末年的《大清民律草案》采纳了德国法、日本法和瑞士法地役权制度的规定，在物权编中规定了地役权。北洋政府时期，为收回领事裁判权，加速司法改革并进行民、刑法典的编纂，在民法典草案中保留了《大清民律草案》中确定的地役权名称及其制度内容。民国时期颁布的《中华民国民法》，保持了地役权的名称和制度规范，强调地役权是以他人土地增加自己土地经济效用的权利，适用于通行、用水等情形。新中国成立后，我国废除了地役权，但学界基本承认地役权概念，《物权法》又重新承认了地役权制度。

---

① “役权不再是典型的，当事人可以将其中任何一种同役权的一般品质相关的使用权确定为役权。”〔意〕彼德罗·彭梵得：《罗马法教科书》，黄风译，中国政法大学出版社 1992 年版，第 253 页。

② 为使法律规则反映社会需求，“古典法学家们把这些役权解释为债权，现时的所有主或死者的继承人有义务接受依此权利而实行的通行等等并对设置的障碍负责。”〔意〕彼德罗·彭梵得：《罗马法教科书》，黄风译，中国政法大学出版社 1992 年版，第 256 页。

③ 参见〔意〕彼德罗·彭梵得：《罗马法教科书》，黄风译，中国政法大学出版社 1992 年版，第 256 页。

二、地役权的概念

地役权,是指为自己土地便利而使用他人土地的权利。[①] 民法为调整相邻土地之间的利用,规定了相邻关系,地役权的作用与相邻关系基本相同。相邻关系,是所有权本身所具有的效力,是法律对所有权最低限度的限制,而地役权则是根据当事人的意思,对相邻关系由外部从属于所有权的物权性质的最大限度的调整。相邻关系,《法国民法典》视为法定地役权[②],而《德国民法典》却认为是所有权的当然内容。

大陆法系国家的地役权,有两种立法例:一是以法国为代表的地役权立法例,将相邻关系纳入地役权范畴,相邻关系为法定地役权,而地役权为约定地役权。意大利、俄罗斯等国采纳了这种立法例。二是以德国为代表的地役权立法例,区分了相邻关系和地役权。相邻关系是基于法律规定产生的,地役权是基于法律行为设立的。日本、我国台湾地区采纳了这种立法例。我国《物权法》也采纳了这种立法例。

关于地役权的概念[③],无论是《法国民法典》的“负担”[④],还是《德国民法典》的“使用”、“不得实施”[⑤],均未明确地役权的实际内容,而是根据需役地的利益由当事人设定时确定。日本、意大利、瑞士等国民法典[⑥],对地役权内容的规定也大致如此。各国民法典均没有对地役权的内容作出明确的规定,而是授权当事人根据实际需要确定地役权的内容,但以不损害公共秩序为限。

在地役权关系中,为自己土地的便利而使用他人土地的一方称为地役权人,又称为需役地人。将自己的土地供他人使用的一方称为供役地人;需要提供便利的土地称为需役地;地役权人使用的土地称为供役地。地役权包含三个方面

---

① “所谓地役权,是指土地上的权利人(包括土地所有人、地上权人、农地使用权人、典权人乃至土地的承租人),为了自己使用土地的方便或者土地利用价值的提高,通过约定得以利用他人土地的一种定限物权。”申卫星:《地役权制度的立法价值与模式选择》,载《现代法学》2004 年第 5 期。

② 《法国民法典》第 637—685 条之规定。

③ 我国《物权法草案》第 156 条规定:“……(5)‘地役权’,指在法律规定的相邻关系之外按照合同利用他人的不动产,以提高自己不动产效益的权利……”《物权法》并未对地役权进行定义。与之相关的条文是第 156 条的规定,即“地役权人有权按照合同约定,利用他人的不动产以提高自己的不动产的效益”。

④ 《法国民法典》第 637 条规定:“役权系为另一所有权人的不动产的使用及需要对另一不动产所加的负担。”

⑤ 《德国民法典》第 1018 条规定:“一块土地为了另一块土地的现时所有人的利益,得设定权利,使需役地的所有人得以某种方式使用该土地,或使在该土地上不得实施某种行为,或排除本于供役地的所有权对需役地行使权利(地役权)。”

⑥ 《日本民法典》第 280 条规定:“地役权人,依设定行为所定的目的,有以他人土地供自己土地便宜之用的权利。但不得违反第三章第一节中关于公共秩序的规定。”

《瑞士民法典》第 730 条规定:“甲地所有人为乙地的利益,得允许乙地所有人进行某些特定方式的侵害,或为乙地所有人的利益,在特定范围内不行使自己的所有权,以使自己的土地受负担。”

的内容：

（1）地役权是使用他人土地的权利。地役权的客体是土地，土地属于他人所有或者使用。地役权存在于他人的土地之上，在自己的土地上原则不存在地役权的问题。所有权人可以任意地使用自己的土地，没有设定地役权的必要。地役权设定的目的在于调整土地利用关系，而不是土地所有权关系。

（2）地役权是为使用自己土地的便利而设立的权利。使用供役地的目的，是为需役地的便利。如果供役地不能满足需役地的便利，那就没有必要设定地役权。设定地役权的目的并不是使用他人的土地，而是为自己土地的使用提供便利，以增加自己土地的效用，提高利用价值。所谓的"便利"，泛指开发、利用需役地的各种需要，内容只要不违反法律的强制性规定以及不违反公序良俗，可以由当事人根据实际情况约定。在现实生活中，有三种常见的地役权：一是通行地役权，即指以在他人土地上通行以便到达自己土地为目的的地役权。二是水流地役权，即引水地役权、汲水地役权与排水地役权。引水地役权，是指为需役地的便利在供役地上取水的地役权；汲水地役权，是指汲用供役地的泉水或者井水的权利；排水地役权，是指把生活或者生产过程中产生的废水排入供役地或经过供役地排向他处的地役权。三是建筑物地役权，即眺望地役权、采光地役权和支撑地役权。眺望地役权，是指为确保在需役地或者建筑物中能够眺望风景，约定供役地不得建造或者种植超过一定高度建筑物或者竹木的地役权；采光地役权，是指为改善需役地或者建筑物的采光效果，约定供役地在一定的区域不得建造建筑物或者种植竹木，或者建筑物、竹木不得超出一定高度，使供役地不遮挡需役地所需要光线的地役权；支撑地役权，是指为节省建筑成本或者为扩大房屋的使用面积，利用他人已经建成的墙壁搭建房屋或者其他地上定着物的地役权。

（3）地役权具有从属性与不可分性。地役权的设立必须是需役地与供役地同时存在。在法律属性上，地役权与其他物权不同。地役权虽然是一种独立的权利，并不是需役地所有权或者使用权的扩张，但是它仍然与需役地的所有权或者使用权共命运。[①] 地役权的从属性，主要表现在两个方面：一是地役权必须与需役地所有权或者使用权一同转移，不能与需役地分离而让与，即需役地所有人或者使用人，不得自己保留需役地所有权或者使用权，而单独将地役权让与他人，不得自己保留地役权而将需役地所有权或者使用权让与他人，也不得将地役权与需役地的所有权或者使用权分别转让给两个人。[②] 二是地役权不得与需役

① 参见谢在全：《民法物权论》（上册），中国政法大学出版社 1999 年版，第 424 页。

② 《物权法》第 164 条规定："地役权不得单独转让。土地承包经营权、建设用地使用权等转让的，地役权一并转让，但合同另有约定的除外。"

地分离而成为其他权利的标的。[①] 如果在需役地上设定其他权利，则地役权也包括在内。例如，在需役地上设定地上权，则地上权人也可以行使地役权，不能单独将地役权作为其他权利的标的。例如，单独以地役权抵押、出租等。

地役权的不可分性，是指地役权为不可分的权利，即地役权不得被分割为两个以上的权利，也不得使一部分消灭。地役权的不可分性包括两个方面的内容：一是地役权不受需役地的部分转让的影响。[②] 在需役地分割时，地役权在分割后的地块的利益仍然存在。例如，A 地在 B 地拥有通行地役权，后来 A 地分割为 C 地、D 地，则 C 地与 D 地所有权人仍然各自拥有从 B 地的通行权。二是地役权不受供役地部分转让的影响。[③] 供役地是为地役权人提供便利而存在的，供役地虽然部分转让，但供役地的负担仍然存在，原则上不消灭。

地役权的不可分性，是罗马法以来所确立的原则。现代大陆法系各国或地区法律也承认和继受了地役权的不可分性，《德国民法典》、《法国民法典》以及我国台湾地区民法均有明文规定。[④] 我国《物权法》第 166 条和第 167 条也明文规定了地役权的不可分性。

第二节　地役权的内容

一、地役权的主体与客体

地役权的主体为需役地的所有权人，地上权人、永佃权人、典权人在其权利存续期间也可使用供役地而成为地役权人。在已经设定地役权的需役地上有地上权、永佃权、典权、租赁权设定的，则地上权人、永佃权人、典权人、租赁权人可

---

① 《物权法》第 165 条规定："地役权不得单独抵押。土地承包经营权、建设用地使用权等抵押的，在实现抵押权时，地役权一并转让。"

② 《物权法》第 166 条规定："需役地以及需役地上的土地承包经营权、建设用地使用权部分转让时，转让部分涉及地役权的，受让人同时享有地役权。"

③ 《物权法》第 167 条规定："供役地以及供役地上的土地承包经营权、建设用地使用权部分转让时，转让部分涉及地役权的，地役权对受让人具有约束力。"

④ 《德国民法典》第 1025 条规定："地役权人的土地被分割的，其地役权在各个部分继续存在；但在发生疑问时，仅在地役权的行使未对供役地所有权人造成困难时，始得准许。地役权仅对需役地的一部分有利的，地役权在其余部分消灭。"第 1026 条规定："供役地被分割的，如果地役权的行使仅限于供役地的一部分，对行使范围以外的其他部分，地役权不再存在。"

《法国民法典》第 694 条规定："所有人有两个不动产，其间有役权的标志存在，所有人处分其中之一而未于契约中记载有关役权的约款时，役权仍消极地或者积极地继续存在于出让的土地上或者继续为出让土地的利益而存在。"第 700 条规定："如果享有地役权的土地分割时，役权仍为各该部分继续存在，但负担役权的土地的负担，不得因而加重。例如，关于通行权，一切共有人应就同一线路行使其通行的役权。"

我国台湾地区"民法"第 857 条规定："供役地经分割者，地役权就其各部分，仍为存续。但地役权之行使，依其性质，只关于供役地之一部分者，仅对于该部分仍为存续。"

以行使地役权。

地役权的客体是他人的土地,地役权上不得再设定地役权,共有之应有部分,也不得设立地役权。地役权不得为建筑物而设定。土地所有权人同时为建筑物所有权人,如果为土地设定地役权,则建筑物也同样享有地役权;建筑物所有权人与土地所有权人不一致时,建筑物所有权人基于地上权、永佃权、典权、租赁权等,也可行使地役权。因此,不得为使用建筑物的便利而设定地役权。

二、地役权的种类

地役权的种类繁多,按照不同的标准,有下列四种主要的分类:

(1)田野地役权与城市地役权。以地役权的客体功能为标准,地役权可以分为田野地役权与城市地役权。田野地役权,是指为土地耕作便利而设定的地役权。例如,引水地役权、排水地役权、汲水地役权、通行地役权等。城市地役权,是指为房屋建造便利而设定的地役权,也称为建筑物地役权。例如,眺望地役权、采光地役权等。罗马时期就存在这种地役权的分类。

(2)积极地役权与消极地役权。以地役权行使的内容为标准,地役权可以分为积极地役权与消极地役权。积极地役权,是指以地役权人在供役地为一定行为为内容的地役权。例如,通行地役权、排水地役权等。消极地役权,是指以供役地所有人在供役地上不得为一定行为为内容的地役权。例如,采光地役权、远眺地役权、禁止气体排放地役权、声音污染防止地役权等。

(3)继续地役权与非继续地役权。以地役权行使的方式为标准,地役权可以分为继续地役权与非继续地役权。继续地役权,是指地役权内容的实现,不必每次有地役权人的行为,在时间上能够继续不间断的地役权。例如,已经开通的道路通行地役权、装设水管汲水地役权、眺望地役权等。消极地役权,通常为继续地役权。非继续地役权,是指地役权内容的实现,每次均以有地役权人的行为为必要的地役权。例如,汲水地役权、未开设通路的通行地役权。

(4)表见地役权与非表见地役权。以地役权行使的状态为标准,地役权可以分为表见地役权与非表见地役权。表见地役权,是指地役权的存在,有外在的事实为表现,能够从外部认识。例如,通行地役权、地面汲水与地面排水的地役权等。非表见地役权,是指地役权的存在,无外形事实为表现,不能自外部认识。例如,埋设涵管的汲水、排水地役权、眺望地役权、采光地役权等消极地役权。

三、地役权的取得

地役权的取得,即地役权的发生,有法律行为和法律行为以外的法律事实两种情形。以法律行为方式取得地役权,包括地役权的设定和地役权的让与两种行为:

(1) 地役权的设定。地役权的设定主要是通过合同方式,且应采用书面方式。根据我国《物权法》第158条的规定,地役权合同生效时,地役权设立。地役权的登记并非地役权的生效要件,仅为对抗要件。[①] 换言之,未经登记的地役权,不得对抗善意第三人。此外,地役权还可以遗嘱等单方行为设定。地役权的设定,可以是有偿的,也可以是无偿的;可以是有期限的,也可以是无期限的。地役权设定的内容必须合法,不能违反法律的强制性规定和公序良俗。[②] 否则,地役权的设立行为无效。

(2) 地役权的让与。地役权可以通过让与方式取得,让与方式取得地役权是地役权取得的另一种方式。基于地役权的从属性,第三人通过让与方式取得需役地的,地役权应当与需役地一同让与第三人。

以法律行为之外的法律事实取得地役权的主要是继承。需役地的权利人死亡时,需役地的权利由继承人继承,地役权当然也由继承人继承。但是,以继承方式取得的地役权,非经登记权利人不得处分。

四、地役权的效力

地役权的效力表现为地役权人的权利义务和供役地人的权利义务。我国《物权法》对役权人和供役地人的权利义务有原则性规定。[③]

(一) 地役权人的权利义务

地役权人的权利义务是地役权制度的核心内容,体现了地役权制度的主要内容。对地役权人权利的保护,是地役权制度价值所在。地役权人义务的履行是地役权人行使权利的基础和前提。地役权人的权利,主要有三个方面的内容:

(1) 对供役地的使用权利。对供役地的使用权利,是地役权人权利的核心内容,但这种权利的内容和形式方式,由法律和合同规定。地役权既然是以他人土地供自己土地使用的便利而设立的权利,则地役权人有权在目的范围内使用供役地,但不得超越目的范围使用供役地。地役权因设立而取得的,地役权的范围应由设立合同和登记内容确定;因继承而取得的,地役权的范围应与原地役权相同。地役权人超越范围行使地役权的,供役地所有权人不但可以请求地役权人停止,而且还享有损害赔偿请求权。

(2) 行使必要的附属行为的权利。在特定情形下,地役权人为维持或者行

---

① 地役权设立的立法例有登记生效主义和登记对抗主义两种,德国属于登记生效主义,法国属于登记对抗主义。

② 违反法律的强制性规定,如允许需役地人超标排放污染、废气、噪音等;违反公序良俗,如禁止供役地人使用供役地。

③ 《物权法》第159条规定:"供役地权利人应当按照合同约定,允许地役权人利用其土地,不得妨害地役权人行使权利。"第160条规定:"地役权人应当按照合同约定的利用目的和方法利用供役地,尽量减少对供役地权利人物权的限制。"

使地役权,有权从事必要的附属行为。例如,为实现汲水地役权的目的,可以实施通行地役权的行为,或者埋设涵管以引水到需役地;为实现通行地役权的目的,必要时可以开挖建筑道路,而没有必要在原地役权之外另行设立地上权或者地役权。这些行为在学理上称为附属行为。附属行为不仅包括单纯的行为,而且还包括工作物的设置。

(3) 取回附属设施的权利。地役权人在供役地上建造的设施属于地役权人,在地役权终止之后,地役权人可以取回地上的附属设施。但是,地役权人行使取回权不得给供役地人造成损害。否则,地役权人应承担由此而产生的损害赔偿责任。地役权人取回地上附属设施后,应恢复供役地的原状。此外,如果供役地人愿意以市场价格购买地上的附属设施,地役权人不得拒绝。

地役权人在享有前述权利的同时,也应承担相应的义务。地役权人的义务,主要有三个方面的内容:

(1) 按照地役权合同的规定使用供役地。按照设立地役权合同的规定使用供役地,是指地役权人应当按照地役权合同规定的目的和方法使用供役地。按照合同规定的目的使用供役地,如合同规定是眺望地役权的,地役权人不得行使通行权。按照合同规定的方法使用供役地,如铺设管线地役权合同约定为埋设地下管线的,则地役权人不得架设空中管线。违反合同规定的目的和方式使用供役地均构成违约,甚至可能构成滥用地役权。

(2) 尽可能减少对供役地人权利的限制。根据法律规定和合同约定,地役权人可以使用供役地,但地役权人不得滥用权利。根据诚实信用原则,地役权人在行使地役权时应尽可能减少对供役地人不动产权利的限制,即地役权人应最大限度减少对供役地人不动产权利的侵害和限制。①

(3) 对设置物的维护。地役权人在供役地上设置一定的工作物的,对设置的工作物负有维护的义务,避免供役地人因工作物的毁坏而受到损害。因未尽维护义务而导致设置物对他人造成损害的,地役权人应承担赔偿责任。②

(4) 支付使用费的义务。地役权可以是无偿的,也可以是有偿的。在实践中,地役权的设定大多数是有偿的。如果地役权是有偿的,地役权人应按照合同的约定数额、时间、方式支付供役地的使用费。

(二) 供役地所有权人的权利义务

供役地所有权人的权利义务,大致与地役权人的权利义务相对应。供役地所有权人的权利表现为地役权人的义务,供役地所有权人的义务则表现为地役权人的权利。因此,供役地所有权人的权利义务不再赘述。

---

① 参见谢在全:《民法物权论》(上册),中国政法大学出版社 1999 年版,第 439—440 页。

② 同上书,第 443 页。

五、地役权的消灭

地役权是一种不动产物权，不动产物权消灭的原因均对地役权适用，但地役权也有特别的消灭原因。引起地役权消灭的原因有地役权设定的期限届满、供役地的所有权人依法或者根据约定终止地役权设定合同、地役权的抛弃、地役权的混同、法院的判决等。与其他物权消灭原因不同的是土地灭失。在通常情形下，土地一旦发生灭失，在该土地上设立的物权则随之消灭。地役权不仅因供役地的灭失而消灭，而且还因需役地的灭失而消灭。虽然供役地没有灭失，但因无法提供原有的便利时[①]，地役权也随之消灭。

第三节 地役权与相邻关系

在罗马法中，相邻关系和地役权是不可分的。罗马《十二表法》的第七表详细地规定了相邻关系和地役权。罗马法地役权制度影响了现代相邻关系和地役权的立法，形成了大陆法系两种不同的立法例：

(1) 以法国和意大利为代表的相邻关系为法定地役权的立法例。《法国民法典》在第二编“财产及对于所有权的各种限制”中规定了“由现场的自然情况所产生的役权”，《意大利民法典》在第三编“所有权”中规定了“地役权”。

(2) 以德国和日本为代表的相邻关系和地役权相区分的立法例。相邻关系是法律对相邻不动产所有权的限制，地役权是用益物权，是两种不同性质的物权。我国《物权法》采纳了第二种立法例，对相邻关系与地役权进行了区分。

虽然相邻关系是所有权的限制和扩张，地役权是一种用益物权，但是作为调整相毗邻的不动产利用关系的两种相类似法律制度，在发生条件和效力方面，相邻关系和地役权有重叠或者交叉之处，两者大多以调和相邻不动产利用过程中权利人的冲突为目的，具体效力主要体现在邻地的通行、取水、排水、铺设管线、眺望等方面权利的限制或者扩张。相邻关系和地役权之间自古以来就有明确的界限[②]，两者的区别主要体现在四个方面：

---

① 例如，汲水地役权的水源已经干枯。

② “地役权与相邻关系，除在利用邻地供自己便利上存有相同之处外，两者明显的区别点已为各国民法理论与社会实践所证实：相邻关系是直接由法律来确认，它属于所有权范畴，是所有权的延伸或限制，地役权则主要是依当事人间的设定地役权合同而发生，是用益物权的种类之一；相邻关系是法律对土地间利用关系的最窄小最基本限度的调节，谈不上有偿问题，而地役权则是在相邻权调节之外的一种更为宽泛的权利义务的有偿调节，目的在于充分利用土地，发挥土地效益，实为弥补相邻关系之不足；相邻关系必须以相互毗邻的土地为发生前提，其关系范围也十分广泛，情况亦很复杂，而地役权通常情况下反映的是土地相邻关系，但也不一定以需役地与供役地相互毗邻为限度，有时即使两地并不相连，但只要有事实上利用之需要，也可以设定地役权。”陈小君：《论传统民法中的用益物权及其现实意义》，载《法商研究》1995 年第 4 期。

（1）产生原因不同。相邻关系是不动产所有权内容的当然扩张或者限制，是基于法律的直接规定产生的。相邻关系不可能形成一种独立的物权，无须权利人登记，基于所有权或者占有即可享有。地役权是不动产所有权人之间基于合同关系而对所有权内容的扩张或者限制，是基于当事人之间的合同约定产生的。相邻关系是法律上当然产生的最小限度对不动产利用的调整；地役权则是当事人双方逾越相邻关系限度而约定的权利义务关系，是相对更大限度的不动产利用的调整。①

（2）对所有权限制的程度不同。相邻关系和地役权都是对所有权的限制，但是限制的程度不同。相邻关系是不动产所有权内容的最低程度的限制，避免相邻的不动产权利人在日常生活和生产中发生一些不必要的纠纷，避免因不动产的正常使用而进行协商、订立合同，增加社会成本。相邻关系是物权法的强制性规范，当事人不得排除适用。地役权对不动产的限制程度则依当事人的约定而定，对不动产限制的程度通常大于相邻关系。地役权的设定反映了私法自治原则，充分体现了当事人在处理不动产所有和利用关系中的意思自治，更充分地实现不动产的价值。

（3）产生的前提不同。相邻关系以土地、房屋等相互毗邻为条件。相邻关系既可以发生在相邻的土地之间，也可以发生在相邻的建筑物之间，还可以发生在相邻的土地与建筑物之间。对不相邻土地之间的利用关系，则不属于相邻关系调整的对象。地役权则不以土地、房屋等相互毗邻为条件，不限于相互毗邻或者邻近。地役权的空间范围要比相邻关系要大得多，对不动产权益的扩张或者限制也比相邻关系要大得多。在某种程度上，地役权还可以修正相邻关系的内容，或者补充相邻关系内容的不足。

（4）享有的权利不同。相邻关系属于法律对所有权内容的限制或者扩张，当事人不能因此而取得独立的权利，这种权利与所有权共存，不可能单独取得或者丧失。地役权则属于当事人约定的对所有权内容的扩张或者限制，当事人取得独立的他物权，可以单独取得或者丧失。此外，相邻关系是基于法律的直接规定，只要相邻人没有给相邻他方造成损失的，通常是无偿的；地役权是当事人约定产生的，可以是有偿的，也可以是无偿的。

根据相邻关系与地役权的联系和区别，可以看到相邻关系制度存在的局限性。相邻关系的局限性主要表现在三个方面：首先是相邻关系的行使有严格的条件限制，只有在相邻的不动产之间才可能发生相邻关系，不相邻的不动产之间

---

① “然在相邻关系，为法律上当然发生之利用调节，可认为所有权本身之范围，而在地役权，则系超过此法律所规定最小限度之调节，依当事人之意思，为较大之调节，而有由外部从属于所有权之物权之性质。”史尚宽：《物权法论》，中国政法大学出版社 2000 年版，第 221 页。

不发生相邻关系;其次,只有在"必须"的情况下才能行使相邻权,如果可以通过其他方式可以实现其不动产权利,则不能行使相邻权;最后,相邻关系必须由法律直接规定,否则不能行使。

随着社会的发展,土地资源的有限性与经济发展对土地需要之间的矛盾日益突出,相邻关系制度已经不能适应人们高度利用不动产的客观需要。地役权是当事人之间依法设立的一项独立用益物权,成立不以需役地和供役地相邻为必要条件,在需役地和供役地登记簿上记载有关地役权的内容有利于使第三人了解到土地的真实状况,保障交易的公正与安全,它可以突破相邻权所受到的限制,对土地利用关系进行更为有效的调整,促进土地利用的发展,从而弥补相邻关系的不足。相邻关系制度只有与地役权制度相互配合,才能实现对于不动产的充分利用。[①] 所以,地役权是对相邻关系的必要补充,具有适应现代社会经济需要的巨大发展空间,《物权法》规定地役权制度是适应时代发展需要而吸纳先进立法经验成功的一个重大进步。[②]

---

① "总之,地役权与相邻权在调整不动产之间关系上的地位和作用也逐渐形成了合理的分工,不能以其中一个来作为反对另一项制度的理由。"王利明:《物权法研究》(下卷)(修订版),中国人民大学出版社 2007 年版,第 236 页。

② 在物权法起草过程中,梁慧星先生主张以"邻地利用权"来代替"地役权"。"本法所称'邻地利用权',相当于德、日民法及中国台湾地区民法所称'地役权'。"梁慧星:《中国物权法草案建议稿》,中国社会科学文献出版社 2000 年版,第 553 页。

"考虑到在现代社会中,地役权制度仍有广泛利用的余地,例如在他人土地上下敷设管线等,物权法应当规定地役权制度。因此本法专设一章,并改称邻地利用权。邻地利用权一语,利用与本法第三章规定的基地使用权和第四章规定的农地使用权相互匹配,并能够准确表述地役权概念的内涵和外延,为人们容易理解。"梁慧星:《中国物权法草案建议稿》,中国社会科学文献出版社 2000 年版,第 550 页。

邻地利用权与基地使用权、农地使用权和典权共同使用,构成用益物权的独立体系,邻地利用权有其存在的逻辑性和体系性。但是,当用益物权的立法体系并非上述情形时,使用"邻地利用权"名称则丧失了其存在的理论基础,并且或多或少与其他用益物权不匹配。此外,还必须不断地解释,所谓的"邻地利用权"就是传统民法物权理论中的"地役权",并且还需要进一步解释两者之间是否存在着不同。无论是立法体系上,还是立法的理论基础上,或是内涵与外延信息的披露程度上,"地役权"的名称比"邻地利用权"的名称更为合适。因此,应当恢复"地役权"名称的使用。

在构建我国物权法制度和理论的时候,如果传统民法物权制度和理论,能够满足构建社会主义市场经济物权法律制度的需要,就不应当过多地创设新的概念和术语,应尽可能使用现有的概念和术语,这样,一方面既可避免现有的法律理论资源的浪费,另一方面也可避免由于新概念和术语的引入而可能产生的新的混乱。《物权法》采纳了地役权的概念,表明了我国立法技术和立法理念的进步。

第十二章　典　权

典权是我国的传统法律制度，是完全未受外国法律影响而独立存在的一项中国固有的法律制度。[①] 典权制度与土地和房屋的买卖制度有密切关系。典权之所以产生和兴起，源于中国传统的伦理道德对祖财的重视，特别是不动产，出卖祖产称为"败家"，为人所不齿，因而产生折中方法，即将不动产出典于他人，获得相当于卖价的金额以解急需，日后以原价赎回典物，从而避免了出卖祖产"败家"的恶名。新中国成立以后相当长的一个历史时期，我国实行土地公有制和福利分房制度，典权失去存在的现实社会基础。

第一节　典权制度的历史沿革

我国典权制度经历了漫长的历史发展过程，经历了从习惯法到成文法再到习惯法的演变历程。我国典权制度的发展，大致可分为以下三个发展阶段：

(1)《大清律例》前的历史时期。中国典权制度起源于民间可以自由买卖土地的秦汉时期，但汉代的典权，还没有资料可以说明。北齐出现的"帖(贴)卖"和唐代的"贴赁"，则反映了典权的要素。汉代典权制度以及与后世典权的关系如何，现在不得而知。典权因典卖、典当、质典等观念在唐朝已经形成，但清晰完整的典权制度则在明清时期确立。明清时期，典权的标的物不以不动产为限，即包括不动产、动产甚至人身。

中国古代法律物权思想浅陋，未能厘清典的确实内涵，通常典卖不分、典当不分、典质不分。[②] 宋代将典与卖并用[③]，混淆了转移占有与转移所有权的区别。总之，我国古代对典、卖、当、质的性质、含义还存在许多模糊不清的认识。

---

① "典为我国数千年来特有的习惯，而著于法令者，则始于满清之大清律例。"梅仲协：《民法要义》，中国政法大学出版社 1998 年版，第 571 页。

② "不论动产，不动产或人身，如让给他方占有，以作担保，均称为质。例如周礼地官，质人掌稽市之书契，长曰质，短曰剂，及春秋战国时，有周郑交质，秦昭王之子质与赵，燕太子质于秦。两汉以来，则往往以典代质，例如唐杜甫诗，'朝回日日典春衣'。宋戴复古诗，'丝未落车图赎典'，宋陆游诗，'新寒换典衣'，此均指动产质而言。旧唐书卷一四〇列传'节度使姚南仲先寓居郑州，典质良田数顷'。唐书列传七十二卷一四七载'卢群化节度，尝客于郾，质良田以耕'。此即指不动产之典而言，或典质并用或单称质，或有称典为当亦有典当并称，例如后汉书刘虞传，有虞所赉赏典当胡夷之说。"史尚宽：《物权法论》，中国政法大学出版社 2000 年版，第 433 页。

③ 《宋刑统·户婚律》引略："应典买依当物业，先问亲家，次问四邻，房亲若价不尽，亦任就得价高处交易。"

在典权制度的形成中，宋代至明代是最为关键的时期，现代意义的典权制度的直接渊源——“典卖”制度逐渐产生、完善并推广起来。我国古代法典礼法合一化的过程在唐代已经完成，儒家思想对法律制度的广泛的、根深蒂固的影响完全地建立起来，并通过法典予以推行。商品经济的发展，导致土地兼并的加剧及社会阶级的进一步分化，这与变卖祖产的伦理压力及闲置土地买卖的法律要求产生了冲突。此时已经吸收了“当”的形式价值关联的“典”再一次应时而出，“典”与“卖”形式上均表现为支付对价、转移占有、用益不动产，而“典”本身有保留着形式上的担保意义。将“典”与“卖”联系在一起，将“卖”改造成为一种附条件的出卖，同时保留对土地的所有权，在约定的期限届满内回赎，典的意义在于出典人所得到相当于或者略少于土地实际价值的对价，已经基本上摆脱了“借贷”的形象，出典人不必再支付利息，从而强化了“典”的用益意义，逐步背离本意产生了新的内涵，为近代意义的典权制度的最终确立奠定了坚实的基础。

“典”实际上不过是“卖”的遮羞布，在这个时代出典人往往在经济上处于弱势地位，真正能够回赎的是少数，权利人可能更多的是出于以较低价格取得土地所有权的考虑而适用典卖制度，这极不利于保护出典人的利益，也使得所有权长期处于不确定的状态，不利于经济的发展。

(2)《大清律例》颁布后到新中国成立前的历史时期。清代中期到民国民法典的制定，最终确立了我国的典权制度。乾隆年间户部则例规定的典权是以不纳税为手段，鼓励缩短典期①，而且还对典期最长期限作了强制性规定。②《大清律例》正式以法律的形式确立了典权制度之后③，又陆续制定了一些规制典权制度的法令，对典权制度的发展起到了一定的推动作用。到了民国时期，民国政府先后颁布《清理不动产典当办法》和《中华民国民法》规范和处理有关典权问题。民法典设专章规定典权制度，并清楚的区别典与质的不同性质，将典权制度上升到一个前所未有的高度。

(3) 新中国成立后的历史时期。新中国成立后，典权制度被废除。典权制度再次沦为习惯法。为规制民间的典权行为，中央政府和最高人民法院陆续制定了一系列法规条例。例如，1950 年内务部的《关于土地改革地区典当房屋问题的处理意见(草案)》承认典权合同的效力，1965 年国家房产管理局的《关于私房改造处理典当房屋问题的意见》规定出典房屋仍应按照典当关系处理，1984 年最高人民法院的《关于贯彻执行民事政策法律若干问题的意见》承认典权制度。

---

① 乾隆年间所订户部则例规定：“民间活契，典当田房，其契载十年以内者，概不纳税。”

② “民人典当田房，其契载年份，统以十年为率，倘于契内多载年份，一经发觉追缴税银，照例治罪。”

③ 《大清律例》规定：“凡典卖田宅不税契者，笞五十……”

在典权历史上长期存在着典、当、质三个概念模糊不清、混用的状况，在《中华民国民法》颁布之前，法律对典权的标的没有明文规定，根据民间习惯由当事人自行决定，不动产、动产，甚至妻子儿女也可出典。《中华民国民法》将上述法律关系明确区分开来，规定质为移转动产占有的担保制度，而典权的标的仅限于不动产。

在《物权法》的起草过程中，对典权制度的建立与否存在激烈的争论，《物权法》草案也反映了理论上的争议，在第一次、第二次审议稿中规定了典权制度，而在第三次审议稿中删除了典权制度，《物权法》最终没有规定典权制度。从典权形成的原因及我国的社会现状而言，典权制度在当代社会已经没有存在的价值和必要。因此，《物权法》对典权制度的处理是非常妥当的。

第二节 典权的概念

一、典权的概念

典权，是指典权人通过支付一定的典价，对出典人的房屋或者土地等不动产的占有、使用和收益的权利。典权人取得他人房屋或者土地使用收益权，以转移占有为必要条件，属于用益物权，而不是担保物权，更非兼具用益物权和担保物权双重性质的特种物权。典权不具有担保物权的法律性质，主要有如下四个方面的理由：

（1）典权不具有变价受偿性。担保物权的变价受偿性是指当债务人不履行债务时，债权人可以将担保物变价，优先清偿担保的债权。变价受偿性是担保物权为价值权的集中表现。在典权关系中，典权人在典期届满，出典人不回赎典物时，典权人并不是将典物变价，以使典价得到补偿，而是直接取得典物的所有权。因此，典权不体现为价值权。

（2）典权不具有不可分性。担保物权的不可分性是指担保物权的效力就债权的全部及于担保物的全部，即债权人在债权没有全部清偿前，可对于担保物整体上主张担保物权；担保物的部分变化或者债权的部分变化，均不影响担保物权的整体性。在典权关系中，如果典物部分丧失，则典权范围相应减少。①

（3）典权不具有物上代位性。担保物权的物上代位性，是指担保物权的效力及于担保物的代替物，即可以从担保物的代替物中实现债权清偿。担保物权的物上代位性取决于担保物权的价值权属性。典权不具有物上代位性。典物灭

① 我国台湾地区“民法”第920条规定：“典权存续中，典物因不可抗力致全部或一部灭失者，就其灭失之部分，典权与回赎权，均归消灭。前项情形，出典人就典物之余存部分，为回赎时，得由原典价中扣灭典物灭失部分灭失时之价值之半数。但以扣尽原典价为限。”

失,典权便不复存在;典物部分灭失,除重建修缮外,典权就典物灭失部分消灭。典权为物的有限责任。典权之所以不具有物上代位性,是因为典权是以获取典物的使用价值为目的,是一种使用价值权。如果典物不存在,使用价值就无法实现,其他物无法代替典物。

(4)典权不具有从属性。担保物权的从属性是指担保物权的发生与存在必须以一定的债权关系为前提,即担保物权从属于其所担保的债权,它们之间形成主从关系。没有主债权的存在,就不存在担保物权。典权的发生与存在不具有从属性。典权人与出典人之间不存在债权关系。出典人接受典价并非借款。因而典权并不存在担保的对象,而是一种独立存在的权利。出典人可以视情况决定是否归还典价而回赎典物,出典人只有回赎的权利,而没有回赎的义务。

典权的取得有以法律行为与法律行为之外的法律事实两种方式。以法律行为取得的典权,有典权的设定与典权的让与两种;以法律行为之外的法律事实取得的典权有继承和时效取得两种方式。典权取得的主要方式是典权的设立,是创设典权的法律行为。典权的设立属于典权的原始取得方式。出典人和典权人设定典权,应符合法律的规定。典权的设定,应当满足以下四个方面的条件:

(1)典权的标的物为不动产。典权标的物即典物,应为不动产,因而典权为不动产物权。出典人在不动产上设典,可以是不动产所有权的全部设典,也可是不动产所有权的部分设典。不动产共有人,可以就应有部分设典。在传统民法中,典物包括房屋和土地。典权的标的物仅限于不动产,动产不能成为标的物。

(2)典权人必须向出典人支付典价。典价是取得典权的对价,支付典价是典权设定的要件。典价应一次性支付,数额由当事人约定。典价不能超过卖价,但通常接近卖价。典价一般以金钱计算,也可以用实物计算,但用实物计算的,应折算为金钱。[①] 典价包括原典价和找价。原典价是指典权设定时所支付的典价,找价是指典权设定后所增加的典价。

(3)典期不得超过最高法定期限。典期,是指阻止出典人行使回赎权的期限。在典期内,出典人不得回赎典物。典期届满后,出典人方可行使回赎权。典期届满,典权并不消灭,只有在出典人回赎典物或者在回赎期内不回赎典物,典权才归于消灭。在传统民法中,按照典期的不同,典权可以分三种:

第一,定有期限的典权。出典人和典权人指定有限制回赎权行使的期限。该期限为典权人占有典物并使用收益的最短期限。典期应由当事人自行约定,有两种约定方式,即约定典期的期间和约定出典后一定期限内不得回赎的期间,

① 《民法通则司法解释》第120条规定:"在房屋出典期间或者典期届满时,当事人之间约定延长典期或者增减典价的,应当准许。承典人要求出典人高于原典价回赎的,一般不予支持。以合法流通物作典价的,应当按照回赎时市场零售价格折算。"

但典权的最长期限均不得超过法定期限。我国台湾地区“民法”有明文规定[①],我国司法解释也有类似规定。定有期限的典权,在典期内或者典期届满时,当事人可以延长。但是,在典期内延长典期,前后典期合并计算不能超过法定典权最长期限;在典期届满后,延长典期,实际上是更设一种新典权,约定期限也不能超过法定典权最长期限。

第二,未定期限的典权。当事人没有约定典期,出典人可以随时回赎典物。我国台湾地区“民法”有明文规定[②],我国司法解释也有类似规定:“典契未载明期限经过30年未赎的,原则上应视为绝卖。”没有约定期限的典权,当事人可以在典期存续期间,改为有期限的典权,但改定前后的合并期限不能超过法定典权的最长期限。

第三,不得附绝卖条款的典权。绝卖条款,是指在典期届满后,如果出典人不回赎典物,即作绝卖的条款。从典期而言,虽可由当事人自由约定,但为保护出典人利益,则不得不对典期作一定的限制。这种限制就是典权合同不得附绝卖条款。典权期限不满15年的,即为不得附绝卖条款的期限。[③] 如果当事人规定了这类条款,则该条款无效,出典人仍可按回赎期回赎典物。如果典期在15年以上,而当事人设定了绝卖条款,则该条款有效,出典人典期届满不赎的,即视为绝卖。

(4) 典权应当以合同的方式设立并办理登记手续。典权关系涉及的内容比较复杂,典权的设定应采取书面合同的形式。典权当事人应当签订典权合同,即典契。合同中应载明标的物、典价、当事人的权利义务、典期、回赎期等内容,双方要签字盖章。典权合同是转移不动产占有的合同。因此,典权的设立必须进行登记。

二、典权的性质

典权是用益物权还是担保物权,争议较大。关于典权的性质,主要有以下三种学说:

(1) 用益物权说。用益物权说认为,典权是一种用益物权,主要有五个方面的理由:一是《中华民国民法》第911条明确规定典权为使用收益权。[④] 二是典字有两种意义:一为典当,典当以借债为前提,属担保物权性质;二为典卖,典卖

① 我国台湾地区“民法”第912条规定:“典权约定期限不得逾30年,逾30年者,缩短为30年。”

② 我国台湾地区“民法”第924条规定:“典权未定期限者,出典人得随时以原典价回赎典物。但自出典后经过30年不回赎者,典权人即取得典物所有权。”

③ 我国台湾地区“民法”第913条规定:“典权之约定期限不满15年者,不得附有到期不赎即作绝卖之条款。”

④ 《中华民国民法》第911条规定:“称典权者,谓支付典价,占有他人之不动产,而为使用及收益之权。”

视典与卖有同种法律关系,并无担保性质。典权制度是由典卖演变而来,应属用益物权性质。三是担保物权应当有债权存在,典权人向出典人支付典价是取得典权的代价,当事人之间并未成立债权。四是典权为主物权,非从物权,权利自身始终因物的关系而存在,而担保物权应从属于债权而存在。五是出典人如抛弃回赎权,即可使典权关系归于消灭,出典人对典物价值低于典价部分不负清偿责任,而债务人对担保物不足部分仍要负清偿责任。①

(2) 担保物权说。担保物权说认为,典权是一种担保物权,主要有四个方面的理由:一是《中华民国民法》将典权列于抵押权、质权与留置权之间,法律视典权为担保物权。二是典权的设立大多出于出典人融通资金,而以典物作为借款的担保。三是在中国法制发展史上,典质并无严格区别。四是典权如果是用益物权,典权人则以支付典价作为设定典权的对价,典权消灭时应没有返还对价的义务。出典人以原典价回赎典物,实际上具有清偿债务的性质。

(3) 特种物权说。特种物权说认为,典权是一种兼具担保物权及用益物权性质的特种物权,主要有两个方面的理由:一是典权虽有使用、收益的权能,但并非主要目的,而是以典权人取得典物所有权为最终目的。以法条对典权人规定有使用收益字样,作为认定典权为用益物权的依据。二是典权虽具有担保作用,但也不是纯粹的担保物权。担保物权是从权利,必须以主权利的存在为前提而典权则不是,典权与抵押权等担保物权也不相同。可见,典权既不是单纯用益物权,也不是单纯的担保物权,而是兼具双重性质的特种物权。②

以上三种学说,第一种学说是通说。为进一步说明典权的性质,将典权与抵押权、不动产质等之间的差异进行比较:

(1) 典权与抵押权之间的差异。典权与抵押权之间的不同,主要表现在两个方面:一是占有。设立抵押通常不影响占有,抵押物将由抵押权人继续占有;但在设立典权以后,典物将转移占有,即出典人不再占有典物,而应当由典权人行使对典权的占有、使用和收益权。如果某人的房屋暂时闲置,则以该房屋设立典权,由典权人行使对该房屋的占有、使用和收益权,从而能够充分发挥对该房屋的利用效率。二是利息。通过抵押借款尽管能够从借款人处借得比典价更高的价款,但债务人对借款要支付利息。如果以房屋设立典权,出典人获得典价通常要低于房屋的卖价,而且可能大大低于借款的数额,但出典人对典权人交付的典价无须支付利息。典权与抵押权具有不同特色,在各自的范围内发挥作用,不能相互取代。

(2) 典权与不动产质之间的差异。清末起草民法典时,将典权误认为是法

---

① 参见郑玉波:《民法物权》(第 15 版),三民书局 1992 年版,第 138 页。

② 参见史尚宽:《物权法论》,中国政法大学出版社 2000 年版,第 434—435 页。

国和日本法的不动产质，仅规定了不动产质，而没有规定典权。民国政府时期起草民法时，才将不动产质与典权区分开来，并设专章规定典权制度。不动产质是指因担保债权，债权人占有债务人或者第三人移交的不动产，并就卖得价金优先受偿的权利。典权与不动产质的区别，主要表现在五个方面：

一是权利性质不同。不动产质在性质上属于担保物权，以担保债权为目的，从属于主债权；典权是用益物权，以使用收益典物为目的，是一种独立性的物权。

二是承担责任不同。在不动产质权中，出质人对于原债务仍承担清偿责任。如果质物的价值不足以清偿债务时，出质人仍然承担清偿责任；典权人则不承担清偿义务。

三是承担义务不同。出典人对于典物有回赎的权利而没有回赎的义务。典权人不能请求出典人偿还典价以回赎典物，而不动产质权人可以请求债务人清偿质物所担保的债务。

四是清偿责任不同。出典人放弃回赎时，典物的价值即使少于原典价，典权人也不能请求偿还差额；不动产质物所卖得的价金，如果不足以清偿所担保的债务时，质权人仍可以向债务人请求偿还不足部分的债务。

五是物的归属不同。在典权设立时，当事人可以约定如果典期届满不回赎，典权人即取得典物的所有权；不动产质权设定时，应遵循流质契约的禁止性规定。

（3）典权与买回合同之间的差异。买回合同，是指在不动产买卖合同中，双方当事人附有买回的特别规定，到一定期限以后，出卖人以约定的价金买回已出卖的不动产。买回合同与典权是两种类似的法律关系，但二者存在三个方面的区别：

一是所有权是否转移不同。典权设定时，仅转移标的物的占有，并不转移所有权；买回合同必须转移标的物的所有权于买受人。

二是法律关系性质不同。买回合同是债权债务关系，根据债的相对性原理，不能对抗第三人；典权是物权关系，可以对抗第三人。

三是期限的性质不同。典权的期限，既是典权人行使典权的期间，也是出典人行使回赎权的限制期间，出典人不行使回赎权典物视为绝卖，即出典人应放弃所有权；买回期限为出卖人行使买回权的期间，超过期间买回权消灭，出卖人不得行使买回权。

（4）典与当之间的差异。典与当，是我国民法史上两种不同的制度，但我国民间往往典当并称，造成混淆。当，是指借款人向当铺借钱而将自己的动产交给当铺质押，在约定期限内，清偿借款赎回原物，如超过约定期限则由当铺变卖质押物充抵借款。在法律性质上，当是营业质权，是担保中质权的一种。典当业是以动产占有转移形式，为中小企业和自然人提供临时性质押贷款的金融性行业。

在实践中,集体企业、私营企业和自然人向银行贷款难,企业之间相互借款又为现行金融制度所禁止,从而为典当业的存在和发展提供了机会。从 1984 年我国出现了第一家典当行以后,典当业在各地发展很快,1996 年中国人民银行发布了《典当行管理暂行办法》,对典当行进行了规范,但法律对于典、当仍缺乏明确的规定。法律应当对典和当的权利性质加以认定。典与当之间,主要有四个方面的区别:

一是标的物不同。典是支付典价占有他人不动产而进行使用收益的一种用益物权;当的标的物限于动产,《物权法》和《担保法》仅规定了动产质权而不承认不动产质权。

二是对标的物的使用限制不同。典权人不仅可以对典物进行使用收益,而且还可以出租或者设定抵押;当铺对于质押物则不能使用收益,更不得出租或者设定抵押权。

三是风险责任不同。风险责任承担上,典权因不可抗力灭失时,出典人和典权人共同分担;当物因不可抗力灭失时,则由债务人承担责任。

四是所有权的归属不同。在典权关系中,如果典期届满以后出典人不回赎或者经过法定期间不回赎,视为绝卖,典权人取得对典物的所有权。在典当关系中,出典人如到期不能回赎,当铺不能取得所有权。

第三节 典权的效力

典权的效力主要表现在典权合同当事人的权利。典权合同的当事人是典权人和出典人,典权合同是双务合同,合同的权利义务对等,一方的权利即是另一方的义务。从典权人和出典人的权利,足以了解典权人和出典人的义务。

一、典权人的权利

典权人的主要权利是对典物的占有、使用、收益权,对典物的占有、使用、收益权是典权人设定典权的目的。典权人对典物的转典权和出租权、典权人对典权的让与权和抵押的设定权、典权人对典物的优先购买权以及修缮重建权及费用求偿权,也是典权人的权利。

(1) 典权人对典物的占有、使用、收益权。典权人占有典物是典权人行使用益权的前提。典权人必须占有典物。否则,典权不能成立。典权人对典物的占有是直接占有,还是间接占有,则不影响典权的成立。但无论何种形式的占有,典权人都享有物上请求权及追及权。典权人的用益权是典权法律属性的必然反映,也是典权人设定典权的目的之所在。典权的用益方法比其他用益物权更为广泛。除当事人另有约定外,凡根据典物的性质,可实现有益目的的方法,典权人均可行使。例如,典权人可以将承典房屋用于生活居住,也可以用于生产经营,出典人均无权干涉。

(2)典权人对典物的转典、出租权。转典权,是指在典权存续期间,典权人有权将典物出典于他人。典权人无须征得出典人的同意即可转典,但转典应当满足三个下列条件:一是转典不得超过典权的存续期间。原典权约定期限的,转典不得超过该期限。原典权未约定期限的,转典也不得约定期限。二是转典价不得超过原典价。如果转典价超过原典价的,超过部分不得对抗原出典人。原出典人只需支付原典价,即可回赎典物,不足部分由原典权人承担清偿责任。三是应没有禁止转典的约定。转典后,转典权人取得转典权,在原典权范围内,享受转典权的利益。但典权人对典物因转典所受的损害,应承担赔偿责任。转典后,原典权关系不受影响。出典人回赎典物,既可向原典权人行使,也可向转典权人行使,转典权人不得拒绝。

出租权,是指典权人有权将典物出租给他人。出租权是典权人用益权的必然延伸。典权人无须征得出典人的同意即可出租典物,但典物出租的期限不得超过典权的存续期间,典权未约定期限的,租赁也不得约定期限;典权人虽享有出租典物的权利,但典物因出租而受到损害的,典权人应承担赔偿责任。

(3)典权的让与与抵押权的设定。典权的让与,是指典权人将典权让与第三人。典权人让与典权,俗称退典,实际上是典权合同权利的转移。典权人让与典权无须征得出典人的同意。[①] 一是典权是一种用益物权,典权人享有处分权;二是典权的让与对出典人的利益没有影响,只是典权人变更而已,原典权人退出典权关系,由受让人取得典权人地位。转让典权是否有偿,取决于转让人与受让人的约定,买卖、赠与等均可。如果是有偿转让,价格不受典价的影响。但无论让与价格的高低,出典人回赎时,只按原典权人支付的典价回赎典物。

典权人就其所取得的典权设定抵押权以担保债权。典权作为一种有价值的权利,与其他有价值的权利一样,可以设定抵押权。例如,我国台湾地区"民法"明确规定,典权可以成为抵押的标的物。[②]

(4)优先购买权。在典期内,出典人出卖典物时,典权人在同等条件下,有优先购买的权利。[③] 典权人优先购买权具有何种效力,学界存在不同的认识:一是优先购买权仅具有债权效力;二是优先购买权具有物权效力。典权人优先购买权具有物权效力,主要有三个方面的理由:其一,如果不赋予优先购买权以物权效力,则典权人优先购买权将形同虚设,不利于保护典权人利益;其二,典权人

---

① 参见史尚宽:《物权法论》,中国政法大学出版社 2000 年版,第 453 页。

② 我国台湾地区"民法"第 882 条规定:"地上权、永佃权、及典权,均得为抵押权之标的物。"

③ 我国台湾地区"民法"第 919 条规定:"出典人将典物之所有权让与他人时,如典权人声明提出同一之价额留买者,出典人非有正当理由,不得拒绝。"

优先购买权与共有人优先购买权、承租人优先购买权应具有相同性质,即都应具有物权效力;其三,典权人对典物占有、使用、收益的权能,具有排他性。基于这种排他性,典权人优先购买权也应具有排他性。

(5) 修缮重建权及费用求偿权。修缮重建权,是指典权人在典权存续中,对典物因不可抗力发生毁损灭失的,有权修缮或重建以继续使用收益。[①] 典权为用益物权,典权人有权修缮重建因不可抗力毁损灭失的物,以继续对典物的用益。除不可抗力的原因外,典物因其他原因而毁损灭失的,典权人仍可享有修缮重建权,典物因第三人、出典人、典权人的原因而毁损灭失的,典权人均有权修缮重建。

费用求偿权,是指典权人就典物所支出的费用,有权要求出典人偿还。[②] 典权人就典物支出三种费用。一是必要费用,即为保存典物所不可缺少的费用;二是有益费用,即为增加典物价值所支出的改良费用;三是修缮重建费用,即修缮或者重建毁损灭失的典物所支出的费用。这种费用应结合典物毁损灭失的原因及典物意外灭失风险责任的负担原则,在修缮重建部分现存利益限度内予以偿还。

二、出典人的权利

出典人的权利与典权人的权利相比,较为简单,有对典物的所有权、对典物的抵押权和对典物的回赎权。

(1) 对典物的所有权。典权是一种他物权,出典人只是将典物的占有、使用、收益权转移给典权人,所有权仍属于出典人。典权设定后,出典人有权处分典物,如出卖、赠与等。但典权人的典权并不受影响,只是出典人发生变化而已。

虽然出典人有权处分典物,但是在出卖时典权人有优先购买权,并得按时价找贴,即按照典物的时价,将原典价抵销卖价的一部分,然后由典权人支付差额。找贴后,典权人取得典物所有权,典权关系因混同而消灭。

(2) 对典物的抵押权。出典人对典物享有所有权,可以在典物之上再行设定权利。但出典人不得在典物上设定与典权相抵触的权利,如不得重典等。出典人在典物之上能否设定抵押权,学界存在着否定说与肯定说。否定说认为,同一不动产设定典权后,不得再设定抵押权。否定说有两个理由:一是既然允许典权得为抵押权之标的物,如果再允许出典人以典物抵押,则不但权利行使发生冲突,而且使法律关系趋于复杂。二是典权设定后,出典权人已不能对典物行使用

---

① 我国台湾地区"民法"第 921 条规定:"典权存续中,典物因不可抗力致全部或一部灭失者,典权人,除经出典人同意外,仅得于灭失时灭失部分之价值限度内为重建或修缮。"

② 我国台湾地区"民法"第 927 条规定:"典权人因支付有益费用,使典物价值增加,或依第 921 条之规定,重建或修缮者,于典物回赎时,得于现存利益之限度内,请求偿还。"

益权,如果再允许出典人以典物抵押,则无抵押拍卖之内容。肯定说认为,同一不动产设定典权后,仍可设定抵押权。肯定说有三个理由:一是不动产所有人将不动产出典他人后,依法虽有不得重典之限制,但所有权并未丧失,在不妨害典权范围内,仍得为他人设定抵押权。二是抵押权是一种价值权,不以用益为目的,与典权效力并无抵触。三是典权人可以典权设定抵押权,是以典权为标的物,而不是以典物为标的物,二者标的不相同,权利的行使不会发生冲突,也不会使法律关系趋于复杂。我国台湾地区大多数学者持肯定说。

在典权与抵押权并存时,优先顺序当以设定先后而定。在先典后押的情况下,典权优先于抵押权。典权人因绝卖而取得典物所有权时,抵押权归于消灭。否则,抵押权将对典权人取得所有权构成妨害。抵押权人行使抵押权,不能妨害典权人的典权。在出典人不履行债务时,抵押权人可将典物折价取得所有权,成为出典人。抵押权人也可以将典物变卖,使受让人取得所有权,成为出典人。如果典权人为受让人,则典权因混同而消灭。在先押后典的情况下,抵押权优先于典权。抵押权人行使抵押权时,可以对抗典权,即抵押权人行使抵押权可导致典权的消灭,出典人应返还典价与典权人。如第三人愿意购买设有典权的抵押物,则典权可继续存在。

(3) 对典物的回赎权。回赎权,是指出典人向典权人提出原典价,回赎典物以消灭典权的一种权利。回赎权是一种形成权。出典人行使回赎权,典权即归于消灭。[①] 回赎典物是出典人的权利,但典权人无权要求出典人回赎。出典人行使回赎权,应满足两个方面的条件:

一是出典人应在回赎期限内行使回赎权。回赎权的期限是出典人行使回赎权的法定期间。该期间为除斥期间,期限届满不回赎典物的,回赎权即归于消灭,典权人取得典物的所有权。定有期限典权的回赎期,我国台湾地区"民法"第923条规定为2年[②],我国司法实践一般确定为10年。典期为15年以上附有绝卖条款的,典期届满时出典人应立即行使回赎权。否则,回赎权消灭。未定期限的典权,出典人可以随时回赎,但应提前一定时间通知典权人。我国台湾地区"民法"第925条规定为应提前6个月通知典权人,我国最高人民法院《关于贯彻执行民事政策法律若干问题的意见》第58条规定,如果自出典后经过30年不赎的,回赎权消灭。

二是出典人应提出原典价。出典人仅有回赎典物的意思表示,如果不提出

① "回赎乃出典人之权利,属于形成权之一种,只需出典人之一方意思表示并提出原典价为已足(只需提出典价,故为要物行为),不必经典权人之同意,即生效力。"郑玉波:《民法物权》(第15版),三民书局1992年版,第152页。

② 我国台湾地区"民法"第923条规定:"典权定有期限者,于期限届满后,出典人得以原典价回赎典物。出典人于典期届满后,经过2年,不以原典价回赎者,典权人即取得典物所有权。"

原典价,则不发生回赎的效力。原典价包括典权人在设定典权时所支付的典价和出典后增加支付的典价。出典人只需向典权人提出原典价,表示回赎典物的意思,即可产生消灭典权的效力。根据最高人民法院的解释,典权人要求出典人高于原典价回赎的,一般不予支持。我国台湾地区"民法"第 923 条、第 924 条规定[①],出典人应按照原典价回赎典物,而不得加价回赎。

第四节 典权的消灭

典权是一种物权,物权消灭的一般原因,除了性质与典权不相容之外,如债务的清偿,均可以适用。标的物的灭失、抛弃、混同等均构成典权的消灭原因,而作为典权的特别消灭原因则有回赎与找贴。回赎问题前文已有论述,下文将论述找贴问题。

找贴,又称为"找贴作绝",俗称为"告找",是指在典权存续期间,出典人将典物所有权让与典权人,而找回典物时价与典价之间的差额,从而导致典权的消灭。关于找贴的性质,有两种观点:一种观点认为找贴是典权人的权利,另一种观点认为找贴是出典人的权利。实际上,找贴既不是典权人的权利,也不是出典人的权利,而是典权人与出典人之间关于典物的买卖合同而已,找贴必须基于双方当事人的合意,并非一方当事人的单一意思表示。因此,并不是任何一方当事人独有的权利。

在我国习惯上,典价通常远远低于典物的市场价值,从而经常发生找贴的事情。在清朝嘉庆六年制定了条例,规定找贴仅能一次。民国时期制定的民法沿袭了清朝的制度,找贴以一次为限。

---

① 我国台湾地区"民法"第 924 条规定:"典权未定期限者,出典人得随时以原典价回赎典物。但自出典后经过 30 年不回赎者,典权人即取得典物所有权。"

第四编　担保物权

第十三章　担保物权

所有权是以对标的物占有、使用、收益和处分为目的的权利。用益物权是以对标的物的占有、使用和收益为目的的权利。担保物权则是以优先支配标的物的交换价值为目的的权利,可直接将标的物的交换价值变换为价金或者其他足以使债权获得满足的某种价值。典权既有用益物权的属性又有担保物权的属性,出典人仅在典价范围内以典物的价值限度对典权人承担有限责任。[①]

担保是债权的保全制度,担保物权是以物为债权提供担保,从而达到债权保全的目的。[②] 这种以物提供担保的制度,称为担保物权制度。

第一节　担保物权的历史沿革

一、罗马法的担保物权制度

大陆法系国家的担保物权制度起源于罗马法。罗马法先后产生了三种担保物权,即信托(fiducia)、质权(pignus)与抵押权(hypotheca)。担保物权是指债务人或者第三人为保证债务的履行而设定的物权。担保物权是他物权,是债权人在他人所有物上设定的权利,是从属于债权的从权利,效力随债权而定。

(1) 信托。信托(fiducia),是指一方当事人以市民法转让的方式将物的所有权移转给另一方当事人,在双方当事人约定的情况下另一方则凭借信用仍把原物归还物的所有权人。[③] 信托是当时一种非常普遍的制度,并非专门适用于担保。[④] 在罗马法早期,要物契约和诺成契约还没有出现,信托广泛适用于借用、寄托、担保。在债务担保中,信托具有很重要的作用。信托的效力表现在两个方面:一是债权人因经过要式买卖或者拟诉弃权而取得担保物的市民法所有权,对担保物享有一切物权。为避免债务人丧失对物的使用、收益,通常又以假占有或者租赁的方式,担保物仍然由债务人保留。二是债权人在债权受偿之后,应将担保物归还债务人;债权届满而未受偿的,债权人可以处分担保物,使债权获得清偿。但是,信托有三个方面的缺陷:一是债务人在债务清偿之前,担保物

---

① 参见史尚宽:《物权法论》,中国政法大学出版社 2000 年版,第 251 页。

② 参见〔日〕近江幸治:《担保物权法》,祝娅、王卫军译,法律出版社 2000 年版,第 1 页。

③ 参见周枏:《罗马法原论》(上册),商务印书馆 1994 年版,第 391 页。

④ 参见〔意〕彼德罗·彭梵得:《罗马法教科书》,黄风译,中国政法大学出版社 1992 年版,第 341 页。

的所有权已经转移给债权人，一旦债权人将担保物转让给第三人，债务人无法追还担保物。二是在债权人拒绝提供担保物给债务人占有或者租赁时，债务人即丧失使用、收益担保物的利益。三是担保物的价值不论高低，只能向一个债权人提供担保，使债务人失去利用该物向其他人提供担保的可能，不能发挥物的最大效用。

(2) 质权。质权(pignus)，是指债务人或者第三人将担保物交付给债权人占有，作为债务人履行债务的担保，债务人或者第三人仍然保留担保物的所有权。最初，法律仅承认质权人持有质物而不发生物权转移或者占有转移的效力。债务人对质物仍然居于所有人和占有人的地位。质权形同虚设，缺乏相应的法律保障。后来，大法官虽然承认质权人可以受到"占有令状"的保护，但占有是事实而不是权利，质权人对质物仍然缺乏相应的物权保障。在抵押权制度形成之后，大法官承认质权人与抵押权人享有同等的权利，即对质物享有物权。换言之，在债权已届清偿期而未获清偿的，质权人有权追及质物，并就质物卖得的价金而优先受偿。起初，债权人处分质物的权利应有当事人的特别约定，后来因相沿成习，只要没有相反的约定，大法官即认为当事人之间有默契，到查士丁尼时期进而成为设定质权的当然条件。[①]

(3) 抵押权。抵押权(hypotheca)，是指债权人对于债务人或者第三人提供担保而不转移占有担保物，在债权到期而未获清偿时，享有变卖担保物而受清偿的权利。抵押权是对质权的一种完善。[②] 对地主和佃农之间的质权而言，质权的缺陷特别突出，罗马法引入希腊的法律制度以弥补质权的缺陷，形成了抵押权制度。在罗马法中，抵押权与质权的区别是债权人是否占有提供担保的物，占有担保物的为质权，不占有担保物的则为抵押，而不论标的物是动产还是不动产。[③] 但是，实际上，质权的标的物多为动产，而抵押权的标的物多为不动产。罗马法上的抵押权没有登记制度，在同一个标的物上设定两个或者两个以上抵押权的，成立在先的抵押权优先于成立在后的抵押权。

在查士丁尼法中，质权和抵押权完全取代了信托。抵押权和质权的设定方式有合意设定、法定设定和司法设定三种。

二、日耳曼法的担保物权制度

日耳曼法的担保物权制度也经历了一个漫长的历史发展。在日耳曼法中，

---

① 参见周枏：《罗马法原论》(上册)，商务印书馆1994年版，第393页。

② "在罗马法中，质权和抵押权似乎是一个统一的制度，因为抵押只不过表现为是对质权的完善……"〔意〕彼德罗·彭梵得：《罗马法教科书》，黄风译，中国政法大学出版社1992年版，第344页。

③ 参见〔意〕彼德罗·彭梵得：《罗马法教科书》，黄风译，中国政法大学出版社1992年版，第344页。

对担保物进行了区分,担保物因动产与不动产而存在差异。担保物权有动产质与不动产质两种:

(1)动产质。动产质的客体仅限于动产,动产质的产生有两种原因:一是因公私扣押而产生,二是根据契约而设定。动产质的性质,原来是债权的预期清偿,出质人在债务清偿之后,质权人应将质物返还给出质人。如果没有特别的约定,债权人不能加以使用、处分或者转质。如果因可归责于债权人的事由导致质物损毁的,质权人承担赔偿责任。

动产质最初为归属质,即当债权履行期届满而未获清偿的,质物归债权人所有。动产质是完全的物上责任,即仅以质物代替债务的偿付责任,债务人在质物之外,无须承担其他任何责任。换言之,债务人不履行债务时,债权人以质物清偿债权,质物的价值不足以清偿债权时,债权人不得请求债务人以其他财产清偿不足部分;质物价值超过债权数额时,债权人也没有必要返还给债务人。13世纪之后,动产质由归属质演变成为变卖质。在债务人不履行债务时,债权人可以变卖质物,就价金优先受偿。质物的变卖,如果没有特别的约定,应交由法院处理。

动产质的成立起初以质权人对质物的占有为条件,后来逐渐承认无占有质的制度,即不转移质物的占有,也可成立质权。

(2)不动产质权。不动产质权制度,出现在公元7世纪之后。在此之前,日耳曼法存在所有质。所有质,是指将不动产所有权作为附条件的让与借以担保债权的履行。不动产有两种附条件的让与方法:一是附解除条件的让与。附解除条件的让与,是指由债务人做成不动产出让证书交付给债权人;债权人则另行制作返还证书,载明债权清偿之后,债务人的出卖证书即归于无效,即应返还给债务人。债权人取得了不动产附解除条件的所有权及占有。根据不动产附条件让与制度,债务人或者第三人将不动产让与债权人,在债权清偿之后,债权人再将担保物的所有权返还给债务人或者第三人。日耳曼法的制度与罗马法的信托极为相似。这种附解除条件的让与方法,在不动产质权形成之后仍然继续存在。到了中世纪之后,与附买回约款的买卖相混同。二是附停止条件的让与。附停止条件的让与,是指由债务人在责任债务证书上约定,如果债权清偿期届满而未获清偿时,债权人即可扣押指定的不动产,或者即以本证书视为出卖证书等字样交付给债权人,债权人取得该不动产的附停止条件的所有权。换言之,在条件成就之前,债务人占有担保物并享有所有权;在条件成就之后,债权人取得担保物的所有权。

到了法兰克时代晚期,不动产质权制度逐渐形成发展起来。不动产质权制度有古质和新质之分。古质是不动产质的最古老的形式,以债务人将质物转移给债权人为成立要件。所有质仅将质物的所有权转移给债权人,以保证债权的清偿;古质则仅将质物的使用收益权转移给债权人,为债权的清偿提供担保,因而古质又称为收益质。

古质可分为死质和利质两类:一是死质或者销除质。质物的收益,不仅可以充抵债务的利息,而且还可以充抵债务的本身。在债务本息全部充抵完毕之后,债权人应将质物返还给债务人。这种古质因收益而使债权逐渐趋于消灭,称为死质。死质是以收益抵消债务的本息,又称为销除质。二是利质。债权人以质物的全部收益以充抵借贷的利息,但不充抵借贷本身。在中世纪,利质是最为普遍的收益质。利质是以质物为债务的唯一担保物,如果当事人没有特别的约定,债务人不承担人上责任,利质是单纯的物上责任。债权人没有处分质物的权利,如果债务人不清偿债务,则债权人既不能取得质物的所有权,也不能变卖质物。质物的所有权仍然归属于债务人,债务人有返还借款、回赎质物的自由。债务人回赎质物是权利而不是义务,债权人不得要求债务人清偿债务、回赎质物。利质债务人的回赎权的行使没有期限的限制,因而又称为永久质。但是,当事人之间通常对回赎权的行使规定了一定的限制,有以下三种情形:一是约定债务人在一定期间内不得回赎;二是约定债务人在回赎之前应预先通知;三是约定如果在一定期限内回赎的,则回赎权归于消灭,债权人对质物的收益权,则成为永久的权利,但质物的所有权仍然归属于债务人,因而称为无回赎权的永久质。

13 世纪以来,日耳曼法出现了新质制度。新质,是指不以转移质物占有为要件的担保,因而又称为无占有质。在新质中,债务人仍然保留质物的占有及收益,但不得对质物行使不利于债权人的处分行为。在债务履行期届满,债务人未履行债务时,债权人可以强制执行不动产,或者取得质物代为清偿债权,或者变卖质物以质物的价金受偿。但是,学者对债权人的权利性质仍然存在争议。到了 14 世纪之后,基本承认债权人权利的物权性。

新质的性质起初与古质相同,仅为单纯的物上责任,质权人仅以质权清偿担保的债权。后来,逐渐承认质物不足以清偿债权时,债权人可以就债务人的其他财产进行清偿;同样,如果质物在清偿债权之后仍有剩余,也应当返还给债务人。

日耳曼法担保制度的演变,从不动产占有质形式向不动产非占有质的方向发展,逐渐形成了近现代担保物权制度中的抵押;动产担保以动产的占有转移为条件,形成了近现代担保物权制度中的质权。

三、近现代大陆法系国家的担保物权制度

大陆法系近现代担保物权是从中世纪担保物权制度演变而来。中世纪晚期,伴随商品经济的发展,与商业交易相关的法律制度得到了长足的发展,形成了一些新的制度。近代大陆法系国家的担保物权制度以 1804 年的《法国民法典》与 1900 年的《德国民法典》为代表。《法国民法典》规定了动产质权与不动

产质权、优先权与抵押权，其中第十七章规定了动产质权和不动产用益质权，第十八章规定了优先权和抵押权。《德国民法典》规定了一般抵押权、土地债务、定期土地债务、动产质权与权利质权等制度。留置权视为债权关系，并非担保物权。1898年的《日本民法典》，建立了包括留置权、先取特权、质权及抵押权在内的完整的担保物权体系。

第二节　担保物权的概念及性质

一、担保物权的概念

担保物权，是指为保证债权的实现由债务人或者第三人提供特定的物或者权利为担保的标的物而设定的限定物权。[①] 担保物权由抵押权、质权、留置权及优先权等构成，是以提供一定的物作为履行债务的担保，债务人一旦在债务履行期届满而未能履行债务的，债权人可以变卖担保物而优先受偿，担保物权称为物的担保，与保证制度中人的担保不同。担保物权具有以下三个方面的特征：

（1）担保物权是为保证主债权的实现而设立的从权利。担保物权是为保证主债权的实现而设立的物权，是以一定的物为担保来保证债权的实现，是物交换价值的体现。担保物权的设立是以主债权为前提，与债权具有不可分割的效力。主债权有效，担保物权有效；主债权被撤销或者无效，担保物权也归于无效；主债权转让，担保物权也随之转让。

担保物权是为实现担保的债权而设立的，担保物权具有两个方面的效力[②]：一是优先受偿的效力。担保物权具有优先支配标的物的交换价值，在被担保的债权履行期届满而未受清偿时，担保物权人可以行使变价权，就变卖担保物所得价款而优先受偿。二是留置效力。债务人在未履行义务之前，担保物权人可以留置担保物，以迫使债务人履行清偿义务。

（2）担保物权是设定在债务人或者第三人物或者权利上的限制物权。担保物权的设定，是为以他人的财产确保债务的清偿，只能在债权人之外的其他人的财产上设定担保物权，而且仅限于财产或者财产权利为担保的标的物，而不能以信用为担保。信用担保属于人的担保，是保证关系。

担保物权通常是在债务人的特定财产或者财产性权利上设定的权利，也可

---

①　我国《物权法草案》第266条规定："……（六）'担保物权'，指债权人对债务人或者第三人提供的担保财产或者债权人合法占有的财产，当债务人不履行债务时，享有优先受偿的权利，包括抵押权、质权和留置权……"

《物权法》第170条规定："担保物权人在债务人不履行到期债务或者发生当事人约定的实现担保物权的情形，依法享有就担保财产优先受偿的权利，但法律另有规定的除外。"

②　参见谢在全：《民法物权论》（下册），中国政法大学出版社1999年版，第529页。

以在第三人的财产或者财产性权利上设定的权利，但是可以成为担保物权标的物的财产必须是有体物、特定化，作为标的物的财产性权利必须是可以转让的财产权利。

(3) 担保物权所支配的是物的交换价值。物具有使用价值和交换价值，用益物权支配物的使用价值，而担保物权则支配物的交换价值。抵押权不以占有抵押物为内容，也不具有直接支配标的物的作用；质权、留置权虽然占有标的物，但占有并非目的所在，而是发生效力的基础而已。担保物权担保债权受偿的功能是通过支配标的物的交换价值而获得实现的。因此，担保物权是获得标的物的交换价值的支配为实质内容的权利。

二、担保物权的性质

在大陆法系国家，对担保物权的性质是债权还是物权认识不一，理论上的认识对各国担保物权的立法产生了深远的影响。对担保物权的性质，有"债权说"、"物权说"及"准物权说"三种学说：

(1) 债权说。债权说认为，担保物权本质上属于债权，不应规定在物权法之中。债权说认为担保物权属于债权，主要有以下两个方面的理由：一是担保物权不具支配性，担保物权人不能现实地支配物。交换价值提法是不科学的，不符合政治经济学的原理。二是担保物权主要是基于当事人的意思，主要是因合同产生的，属于债权，应当在债权编中规定担保物权。

(2) 物权说。物权说认为，担保物权与所有权、用益物权相比虽然存在差异，但从本质上看，仍属于物权的范畴。物权说认为担保物权属于物权，主要有以下五个方面的理由：

一是立法和实践肯定担保物权的物权性。从各国立法的实践来看，大多将担保物权作为物权。有些国家尽管在法律上没有将担保物权定为物权，但在理论上还是将担保物权视为物权。尽管《民法通则》在债权中规定担保物权，但学界普遍认为担保物权属于物权而不是债权。

二是担保物权的优先性。担保物权具有优先于债权的效力，保障担保物权人对担保物的交换价值的支配性。在效力上，物权具有优先于债权的效力，而担保物权的优先性表现为优先受偿性。换言之，在债务人不履行债务时，担保权人可以就拍卖、变卖标的物的价款优先于一般债权人而受偿。在担保物权中，抵押权是担保债权的最有效的方法，抵押权优先于债权的效力有效地保障交易安全。

三是担保物权的支配性。担保物权中，权利人既可以支配提供担保的标的物，也可以支配标的物的价值。担保物权人支配的主要表现为对标的物的交换价值，设立担保物权的目的主要也是为支配标的物的交换价值，并能够在债务不能清偿时就拍卖、变卖标的物所得的借款优先受偿，符合物权的支配性的特征。

物上代位性进一步扩大了担保物权可支配的范围。担保物权人可以对担保人所提供的担保物进行有效的支配,充分地发挥担保物权在保障债权方面的巨大作用。在担保物权中,有的担保物权是可以现实地支配物,如质权;有的担保物权,虽然不能现实地支配物,但能支配物的交换价值,仍不失支配性,如抵押权。

四是担保物权的排他性。担保权人享有的担保物权可以排除来自任何人的干涉,有效地对抗第三人。在第三人侵害抵押物而造成抵押物毁损时,抵押权人就可以行使物上请求权,表明担保物权能够对抗第三人。[1] 在一物之上存在着的数个抵押权必须根据成立时间来分别实现,担保物权人对不同价值的支配,也是担保物权支配性效力的体现。此外,担保物权实现上的先后顺序,也是排他性的另一种表现。

五是担保物权的追及性。在抵押权中,担保物权的追及性表现得尤为明显。在他人非法占有抵押物时,抵押权人享有追及权。但在质押和留置权中,占有是成立和存续要件,当权利人丧失对担保标的物的占有时,质权和留置权归于消灭。但对于非法侵害人,质权人和留置权人仍然享有追及权。但是,这并不影响各种类型的担保物权的物权性,这种现象仅说明了质权和留置权的物权性较其他物权稍弱,并不能从根本上否定质权和留置权所具有的物权属性。事实上,整个物权的追及性随着善意取得制度的确立而已经大为减弱,特别是在动产方面的追及性受到了很多的限制。因此,不能以追及性的有无及强弱作为判断物权属性的标准。

(3)准物权说。准物权说认为,从债权或者物权的角度,均不能准确揭示担保物权的本质属性。实际上,担保物权既不是物权也不是债权,而是介于债权与物权之间的一种财产权利。准物权说认为担保物权属于介于债权与物权之间的一种财产权利,主要有以下两个方面的理由:

一是担保物权的支配性。在担保期间,担保权人对担保物的价值享有支配权,而且对所有有害担保物权的行为享有排除妨碍请求权,从而表明了担保物权具有物权性;但是,这种支配性必须借助于担保物的所有人的协助方可完成,从而表现出担保物权对人权的一面。

二是担保物权行使。对主债权的清偿,是在担保物的价值范围之内,由担保物承担清偿责任的,权利人应当对担保物主张权利。但权利人向法院提出的优先受偿请求权,表面上是针对担保物,实际上却是针对担保物的所有人的,又具有对人权的性质。如果因放弃而丧失担保物的所有权,或者债权人成为担保物

---

① 有观点认为,在一物之上可以设立数个抵押权或者其他形式的担保物权,因而抵押权不具有排他性。实际上,这与抵押权的物权特征并不矛盾,因为抵押权本质上是对抵押物的交换价值的支配,而交换价值是可以分割的,完全可以由多人共同支配。

的所有人时，担保权仍以担保物为客体而继续存在，又表现出担保物权的物权性。

以上三种学说从不同的角度，揭示了担保物权制度与物权和债权制度之间的联系与区别。从这个意义上讲，三种学说都有存在的价值。但物权说是通说，从性质上看，抵押权、质权、留置权应为物权而不是债权，当然也不是介于物权与债权之间的一种权利。尽管担保物权的效力有强、有弱，物权性的强弱从抵押权、质权、留置权依次递减，但并不影响担保物权的物权效力。

三、担保物权与用益物权

担保物权与用益物权同属他物权，担保物权以物的交换价值为基础而设立，注重物的价值且不以占有为必要；用益物权则以物的使用价值为基础而设立，以对他人之物的占有、使用和收益为目的。担保物权与用益物权，有三个方面的共同之处：

（1）支配权、绝对权。用益物权人与担保物权人都在一定程度上或者一定范围内直接支配权利客体，可以向权利人以外的其他任何人主张权利，不需要义务人的积极行为，就可以直接实现权利。

（2）客体的特定性。用益物权与担保物权的客体只能是特定的，不能在不特定的财产上设立用益物权和担保物权。

（3）限制物权。用益物权与担保物权均不得对物进行全面的支配，均为限定物权。同时，无论用益物权还是担保物权，均对所有权人的权利进行了一定的限制。

尽管担保物权与用益物权有上述三个方面的共同之处，但两者仍然存在一些差异，主要表现在以下五个方面：

（1）两者的内容不同。用益物权是以占有标的物的实体为目的，以便取得标的物的使用价值；担保物权不以占有标的物为目的，而是以取得标的物的交换价值为目的，仅以对标的物的价值加以排他支配为必要。

（2）两者实现的时间不同。用益物权人取得权利，就可以对标的物进行使用和收益，用益物权的权利实现与权利取得的时间是一致的；担保物权取得后，权利人并不能立即实现权利，只有在所担保的债权已经超过清偿期，而债务人又不履行债务时，权利人才可以行使权利。担保物权的权利实现之际，就是权利消灭之际。权利的实现与权利的取得不是同时发生。

（3）两者的功能与社会价值不同。用益物权的功能在于对物的实体利用，通过对物的直接利用，以直接满足权利人的物质生活需要或者创造新的更多的社会财富。用益物权的社会价值在于对物使用价值的充分利用，发挥物的使用效用。担保物权的功能不在于对物使用价值的利用，而在于对物价值的利用，通过对物的变价来优先受偿,以满足权利人原来的债权利益。因此,担保物权的社会价值在于确保债权的实现,维护信用和交易秩序。

(4) 两者的客体范围不同。用益物权是以占有或者利用标的物的实体为目的的物权,用益物权的客体即标的物只能为物,不包括权利。担保物权则是以取得标的物的价值为目的,无须对标的物直接占有,担保物权的客体不限于物,也可以包括权利。例如,用益物权、债权、知识产权等都可以成为担保物权的客体。

(5) 两者的性质不同。用益物权为独立权,而担保物权为从属权。用益物权依当事人的约定或者法律的直接规定而发生,不以用益物权人对财产享有的其他权利为前提。担保物权的存在是以担保物权人对担保物的所有权人或者利害关系人享有的债权为前提。一旦债权消灭,担保物权也随之消灭。

第三节 担保物权的种类

罗马法的担保物权有信托、质权及抵押权。从各国的物权立法与实践来看,大致可以归纳为四种:抵押权、质权、留置权、优先权,其中前三种为学界公认的担保物权,但对于优先权是否具有担保物权的属性仍存有争议。担保物权根据不同标准,可以有以下六种不同的分类:

(1) 法定担保物权与意定担保物权。以担保物权发生的原因为依据,担保物权可以分为法定担保物权与意定担保物权。法定担保物权,是在一定条件下基于法律的直接规定产生的担保物权,如留置权和法定担保物权。《海商法》第21条、第22条和第25条以及《破产法》第113条规定的优先权,也是法定担保物权。[①] 留置权、法定担保物权及优先权虽然均为法定担保物权,但是性质却各不相同。留置权与同时履行抗辩权相似,债权与物的返还义务之间有履行上的牵连关系,以维护交易上的公平为目的。优先权与法定抵押权,是对抗特殊事件而成立的债权,对债务人的一般或者特定财产,设立了具有排他的优先受偿权,体现了社会政策因素。[②] 意定担保物权,是指根据当事人的意思而设立的担保物权。例如,抵押权、质权。让与担保是近年来出现的一种新的担保物权。

法定担保物权与意定担保物权的区别,并非在于意定担保物权是完全基于当事人的意思表示产生的。根据物权法定原则,任何一种物权的设立是基于法律的规定而不能由当事人任意创设。意定担保物权的产生应当有当事人之间事

① 例如,《日本民法典》第303条规定:"先取特权人,依本法及其他法律,就其债务人的财产,有先于其他债权人受自己债权清偿的权利。"

② "从保护特别的债权的政策性判断出发,法律上当然承认这种关系的成立。民法上的法定担保物权,有留置权(295条)和先取特权(369条)……"〔日〕近江幸治:《担保物权法》,祝娅、王卫军译,法律出版社2000年版,第7页。

先订立设定担保物权的合同，但是这些物权的产生仍然需要符合法律规定的要件；法定担保物权的产生则完全基于法律的规定。区分两者的意义在于，担保物权的设定是否需要订立担保合同。

（2）留置性担保物权与优先清偿性担保物权。以担保物权的主要效力为依据，担保物权可以分为留置性担保物权与优先清偿性担保物权。留置性担保物权，是指债权人占有债务人价值较高的财产，以迫使债务人清偿债务，如留置权。优先清偿性担保物权，是指将标的物的使用价值归属于债务人，而债权人仅控制交换价值，将来即就此而享有优先清偿的效力，如抵押权。除了留置性、优先清偿性的担保物权之外，还有兼具留置性和优先清偿性两种属性的担保物权，如质权。留置性担保物权的缺陷在于：不能使物的利用最大化，造成物质资源的浪费，不利于社会经济的发展。因此，留置性担保物权不如优先清偿性担保物权使用广泛。

（3）动产担保物权、不动产担保物权、权利担保物权与特定财产担保物权。以担保物权的标的物为依据，担保物权可以分为动产担保物权、不动产担保物权、权利担保物权与特定财产担保物权。动产担保物权，是指以动产为标的物而设立的担保物权，如动产质权、留置权。不动产担保物权，是指以不动产为标的物而设定的担保物权，如抵押权。权利担保物权，是指以动产和不动产之外的财产性权利为标的物而设定的担保物权。① 特定财产担保物权，是指以特定的财产而设定的担保物权。例如，以一公司所有的财产，包括其土地和厂房等不动产、机器和设备等动产以及专利和商标等无形资产，总括设定一个担保物权的企业担保。日本工厂抵押法、矿业抵押权法、铁道抵押法、渔业财团抵押法等所规定的财团抵押和企业抵押，属于特定财产担保物权。②

（4）典型担保物权与非典型担保物权。以担保物权是否在民法典上有规定为依据，担保物权可以分为典型担保物权与非典型担保物权。典型担保物权，是指在民法典中所规定的担保物权。我国现在还没有民法典，《民法通则》、《物权法》、《担保法》、《海商法》、《破产法》等法律规定的抵押权、质权、留置权、优先权等为典型担保物权。非典型担保物权，是指根据交易惯例发展而来的，并非民法典所规定的担保物权形态。例如，让与担保、附条件买卖、买回、融资租赁等③，这些担保物权又称为变态担保、不规则担保。

（5）占有担保物权与非占有担保物权。以担保物权是否转移标的物的占有为依据，担保物权可以分为占有担保物权与非占有担保物权。占有担保物权，是

① 例如，我国台湾地区“民法”第882条规定：“地上权、永佃权、及典权，均得为抵押权之标的物。”第900条规定：“可让与之债权及其他权利，均得为质权之标的物。”

② 参见〔日〕近江幸治：《担保物权法》，祝娅、王卫军译，法律出版社2000年版，第9—10页。

③ 参见谢在全：《民法物权论》（下册），中国政法大学出版社1999年版，第537页。

指债务人或者第三人以标的物的占有转移给债权人为成立及存续要件的担保物权,如质权、留置权。非占有担保物权,是指债务人或者第三人不以标的物转移给债权人为成立及存续要件的担保物权。

(6) 限定型担保物权与权利转移型担保物权。以担保物权的构造型态为依据,担保物权可以分为限定型担保物权与权利转移型担保物权。限定型担保物权,是指在标的物上以设定限制物权的方式而设立的担保物权。这种担保物权是典型的担保物权,目的在于限定权利的转移,标的物上的所有权仍然保留在设定人之手,如抵押权、质权。权利转移型担保物权,是指将标的物的所有权转移给债权人的方式而设立的担保物权。在权利的外观上,标的物的所有权转移给担保权人,让与担保是典型的权利转移型担保物权。

第四节　担保物权的竞存

担保物权的竞存,是指同一标的物上存在不同种类的担保物权而且效力相互冲突,从而产生了担保物权的位次在前、效力优先的问题。[①] 担保物权的竞存,出现了担保物权的效力判断上的矛盾,因而要解决竞存的数个担保物权的效力顺序。确认效力顺序的前提,是解决数个担保物权是否成立及在何种情况下能够在同一担保物上设定数个效力相互冲突的担保物权。《担保法》未对担保物权竞存作出规定,仅规定了抵押权、质权、留置权设立的条件,因而只能解决各类担保物权的成立的判断问题,而不能从根本上解决担保物权竞存问题。

根据物权法定原则的规定,物权的类型、内容应由法律规定,禁止任何人创设法律没有规定的物权。担保物权系一种限定物权,因而讨论担保物权竞存问题也应遵循物权法的原则。担保物权竞存的成立,应满足以下四个方面的条件:

(1) 在同一标的物上设立的数个担保物权,必须基于不同的法律事实产生。数个担保物权要形成竞存,是由于数个不同的法律事实产生的。基于同一法律事实设定的不同的担保物权及基于不同法律事实设定的同一种类的担保物权,均不能成立担保物权的竞存。例如,最高额抵押,在最高额限度内,以抵押物对一定期间内连续发生的债权作担保,"连续发生的债权"是同一的法律事实,因

① 竞合,是指争相符合的意思。民法上的权利竞合或者责任竞合,是指由于某一法律事实的出现而导致两种以上的权利或者责任产生,并使这些权利或者责任之间发生冲突的现象。竞合现象的出现是因同一个法律事实而引起,法律关系中的双方当事人相同,竞合问题的处理规则,通常是允许权利的选择行使。

担保物权的竞存,是由数个不同的法律事实所引起的。在通常情况下,数个担保物权关系中的权利人是不同的,即权利冲突通常在不同的权利人之间发生;竞存现象的处理,主要是规制竞存的数个担保物权中的哪一个位次在前、效力优先的问题,而不是权利的选择行使问题。可见,担保物权的竞存问题与民法上的权利竞合问题存在差异,因而"担保物权的竞合"的称谓不妥当。

而不发生竞存。

（2）数个担保物权是不同种类。同一种类的担保物权不存在严格意义上的效力冲突，只存在公示上和时间顺序上的效力顺位，数个担保物权要成立竞存，该数个担保物权必须是不同种类的。例如，在同一担保物上为两个以上债权人设定抵押，根据《担保法》第 54 条的规定，抵押合同以登记生效的，按登记的先后顺序清偿，顺序相同的，按比例清偿。抵押合同自签订之日生效的，已登记的，优先受偿；未登记的，按合同生效的顺序清偿，顺序相同的，按比例清偿。因此，在同一担保物上为两个以上债权人设定抵押，不存在担保物权的竞存。

（3）同一担保物上设定数个担保物权。对同一债权可以有数个担保物权，但如果不在同一担保物上，并不构成担保物权的竞存。担保物权是以担保物的交换价值为实质内容，通过直接支配标的物的交换价值而实现担保的目的。担保物权不在同一标的物上设定，则并不影响担保物权人对标的物的交换价值的支配，因而也就不存在竞存问题。

（4）同一标的物上设定的数个担保物权，均有效并持续存在。数个担保物权均成立并生效，而且必须是数个有效的担保物权持续的存在。持续存在是指各个担保物权不但已经生效，而且期限还未届满或者效力还未消灭。否则，也不能构成担保物权的竞存。尚未生效、期限届满和已经灭失的担保物权，也不能引起竞存。

在同一物上设立数个同种类的担保物权并非担保物权的竞存，担保物权的竞存的形式有四种，即抵押权与质权竞存、抵押权与留置权竞存、质权与留置权竞存及优先权、抵押权、质权与留置权竞存四种情形：

（1）抵押权与质权的竞存。抵押权与质权的竞存，是指在同一担保标的物上同时存在抵押权和质权的情形。抵押权以不转移占有为特征，抵押物的所有人在设立抵押权后，仍然可以对抵押物进行使用、收益，因而就有可能产生抵押权与其他担保物权的冲突。担保人以担保物为债权设定抵押担保后，又以该担保物为另一债权设定质押，从而出现了抵押权与质权的竞存。根据《物权法》第 180 条和《担保法》第 34 条的规定，抵押权分为不动产抵押权、动产抵押权和权利抵押权，只有在动产抵押的情形下，才有可能产生抵押权与质权的竞存。[①]

抵押权与质权的竞存主要表现为两种情形，效力存在差异：一是先押后质。先设立的抵押权应优先于后设立的质权；例外情形是，先设立的抵押权并未登记，效力不具有对抗第三人的效力，不能优先于后设立的质权，质权具有优先效力。二是先质后押。先设立的质权的效力优先；但是，质权人以占有的质物为善

① 《担保法司法解释》第 79 条第 1 款规定："同一财产法定登记的抵押权与质权并存时，抵押权人优先于质权人受偿。"

意的第三人设定抵押权的，则后成立的抵押权应优先于质权人的质权。

（2）抵押权与留置权的竞存。抵押权和留置权的竞存，是指在同一担保标的物上同时存在抵押权与留置权的情形。根据《担保法》的规定，留置是指因保管合同、运输合同、加工承揽合同发生的债权，债权人按照合同的约定占有债务人的动产，债务人不按照合同约定的期限履行债务的，债权人有权留置该财产，以该财产折价或者以拍卖、变卖该财产的价款优先受偿。留置的标的物仅限于动产。仅在动产范围内，抵押权与留置权发生竞存。关于抵押权与留置权竞存的效力，《物权法》第239条规定了留置权优先。

实际上，抵押权与留置权发生竞存有两种不同的情形，效力也存在差异：一是先抵押，后留置。抵押人在抵押物上设定抵押权后，将抵押物交第三人修理或者运输，因抵押人未能清偿修理费、运费，该第三人依法将修理、运输的财产留置。留置权应优于抵押权，因为留置权是法定物权，抵押权是意定物权，法定物权的效力优于意定物权。在留置权与抵押权发生竞存时，留置物被留置权人占有，占有作为动产公示的效力可以对抗第三人。由于留置权人占有留置物，如果规定抵押权优先，在实践中会影响抵押权的行使，从而引起更多纠纷。此外，留置权担保的债权与留置物有直接关联，留置权债权的发生，使抵押物增加新的价值，留置权的债权只是这一新增价值的代价，并且这一新增价值原本处于抵押物价值之外，抵押权人不应对此享有优先权。二是先留置，后抵押。在留置物上又设定抵押权，根据抵押权设定人的不同，可分为两种情形：其一，动产的所有人在留置权发生后，又以留置物为他人设定抵押权。在这种情形下，先发生的留置权应优先于后设立的抵押权。其二，留置权人以占有的留置物为自己或者他人的债务向第三人设定抵押权的。例如，为留置权人的债权人在留置物上设定抵押权。在这种情形下，后发生的抵押权优先于先发生的留置权。

（3）留置权与质权的竞存。留置权与质权的竞存，是指在同一个担保标的物上同时存在留置权和质权的情形。由于留置权的标的物是动产，质权的标的物也是动产，留置权与质权经常发生竞存。留置权与质权的竞存，有两种情形：一是先质押后留置。质物上成立留置权，又有两种情形：其一，债权人取得动产质权后，又基于对质物加工、修理等原因而对该财产享有了留置权。在这种情形下，通常是留置权优先，但由于质权人与留置权人重合，因而权利人有权选择留置权或者质权。其二，质物上又成立他人的留置权。例如，质权人将质物交由第三人代为保管而自己为间接占有时，第三人得对保管的质物依法取得留置权。在这种情形下，留置权应优先于质权。二是先留置后质押。留置物上又设定质权，因设定人的不同又有两种情形：其一，留置权成立后，动产所有人为担保同一债权人的其他债权又以该留置物为其设定质权。在这种情形下，留置权优先于质权。其二，留置权人擅自以留置物向第三人出质的。在这种情况下，善意第三人的质权优先于留置权。

(4) 优先权与抵押权、质权、留置权的竞存。优先权与抵押权的竞存，是指在同一标的物上同时存在一个抵押权和优先权的情形。我国《民法通则》、《物权法》及《担保法》并未规定优先权与留置权的竞存问题，但是《海商法》和《合同法》规定了优先权与抵押权竞存的效力。《海商法》规定了船舶优先权与船舶抵押权竞存的效力。船舶优先权，是指海事请求人向船舶所有人、光船承租人、船舶经营人提出海事请求，对产生该海事请求的船舶具有优先受偿的权利。《海商法》第 22 条规定的船舶优先权适用于五种情形：一是船长、船员和在船上工作的其他在编人员根据劳动法律、行政法规或者劳动合同所产生的工资、其他劳动报酬、船员遣返费用和社会保险费用的给付请求；二是在船舶营运中发生的人身伤亡的赔偿请求；三是船舶吨税、引航费、港务费和其他港口规费的缴付请求；四是海难救助的救助款项的给付请求；五是船舶在营运中因侵权行为产生的财产赔偿请求。根据《海商法》第 25 条的规定，船舶优先权先于船舶抵押权受偿。此外，《合同法》第 286 条规定了建设工程价款优先于抵押权。

优先权与质权的竞存，是指在同一物上同时存在优先权与质权的情形。我国现行的立法没有涉及这个问题。《日本民法典》对这个问题有明确的规定，在动产质权与优先权竞存的情况下，动产质权人与第一顺位的优先权人，有同一权利。第一顺位的优先权，是指《日本民法典》第 334 条规定的不动产出租、旅店往宿及运送的优先权。动产质权与第一位次以外的动产优先权竞存时，原则上动产质权优先于动产优先权。一般认为，根据《日本民法典》的规定，除共益费用优先权外，动产质权原则上优先于一般优先权。

优先权与留置权的竞存，是指在同一物上同时存在优先权与留置权的情形。《海商法》第 25 条明确规定，船舶优先权先于船舶留置权受偿。

第五节 物权法与担保法

《物权法》颁布实施后，担保法上出现了《民法通则》、《物权法》、《担保法》、《海商法》并存的局面。《物权法》施行后，此前的担保法律制度仍然有效。在法律适用方面，根据《立法法》第 83 条[①]和《物权法》第 178 条[②]的规定，按照“上位法优于下位法”、“新法优于旧法”和“特别法优于普通法”的原则，处理担保法规范适用的冲突问题。

---

① 《立法法》第 83 条规定：“同一机关制定的法律、行政法规、地方性法规、自治条例和单行条例、规章，特别规定与一般规定不一致的，适用特别规定；新的规定与旧的规定不一致的，适用新的规定。”

② 《物权法》第 178 条规定：“担保法与本法的规定不一致的，适用本法。”

《物权法》和《担保法》均为担保物权的法律,但《物权法》为物的担保,而《担保法》不仅有物的担保,而且还有人的担保。换言之,《物权法》仅为担保物权法,而《担保法》还有担保债权法,即关于保证、定金的规定属于担保债权法。《物权法》不能完全取代《担保法》,是对《担保法》的修改、补充和完善。《物权法》没有规定的,适用《担保法》的规定;《担保法》的规定与《物权法》不同的,适用《物权法》的规定。

与《物权法》颁布之前的《担保法》规定的担保制度相比,《物权法》的担保物权制度具有以下六个方面的特点:

(1) 完善了担保物权制度。根据物权法定原则,担保物权只能根据法律规定产生。法律规定担保物权的种类越多,可供选择的担保手段就越多。《物权法》创设了一些新的担保制度,引入了动产浮动抵押权,第181条规定了动产浮动抵押的概念、第189条规定了动产浮动抵押的设立、第196条规定了动产浮动抵押财产的确定。《物权法》第222条承认了最高额质押制度,第194条规定了抵押权顺位问题。

(2) 拓展了担保物的范围。《物权法》扩大了抵押物的范围。在立法技术方面有了极大的改进,对抵押物的范围采取了排除法,即法律和行政法规没有禁止抵押的财产均可以抵押。换言之,《物权法》允许抵押的财产包括所有法律、行政法规未禁止抵押的财产,而《担保法》则是依法可以抵押的财产。《物权法》的规定,充分体现了民法领域的"法律不禁止即为允许"的理念。此外,《担保法》将抵押物定位于所有权的物,而《物权法》将抵押物定位于具有处分权的物。可见,《物权法》扩大了抵押物的范围。①

(3) 强调民法的意思自治原则。物保与人保的关系中,《担保法》引入"物保优先于人保"的观念②,既不利于公平对待物权担保人和保证人,也限制了债权人的选择自由,在某些情况下反而不利于保护债权人的利益。在同时存在第三人物保和保证的情况下,物保人和保证人处于平等的地位,债权人可以选择行使物保或者人保。《物权法》第176条将当事人的约定置于最优先的地位,尊重当事人选择的权利,符合民法意思自治的理念。

(4) 确认了物权合同。《物权法》第14条、第15条和第187条改变了《担保法》第41条的规定,规定登记为抵押权的设定要件,而不是抵押权合同的生效要件,对债权合同和物权变动进行了区分。抵押登记是抵押合同中债务人的义务,如果抵押登记设定为抵押合同的生效要件,当事人违反了义务,合同则无效,

① 《物权法》扩大的担保物权范围主要有以招标、拍卖、公开协商等方式取得的荒地等土地承包经营权;原材料、半成品、产品;正在建造的建筑物、船舶、航空器;应收账款;依法可以转让的基金份额。

② 《担保法》第28条规定:"同一债权既有保证又有物的担保的,保证人对物的担保以外的债权承担保证责任。债权人放弃物的担保的,保证人在债权人放弃权利的范围内免除保证责任。"

债务人无须承担违约责任，这无疑是纵容债务人违约。《物权法》承认物权合同，有效地制止了违约行为。

（5）改进了担保物权的实现条件和方式。[①]《物权法》对担保物权实现的条件和方式进行了修改，降低了实现担保物权的成本，提高了实现担保物权的效率，体现了现代市场经济对交易快捷、便利的原则。根据《物权法》第195条的规定，债务人不履行到期债务或者发生当事人约定的实现担保物权的情形的，债权人都可以实现担保物权。如果当事人不能就担保物权的实现方式达成协议，可以向请求人民法院拍卖或者变卖。[②]

（6）缩短了担保物权的实现时间。《物权法》所规定的行使担保物权的期限，为主债权的诉讼时效期间，即债权人应该在对主债权提起诉讼时同时要求实现抵押权。[③] 根据《担保法司法解释》的规定，抵押权人可以在主债权诉讼时效结束后2年内行使抵押权。[④] 根据《物权法》的规定，主债权诉讼时效结束，不但可以对抗主债权，而且可以对抗用来担保主债权的抵押权。

《物权法》的担保物权吸收、修改、废除了《担保法》的担保物权的内容。但是，从立法技术角度看，《物权法》的担保物权部分存在致命的缺陷。《物权法》只有少部分条文修改了《担保法》的规定，改变了原有的担保规则；大部分条文只是抄袭《担保法》的规定，还有少部分《担保法》的条文并未涉及。因此，《物权法》的担保规则本身并不完整，不能离开《担保法》而单独适用。

我国今后的民法典应当整合《物权法》和《担保法》的内容，形成完整的物权编，将《担保法》中的保证部分列入债权编，构成完整统一的民法典。实际上，在民法典颁布之前，《物权法》应当整合《担保法》的内容，在担保物权中形成统一、完整的担保制度。

---

① 《担保法》第53条规定："债务履行期届满抵押权人未受清偿的，可以与抵押人协议以抵押物折价或者以拍卖、变卖该抵押物所得的价款受偿；协议不成的，抵押权人可以向人民法院提起诉讼。抵押物折价或者拍卖、变卖后，其价款超过债权数额的部分归抵押人所有，不足部分由债务人清偿。"

② 但是，《物权法》的规定还需要修改《民事诉讼法》的程序规则才能得以贯彻执行。根据我国《民事诉讼法》及相关司法解释所规定的执行依据，并不包括当事人之间的担保合同等私权设定法律文件。

③ 《物权法》第202条规定："抵押权人应当在主债权诉讼时效期间行使抵押权；未行使的，人民法院不予保护。"

④ 《担保法司法解释》第12条第2款规定："担保物权所担保的债权的诉讼时效结束后，担保权人在诉讼时效结束后的2年内行使担保物权的，人民法院应当予以支持。"

第十四章　抵押权(一)
——普通抵押权

抵押权是典型的担保物权。抵押权与质权的设定是基于当事人的意思表示,属于约定担保物权,与法定担保物权相对。抵押权对抵押物的支配是一种价值权的支配,即交换价值的支配,而不是抵押物实体权的支配。抵押权人对抵押物享有变价权和优先受偿权,抵押权的标的物必须以登记为公示方法。以抵押权标的物是否为不动产为标准,抵押权有普通抵押权与特殊抵押权之分。普通抵押权是以不动产为标的物而设定的抵押权,是典型的抵押权。

第一节　抵押权的概念

一、抵押权的概念及特征

抵押权,是指债权人对于债务人或者第三人不转移占有而提供抵押物,债务人在债务履行期届满时仍未履行债务的,债权人根据约定或者法律规定将抵押物变价并优先受偿的一种担保物权。① 抵押权是根据法律的规定,由当事人约定为债权提供担保的物权,抵押权的设立主要是通过当事人的合意,且抵押权的设定以不占有转移为必要,债务人或者第三人仍然占有抵押物,保留抵押物的使用价值,仅以交换价值供与抵押权人,从而最大限度地发挥了物的使用价值和交换价值两种效用。在抵押关系中,提供担保财产的债务人或者第三人称为抵押人,享有抵押权的债权人称为抵押权人,抵押人所提供用以担保债务履行的财产称为抵押物。

我国先前的立法混淆了抵押和质押之间的界限。《民法通则》没有区分抵押与质押,抵押的概念涵盖了质押。② 抵押与质押不分是受原苏联的影响③,受

---

① 《物权法》第179条规定:"为担保债务的履行,债务人或者第三人不转移财产的占有,将该财产抵押给债权人的,债务人不履行到期债务或者发生当事人约定的实现抵押权的情形,债权人有权就该财产优先受偿。"

② 《民法通则》第89条规定:"……债务人或者第三人可以提供一定的财产作为抵押物。债务人不履行债务的,债权人有权依照法律的规定以抵押物折价或者以变卖抵押物的价款优先得到偿还……"

③ 参见佟柔主编:《民法原理》,法律出版社1983年版,第215页。

到了学界的批判。[①] 1995 年颁布的《担保法》第 133 条对抵押与质押进行了区分,《物权法》第 179 条和《城市房地产管理法》第 47 条等一系列相关立法也对抵押和质押进行了区分。

从大陆法系的抵押权及我国抵押权的立法和理论看,抵押权主要有以下三个方面的特征:

(1) 抵押权是一种物权。抵押权是物权还是债权,学界一直存在争议,有债权说与物权说两种观点。债权说认为,抵押权是基于抵押合同产生的,抵押权的设立是为保障债权的实现,因而抵押权主要是债权。《民法通则》在第五章第二节债权中规定抵押权,实际上是接受了债权说的观点。与债权说相对的是物权说,抵押权人对抵押物享有支配权,虽然抵押物的占有并不发生转移,但抵押权人仍然可以支配抵押权的价值,即使抵押人转让抵押物的,抵押权也不会因抵押物的让与而受到影响。抵押物被第三人非法侵占时,抵押权人可以行使返还请求权。[②] 在债务履行期届满而债务人未履行债务时,债权人有权处分抵押物,变卖抵押物优先受偿。《物权法》采纳了物权说,在担保物权中规定抵押权,从而肯定了抵押权的物权性。

(2) 抵押权是一种担保物权。抵押权是一种物权,是以确保债务的履行为目的的物权。一旦债务人不能清偿所担保的债务,债权人则有权变卖抵押物而优先受偿,因而抵押权是担保物权。抵押权的担保性,主要体现在三个方面:

一是抵押权的从属性。抵押权的从属性,表现为抵押权的成立、处分及消灭均从属于主债权。抵押权的从属性表现在三个方面:其一,抵押权的成立是以主债权的成立为前提条件。以担保特定债权为目的而设立的抵押权,在主债权不能确定或者无效的情形下,抵押权不可能成立。没有可担保的债权,抵押权就不能成立。其二,抵押权的处分不能与所担保的主债权相分离,抵押权应随债权的转移而转移。《物权法》第 192 条和《担保法》第 50 条确定规定了抵押权应当与被担保的债权一并转让。抵押权人既不能将债权让与第三人而自己保有抵押权,也不能将抵押权让与第三人而自己保有债权,更不能将抵押权和债权分别让与不同的第三人。[③] 其三,抵押权因所担保债权的消灭而归于消灭。被担保的债权因清偿、提存、抵销、免除、混同等原因而全部归于消灭时,抵押权也随之消灭。

---

① 李由义、李志敏、钱明星:《论建立我国民法物权体系的必要性及其意义》,载《中国法学》1987 年第 1 期。

② 参见郭明瑞:《担保法原理与实务》,中国方正出版社 1995 年版,第 83 页。

③ 《德国民法典》第 1153 条规定:"(1) 债权一经转让,抵押权也一并转让给新所有权人。(2) 债权不得不随抵押权一并转让,抵押权不得不随债权一并转让。"

二是抵押权的不可分性。抵押权的不可分性,是指抵押权的效力不可分。在立法例和学说上,抵押权的不可分性存在三种观点:第一种观点认为,抵押权与债权是不可分的,抵押权人可以就抵押物的全部行使抵押权。抵押权是以抵押物的全部为债权的各个部分提供担保,以抵押物的各个部分为债权的全部提供担保。[①] 第二种观点认为,抵押权的全部既存在于抵押物的全部,又存在于抵押物的各个部分。抵押权人既可对抵押物的全部行使抵押权,也可对抵押物的部分行使抵押权。第三种观点认为,抵押权不因抵押物的分割或者让与而发生变化,抵押权人仍然可以抵押物的全部为债权的全部提供担保。[②] 上述三种观点没有实质性差异,仅为表述方式和视角不同而已。抵押权的不可分性是指抵押权人就全部抵押物行使抵押权,抵押物的分割和部分让与、灭失,或者债权的分割、部分让与或者清偿,均不影响抵押权的效力。

三是抵押权具有物上代位性。抵押物的形态发生变化,抵押权人的权利不受影响。抵押权不仅有物权性,而且还有价值权性。在抵押物因转让、出租、灭失或者损毁等变成金钱或者其他物的情形下,抵押权人对代偿物也能行使抵押权。在抵押人因抵押物的损毁或者灭失而获得赔偿、其他对待给付或者保险赔付时,抵押权人有权就赔偿金优先受偿。抵押权的效力及于抵押物的代位物或者替代物。[③] 我国《物权法》第 191 条、《担保法》第 58 条和《担保法司法解释》第 80 条对此均有明确规定。

(3) 抵押权是不转移抵押物的占有而享有抵押物变价优先受偿的权利。抵押权的设立不以抵押物的占有转移为必要,抵押物仍然由抵押人占有、使用、收益,充分发挥了物的使用价值,同时也避免了抵押权人因占有抵押物而承担的保管责任。对标的物的占有与否,是抵押权与质权的最为重要的区别。抵押权因不转移标的物的占有,因而标的物就不能以占有为公示的方法,应当以登记为公示方法。正是由于这个原因,传统上抵押权的标的物仅限于不动产,现在虽然不限于不动产,但仅以登记为公示方法的物权为限。

对抵押物的变价优先受偿,是抵押权作为担保物权的一个重要的特征,意味着债务履行期届满,债务人仍然不能履行债务的,债权人可以对抵押物行使处分权,变卖抵押物,并从变卖所得价款中优先受偿。抵押权是一种价值权、变价权、

---

① 《法国民法典》第 2114 条第 2 款规定:"抵押权在其性质上为不可分的,并就设定抵押权的数个不动产的全部和每个不动产的每一部分上存在之。"

② 我国台湾地区"民法"第 868 条规定:"抵押之不动产如经分割,或让与其一部,或担保一债权之数不动产而以其一让与他人者,其抵押权不因此而受影响。"第 869 条规定:"以抵押权担保之债权,如经分割或让与其一部者,其抵押权不因此而受影响。前项规定,于债务分割时适用之。"

③ 《物权法》第 174 条规定:"担保期间,担保财产毁损、灭失或者被征收等,担保物权人可以就获得的保险金、赔偿金或者补偿金等优先受偿。被担保债权的履行期未届满的,也可以提存该保险金、赔偿金或者补偿金等。"

优先受偿权。抵押权的优先受偿表现在三个方面：一是与债务人的其他普通债权人相比，抵押权人就抵押物变卖所得价金，有优先于普通债权人受清偿的权利；二是与债务人的其他债权人相比，抵押权成立在先的抵押权人有优先于在后成立的抵押权人受偿的权利；三是在债务人宣告破产时，抵押权人享有别除权，对抵押物变卖所得价金优先受偿。

二、抵押权的分类

世界各国的抵押权种类存在很大的差异，随着社会经济的发展，新的抵押权会不断产生。根据不同的标准，抵押权有以下不同的分类方式：

(1) 不动产抵押权、动产抵押权与权利抵押权。以抵押权的标的物为标准，抵押权可以分为不动产抵押权、动产抵押权与权利抵押权三种。

不动产抵押权，是指以不动产为标的物的抵押权。抵押权是由非占有质演化而来，最初标的物仅限于不动产。不动产抵押权是典型的抵押权，抵押权是以不转移标的物的占有为必要而成立的担保物权，以在不动产上设定抵押权为原则，而以在动产上设定抵押权为例外。我国实行土地公有制，城市土地归国家所有、城市郊区和农村的土地归集体所有，自然人和法人不可能获得土地的所有权，因而不动产抵押权的标的物仅为土地上的定着物，土地不可能成为不动产抵押权的标的物。

动产抵押权，是指以动产为标的物的抵押权。动产的公示方式是占有，抵押权是不以抵押物的占有转移为条件而设定的担保物权，在动产上设立抵押权缺乏相应的公示方法。随着社会经济的发展，动产在社会经济生活中的重要性日渐凸现，各国法律对一些重要的动产采取登记的方式进行公示，为动产成为抵押权的标的物创造了必要条件。在现代社会中，动产抵押权已经为世界各国的法律所承认。我国《物权法》第180条和第181条、《担保法》第34条、《海商法》第11条和《民用航空法》第16条等法律，明文规定了动产抵押权。

权利抵押权，是指以权利为标的物的抵押权。世界各国立法对可成为抵押权客体的权利范围规定不一。我国实行土地公有制，土地不能成为抵押权的标的物，但土地使用权可以成为抵押权的标的，以土地使用权为标的的抵押权是我国最为典型的权利抵押权。

(2) 流通抵押权与保全抵押权。以抵押权设定的目的为标准，抵押权可以分为流通抵押权与保全抵押权。

流通抵押权，是指以确保债权流通为目的的抵押权。在德国，流通抵押权是抵押权最普通的形态。[①] 抵押权的流通成为抵押权的发展方向,抵押权可以成为投资的客体在金融市场上流通。抵押证券是抵押权流通的典型。以下从流通抵押权的设定和让与两个方面,说明流通抵押权。

一是流通抵押权的设定。流通抵押权的设定应当有双方当事人的合意,并办理相应的登记手续。[②] 登记机关根据职权做成抵押证券,交付给抵押物的所有权人。[③] 抵押物的所有权人将抵押证券交付给债权人,债权人基于所有权人的交付取得抵押权。[④] 在交付之前,抵押权属于所有权人,所有权人因交付丧失抵押权。[⑤] 抵押权的转让应以抵押证券的交付为必要条件;否则,不产生抵押权设立的效力。对抵押证券的占有是享有抵押权的前提,也是处分抵押权的必要条件。在实行抵押权时,应以提示抵押证券为必要。

二是流通抵押权的让与。流通抵押权与所担保的债权不能分离而让与。抵押权所担保的债权转让,抵押权也应随之转让。[⑥] 根据《德国民法典》的规定,债权让与没有任何形式要件[⑦],但有抵押权担保的债权的让与,则应以土地登记法所规定的形式进行,抵押权让与需有物权的合意和证书交付。但是,抵押权所担保的债权的效力并不影响抵押权的效力,即债权无效,抵押权仍然有效。通过登记的公信力,阻断抵押权与债权的关系,促进抵押权的流通性,即使在债权不存在的情形下,受让人也能取得抵押权。但是,我国《物权法》和《担保法》等物权立法并不承认流通抵押权。

保全抵押权,是指以确保债权实现为目的的抵押权。保全抵押不适于流通,仅适于担保。世界大多数国家仅承认保全抵押权,我国也仅承认保全抵押权。保全抵押权的设定不得发行抵押证券,保全抵押权的转让仅以主债权有效为前提。换言之,保全抵押权从属于主债权,与主债权密不可分。

---

① 参见〔德〕鲍尔、施蒂尔纳:《德国物权法》(下册),张双根译,法律出版社 2004 年版,第 72 页;〔德〕M. 沃尔夫:《物权法》(第 20 版),吴越、李大雪译,法律出版社 2004 年版,第 408 页。

② 抵押权登记之后,登记机构制作一份抵押权证书,将该证书交付给所有权人。在所有权人将抵押权证书交付给债权人时,抵押权宣告设立。参见〔德〕鲍尔、施蒂尔纳:《德国物权法》(下册),张双根译,法律出版社 2004 年版,第 75 页。

③ 《德国民法典》第 1116 条第 1 款规定:"(1) 关于抵押权应给予抵押权证书。"

④ 《德国民法典》第 1117 条第 1 款规定:"(1) 如果未免除给予抵押权证书,债权人仅在土地所有权人向其移交证书时,始取得抵押权。对上述移交适用第 929 条第 2 款和第 930 条的规定。"

⑤ 《德国民法典》第 1163 条第 2 款规定:"(2) 未免除给予抵押权证书的抵押权,在证书移转于债权人之前,属于所有权人。"

⑥ 《德国民法典》第 1153 条规定:"(1) 债权一经转让,抵押权也一并转让给新所有权人。(2) 债权不得不随抵押权一并转让,抵押权不得不随债权一并转让。"第 1154 条第 1、2 款规定:"(1) 让与债权需以书面形式给予让与的意思表示,并交付抵押权证书;于此适用第 1117 条的规定。经新债权人要求,原债权人应由自己负担费用,由公证机构让与对让与的意思表示加以认证。(2) 可以通过在土地登记簿中登记让与来代替让与的意思的书面形式。"

⑦ 《德国民法典》第 398 条规定:"债权人可以通过第三人订立合同,将债权转让于第三人。合同一经订立,新债权人即取代原债权人的地位。"

(3) 普通抵押权与特殊抵押权。以抵押权是否具有特殊性为标准,可以分为普通抵押权与特殊抵押权。

普通抵押权,是指法律上没有特别规定的抵押权。特殊抵押权,则是指法律上有特别规定的抵押权。普通抵押权与特殊抵押权的划分是基于抵押权标的物的构造,不动产抵押权为普通抵押权,动产抵押权、权利抵押权等为特殊抵押权。特殊抵押权有共同抵押权、最高额抵押权、所有人抵押权、财团抵押权和法定抵押权五种形式:

一是共同抵押权。共同抵押权,又称为总括抵押权,是指以数个财产为同一债权共同提供担保,在数个财产上为同一债权设定一个抵押权。在通常情形下,在一个物上设定一个抵押权为债权提供担保是一般抵押权。因此,共同抵押权为特殊抵押权。

二是最高额抵押权。最高额抵押权,是指为特定的期限内、在一定范围内连续发生的不特定的债权提供担保的物权。我国《物权法》第 203 条和《担保法》第 59 条对最高额抵押权有明文规定。普通抵押权是为现在的债权提供担保的抵押权,而最高额抵押权是为将来产生的债权提供担保的一种特殊抵押权。

三是所有人抵押权。所有人抵押权,是指所有人在自己的物上设定自己的抵押权。抵押权是他物权,在通常情形下,仅能在他人之物上设定抵押权。所有人抵押权在自己所有物上设定抵押权,是抵押权的一种例外情形。因此,所有人抵押权是特殊抵押权。

四是财团抵押权。财团抵押权,是指以法人的全部财产为抵押权的标的的担保物权。法人的全部财产,又称为财团,是法人全部财产的集合,既有不动产,又有动产、权利等。财团抵押权的标的是不动产、动产、权利的集合体,而不是一个单一物。关于财团抵押权,世界各国有两种不同的立法例,即英美法系的浮动担保与大陆法系以德国为代表的财团抵押。

五是法定抵押权。法定抵押权,是指根据法律规定直接产生的抵押权,无须当事人的意思表示。抵押权原则上为意定担保物权,由当事人自愿设定,例外由法律直接规定而产生。法律基于社会政策和公共利益方面的考虑,规定某些情形下,自动产生抵押权。例如,《合同法》第 286 条规定的工程款的优先受偿权,即为法定抵押权。

第二节　抵押权的设定

一、抵押权的取得

抵押权的取得,即抵押权的设定,有法律行为和法律行为之外的法律事实取得两种方式。

(一) 法律行为

法律行为取得的抵押权,有抵押权的设定和让与两种方式。抵押权的设定,是典型的抵押权取得的方式。抵押权因设定行为而产生的,学理上称为意定抵押权。抵押权的设定行为属于要式法律行为,应当采取书面的形式。

根据《物权法》第 185 条和《担保法》第 38 条的规定,抵押权的设立属于要式法律行为,应采取书面方式。除此之外,还须办理登记手续。根据《物权法》第 187 条的规定,以不动产和不动产权利为抵押标的的,在办理抵押登记手续之后,抵押权设立。因此,以不动产和不动产权利为抵押标的的,抵押合同生效时抵押权并未设立。

根据《物权法》第 188 条的规定,以动产为抵押标的的,抵押权从抵押合同生效时设立。抵押合同的生效与抵押权的设立同时发生,抵押登记仅为抵押权对抗第三人的要件。换言之,抵押登记与否并不影响抵押权的效力,未办理抵押登记的抵押权在抵押人与抵押权人之间仍然具有法律效力。我国台湾地区"民法"也规定应订立书面的抵押合同,并办理抵押登记手续。[①]

基于抵押权的从属性,抵押权的让与应与所担保的债权一同转让[②],第三人因债权人的债权受让而取得抵押权。但是,《物权法》第 192 条突破了抵押权不得单独让与的规定,在法律另有规定或者当事人另有约定的情形下,抵押权可以单独转让。

(二) 法律行为之外的法律事实

法律行为之外的法律事实取得的抵押权,主要有两种情形:一是基于法律的规定取得的抵押权。基于法律规定直接取得的抵押权,属于法定抵押权的范畴。例如,《合同法》第 286 条规定了法定抵押权。二是基于继承关系取得的抵押权。根据《物权法》第 29 条的规定,被继承人死亡时,被继承人的债权连同抵押权,由继承人当然取得,而且无须登记即生效。

抵押行为体现交易关系,法律行为是交易的手段和方式,抵押权的取得主要是法律行为,法律行为之外的法律事实取得抵押权的是例外情形。

二、抵押合同

(一) 抵押合同的成立与生效

抵押权合同的成立与生效,应当具备合同成立与生效的一般要件。由于抵

---

① 我国台湾地区"民法"第 760 条规定:"不动产物权之移转或设定,应以书面为之。"第 758 条规定:"不动产物权,依法律行为而取得设定、丧失、及变更者,非经登记,不生效力。"

② 《物权法》第 192 条规定:"抵押权不得与债权分离而单独转让或者作为其他债权的担保……"我国台湾地区"民法"第 870 条规定:"抵押权不得由债权分离而为让与,或为其他债权之担保。"

押合同涉及不动产，涉及的交易数额较大，对合同双方当事人利益影响巨大。为保护交易安全，《物权法》和《担保法》对抵押合同的成立与生效有特别的规定。

（1）抵押合同的成立。抵押合同除了具备合同一般的成立要件，即当事人就抵押意思表示一致外，法律还有特别的规定。根据《物权法》第185条和《担保法》第38条的规定，抵押合同是要式合同。即抵押合同的成立应订立书面合同。

（2）抵押合同的生效。《担保法》与《物权法》对抵押合同生效的规定存在差异，《物权法》彻底修改了《担保法》规定的抵押合同生效规则。[①] 抵押合同的生效应适用《物权法》的规定。

根据《担保法》第42条的规定，抵押合同的生效有两种情形：一是以土地使用权、房屋、林木、航空器、船舶、车辆、企业的设备和其他动产为抵押物的，当事人办理登记手续之后，抵押合同生效。[②] 在当事人办理抵押登记之前，抵押合同成立但未生效。抵押登记是抵押合同的生效条件，而不是成立条件。[③] 二是以第一种情形之外的其他财产为抵押物的，抵押合同从双方当事人签字之时生效。没有办理抵押登记的，不能对抗第三人。[④]

《物权法》关于抵押登记合同生效的规定与《担保法》不同，彻底改变了不动产和不动产权利抵押合同的生效规则。根据《物权法》的规定，抵押合同生效有两种情形：

一是不动产和不动产权利抵押合同的生效。根据《物权法》第187条的规定，以建筑物和其他土地附着物，建设用地使用权，以招标、拍卖、公开协商等方式取得的荒地等土地承包经营权，正在建造的建筑物为抵押标的的，抵押权自登记时设立。关于抵押合同的生效问题，《物权法》的担保物权编并未涉及，而根据《物权法》第15条的规定，设立不动产物权合同，合同自成立时生效；物权是否办理登记，并不影响合同的效力。根据《物权法》的规定，抵押合同属于诺成合同，自成立时生效。抵押权的登记，仅涉及抵押权的效力问题，与抵押合同的效力无关，从而改变了《担保法》第41条关于抵押合同以办理抵押登记为合同生效条件的规则，有效地维护了抵押权人的合法权益，有利于构建和谐有序的交

---

① 根据《担保法》的规定，不动产及不动产权利抵押合同属于要式合同。但是，根据《物权法》的规定，不动产及不动产权利抵押合同属于诺成合同。因此，两者的生效规则不同。

② 《担保法》第41条规定："当事人以本法第42条规定的财产抵押的，应当办理抵押物登记，抵押合同自登记之日起生效。"

③ 学界对此争议较大，或者认为是成立要件，或者认为是生效要件。根据法律行为成立与生效的理论以及我国担保法的具体规定，应当是抵押合同的生效要件，而不是抵押合同的成立要件。

④ 《担保法》第43条规定："当事人以其他财产抵押的，可以自愿办理抵押物登记，抵押合同自签订之日起生效。当事人未办理抵押物登记的，不得对抗第三人。当事人办理抵押物登记的，登记部门为抵押人所在地的公证部门。"

易环境。[①]

二是动产抵押合同的生效。根据《物权法》第188条和第189条的规定,以生产设备、原材料、半成品、产品、船舶、航空器、交通运输工具以及企业、个体工商户、农业生产经营者将现有的和将有的生产设备、原材料、半成品、产品为抵押标的的,抵押权自抵押合同生效时设立,抵押权的登记仅为对抗第三人的要件。《物权法》的规定与《担保法》的规定基本一致。

流质合同的无效,是从罗马法以来的多数国家立法例的规定。[②] 流质合同,是指抵押人与抵押权人在订立合同时约定,在债务人不履行债务时,抵押物的所有权归抵押权人所有。《物权法》第186条和《担保法》第40条均明文禁止流质合同。但是,流质合同的无效,并非指设定抵押权的抵押行为无效,而是对抵押物归属问题的条款无效。

(二) 抵押合同当事人

抵押合同的当事人,是指抵押法律关系的主体,即抵押合同的双方,包括抵押权人和抵押人。抵押权人是享有抵押权的债权人,抵押人是在自己的财产上为债权人设定抵押权的债务人或者第三人。

(1) 抵押人。抵押人,是指在自己的财产上为债权人设定抵押权的债务人或者第三人。抵押人是通常是债务人本人,但也可是第三人。第三人为债务人的债务提供抵押物而设定抵押的,该第三人称为物上保证人。抵押人既可以是自然人,也可以是法人。由于抵押的设定行为是一种法律行为,因而行为人应具有相应的行为能力。就自然人而言,应具有完全行为能力,无行为能力人或者限制行为能力人,均不得擅自设定抵押权,无行为能力人和限制行为能力人设立抵押权的行为无效。《物权法》和《担保法》均规定,学校、幼儿园、医院等以公益为目的的事业单位、社会团体的教育设施、医疗卫生设施和其他社会公益设施不得成为抵押物,即公益法人成为抵押人在法律上有限制性规定。因此,并非任何法人均可以成为抵押人,抵押人的身份在法律上存在某种限制性规定。

抵押权是一种处分财产的行为,抵押人应当是财产的所有权人或者享有处分权的人。关于抵押标的,《物权法》以处分权为前提,而《担保法》则以所有权

---

① 根据《担保法》第41条的规定,当事人如果没有办理抵押登记的,抵押合同不生效。由于抵押合同没有效力,抵押人无须承担合同责任。根据《物权法》第15条和第187条的规定,当事人没有办理抵押登记的,抵押合同仍然有效,抵押人如果拒绝办理抵押权登记,抵押人将因违反抵押合同的规定而承担违约责任,从而有效地遏制了抵押人肆意违反合同规则,破坏交易秩序。

《物权法》的规定确立了合理的交易规则,使交易秩序更为符合交易的内在逻辑关系,但《物权法》第187条的规定不够全面、清晰,可能会对我国的司法实践造成混乱。

② 《德国民法典》第1149条规定:"以债权对所有人尚未到期者为限,所有权不得给予债权人请求转移土地所有权以充抵债权的权利,也不得给予以强制执行以外的其他方法让与土地权利。"

《瑞士民法典》第816条第2款规定:"债权人的不动产担保权未受清偿时,其担保物的所有权归债权人所有权的约定,无效。"

为前提。抵押标的应当是抵押人有权处分的,抵押人具有处分权的标的有两种:一是抵押人享有所有权的物,二是经权利人授权处分的物。因此,《物权法》对抵押标的的规定,更为科学、合理。

(2) 抵押权人。抵押权人,是指对债务人或者第三人的财产享有抵押权的债权人。抵押权人是债权人,抵押权因债权的存在而存在,同时也因债权的消灭而归于消灭。抵押权人既可以是自然人,也可以是法人。

关于限制行为能力人和无行为能力人能否作为抵押权人,多数意见认为可以成为抵押权人。但是,实际上,限制行为能力人与无行为能力人,能否成为抵押权人,应视情况而定。以法律行为取得的抵押权,涉及当事人的行为能力问题,限制行为能力人和无行为能力人不能成为抵押权法律关系的当事人。[①] 以法律行为之外的法律事实取得的抵押权,不涉及当事人的行为能力问题,限制行为能力人和无行为能力人可以成为抵押权法律关系的当事人。

(三) 抵押合同的标的物

抵押合同的标的物,是指抵押权的客体。抵押权是以取得抵押物的交换价值为实质内容的,被抵押的标的物应具有独立的交换价值并能依法变价,虽具有交换价值,但为法律所禁止的物不得作为抵押物。抵押合同的标的物,应满足两个条件[②]:一是形式要件。标的物必须以登记为取得、变更要件,即标的物必须以登记为物权的公示方式。不动产最适合于抵押权的设定,以登记为所有权取得、转移公示方式的动产也可以成为抵押权的标的物,如船舶、航空器、汽车等。二是实质要件。设定抵押权的标的物,设定人有使用收益必要的物,而且对物的使用收益不会损毁物的价值及形状,并可明显区别于抵押人的其他财产。

抵押合同的标的物仅限于流通物与限制流通物,普通抵押权的标的物以不动产为限,特殊抵押权的标的物则有动产、权利、财团。《担保法》明确规定了抵押权的标的[③],《物权法》第 180 条和第 181 条在《担保法》的基础上,扩大了抵押物的范围。根据《物权法》的规定,只要法律和行政法规没有禁止的,均可以成为抵押物,抵押物有以下五大类:

(1) 建筑物和其他土地附着物。建筑物和其他土地附着物属于不动产,是最为典型的抵押物。建筑物和其他土地附着物的抵押属于不动产抵押。建筑物

---

① 法律行为的生效涉及当事人的行为能力问题,因而无行为能力人或者限制行为能力人不得设定抵押权。

② 参见史尚宽:《物权法论》,中国政法大学出版社 2000 年版,第 273 页。

③ 《担保法》第 34 条第 1 款规定:"下列财产可以抵押:(一) 抵押人所有的房屋和其他地上定着物;(二) 抵押人所有的机器、交通运输工具和其他财产;(三) 抵押人依法有权处分的国有的土地使用权、房屋和其他地上定着物;(四) 抵押人依法有权处分的国有的机器、交通运输工具和其他财产;(五) 抵押人依法承包并经发包方同意抵押的荒山、荒沟、荒丘、荒滩等荒地的土地使用权;(六) 依法可以抵押的其他财产。"

是指已经建成的建筑物,以正在建造的建筑物抵押的,则属于在建工程抵押和期房抵押。我国实行土地公有制,法律禁止土地所有权进行交易,土地不得成为抵押物。以建筑物和其他土地附着物为抵押标的的,抵押合同生效时抵押权并未设立。抵押登记为抵押权的生效要件,抵押权自登记时设立。

(2)建设用地使用权和部分土地承包经营权。在传统民法中,抵押权的标的物通常为房屋、土地等不动产,我国城市土地归国家所有、农村土地归集体所有,法律禁止土地所有权转让,因而不得在土地所有权上设定抵押权。建设用地使用权是以出让方式取得的,建设用地使用权人可以处分建设用地使用权,因而建设用地使用权人可以在建设用地使用权上设定抵押权。以建设用地使用权为抵押的,抵押权的标的物不是土地或者土地所有权本身,而是土地的使用和收益的权利。因此,建设用地使用权的抵押是权利抵押。

与建设用地使用权不同,土地承包经营权的标的是集体所有土地的使用权,土地承包经营权的抵押也属于权利抵押。土地承包经营权原则上不得抵押,但以招标、拍卖、公开协商等方式取得的荒地等土地承包经营权可以抵押,是法律的例外规定。荒地承包经营权可以抵押的重要原因是荒山、荒沟、荒丘、荒滩等荒地的土地承包经营权既不具有社会保障功能,也不具有身份属性。因此,法律没有必要设置过度的流转限制。

以建设用地使用权和荒地承包经营权为抵押标的的,抵押登记为抵押权的生效要件,抵押权自登记时设立。但是,家庭承包经营权不能成为抵押权标的物。

(3)生产设备、原材料、半成品、产品。以生产设备、原材料、半成品、产品为抵押标的的,属于动产抵押。《物权法》在《担保法》第34条规定依法可以处分的机器、交通运输工具和其他财产的基础上,将动产抵押的范围扩大到生产设备、原材料、半成品、产品,从而扩大了动产抵押的客体范围。动产抵押物范围的扩大,是动产抵押的一种新发展趋势。

以生产设备、原材料、半成品、产品为抵押标的的,只能以权利人全部的生产设备、原材料、半成品、产品为整体抵押,由于缺乏有效的公示方式,单个的生产设备、原材料、半成品、产品不得成为抵押的标的物。否则,抵押权人的抵押权缺乏应有的保障。以生产设备、原材料、半成品、产品为抵押标的的,登记为抵押权的对抗要件而不是生效要件,抵押权自抵押合同生效时设立。

(4)正在建造的建筑物、船舶、航空器。《担保法》中的抵押物仅限于已经存在的财产,《物权法》以正在建造的建筑物、船舶、航空器为抵押标的,扩大了抵押物的范围。正在建造的建筑物的抵押包括预售商品房抵押和在建工程抵押,无论是正在建造的建筑物,还是正在建造的船舶和航空器,建造周期长,资金需求大,允许正在建造的建筑物、船舶和航空器进行抵押,可以有效地获得融资,从而保障了建筑物、船舶和航空器的建造。以正在建造的建筑物为抵押标的的，登记为抵押权的生效要件，抵押权自登记时设立；以正在建造的船舶和航空器为抵押标的的，登记为抵押权的对抗要件，抵押权自抵押合同生效时设立。

(5) 交通运输工具。以交通运输工具为抵押标的的，属于动产抵押。交通运输工具包括机动车、船舶和航空器，这些动产均以登记为公示方式，因而可以成为抵押的标的。我国《物权法》、《担保法》、《海商法》以及《民用航空法》等法律规定了交通运输工具的抵押。以交通运输工具为抵押标的的，抵押权自抵押合同生效时设立。抵押权的登记为抵押权的对抗要件而不是生效要件。

除了以上五类可依法抵押的财产之外，法律、行政法规没有禁止抵押的其他财产，均可成为抵押的标的。禁止流通物，不得成为抵押权的标的。法律禁止的其他物，也不得成为抵押权的标的。《担保法》第37条明文规定了不得成为抵押权标的的范围。《物权法》第184条沿袭了《担保法》的规定。法律禁止抵押的物，主要有以下五类：

(1) 土地所有权。我国实行土地公有制，城市土地归国家所有，农村土地归集体所有，《宪法》禁止土地流转。如果允许土地所有权抵押，一旦实现抵押权，则出现土地流转，自然人和法人即可取得土地所有权，违反了《宪法》的规定。因此，法律禁止土地所有权的抵押。

(2) 耕地、宅基地、自留地、自留山等集体所有的土地使用权。土地承包经营权和宅基地使用权，具有社会保障性质，是农民基本的生产和生活保障，法律禁止耕地的土地承包经营权、宅基地使用权以及自留地和自留山的土地承包经营权进行抵押，以维护农村的社会稳定和长远发展。

(3) 学校、幼儿园、医院等以公益为目的的事业单位、社会团体的教育设施、医疗卫生设施和其他社会公益设施。禁止抵押的公益性财产有三类：一是学校和幼儿园等教育设施和其他直接的辅助教育设施；二是医院等医疗卫生设施和其他用于医疗卫生的设施；三是以公益为目的的公共图书馆、博物馆、美术馆、宗教活动场所等所拥有的社会公益设施。法律禁止公益性财产设定抵押的目的在于防止一旦抵押权实现，影响教育、医疗卫生等公益事业的正常运转和社会公共利益的实现。

(4) 所有权、使用权不明或者有争议的财产。抵押是一种处分行为，抵押人对将要抵押的财产应享有处分权，而对所有权、使用权不明或者权属有争议的财产，抵押人是否享有处分权仍然不确定，这类财产不得成为抵押的标的物。此外，这类财产进行抵押，可能侵害所有权人或者使用权人的合法利益，导致财产秩序的紊乱。

(5) 依法被查封、扣押、监管的财产。虽然权利人享有依法被查封、扣押、监管财产的所有权，但这些财产被有关机关采取了强制措施，所有权的行使受到法律的限制,这类财产的所有权处于暂时禁止处分状态。因此,不得进行抵押。一旦强制措施解除,则可进行抵押。

(四)被担保的债权

抵押权具有从属性,以被担保的债权的存在而存在。抵押权所担保的债权是抵押权存在的前提。抵押权所担保的债权仅限于金钱债权,在不履行时可以变为金钱债权的,也可以成为抵押权所担保的债权。[①] 但是,无法以金钱清偿的债权,则不适于设定抵押权。但是,下列债权是否可以成为抵押权所担保的债权,则存在不同的观点:

一是消费借贷所产生的将来债权。消费借贷属于要物法律行为,标的物的交付为法律行为的成立要件,在标的物交付之前,消费借贷合同没有生效,因而抵押权也未生效。在为消费借贷债权设定抵押权的情形,大多在消费借贷合同订立之后,标的物交付之前,设定抵押权,然后才开始金钱的交付。如果认为此时设定的抵押权无效,则交易安全无法保障。因此,应认定抵押权有效。

二是附条件的债权。附条件的债权是否可以设定抵押权,德国、日本民法持肯定态度。[②] 但是,我国《物权法》和《担保法》等法律并未承认为附条件的债权设定抵押权。

三是消灭时效完成后的债权。我国台湾地区的物权理论认为,即使消灭时效完成后的债权,仍然可以设定抵押权。[③] 根据台湾地区民法的规定,消灭时效完成后的债权并未消灭,仅对债务人产生拒绝给付抗辩权而已,债务人的债务由法定债务变为自然债务,债务人如果愿意给付,仍然有效。《民法通则》关于消灭时效的规定与台湾地区是一致的,消灭时效完成后的债权,债务人自愿履行的,债权并不因消灭时效的完成而归于无效。既然债权存在,第三人或者债务人对债权提供抵押担保,并未违反法律的强制性规定。因此,抵押人不得以不知消灭时效完成为由而否认抵押权的效力。

三、抵押登记及其效力

物权的设定和变动应依法进行公示,未能按照法定方式进行公示的物权设定和变动,均不能产生相应的法律效力。抵押权作为一种物权,设定和变动也应按照法定的方式进行公示,才能产生相应的法律效力。抵押权的登记有设立登

---

① "对可以设定抵押权的'债权',没有特别的限制。即使是金钱债权以外的债权,为了因债务不履行而转化成损害赔偿债权的抵押权的设定也是有可能的。"〔日〕近江幸治:《担保物权法》,祝娅、王卫军译,法律出版社 2000 年版,第 106 页。

② 《德国民法典》第 1113 条第 2 款规定:"(2) 抵押权也可以为将来的或者附条件的债权而设定。"《日本民法典》第 129 条规定:"当事人在条件成否未定期间的权利义务,可以根据一般规定予以处分、继承、保存或者担保。"

③ 参见郑玉波:《民法物权》(第 15 版),三民书局 1992 年版,第 224 页。

记、变更登记和注销登记三种。

抵押权登记因抵押物的性质不同而存在差异。不动产抵押登记与动产抵押登记的登记规则不同。根据我国《物权法》第187条的规定,不动产抵押实行登记要件主义。以不动产为抵押标的物的,当事人依法负有登记义务,当事人不得以约定排除法律规定的强制登记义务。不动产抵押权自登记时设立,抵押权的内容以登记为准。如果当事人订立抵押合同而未办理登记,抵押权未能有效设立。抵押合同仅在当事人之间产生法律效力,只有在办理抵押登记之后,债权人才能成为抵押权人,从而享有抵押权。如果登记的内容与合同约定不一致的,应以登记记载的内容确定当事人的权利义务。不动产抵押登记的范围不仅包括建筑物和其他附着物、正在建造的建筑物,而且还包括建设用地使用权、部分土地承包经营权等用益物权。

动产抵押实行登记对抗要件主义,《物权法》第188条、《民用航空法》第16条和《海商法》第13条等法律均采取了对抗要件主义。动产抵押合同生效,抵押权设立。未经登记的动产抵押权,不能对抗善意第三人。换言之,抵押合同生效,即使没有办理登记,抵押权也可以有效设立。动产抵押合同的生效,不仅可以发生债权效力,而且还产生物权的设立效力。可见,动产抵押权的设立,既无须办理抵押权的登记,又无须转移标的物的占有。未经登记的抵押合同在当事人之间仍然具有法律,抵押权已经设立,但仅仅不能产生对抗善意第三人的效力而已。

基于事实行为产生的物权变动,无须办理登记,即可取得物权。根据《物权法》第31条的规定,在办理登记之前,权利人实施的处分行为不产生物权变动的效力。基于事实行为的物权变动取得的物权,权利人在该物上设定抵押的,抵押合同生效,但不产生抵押权的设立效力。

第三节　抵押权的效力

抵押权的效力是指生效的抵押合同所产生的效力,表现为抵押权的效力范围、抵押权对抵押权人的效力以及抵押权对抵押人的效力三个方面。

一、抵押权的效力范围

抵押权的效力范围包括抵押权所担保的债权范围与抵押权标的物的范围两个方面的内容。

(一)抵押权所担保的债权范围

抵押权所担保债权的范围,是抵押权人实行抵押权应优先清偿的范围。我国《物权法》第173条和《担保法》第46条均明文规定了抵押权担保的范围。法律确立的原则是当事人有约定的,从约定;当事人没有约定的,抵押权担保的范围则包括主债权及其利息、违约金、损害赔偿金、实现抵押权的费用。因此,除当事人另有约定外,抵押权所担保的债权范围有主债、利息、迟延利息、违约金和赔偿金以及实行抵押权的费用与保全抵押权的费用。

(1) 主债权。主债权,又称为原债权或者本债权,抵押权是为担保主债权的实现而设立的,主债权是抵押权担保的主要对象。当事人设定抵押权时,应对债权的种类、数额以及债务人等一并登记。这是基于抵押权的特定原则的要求,抵押权的标的物及担保的债权均应特定化,这也是不动产物权公示的基本要求。债权的特定化是确定抵押权人应优先受偿的范围,即确定债权可以支配抵押物的交换价值的范围,而债权的种类、数额等也是债权特定化的基本要求。

(2) 利息。利息是指主债权所产生的利息,仅指约定利息。[①] 法定利息,则属于迟延履行范围。《物权法》和《担保法》规定了抵押合同应当记载主债权的种类和数额以及担保的范围,但并未特别强调利息。抵押人和抵押权人在办理抵押合同登记时,法律没有强制规定必须登记利息或者利率。根据《担保法》的规定,主债权及履行属于抵押权担保的法定债权范围,因而即使不登记也不得将利息排除在外。但是,如果办理抵押登记时,不登记利息,则抵押登记缺乏公示效果,向第三人提供的抵押登记信息不完整,可能对第三人的利益构成侵害。因此,在办理抵押登记时,不仅要登记主债权,而且还要登记利息。

关于抵押权所担保利息的范围,有限制主义与非限制主义两种立法例:第一,限制主义的立法例,对抵押权所担保的利息范围法律上有一定的限制[②],即一定年限内的利息是抵押权的担保范围。法律对利息范围作出限制的理由,是利息期届满清偿期后,抵押权人可以请求给付却不向抵押人提出请求,由于抵押权人的懈怠,导致积欠过多,从而可能影响其他抵押权人的利益,因而法律没有保护的必要。第二,非限制主义的立法例,对抵押权所担保的利息范围没有法律上的限制。换言之,对抵押权人的不作为,没有任何法律上的限制。

(3) 迟延利息。迟延利息,是指在金钱债务履行迟延时,债权人可以请求给付法定利息。对于迟延利息,当事人有约定的从约定,没有约定的,则根据法律的规定;即使约定的利息高于法定的利息,也是有效的。[③] 但根据我国《合同法》

---

① 关于是约定利息,还是法定利息,学界认识不一。王利明先生认为:"利息是主债权产生的法定利息。"王利明:《物权法论》(修订版),中国政法大学出版社 2003 年版,第 611 页。

② 《法国民法典》第 2151 条、《日本民法典》第 374 条及《瑞士民法典》第 818 条之规定。

③ 我国台湾地区"民法"第 233 条第 1 款规定:"迟延之债务,以支付金钱为标的者,债权人得请求依法定利率计算之迟延利息。但约定利率较高者,仍从其约定利率。"

《日本民法典》第 419 条规定:"(1) 不履行以金钱债务为标的的债务时,其损害赔偿额,依法定利率确定。但是,约定利率超过法定利率时,依约定利率确定。(2) 关于前款损害赔偿,债权人无须提出损害证明,债务人也不得以不可抗力进行抗辩。"

的规定,约定迟延利息过高或者过低的,可以请求法院或者仲裁机构进行调整。我国法律没有直接对迟延利息作出规定[①],司法解释对此有规定。[②]

(4) 违约金和赔偿金。债务人不履行债务的,对债权人应承担赔付违约金或者损害赔偿金的责任。迟延利息属于债务人承担履行迟延的赔偿责任的一种情形,而且仅限于金钱债务。以金钱或者非金钱为给付的标的的债务,债务人不能履行或者迟延履行的,应向债权人给付违约金或者损害赔偿金。违约金和损害赔偿金只能选择适用其中之一,不得同时适用。《物权法》和《担保法》已经明文规定违约金和损害赔偿金属于抵押担保债权范围内,在办理抵押登记时无须另行登记,只要当事人没有相反的约定,当然属于抵押权的效力范围。

(5) 实行抵押权的费用与保全抵押权的费用。抵押权人因实行抵押权所支出的费用,应当由债务人承担,属于抵押权的效力范围。实行抵押权的费用包括拍卖、变价抵押权所支出的费用。由于抵押权人实行抵押权是因债务人不履行债务而产生的,债务人应承担由此而产生的费用。如果抵押物的价值不足以清偿所担保的债权的,当事人应约定债权的清偿顺序,没有约定的,根据有关规定处理。[③]《物权法》和《担保法》均未规定清偿顺序。

保全抵押权的费用,是指抵押权人因抵押人的行为,足以导致抵押物价值的减少,在情事急迫的情形下,抵押权人为保全抵押物而支出的费用。[④] 通说认为,这项费用因保全抵押物而产生,对抵押权人、抵押人均有利,因而具有优先受偿权,属于抵押权所担保的范围。

(二) 抵押权标的物的范围

抵押权的标的物的范围是指可以设定抵押权对象的范围,抵押权标的物不仅指设定抵押权的物,而且还包括与之相关的其他物及权利。

(1) 抵押物的从物及从权利。从物是与主物相对的、辅助主物的效用而归

---

① 在我国《合同法》颁布之前,国务院颁布的《工矿产品购销合同条例》(2001 年失效)、《农副产品购销合同条例》(2001 年失效)等规定了迟延利息。如《工矿产品购销合同条例》第 35 条规定:“……逾期交货的,应比照中国人民银行有关延期付款的规定,按逾期交货部分货款总值计算,向需方偿付逾期交货的违约金……”第 36 条规定:“……逾期付款的,应按照中国人民银行有关延期付款的规定向供方偿付逾期付款的违约金……”

② 《最高人民法院关于逾期付款违约金应当按照何种标准计算问题的批复》规定:“……对于合同当事人没有约定逾期付款违约金标准的,人民法院可以参照中国人民银行规定的金融机构计收逾期贷款利息的标准计算逾期付款违约金。中国人民银行调整金融机构计收逾期贷款利息的标准时,人民法院可以相应调整计算逾期付款违约金的计算标准。参照中国人民银行 1996 年 4 月 30 日发布的银发〔1996〕156 号《关于降低金融机构存、贷款利率的通知》的规定,目前,逾期付款违约金标准可以按每日万分之四计算……”

③ 我国《担保法司法解释》第 74 条规定:“抵押物折价或者拍卖、变卖所得的价款,当事人没有约定的,按下列顺序清偿:(一) 实现抵押权的费用;(二) 主债权的利息;(三) 主债权。”

④ 《瑞士民法典》第 808 条第 3 款规定:“(3) 前款防卫措施的费用,担保权人可请求所有人补偿,担保权人虽未在不动产登记簿上登记,也有这种权利,且该权利优先于任何已经登记的其他权利。”

属于一人的物。抵押权的效力是否及于从物,应视情形而定,有两种情形:一是在抵押权设立之前已经存在的从物,抵押权的效力应及于从物。根据主物处分的效力及于从物的原则,抵押权的效力当然及于抵押物的从物。[①] 二是抵押权设定之后产生的抵押物的从物,抵押权的效力不得及于该从物。抵押权的效力及于抵押物的从物,有害于普通债权人的利益。

抵押权的效力是否及于附合物,大陆法系国家民法均采取肯定态度,承认抵押权的效力及于附合物。[②] 我国物权立法没有明文规定,但是,我国的司法实践承认抵押权的效力及于附合物。[③] 实际上,抵押权的效力及于添附物违反民法的基本原理。债权债务关系一旦成立,债务人即以其全部财产为债权人的债权提供担保。因添附使抵押物的价值增加的同时,导致债务人的其他财产减少,从而损害了普通债权人的利益。因此,抵押权的效力不应及于添附物。

从权利是为辅助主权利的效力而存在的权利,关系如同从物与主物。例如,对土地使用权设定抵押权时,其效力应及于作为从权利的邻地通行权,如果抵押权的效力不及于从权利,则抵押物的价值无法实现。

(2) 孳息。孳息包括法定孳息和天然孳息。在抵押权设定之后,无论是法定孳息还是天然孳息,均归抵押人所有。债务履行期届满而债务人未履行债务,导致法院扣押抵押物的,从扣押之日起,抵押权人有权收取孳息。换言之,抵押权的效力及于孳息。世界各国的立法例,均是如此。

(3) 抵押物的代位物。民法上的代位,有人的代位与物上代位之分。人的代位是指一个权利主体取代另一个权利主体的位置行使权利。人的代位又有债权代位和保险代位之分。债权代位权,即合同法上的代位权,是指债权人为保全其债权,以自己的名义,行使债务人对次债务人的权利。保险代位权,是指保险人在给付保险金之后,如果第三人对保险事故的发生或者保险标的的损害负有赔偿责任的,保险人在其已经承担的保险赔偿金额范围内取得了被保险人向第三人的损害赔偿请求权。[④]

物上代位,即抵押物的代位物,是指抵押权的标的物因其灭失、损毁而获得的赔偿金应成为抵押物的替代物。赔偿金为抵押物的代位物或者代偿物。由于

---

① 我国《担保法司法解释》第 63 条规定:“抵押权设定前为抵押物的从物的,抵押权的效力及于抵押物的从物。但是,抵押物与其从物为两个以上的人分别所有时,抵押权的效力不及于抵押物的从物。”

② 如《法国民法典》第 2133 条、《德国民法典》第 1120 条、《瑞士民法典》第 805 条及《日本民法典》第 307 条的规定。

③ 我国《担保法司法解释》第 62 条规定:“抵押物因附合、混合或者加工使抵押物的所有权为第三人所有的,抵押权的效力及于补偿金;抵押物所有人为附合物、混合物或者加工物的所有人的,抵押权的效力及于附合物、混合物或者加工物;第三人与抵押物所有人为附合物、混合物或者加工物的共有人的,抵押权的效力及于抵押人对共有物享有的份额。”

④ 我国《保险法》第 60 条第 1 款规定:“因第三者对保险标的的损害而造成保险事故的,保险人自向被保险人赔偿保险金之日起,在赔偿金额范围内代位行使被保险人对第三者请求赔偿的权利。”

抵押权人就抵押权的标的物赔偿金行使权利,因而称为抵押权的代位性。抵押权是以支配抵押物的交换价值、保障债权优先受偿为目的的物权,在抵押物损毁灭失后,只要有交换价值的存在,无论其存在的形态如何,仍然是抵押权可以支配的对象。关于抵押物的代位理论基础,学界存在物权说、价值权说和公平说三种不同的观点:

(1) 物权说。物权说强调抵押权的物权性,认为根据物权法的基本原则,物权因标的物的灭失而消灭。由于抵押权是物权的一种,抵押标的物灭失的,抵押权随之消灭,即使有价值变形物,也不应认为抵押权效力可及。因此,抵押权物上代位并非因抵押权当然产生的,而是法律为保护抵押权所设的特别规定。

(2) 价值权说。价值说认为,抵押权并非以标的物的实体即使用价值为目的,而是以标的物的交换价值为目的的权利,通常称为价值权。当标的物价值转变为金钱或者其他形态时,抵押权的效力当然可追及到其变形物上。

(3) 公平说。公平说认为,抵押权的实质是支配抵押物的交换价值,抵押物因灭失、毁损而取得的金钱等变形物,仅仅是抵押物价值的提前实现而已,如果抵押权效力不能及于该变形物,抵押权得不到保护,抵押人反而取得该变形物的利益,不仅不能实现担保的目的,而且违反公平原则。因此,抵押权物上代位与人的代位制度一样,均是基于公平原则设定的。

物权说将抵押权物上代位简单地归结为,法律为保护抵押权所作出的特别规定,这将使抵押权物上代位的功能具有很大的局限性。价值权说与公平说,均通过揭示抵押权的本质特性,即价值权,而说明抵押物的变形物或者替代物与抵押物具有同一性,抵押权的效力当然及于变形物或者替代物,克服了物权说的局限性。然而,公平说在价值权说的基础上,进一步论证抵押权转移到替代物之上,则"既可贯彻抵押权的价值权性,又可避免抵押权因抵押物消灭而消灭,抵押人却可保有赔偿金之利益,不足以实现当事人之公平"[①]。

关于物上代位权的性质,有两种学说[②]:一是以日本学者为代表的原抵押权。原抵押权说认为,抵押权的本质为价值权,抵押权物上代位只不过是抵押权效力的延长,而不是新设立的权利。二是以德国、瑞士学者为代表的法定债权质。法定债权质说认为,抵押权物上代位是在抵押物的变形物请求权之上新成立的一种债权质权,该债权质权的次序与原来抵押权的次序相同。

原抵押权说是以价值权说或者公平说为理论依据的,是价值权说或者公平说的当然结论。原抵押权说与债权质权说的根本分歧,并非对抵押权物上代位标的物的认识,而是对抵押权物上代位是否为新成立的另一种物权的认识。原

① 谢在全:《民法物权论》(下册),中国政法大学出版社 1999 年版,第 595 页。
② 参见郑玉波:《民法物权》(第 15 版),三民书局 1992 年版,第 234 页。

抵押权说的倡导者认为,抵押物灭失、毁损时,抵押权的效力及于赔偿金及赔偿金的请求权。由于抵押权本身所具有的优先效力、对抗第三人的效力,因而抵押权同样可以发挥债权质权说所要实现的功能及达到的效果。债权质权说"不仅使法律关系趋于复杂,且既认此项质权乃因抵押物灭失而新成立于抵押物之代位物上,则何以其次序与原抵押权相同,难作合理之说明……"[①]。可见,抵押权物上代位无论是原抵押权还是债权质权,均非问题的实质所在。

大陆法系国家关于抵押权代位物的立法例有两种:一是抵押权的效力及于代位物的本身[②],二是抵押权的效力仅及于请求权[③]。我国《担保法》将抵押权的物上代位仅限于赔偿金,《担保法司法解释》第 80 条虽然扩大了抵押权代位的标的物范围,即增加了保险金、补偿金等,但仍未注意到将代位标的物局限于赔偿金等变形物本身的缺陷。然而,《担保法司法解释》关于抵押权所担保的债权未届清偿期的,抵押权人可以请求人民法院对保险金等采取保全措施的规定,是对这个漏洞的填补。但对于采取保全措施之前,已经支付保险金的,抵押权人的物上代位权仍然难以实现。可见,在审判实务中,不应拘泥于《担保法》及《担保法司法解释》的字面意思,应理解为抵押权效力及于抵押物的变形物本身及其请求权。在《担保法》及《担保法司法解释》的基础上,《物权法》第 174 条进一步完善了代位物制度,扩大了代位物的范围,明确了在抵押权存续期间,发生担保物损毁、灭失或者被征收的,抵押权人可以获得保险金、赔偿金及其他变形物的优先受偿权。

二、抵押权对抵押人的效力

抵押权是不以抵押物占有的转移为条件而提供债权担保的价值权,抵押权所支配的是抵押物的交换价值而不是其使用价值。抵押权并不转移抵押物的占有,抵押人在抵押物设定抵押权之后仍然占有、使用、收益抵押物,但抵押人的处分权受到一定的限制,抵押人可以自由地对抵押物进行法律上的处分,但不得对抵押物进行事实上的处分。抵押人享有以下三种权利:

(1) 抵押权的设定。抵押权不以占有抵押物为要件,从而使在一抵押物上设定两个或者两个以上抵押权成为可能。在有数个抵押权存在时,抵押权的效力以抵押权登记的先后顺序来确定,登记在先的抵押权的效力不会受到登记在

---

① 谢在全:《民法物权论》,中国政法大学出版社 1999 年版,第 599—560 页。

② 我国《担保法》第 58 条规定:"抵押权因抵押物灭失而消灭。因灭失所得的赔偿金,应当作为抵押财产。"

③ 《德国民法典》第 1127 条规定:"为土地所有权人或者土地自主占有人的利益而将属于抵押权的标的物提交保险的,抵押权扩于对保险人的债权。"

后的抵押权的影响。[①]

(2) 用益物权的设定。在抵押物上设定抵押权之后,抵押人仍然可以在抵押物上设定用益物权。抵押权所支配的是抵押物的交换价值,而用益物权支配的是抵押物的使用价值,以对抵押物的占有、使用、收益为目的,两种权利并不冲突。用益物权的设定并不影响抵押权的行使。如果用益物权的设定影响抵押物的价值,拍卖抵押物的价值不足以清偿所担保的债权,抵押权人可以申请除去用益物权。[②]

(3) 所有权的让与。抵押人在抵押物上设定抵押权之后,仍然可以将抵押物的所有人让与第三人,即抵押人不会因抵押权的设定而丧失对抵押物法律上的处分权,而且抵押物所有权的让与对抵押权不产生任何影响。[③]

但是,根据《担保法》第 47 条的规定,抵押人在法律上的处分行为受到一定的限制,必须履行通知或者告知义务,否则,转让行为无效。《担保法司法解释》第 67 条在一定程度上修正了《担保法》的规定,体现了鼓励交易的原则。《物权法》第 191 条则在《担保法司法解释》的基础上又进了一步,进一步体现了鼓励交易的原则。

三、抵押权对抵押权人的效力

抵押权对抵押权人的效力,学界有两种观点:一是认为抵押权人享有抵押权的保全、处分及实行三个方面的权利[④];二是认为抵押权人享有顺序权、抵押物的保全及处分权。[⑤] 根据抵押权设立的目的,抵押权人享有抵押权的保全、抵押权的处分和优先受偿权:

(1) 抵押权的保全。抵押权人不占有抵押物,抵押权人在实现抵押权之前,实际上对抵押物并无支配力。在抵押期间,抵押物价值的减少,将损害抵押权人的利益,为保护抵押权人的利益,法律赋予抵押权人一定的权利,以保全抵押权。抵押权的保全,主要表现在两个方面:一是抵押权价值减少的防止。抵押人的行为足以导致抵押物价值减少的,抵押权人有权请求抵押人停止其行为,行为包括作为和不作为。二是抵押物价值减少的救济。抵押物价值的减少,主要有两种情形:一种情形是可归责于抵押人的事由。抵押权人有权要求抵押人恢复原状,

---

① 《担保法》第 35 条第 2 款规定:"财产抵押后,该财产的价值大于所担保债权的余额部分,可以再次抵押,但不得超出其余额部分。"

② 我国台湾地区"民法"第 866 条规定:"不动产所有人,设定抵押权后,于同一不动产上,得设定地上权及其他权利。但其抵押权不因此而受影响。"

③ 我国台湾地区"民法"第 867 条规定:"不动产所有人设定抵押权后,得将不动产让与他人。但其抵押权不因此而受影响。"

④ 参见郑玉波:《民法物权》(第 15 版),三民书局 1992 年版,第 238—260 页。

⑤ 参见谢在全:《民法物权论》,中国政法大学出版社 1999 年版,第 614—633 页。

或者提供相当的担保以充抵抵押物价值的减少。另一种情形是因不可归责于抵押人的事由。抵押权人仅在抵押权受偿范围内要求抵押人提供担保。

(2) 抵押权的处分。根据《物权法》第194条的规定,抵押权的处分包括抵押权的处分及抵押权顺位的处分。抵押权的处分包括抵押权的让与及抵押权的抛弃。抵押权是财产权,因而抵押权不仅可以让与,而且还可以抛弃,但抵押权的让与应与其所担保的债权同时进行,抵押权的抛弃应向抵押人以意思表示的方式进行,并涂销抵押登记。抵押权人抛弃抵押权之后,成为普通债权人。顺位在先的抵押权人,可以放弃其优先于其他抵押权人受偿的权利。

(3) 优先受偿权。优先受偿权,是指债务人在不履行债务时,抵押权人有权以抵押物折价或者变卖抵押物的方式优先于普通债权人受偿的权利。《物权法》第195条规定了优先受偿权。抵押权的本质在于担保债权的受偿。优先权有对内优先权与对外优先权之分,前者是指同一抵押物上有两个以上抵押权时,应按照抵押权登记的时间先后确定其受偿的顺序;后者是指在抵押物被扣押、查封、被执行或者破产的情形下,抵押权优先于其他权利受偿。

第四节　抵押权顺位

抵押权的顺位,是指在同一标的物上存在数个抵押权时,各个抵押权的优先受偿顺序。顺位在先的抵押权优先于顺位在后的抵押权。关于抵押权的顺位有两种立法例,即顺位固定主义和顺位递进主义。

(一) 顺位固定主义

这种立法例规定,抵押权设定之后,抵押权的顺位固定不变,顺位在先的抵押权消灭,顺位在后的抵押权并不递进,保持不变。顺位固定主义的立法例起源于古代罗马法,为现代德国、瑞士民法所继受。《瑞士民法典》明文规定采取顺位固定原则[①],而《德国民法典》却没有明文规定采取顺位固定原则,但《德国民法典》的所有人抵押制度是以顺位固定原则为必要[②],因而《德国民法典》采纳顺位固定原则。[③] 先顺位抵押权消灭时,后顺位抵押权并不能递进,而是由所有人取得该顺位的抵押权。顺位固定原则,使所有人抵押权有存在的可能。因此,顺位固定原则是所有人抵押权制度建立的基础。

---

① 《瑞士民法典》第814条第2款规定:“同一土地设定不同顺位的数个抵押权的,当一土地抵押权消灭时,后顺位的土地抵押权人不得请求递补其空位。”

② 《德国民法典》第1196条第1款、第1163条第1款、第1143条第1款、第1153条规定了所有权人抵押权制度。

③ 《德国民法典》第1163条第1款规定:“为债权设定的抵押权,在债权不能成立时,该抵押权属于所有人。债权消灭时,所有人取得其抵押权。”

关于顺位固定主义，大陆法系国家有所有人抵押制度和空白担保位置制度两种不同立法例：

(1) 所有人抵押制度。所有人抵押制度，是指所有人在自己的不动产上设定抵押权的制度。德国民法采纳了所有人抵押权制度。根据《德国民法典》的规定，所有人抵押权有原始的所有人抵押权与后发的所有人抵押权之分。原始的所有人抵押权，是指土地所有人预先以自己名义在自己的土地上所设定的土地债务[①]，是不具债权的所有人土地债务。这种土地债务的功能主要在于保留先顺位的抵押权，以便将其让与他人或者设定抵押权，以获取更为有利的融资。后发的所有人抵押权，是指抵押权所担保的债权消灭后，抵押权不消灭而归属于所有人之抵押权，以及物上保证人代债务人清偿债务时，为确保其求偿权，担保债权与抵押权共同移转于所有人（物上保证人）的抵押权。[②] 顺位固定原则，一方面由于先顺位抵押权不因清偿等原因而消灭，从而阻止了后次顺位抵押权的递进，获取不当利益的消极作用；另一方面所有人抵押权有成立的可能，因而又具有使所有人因此而获取有利融资的积极作用。

(2) 空白担保位置制度。空白担保位置制度，是指同一不动产上设定先后顺位不同的数个抵押权的，先顺位的抵押权消灭时，后顺位抵押权人不能请求升进次序，而保留为空白的担保位置，不动产所有人可用以设定另一新抵押权。瑞士民法采纳了空白担保位置制度。《瑞士民法典》将不动产抵押权消灭后之顺位，保留为空白担保位置，与《德国民法典》成立所有人抵押权，具有明显的区别。所保留的空白担保位置，在没有设定新抵押权以前，如果标的物的不动产变卖的，则变卖所得价金即由后顺位的抵押权人，按照抵押权的顺位进行分配，从而发生与后顺位抵押权递进顺位相同的效果。

所有人抵押权制度与空白担保位置制度两者之间的差异是，前者的顺位是永久固定不变的，后一顺位的抵押权无论基于何种理由，抵押权的顺位均不得递进，如果不能清偿，只能以普通债权人的身份与其他债权人按比例清偿。根据空白担保位置制度，在没有新设定的抵押权填补空白担保位置时，则由后顺位的抵押权递进。因此，可能产生与顺位递进主义相同的效果。

（二）顺位递进主义

在同一抵押物上有数个抵押权存在时，各抵押权就抵押物卖得价金之优先受偿顺位，必须按照一定的标准决定，即抵押权相互之间具有优先次序。《物权法》和《担保法》是以登记的先后顺序确定抵押权的受偿顺序，先登记的抵押权，

---

① 《德国民法典》第 1196 条第 1 款规定："(1) 土地债务也可以为所有权人设定。"

② 《德国民法典》第 1143 条第 1 款规定："(1) 所有权人并非负个人责任的债务人的，在所有权人向债权人清偿的范围内，债权转移于所有权人。于此准用第 774 条第 1 款关于保证人的规定。"

顺位在先;后登记的抵押权,顺位在后。先顺位的抵押权优先于后顺位的抵押权受偿。抵押权的优先顺位,在债务人不能清偿债务,抵押权人必须实行抵押权,才能实现担保机能时,具有重大意义。只有顺位在先的抵押权,才能就抵押物变卖所得的价金优先受偿,后顺位的抵押权仅能在先顺位的抵押权受偿有余额时,才能受偿。可见,先顺位抵押权就抵押物的交换价值取得优先支配的地位,后顺位抵押权仅就抵押物所剩余的交换价值取得支配地位。顺位递进主义的立法例起源于日耳曼法,为大多数大陆法系国家所继受,我国的立法和司法实践一直采纳这种立法例的规定。

无论是顺位固定主义的立法例,还是顺位递进主义的立法例,均存在优先受偿顺序。优先受偿顺序,是指同一物上设定两个以上抵押权的,拍卖、变卖抵押物所得的价款受偿的先后次序。《物权法》第 199 条、《担保法》第 54 条及《民法通则司法解释》第 115 条规定了清偿的顺序。

(1) 按抵押权的登记顺序确定清偿顺序。已登记的抵押权,按照抵押权登记的先后顺序清偿;顺序相同的,按照债权比例清偿。先登记的抵押权的效力优于后登记的抵押权的效力,先登记的抵押权人优先受偿。受偿后抵押物处理有剩余的,由次登记的抵押合同的抵押权人受偿。抵押权登记的顺序相同的,则按照债权比例清偿。

(2) 登记抵押权优于未登记抵押权。已登记的抵押权优先于未登记的抵押权受偿,登记的抵押权就有优先效力。未登记的抵押权,则不具有优先效力,按照债权的比例清偿。

抵押权人可以变更和放弃抵押权的顺位。① 抵押权人变更其抵押权顺位的,应获得其他抵押权人的书面同意,且不得损害其他抵押权人的利益。抵押权顺位的变更,应办理变更登记,否则不会产生对抗第三人的效力。

抵押权顺位体现了一定的财产利益,根据意思自治原则,抵押权人在不损害其他抵押权人利益的情况下,可以放弃抵押权顺位。抵押权顺位的放弃,意味着抵押权受偿的顺序变更,抵押权人的抵押权仍然存在。

第五节　抵押权的消灭

抵押权的消灭,是指抵押权人与抵押人之间的抵押权利义务关系的终止。主债权的消灭、除斥期间的经过、抵押权的标的物的灭失及抵押权的实行,均可

① 《物权法》第 194 条第 1 款规定:“抵押权人可以放弃抵押权或者抵押权的顺位。抵押权人与抵押人可以协议变更抵押权顺位以及被担保的债权数额等内容,但抵押权的变更,未经其他抵押权人书面同意,不得对其他抵押权人产生不利影响。”

导致抵押权的消灭。

一、主债权消灭

抵押权是为担保主债权而设立的,主债权消灭,抵押权即归于消灭。抵押权所担保的债权全部清偿,抵押权就没有存在的必要,因而随债权的消灭而归于消灭,是抵押权从属性的表现。[①] 主债权的消灭是抵押权消灭的主要原因之一。

二、抵押物的灭失

抵押物的灭失也可引起抵押权的消灭。抵押物的灭失包括法律上的灭失和事实上的灭失。但是,抵押权是价值权而不是实体物权,注重的是标的物的价值而不是标的物的实体,在抵押物灭失之后,产生抵押权的物上代位问题。我国法律对抵押权的物上代位有明确的规定。[②]

三、除斥期间

抵押权原则上不会因其所担保的债权罹于消灭时效而消灭,作为物权的抵押权也不会因除斥期间的经过而消灭[③],但存在例外情形,抵押权人在消灭时效完成之后一定期限不实行抵押权的,抵押权消灭。[④] 大陆法系国家立法例有类似的规定。[⑤] 我国《担保法》没有规定[⑥],《物权法》规定抵押权行使的期间为主债权的诉讼时效期间,抵押权人在主债权的诉讼时效期间内未能及时行使抵押权的,抵押权丧失强制执行力。[⑦] 因此,主债权诉讼时效期间,是抵押权的除斥期间。

四、抵押权的实行及方法

抵押权的实行,是指抵押物所担保的债权已届清偿期而债务人未履行债务的,抵押权人可以行使抵押权,以抵押物的价值优先受偿。抵押权的实行不仅是

---

① 我国《担保法》第 52 条规定:"抵押权与其担保的债权同时存在,债权消灭的,抵押权也消灭。"

② 我国《担保法》第 58 条规定:"抵押权因抵押物灭失而消灭。因灭失所得的赔偿金,应当作为抵押财产。"

③ 参见史尚宽:《物权法论》,中国政法大学出版社 2000 年版,第 316 页。

④ 我国台湾地区"民法"第 880 条规定:"以抵押权担保之债权,其请求权已因时效而消灭,如抵押权人,于消灭时效完成后,5 年间不实行其抵押权者,其抵押权消灭。"

⑤ 例如,《瑞士民法典》第 871 条,《德国民法典》第 1170 条、第 1171 条规定,抵押权因除斥期间的经过而归于消灭。

⑥ 我国《担保法司法解释》第 12 条第 2 款规定:"担保物权所担保的债权的诉讼时效结束后,担保权人在诉讼时效结束后的 2 年内行使担保物权的,人民法院应当予以支持。"

司法解释关于抵押权行使期限的规定,应属于除斥期间,期间经过,抵押权人的权利消灭。

⑦ 我国《物权法》第 202 条规定:"抵押权人应当在主债权诉讼时效期间行使抵押权;未行使的,人民法院不予保护。"

抵押权的一种消灭原因,而且是最为重要的原因。债务履行期届满而债务人未履行债务的,债权人实行抵押权,变卖抵押物而受偿,抵押权人设定抵押权的目的实现,抵押权彻底消灭。抵押权的实行,应当满足以下三个条件:

(1) 有抵押权存在。有效抵押权的存在,是抵押权行使的前提。双方当事人签订抵押合同,根据法律规定应办理抵押权登记,但当事人未办理抵押登记的,抵押权没有生效,抵押权无从行使。即使起初存在有效的抵押权,但其后被宣告无效或者被依法撤销的,也不存在有效的抵押权。

(2) 债务已届清偿期。抵押权的目的在于担保债权受偿,如果债权没有到期而允许抵押权人行使抵押权,债务人的利益将受到损害。债务人没有提前履行债务的义务。法律明文规定抵押权的行使条件为债务已届清偿期。[①] 当事人没有约定履行期限或者履行期限不明,根据我国《民法通则》第 88 条第 2 款第 2 项的规定及《合同法》第 62 条第 4 款的规定[②],确定合同的履行期限。

(3) 债务人未履行到期债务。债务人未能履行到期的债务,与前两个条件共同构成抵押权行使的条件。未履行到期债务包括债务人拒绝履行、迟延履行及不当履行。但是,如果债务已届清偿期,债务人存在行使法定抗辩权的情形下,抵押权人也不能行使抵押权。

关于抵押权的实行方法,《物权法》简化了《担保法》规定的实行抵押权的方法。根据《物权法》和《担保法》的规定,抵押权实行时,抵押权人与抵押人可以通过协商确定以折价、拍卖或者变卖抵押物的方式实现抵押权。[③] 如果协商不成[④],根据《物权法》的规定[⑤],抵押权人可以直接向法院申请拍卖或者变卖抵押物,无须先行向法院起诉,在确定抵押合同的效力之后,再强制执行。[⑥]《物权法》的规定节约了抵押权实现成本,最大限度发挥了抵押权的担保功能。

(1) 抵押物折价。抵押权折价,是指抵押权人与抵押人之间就抵押物以折价的方式清偿债权达成协议,并由抵押权人取得抵押物的所有权。如果在抵押

---

① 《物权法》第 195 条规定:"债务人不履行到期债务或者发生当事人约定的实现抵押权的情形,抵押权人可以与抵押人协议以抵押财产折价或者以拍卖、变卖该抵押财产所得的价款优先受偿……"

《担保法》第 53 条规定:"债务履行期届满抵押权人未受清偿的,可以与抵押人协议以抵押物折价或者以拍卖、变卖该抵押物所得的价款受偿……"

② 《民法通则》第 88 条第 2 款第 2 项规定:"(二) 履行期限不明确的,债务人可以随时向债权人履行义务,债权人也可以随时要求债务人履行义务,但应当给对方必要的准备时间。"

《合同法》第 62 条第 4 款规定:"(四) 履行期限不明确的,债务人可以随时履行,债权人也可以随时要求履行,但应当给对方必要的准备时间。"

③ 参见注①。

④ 协商实行抵押权并非抵押权人提起诉讼的前提条件,抵押权人可以在抵押权实行条件成熟后,直接向法院起诉,而不必先行与抵押人协商。法院有权对这种纠纷直接作出判决。

⑤ 我国《物权法》第 195 条规定:"……抵押权人与抵押人未就抵押权实现方式达成协议的,抵押权人可以请求人民法院拍卖、变卖抵押财产……"

⑥ 但是根据我国《担保法》第 53 条的规定,如果协商不成的,抵押权人还要向法院起诉。

合同订立时，双方当事人约定抵押物的归抵押权人所有，则属于流质合同，为法律所禁止。从罗马法以来，世界各国的立法例基本禁止流质合同。[①] 我国法律也禁止流质合同。[②] 流质合同无效并不影响抵押权合同其他部分的内容和抵押权的效力。

债权人通过抵押财产的折价取得抵押财产的所有权，应满足两个方面的条件：一是债权清偿期届满而债务人未履行清偿义务，二是抵押权人与抵押人协议以折价方式取得抵押财产的所有权。以折价方式实现抵押权应根据市场价值确定抵押物的价值数额，折价不得损害其他人的利益。所谓其他人，指的是抵押人的其他债权人，包括同一抵押物之上的后顺位抵押权人和普通债权人。如果折价协议损害了其他债权人的利益，其他债权人可依法请求法院撤销该折价行为。

（2）抵押权的拍卖。拍卖，是指通过公开竞价方式出卖抵押物。[③] 拍卖是世界各国法律规定的最主要的抵押权实现的方法，是以公开竞价的方式将特定物品或者财产权利转让给最高应价者的买卖方式。拍卖通常由专门的机构进行，与其他方法相比，更能公平地实现抵押物的价值。

根据各国立法规定，拍卖分为任意拍卖与强制拍卖两种。任意拍卖，是指当事人根据约定而自行委托拍卖机构依法拍卖。《担保法》规定，抵押人与抵押权人可以协议拍卖抵押物。这种拍卖是基于当事人的自由意思发生的，属于私法行为。强制拍卖，是指当事人根据民事诉讼法的规定，通过向法院提起拍卖抵押物的诉讼，并在法院裁判生效后，申请法院对抵押物进行拍卖的方式。这种拍卖是通过讼诉方式，由法院强制执行，属于公法行为。

拍卖对抵押权人的效力，表现在两个方面：一是拍卖所得价金的分配。以抵押物拍卖所得优先受偿，是抵押权实现的目的和内容。以抵押物拍卖所得价金受偿，是拍卖对抵押权人发生的主要效力。在实践中，抵押物拍卖价金会多于或少于抵押所担保的债权额，依我国《担保法》的规定，当拍卖所得价金不足以清偿抵押担保的债权时，债权人只能以普通债权人的身份，就不足额向债务人求偿。当拍卖价金超过债权数额时，多余部分归抵押人所有。二是拍卖标的物的

---

① 《德国民法典》第1149条规定："如果债权对所有权人尚未到期，所有权人不得授与债权人为清偿目的而要求转让土地所有权的权利，或者以强制执行方式以外的其他方式出让土地的权利。"

《瑞士民法典》第816条第2款规定："（2）债权人的不动产担保债权未受清偿时，其担保物的所有权即归债权人所有的约定，无效。"

② 我国《物权法》第186条规定："抵押权人在债务履行期届满前，不得与抵押人约定债务人不履行到期债务时抵押财产归债权人所有。"

我国《担保法》第40条规定："订立抵押合同时，抵押权人和抵押人在合同中不得约定在债务履行期届满抵押权人未受清偿时，抵押物的所有权转移为债权人所有。"

③ 我国《担保法》第53条第1款规定："债务履行期届满抵押权人未受清偿的，可以与抵押人协议以抵押物折价或者以拍卖、变卖该抵押物所得的价款受偿；协议不成的，抵押权人可以向人民法院提起诉讼。"

扩张。拍卖标的物的扩张,是指抵押权人在必要时得将不列入抵押权效力范围内的财产一并拍卖,但抵押权人对扩张部分不享有优先权。[①] 土地上新增的房屋为独立物,不属于抵押物的从物、附合物,因而不在抵押权的效力范围内。但是,如不将新增房屋与抵押物一并拍卖,则会影响抵押物的价值,致使其卖价过低;将新增的房屋拆除,则会造成社会财富损失。法律为保护抵押权人和其他债权人及抵押人的利益,对于在房地产抵押设定后在土地上新增建的房屋,允许抵押权人将其与抵押物一并拍卖,但抵押权人不得就其卖得价金优先受偿。

拍卖对抵押人的效力,表现在两个方面:一是抵押物所有权消灭。抵押物经拍卖转移给买受人后,抵押人对抵押物的所有权即告消灭。这是拍卖对于抵押人发生的一般效力。二是代位权与求偿权的发生。当抵押人不是债务人而是第三人时,拍卖对抵押人发生特别效力。我国《担保法》规定,为债务人抵押担保的第三人,在抵押权人实现抵押权后,有权向债务人追偿,即为第三人的代位求偿权。

(3) 变卖。变卖,是指由抵押权人出售抵押物,即以拍卖以外的方式将抵押物出卖的形式,也是实现抵押权的一种方式,我国以变卖方式实现抵押权的,主要有两种方法:一是抵押权人与抵押人协议变卖。二是法院主持拍卖。在法院强制实现抵押权时,如果无法以拍卖的方式对抵押物变价,则由法院主持对抵押物进行变卖。变卖的法律效力与拍卖相同。由于以拍卖方式使抵押物变现,手续费复杂、费用较高,对抵押人极为不利;以变卖的方式实现,则手续简便,费用低廉。

抵押权的设定是以登记为公示方式,抵押权的消灭也应办理涂销登记手续。以登记为生效要件而设定的抵押权,在抵押权消灭时,抵押权人负有涂销抵押登记的义务。抵押权消灭后,抵押人有权请求抵押权人负责涂销抵押登记。抵押权已经消灭的抵押物的取得人,也有权请求抵押权人涂销抵押登记。抵押权人不在抵押权消灭后进行抵押涂销登记的,抵押人或者抵押物的取得人可以诉讼请求法院强制抵押权人进行抵押涂销登记。以登记为对抗要件而设定的抵押权,抵押人和抵押权人已经办理登记的,在抵押权消灭时,抵押涂销登记的要求相同。

---

① 《担保法》第 55 条规定:“城市房地产抵押合同签订后,土地上新增的房屋不属于抵押物。需要拍卖该抵押的房地产时,可以依法将该土地上新增的房屋与抵押物一同拍卖,但对拍卖新增房屋所得,抵押权人无权优先受偿。”《日本民法典》第 389 条规定:“抵押权设定后,抵押人于抵押地上建造了建筑物时,抵押权人可以将建筑物与土地一起拍卖。但其优先权,只能就土地的代价行使……”

第十五章　抵押权(二)
——特殊抵押权

特殊抵押权,是与普通抵押权相对应的一个法律概念,是指以动产、权利、财产及财产权的集合等为抵押标的物而设定的抵押权,是抵押权的一种特殊的形式。抵押权以不动产抵押为原则,以其他标的物的抵押为例外。不动产抵押权不仅是典型的抵押权,而且是最早的抵押权,因而称之为普通抵押权。特殊抵押权则是在普通抵押权之后逐步发展形成的新的抵押权,是对普通抵押权的补充和发展。特殊抵押权有动产抵押权、权利抵押权、财团抵押权、所有人抵押权、最高额抵押权、法定抵押权及共同抵押权等七种形式,其中动产抵押权、权利抵押权、动产浮动抵押权、最高额抵押权、法定抵押权等为我国现行立法所确认。

第一节　动产抵押权

一、动产抵押权的概念

动产抵押权,是指以动产为标的物设定的抵押权。动产抵押权与普通抵押权,即不动产抵押权的不同之处是标的物为动产,是一种特殊的抵押权。我国《物权法》规定的抵押权的动产范围,与《担保法》不同。根据《担保法》第 34 条的规定,可以设定抵押权的动产有机器设备、汽车、船舶①、航空器②四种。《物权法》第 180 条和第 181 条扩大了设定抵押权的动产范围,在以上四种动产的基础上增加了原材料、半成品和产品以及正在建造的船舶和航空器,将《担保法》规定的"其他财产"具体化,使法律更具可操作性。

以债务人或者第三人的动产为抵押担保的债权人为动产的抵押权人,抵押权人对抵押的动产享有变价权;为抵押提供动产的债务人或者第三人为抵押人,抵押人享有动产的使用、收益及处分权。动产抵押权有两个方面的内容:一是动产抵押权的当事人与不动产抵押权的当事人并无不同之处,债务人或者第三人均可成为抵押人,债权人为抵押权人。二是动产抵押权以动产为标的物,且不以

---

① 我国《海商法》第 11 条规定:"船舶抵押权,是指抵押权人对于抵押权人提供的作为债务担保的船舶,在抵押人不履行债务时,可以依法拍卖,从卖得的价款中优先受偿的权利。"

② 我国《民用航空法》第 16 条规定:"设定民用航空器抵押权,由抵押权人和抵押人共同向国务院民用航空主管部门办理抵押权登记;未经登记的,不得对抗第三人。"

转移占有为必要。动产抵押权的标的物是动产,但并非所有的动产均可成为抵押物,抵押物仅限于以登记为公示方式的动产。换言之,以占有为公示方式的动产不能成为动产抵押权的标的物。

动产抵押权的形成经历了一个漫长的发展过程。在近代民法形成时期,动产在财富中的比重非常小,大陆法系国家沿袭了罗马法的规则,以土地为中心构建抵押权制度。动产仅为质权的标的,而不能成为抵押权的标的。但随着市场经济的不断发展,一方面工商业的兴起,对资金融通产生了巨大的需求,企业的资产除有限的厂房和土地外,绝大部分为机器设备等动产,单一的不动产担保融资已无法满足社会经济的发展,出现了以机器设备等动产担保融资的社会需求;另一方面,按照传统民法理论动产上只能设定质权,如果采用质押的方式,出质人则以转移质物的占有为必要。如果按照传统的担保方式,作为债务人的企业生产经营将无法进行,作为债权人的企业将承担巨大的保管费用和风险,形成了动产抵押权制度的社会需求。大陆法系国家对动产抵押制度,分别采取了肯定和否定两种不同的态度。以日本为代表的国家采纳了肯定的态度,而以德国和法国为代表的国家则采取了否定态度。

进入20世纪之后,以日本为代表的部分大陆法系国家,逐步放宽了对抵押标的的限制,允许部分动产进入抵押权领域,确立了动产抵押权制度。从1933年开始,日本以特别法的形式,先后制定颁布了《农业动产信用法》(1933年)、《机动车抵押法》(1951年)、《飞机抵押法》(1953年)和《建筑机械抵押法》(1954年)等四部动产抵押法,确立了动产抵押权在日本担保物权制度中的地位。[①]

日本创设动产抵押制度的本意,是为工商企业的动产担保融资提供便利。但从首创动产抵押制度的日本来看,并未达到预先所设计的效果。1933年的《农业动产信用法》,因日本的自耕农较少,有土地的农民完全可以土地抵押融资,无须动产抵押制度;无土地的农民出卖劳力无须担保融资,因而《农业动产信用法》被讥笑为“济贫法”,在实际生活中从未适用。[②] 1951年的《机动车抵押法》发挥过一定的作用,但随着机动车越来越低价格化,加之机动车的折旧较快,以机动车抵押变得无法接受,基本被搁置不用。[③] 1953年的《飞机抵押法》因适用对象是实力雄厚、信誉良好的航空公司,主要以融资租赁的方式购买飞机,没有利用飞机抵押的必要。1954年的《建筑机械抵押法》的命运与《飞机抵押法》相同。由于实际操作中手续繁杂、费时费钱,除了港湾作业的起重机船

---

① 参见〔日〕近江幸治:《担保物权法》,祝娅、王卫军译,法律出版社2000年版,第102页。

② 同上书,第219—221页。

③ “现在,机动车抵押基本不被使用。机动车购入之际作为担保方法是采用所有权保留。”〔日〕近江幸治:《担保物权法》,祝娅、王卫军译,法律出版社2000年版,第220页。

外,被登记的建筑机械是极少有的。在建筑机械领域,同样流行利用融资租赁方式,或者以直接金融的方式获得资金。日本四部动产抵押法被废弃的事实,值得我国物权立法借鉴。法国、德国对于动产抵押权仍然持否定态度,明文禁止动产抵押权。[①] 我国则对动产抵押持肯定态度,《物权法》、《担保法》、《民用航空法》和《海商法》均有动产抵押的规定,而且《物权法》进一步扩大了动产抵押权的范围。《物权法》规定动产抵押权制度在实务中的效果,还有待实践检验。

二、动产抵押权的设定及效力

根据我国《物权法》第 185 条和《担保法》第 38 条的规定,动产抵押权的设定应当采取书面方式。根据《担保法》的规定,以航空器、船舶、车辆等动产为抵押标的物的,抵押合同以登记为生效要件。但是,根据《海商法》第 13 条和《民用航空法》第 16 条的规定,动产抵押权不以登记为生效要件,仅为对抗第三人的要件。换言之,以船舶、航空器为抵押物的动产抵押合同不以登记为生效要件,登记仅为对抗第三人的要件。《物权法》第 188 条采纳了《海商法》和《民用航空法》确立的规则,明确规定以生产设备、原材料、半成品、产品、交通运输工具以及正在建造的船舶和航空器等动产抵押标的的,动产抵押权从抵押合同生效时设立,抵押权的登记仅为对抗第三人的要件。根据《物权法》第 178 条的规定,《担保法》的规定与《物权法》的规定不一致的,应适用《物权法》的规定。动产抵押权的登记,是动产抵押权对抗第三人的要件,而不是动产抵押权的生效要件。动产抵押合同生效时,动产抵押权设立。

从我国法律规定看,动产抵押权的标的物仅限于特殊的动产,即以登记为公示方式的动产,普通动产不得作为抵押权的标的物。从抵押权的立法目的和历史发展进程来看,抵押权作为一种担保物权,主要功能在于确保债权的实现,担保交易安全是抵押权制度的首要任务,抵押权人的利益是抵押权制度保护的目标,但这并非否定抵押物的交易安全,不保护善意第三人的利益。抵押权制度应当是兼顾交易的安全及抵押权人与善意第三人的利益。普通动产成为抵押物,将有害于抵押物交易的安全,不能够充分保护善意受让人的利益,影响到整个社会交易的安全。

为平衡抵押权人与第三人的利益,古罗马质权的标的物大多为动产,抵押权的标的物大多为不动产。大陆法系国家在继受罗马法的担保物权制度时,对抵押制度进行了完善,大多数国家的法律明文将抵押物限定为不动产。《法国民法典》、《日本民法典》等均有明文规定,大陆法系国家传统抵押权标的物仅限于不动产。

---

① 《法国民法典》第 2119 条规定:"不得就动产设定抵押权。"

抵押权是不以抵押物的占有为要件的担保物权,抵押权设立的目的是以抵押物的交换价值担保债权实现的同时,又能够使所有权人对抵押物进行充分的使用和收益,使抵押物的使用价值与交换价值同时得到利用,这决定了抵押物的公示方式仅限于登记。普通动产所有权的公示方法是占有,抵押权的公示方法是登记,两者之间产生了矛盾和冲突。换言之,在同一个动产上设立不同种类的物权,如所有权与抵押权的,两者的公示方法应该是一致的,动产成为抵押权标的物的仅限于以登记为所有权的公示方式的动产,即汽车、船舶、航空器等特殊的动产。

根据我国《物权法》和《担保法》等法律规定,并非所有的动产均可以成为抵押权的标的,可以成为抵押权标的物的动产限于以下三大类:

(1) 交通运输工具。以登记为公示方式的交通运输工具,如汽车、船舶、航空器等动产所有权的取得是以登记为要件。根据《物权法》、《海商法》和《民用航空法》等法律和行政法规的规定,汽车、船舶、航空器等交通工具可以成为动产抵押权的标的。

(2) 企业动产。根据《物权法》的规定,企业现有的或者将来的生产设备、原材料、半成品和产品可以成为动产抵押权的标的物。以企业现有的或者将来的生产设备、原材料、半成品和产品设定动产抵押权的,仅限于浮动抵押。生产设备、原材料、半成品和产品因缺乏相应的公示方式,不得单独成为动产抵押的标的。

(3) 正在建造的建筑物、船舶、航空器。根据《物权法》的规定,正在建造的建筑物、船舶、航空器可以设定动产抵押权。在《物权法》颁布之前,部门规章——《城市房地产抵押管理办法》[①]和最高人民法院的司法解释——《担保法司法解释》[②]已经确认了正在建造建筑物的抵押。

在以上三类动产中,第一类动产抵押标的物的公示方式与抵押权完全一致,抵押权人的权利可以得到妥善的保护。第二类动产抵押的标的物的公示方式为占有,与抵押权的公示方式不一致,以这种动产为抵押权的标的物,抵押权人的利益难以得到切实的保护。第三类动产可以通过预告登记制度,保障抵押权人的债权。但是,有的政府规章却无限扩大动产抵押的范围,将以占有为公示要件的普通动产也作为抵押物[③],混淆了抵押权与质权的对象,使抵押权流于形式,

---

① 《城市房地产抵押管理办法》第 3 条规定:“……本办法所称在建工程抵押,是指抵押人为取得在建工程继续建造资金的贷款,以其合法方式取得的土地使用权连同在建工程的投入资产,以不转移占有的方式抵押给贷款银行作为偿还贷款履行担保的行为。”

② 《担保法司法解释》第 47 条规定:“以依法获准尚未建造的或者正在建造中的房屋或者其他建筑物抵押的,当事人办理了抵押物登记,人民法院可以认定抵押有效。”

③ 《公证机构办理抵押登记办法》第 3 条规定:“《中华人民共和国担保法》第 43 条规定的‘其他财产’包括下列内容……(三) 个人所有的家具、家用电器、金银珠宝及其制品等生活资料……”

抵押权人无法有效控制抵押物,债权人的债权得不到应有的法律保障。

动产抵押权的效力,主要表现在四个方面:

(1) 对担保债权的优先受偿权。当债务人不履行债务时,债务人可以变卖抵押物优先受偿,抵押权对债权的担保不仅限于原始债权,而且还包括利息、损害赔偿金及行使抵押权的费用。

(2) 支配抵押物的交换价值。抵押权对抵押物的支配,仅限于抵押物的交换价值。债务履行期届满而债务人未履行债务的,抵押权人有权行使抵押权,变卖抵押物而受偿。一旦抵押物灭失,抵押权人享有物上代位权。

(3) 保全抵押物的交换价值。抵押人的行为造成抵押物的价值不当减少的,抵押权人有权要求抵押人停止损害抵押物的行为,并有权要求抵押人恢复抵押物的价值,或者提供与减少价值相当的担保。在情况危急时,抵押权人有权采取必要措施,制止抵押人损害抵押物的行为,并应由抵押人承担由此而产生的费用。

(4) 对抵押物的变卖权。抵押权人对抵押物的变卖权,是抵押权担保债权实现的保障。如果抵押权人不享有变卖权,则债权的担保流于形式,债权的实现缺乏保障。

第二节 权利抵押权

一、权利抵押权的概念

权利抵押权,是指以所有权以外的不动产物权或者准物权为抵押权的标的设定的抵押权。[①] 普通抵押权是以物为抵押的标的,而权利抵押权则以权利为抵押的标的,是一种特殊的抵押权。权利抵押权的客体是权利,但并非所有的权利均可成为权利抵押权的客体。权利抵押权的客体,仅指不动产所有权之外的用益物权或者准物权[②],以及采矿权、渔业权和水权等准物权,因而又称为准抵押权。[③]

我国物权制度明文规定,权利可以成为抵押权的标的。《物权法》第 180 条、《担保法》第 34 条、《城市房地产管理法》第 47 条和《农村土地承包法》第 49 条等法律规定了建设用地使用权和土地承包经营权作为抵押权的标的。我国的权利抵押权是指建设用地使用权抵押权和部分土地承包经营权抵押权,但实际

---

① 参见郑玉波:《民法物权》(第 15 版),三民书局 1992 年版,第 265 页。

② 即传统物权法的地上权、永佃权及典权等不动产用益物权。

③ 参见史尚宽:《物权法论》,中国政法大学出版社 2000 年版,第 329 页。

上主要指建设用地使用权抵押权。[1] 但《物权法》和《担保法》禁止在耕地等土地承包经营权和宅基地使用权上设定抵押权。权利抵押权有三个方面的特征：

(1) 权利抵押权的标的是债务人或者第三人所享有的建设用地使用权。抵押人应对建设用地使用权享有处分权,抵押人可以是债务人本人,也可以是债务人之外的第三人。

(2) 权利抵押权是抵押权人直接对建设用地使用权的交换价值的支配权。建设用地使用权不仅具有使用价值,而且还具有交换价值。抵押权是以建设用地使用权的交换价值为支配内容,以此担保债权的优先受偿。抵押权的设定并不影响抵押人对建设用地使用权的使用和收益。

(3) 权利抵押权担保债权的优先受偿。在债务人到期不履行债务时,抵押权人有权行使抵押物的变价权,变卖建设用地使用权而优先受偿。

二、权利抵押权的设定及效力

建设用地使用权抵押权的设定,有法律行为和法律行为之外的法律事实两种方式。建设用地使用权抵押权以法律行为设定有两种方式：

(1) 设定行为。基于双方当事人的合意设定的建设用地使用权抵押权,双方当事人应订立书面合同,并办理登记手续。建设用地使用权抵押合同的当事人是债权人与抵押人,抵押人可以是债务人,也可以是债务人之外的第三人。

(2) 继受行为。抵押权人基于受让行为获得建设用地使用权的抵押权。根据《物权法》规定,债权转让的,抵押权应随债权一并转让,新债权人因债权的受让行为获得建设用地使用权的抵押权。抵押权受让合同生效后,当事人应及时办理抵押权变更登记手续。抵押权自变更登记时生效。

建设用地使用权的抵押权以法律行为之外的法律事实获得的,主要是继承行为。继承人因继承行为获得被继承人所享有的建设用地使用权的抵押权。建设用地使用权的抵押权从继承发生时生效,在办理变更登记手续后,建设用地使用权的抵押权方可处分。

建设用地使用权抵押权的效力,关键在于建设用地使用权与房屋所有权能否分别进行抵押的问题[2],在《物权法》颁布之前,理论界与实务界存在三种不同的观点：

第一种观点认为,《担保法》第 36 条房屋和建设用地使用权同时抵押的规定,属于法律的强制性规定。法律禁止房屋和建设用地使用权分别抵押,房屋和

---

① 参见梁慧星:《中国物权法研究》(下),法律出版社 1998 年版,第 883 页。

② 土地使用权与地上建筑物分别抵押的现象,在实务中已经不是一种偶然和个别的现象。房屋所有人和土地使用权人为充分发挥其不动产抵押的担保效益和融资功能,通常与抵押权人协商合意将房、地分别抵押。

建设用地使用权分别抵押的行为因违反法律强制性规定而导致抵押合同无效，抵押权也不能有效设立。

第二种观点认为，《担保法》第 36 条房屋和建设用地使用权同时抵押的规定，属于法定抵押权的规定。以房屋登记设定抵押权的，当然发生房屋占用范围内的建设用地使用权同时设定抵押权的效力；以出让建设用地使用权登记设定抵押权的，当然发生附着的房屋同时设定抵押权的效力；两种情形均无须对后一抵押权进行登记。两个抵押合同均有效，但属于"一物二押"性质的重复抵押，应以登记时间先后确定抵押权的顺位。

第三种观点认为，房屋与建设用地使用权分别抵押，与我国房地一体化原则并不矛盾。房屋和土地所有权可以分别抵押，两个抵押合同均合法有效。

根据我国《宪法》和《物权法》等法律的规定，土地所有权与附着于土地的建筑物所有权，实行相互分离原则，但建设用地使用权与建筑物所有权在主体归属上应当保持一致，即建设用地使用权与建筑物所有权一体化。房屋与占用范围内的土地在物理上不能分离，为维持既存建筑物的完整与经济价值，土地使用权转让时，地上建筑物及其他附着物所有权也随之转让。[①] 这种一体化是归属主体一致意义上的一体化，而不是权利客体附合意义上的一体化。罗马法实行地上物归属于土地的附合原则，建筑物属于土地的一部分，建设物所有权应归属于土地使用权人。《德国民法典》继受罗马法地上物归属于土地的附合原则，将建筑物视为土地的重要成分。[②]

我国实行土地所有权与附着于土地的建筑物所有权相互分离的原则。《宪法》第 10 条规定，土地所有权实行国家所有和集体所有；但同时《宪法》第 13 条又规定自然人享有房屋所有权。法律承认建筑物与土地构成相互独立的物权客体。只有将房屋视为土地的附合物，建设用地使用权抵押时，才必然导致其附着的地上建筑物同时抵押；将建筑物等地上附着物视为土地的附合物，是与我国宪法确认的土地所有权和房屋所有权可以相互分离的财产权制度相冲突的。

我国法律实行建设用地使用权与附着的建筑物所有权在归属主体上保持一致的一体化原则，意味着建设用地使用权转让时，地上建筑物等附着物应当同时转让或者随之转让。但在逻辑上，并不能当然认为，建设用地使用权或者建筑物所有权抵押时，也要适用同样的规则，主要有以下两个方面的理由：一是抵押权所支配的是抵押物的交换价值而非抵押物本身。抵押权的实现，是抵押权人从

---

① 《城镇国有土地使用权出让和转让暂行条例》第 23 条规定："土地使用权转让时，其地上建筑物及其他附着物所有权随之转让。"

② 《德国民法典》第 94 条规定："(1) 附着于土地上的物，特别是建筑物，以及与土地尚未分离的出产物，属于土地的主要组成部分。种子自播种时起，植物自栽种时起，为土地的主要组成部分。(2) 为完成建筑物而附加的物，属于建筑物的主要组成部分。"

抵押物拍卖或者变卖的价款中优先受偿。无论建设用地使用权与建筑物所有权同时抵押或者分别抵押,并不妨碍两者归属主体的一致性。二是《担保法》第55条规定,抵押合同签订后,土地上新增的房屋不属于抵押物。需要拍卖该抵押的房地产时,可以依法将该土地上新增的房屋与抵押物一同拍卖,但对拍卖新增房屋所得,抵押权人无权优先受偿。可见,法律所强调的是土地及其附着物的同时转让;而对不同物权客体的交换价值的支配,则是完全可以根据经济上的必要性和可能性,区分不同的法律事实而相互分离的。

我国法律将建设用地使用权及其附着物的一体化转让,延伸到一体设定抵押权。由于我国不动产登记机关不统一,房屋和建设用地使用权属于不同的登记机关。房屋抵押权的登记机关是房地产行政主管部门[①],而建设用地使用权抵押权的登记机关是土地行政管理部门。[②] 抵押权设立的一体化约束缺乏相应的技术条件,导致经济生活的现实与这种一体化制度约束之间的差异。在这种情形下,对有关法律规定采取目的解释方法和逻辑解释方法,将法律规定的建设用地使用权与建筑物所有权一体化原则解释为仅限于转让的一体化,是较为妥当的。

《物权法》第182条和第183条继受了《担保法》的规定,进一步确认了建筑物所有权和建设用地使用权处分的一体化原则。《物权法》确立的不动产的统一登记制度,消除了不动产统一登记的技术障碍,为建筑物所有权和建设用地使用权处分的一体化原则的具体实施奠定了基础。但是,在《物权法》确立的不动产统一登记制度出台之前,建筑物所有权和建设用地使用权处分的一体化原则的实施,还缺乏相应的技术条件。

第三节 财团抵押权

一、财团抵押权的概念

财团抵押权,是指以企业所有的有形资产和无形资产构成的整体为标的物而设定的抵押权,是一种特殊抵押权。财产的整体是由企业的全部或者部分财

---

① 《城市房屋权属登记管理办法》规定:"本办法所称房屋权属登记,是指房地产行政主管部门代表政府对房屋所有权以及由上述权利产生的抵押权、典权等房屋他项权利进行登记,并依法确认房屋产权归属关系的行为。"

② 《土地管理法实施条例》第5条规定:"单位和个人依法使用的国有土地,由土地使用者向土地所在地的县级以上人民政府土地行政主管部门提出土地登记申请,由县级以上人民政府登记造册,核发国有土地使用权证书,确认使用权。其中,中央国家机关使用的国有土地的登记发证,由国务院土地行政主管部门负责,具体登记证办法由国务院土地行政主管部门会同国务院机关事务管理局等有关部门制定。"

《担保法》第42条规定:"办理抵押物登记的部门如下:(一)以无地上定着物的土地使用权抵押的,为核发土地使用权证书的土地管理部门……"

产集合而成的,是不动产、动产和权利的组合。企业不动产中的厂房和办公用房,动产中的机械设备、交通工具以及无形资产中的专利权、商标权中的财产权和建设用地使用权等权利均可成为财团的组成部分,与一般抵押权仅由不动产、动产或者权利的单项构成存在差异。财团抵押权是随着市场经济的发展企业需要不断地、大规模融通资金的需要产生的。

财团抵押有浮动式财团抵押和固定式财团抵押之分。

浮动式财团抵押起源于英国,为英美法系国家所普遍采用。英国的浮动式财团抵押,又称为浮动担保。浮动担保的标的物并非特定化,是以企业财产的全部而设定的担保,但并不具体确定企业财产中用以担保的范围,既可以企业现在的财产作担保,也可以企业将来取得的财产作担保。在抵押权实现前财团一直处于变动中,财产既可能增加也有可能减少,而且在抵押权实现前,企业可以自由地使用、收益和处分企业的财产。

固定式财团抵押则为大陆法系国家所普遍采用,通常称为财团抵押。在抵押权设立时,财团抵押的标的必须存在且价值确定。在抵押期间财团财产的分离受到严格限制,非经抵押权人的同意,不得将属于财团的组成部分的物与财团分离。即使被分离,分离物仍要受到抵押权的约束。

日本的财团抵押权制度较为完备,既规定了浮动担保,又规定了固定式财团抵押。财团抵押权制度主要体现在日本民事单行法《工厂抵押法》和《企业担保法》之中。《工厂抵押法》规定了固定式财团抵押①,《企业担保法》规定了浮动担保方式,《企业担保法》弥补了《工厂抵押法》的缺陷和不足。②

固定式财团抵押与浮动担保存在差异。固定式财团抵押的标的在抵押权成立时已经特定,且未经抵押权人同意,不得任意处分财团中的任何物或者权利。浮动担保的标的物范围在抵押权成立时仍未确定,而且数量也不确定,既可增加也可减少。在浮动担保方式下,企业仍然可以继续利用设定担保的财产进行生产经营活动。抵押权的设定不限制抵押人对抵押物的处分,有利于企业的经营活动。企业一旦在经营过程中遇到困难,因经营不善的原因可能造成财产的大量减少,有可能会影响债权人抵押权的实现。总的看来,浮动担保对借款人更为有利。

在固定式财团抵押方式下,在抵押权设定时,财产已经特定化,即将抵押权

---

① 《工厂抵押法》第2条规定:"工场所有人在属于工场的土地上设定抵押权,除建筑物外,及于附加于该土地成为一体的物,该土地上备附的机械、器具及其他工场所用之物。"第11条规定:"工场财团可由下列所载物的全部或一部组成:(1) 属于工场的土地及工作物;(2) 机械、器具、电杆、电线、配置管道、轨道及其他附属物;(3) 地上权;(4) 有出租人承诺时,物的承租权;(5) 工业所有权;(6) 堤坝使用权。"

《企业担保法》第1条规定:"股份公司的总财产,为担保公司发行的公司债,可以作为一个整体充任担保权的标的。"

② 参见〔日〕近江幸治:《担保物权法》,祝娅、王卫军译,法律出版社2000年版,第217页。

设定在特定的财产上。财团中的财产不能随意分离出去,即抵押人不能自由处分抵押财产。在特定的财产上设定抵押权后,债务人对财产的处分权受到了一定的限制,不利于债务人的经营活动。但是,抵押权人的利益能得到更可靠的保证,对债权人更为有利。

财团抵押权是在企业财产集合体上成立的抵押权,主要有以下三个方面的特征:

(1) 财团抵押权是抵押权人对企业财产集合体的交换价值享有支配的权利。抵押权是以支配抵押物的交换价值为目的,而不在于支配抵押物的本身,即使用价值,因而在企业财产的集合体上设定抵押权,不会影响企业对其财产的占有、使用和收益。抵押人用以设定抵押权的财产集合体必须具有特定的公示方法,从而与企业所占有、使用、收益其他财产相区别。

(2) 财团抵押权是以债务人或者第三人的财产为标的所设定的抵押权。以企业财产的集合体设定抵押权,抵押人必须对设定财团抵押权的企业财产的集合体享有处分权。在通常情形下,抵押人是为债务履行提供财产担保的人,可以是债务人,也可以是第三人。财团抵押权的标的是企业财产集合体,应归债务人所有或者债务人享有处分权。在第三人同意的情形下,债务人也可以第三人所有的企业财产集合体作为财团抵押权的标的。

(3) 财团抵押权是为保证债权优先受偿而提供的物的担保。在债务人不履行到期债务的情形下,抵押权人可以行使抵押权,变卖设定财团抵押权的企业财产集合体,并就变卖所得价款优先受偿。

对我国《担保法》第 34 条的规定是否为财团抵押制度,存在两种截然不同的观点:第一种观点认为,《担保法》第 34 条第 1 款第 4 项所规定的以企业设备及其他动产设定的抵押权,属于财团抵押[①];第二种观点认为,《担保法》第 34 条第 2 款所规定的"一并抵押",并不是财团抵押而是共同抵押或者是狭义的企业抵押。[②] 我国对企业财产集合体抵押缺乏相应的公示方式,并不存在财团抵押。[③] 从第 34 条的规定本身看,确实符合财团抵押的特征,但缺乏相应的制度保障。因此,《担保法》未能构建真正的财团抵押权制度。

我国的浮动抵押,是指抵押人在现在和将来所有的全部财产或者部分财产上设定担保,在行使抵押权之前,抵押人对抵押财产保留在正常经营过程中的处

① 参见崔建远:《我国担保法的解释和适用初探》,载《吉林大学社会科学学报》1996 年第 2 期;梁慧星主编:《中国物权法研究》(下),法律出版社 1998 年版,第 901 页。

② 参见郭明瑞:《论担保物权的历史发展趋势》,载《法学》1996 年第 2 期。

③ 虽然《担保法》规定机器可以作为抵押权的标的,在工商管理部门进行登记,但实际上,在实务中很少以机器进行抵押登记。根本原因在于以机器作为抵押权标的担保债权的实现,抵押权人的利益缺乏保障。抵押人可以任意处分抵押物,而受让人可以根据善意取得制度获得抵押物的所有权,从而导致抵押物上的抵押权消灭,抵押权人丧失了对抵押物的交换价值的支配。

分权。《物权法》第 181 条确认了动产浮动抵押权,企业以现有的以及未来可能买进的机器设备、库存产成品、生产原材料等动产担保债务的履行。抵押权设定后,抵押人可以将抵押的原材料投入成品生产,也可以卖出抵押的财产。当发生债务履行期届满未清偿债务、抵押人被宣告破产或者被撤销、当事人约定的实现抵押权的情形成就或者严重影响债权实现的情形时,抵押财产确定。抵押人以全部财产设定浮动抵押的,只需要在登记时注明以全部财产抵押,即对抵押财产作概括性描述,不必详列抵押财产清单。以部分财产抵押的,则需要列明抵押的财产的类别。我国浮动抵押权具有两个方面的特点:

(1) 抵押人的特殊性。根据《物权法》第 189 条的规定,设立浮动抵押的主体仅限于企业、个体工商户、农业生产经营者。企业包括具有法人资格的企业,也包括非法人企业,如合伙企业、中外合作经营企业等。个体工商户是指公民以个人财产或者家庭财产作为经营资本,依法经过核准登记,并在法定范围内从事非农业性经营活动的个人或者家庭。农户即农村承包经营户,是指按照承包合同规定从事商品经营的是农村承包经营户。

(2) 抵押标的的特殊性。根据《物权法》的规定,抵押权的标的仅限于抵押人的动产,既包括抵押人现有的动产,也包括抵押人将来所有的动产。抵押客体仅限于生产设备、原材料、半成品、产品,除此以外的其他动产不得设立浮动抵押,对不动产也不得设立浮动抵押。

浮动抵押以现有和将来的生产设备、原材料、半成品、产品作为抵押标的的,应当在当地工商行政管理机关办理登记,浮动抵押权从抵押合同生效时设立。未经登记的浮动抵押权,不能对抗善意第三人;浮动抵押权的登记是对抗第三人的要件,而不是浮动抵押权的设立要件。在浮动抵押中,抵押的标的物一直处于浮动状态,抵押人为进行正常的生产活动,可以对抵押的财产进行处分。因此,即使经登记的浮动抵押权,也不得对抗正常经营活动中已经支付合理价格并取得抵押所有权的受让人。

二、财团抵押权的设定及效力

财团抵押权是根据当事人的意思而创设的担保物权,抵押权人与抵押人应当以书面形式订立财团抵押合同。按照《担保法》规定的登记制度,抵押权的登记应根据抵押物性质,分别由不同的部门办理登记手续。建设用地使用权由土地管理部门登记,建筑物由房产管理部门登记,林木由林木主管部门登记,航空器、船舶、车辆由运输工具的登记部门登记,普通动产则由工商行政管理部门登记。繁琐的登记手续及高额的登记费用,妨碍了财团抵押制度的建立。

《物权法》第 189 条规定的动产浮动抵押权登记则较为简单,只需到抵押人所在地的工商行政管理部门办理登记。动产浮动抵押权从抵押合同生效时设立,未经登记的动产浮动抵押权,不得对抗善意第三人。换言之,即使动产浮动抵押权没有办理登记,只要当事人之间就动产浮动抵押达成书面协议,动产浮动抵押权即可设立。动产浮动抵押权一旦生效,动产浮动抵押权所担保的债权人享有两个方面的权利:

(1) 优先受偿权。抵押权人可以直接支配抵押财产清单所载的财产的交换价值,在债务人不履行债务时,债权人可以变卖抵押财产清单上所载的标的物,并就变卖所得价款优先受偿。

(2) 保全抵押物的交换价值。在固定式财团抵押中,在企业财产集合体上设定抵押权之后,抵押人不得随意处分抵押物。在财团抵押权存续期间,非经抵押权人同意,抵押人不得将抵押物转让给第三人或者进行其他形式的处分,以保障抵押权人届时能够通过抵押权的行使,实现债权的清偿。在浮动动产抵押中,虽在企业财产集合体上设定抵押权,抵押人仍可随意处分抵押的财产,但抵押人将来取得的财产也成为抵押物,从而保障了抵押权人债权的实现。

第四节　所有人抵押权

一、所有人抵押权的概念及性质

所有人抵押权,是指所有人在自己所有物上设定或者取得抵押权。[①] 所有人抵押权是大陆法系特有的抵押权制度,但是我国《物权法》并未规定所有人抵押权。抵押权通常是在债务人或者第三人提供的物上设定抵押权,属于他物权;在自己的物上设定抵押权是一种例外,所有人抵押权为特殊抵押权。所有人抵押权有原始所有人抵押权与后发所有人抵押权之分。原始所有人抵押权,是指所有人在自己的物上为自己所设定的抵押权。这种抵押权自始至终为所有人享有,而且并非为存在的债权而设定,因所有人的设定而存在,因而又称为设定的所有人抵押。后发所有权抵押权,是指原来为担保他人债权而设定的抵押权,后来基于法定原因归于抵押标的物所有人。这种抵押权是基于法定原因取得的,称为法定抵押权。

所有人抵押权是德国和瑞士民法上的制度,特别是德国民法物权上的一项重要制度。罗马法强调抵押权的从属性,罗马法未能形成所有人抵押权的观念。19 世纪中叶之后,德国确立了不以债权存在为前提条件的土地债务制度。到了 19 世纪后半叶,法律正式承认所有人可在自己的土地上为自己设定抵押权。所有人抵押权制度的特殊性,与传统抵押权制度极不相同,学界对所有人抵押权的

---

① “所有人抵押乃不动产所有人于该不动产上自己所存有之抵押权是也。”郑玉波:《民法物权》(第 15 版),三民书局 1992 年版,第 280 页。

本质存在五种不同学说：

(1) 对自己物的权利说。对自己物的权利说认为，所有人抵押权的实质是所有权人对自己物的权利。在权利性质上，对自己物的权利说又有抵押权说、土地债务说和对将来之债的抵押权说三种学说。

(2) 顺位保留说。顺位保留说认为，所有人抵押权仅为所有人的利益在不动产登记簿上所表现，即保留所有人的优先顺位。所有人抵押权不是权利，仅为所有权人利益在登记簿上的反映，保留了所有人的优先次序。

(3) 价值分割说。价值分割说认为，所有人抵押权是优先取得权的一种，可以使所有人取得抵押物的价值的一部分。换言之，所有人抵押权是所有权的表现，是所有权价值分割的结果。并非是真正意义的抵押权，仅为价值取得权。

(4) 所有权的消极效力说。所有权的消极效力说认为，权利效力有积极和消极之分。积极的权利效力可以使权利人享有法律地位，消极的权利效力是指权利的主体一时欠缺时，也能使权利的客体受到与积极效力相同的约束。权利的消极效力使得权利主体欠缺时，权利也存在，而所有人抵押权其实就是欠缺主体的权利类型。

(5) 所有权说。所有权说认为，所有人抵押权是对后次序抵押权排他权能之特种所有权的表现，并非他物权，只是形式上登记为抵押权，是所有人对抵押物进行拍卖时对价金的优先受偿权，即根据所有权取得的物上代位权。为排除后次序担保权人的权利，便于所有人取得价金，才以抵押权的形式在登记簿上予以记载。

所有人抵押权的意义在于保护特殊情况下所有权人的利益。在抵押权与所有权混同的情形下，抵押权因混同归于消灭，后顺位抵押权递进，所有人因清偿债务而失去了抵押物上的担保利益，后一顺位的抵押权人则因所有人的清偿行为而获得额外利益。

二、所有人抵押权的设立及效力

所有人抵押权的设立，有设定和法定两种方式。所谓的设定，即所有人为自己在自己所有的物上设定的抵押权，抵押权自始至终为所有人自己所有，属于原始的所有人抵押权。所谓的法定，为担保他人债权而设定的抵押权，后基于法定原因而归所有人取得，属于后发的所有人抵押权。法定原因主要指被担保的债权消灭[1],或者抵押权与所有权的混同[2],或者抵押权的绝对抛弃。大陆法系国家只有德国和瑞士实行所有人抵押权制度,而且两者之间还存在差异。德国的所有人抵押权制度,有原始的所有人抵押权和后发的所有人抵押权之分。所有人抵押权制度是德国法上特有的一种制度,实质是抵押权可以独立存在,通过发行土地抵押证券或者将土地抵押权直接进入流通领域。如果所有人抵押权为先顺位抵押权,则在被担保的债权因清偿而归于消灭之后,抵押权仍然存在,后顺位抵押权不能递进。

瑞士的所有人抵押权仅指后发的所有人抵押权,是指在同一不动产上设定的先后顺位的数个抵押权,在先顺位的抵押权消灭之后,后顺位的抵押权不能递进,而应当保留空白的担保位置,不动产所有人可以使用该空白担保位置设定一个新的抵押权。[3] 但是,如果所有人并未设定一个新的抵押权,则后顺位的抵押权人可能顺位递进。如果变卖抵押物的,则后顺位的抵押权人因空白担保未设定新的抵押权而使抵押权顺位递进,从而产生顺位递进主义立法例的效果。所有人抵押权的效力,主要表现在两个方面:

(1)保有债权的所有人抵押权的效力。所有人抵押权保有被担保的债权,在债权清偿期届满,抵押权应在可实行的状态,所有人对于自己所有的物,可根据抵押物实行的方法向法院申请拍卖抵押物,就拍卖所得价金按照登记顺序,优先受偿自己的债权额。

(2)不保有债权的所有人抵押权的效力。在所有人抵押权中,所有人不能对自己的不动产实行抵押权。后顺位抵押权人申请拍卖抵押不动产的,因有所有人抵押权的存在,其抵押权的顺位不能递进,应按原登记的顺位确定受偿的先后顺序。拍卖所得价金应当按照原有的担保额为所有人予以保留,并作为所有人一般财产的一部分为无担保的普通债权人提供担保,而不是就拍卖所得价金优先受偿其担保的份额。

---

① 《德国民法典》第1163条第1款规定:"为了担保某债权已经设定抵押权,而该债权未成立者,其抵押权归属于土地所有人;债权消灭时,土地所有人取得抵押权。允许交付抵押证券的抵押权,在将证券交付给债权人以前,该抵押权属于所有人"

② 《德国民法典》第889条规定:"存在于他人土地上的权利,不因土地所有人取得该权利,或该权利人取得土地所有权而消灭。"

③ 《瑞士民法典》第814条规定:"同一土地设定若干顺序不动产担保权的,如一顺位担保权消灭时,其后的不动产担保债权人无请求升位的权利。优先的不动产担保权受清偿后,得设定另一个不动产担保权。"

第五节 最高额抵押权

一、最高额抵押权的概念及特征

最高额抵押权，是指对债权人一定范围内、未来一定期间内连续发生的、不确定的债权，由债务人或者第三人提供抵押物而设立的一种抵押权。《物权法》第203条规定了最高额抵押权。最高额抵押权是为将来产生的债权提供担保的一种特殊抵押权。[①] 在通常情况下，抵押权是为现在已经存在的债权设定的担保。换言之，先有债权，后有抵押权；债权的存在是抵押权设定的前提条件，这也是抵押权从属性的表现。最高额抵押权的设定，则不以先有债权的存在为必要，这种抵押权所担保的债权不仅是将来产生的，而且数额也是确定的，仅规定一个最高的限额作为抵押物担保范围的标准。

大多数大陆法系国家规定了最高额抵押权制度。[②] 我国《物权法》和《担保法》也明确规定了最高额抵押权制度。最高额抵押权作为一种抵押权，应当具有抵押权的共性，但它又是一种特殊的抵押权，又应当具有不同于普通抵押权的特性，最高额抵押权具有四个方面的特征：

(1) 从属性上的特殊性。从属性是普通抵押权的重要性质。抵押权在发生上、处分上和消灭上具有从属性。[③] 最高额抵押权作为一种特殊的抵押权，从属性与普通抵押权不同，其特殊性表现在三个方面：一是存续上的从属性。对抵押权的从属性认定为成立上的从属性是不妥的，而应理解为存续上的从属性。在抵押权实现之时应有债权存在，抵押权无须自始就与债权并存，但在债权不存在时，抵押权就失去存在的条件。最高额抵押权存续上的从属性的特殊性表现为最高额抵押权成立在先，债权可能成立在后。二是处分上的从属性。最高额抵押权之所以不随同主债权转让而转让，并不是因为最高额抵押权不具有处分上的从属性，而是最高额抵押权在处分上的从属性具有特殊性。最高额抵押权所担保的债权是连续发生的，在最高额抵押权没有确定时，债权总额是不确定的且

---

① 关于是否能够为将来发生的不特定债权设定抵押权问题，《德国民法典》第1113条明确规定，抵押权可为将来或者附条件的债权而设定；《瑞士民法典》第824条也规定，不动产抵押，可为任意的、现在的、将来的或者仅为可能的债权提供担保。

② 《德国民法典》第1190条规定："设定抵押权时，得仅规定土地应负担保责任的最高额，而除此以外，则保留债权之确定；其最高额应登入土地登记簿册；债权附有利息者，利息应计入最高额；抵押权虽未在土地登记簿册中载明为保全抵押权者，也视为保全抵押权；此项债权得依债权转让之一般规定进行转让，债权依规定转让时，其抵押权并不随同转让。"

《瑞士民法典》第825条规定："不动产抵押，也可为金额不定或应变更的债权，以一定的抵押等级设定，并且不管有何变更，仍维持其登记顺序。"

③ 参见郑玉波：《民法物权》(第15版)，三民书局1992年版，第217—218页。

随时发生变化。尽管某一特定债权转让,但将来还有发生债权的可能。基于抵押权的不可分性,最高额抵押权不能随之转让。根据《物权法》第 204 条的规定,最高额抵押权并不随某一具体债权的转让而转让,仅因基础法律关系的转让而转让。三是消灭上的从属性。最高额抵押权所担保的债权并不是某一特定的债权,某一特定债权的消灭并不意味着最高额抵押权所担保债权的全部消灭,即使某一特定的债权消灭了,其后还有其他债权发生的可能。但在最高额抵押权确定时,全部债权都归于消灭,则最高额抵押权归于消灭,从而表现了消灭上的从属性。

(2) 特定性上的特殊性。抵押权的特定性包括抵押标的物的特定性和抵押权所担保债权的特定性两个方面,抵押权所担保的债权的特定性是抵押权特定性的主要体现。最高额抵押权作为一种特殊的抵押权,所担保的债权应特定。债权的特定性不能简单地理解为在设定抵押权时担保的债权额确定,而是指抵押权所担保的债权并非不受任何限制的一切债权。即使是在最高额抵押权中,抵押权所担保的债权也是有特定范围的,尽管具体数额不能确定。① 最高额抵押权所担保的债权额,虽然在抵押权设立时并未明确,而且在抵押权担保的范围内,债权额可以不断增加或者减少,甚至一度减至零,但这不影响最高额抵押权的特定性。最高额抵押权所担保的债权,以约定的最高额为限度。在最高额抵押权确定时,实际确定的债权额并不当然为抵押权所担保的债权。在最高额限度内的,以实际债权额为优先受偿债权额;超出最高额的,超出部分的债权额则不受最高额抵押权的担保。

(3) 适用范围上的特殊性。最高额抵押权仅为将来债权设定,但为将来债权设定的抵押权并不都是最高额抵押权。为将来债权设定抵押权有两种情形:一是为将来特定债权担保所设定的抵押权。这种抵押权所担保的债权虽属将来发生但数额已预先确定。这种抵押权仍属于普通抵押权,如为附停止条件债权所设定的抵押权。② 二是为将来不特定债权担保所设定的抵押权。为担保将来不特定债权设定的抵押权是最高额抵押权。③ 最高额抵押权所担保的将来不特定的债权,必须是一定期间内连续发生的债权,最高额抵押权仅适用于连续发生债权的继续性法律关系,而不适用于仅发生一个独立债权的情形。

(4) 实现上的特殊性。抵押权的实现是抵押权人行使抵押权,以抵押物的价值优先清偿其债权。最高额抵押权仅具备普通抵押权的实现条件仍然不

① 参见郭明瑞:《担保法原理与实务》,中国方正出版社 1995 年版,第 90 页。
② 参见郑玉波:《民法物权》(第 15 版),三民书局 1992 年版,第 218 页。
③ 同上书,第 286 页。

够[1],还必须具备最高额确定的条件,即决算期届满。没有最高额的确定,最高额抵押权所担保的债权额就不能确定,最高额抵押权也就不能实现。

二、最高额抵押权的设立及效力

最高额抵押权的设立与普通抵押权的设立方式相同。当事人应以书面形式订立最高额抵押合同,设立最高额抵押权。最高额抵押权从登记时生效。最高额抵押合同与普通抵押合同的内容基本相同,但最高额抵押合同应明确最高额和决算期两个方面的内容。最高额是指最高额抵押权所担保债权的最高限度额,是最高额抵押合同必须明确的内容。最高额决定着债权人受担保债权的最大范围,是最高额抵押权设立的必要条件。最高额没有规定的,该最高额抵押合同无效。最高额抵押权所担保的债权为将来的不特定债权,在抵押权存续期间可自由增减变更。只有在债权额确定以后,最高额抵押权才得以实现。决算期是指确定最高额抵押权担保债权实际数额的时间,从性质上说应为期日。决算期在最高额抵押权中很重要。但决算期的约定与否,并不影响最高额抵押权合同的效力,即使抵押合同没有规定决算期,最高额抵押权依然存在,当事人可以事后另行约定。决算期一般不属于最高额抵押合同的生效要件。当事人虽然可以自由约定决算期,但如果决算期与最高额抵押权的设定日期间隔时间过长,则使抵押物所有人长期受最高额抵押权的约束,对抵押人极为不利,因而法律对决算期的约定进行了限制。[2] 反之,如果当事人约定的决算期离抵押权设定日期过短,则这种约定与设定最高额抵押权的意旨是相违背的,可以认定该约定无效。

根据大陆法系各国的立法例,设立最高额抵押权应当进行抵押权登记,但关于登记的效力却有两种不同的规定:一是登记成立要件主义,即最高额抵押权未经登记,不得成立。换言之,登记是最高额抵押权的生效条件。二是登记对抗主义,即双方当事人关于设定最高额抵押权的合同生效的,最高额抵押权设立,但对第三人不发生法律效力。换言之,未经登记的最高额抵押权,仅对当事人产生效力,但不得对抗第三人。

我国物权立法对最高额抵押权的设立并未明确规定。根据《物权法》第207条和《担保法》第62条的规定,最高额抵押权的登记问题适用于普通抵押权登记的规定。根据抵押标的物性质的不同,抵押权登记分别采取了登记成立要件主义和登记对抗主义两种方法。换言之,法律明确规定必须登记的,非经登记不

---

① 抵押权的实现应当具备的一般条件是:抵押权有效存在;债务人的债务清偿期限届满;债务人未清偿债务;债务人未清偿不是由于债权人方面的原因。

② 例如,根据《日本民法典》第398条的规定,最高额抵押权约定的决算期应在抵押权设立之日起5年以内。

得成立;法律未要求必须登记的,非经登记不得对抗第三人。法律虽然未规定最高额抵押权的标的物,实务中,最高额抵押权通常是以不动产为抵押权的标的物,因而登记是最高额抵押权的生效要件,而不是对抗第三人的要件。

最高额抵押权的效力,表现在最高额抵押权所担保的债权的范围、最高额抵押合同约款的变更、最高额抵押权的转让三个方面:

(1)最高额抵押权所担保的债权范围。在抵押权设立时,最高额抵押权所担保的债权并没有确定具体的数额,仅确定了最高额和一定期间。在最高额抵押权没有确定时,债权额随时增加或者减少,即使债权一度为零,也不会影响最高额抵押权的效力,仍对其后发生的债权产生效力。当最高额抵押权确定时,债权额始得确定,债权以最高额为限度为抵押权所担保。最高额抵押权所担保的债权仅以现在及将来债权为限,而不能回溯至过去的债权。当最高额抵押权确定时,如果实际债权额不足最高额的,则以实际债权额为抵押权所担保的债权额;如果实际债权额超过最高额的,则以最高额为抵押权所担保的债权额。超出部分的债权额为普通债权,不受最高额抵押权担保,由债务人按一般债权承担清偿责任。

最高额抵押权所担保的债权,通常应包括利息。[①] 根据我国《物权法》和《担保法》的规定,最高额抵押权没有规定的,应适用于普通抵押权的规定。根据《物权法》第173条和《担保法》第46条的规定,抵押担保的范围包括主债权及利息、违约金、损害赔偿金、保管财产和实现抵押权的费用。我国的最高额抵押权所担保的债权范围应当包括主债权(原本)及利息、违约金和损害赔偿金,但实现抵押权的费用不得算入最高额,而应在抵押物的拍卖、变卖所得价金中扣除。[②]

(2)最高额抵押合同条款的变更。当事人设立最高额抵押合同后,可以变更合同的条款。根据私法自治原则,当事人可以订立合同,也可以变更合同。《物权法》第405条明确规定,在最高额抵押担保债权确定之前,当事人可以变更最高额抵押合同的条款。《物权法》关于最高额抵押合同条款变更的规定,充分体现了私法自治原则,主要包括债权确定期间的变更、债权范围的变更和最高债权额的变更三个方面的内容:

第一,债权确定期间的变更,即决算期的变更。对于最高额抵押合同中约定的债权确定的期间,当事人可以协商变更,既可以延长,也可以缩短。但债权确定的期间已经登记的,在变更时也应办理变更登记手续。否则,不能对抗第

① 《德国民法典》第1190条第2款规定:"债权附有利息的,利息应计入最高额。"

《日本民法典》第398条之三规定:"最高额抵押权人可就已确定的原本、利息及其他定期金以及因债务不履行而产生的损害赔偿的全部,以最高额为限度,行使其最高额抵押权。"

② 参见郭明瑞:《担保法原理与实务》,中国方正出版社1995年版,第106页。

三人。

第二,债权范围的变更,即债权的变更。最高额抵押权所担保的债权范围的变更,主要是指担保债权的更换。[①]《物权法》改变了《担保法》第61条关于最高额抵押的主合同债权不得转让的规定。根据《物权法》的规定,在不改变最高额抵押权存在基础的前提下,允许当事人变更债权。

第三,最高债权额的变更。最高额抵押合同成立后,合同中约定的最高额可依当事人的合意增加或减少。[②] 最高限额的变更,非经登记不生效力;增加最高限额时,不得以其增加部分对抗变更登记前已成立的后顺序抵押权利人。[③]

(3) 最高额抵押权的转让。根据《物权法》第204条的规定,最高额抵押担保的债权确定之前,部分债权转让的,最高额抵押权禁止转让[④],但当事人另有约定的除外。《物权法》的规定体现了私法自治原则。根据私法自治原则,抵押权的转让与否,应完全取决于当事人的自由意思,法律没有理由加以限制。最高额抵押权的转让,应在其所担保的债权额确定后,才能随同其所担保的债权一并转让。如果在抵押权所担保的债权额确定之前,转让抵押权的,应将该最高额抵押权的基础法律关系一并转让。否则,不得转让抵押权。这种转让除最高额抵押权人与受让人之外,还应有债务人的参加,即应以三方合同的方式进行。

最高额抵押权所担保的债权,如果确定不发生时,则最高额抵押权消灭。最高额抵押权变为普通抵押权时,则适用普通抵押权的规定。因此,最高额抵押权与普通抵押权消灭的原因相同。

第六节 法定抵押权

一、法定抵押权的概念

法定抵押权,是指基于法律直接规定当然发生而无须当事人意思设定的抵押权。抵押权的设定以意定方式为原则,以法定方式为例外,因而法定抵押权属于特别抵押权。法定抵押权的种类以《法国民法典》和《瑞士民法典》为最多[⑤],

---

① 根据《德国民法典》的规定,可以其他债权代替设定抵押权的债权。最高额抵押的债权,经土地所有人和债权人的一致同意并办理登记,也可以进行更换,不仅各个债权可以更换其他债权,而且也可将整个债权范围更换。参见史尚宽:《物权法论》,中国政法大学出版社2000年版,第324页。

② 《日本民法典》第398条之五规定:"最高额之变更非经有利害关系人之承诺,不得为之。"

③ 参见史尚宽:《物权法论》,中国政法大学出版社2000年版,第324页。

④ 《德国民法典》第1190条第4项规定:"最高额抵押权所担保的债权应当按照债权转让的一般规则进行转让,但最高额抵押权不得随其所担保的债权转让。"

⑤ 《法国民法典》第2121条第2款规定妻子的法定抵押权,第3款规定被监护人的法定抵押权,第4款规定国家、公共团体及营造物的法定抵押权。商法和其他特别法也规定了法定抵押权。

《瑞士民法典》第836条、第837条规定了不同类型的法定抵押权。

《德国民法典》第 648 条与我国台湾地区“民法”第 513 条规定了承揽人的法定抵押权。[①]

我国《合同法》第 286 条规定了承包人对建设工程的优先受偿权。[②] 对于《合同法》的这一规定，是否构成法定抵押权，学界存在不同的认识，主要有三种观点：

一是留置权说。留置权说认为，承包人优先受偿权的性质为不动产留置权。如果发包人不按约定支付工程价款，承包人即可留置该工程，并以此优先受偿。

二是优先权说。优先权说认为，建设工程承包人的优先受偿权，在性质上既不是留置权也不是抵押权。留置权的标的物是动产，而不动产抵押权以登记为生效要件，因而承包人的优先受偿权在性质上应为优先权。[③]

三是抵押权说。抵押权说认为，承包人的优先受偿权既不是不动产留置权，也不是不动产优先权。它符合抵押权的主要特征，与普通抵押权的区别仅在于成立原因。普通抵押权为意定担保物权，由当事人以合同方式自由设定；承包人优先受偿权因具备法定要件而当然成立。因此，承包人优先受偿权是一种法律直接规定的抵押权。[④]

我国主流观点认为，《合同法》第 286 条的规定属于法定抵押权，主要有三个方面的理由：

(1) 承包人的优先受偿权不是留置权。《合同法》第 286 条规定的标的物是不动产而不是动产。根据传统的物权法理论，留置权的标的物是动产，而承包人完成的工作的标的物却是不动产。此外，留置权以标的物的占有为成立和存续要件，如果债权人丧失标的物的占有，留置权则归于消灭；而承包人的优先受

---

① 我国台湾地区“民法”第 513 条规定：“承揽之工作为建筑物或其他土地上之工作物，或为此等工作物之重大修缮者，承揽人得就承揽关系报酬额，对于其工作所附之定作人之不动产，请求定作人为抵押权之登记；或对于将来完成之定作人之不动产，请求预为抵押权之登记。前项请求，承揽人于开始工作前亦得为之。前二项之抵押权登记，如承揽契约已经公证者，承揽人得单独申请之。第一项及第二项就修缮报酬所登记之抵押权，于工作物因修缮所增加之价值限度内，优先于成立在先之抵押权。”

② 我国《合同法》第 286 条规定：“发包人未按照约定支付价款的，承包人可以催告发包人在合理期限内支付价款。发包人逾期不支付的，除按照建设工程的性质不宜折价、拍卖的以外，承包人可以与发包人协议将该工程折价，也可以申请人民法院将该工程依法拍卖。建设工程的价款就该工程折价或者拍卖的价款优先受偿。”

《最高人民法院关于建设工程价款优先受偿权问题的批复》第 1 条规定：“人民法院在审理房地产纠纷案件和办理执行案件中，应当依照《中华人民共和国合同法》第 286 条的规定，认定建筑工程的承包人的优先受偿权优于抵押权和其他债权。”第 4 条规定：“建设工程承包人行使优先权的期限为 6 个月，自建设工程竣工之日或者建设工程合同约定的竣工之日起计算。”

③ 参见徐杰、赵景文：《合同法教程》，法律出版社 2000 年版，第 486 页。

④ 参见张学文：《建设工程承包人优先受偿权若干问题探讨》，载《法商研究》2000 年第 3 期；梁慧星：《〈合同法〉第 286 条的权利性质及其适用》，载《人民法院报》2000 年 12 月 1 日；余能斌、范中超：《论法定抵押权——对〈合同法〉第 286 条之解释》，载《法学评论》2002 第 1 期；王利明：《物权法研究》，中国人民大学出版社 2002 年版，第 569 页；程啸：《中国抵押权制度的理论与实践》，法律出版社 2002 年版，第 431 页。

偿权不以占有标的物为要件。因此,承包人的优先受偿权在性质上不可能是留置权。

(2)承包人的优先受偿权不是优先权。从我国现行的有关法律规定来看,优先权大多数是为保障特别的债权而设立的,如职工的工资、船员的工资等,对于这些债权如果不赋予优先权予以特别保障,债权人的生存缺乏保障。优先权关注的是社会弱势群体的生存权利,而建设工程承包人并非经济上的弱者。再者,登记不能作为区分抵押权与优先权的标准,有些优先权也需要登记。例如,《法国民法典》第2106条规定,不动产优先权不登记不能对抗其他债权人,而且登记的效力自登记之日起发生。《日本民法典》第327条规定,承揽人的优先权当然产生,但第328条又规定不经登记不能保存其效力。德国和瑞士等国家以登记为法定抵押权的成立要件。根据我国台湾地区"民法"第513条的规定,承揽人对建筑物等承揽物的法定抵押权,实行登记生效制度。

(3)承包人的优先受偿权更符合抵押权的特征。《合同法》规定发包人未按照约定支付价款的,承包人可以催告发包人在合理期限内支付价款,发包人逾期不支付的,承包人可以行使优先受偿权。优先受偿权符合抵押权的行使条件,而优先权的行使一般不需要这些条件。普通抵押权的成立生效以登记为要件。但对于承包人的法定抵押权来说,它是直接基于法律规定产生的,公信力比登记更强更可靠。

二、法定抵押权的设定及效力

法定抵押权因具备法定条件而当然成立,这是与普通抵押权的一个根本区别。根据我国《合同法》第286条的规定,法定抵押权的成立应具备两个方面的条件:

(1)承包人因承包关系而产生的债权。法定抵押权所担保的债权,应当是承包人的债权,而且承包人的债权必须是因建设工程承包合同而产生,如果是其他关系而产生的债权,则不在此限。因建设工程承包合同所产生的债权,主要是指报酬请求权,但又不仅限于此,垫款请求权、损害赔偿请求权等均包括在内。

(2)法定抵押权的标的应为不动产。承包合同的对象仅限于建设工程,即土地上的工作物,属于不动产。法定抵押权的标的物,应为发包人的不动产,第三人的不动产不能充任。发包人的不动产仅限于承包人所建造的建筑物,而不是发包人的其他建筑物。

满足以上两个条件的,法定抵押权成立。但关于法定抵押权成立的时间,学界有三种不同的观点:一是认为在债权没有得到清偿时,法定抵押权成立。二是认为债权与法定抵押权同时产生,即建筑工程承包合同成立之时,法定抵押权即告成立。三是认为法定抵押权成立的时间应当根据法律事实来确定。

实际上,法定抵押权成立的时间应当区别对待,有三种不同的情形:第一,经登记才成立的法定抵押权[①],则以登记时间为法定抵押权成立时间;第二,以阶段性工程为担保的法定抵押权,则以该项阶段性工程的完成时间为该法定抵押权的成立时间;第三,以全部工程为担保的法定抵押权,则该法定抵押权的成立时间就是全部工程竣工的时间。第三种观点既符合抵押权理论,又能及时保护抵押权人的利益。[②]

根据我国《合同法》的规定,发包人未能按照约定支付工程价款的,承包人可以催告发包人在合理期限内支付价款。发包人逾期不支付工程价款的,承包人可以行使抵押权。

在同一建设工程上,既有法定抵押权又有普通抵押权时,应如何确定其优先次序,有以下四种不同的观点[③]:一是法定抵押权优先说。法定抵押权优先说认为,为了避免发包人在法定抵押权成立后,设定普通抵押权致使承包人的权益落空,应当使法定抵押权优先于普通抵押权。二是意定抵押权优先说。意定抵押权优先说认为,法定抵押权未经登记,不具有公示作用,为保护交易安全,应使其顺位在普通抵押权之后。三是两者同一顺序说。两者同一顺序说认为,法律没有规定普通抵押权与法定抵押权的优先顺位,因而应按照各自债权额的比例平均分配。四是成立在先权利在先说。成立在先权利在先说认为,根据成立的先后,确定抵押权的顺位,不论法定抵押权还是普通抵押权,均应当按照成立时间的先后确定优先顺位。在四种学说中,法定抵押权优先说符合立法本意,法律之所以特别规定承包人的法定抵押权,就是为了赋予某种特定债权以特别保护,如果以其他标准来确定法定抵押权和普通抵押权的优先顺位,法定抵押权制度则失去其应有的功能。

第七节　共同抵押权

共同抵押权,是指在数个不动产或者不动产物权上为同一债权而设定的一

---

① 《瑞士民法典》第838条规定:“出卖人、共同继承人及共同权利人的法定抵押权,最迟须在所有权转让后的3个月内登记。”

② “就同时生效说而言,在建设工程合同成立时,虽然债权已经成立,但是建设工程并不存在,而法定抵押权的标的物是建设工程,根据抵押权制度的一般原理,抵押权是支配标的物的交换价值,以确保债务清偿为目的的价值权。因此,一宗不动产能够成为抵押权的标的物,必须具有特定性,能够确定其价值。所以抵押物必须是抵押人现在已有之物,对于将来有可能取得的不动产不能成为抵押权的标的物。因此同时生效说的缺陷显而易见。就债权未受清偿说而言,这种见解混淆了抵押权的成立与抵押权的实行,债务人到期未能履行债务,以致债权未受清偿,是抵押权实行的条件。在抵押权可以实行以前,抵押权必须是已经成立,否则即无权利行使之可能。”余能斌、范中超:《论法定抵押权——对〈合同法〉第286条之解释》,载《法学评论》2002第1期。

③ 参见谢在全:《民法物权论》(下册),中国政法大学出版社1999年版,第692—693页。

个抵押权。[①] 大陆法系国家大多规定了共同抵押权制度[②]，我国台湾地区也有规定。[③] 共同抵押权的标的物为不动产，这与普通抵押权相同。但是，共同抵押权是为同一债权的担保，在数个不动产上设定一个抵押权，这有别于普通抵押权。由于共同抵押权是在数个不动产上为同一债权设定抵押权，因而又称为总括抵押权。设定共同抵押权的标的物并非集合物，与财团抵押权的标的物不同。共同抵押是数个不动产为担保同一债权而相互结合，像连带债务，因而又称为连带抵押。但又与连带债务不同，连带债务人的连带属于同一债权关系，而共同抵押则是物的连带，属于一种物权关系。[④] 在共同抵押中，抵押的不动产所有人不必为债务人，关于连带债务的规定不适用于共同抵押。

共同抵押权的设定与普通抵押权的设定并不存在差异，以当事人意思表示方式设定。设定抵押的不动产不必属于债务人或者同一抵押人所有，数个抵押权无须同时成立，也无须同一顺位。[⑤] 共同抵押权的效力与普通抵押权也不存在差异，共同抵押权的效力表现在两个方面：

一是当事人就各抵押的不动产所担保的债权份额确定，在抵押权人在实行抵押权时，应在双方约定的范围就各抵押的不动产变价所得价款优先受偿。担保债权份额的确定，不但有利于保护抵押物后一顺位抵押权人的利益，而且还有利于保护普通债权人的利益。

二是如果当事人没有特别约定各抵押物所应担保债权份额，共同抵押权人可以就抵押的不动产全部同时实行。没有约定抵押物所担保的债权份额，对债权人极为有利，但会出现抵押人之间利益的失衡现象，或者损害后一顺位抵押权人利益的现象。为避免这种利益失衡现象的产生，各国法律采取了必要的措施。第一，分担主义或者分割主义。共同抵押权人同时就各抵押物变卖所得价款受偿失，应按照标的物的价格负担其债权份额。[⑥] 第二，代位求偿主义。共同抵押权人就其中一个抵押物变卖所得价款受偿的，该抵押物上次顺位的抵押权人可以对其他的抵押物，在分担的比例限度内代位共同抵押权人行使抵押权。[⑦]

关于《担保法》是否存在共同抵押制度，学界存在肯定说和否定说两种不同

---

① “共同抵押权的特性在于，为了同一个债权，在多个土地上设定一个抵押权，而且是以如下方式，即这数块土地中的每一块都就债权的全部承担责任。”〔德〕鲍尔、施蒂尔纳：《德国物权法》（下册），张双根译，法律出版社 2004 年版，第 209 页。

② 《德国民法典》第 1132 条，《瑞士民法典》第 798 条、第 816 条第 3 款、第 833 条，《日本民法典》第 329 条、第 393 条的规定。

③ 我国台湾地区“民法”第 875 条规定：“为同一债权之担保，于数不动产上设定抵押权，而未限定各个不动产所负担之金额者，抵押权人得就各个不动产卖得之价金，受债权全部或一部之清偿。”

④ 参见郑玉波：《民法物权》（第 15 版），三民书局 1992 年版，第 277 页。

⑤ 参见谢在全：《民法物权论》（下册），中国政法大学出版社 1999 年版，第 744 页。

⑥ 例如，《日本民法典》第 392 条第 1 款及《韩国民法典》第 386 条第 1 款的规定。

⑦ 例如，《日本民法典》第 392 条第 2 款及《韩国民法典》第 386 条第 2 款的规定。

的观点。肯定说认为,根据《担保法》第 34 条第 2 款的规定,我国存在共同抵押权。[①] 否定说认为,我国不存在共同抵押权制度。[②] 我国是否存在共同抵押权制度,首先必须明确共同抵押权的标的,根据传统民法物权理论,共同抵押权的标的限定为不动产[③],而且从大陆法系国家民法典的规定看,共同抵押权的标的仅限于不动产,不动产之外的其他财产不得成为共同抵押权的标的。然而,《担保法》第 34 条第 2 款所规定的抵押权的标的既有不动产,又有动产。因此,以《担保法》第 34 条第 2 款的规定作为共同抵押权的依据,难以令人信服。

虽然《物权法》并未规定共同抵押权,但并非意味着我国不存在共同抵押权。根据私法自治原则,当事人仍然可以在数个不动产上为同一债权设定抵押权。即使法律没有规定共同抵押权制度,但在我国的法律实务中仍然可以设立共同抵押权。

---

① 参见程啸:《中国抵押权制度的理论与实践》,法律出版社 2002 年版,第 438 页。

② 梁慧星先生在其主编的《中国物权法研究》中并未涉及共同抵押权问题,由其主持编纂的《中国物权法草案建议稿》也未涉及共同抵押问题。王利明先生在其《物权法论》中虽然详细论述了共同抵押权问题,但并未涉及我国是否存在共同抵押权问题。

③ “共同抵押……谓为同一债权之担保,于数个不动产或者不动产物权上设定抵押权。”史尚宽:《物权法论》,中国政法大学出版社 2000 年版,第 318 页;“共同抵押乃为同一债权之担保而就数个不动产上所设定之抵押权也。”郑玉波:《民法物权》(第 15 版),三民书局 1992 年版,第 277 页。

第十六章　质　　权

质权是一种典型的担保物权，是主要以动产为标的物并移转占有的担保物权。质权对标的物的支配是一种价值权的支配，即对标的物的交换价值的支配，而不是对标的物的实体权的支配。质权人对质物享有变价权和优先受偿权，质权的标的物是以占有为公示方法，动产是质权主要的标的物。因此，动产质权是一种典型的质权。

第一节　质权的概念

一、质权的概念及特征

质权，又称为质押权，是指债权人占有债务人或者第三人提供的动产或者可让与的财产权以担保债务的履行，在债务清偿期届满而未获清偿时，债权人将质物变价并优先受偿的一种担保物权。[①] 质权最初为动产质权，后来才逐渐出现了权利质权。在质权关系中，债务人或者第三人提供用以担保的财产，即质权的标的，称为质物；占有质物的债权人，称为质权人；为质权的设定提供标的物的债务人或者第三人，称为出质人。[②]

质权是大陆法系基本的担保物权制度，属于意定担保物权。质权制度在我国的正式确立始于《担保法》。在《德国民法典》中，质权有两种不同的分类方式：一是以质权标的为依据，将质权分为动产质权与权利质权；二是以质权产生方式为依据，将质权分为意定质权、法定质权及扣押质权。[③] 在《瑞士民法典》中，质权分为动产质权与不动产质权。[④] 在《法国民法典》中，质权分为动产质权与不动产质权两种。法国将债权、著作权、营业财产、定期金、股份等视为无体动

---

① 我国《物权法》第 208 条规定："为担保债务的履行，债务人或者第三人将其动产出质给债权人占有的，债务人不履行到期债务或者发生当事人约定的实现质权的情形，债权人有权就该动产优先受偿……"

② 我国《物权法》第 208 条规定："……前款规定的债务人或者第三人为出质人，债权人为质权人，交付的动产为质押财产。"

③ 法定质权不以占有为成立要件。《德国民法典》仅规定了意定质权和法定质权，而并未规定扣押质权。扣押质权是根据《德国民事诉讼法》第 804 条第 2 款的规定产生的。参见〔德〕鲍尔、施蒂尔纳：《德国物权法》(下册)，张双根译，法律出版社 2004 年版，第 576 页。

④ 《瑞士民法典》第 884—918 条之规定。

产或者动产[①],没有规定权利质权。实际上,在法国民法中,权利质权已经包含在动产质权之中。在《日本民法典》中,质权分为动产质权[②]、不动产质权[③]及权利质权。[④] 根据《物权法》和《担保法》的规定,我国的质权分为动产质权与权利质权,而不承认不动产质权。

质权与抵押权均属于意定担保物权,以支配标的物的交换价值确保债权清偿,但仍然存在较大的差异,主要有四个方面的区别:一是标的物不同。抵押权的标的物以不动产为原则,质权的标的物则以动产为原则。二是生效要件不同。抵押权以登记为生效要件;质权则以占有为生效要件。三是担保的作用不同。质权具有留置效力,质权人留置担保标的物给出质人造成心理压力促使债务人及时履行债务;抵押权没有留置担保标的物的效力。四是实行的方式不同。抵押权人实行抵押权通常应通过法院拍卖抵押物[⑤],质权人可以自行拍卖或者变卖质物。[⑥] 与抵押权相比,质权具有三个方面的特征:

(1) 质权的标的物是由债务人或者第三人提供的动产或者可让与的财产权。质权的标的可以是债务人的动产或者可让与的财产权,也可以是第三人的动产或者可让与的财产权,但不能是债权人自己的动产或者可让与的财产权。

(2) 质权是以占有质物为手段而以质物的交换价值为目的。质权是为担保债权而设定的,但质权对标的物的交换价值享有直接且排他的支配权。质权的实质内容是通过对质物的占有而取得质物的交换价值。质权并非以占有质物为目的,而是取得质物的交换价值。质权人对质物的占有,不仅是质权设立的前提条件,而且还是质权人对质物行使质权的保障。

(3) 质权是由债权人占有标的物的担保物权。在被担保的债权受清偿之前,质权人有权占有质物。质权人对质物的占有,是质权成立和存续的要件。对标的物的占有,是质权与抵押权的区别所在。以动产占有转移为成立要件的担保物权,是动产质权;无须以动产占有转移为成立要件的担保物权,则是动产抵押权。

---

① 《法国民法典》第529条规定:“以请求偿还到期款项或动产为目的之债权诉权,金融、商业或产业公司及股份,即使隶属此等公司的企业拥有不动产,均依法律规定为动产。此种股份与持份,当公司存续中,对每一股东而言,视为动产。对国家或个人所有永久定期金或终身定期金收受权,依法律规定亦为动产。”

② 《日本民法典》第352—355条之规定。

③ 《日本民法典》第356—361条之规定。

④ 《日本民法典》第362—367条之规定。

⑤ 我国《物权法》第195条规定:“……抵押权人与抵押人未就抵押权实现方式达成协议的,抵押权人可以请求人民法院拍卖、变卖抵押财产……”

⑥ 我国《物权法》第219条规定:“……债务人不履行到期债务或者发生当事人约定的实现质权的情形,质权人可以与出质人协议以质押财产折价,也可以就拍卖、变卖质押财产所得的价款优先受偿……”

二、质权的分类

根据不同的标准，质权可以进行不同的分类，通常有四种常见的分类方式：

(1) 动产质权、不动产质权及权利质权。以标的物为标准，质权可以分为动产质权、不动产质权及权利质权。动产质权，是指以动产为标的的质权，即在动产上设定的质权。动产通常以占有为公示方式，动产质权则以转移质物的占有为成立及存续条件。大陆法系国家均以动产质权为原则，其他质权为例外，动产质权是典型的质权。不动产质权，是指以不动产为标的的质权，即在不动产上设定的质权。不动产质权是农业社会的产物，进入资本主义社会之后逐渐被淘汰。虽然法国、日本等国家规定了不动产质权，但是现在基本不用。德国及我国台湾地区民法没有规定不动产质权。《民法通则》的抵押权虽然包含了质权，但实务以不动产提供担保的，通常不转移占有。《物权法》和《担保法》均没有规定不动产质权。虽然在我国的习惯法中，典权是转移不动产的占有且具有担保性质，但典权的主要功能是对不动产的使用、收益，而不是支配不动产的价值权，通常认为典权为用益物权而不是担保物权。权利质权，是指以债权或者其他可让与的财产权为标的的质权，即在债权或者其他可让与的财产权上设定的质权。权利质权的标的范围广泛，有各种票据、应收账款、基金份额、股权及知识产权中的财产权等。

(2) 民事质、商事质和营业质。以质权适用的法律为标准，质权可以分为民事质、商事质和营业质三种。民事质，是指适用民事法律规范的质权。商事质，是指适用商事法律规范的质权。在民商分离的国家，有民事质与商事质的区分，而在民商合一的国家，则不存在民事质与商事质的区分。从民国时期开始，我国实行民商合一的立法例，不存在民事质与商事质的区分。营业质，是指当铺营业者的质权。营业质不适用民法质权的规则，即禁止流质的规定不适用于营业质。换言之，双方当事人可以约定，债务人期满不能赎回当物即归当铺所有。营业质的设定，在实务中称为当或者典当。

(3) 占有质、收益质与归属质。以质权的内容为标准，质权可以分为占有质、收益质与归属质。占有质，是指质权人对质权仅为占有，原则上不能使用、收益的质权。《物权法》和《担保法》所规定的质权，均属于占有质。收益质，是指质权人不仅占有质物，而且还可以使用、收益的质权。收益质又分为利质与销层质。利质是指以质物的收益充抵债权原本利息的质权。[①] 销层质是指以质物的

① 《日本民法典》第356—358条之规定。

收益充抵债权原本的质权。[①] 归属质,是指以质物代偿的质权。债务到期之后,债务人(出质人)不能清偿到期债务的,质物归债权人(质权人)所有。现代民法禁止流质合同,在民事质中不存在归属质。因此,只有营业质属于归属质。

(4) 意定质权与法定质权。以质权产生的原因为标准,质权可以分为意定质权与法定质权。意定质权是根据当事人的意思表示设定的质权,法定质权是根据法律的规定产生的质权。物权法属于私法,意思自治是私法的基本原则。因此,意定质权是典型的质权。

第二节　动产质权

动产质权,是指债权人为确保债权的清偿而占有债务人或者第三人移交的动产,债权清偿期届满而未获清偿时,债权人对占有的动产享有变价、清偿债权的权利。动产质权是为担保债权而设定的一种担保物权,是以动产为标的而不是以不动产或者其他财产权为标的设定的担保物权,我国《物权法》第 208 条和《担保法》第 63 条规定了动产质权制度。动产质权人占有出质人提供担保的动产,质押的动产是由债务人或者第三人向质权人提供的。

一、动产质权的取得

动产质权的取得有法律行为与法律行为之外的法律事实两种方式,其中法律行为是动产质权取得的主要方式。

(一) 以法律行为方式取得的动产质权

以法律行为方式取得动产质权,有动产质权的设定与让与两种情形,其中动产质权的设定是动产质权取得的主要方式:

(1) 以设定行为方式取得的动产质权。动产质权的设定,是指动产质权是因当事人的设定行为取得的,通常以合同的方式设定,且法律规定应采取书面形式。根据《物权法》第 212 条的规定,动产质权的设定,除了双方当事人设立质权的合意之外,还须交付标的物。换言之,质物的交付,是质权设立的条件。关于动产质权合同,《物权法》和《担保法》确立了不同的生效规则。《物权法》修改了《担保法》的规则,应适用《物权法》确立的质权合同生效规则。根据《物权法》的规定[②],质押合同是诺成合同而不是要物合同,只需双方当事人的合意即

---

① 《法国民法典》第 2085 条规定:“不动产质权仅得以书面设定之。债权人依此契约仅取得收取不动产果实的权利,债权如应付利息时,此项果实每年应先抵偿利息,其次即抵偿原本。”

② 根据《物权法》第 15 条的规定,除了法律有明确规定的,不动产物权设立的合同从成立时生效。《物权法》第十七章并未规定质物的交付是质押合同的生效条件。因此,质押合同是诺成合同。

告成立并生效。[①] 但是,动产质权的设立,是以对质物的占有转移为要件,而对质物占有的转移不以现实交付为限,简易交付和指示交付也能产生相应的法律效力。然而,质权人占有质物是为确保质权的留置作用,出质人不能代替质权人占有质物,因而占有改定不能适用于动产质权的设定。否则,不会产生动产质权设定的效力。质权人使第三人占有或者保管质物,质权的效力不会受到影响。

动产质押合同的当事人为出质人和质权人。出质人是质物的提供方,通常是债务人,也可是第三人。无论是债务人还是第三人,均为质物的所有权人,只有在转质的情形下是例外。质权人是债权人。从质权关系看,为质权人;从债权债务关系看,为债权人。

动产质权的标的仅限于动产,可以设定质权的动产应具备四个条件:一是特定物。物权的标的必须具有特定性,这是一切物权所应具备的条件。二是独立物。作为物权的标的物应具有独立性的必然结果,物的一部分不能成为质权的标的,设定质权的物必须具有独立性。三是可让与的物。禁止流通物不得成为法律行为的客体,不能成为质权的标的。四是可留置物。动产质权以占有质物为成立及存续的要件,具有留置的功能,在性质上不适宜留置的动产则不能成为质权的标的。

担保债权是质权设定的目的所在。质权是为所担保的债权设定,债权的存在是设定质权的前提条件,质权的设定必须先有债权的存在。被担保的债权种类,法律上并没有任何限制,通常以金钱债权为主,其他债权也可以质权为担保。被担保的债权通常是指现存的债权,但也可为将来发生的债权设定质权。[②]

(2) 以出让行为方式取得的动产质权。动产质权也可通过让与方式取得。动产质权是非专属性的财产,具有可让与性。质权的从属性,表明与所担保的债权具有不可分性。债权让与时,质权原则上随债权一同让与受让人。

(二) 以法律行为之外的法律事实取得的动产质权

以法律行为之外的法律事实取得质权的,有取得时效、善意取得及继承三种情形:

(1) 以取得时效方式取得动产质权。债权人以行使质权之意思,在法定期限内以和平公然方式占有债务人的动产,取得动产质权。[③] 但我国法律不承认以取得时效方式,取得动产质权。根据《物权法》和《担保法》的规定,动产质权的设定应以书面方式,即不得以其他方式设立动产质权。此外,《物权法》没有规定取得时效。

---

① 根据《担保法》第 64 条的规定,质押合同是要物合同,标的物的交付是质押合同的生效条件。

② 参见郑玉波:《民法物权》(第 15 版),三民书局 1992 年版,第 302 页。

③ 我国台湾地区"民法"第 772 条规定:"前四条之规定,于所有权以外财产权之取得,准用之。"

(2) 以善意取得方式取得动产质权。即使出质人无权处分质物，质权人因质押合同的规定而占有质物的，质权人仍然可以取得质权。动产质权的善意取得，应具备三个条件：一是标的物应当是动产；二是出质人占有动产而又无权处分；三是质权人善意地受让并占有动产。

(3) 以继承方式取得动产质权。动产质权是财产权，在质权人发生死亡时，质权人的继承人因继承取得动产质权。继承人是否知晓质权的存在，或者是否占有质物，并不影响动产质权的取得。

二、动产质权的效力

动产质权的效力表现为动产质权所担保的债权范围、动产质权标的物的范围、出质人的权利义务及质权人的权利义务。

(一) 动产质权担保债权的范围

根据《物权法》第173条和《担保法》第67条的规定，动产质权所担保债权的范围，有约定的从约定；没有约定的，则根据法律规定。动产质权担保债权范围的法律规定，充分体现了私法的意思自治原则，反映了物权法的私法属性。法律规定的动产质权所担保债权范围包括债权、利息、违约金、损害赔偿金、质物保管费用及实现质权的费用。

大陆法系民法典规定的动产质权担保的债权范围大致与我国《物权法》规定的范围相同。① 但是，从世界各国立法看，动产质权所担保的债权范围大于抵押权所担保的债权范围，我国担保立法的情形大致也是如此。动产质权与抵押权所担保债权范围相同的是债权、利息、违约金、损害赔偿金及实现质权的费用；两种担保物权所不同的是质物保管费用。动产质权所担保债权的范围比抵押权广，是质权转移标的物的占有，质权人占有质物从而产生了质物的保管费用及因质物内在的瑕疵而产生的损害赔偿。此外，同一抵押物上可能产生多个抵押权的竞存问题，而同一质物上则通常不会产生质权的竞存。因此，即使质权所担保的债权扩张，也不会影响后一顺位担保权人的利益。②

---

① 《德国民法典》第1210条规定："(1) 质权所担保的为当时状态的债权，特别是也担保利息和违约金。负个人责任的债务人并非质物的所有权人的，不因债务人在质权设定后所采取的法律行为而扩大责任。(2) 质物所担保的为质权人偿还费用请求权、应偿还债权人的预告解约通知费用和权利追诉费以及质物出卖的费用。"

《法国民法典》第2082条第1款规定："债务人仅于以质权担保的债务的原本、利息及费用已全部清偿时，始得请求返还质物，但质物占有人滥用质物时，不在此限。"

《瑞士民法典》第891条第2款规定："质权向质权人提供了对其债权、利息、执行费用或延期利息的担保。"

《日本民法典》第346条规定："质权担保原本、利息、违约金、质权实行费用、质物保存费用及因债务不履行或质物有瑕疵而产生的损害赔偿。但是，设定行为另有订定时，不在此限。"

② 参见郑玉波：《民法物权》(第15版)，三民书局1992年版，第306页。

（二）动产质权标的物的范围

根据《物权法》第 209 条的规定，动产质权标的物限于流通物，限制流通物和禁止流通物不得成为动产质权的标的物。动产质权标的物的范围包括从物、孳息、代位物。动产质权的标的为主物，但效力是否及于从物，学界有肯定和否定两种不同的观点。肯定说认为，动产质权的效力及于从物[①]；否定说则认为，动产质权的效力不能当然及于从物。[②] 否定说为通说，主物设定质权之后，如果从物随同主物移转给质权人占有的，质权的效力自然及于从物；如果从物并未随同主物移转给质权人占有的，质权的效力则不能及于从物。虽然主物的处分及于从物是物权法的基本规则，但动产质权是以质物占有移转为成立要件，从物应移转给质权人占有，才能成为质权的范围。

动产质权的效力及于孳息。根据《物权法》第 213 条和《担保法》第 68 条的规定，动产质权人有权收取质物产生的利息。收取的孳息应当先冲抵收取孳息的费用。但当事人也可约定由出质人收取质物的孳息，孳息包括法定孳息和自然孳息。

代位物是指质权因有物上代位性，效力当然及于质物的代位物，主要有两种情形：一是质物有损坏或者价值明显减少的可能，足以危害质权人权利的，质权人可以拍卖或者变卖质物，就所得的价金代替质物。二是质权因质物灭失而消灭，但是因灭失所得的赔偿金，应当作为质物。

（三）出质人的权利义务

质权对出质人的效力表现为出质人的权利义务。出质人的权利包括质物的收益权和处分权。在设定质权之后，因质物占有的转移，出质人无法行使对质物的使用权。基于相同理由，出质人无法享有收益权。但作为例外规定，出质人可以保留质物的收益权。

质权设定之后，出质人仍然享有质物的所有权，可以对质物享有法律上的处分权，但出质人因丧失对质物的占有，而不能对质物进行事实上的处分。如果出质人是债务人之外的第三人，则第三人在代为清偿债务或者因质权的行使而丧失质物的所有权，对债务人享有求偿权与代位权。

出质人的义务是损害赔偿和支付保管费。出质人因质物内在的瑕疵而产生的损害赔偿责任；出质人应偿还质权人为保管质物而支付的必要费用。

（四）质权人的权利义务

质权对质权人的效力表现为质权人的权利义务。质权人的权利是质权效力的核心内容。质权人的权利表现为对质物的占有及留置权、质物孳息收取权、转

---

① 参见郑玉波：《民法物权》（第 15 版），三民书局 1992 年版，第 307 页。

② 参见谢在全：《民法物权论》（下册），中国政法大学出版社 1999 年版，第 774 页。

质权、变价及优先受偿权、质物保管费用偿还请求权和质权的实行：

(1) 对质物的占有、留置权。质权是以质权人对标的物的占有为质权成立的前提条件，质权人当然享有对质物的占有。① 在质权成立之后，在债权全部清偿之前，质权人应留置质物，学理上称为质权人的留置权。对质物的留置是质权存续的必要条件，一旦质权人丧失对质物的留置，则质权归于消灭。

(2) 孳息的收取权。质物所产生的孳息，除了当事人另有约定的之外，质权人有权收取质物所产生的孳息。收取的孳息首先应充抵收取孳息的费用，其次充抵债权的利息，再次充抵债权本身。孳息充抵顺位的目的，是为防止质权人滥用权利，随意使用孳息②，侵害出质人的利益。

(3) 对质物的转质权。转质，是指质权人为担保自己的债务，将质物移转给其债权人占有而设定的新质权。③ 转质是质权人的权利，是对质物的处分，不是对质权的处分。④ 质权人连同债权一并将质权转让给第三人，则属于对质权的处分。

转质有承诺转质与责任转质两种形式。从大陆法系各国立法例看，转质有承诺转质与责任转质两种形式。承诺转质，是指质权人转质应当获得原出质人的同意，因而又称之为同意转质。⑤ 承诺转质与质权人的质权及被担保的债权没有关系，不受原质权范围的限制，从而超过原质权范围的转质仍然有效。此外，承诺转质并非根据质权人的原质权设定的新质权，与原质权的存续期间无关，可以另行自由约定质权的存续期间。但是，质权人在质物上设定的新质权不得加重质物所有人的责任。未经出质人同意而转质权的，则构成责任转质。责任转质，是指质权人在质权存续期间无须获得出质人同意，以自己的责任在质物上为第三人设定新质权。⑥

责任转质与承诺转质的区别在于是否获得出质人的同意。责任转质是基于原有的质权，其转质的期间不得超过原质权的期间，即原质权消灭，转质权也随之消灭。为保护出质人的利益，质权人将质物转质给第三人时，由质权人承担因转质而产生的一切法律后果。换言之，转质人应承担质物因转质而产生的一切

---

① 《德国民法典》第 1227 条规定："质权人的权利受到侵害的，对质权人的请求权准用关于由所有权产生的请求权的规定。"

《日本民法典》第 353 条规定："动产质权人于质物的占有被侵夺时，只能依占有回收之诉，恢复其质物。"

② 参见郑玉波：《民法物权》(第 15 版)，三民书局 1992 年版，第 309 页。

③ 大陆法系国家民法对转质的态度不一。《德国民法典》及《法国民法典》对此没有规定，而《瑞士民法典》及《日本民法典》肯定了转质制度。

④ 参见郑玉波：《民法物权》(第 15 版)，三民书局 1992 年版，第 310 页。

⑤ 例如《瑞士民法典》第 887 条规定："质权人，经出质人同意后，可以将质物转质。"

⑥ 例如我国台湾地区"民法"第 891 条规定："质权人于质权存续中，得以自己之责任，将质物转质于第三人。其因转质所受不可抗力之损失，亦应负责。"

损害,既包括由于转质权人过失而造成的损害,又包括因不可抗力而产生的损害。责任转质的效力表现为两个方面:一是转质虽然根据原质权设定的,但是转质的效力却优先于原质权。在质权实现时,对于质物变卖所得价款,应优先清偿转质权人的债权,然后再清偿转质人的债权。二是转质权人对其债权仅能在转质人原有的质权范围内清偿,即在质权所担保的债权额、清偿期限内清偿。

《担保法》没有规定转质问题,但《担保法司法解释》明文禁止责任转质。① 《物权法》未直接规定转质问题,承诺转质是当事人意思自治的体现,只要《物权法》没有明文禁止,当事人即可设定承诺转质。《物权法》第 217 条并未禁止责任转质行为,仅规定了因责任转质对质物造成损害的,应承担的损害赔偿责任,没有直接规定责任转质行为无效。换言之,责任转质行为未对质物造成损害的,转质行为有效。因此,《物权法》为责任转质的设立创造了制度空间。

(4) 变价、优先受偿权。变价权又称为物上代位权,质物有损毁或者价值明显减少的并可能危害质权人的权利时,质权人可以公开拍卖或者变卖质物,以变卖所得的价款替代质物。质物的变卖所得的价款仅具有物上代位性质,质权人不得要求提前清偿债务。《物权法》第 216 条和《担保法》第 70 条规定了物上代位制度。

质权是一种担保物权,具有优先于债权的效力,这种效力表现在质权人具有的优先受偿权。在债权履行期届满,债务人未能清偿债权的,质权人对质物享有优先受偿权。质权人可以对质物进行变价,并就变价所得价款优先受偿。②

(5) 保管费的偿还请求权。质权是以占有转移为设立的前提条件,在质权存续期间,质权人占有质物。质权人保管质物所产生的费用应由出质人承担,质权期满,质权人对出质人享有因保管质物所支出合理费用的偿还请求权。《物权法》第 173 条对质权人的保管费用偿还请求权有明文规定。

(6) 质权的实行。债权清偿期届满而未获清偿的,质权人就质物受偿称为质权的实行。根据《物权法》第 219 条的规定,质权的实行方法有拍卖、变卖、折价三种。各国立法为保护债务人的利益,均禁止流质。我国《物权法》第 211 条和《担保法》第 66 条也明文禁止流质合同,流质合同对债务人极为不利,为维护公平,保护弱势当事人的利益,法律禁止流质合同。

质权人的义务,表现在质物的保管和质物的返还两个方面的义务。质物由

---

① 《担保法司法解释》第 94 条规定:"质权人在质权存续期间,为担保自己的债务,经出质人同意,以其所占有的质物为第三人设定质权的,应当在原质权所担保的债权范围之内,超过的部分不具有优先受偿的效力。转质权的效力优于原质权。质权人在质权存续期间,未经出质人同意,为担保自己的债务,在其所占有的质物上为第三人设定质权的无效。质权人对因转质而发生的损害承担赔偿责任。"

② 学界认为,质权人的优先受偿权表现在两个方面:一是质权人优先于普通债权人受偿,二是前一顺位的质权人优先于后一顺位的质权人受偿。参见郑玉波:《民法物权》(第 15 版),三民书局 1992 年版,第 313 页。

质权人占有,质权人承担保管质物的义务,即有妥善保管质物的义务。《物权法》第215条和《担保法》第69条规定了质权人的妥善保管质物的义务。质权人占有质物,是为担保债权的清偿,一旦债权消灭,则质权人无权继续占有质物,必须返还出质人。《物权法》第219条和《担保法》第71条规定了质权人对质物的返还义务。

三、动产质权的消灭

动产质权消灭原因除了适用物权的一般消灭原因及担保物权一般消灭原因之外,还有特别的消灭原因即质物占有的丧失。

质权的成立及存续是以质权人占有质物为条件,一旦质权人丧失对质物的占有,则质权归于消灭。质权人丧失对质物占有而导致质权消灭,有两种情形:一是因质物的所有人占有质物而丧失质物的占有。质权人任意将质物返还给出质人,则不论返还的原因,质权因质物的返还而消灭。质权人不能使出质人代为占有质物。① 二是质权人因第三人的原因丧失对质物的占有,且丧失返还请求权的,质权消灭。②

第三节　权利质权

一、权利质权的概念及标的

权利质权,是指以所有权以外的其他可让与的财产权为标的的质权。权利质权有债权质权、股份质权和知识产权质权之分。法律明确规定了权利质权的标的,《物权法》第232条扩大了《担保法》规定的权利质权标的范围,增加了应收账款和基金份额两类重要的财产权利。应收账款是指未被证券化的以金钱为给付标的的现有以及将来的合同债权,主要有两大类:一是非证券化的以金钱为给付标的的现有债权,如卖方销售货物后形成的对买方的货款债权、出租人出租房屋后对承租人的租金债权、贷款人对借款人的贷款债权等。二是各类经营性收费权,如学生公寓收费权、电费收益权、公路收费权、移动电信收费权、垃圾处理收费权、城市基础设施项目的收益权等。基金份额,即证券投资基金份额,是指基金份额持有人依照基金合同的约定和法律的规定按照其所持份额针对基金

---

① 我国台湾地区"民法"第885条第2款规定:"质权人不得使出质人代自己占有质物。"

② 我国台湾地区"民法"第898条规定:"质权人丧失其质物之占有,不能请求返还者,其动产质权消灭。"

财产享有的收益分配权、清算后剩余财产取得权和其他相关权利。[①] 由于基金份额实质上是基金份额持有人享有的分享基金财产受益、参与分配清算后的剩余基金财产等财产权利，且可以依法转让或者申请赎回，因此《物权法》规定可以以基金份额设定权利质权。

权利质权与动产质权虽同为质权，但两者存在三个方面的区别：

(1) 权利标的不同。动产质权的标的为动产，权利质权的标的为所有权之外的其他可让与的财产权。权利质权的标的广泛，主要有债权、应收账款、股权、基金份额、知识产权、汇票、支票、本票、债券、存款单、仓单、提单等。

(2) 公示方式不同。动产质权的公示方式是占有的移转，是外在的、有形的，其结果是权利人直接占有质物；权利质权的公示方式并不能采取移转物占有的方式，只能采取移转权利凭证的占有或者办理出质登记的方式，公示方式是一种观念性的、抽象的方式。

(3) 权利保全方式不同。在动产质权中，质权人通过对质物的实际占有和控制，实现动产质权的保全；在权利质权中，质权人通过对设定质权的权利的法律处分上的限制来实现权利质权的保全，即未经质权人同意，出质人不得抛弃或者缩小出质权利。

权利质押合同的标的物，是所有权之外的其他可让与的财产权，即债权、汇票、支票、本票、债券、存款单、仓单、提单、可以转让的基金份额、股权、可以转让的注册商标专用权、专利权、著作权等知识产权中的财产权以及应收账款等。债权有普通债权与证券债权之分[②]，普通债权是指非证券化的债权；证券债权则是指通过有价证券方式表现出来的债权，如票据、债券、存款单、仓单、提单、可以转让的基金份额、股权等。权利质权的标的的构成有三个要件：

(1) 所有权之外的财产权。权利质权是以权利的交换价值来担保债权的清偿，用以出质的权利必须是可以用金钱来估价的财产权，如债权、应收账款、基金份额、股权和知识产权等，生命权、健康权、身体权、名誉权、姓名权、隐私权、亲属权、继承权等人身权不得成为权利质权的标的。所有权不得作为权利质权的标的，否则权利质权与动产质权就不存在着差异。

(2) 可让与的财产权。质权是价值权，标的物应当具有变价的可能。如果

---

① 《证券投资基金法》第 70 条规定："基金份额持有人享有下列权利：(一) 分享基金财产收益；(二) 参与分配清算后的剩余基金财产；(三) 依法转让或者申请赎回其持有的基金份额；(四) 按照规定要求召开基金份额持有人大会；(五) 对基金份额持有人大会审议事项行使表决权；(六) 查阅或者复制公开披露的基金信息资料；(七) 对基金管理人、基金托管人、基金份额发售机构损害其合法权益的行为依法提起诉讼；(八) 基金合同约定的其他权利。"

② 参见胡开忠：《权利质权制度研究》，中国政法大学出版社 2004 年版，第 151 页。

权利为财产权而不具有可让与性,则不能作为质权的标的。[①] 不具有可让与性的财产权有两类:一是依法不能转让的财产权不能作为质权的标的。例如,人身损害赔偿金的请求权、抚恤金请求权、退休金请求权等。二是根据当事人的约定不能转让的权利。根据私法自治原则,应尊重当事人的意思,但是不得对抗善意第三人。

(3) 可以设定质权的财产权。财产权虽然可以让与,但如不适于出质,则不能成为质权的标的。用益物权虽然属于财产权,但不适于出质,地上权、永佃权、典权等不得成为权利质权的标的。抵押权、质权、留置权等担保物权,不能与所担保的债权相分离而成为权利质权的标的。

二、债权质权

债权质权包括普通债权质权和应收账款质权两种形式。《物权法》在《担保法》普通债权质权的基础上增加了特别债权质权,即应收账款质权。

(一) 普通债权质权

1. 普通债权质权的设定

普通债权产生的原因可以是合同,也可以是不当得利或者无因管理,只要符合出质条件的债权均可以成为权利质权的标的。附条件债权和附期限债权作为期待权,也可以成为权利质权的标的。[②] 普通债权质权应该以书面的方式设定。[③] 根据《物权法》第226条的规定,以基金份额、股权出质的权利质权应以书面方式设定。[④] 普通债权质权,从办理出质登记时设立。

在债权上设定质权时,出质的债权人应及时通知作为第三人的债务人。但是,对债务人的通知,是质权的成立要件还是对抗要件,大陆法系国家有不同的立法例:一是成立要件的立法例。德国和法国的立法例将债务人的通知作为债

---

① 《德国民法典》第1274条规定:"(1) 权利质权根据关于权利转让的规定加以设定。为转让权利而需要交付物时,适用第1205条、第1206条的规定。(2) 不得转让的权利,不得设定权利质权。"

《日本民法典》第343条规定:"质权,不得以不可让与物为其标的。"

《意大利民法典》第2806条规定:"不同于债权的权利质权,应当以这些权利的转让所各自需要的形式设定,但是第2787条第3款的规定继续有效。特别法的规定不受影响。"

② 参见王轶:《期待权研究》,载《法律科学》1996年第4期。

③ "按债权让与契约不以书面为必要,而设质时却应以书面为之者,盖设质较让,与质关系为复杂,非以要式行为为之,势难使法律关系臻于明确。"郑玉波:《民法物权》(第15版),三民书局1992年版,第326—327页。

④ 我国台湾地区"民法"第904条规定:"以债权为标的物之质权,其设定应以书面为之。如债权有证书者,并应交付其证书于债权人。"

权质权的成立要件。[①] 二是对抗要件的立法例。瑞士和日本等立法例将债务人的通知作为对抗债务人的要件。[②]《物权法》对债务人的通知没有任何规定。在一般情形下,债权设定质权时,对债务人的通知应为对抗债务人及其他第三人的要件。如果因债权设定质权给债务人造成损失的,该损失应由出质人承担。债务人被告知债权人的债权设定质权之后,债务人不得向出质的债权人清偿,即剥夺了出质的债权人向其债务人主张清偿的权利。债权证书的交付与对债务人的通知,共同作为债权出质的公示方法。在无债权证书的债权上,出质人设立数个质权及出质人恶意利用债权证书重复设质的情形,质权的先后顺位可根据对债务人通知的先后次序决定。如果是同时通知债务人的,则认为该数个质权同时设定;实现质权时,则按比例受偿。当质权人是债务人本人时,则没有通知的必要。质权人与债务人是同一人的有两种情形:一是银行存款客户以存款单作为担保向该银行贷款,二是保险合同的投保人以保险单为担保向保险人借款。

2. 普通债权质权的效力

普通债权质权的效力,主要表现在被担保的债权及标的物的范围和债权质权对质权人的效力两个方面:

(1) 被担保债权及标的物的范围。债权质权所担保的债权的范围与动产质权相同。根据法律规定,质押担保的范围包括主债权及利息、违约金、损害赔偿金、质物保管费用和实现质权的费用。质押合同另有约定的,从约定。

债权质权的效力及于标的债权全部及其利息、担保等从权利以及代位物。一是出质债权的利息。出质债权如有利息,除当事人另有约定外,该利息债权作为主债权的从权利为质权效力所及,质权人有权收取。质权对该利息只有质权而非有所有权,应以善良管理人的注意,根据质权实现方法加以收取和实现。二是出质债权的担保等从权利。出质债权有质权或抵押权等从权利,该从权利也应随债权入质。担保物随债权入质,当然为质权效力所及。

(2) 债权质权对质权人的效力。质权人有债权凭证的留置权、孳息收取权、转质权、债权质权遭侵害时的救济权以及保全债权标的物的义务等,这些权利义务与动产质权相同,所不同的是质权人的优先受偿权。在债权质权中,有两个债

---

① 《德国民法典》第1280条规定:"出质有转让合同即可移转的债权的,仅在债权人将质权的设定通知债务人时,始为有效。"

《法国民法典》第2075条规定:"前条的优先权如以无形动产——例如有关动产的请求权为标的,仅得以公证书或私证书作成且经登记并通知设定质权的请求权的债务人时,始得成立。"

② 《瑞士民法典》第900条第2款规定:"质权人及出质人可将质权的设定通知债权人。"第906条第2款规定:"债务人得知出质时,须得到一方承诺后,始向另一方清偿债务。"

《日本民法典》第364条规定:"以指名债权为质权标的时,非依第467条的规定将质权的设定通知第三债务人或经第三债务人承诺,不得以之对抗第三债务人及其他第三人。"

我国台湾地区"民法"第907条规定:"为质权标的物之债权,其债务人受质权设定之通知者,如向出质人或质权人一方为清偿时,应得他方之同意。他方不同意时,债务人应提存其为清偿之给付物。"

权及两个债权的清偿期，而两个债权的清偿期通常不一致，主要有以下两种情形：

一是出质债权的清偿期先于质权所担保债权的清偿期。在这种情况下，质权人的债权仅表现为一种期待权，债务人是否履行债务不得而知。一方面质权人既不能要求债务人提前履行其债务，又不得直接实现质权。另一方面出质人的债务人要求履行其债务，如果出质人拒绝受领债务人的履行，则产生受领迟延。然而，如果出质人受领其债务人的履行，则使债权消灭又有悖于债权质权设立的目的。德国、日本及我国台湾地区的立法例，规定了两种解决方式：其一，出质人的债务人向质权人和出质人为共同的清偿，债务人因清偿而免责。其二，出质债权为金钱债权时，提存是为质权人利益的提存，出质人是提存物的所有人。但在提存书中，应记载质权存在的情形，在担保物权的清偿期届满时，质权人有权领取提存物以获得优先受偿。

二是出质债权的清偿期晚于质权所担保债权的清偿期。在这种情形下，被担保债权清偿期先行届满，由于标的债权的清偿期还未届满，质权人不享有直接收取权。标的债权关系为一独立债权关系，不因债权人将其出质而丧失其全部独立性，出质人的债务人仅负有债务届期而偿还的义务，期限利益应受到法律的保护。

（二）应收账款质权

应收账款质权，是指出质人以持有的应收账款为质押的标的物而设立的质权。应收账款是指因提供货物、服务或者设施的一方当事人要求另一方当事人付款的权利，不仅包括现有的金钱债权，而且还包括将来的金钱债权，但因票据或者其他有价证券而付款请求权除外。[①] 应收账款是一种特殊的债权，包括已到期的债权、将来的债权和收费权三种。应收账款的构成，必须满足以下三个条件：一是具有可转让性；二是金钱债权；三是没有证券化的债权。

根据《物权法》第228条规定，应收账款质权的设立应采取书面合同方式，应收账款质押实行登记生效主义。即使当事人之间订立的应收账款质押合同生效，应收账款质权仍然未能设立。只有在信贷征信机构办理质押登记[②]，应收账

① 《应收账款质押登记办法》第4条规定："本办法所称的应收账款是指权利人因提供一定的货物、服务或设施而获得的要求义务人付款的权利，包括现有的和未来的金钱债权及其产生的收益，但不包括因票据或其他有价证券而产生的付款请求权。本办法所称的应收账款包括下列权利：（一）销售产生的债权，包括销售货物，供应水、电、气、暖，知识产权的许可使用等；（二）出租产生的债权，包括出租动产或不动产；（三）提供服务产生的债权；（四）公路、桥梁、隧道、渡口等不动产收费权；（五）提供贷款或其他信用产生的债权。"

② 《应收账款质押登记办法》第2条规定："中国人民银行征信中心（以下简称征信中心）是应收账款质押的登记机构。征信中心建立应收账款质押登记公示系统（以下简称登记公示系统），办理应收账款质押登记，并为社会公众提供查询服务。"

款质权才宣告设立。在同一应收账款上,出质人可以设定两个或者两个以上质权。[①] 应收账款设定质权后,应收账款不得转让。

三、证券债权质权

(一) 证券债权质权的设定

证券债权是以表彰特定民事权利为内容的证券,是商品经济发展的产物。证券债权权利的行使,是以权利人持有证券为必要条件。证券债权具有汇兑、使用与支付等功能,可流通性是证券债权与普通债权的根本区别所在。由于有价证券与其所表彰的权利的不可分性,在证券上设定质权就是在其所表彰的特定权利上设定质权。根据《物权法》第224条的规定,汇票、支票、本票、债券、存款单、仓单、提单设定质权有两种情形:一是有权利凭证的,即以汇票、支票、本票、债券、存款单、仓单、提单等出质的,自权利凭证交付质权人时,证券债权质权设立;二是没有权利凭证的,自有关部门登记时质权设立。没有权利凭证的证券主要有记账式国库券和在交易所上市交易的公司债券两种。以记账式国库券质押的,质权从中央国债登记结算有限公司办理出质登记时设立。以在交易所上市交易的公司债券质押的,质权从中央证券登记结算公司办理出质登记时设立。

汇票、本票、存款单、仓单、提单等已经证券化,具有与动产相似的法律性质。[②] 因此,《物权法》规定,有权利凭证的证券,质权从权利凭证交付时设立。

(二) 证券债权质权的效力

证券债权质权人的优先受偿权与普通债权不同。出质证券通常是文义证券,对于票据,经设定质权背书而取得票据的持票人,只要背书连续,即可行使票据上的一切权利。

(1) 证券清偿期早于被担保债权的清偿期。质权人作为证券的正当持有人,有独立及排他的收取权,其所担保的债权即使未届清偿期,质权人仍可收取证券上应受的给付并行使以收取为目的的各项权利。[③]

(2) 证券清偿期晚于质权所担保债权的清偿期。质权人可以在证券清偿期

---

① 《应收账款质押登记办法》第5条规定:"在同一应收账款上设立多个质权的,质权人按照登记的先后顺序行使质权。"

② 《德国民法典》第1292条规定:"对票据或者其他可以背书转让的证券设定质权的,经债权人和质权人之间的协议并移交有背书的证券即可。"

③ 《物权法》第225条规定:"汇票、支票、本票、债券、存款单、仓单、提单的兑现日期或者提货日期先于主债权到期的,质权人可以兑现或者提货,并与出质人协议将兑现的价款或者提取的货物提前清偿债务或者提存。"

《担保法》第77条规定:"以载明兑现或者提货日期的汇票、支票、本票、债券、存款单、仓单、提单出质的,汇票、支票、本票、债券、存款单、仓单、提单兑现或者提货日期先于债务履行期的,质权人可以在债务履行期届满前兑现或者提货,并与出质人协议将兑现的价款或者提取的货物用于提前清偿所担保的债权或者向与出质人约定的第三人提存。"

届满时，以前述方法实行。为避免证券风险，质权人可在证券清偿期届满之前，以动产质变价权的实现方法，并根据证券的性质，对证券加以处分以实现债权。例如，汇票，质权人可以贴现换取现款以实现债权。在行使质权时，质权人应通知出质人。

四、基金份额质押和股权质权

是否具有可转让性，是基金份额和股权质押的前提条件。并非所有的基金份额和股权均可转让。在基金份额中，只有封闭基金的基金份额具有可转让性。只有满足一定条件的股权，才具有可转让性。

(一) 基金份额质押

基金份额质押，是指基金份额持有人以其持有的证券投资基金的基金份额为质权标的物而设立的质权。[①] 基金有开放式基金和封闭式基金之分[②]，封闭式基金，是指经核准的基金份额总额在基金合同期限内固定不变，基金份额可以在依法设立的证券交易场所交易，但基金份额持有人不得申请赎回的基金。[③] 开放式基金，是指基金份额总额不固定，基金份额可以在基金合同约定的时间和场所申购或者赎回的基金。由于封闭式基金和开放式基金本身性质上的差异，封闭式基金可以上市交易，而开放式基金则不能上市交易，持有人只能赎回，不能成为质权的客体。根据《物权法》第209条的规定，可转让的财产而法律又没有禁止性规定的，可以成为质权的客体。上市交易的基金份额具有可让与性，可以成为质权的标的物。

根据《物权法》第226条的规定，以基金份额质押的应订立书面合同，质权从登记时生效。基金份额质权采纳了登记生效主义规则。证券登记结算机构是基金份额质权的法定登记机构。没有办理质押登记的基金份额质权，在符合法律规定的合同生效要件时，质押合同生效，但质权未能有效设立。

---

① 《证券投资基金法》第2条规定："在中华人民共和国境内，通过公开发售基金份额募集证券投资基金(以下简称基金)，由基金管理人管理，基金托管人托管，为基金份额持有人的利益，以资产组合方式进行证券投资活动……"

② 《证券投资基金法》第5条规定："基金合同应当约定基金运作方式。基金运作方式可以采用封闭式、开放式或者其他方式。采用封闭式运作方式的基金(以下简称封闭式基金)，是指经核准的基金份额总额在基金合同期限内固定不变，基金份额可以在依法设立的证券交易场所交易，但基金份额持有人不得申请赎回的基金。采用开放式运作方式的基金(以下简称开放式基金)，是指基金份额总额不固定，基金份额可以在基金合同约定的时间和场所申购或者赎回的基金。采用其他运作方式的基金的基金份额发售、交易、申购、赎回的办法，由国务院另行规定。"

③ 《证券投资基金法》第47条规定："封闭式基金的基金份额，经基金管理人申请，国务院证券监督管理机构核准，可以在证券交易所上市交易……"

（二）股权质权

1. 股权质押的概念

股权质权，是指出质人以其所持有的股权作为质权标的物而设立的质权。对在股权上设立担保物权，许多国家的法律都有规定。[①] 我国《公司法》没有规定股权质押制度，《公司法》之后颁布的《担保法》规定了股权质权制度。[②]《物权法》第 223 条和第 226 条沿袭了《担保法》的规定。

股权质权的标的物是股权。股权是股东因出资而取得的，根据法定或者公司章程规定的规则和程序参与公司事务并在公司中享受财产利益，具有转让性的权利。传统公司理论通常将股权分为共益权和自益权。自益权为财产性权利，如分红权、新股优先认购权、剩余财产分配权、股份转让权；共益权为公司事务参与权，如表决权、召开临时股东会的请求权、对公司文件的查阅权等。股权质权目的在于担保债权的实现，以支配标的的交换价值为目的，股权质权仅以股权中的财产性权利为标的。因此，质权人不得基于质押的股权行使共益权。

根据法律规定，设定股权质权的前提是股权具有可转让性。否则，不得在股权上设定质权。[③] 可转让性是股权是否可以设定质权的唯一限制。《公司法》对股权的转让设定了一定的限制条件，在限制转让的股权上不得设定质权。因此，根据《公司法》对股权转让限制的规定，限制股权出质的有两种情形：

（1）有限责任公司的股权出质。虽然《公司法》没有规定股权的质押，但《公司法》第 72 条对有限责任公司股东转让股权作了明确规定。根据《公司法》的规定，股权出质分以下三种情形：一是股东向作为债权人的本公司的其他股东以股权出质的，不受任何限制；二是股东向本公司股东以外的债权人以股权出质的，必须经全体股东过半数同意，而且该同意必须以书面形式即股东会议决议的形式作成；三是如果过半数的股东不同意出质，又不购买该出质的股权，则视为同意出质。

（2）股份有限公司的股权出质。根据《公司法》第 142 条的规定，禁止设立股权质权的有三种情形：一是发起人持有的本公司股份，从公司成立之日起 1 年内不得设立质权；二是公司股票在证券交易所上市交易之日起 1 年内不得设立质权；三是公司董事、监事、高级管理人员在任职期间内，每年设定的股权质权不得超过所持有公司股权总数的 25%。

---

① 如法国《商事公司法》第 46 条和德国《有限责任公司法》第 33 条，均涉及对股权质押的规定。

② 我国《担保法》第 75 条、第 78 条规定了股权质权，但法条表述有不妥之处，对"股份"和"股票"的表述统一改称"股权"可能较为妥当。《物权法》已经更正了《担保法》不当的表述。

③ 我国《物权法》第 223 条规定："债务人或者第三人有权处分的下列权利可以出质……（四）可以转让的基金份额、股权……"

我国《担保法》第 75 条规定："下列权利可以质押……（二）依法可以转让的股份、股票……"。

关于公司能否接受本公司的股东以其拥有的本公司的股权出质，世界各国法律有不同的规定。有些国家的法律规定在满足一定条件时允许股权质押①，但我国《公司法》第143条却明文禁止公司接受本公司的股权作为质押标的。

股权质权的担保功能源于股权的价值，股权的价值是股权质权担保功能的基础，股权担保功能取决于股权价值的高低。股权价值的内涵包括两项内容，即红利和公司剩余财产的分配。出质股权价值的高低，取决于红利的多少与公司剩余财产的多少。股权的交换价值是股权价值的表现形式，股权在转让时体现为一定数量的货币，即股权的价格。出质股权的交换价值是判断股权质权担保功能的依据。②

股权质权与其他种类质权相比，有三个方面的特点：一是质权的标的价值的不稳定性。股权的价值极易受公司状况和市场变化的影响，股票的价值经常地处在变化之中，使得股权质权的担保功能较难把握，对质权人的风险较大。二是标的价值是一个预期值。因股权价值的不稳定性，在设立股权质权时，是以当事人或者第三人（如资产评估机构）的预期价值为基础，而该预期值通常与实际价值相背离，使得质权人承担着债权得不到充足担保的风险。三是出质股权的种类不同，担保功能也有差异。以股票出质的，因股票是有价证券，流通性、变现性强，具有较强的担保功能。以出资出质的，股权的流通性、变现性较差，担保功能相对较弱。

2. 股权质权的设定

股权质权的设立与其他质权设定方式完全相同，最为常见的方式是以当事人合意并签订质押合同设立。根据我国《物权法》第226条的规定，股权质权的设立应采取书面方式，股权质权从登记时设立。股权质权的成立，不仅需要当事人订立契约，而且以登记为条件。以上市公司股权出质的，则在证券登记结算机构办理出质登记；以未上市公司股权出质的，则在工商行政管理部门办理出质登记。

关于质权成立的公示效力，有两种不同的立法例：一是成立要件主义或者有效要件主义。公示方法是质权成立及对抗第三人效力的必备条件。《德国民法典》及我国台湾地区"民法"采用这种立法例。二是对抗要件主义，质权的设立只需当事人之间的合意，但只有公示，才可以发生对抗第三人的效力。《日本民法典》采取这种立法例。股权质权的公示形式因股权的表现方式不同而存在差异，以股份出质的，通常以股票交付的方式；以出资额出质的，则以在股东名簿上

① 根据日本《商法》第210条和德国《有限责任公司法》第33条的规定，在条件满足的情况下，可以接受本公司的股权质押。

② 出质股权的交换价值是以其价值为基础，但也受其他因素，如市场的供求关系、市场利率、股权质权的期限的影响。

登记的方式。我国《物权法》对股权质权成立的公示,采纳了有效要件主义,即以公示作为质权设立的必备要件,并以此对抗第三人。

3. 股权质权的效力

股权质权的效力是指质权人就质押股权在担保债范围内优先受偿的效力及质权对质押股权上存在的其他权利的限制和影响力。股权质权对所担保债权范围的效力、对质物的效力、对质权人的效力等,与其他权利质权相同,仅在对出质人的效力方面与其他权利质权存在差异。

出质人以拥有的股权出质后,该股权作为债权的担保物,在股权上设定担保物权,出质人的某些权利受到限制,但出质人仍然是股权的拥有者,股东地位并未发生变化,因而出质人就出质股权仍享有股东应有的权利,即表决权和新股优先认购权:

(1) 出质股权的表决权。对出质股权的表决权,究竟由谁行使,国外有两种不同的立法例:一是以法国为代表,认为出质股权的表决权应由出质人行使。[①]《瑞士民法典》也采取这种立法例。二是以德国为代表,认为抵押权人不得妨害股东表决权的行使,但应将作为抵押权标的的股份交付于有信用的第三人。此外,《日本商法典》对于出质股权的表决权由谁行使没有明文规定,我国的《物权法》、《担保法》和《公司法》对此均未作出规定。但根据《物权法》和《担保法》,股权质押并不以转移占有为必需,而是以质押登记为生效要件和对抗要件。质押登记只是将股权出质的事实加以记载,目的是限制出质股权的转让和以此登记对抗第三人,而不是对股东名册加以变更。在股东名册上,股东仍是出质人。因此,出质股权的表决权应由出质人直接行使。

(2) 新股优先认购权。新股优先认购权属于股权中的财产性权利,是股东基于公司股东地位所享有的一个优先权,应由股东享有。因此,质权人不得享有新股优先认购权。

五、知识产权质权

知识产权质权,是指出质人以自己所拥有的知识产权为标的设定的质权。以知识产权为标的设定质权,是以知识产权中的财产权为标的设定质权。知识产权中的人身权部分与人身有不可分性,但人身权部分不得设定质权。在我国《物权法》颁布之前,《担保法》和相关的行政规章[②],规定了知识产权质权。《物权法》第 227 条进一步确认了知识产权质权,而且第 223 条明确规定了可设定质

---

① 法国《商事公司法》第 163 条第 3 款规定:"表决权由作抵押的证券的所有人行使。为此,受质人应其债务人的请求或者按法令确定的条件和期限寄存其抵押股份。"

② 《著作权质押合同登记办法》、《专利权质押合同登记管理暂行办法》和《商标专用权质押登记程序》。

权的知识产权范围，即依法可以转让的著作权、专利权、商标权等知识产权中的财产权。

著作权中的财产权可以设定质权，出质人与质权人应当订立书面质押合同，并向国家版权局办理出质登记。[①] 专利权中的财产权可以设定质权，双方当事人应当订立书面的质押合同，并向国家专利局办理出质登记。[②] 但是，根据《专利法》第 14 条的规定，出质人是国有企业事业单位的，专利权的出质应经上级批准。[③] 商标权中的财产权的设定与著作权及专利权相同，但登记机关为国家工商行政管理总局。在《物权法》颁布之前，知识产权质押登记仅为知识产权质押合同的生效要件，登记并非质权的设立要件。[④]《物权法》区分了质押合同的生效和质权的设立，出质登记是质权的设立要件，而非质押合同的生效要件。

但是，并非所有的知识产权均可以设立质权，有些知识产权不能设立质权。

（1）某些特定的商标权。在通常情形下，商标权具有可让与性，可以成为质权的标的。但是，商标权制度不仅要保护商标权人的利益，而且还要保护消费者的利益。各国商标法通常规定，凡是类似商品使用同一商标的应将该注册商标在这些商标上的专用权全部转让而不得分别转让，联合商标不得分开转让。在设定质权时，联合商标应当一并设定质权。

（2）原产地标志权。在《知识产权协议》中，原产地标志称为"地理标志"。原产地标志不仅标明商品的产地，而且还表示该商品因源自该产地而具有的某种特殊的品质，即商品中的某些特殊品质与来源地的土地、水分、气候、植物等自然条件或者当地传统的制造工艺相联系。因此，不能以原产地标志权为质权的标的设定质权。

（3）商誉权。商誉权通常不得单独设定质权。商誉权是权利主体在商业活动中所创造的商业信誉受到法律保护的权利。商誉权包括使用权及维护与禁止权两个方面。使用权是商誉权人对商誉利益的利用及支配的权利。维护与禁止权则是商誉权人维护商誉利益、排除他人非法侵害的权利。商誉权实际上是一

---

① 《著作权质押合同登记办法》第 4 条规定："国家版权局是著作权质押合同登记的管理机关。国家版权局指定专门机构进行著作权质押合同登记。"

② 《专利权质押合同登记管理暂行办法》第 3 条规定："以专利权出质的，出质人与质权人应当订立书面合同，并向中国专利局办理出质登记，质押合同自登记之日起生效。"该规定与《担保法》的规定一致。

③ 《专利权质押合同登记管理暂行办法》第 5 条第 1 款规定："全民所有制单位以专利权出质的，须经上级主管部门批准。"

④ 《担保法》第 79 条规定："以依法可以转让的商标专用权，专利权、著作权中的财产权出质的，出质人与质权人应当订立书面合同，并向其管理部门办理出质登记。质押合同自登记之日起生效。"

《著作权质押合同登记办法》第 3 条规定："以著作权中的财产权出质的，出质人与质权人应当订立书面合同，并到登记机关进行登记。著作权质押合同自《著作权质押合同登记证》颁发之日起生效。"

《专利权质押合同登记管理暂行办法》第 3 条规定："以专利权出质的，出质人与质权人应当订立书面合同，并向中国专利局办理出质登记，质押合同自登记之日起生效。"

《商标专用权质押登记程序》第 8 条规定："……商标专用权质押合同自登记之日起生效。"

种保护权。世界各国的立法例基本禁止商誉的许可使用，商誉不能单独转让，也无法单独转让。因此，商誉权不能单独设定质权。[①]

关于商号权是否能够出质，有两种不同的观点，即肯定说与否定说。[②] 肯定说认为，商号是一种财产权，具有可转让性，可以成为质权标的；否定说则认为，商号是与营业不可分离的，商号不能单独成为质权的标的。商号权是与企业的财产与营业密不可分的，商号权的让与应当与整个企业的财产、营业一并让与，因而不能单独在商号权上设定质权。[③]

① 参见胡开忠：《权利质权制度研究》，中国政法大学出版社2004年版，第184页。

② 参见王利明：《物权法论》（修订版），中国政法大学出版社2003年版，第684页。

③ 参见郑玉波：《民法物权》（第15版），三民书局1992年版，第329页；胡开忠：《权利质权制度研究》，中国政法大学出版社2004年版，第185页。

第十七章 留 置 权

担保物权分为意定担保物权和法定担保物权,抵押权、质权的设定是基于当事人的意思表示,属于意定担保物权;留置权的设定是基于法律的直接规定,属于法定担保物权。但是,大陆法系国家或地区民法典中留置权概念并不统一,在理论上留置权有债权留置权与物权留置权之分。《德国民法典》和《法国民法典》上的留置权属于债权留置权,而《瑞士民法典》、《日本民法典》及包括我国台湾地区在内的我国民法上的留置权属于物权留置权。

第一节 留置权的概念

留置权,是指债权人基于合同关系占有债务人的动产,在债权未受清偿之前,可以留置债务人的动产并折价或者变卖、拍卖所留置的动产以优先清偿债权的法定担保物权。留置权的概念有广义与狭义之分,广义的留置权不限于合同之债,合同之外的其他债权也可以产生留置权。我国台湾地区民法采纳了广义的留置权概念[①],台湾地区物权法教科书关于留置权的概念均为广义的。[②] 我国大陆地区留置权的立法不同于台湾地区留置权的立法,《民法通则》、《物权法》和《担保法》等采纳了狭义的留置权概念。根据法律规定,留置权的产生仅限于因保管合同、运输合同、加工承揽合同及法律规定的其他合同发生的债权,即基于合同关系产生的债权。

留置权有民事留置权与商事留置权之分。民事留置权起源于罗马法的恶意抗辩[③],并无物权效力,仅为诉讼法上的一种抗辩权而已。[④] 换言之,这种抗辩权仅为一种人的抗辩权,仅对特定人行使。商事留置权则起源于中世纪意大利的习惯法,近代大陆法系立法上具有物权性质的民事留置权,却是继受了这种商事留置权制度。大陆法系各国关于留置权的立法例存在较大的差异,有物权性留置权和债权性留置权两种:

---

① 我国台湾地区"民法"第928条规定:"债权人占有属于其债务人之动产,而具有左列各款之要件者,于未受清偿前,得留置之:(一)债权已至清偿期者;(二)债权之发生,与该动产有牵连之关系者;(三)其动产非因侵权行为而占有者。"

② 参见史尚宽:《物权法论》,中国政法大学出版社2000年版,第483页。

③ 罗马法上的恶意抗辩,又称为欺诈抗辩,恶意在罗马法上为一种侵权行为,在公元前66年,创设了恶意诉讼。恶意诉讼是恶意所产生的损害,受害人如果不能得到其他的救济,则以恶意诉讼进行救济。

④ 参见郑玉波:《民法物权》(第15版),三民书局1992年版,第341页。

(1) 物权性留置权。留置权是一种独立的担保物权。以《瑞士民法典》及《日本民法典》为代表[①],认为对于与债权相关的物,在该债权得到清偿之前,债权人可以留置该物。[②] 但是,两个法典有不同之处,《瑞士民法典》规定的留置权的标的物,仅限于动产和有价证券。[③] 在一定条件下,瑞士民法的留置权有变价权及优先受偿权。[④]《日本民法典》规定的留置权的标的物不限于动产,不动产也包括在内。日本民法的留置权仅有变价权,但没有优先受偿权。与《日本民法典》相比,《瑞士民法典》留置权的物权性更完整,并且效力及于第三人的物。

(2) 债权性留置权。留置权并非物权,仅为债权的一种特别效力。以《德国民法典》[⑤]、《法国民法典》及《意大利民法典》为代表,在一定条件下,债权人在相对人未履行给付义务之前,可以拒绝对待给付。这种拒绝给付类似于同时履行抗辩,这种抗辩权不仅可以对债权请求权行使,而且对于物上请求权之物的返还请求权也可以行使。[⑥]《法国民法典》没有明文规定留置权的性质,仅认为双务合同上的同时履行抗辩权,分散于民法典的第 867 条、第 1612 条、第 1613 条、第 1648 条、第 2028 条、第 2280 条之中。理论认为,法国民法上的"留置权"是债权人未能受领给付时,对特定的债务人的财产拒绝交付的权利。法国民法的留置权既不是追及权,也不是优先权,而是对债务人施加精神压力的方式,即为恢复对自己财产的占有,债务人将不得不清偿债务。[⑦] 法国民法的留置权并不是一种完整的权利,仅为促成债务履行的手段。《意大利民法典》也基本如此。

罗马法和《法国民法典》没有形成明确的留置权概念,《德国民法典》形成了明确的留置权概念,但却在债法部分规定留置权,实质上是拒绝给付的抗辩权。《日本民法典》在担保物权部分规定留置权,但与我国《担保法》中的因保管、运输与加工承担合同关系而产生的留置权不同,范围及于动产和不动产,对占有物

---

① 《瑞士民法典》第 895 条—第 898 条规定了留置权,《日本民法典》第 295 条—第 302 条规定了留置权。

② 《日本民法典》第 298 条规定:"留置权人应以善良管理人的注意,占有留置物,未经债务人承诺,不得使用、租赁留置物,也不得提供担保。"

③ 《瑞士民法典》第 895 条规定:"债权已到期,按其性质该债权与留置的标的物有关联时,债权人在受清偿前,得留置经债务人同意由债权人占有的财产或有价证券。"

④ 《瑞士民法典》第 898 条规定:"债务人不履行义务时,债权人经事先通知债务人,得变卖留置物,但此规定限于债权人未得到充分担保的情形。"

⑤ 《德国民法典》第 273 条规定:"债务人基于与作为其义务发生根据同一的法律关系,对债权人享有到期的请求权,除债务关系另有规定外,可在其应得的给付履行前,拒绝负担的给付。对物负有交付义务的人,在其因对此物支付费用或因此物给其造成的损害而享有到期的请求权时,具有相同的权利,但其因故意实施的侵权行为而取得此物的不在此限。"

⑥ 《德国民法典》第 274 条规定:"(1) 因债权人提起诉讼而主张的留置权,只具有判决债务人在受领其应得的给付时给付(同时履行)的效力。(2) 根据此种判决,债权人在债务人受领迟延时,可以不履行其负担的给付而依强制执行程序实行其请求权。"

⑦ 参见尹田:《法国物权法》,法律出版社 1998 年版,第 451 页。

与留置权的牵连关系规定较宽松，并且仅将占有作为留置权效力的本体。《瑞士民法典》的留置权也属于担保物权，留置权的范围及于动产及有价证券，并且及于第三人的物，留置权人享有变价受偿权。

根据我国《物权法》的规定，结合大陆法系国家民法的留置权制度，留置权具有三个方面的特征：

（1）留置权的从属性。留置权是为所担保的债权设立的，留置权从属于所担保的债权。留置权与债权之间形成了主从关系。债权为主权利，留置权为从权利。留置权的从属性，主要表现在三个方面：一是留置权成立上的从属性。留置权的成立以主债权的成立为前提条件。留置权是债权人以占有债务人的财产为债权的担保。只有主债权成立，留置权才能成立。如主债权不成立或者无效，则留置权当然不能成立。二是留置权消灭上的从属性。留置权随主债权的消灭而消灭。当留置权所担保的主债权消灭时，留置权也随之消灭。主债权人放弃债权，或者债务人履行了全部债务，或者主债权的诉讼时效期间届满等，留置权均归于消灭。三是留置权在优先受偿上的从属性。留置权优先受偿的范围取决于债权的范围。只有在主债权的范围内，留置权人才享有优先受偿权。一方面当留置物的价值大于主债权价值时，对于多余部分，留置权人必须返还给债务人①，不得用于清偿其他债务；另一方面，当留置物的价值小于主债权价值时，对于不足部分，留置权人不存在优先受偿权，与其他无担保债权处于平等地位。

（2）留置权的物权性。关于留置权是物权还是债权，存在两种不同的立法例：一是法国、德国采纳的债权留置权的立法例；二是日本、瑞士等采纳的物权留置权的立法例。物权留置权的立法例认为，留置权是一种物权。尽管《民法通则》将留置权规定在"债权"中，但学界认为留置权具有物权性，是一种担保物权。首先，留置权是一种物权，是以留置物为标的的权利，效力直接及于留置物。一旦法定条件具备，留置权人就可以排他地占有、支配留置物，不仅可以对抗债务人的返还请求，而且可以对抗第三人对留置物的权利主张。其次，留置权是一种担保物权，是以担保债权受偿为目的的物权，以取得留置物的交换价值为主要内容。

（3）留置权的不可分性。不可分性是物权、特别是担保物权的共性。留置权作为一种担保物权，当然具有不可分性。② 留置权的不可分性，是指留置权的

---

① 《物权法》第238条规定："留置财产折价或者拍卖、变卖后，其价款超过债权数额的部分归债务人所有，不足部分由债务人清偿。"

② 《日本民法典》第296条规定："留置权人于债权受全部清偿前，可以就留置物的全部行使其权利。"

我国台湾地区"民法"第932条规定："债权人于其债权未受全部清偿前，得就留置物之全部，行使其留置权。"

效力就债权的全部及于留置物的全部,实际上包含两个方面的含义:一是留置权所担保的是债权的全部,而非可分割的债权的一部分;二是留置权人可以对留置物的全部行使权利,而非可分割的留置物的一部分。债权的分割及部分清偿、留置物的分割等,均不影响留置权的效力。只要债权未受全部清偿,留置权人就可以对留置物的全部行使权利,留置权的不可分性决定于留置权的效用。[①]

(4)留置权的法定性。留置权是一种法定权利,基于法律的规定直接产生,并非基于当事人约定设立。留置权的法定性是留置权区别于其他担保方式的一个重要特征,抵押权、质权等均是基于当事人的约定产生的。留置权的法定性表现为留置权的设定、内容、适用范围及法律效力等四个方面:一是留置权的设立条件是由法律规定的。只要符合法律规定的条件,留置权就当然成立,不受当事人意志的影响,而且不能通过当事人的约定设定留置权。二是留置权的内容是由法律规定的。留置权的内容同样不能由当事人约定,只能由法律明确规定。三是留置权的适用范围是由法律规定的。留置权适用合同关系的范围及是否适用合同关系之外的其他债权关系及其范围,均由法律明文规定。四是留置权的效力是由法律规定的。留置权是否优先于其他担保物权,应当由法律明文规定,当事人不能通过合同约定。

第二节 留置权的发生

留置权可因法律规定和继承而取得。留置权属于法定担保物权,留置权主要是基于法律规定产生,而不是通过当事人的协议产生。此外,留置权也可以基于继承取得。留置权的产生是以法律的规定发生为原则,以继承取得为例外。留置权发生的要件,可以分为积极要件与消极要件两个方面。

一、留置权发生的积极要件

留置权发生的积极要件,是指留置权发生应具备的事实。根据我国的法律规定,留置权的发生应具备三个积极要件:

(1)债权人应合法占有债务人的动产。留置权是为担保债权的履行设定的,留置权的主体应为债权人。留置权的客体应当是债务人的财产。债权人占有债务人的财产,是留置权成立及存续的前提条件。债权人没有占有债务人的财产,则不可能发生留置权;债权人丧失对债务人财产的占有,留置权则归于消

① 《担保法司法解释》第110条规定:"留置权人在债权未受全部清偿前,留置物为不可分物的,留置权人可以就其留置物的全部行使留置权。"

灭。债权人对债务人财产的占有,可以是直接占有,也可以是间接占有①;可以是单独占有,也可以是共同占有。关于占有的原因,根据《民法通则》和《担保法》的规定,仅限于合同关系,因其他关系产生的占有不会发生留置权。但是,《物权法》第230条扩大了占有原因的范围,即仅要求合法占有即可。债权人占有债务人的财产应为债务人所有的财产,债权人对第三人财产的占有,不能对债务人成立留置权。

关于债权人占有债务人财产的性质,大陆法系国家有不同的立法例。《瑞士民法典》规定为动产和有价证券,《日本民法典》规定为动产、不动产和有价证券均可。《民法通则》对债务人财产的性质没有明文规定,但《物权法》和《担保法》明文规定,仅限于动产。因此,根据我国法律规定,不动产和有价证券不能成为留置权的标的。

(2) 债权的发生与留置物有牵连关系。② 债权人的债权与债权人所占有的债务人的财产,应具有牵连关系,才能成立留置权。③ 但是,牵连关系的构成,应符合以下两个条件④:一是债权是因该动产本身产生的。例如,受寄人因寄存物的本身瑕疵所产生的损害赔偿请求权,对寄存物产生留置权。二是债权与动产的返还请求权是基于同一合同关系产生的。例如,汽车所有人将汽车送到修理厂修理,汽车修理厂对汽车的修理费请求权与汽车所有人对汽车的返还请求权,是基于同一合同关系产生的,修理厂对汽车享有留置权。

(3) 债务人的债务履行期届满。债务人的债务履行期届满,留置权成立。留置权是因债务人不履行债务而产生的,只有债务履行期届满,才能确定债务人是否履行债务。如果债务人的债务履行期仍未届满,则无法确定债务人是否履行债务。一旦允许成立留置权,就意味着强制债务人提前履行债务,显然损害了债务人的合法权益。各国立法例无一例外地将债务人的债务履行期届满,作为留置权成立的条件。《物权法》第230条等法律明确将债务履行期届满作为留置权成立的条件。但是,在债务人无支付能力时,即使债务人的债务履行期未届

---

① 参见郑玉波:《民法物权》(第15版),三民书局1992年版,第347页。

② 《物权法》第231条规定:"债权人留置的动产,应当与债权属于同一法律关系,但企业之间留置的除外。"

我国台湾地区"民法"第929条规定:"商人间因营业关系而占有之动产,及其因营业关系所生之债权,视为有前条所定之牵连关系。"

③ 关于牵连关系,各国立法例及学说有债权与债权牵连说和债权与物牵连说两种。债权与债权牵连说认为,留置权人对于相对人的债权,与相对人对于留置权人请求交付标的物的债权,应产生于同一法律关系,构成牵连关系。《德国民法典》第273条采取这种学说。债权与物牵连说认为,留置物是债权发生的原因,构成牵连关系。该说又有直接原因说、间接原因说及社会标准说三种学说。《瑞士民法典》及《日本民法典》采纳了这种学说。

④ 参见郑玉波:《民法物权》(第15版),三民书局1992年版,第348页。

满,留置权也可以成立。这种留置权称为紧急留置权。[①] 我国的立法却没有相应的规定,但是为了保护债权人利益,我国应确立紧急留置权制度。

以上三个条件是留置权成立必须具备的条件,缺少其中任何一个条件的,留置权不能成立。[②] 因此,这些要件属于留置权成立的积极要件。

二、留置权发生的消极要件

留置权发生的消极要件,是指留置权发生应排除的事实。留置权发生,不仅要同时满足全部的积极要件,而且还应排除留置权发生的消极要件。留置权发生,应排除四个方面的消极要件:

(1) 被留置的动产非基于侵权行为的占有。对动产的占有是留置权发生的前提条件,但对动产的占有应是合法占有,因侵权而为的占有是非法占有。非法占有的动产,不能产生留置效力。

(2) 对动产的留置不得违反公序良俗。对动产的留置,不能违反公序良俗。违反公序良俗的动产留置,则不能成立留置权。我国台湾地区民法明文规定,对动产的留置不得违反公序良俗。[③] 虽然《物权法》和《担保法》均未明文规定,但公序良俗是民法的基本原则,违反公序良俗的动产留置无效。

(3) 留置财产与债权人所承担的义务或者债务人所为的指示相冲突。[④] 对动产的留置,如果与债权人所承担的义务发生冲突,则不能成立留置权。例如,承运人不得主张留置权而留置托运人的财产不予托运,基于交易上的诚实信用原则,债权人应履行义务。债务人向债权人交付财产之前或者之时,对债权人作出过不得留置财产的指示,债权人如果没有相反表示,则债权人不能对占有的债务人财产,成立留置权。

(4) 当事人约定排除留置权的适用。根据私法自治原则,留置权是一种财产权,应当允许当事人约定排除其适用。我国《物权法》第 232 条和《担保法》第 84 条明确规定,当事人可以约定排除留置权的适用。一旦当事人在合同中约定不得适用留置权,则排除了留置权的适用。

---

① 我国台湾地区"民法"第 931 条规定:"债务人无支付能力时,债权人纵于其债权未届清偿期前,亦有留置权。债务人于动产交付后,成为无支付能力,或其无支付能力于交付后始为债权人所知者,其动产之留置,纵有前条所定之抵触情形,债权人仍得行使留置权。"

《瑞士民法典》第 897 条规定:"债务人无支付能力时,债权人即使其债权未到期,也有留置权。"

② 我国台湾地区"民法"第 928 条规定:"债权人占有属于其债务人之动产,而具有左列各款之要件者,于未受清偿前,得留置之:(一) 债权已至清偿期者。(二) 债权之发生,与该动产有牵连之关系者。(三) 其动产非因侵权行为而占有者。"

③ 我国台湾地区"民法"第 930 条规定:"动产之留置,如违反公共秩序或善良风俗者,不得为之……"

④ 我国台湾地区"民法"第 930 条规定:"动产之留置……其与债权人所承担之义务或与债务人于交付动产前或交付时所为之指示相抵触者,亦同。"

上述四种情形,以不具备为构成留置权的要件,属于留置权成立的消极要件。只要出现以上四种情形中的任何一种,留置权不能成立。

第三节 留置权的效力

留置权的效力,是指留置权设立之后所产生的法律效力。关于留置权的效力,大陆法系国家有不同的立法例。根据《法国民法典》和《德国民法典》的规定,留置权是债权的特别效力,留置权人的权利仅仅是双务合同中的同时履行抗辩权、拒绝给付权。留置权的效力范围包括留置标的物、继续占有、拒绝交付、请求偿还因保管留置物所支出的必要费用。根据《瑞士民法典》和《日本民法典》的规定,留置权是一种独立的担保物权。留置权的效力为继续占有与拒绝给付以及变价权,通过变价实现优先受偿。《日本民法典》仅强调债务人履行债务,留置权仅起促进债务履行的辅助作用,留置权并非对留置物的优先受偿权,留置权人仅对留置物的孳息有优先受偿权,而不是对留置物优先受偿权[①],从而使留置权保障债权实现的作用大大降低,减弱了留置的担保作用。

《物权法》第 230 条和第 236 条所规定的留置权的效力,既包括继续占有与拒绝给付,又包括变价权,通过变价实现优先受偿,内容极为丰富。对债权人利益采取保护的态度,对于交易安全的保护、维护经济秩序极为有利。

一、留置权的效力范围

根据《物权法》等法律规定,留置权担保的范围包括主债权及利息、违约金、损害赔偿金、留置物保管费用和实现留置权的费用。

对留置物的范围,大陆法系国家有三种立法例:一是对留置物的范围没有明确规定,仅规定留置的标的是物。例如,根据《日本民法典》的规定,留置物为物,并未进一步明确物的范围和性质。[②] 但在理论上,物被解释为动产、不动产及有价证券。二是对留置物的范围作出明确规定。例如,根据《瑞士民法典》的规定,留置物可以是动产,也可以是有价证券。[③] 三是对留置物的范围限定为动产。我国《物权法》第 230 条和《担保法》第 82 条将留置权的标的限定为动产,而且《担保法》第 84 条还进一步规定了动产的来源。根据我国《担保法》和《合

---

① 《日本民法典》第 297 条第 1 款规定:"留置权人可以收取留置物产生的孳息,先于其他债权人,以孳息抵充其债权的清偿。"

② 《日本民法典》第 295 条第 1 款规定:"他人物的占有人,就该物产生债权时,于其债权受清偿前,可以留置该物,但债权不在清偿期时,不在此限。"

③ 《瑞士民法典》第 895 条第 1 款规定:"债权已到期,按其性质该债权与留置的标的物有关联时,债权人在受清偿前,得留置经债务人同意由债权人占有的财产或有价证券。"

同法》的规定，动产的范围仅限于留置权人基于保管合同[①]、运输合同[②]、加工承揽合同[③]和行纪合同[④]而占有债务人的动产。动产为留置权的标的，但为了确保留置权的功能，在解释上应扩张到从物、孳息和代位物：一是从物。留置物为主物的，从物也为标的物的范围，应为留置权效力所及。二是孳息。根据法律规定，债权人有权收取留置物所生的孳息。留置物的孳息，也为留置权标的物的范围。三是代位物。留置权是担保物权，则具有担保物权的共性，留置权具有同样的特性。虽然法律没有明文规定留置权的物上代位性，但解释上均持肯定态度。

关于留置物的权属，各国有不同的立法例。根据《瑞士民法典》的规定，留置物应该属于债务人所有，但债权人对善意取得的不属于债务人所有的物，也享有留置权。根据《日本民法典》的规定，留置物不必是债务人所有的物，第三人所有的物也可成为留置物。《物权法》和《担保法》均明确规定，债务人是留置物的所有人。

二、留置权对留置权人的效力

留置权一经成立，债权人就成为留置权人。留置权人的权利是留置权效力的最直接体现，是债权人实现债权的根本保证。留置权人享有对标的物的留置权、留置物孳息的收取权、留置物的使用权、必要的费用偿还请求权和优先受偿权：

（1）对标的物的留置权。留置权以债权人留置债务人的财产为法定成立条件，留置权一经成立，留置权人就当然享有继续占有留置物的权利。对留置物的占有是留置权物权性的具体表现。留置权人不仅可以对抗债务人及第三人对留置物的权利主张，而且在留置物受到不法侵害时，可以请求法院予以保护。

（2）留置物孳息的收取。留置权人在占有留置物期间，对留置物所生的自然孳息和法定孳息有权收取。孳息收取是基于留置权效力产生的，而非基于占有的效力。留置权人仅有孳息的收取权，而不能取得孳息的所有权。根据我国《物权法》第235条的规定，留置权人收取孳息后，对于孳息成立孳息留置权，与

---

① 《合同法》第380条规定："寄存人未按照约定支付保管费以及其他费用的，保管人对保管物享有留置权，但当事人另有约定的除外。"

② 《合同法》第315条规定："托运人或者收货人不支付运费、保管费以及其他运输费用的，承运人对相应的运输货物享有留置权，但当事人另有约定的除外。"

③ 《合同法》第264条规定："定作人未向承揽人支付报酬或者材料费等价款的，承揽人对完成的工作成果享有留置权，但当事人另有约定的除外。"

④ 《合同法》第422条规定："行纪人完成或者部分完成委托事务的，委托人应当向其支付相应的报酬。委托人逾期不支付报酬的，行纪人对委托物享有留置权，但当事人另有约定的除外。"

原物成立的留置权一样，具有担保作用，可以用以优先抵偿债权。[①]

（3）对留置物的使用权。留置权因债权人对留置物享有占有权而承担以善良管理人的注意义务和妥善保管留置物的义务，我国《物权法》第234条规定了留置权人对留置物的妥善保管义务。在通常情形下，留置权人对留置物只能占有、扣留，而不能使用。但是，在某些特定情形下，留置权人有权使用留置物[②]：一是同意使用原则。经债务人同意，留置权人可以使用留置物。这种使用是经所有人同意的合法使用，根据私法自治原则，留置权人取得留置物的使用权，受法律保护。[③] 二是必要使用原则。为保管上的需要，留置权人有权在必要范围内使用留置物。这为保管上的必要使用，但必要使用的标准，则属于事实判断问题，应根据具体情形确定。例如，适当地使用机器、开动车辆，以防止生锈，即为必要使用。对于留置物保管上的必要使用，无须经债务人同意，不构成对债务人所有权的侵犯。在前述两种情形下，留置权人使用留置物所获得利益，应按留置物所生孳息处理，债权人以该利益抵偿债权。留置权人对留置物的使用属于合法使用，使用留置物所获得的利益就不构成不当得利。留置权人的行为虽然不构成不当得利，但也不能取得该利益的所有权。将使用留置物所获得的利益视为留置物所生的孳息，以抵偿留置权人的债权，不仅有利于保障留置权人债权的实现，而且也不损害债务人的合法权益。但是，《物权法》并未对留置物的使用作出规定。

（4）必要费用的偿还请求权。留置权人以善良管理人的注意保管留置物所支出的费用，有权向留置物的所有人要求偿还。留置权人是为保管留置物而支出必要费用的，受益者为留置物的所有人，即债务人。因此，《物权法》第173条明文规定了债务人承担保管费的偿还义务。[④]

（5）优先受偿权。债务人到期不履行义务，经债权人催告，在合理期限内仍不履行义务的，债权人有权依法变卖留置物，以变卖财产所得的价款优先受偿。除了日本之外，优先受偿权为采纳物权留置权制度的国家所普遍承认。

三、留置权的实行

留置权的实行，是指留置权人将留置物折价、变卖或者拍卖并就所得价款优

---

① 我国台湾地区“民法”第935条规定：“债权人得收取留置物所生之孳息，以抵偿其债权。”

《日本民法典》第297条第1款规定：“留置权权人可以收取留置物产生的孳息，先于其他债权人，以孳息抵充其债权的清偿。”

② 参见蔡永民：《比较担保法》，北京大学出版社2004年版，第315页。

③ 《日本民法典》第298条第2款规定：“留置权人未经债务人同意，不得使用、租赁留置物，亦不得以之提供担保。但是，为保全该物而进行必要的使用者，不在此限。”

④ 我国台湾地区“民法”第934条规定：“债权人因保管留置物所支出之必要费用，得向其物之所有人，请求偿还。”

《日本民法典》第299条第1款规定：“留置权人就留置物支出了必要费时，可使所有人予以偿还。”

先受偿的行为。根据我国《物权法》第236条的规定,留置权人可以与债务人协议以留置的财产折价,也可以就拍卖、变卖留置财产所得的价款优先受偿。留置权的成立是留置权实行的前提条件。此外,留置权人行使留置权,还需具备如下三个条件:

(1)债权人持续占有留置物。债权人对留置物的占有,不仅是留置权的成立要件,而且还是留置权的存续要件。留置权人一旦丧失对留置物的占有,留置权即告消灭。因此,留置权的行使应以持续占有留置物为条件。

(2)债务人履行给付义务的迟延。债务履行期届满,债务人仍然未能履行债务的,即债务人履行义务迟延,是留置权人行使留置权的条件。但是,即使债务人履行债务迟延,如果存在法定抗辩事由,如同时履行抗辩权、不安抗辩权、不可抗力的抗辩等情形,留置权人则不能行使留置权。

(3)没有妨碍留置权行使的约定情形。留置权虽然是法定担保物权,但属于民法规定的财产权,根据意思自治原则,允许当事人排除适用留置权。如果当事人事先约定排除留置权的行使,或者债权人事先表明放弃留置权的行使,则在债务人履行迟延的情形下,不得行使留置权。我国《物权法》第232条、《担保法》第84条及《担保法司法解释》第107条均有明文规定,我国台湾地区民法也有明确规定。①

留置权人行使留置权必须按照法律规定的程序。否则,留置权人行使的留置权有可能损害债务人的权益。留置权人行使留置权应经过催告和变价两个程序,催告债务人在先,行使变价权在后。根据《物权法》第236条的规定,留置权人在行使留置权之前,应当履行催告义务。如果留置权人未能履行催告义务的,将承担相应的法律责任。经催告,债务人仍然未能履行其债务的,留置权人可以与债务人协商以折价方式处理留置物,也可以拍卖或者变卖留置物。通过三种方式中的任何一种将留置物变价之后,留置权人从变价所得中优先受偿。

第四节 留置权的消灭

留置权的消灭,是指留置权人对留置物所具有的支配力终止。留置权是一种担保物权,担保物权消灭的原因均能引起留置权的消灭。此外,还有三个特别原因引起留置权的消灭:

(1)留置物的所有人提供担保。大陆法系国家的物权法均规定,留置物的

---

① 我国台湾地区"民法"第930条规定:"动产之留置,如违反公共秩序或善良风俗者,不得为之。其与债权人所承担之义务或与债务人于交付动产前或交付时所为之指示相抵触者,亦同。"

所有人提供担保的，留置权消灭。[1] 为消灭留置权，留置物的所有人有向留置权人提供相应担保的权利。我国《物权法》第240条和《担保法》第80条明文规定，债务人为清偿债务，已提供相当的担保的，债权人的留置权消灭。一方面，留置权人未经所有人同意，不得对留置物进行使用、收益，而留置物的所有人因留置物处于留置权人的控制之下，也不能对物进行使用、收益。此外，还可能出现因较少的债权而留置价值较大物的现象，既不利于发挥物的使用价值，也不利于保护债务人的利益。另一方面，留置权人留置的目的在于给债务人以心理上的压力，促使债务人履行债务，但在能够保证债权实现的情况下，债权人则没有留置财产的必要。

（2）留置物占有的丧失。大陆法系国家或地区立法均规定，留置权因占有的丧失而消灭。我国《物权法》第240条规定，留置权人对留置物的占有丧失的，留置权消灭。我国台湾地区民法也有相关的规定[2]，占有不仅是留置权的成立要件，而且也是存续要件。留置权人的留置物被他人侵夺的，仅能根据有关占有保护的规定请求回复，而不能基于留置权请求权回复占有。占有回复时，留置权人的占有视为未消灭。留置权人对留置物占有的丧失，包括占有被第三人侵夺及留置权人自己将留置物返还给所有人两种情形。留置权人以抛弃留置权的目的而返还留置物的，留置权因抛弃而归于消灭。留置权人基于抛弃留置权之外的其他目的返还留置物的，因占有的丧失，留置权也归于消灭。在返还留置物之后，留置权人又重新占有留置物，已经归于消灭的留置权不会因留置权人的重新占有行为而获得留置权，留置权人不得留置该物。

（3）债权清偿期的延缓。如果留置权人同意延缓债权的清偿期限，则不能要求债务人即时履行债务。债务人超过履行期限的不履行行为，则不构成迟延履行。留置权人就不得行使留置权，留置权归于消灭。

但是，我国《物权法》和《担保法》仅规定了引起留置权消灭的两种情形，即第一和第二种情形。可见，我国留置权制度仍然存在立法漏洞。

第五节　留置权与同时履行抗辩权

同时履行抗辩权，是指没有先后履行顺序的双务合同的当事人，一方在对方

---

① 《日本民法典》第301条规定："债务人可以提供相当担保，请求消灭留置权。"

《德国民法典》第273条第3款规定："债权人可以因为已提供担保而免除行使留置权。不得以保证人作为担保。"

《瑞士民法典》第898条第1款规定："债务人不履行义务时，债权人经事先通知债务人，可变卖留置物。但此规定仅限于债权人未得到充分担保的情形。"

② 我国台湾地区"民法"第938条："留置权因占有之丧失而消灭。"

没有对待履行之前，有权拒绝自己的履行。我国《合同法》规定了同时履行抗辩权。① 留置权与同时履行抗辩权既有相似之处，又有明显的区别。留置权与同时履行抗辩权的区别，主要表现在以下三个方面：

（1）目的不同。留置权以担保合同债务履行为目的。留置权是债权没有受偿之前，债权人留置债务人的财产，目的在于保障债务的履行，债务履行期届满之后，债务人仍不履行其债务的，可根据法律规定，在催告债务人之后，以留置的财产折价或者是以变卖、拍卖该财产的款项优先受偿。同时履行抗辩权的发生和行使，并非为了担保债务的履行，主要在于促使双方同时履行，以维护当事人之间的利益平衡。

（2）性质不同。留置权是担保物权，属于法定担保物权，是法律为担保债务人履行合同债务规定的权利。留置权人可以留置债务人的财产价值而优先受偿，而同时履行抗辩权为对抗权，不具有物权性质而属于债权，只能对抗双务合同中对方当事人的请求权，拒绝履行义务。因此，同时履行抗辩权的行使并不会产生优先受偿的问题。

（3）根据不同。留置权的发生必须是一方按照合同约定占有对方的财产，对方不按照合同给付应付款项超过约定期限。换言之，在留置权发生时，一方已占有对方的财产。同时履行抗辩权发生的根据是双务合同在债务履行上的牵连性，在对方未履行给付义务时，才可行使抗辩权。因此，在抗辩权发生时，一方是不可能占有对方的财产的。

① 我国《合同法》第66条规定："当事人互负债务，没有先后履行顺序的，应当同时履行。一方在对方履行之前有权拒绝其履行要求。一方在对方履行债务不符合约定时，有权拒绝其相应的履行要求。"

第十八章　优先权与让与担保

抵押权、质权及留置权为担保物权[①]，已为大陆法系各国所一致承认，属于典型担保物权；优先权和让与担保为担保物权则并未得到学界的一致承认[②]，优先权属于法定担保物权，让与担保则属于意定担保物权，以上两者均属于非典型担保物权。但是，学界对优先权和让与担保的性质、特点及在交易中的地位和功能有不同的认识。

第一节　优　先　权

一、优先权的概念及特征

优先权，是指特定的债权人根据法律规定，对债务人的财产所享有的优先于普通债权人受偿的权利。[③]《日本民法典》将优先权称为先取特权。[④] 优先权制度起源于罗马法，最初设立的优先权有妻之嫁资返还优先权和受监护人优先权，性质并非担保物权，仅表现为具有优先效力的债权。[⑤]

优先权制度从罗马法确立以来，不断发展成为包括一般优先权和特别优先权在内的完整的法定担保物权体系。关于优先权的立法例，大陆法系国家存在较大的差异。1804 年《法国民法典》在继受罗马法优先权制度的基础上，在民法典中以专章规定了优先权，确立了近代优先权制度。《日本民法典》的规定大致

---

① 大多数著述仅承认抵押权、质权及留置权为担保物权。参见史尚宽：《物权法论》，中国政法大学出版社 2000 年版；郑玉波：《民法物权》（第 15 版），三民书局 1992 年版；钱明星：《物权法原理》，北京大学出版社 1994 年版；刘宝玉、吕文江主编：《债权担保制度研究》，中国民族法制出版社 2000 年版；等等。

② 承认优先权为担保物权的著述有郭明瑞、仲相、司艳丽：《优先权制度研究》，北京大学出版社 2004 年版；王利明：《物权法论》（修订版），中国政法大学出版社 2003 年版。承认让与担保为担保物权的著述有梁慧星主编：《中国物权法研究》，法律出版社 1998 年版；谢在全：《民法物权论》（下册），中国政法大学出版社 1999 年版。

在我国《物权法》起草过程中，物权法草案并未规定优先权制度，但是在物权法草案的第一次审议稿和第二次审议稿中规定了让与担保制度。

③ 参见王利明：《物权法论》（修订版），中国政法大学出版社 2003 年版，第 718 页；郭明瑞、仲相、司艳丽：《优先权制度研究》，北京大学出版社 2004 年版，第 1 页。

④ “在‘先取特权’这一称谓中，‘先取’是对权利内容，即优先受偿含义的表达；‘特权’则体现了权利的特殊性及法定性。两者组合而成的‘先取特权’一词，既满足法律概念上指代唯一的要求，防止混淆，又能较好地反映权利的实质内容。因此，仅从立法技术讲，先取特权的称谓最值支持。”郭明瑞、仲相、司艳丽：《优先权制度研究》，北京大学出版社 2004 年版，第 5 页。

⑤ 参见郭明瑞、仲相、司艳丽：《优先权制度研究》，北京大学出版社 2004 年版，第 21 页。

与《法国民法典》相同。《瑞士民法典》没有设立统一的优先权制度,但却分散地规定了各种具体优先权。例如,《瑞士民法典》第456条规定了被监护人对监护人或者监护主管官厅官员的财产享有损害赔偿请求优先权。我国台湾地区民法没有规定优先权制度,而是在特别法中规定具体的优先权。[①]《德国民法典》则从债权的角度,或者作为债权的特殊效力或者作为特殊债权的受偿顺序,规定了优先权制度的内容,而且优先权制度衍化为不同的权利。《德国民法典》第559条第1款、第585条以及第704条第1款规定的权利[②],虽然名为质权,但内容的实质分别应为不动产出租人优先权和旅店主优先权。

我国《民法通则》并未规定优先权制度,仅在其他法律中规定了优先权。《民事诉讼法》和《企业破产法》中将优先权作为特殊债权的清偿顺序予以规定,但并未确认为一种独立的权利。此外,《海商法》确立了船舶优先权,《担保法》确立了土地使用权出让金优先权,《民用航空法》确立了民用航空器优先权。但是,《物权法》未能在先前法律规定的基础上确立优先权制度。

尽管大陆法系各国对优先权制度的继受存在差异,但是不论以何种名义、何种形式,各国都在法律体系中规定了优先权制度的具体内容,这表现了优先权制度在社会实际生活中的生命力。

优先权属于法定担保物权,就债务人的全部财产或者特定财产变卖所得的价金优先于其他有担保或者没有担保的债权受偿。优先权旨在破除债权平等原则,赋予特殊债权人以优先于其他债权人的受偿权,借以实现债权人之间的实质性平等。优先权是一种极为特殊的权利,既可为特定人设立,也可以为特定事设立;既可为债权人的利益设立,也可为债务人的利益设立。优先权具有三个方面的特征:

(1) 优先权是法定担保物权。[③] 优先权的设定是基于法律的直接规定,而不是基于当事人的任意创设,当事人不得通过约定排除优先权的适用。法律规定优先权的目的是为担保特定债权的实现,不是以担保债权实现为目的的优先性权利,不属于优先权。优先权的法定性表现在优先于法定担保物权的留置权,产生优先权的债权种类、优先权的效力及优先权之间的顺位,均由法律规定。

---

① 例如,我国台湾地区的"海商法"第24条规定了船舶优先权;"矿场法"第15条规定了矿工工资优先权;"强制执行法"第29条规定了强制执行费用优先权;"实施平均地权条例"第32条规定了土地增值税优先权;"保险法"第124条规定了人寿保险之要保人、被保险人、受益人对于保险人为被保险人所提存的责任准备金有优先权等。

② 《德国民法典》第559条第1款规定:"土地出租人应租赁契约所生的自己的债权,对于承租人置于该土地上的物有质权。"第585条规定:"耕作地的用益出租人得对全部租金行使之,此质权扩及于土地果实。"第704条第1款规定:"店主因其对住宿的债权或其他为满足客人的需要而提供给客人的给付,连同垫款,对客人携入的物品,享有质权。"

③ 参见郭明瑞、仲相、司艳丽:《优先权制度研究》,北京大学出版社2004年版,第2页。

(2) 优先权是无须采取普通公示方式的担保物权。根据物权公示原则的规定,物权的变动应当有适当的公示方式,才能发生物权变动的效力。动产物权是以占有为公示方式,不动产物权则是以登记为公示方式。但是,这些公示方式仅适用于因法律行为发生的权利变动,并不适用基于法律规定发生的权利变动。优先权是基于法律规定产生的权利,既无须登记,又无须占有。但是,优先权并不是无须公示的物权,而是无须以占有或者登记方式进行公示的担保物权,法律对优先权种类、内容、顺位规定的本身,即为优先权的公示方法。

(3) 优先权的顺位是基于法律的直接规定。根据《法国民法典》和《日本民法典》的规定,无论一般优先权还是特别优先权,不仅可产生优先权的债权种类是基于法律规定,而且这些优先权之间的行使顺序也基于法律规定。抵押权的顺位体现了当事人意思,而优先权根本不存在当事人的意思,体现了较强的立法政策性。

关于优先权的性质,是一个争议较大的问题,优先权的定性可能比对优先权的认识更为困难。[①] 优先权的性质,理论上主要有三种观点:

(1) 法定担保物权说。以法国和日本为代表的大陆法系国家继受了罗马法的传统,将优先权定位于法定担保物权。法定担保物权说认为,优先权为一种独立的担保物权。优先受偿性是物权效力的基本属性,也是物权与债权相区别的重要标志;债权为相对权,没有排他性和优先受偿性。法律赋予某种债权以优先受偿的效力,则无论基于何种理由,事实上就肯定了该请求权具有物权性质。鉴于优先权与抵押权在产生背景、设定条件和公示方法等方面存在的差异,优先权应被视为一种独立的担保物权。

(2) 特种债权说。以德国和瑞士为代表的大陆法系国家,一方面继受了罗马法关于优先权的立法指导思想,从维护社会正义或者基于推行社会政策的角度考虑,以特别法的形式赋予工资、税款等某些特种债权以优先受偿效力,但并不接受罗马法对于优先权性质的认定。特种债权说认为,优先权的设立无须一般的公示方式,从而违背了物权公示原则,与以公示制度为宗旨的担保物权制度的理念是不相容的;法律虽然赋予了某些特种债权以优先受偿性,但这仅仅是出于推行社会政策和维护公平正义的考虑,并不能改变该种特种债的债权性质。

(3) 权利的保护方法说。权利的保护方法说认为,不宜将优先权归为债权,因为优先权是特定种类债权享有的优先受偿权,是对该种债权的保护,不能混淆对权利的保护与权利本身之间的区别。优先权是法律对特定种类债权的特殊保护。优先权通常依附于特定种类债权的存在,脱离了特定的债权,优先权则没有任何意义,与物权或者债权并非处于相同的阶位。但是,优先权自身又并非完全

① 参见申卫星:《优先权性质初论》,载《法制与社会发展》1997 年第 4 期。

虚无,本体是优先受偿权。[①] 因此,优先权是既有别于物权,又不同于债权,仅仅为一种权利的保护方法而已。

二、优先权的立法基础及类型

优先权制度的产生,表明了一个国家创设优先权制定是有客观基础的,即以优先权所体现和保护的社会关系的存在为前提,而这些社会关系是优先权的立法基础。优先权立法基础来源于它赖以存在的社会物质生活条件,必须从社会物质生活条件来理解优先权的立法基础。优先权立法基础,主要包括以下三个方面的内容:

(1) 维护社会的公平和正义。优先权设立的目的是为保护特殊债权人利益。在经济活动中,人们相互之间的利益关系难以保持良性平衡,有时会受到各种不合理因素的干扰。例如,在不动产租赁中,出租人利益因承租人经营不善受到损害,受雇人工资因雇主的破产而难以保障等。为维护这些权利人的利益,就需要法律规定适合的解决办法,而这些权利人利益,往往又是与自身生存、家庭生活紧密相关的。

(2) 维护国家利益和社会公共利益。诉讼费用和税款关系着国家司法活动和行政管理活动的正常运转,如果清偿顺序与一般债权人没有区别,甚至以抵押权、留置权的实现为前提,国家利益和社会公共利益则受到影响。国家利益和社会公共利益与私人利益发生冲突时,法律赋予某种优先的效力。[②] 诉讼费用优先权、税款优先权的设立无疑起着重要的保障作用。

(3) 维护债务人的利益。优先权既是为保护债权人的利益,又是为保护债务人本身的利益。例如,通过设立优先权,规定债务人医疗费用和生活费用优先受偿,为债务人提供医疗服务、食品的债权人,有权就债务人的财产优先于其他债权人受清偿。这就使得债务人及其家属能够及时得到治疗和获得生活必需品,以维持基本的生存。

优先权有一般优先权和特别优先权之分。一般优先权,是指根据法律规定就债务人的全部财产优先受偿的权利。一般优先权又可分为公法上的优先权与私法上的优先权。公法上的优先权,是指为保护国家利益,公法或者相关法律所规定的优先权,包括各种税收优先权和有关司法费用优先权。私法上的优先权,

---

① 参见〔日〕近江幸治:《担保物权法》,祝娅、王卫军译,法律出版社 2000 年版,第 32 页。

② 我国《企业破产法》第 113 条规定:“破产财产在优先清偿破产费用和共益债务后,依照下列顺序清偿:(一) 破产人所欠职工的工资和医疗、伤残补助、抚恤费用,所欠的应当划入职工个人账户的基本养老保险、基本医疗保险费用,以及法律、行政法规规定应当支付给职工的补偿金;(二) 破产人欠缴的除前项规定以外的社会保险费用和破产人所欠税款;(三) 普通破产债权。破产财产不足以清偿同一顺序的清偿要求的,按照比例分配。破产企业的董事、监事和高级管理人员的工资按照该企业职工的平均工资计算。”

是指为保护私人利益,民事法律规范所规定的优先权。从各国的优先权制度立法看,产生一般优先权的债权主要有诉讼费用、医疗费用、丧葬费用、受雇人员的工资和各种补贴、补偿金、税收、各种保险费等。这些费用涉及对社会生活有重大影响的领域,对这些债权的受偿的保护体现了社会公共政策。

特别优先权,是指根据法律规定就债务人特定的动产或者不动产优先受偿的权利。根据客体的不同,特别优先权可分为动产特别优先权和不动产特别优先权。动产特别优先权,是指以债务人的特定动产为标的的优先权。[①] 不动产特别优先权,是指债权人对债务人的特定不动产的价值享有的优先受偿权。[②]

三、优先权的效力

被担保的债权的债权人就一定范围内的财产的价值优先受偿是担保物权的基本特征,也是担保物权价值权的根本体现,优先权作为法定担保物权也不例外。优先受偿效力是优先权效力的主要体现,是法律基于特种债权的性质,为平衡当事人之间的权利而直接赋予债权人的权利,无须当事人的约定;抵押权、质权等担保物权的优先效力则来源于债权人与债务人或者债权人与物上担保人之间的约定,是意思自治原则在物权法中的体现。

优先权的优先受偿效力的实现,应具备三个方面的条件:一是有效的优先权的存在。有效的优先权的存在是实现优先受偿权的前提条件,而优先权存在的前提条件是所担保的债权有效存在。二是债务人履行债务的期限届满。债务履行期未届满,债务人没有履行债务的义务,债权人虽享有优先权但却不能行使优先权。三是债务人未能履行债务。债务履行期届满,债务人未能履行债务的,债权人可以行使优先受偿权以实现债权。

优先权所担保的债权范围,即优先权人可从优先权之标的物的变价中优先受偿的范围。优先权属于法定担保物权,所担保债权的范围应当由法律直接规定,而不能由当事人约定。但是,我国法律对优先权所担保的债权范围没有明文规定,从外国的立法例及我国约定担保物权的范围看,优先权所担保的债权应包括四个方面的内容:一是主债权。优先权所担保的是产生优先权的债权,即优先权成立时所担保的债权。二是利息。优先权所担保的债权所产生的法定利息。

---

① 动产特别优先权有不动产出租人对承租人置于其不动产上的动产的优先权,旅馆主人对顾客携带之物品的优先权,运送人对其所运送的动产的优先权,动产保存人对其所保存的动产的优先权,动产出卖人对其所出卖的动产的优先权,因公职人员渎职的被害人对担保基金的优先权,耕地出租人对收获物的优先权,种子、肥料、农药提供人对收获物的优先权,农工业劳役人员就其报酬对收获物的优先权,责任保险赔偿金的优先权等。

② 不动产特别优先权有:不动产保存人的优先权,不动产修建人的优先权,不动产出卖人的优先权,不动产资金贷与人的优先权,共同继承人就补偿金对其他继承人取得的不动产的优先权,共有物分割人就补偿金对原共有的不动产的优先权等。

三是违约金、补偿金和损害赔偿金。从各国的立法例看，仅有特定种类的优先权所担保的债权范围包括违约金、补偿金和损害赔偿金。四是行使优先权的费用。实现优先权的费用本身，也构成一种优先权。

第二节 让与担保

一、让与担保的概念及特征

让与担保，是指债务人或者第三人为担保债务人债务的履行，将担保标的物的所有权转移给担保权人，如果债务人按照约定清偿债务，则标的物应返还给债务人或者第三人；如果债务人到期未能履行债务的，担保权人就标的物受偿的非典型担保物权。[①] 让与担保制度的核心是债权人以取得担保物的所有权担保债权的清偿。

让与担保制度可以追溯到罗马法上的信托。[②] 在德国、日本民法典中，让与担保制度虽没有明文规定，但在理论与实务上均承认，而且在社会上非常流行。德国的让与担保制度，在实践中的作用已经超过了动产质押权，成为动产担保物权中最为重要的方式。在我国台湾地区，理论与实务均承认这种担保方式。

让与担保制度是大陆法系民法典没有规定的担保方式。让与担保转移标的物所有权的法律外观，给债务人及交易第三人带来新风险，该制度在产生之初、在整个发展过程中不断地受到各国学者的批判。但是，让与担保以自身所具有的巨大社会功能而逐渐被各国判例和学说所接受，并成为担保法领域中的重要担保方式。

担保物权有典型担保与非典型担保之分，典型担保是法律明文规定的，以标的物设定具有担保作用的定限物权为构造形态，但标的物的所有权并不发生转移，仍存留债务人或者第三人，并不移转于担保权人。非典型担保是社会交易中自发形成的，世界各国的立法并未规定，但为各国的判例学说所承认的担保物权，不以设定物权的方法为权利构造，但却是以实现担保债务为目的，通过标的物所有权转移给担保权人的方式来实现债务的担保。从世界各国的担保实务来

---

① 我国物权法第一次审议稿和第二次审议稿均规定了让与担保制度，但是第三次审议稿删除了让与担保制度。《物权法草案第二次审议稿》第 408 条规定："让与担保是指债务人或第三人为担保债务人的债务，将担保标的物的权利移转于债权人，于债务清偿后，标的物应返还于债务人或第三人，于债务不履行时，担保权人可就该标的物优先受偿的权利。"

② 谢在全：《民法物权论》(下册)，中国政法大学出版社 1999 年版，第 898 页。

看，让与担保是一种十分重要的非典型担保形式。[①]

让与担保制度是大陆法系国家的一种基本的担保物权形式，与普通担保物权相比有四个方面的不同特点：

（1）所有权的转移。普通担保性质上属限制物权，设定不以移转担保物的整体权利为必要，担保物的所有权仍保留在设定人手中；让与担保则是将标的物的整体权利，特别是所有权移转给担保权人。

（2）公示方式的灵活性。普通担保既然是物权，应以公示为必要；让与担保的设定不以公示为必要，公示与否完全取决于当事人的约定。

（3）追及效力的丧失。普通担保既然是物权，当然具有排他效力和追及效力；让与担保的性质介于物权与债权之间，让与担保设定后，担保权人对担保物不享有追及权。

（4）流质条款不受限制。普通担保均为变价权，法律禁止当事人在担保合同中约定流质条款；让与担保则不受流质条款的限制，债权人既可以采用变价的方式，从担保物的变价中优先受偿，又可以直接以担保物的所有权充抵债权。但是，从各国让与担保制度的发展趋势来看，为保护担保设定人的利益，通常要求债权人在债权届期未受清偿时，应采取变价清偿的方式实行担保权。

任何一种法律制度均有存在的价值，让与担保制度存在的价值主要表现在三个方面：

（1）让与担保能扩大融资的可能性。让与担保既可以实现集合财产的担保化，又可以使一些不能设定典型担保物权的权利实现担保化。[②] 社会上各种新形成或者正在形成过程中的财产权，如电脑软件的权利、拟购买中的不动产、老铺和招牌等特殊权利，在这些物上设定抵押权或者质权仍有疑问，但通过让与担保可实现上述财产的担保化。

（2）让与担保能阻却或者减少交易第三人出现的可能性。让与担保可以减少因标的物的所有权为第三人所取得或者后位担保权人的出现，阻碍担保权实

---

① 让与担保的基本类型有：

（1）外部移转型和内外部同时移转型。外部移转型让与担保，是指让与担保标的物的所有权仅在当事人的外部关系上转移与担保权人，在其内部关系上则仍属于设定人而并不发生转移。内外部同时转移型，是指标的物的所有权不仅在外部关系上而且也在内部关系中一起转移与担保权人。

（2）处分型和归属型。处分型让与担保，是指担保权人在债务人不履行债务时，可以处分担保标的物并以其价金优先受偿。归属型让与担保，是指担保权人通过取得标的物的所有权来抵偿担保债权的形态。

（3）流质型和清算型。流质型，是指让与担保权人在实行让与担保时，担保权人取得担保标的物的所有权；债务人的债务也同时消灭，担保权人就标的物的价额超过被担保债权额，担保权人也无须将其差额返还给设定人。清算型，是指担保权人在实行让与担保时，就标的物价额与债权之间的差额负有清算义务，即标的物应当以估价或者变卖的方式换价清偿，当标的物的价额超过被担保债权额时，担保权人应将该差额返还与设定人，如果担保物的价额不足以清偿债权时，担保权人仍可以请求债务人偿还。

② 谢在全：《民法物权论》（下册），中国政法大学出版社 1999 年版，第 899 页。

现的可能性。

(3) 让与担保能节约交易成本。让与担保可以节约抵押权、质权实行的费用,并避免标的物在拍卖程序中变价过低的不利。

让与担保制度同其他法律制度一样,也有自身的缺陷和不足:一是让与担保交易关系的建立是以担保权人和债务人或者第三人之间的信赖关系为基础的,任何一方当事人的背信行为,均会损害另一方当事人的利益。二是让与担保权人在债务人不履行债务时可以直接实行担保权,意味着可能损害债务人或者第三人利益。

我国包括《物权法》在内的法律均未规定让与担保制度,但实务部门在交易中采纳了一些类似的担保的方式,较为典型的担保方式有融资租赁①、进口押汇②和应收账款保理等。③ 在《物权法》起草过程中,对是否规定让与担保制度的争议非常大,形成了三种观点:

(1) 肯定说。肯定说主张《物权法》应当规定让与担保制度,认为让与担保制度可以有效防止第三人对担保财产进行干预,为当事人提供了更多的担保方式和融资途径且在国内外已经得到广泛运用。

(2) 否定说。否定说反对在《物权法》中规定让与担保制度,认为以动产设定让与担保,公示方式无法解决。此外,让与担保实际上是一种流质,有悖于现代社会的法律禁止流质合同的规定。

(3) 折中说。折中说主张在《物权法》之外制定单行的法律,认为让与担保

---

① 融资租赁,又称设备租赁或者现代租赁,是指具有融资性质和所有权转移特点的设备租赁业务。出租人根据承租人所要求的规格、型号、性能等条件购入设备租赁给承租人,合同期内设备所有权属于出租人,承租人只拥有使用权,合同期满付清租金后,承租人有权按残值购入设备,以拥有设备的所有权。现代融资租赁产生于美国。中国的现代租赁业开始于20世纪80年代的改革开放,从日本引进了融资租赁的概念,东方租赁有限公司和中国租赁有限公司开展融资租赁业务,通过这种方法从国外引进先进的生产设备。

② 进口押汇,是指进出口双方签订买卖合同之后,进口方请求进口地某个银行向出口方开立保证付款的信用证。开证行将信用证寄送给出口商,出口商见证后,将货物发送给进口商。进口商通过信用保证文件的开立,延长付款期限,不必在出口商发货之前支付货款,即使在出口商发货后,也要等到单据到达自己手中才履行付款义务。这样进口商减少了资金被占用的时间。在进口押汇业务中,进口商将货物的所有权转移给银行,作为垫付款偿还的担保。

③ 应收账款保理,是指企业将赊销形成的未到期应收账款有条件地转让给商业银行,以获得银行的流动资金支持,加快资金周转。保理可以分为有追索权保理(非买断型)和无追索权保理(买断型)、明保理和暗保理、折扣保理和到期保理。有追索权保理,是指销售合同并不真正转让给银行,银行只是拿到该合同的部分收款权,一旦采购商最终没有履行合同的付款义务,银行有权向销售商要求付款。无追索权保理是指银行将销售合同完全买断,并承担全部的收款风险。明保理,是指银行和销售商需要将销售合同被转让的情况通知采购商,并签订银行、销售商、采购商之间的三方合同。暗保理,是指销售商为了避免让客户知道自己因流动资金不足而转让应收账款,并不将债权转让情况通知客户,货款到期时仍由销售商出面催款,再向银行偿还借款。折扣保理,又称为融资保理,即在销售合同到期前,银行将剩余未收款部分先预付给销售商,一般不超过全部合同额的70%—90%。到期保理,是指银行并不提供预付账款融资,而是在赊销到期时才支付,届时不管货款是否收到,银行都必须向销售商支付货款。

属于非典型的担保物权,大陆法系国家的立法例仅规定典型的担保物权,非典型的担保物权则以单行法的方式确立。

否定说主导了《物权法》,《物权法》最终未能规定让与担保制度。

二、让与担保的有效性与法律构造

关于让与担保的有效性问题,在让与担保制度的发展过程中,一直存在较大的争议,主要有虚伪意思表示、物权法定主义和流质的禁止三种理论。

(1) 虚伪意思表示。虚伪意思表示理论认为,设定人将标的物的权利移转给债权人,仅仅属于外观形式,而在实质上并无移转标的物权利的意思。真意是为设定抵押或者质押,属于双方通谋而为虚伪转移所有权的意思表示。通谋虚伪的意思表示在当事人之间自始无效,当事人之间设立让与担保的行为是无效的。"信托行为"理论则解决了让与担保有效性问题,认为让与担保在本质上是一种信托行为,是指当事人为达到一定的目的而采取超过必要限度的法律行为。与脱法行为以规避法律为目的不同,信托行为是为了达到法律所许可的目的。让与担保设定人是利用转移所有权的法律手段来达到担保债权的经济目的。尽管让与担保的法律手段超越了经济目的,但当事人的意思是转移真正的所有权,绝非通谋虚伪的意思表示。因此,让与担保的有效性应当得到认可。

(2) 物权法定主义。物权法定主义是大陆法系国家物权法奉行的基本原则,即物权的种类和内容由法律规定,当事人不得根据自己的意思自由创设物权及物权的内容。一般认为,创设物权的法律仅指制定法而将习惯法排除在外,为习惯法所确认的让与担保将因违反物权法定主义而归于无效。物权法定原则使得有限的物权种类难以适应复杂、活跃的经济生活的需要。物权法定中的法应包括习惯法。让与担保是经过长期演化而成为固定化和类型化的制度,内容呈现出高度的确定性,可以使第三人有预测的可能,并在社会上形成一种法的确信,构成一种习惯法。

(3) 流质的禁止。流质的禁止是指当事人在设定抵押和质押时,禁止在合同中规定,履行期限届满,债务人不清偿债务时,担保物所有权即归属于债权人。流质的禁止旨在避免处于弱势地位中的债务人,为小额的借贷提供高价值的担保物作为质物,使债务人在不能偿还债务时成为暴利行为的牺牲品。在让与担保中,当债务人到期不能履行债务时,担保权人并不能就此取得担保标的物的所有权,担保权人仍负有清算义务。在标的物的价金超过被担保债权时,就超过部分负返还义务,即使在承受标的物抵偿债务的情况下也是如此。因此,通过对让与担保人清算义务的规定,不会发生流质的情形。

让与担保是债务人为担保而把标的物所有权转移给债权人,外形上债权人作为所有人出现,所有权移转目的仅为设定担保,对于形式上所有权的转移与实质上的担保权的设定两者之间关系的理解,则必须说明让与担保的法律构造。让与担保的法律构造有所有权构成论、担保权构成论和折中说三种理论。

(1) 所有权构成论。所有权构成论有相对的所有权移转和绝对的所有权移转之分。相对的所有权移转,是指标的物的所有权在让与担保中仅仅发生相对的所有权转移,即在对第三人的外部关系上,所有权发生转移,而在当事人之间的内部关系上,并不发生所有权的转移,债务人仍然享有担保物的所有权。绝对的所有权移转,是指在对内和对外关系上,所有权发生移转,债权人享有担保物的所有权。绝对的所有权转移说是以罗马法上的信托为原型的理论,认为所有权通过信托行为完全地转移给受托人。但是,在让与担保的内容与形式关系上,所有权构成论过分强调形式而忽视实质内容。按照所有权构成论的理论,当债权人处分标的物时,第三人无论善意还是恶意都能取得所有权,债务人不能对第三人主张权利。所有权构成论将债务人降为出卖人的地位,对债务人极为不利。

(2) 担保权构成论。担保权构成论强调担保的实质,认为让与担保仅仅是担保权的设定,所有权仍然归属于债务人或者第三人。担保权构成论,主要包括授权说、质权说和抵押权说三种学说。

授权说认为,债务人仍然保留标的物的所有权,让与担保的设定仅仅将担保物的变价权和处分权授予债权人。让与担保权人虽在外观上是所有权人,但当事人间并没有真正移转所有权的意思。在让与担保设定之后,当事人之间并无转移标的物所有权的真正意思,所有权实际上并未发生转移而仅仅使债权人具有所有权人的外观,设定人只是根据担保债权的目的,赋予债权人对担保物权的处分权。授权说与所有权构成论相比,使让与担保权人处于不利的地位,导致让与担保缺乏作为担保权的实益。此外,如果采纳授权说,对于当事人之间的转移所有权的外观行为,只有以虚伪表示理论来否定其转移所有权的效力,才能将当事人之间的法律关系还原为处分权授权的本质,而这样又将使让与担保仍然具有虚伪表示的嫌疑。

质权说认为,应以质权作为让与担保的法律构成。尽管立法者的最初旨在通过公示原则来阻止隐藏的质权,让与担保最终通过习惯法奠定了自己的地位;让与担保的法律构成应当顺应让与担保的习惯法,赋予债权人以担保权人即质权人地位。但是,在债务人被强制执行或者破产的情形下,质权说不承认让与担保权人的第三人异议权或者取回权,从而弱化了让与担保权人的权限。

抵押权说认为,让与担保的设定,实际上就是抵押的设定,但这种抵押权的设定却没有适当的公示方式,让与担保权就是私下设定的抵押权。

(3) 折中说。折中说作为所有权构成论与担保权构成论之间的一种折中,认为在让与担保关系存在的过程中所有权一直处于不确定状态。折中说有担保人保留权说和期待权说两种学说。担保人保留权说认为,让与担保的设定发生了观念上的二段物权变动：一是标的物的所有权先由设定人转移给担保权人；二是担保权人在拥有标的物的担保权能的同时，将所有权扣除该担保权能之后所残存的权利即设定人保留权，再转让给设定人。但是，这二阶段的物权让渡仅表现为观念上的，导致设定人保留权内容具有不确定性。担保人保留权说不是从法律构成中赋予当事人各自的权限，而是从结果的妥当性中推导出当事人的权限。期待权说认为，担保权人有取得所有权人的地位，担保人因债务的偿还，恢复所有权人的地位。因此，债权人和债务人都享有期待权。

三、让与担保的设定

让与担保的取得，可分为依法律行为与非法律行为两种。让与担保的取得主要是法律行为，即让与担保的设定。让与担保是由让与担保设定人与担保权人通过合同的方式设定，让与担保合同明确规定，设定人将财产权转移给担保权人的目的，是为了担保债权的清偿。让与担保合同的当事人，一方为标的物的提供人，即设定人，通常为债务人，也可以是债务人之外的第三人。该第三人以自己的财产为债务人清偿债务提供担保，与物上保证人的地位相似。让与担保合同的另一方当事人是让与担保合同标的物的权利取得人，通常为债权人，这是由于让与担保的设定是为了担保债权人的债权。但是，标的物的权利取得人可以是第三人。例如，在债权人、债务人及第三人三方合意下，债务人可以将不动产信托让与第三人，在债务人不履行债务时，第三人自动扣除债务人所欠债权人的债权之后，将余额返还给债务人。①

让与担保的设定以有被担保债权的存在为前提条件。设定让与担保的债权，可以是现存的债权，也可以是将来发生的债权；可以是金钱债权，也可以是非金钱债权，但是以金钱债权或者现存的债权为原则。② 让与担保设定后，被担保债权不成立或者无效的，让与担保行为也归于无效，即不具有担保意义，仅为一般的权利转让行为。但是，德国、我国台湾地区区分物权行为和债权行为，物权行为具有无因性，并不因债权行为无效而当然归于消灭，在这种情况下，让与担保设定人已转移权利的，只能行使不当得利返还请求权。③ 日本法不承认物权行为独立性与无因性问题，物权的变动采意思主义。因此，根据日本法设定让与担保，只要当事人就让与担保达成合意，担保即宣告成立。

---

① 参见史尚宽：《物权法论》，中国政法大学出版社 2000 年版，第 426 页。

② 谢在全：《民法物权论》（下册），中国政法大学出版社 1999 年版，第 909 页。

③ 在德国法上，有物权行为与债权行为之分，两者的关系是原因行为与履行行为的关系。让与担保的设定，通常由一个基础的债权行为和一个实现物权行为构成。设定人是通过协议与占有改定的方式来实现这两个行为。债权行为通常由作为转移担保标的物所有权的原因的借贷协议和担保协议构成。占有改定则是让与担保完成标的物的物权行为，以占有改定方式交付让与担保标的物，是让与担保设定人仍保持对担保标的的占有，让与担保权人取得返还请求权。

根据法律规定可以转让的财产权,包括不动产与动产所有权、企业所有权、他物权、债权、知识产权以及正在形成中的权利,均可以成为让与担保的标的物,但是以所有权为让与担保主要的标的。① 在现代社会中,不能作为质押、抵押典型担保标的的财产,可以借助于让与担保实现其担保化。

四、让与担保的效力

让与担保的效力分为对内效力与对外效力。对内效力是让与担保当事人之间所产生的效力,对外效力则表现为让与担保当事人与第三人之间的效力。

(一) 让与担保的对内效力

让与担保的对内效力,是指让与担保设定人与担保权人之间的权利义务。根据合同自由原则和让与担保经济的目的,当事人可以自由约定债权的范围、标的物的范围、标的物的利用关系、让与担保的实行方式和标的物的保管责任等内容。在当事人意思表示不确定或者在当事人之间无特别约定时,则应当受担保目的的制约。让与担保的对内效力主要表现在以下四个方面:

(1) 让与担保所担保的债权范围。当事人有约定的,从约定。当事人没有约定的,则应解释为不仅及于原债权、利息、迟延利息,而且也及于实质上应由设定人负担却由担保权人支出的费用。

(2) 对标的物的占有、使用和收益。让与担保标的物的占有使用权,应属于设定人还是担保权人有两个判断标准:一是当事人的意思表示,二是让与担保的目的。在少数的占有转移让与担保中,标的物的占有使用权归属于债权人。在非占有转移型让与担保中,标的物通常仍然由债务人占有。

(3) 让与担保的实行。在债务清偿期届满,债务人不履行债务时,债权人可以实行让与担保,这项不履行的债务通常指原本债务。在设定人占有标的物的情形下,实行让与担保的必要条件是担保权人向设定人请求交付标的物。当事人对实行的方法有约定的,应遵循当事人的约定。在清算型让与担保中,让与担保权人就标的物的价额和债权额之间的差额进行清算,如果标的物的价额超过被担保债权的,应将差额返还给设定人;如果标的物的价额不足以清偿被担保债权的,让与担保人仍有权请求债务人清偿。在流质型让与担保中,担保权人对标的物价额与担保额之间的差额,既没有清算义务,也没有返还给债务人的义务,债务人也无权向债权人追偿差额。在处分型让与担保中,债权人必须将担保物进行变价并以价款清偿担保债权,如有余额必须返还债务人。在归属型让与担保中,债权人取得标的物所有权以代物清偿的方式满足债权的实现。

(4) 设定人对标的物返还请求权。在约定的清偿期限内履行债务的,设定

① 谢在全:《民法物权论》(下册),中国政法大学出版社 1999 年版,第 910 页。

人可以请求担保权人返还标的物。在债务履行期届满之后的一定时间内,设定人向债权人清偿债务的,可以请求返还标的物。让与担保的经济目的在于担保债务的清偿,确保债权的实现。法律应当允许设定人享有这种请求权,但在两种情形中返还请求权的行使受到时间的限制:一是采取变价受偿的实行方法的,设定人应在担保权人与第三人订立标的物买卖契约之前行使返还请求权;二是采取估价的实行方法的,设定人应在担保权人对标的物进行估价清算、确定地取得标的物所有权之前行使返还请求权。

担保权人取得标的物的所有权的时间有三种情形:一是以合同约定的方式规定以该标的物抵偿债务的,在订立合同时担保权人取得标的物的所有权;二是在估价后担保权人负有返还之义务的,在返还该余额时担保权人取得标的物的所有权;三是在估价后担保权人无返还之义务的,在通知设定人无余额时担保权人取得标的物的所有权。

(二) 让与担保的对外效力

让与担保的对外效力表现在当事人与普通第三人之间的关系、与设定人的第三债权人的关系、与担保权人的第三债权人的关系三个方面:

(1) 当事人与普通第三人之间的关系。当事人与普通第三人之间的关系主要有两种情形:一是设定人对标的物的处分。所有权构成论认为,在利用担保标的物时,让与担保的设定人负有保护担保权人利益的义务,违反该义务而擅自将担保物转让给第三人的,转让行为无效。但是,如果受让人符合善意取得要件的,则能够取得标的物的所有权。担保权构成论则认为,应以第三人是否具有恶意,判断第三人取得担保物权利的性质。第三人具有主观恶意,即知晓让与担保权的存在的,第三人所取得的权利,仅仅是附有让与担保权的所有权。让与担保权人可以对让与担保的标的物行使追及力。第三人不具有主观恶意,即相信设定人所处分的标的物上没有设定负担且无过失的,则根据善意取得制度,第三人取得不附加让与担保权的完全所有权。但是,如果第三人仅依据占有改定的方式取得标的物的间接占有,而没有实现让与担保标的物的现实交付,则不能承认第三人善意取得标的物的所有权,只能取得附有让与担保权的标的物的所有权。

二是让与担保权人对标的物的处分。债务履行期届满之前,让与担保人向第三人转让标的物的。所有权构成论认为,不论第三人是否具有恶意,第三人取得让与担保物的所有权。债务履行期届满之后,让与担保人向第三人转让标的物的,即使受让人是恶意的,设定人也不能向第三人主张赎回权。在债权人将标的物以合理的价格出售给第三人时,设定人的赎回权消灭。

让与担保权人设定第二让与担保权的效力的,所有权构成论认为,不论是在债权履行期届满之前还是在届满之后,也不论第三人是否具有恶意,第三人均可有效地取得第二让与担保权。担保权构成论则认为,在债务清偿期届满之前,让与担保权人就担保标的物设定第二让与担保合同的,属于担保权人不当处分标的物;在债务清偿期届满之后,债务人仍不履行债务,让与担保权人在取得标的物的处分权后,与第三人订立第二让与担保合同的,该让与担保合同有效。

(2) 与设定人的第三债权人的关系。与设定人的第三债权人的关系有三种情形:一是设定人破产的情形。根据传统的让与担保所有权构成,担保权人在法律上是标的物的所有权人,因而在设定人破产时,担保权人可以就标的物向破产管理人行使取回权。[①] 破产程序的目的是债权人为了就债务人的总财产公平受偿,让与担保的标的物超过被担保债权额的差额部分必须进入设定人的破产财产,用以满足一般债权人的债权。以担保权构成论为基础的立法例认为,让与担保权在本质上是一种担保权,在设定人破产时,让与担保权人只能行使别除权。

二是设定人公司重整的情形。公司重整是重整公司限于财务困难但还存在重建可能的,为保护企业经营的继续,实现债务调整和企业整理,使企业摆脱困境而走向复兴的再建型债务清理制度,并不是像破产程序那样对公司负债进行终局清算。因此,让与担保权人只能行使重整担保权,而不能行使取回权。

三是普通债权人强制执行标的物的情形。在这种情形下,对于让与担保权人的权利,有两种不同的认识,即第三人异议之诉的权利与优先受偿请求权。德国的学说在对各种利益进行全面衡量之后得出结论,特别是在价额不高的动产让与担保,承认担保权人的第三人异议之诉的权利,不至于损害其他债权人的利益,而且让与担保权的实行可以根据当事人一致同意的方式进行而无须经过公开拍卖程序。只有在设定人没有其他财产且担保物的价值超过被担保债权时,应当采取优先受偿请求权。

(3) 与担保权人的第三债权人的关系。与担保权人的第三债权人的关系有三种情形:一是担保权人破产的情形。德国理论认为,在担保权人破产的情形下,强调让与担保的担保目的或者担保实质,例外地承认设定人的取回权;日本理论也认为,设定人的具体的实质利益优于破产债权人的抽象的一般利益,承认设定人的取回权。我国台湾地区在学说上也基本肯定设定人的取回权。根据担保权构成论,设定人的取回权是当然的结论。

二是担保权人公司重整的情形。从公司重整的目的和宗旨考虑,应当限制设定人的取回权。让与担保实质上一种担保物权,让与担保权人只能以被担保债权和在此限度内的让与担保作为担保人的财产权,超出部分不应当列入重整公司的资产,设定人只有在被担保债权清偿后方可取回担保物。

三是普通债权人强制执行标的物的情形。相对的所有权构成论认为,虽然

---

① 但是,德国、日本的判例及学说,均认为担保权人的权利不是取回权而是别除权,原因在于让与担保的实质目的是为了担保债权的实现。

担保权人在与第三人的外部关系上被视为所有权人，但在当事人的内部关系上仍以设定人为所有权人，因而承认设定人的第三人异议之诉。绝对的所有权构成论认为，让与担保人已取得标的物的所有权，普通债权人在以担保物为让与担保权人的所有物而申请强制执行时，设定人不得提起第三人异议之诉以请求排除该强制执行。

担保权构成论认为，虽然担保权人只有担保权而没有所有权，但让与担保的设定是以转移所有权为形式的，善意债权人的利益应当予以保护。

五、让与担保的消灭

让与担保作为一种担保方式，消灭原因与其他担保方式大致相同。在以下三种情形中，让与担保消灭：

(1) 被担保的债权消灭。让与担保的目的是为了担保债权的清偿，一旦被担保的债权因清偿、抵销等原因而归于消灭时，则让与担保也因失去存在的依据而归于消灭。让与担保的标的物应返还给设定人。

(2) 标的物灭失。让与担保是以所有权转移为法律构造，即担保权人在法律上是标的物的所有人。在标的物灭失时，所有权归于消灭，让与担保即没有存在的可能。但是，如果标的物灭失而获得损害赔偿，则产生物上代位问题。

(3) 让与担保实行。在实行让与担保之后，担保权人实现了让与担保的目的，让与担保归于消灭。让与担保的债权，可能完全受偿，也可能部分受偿。

六、让与担保与其他类似制度

(一) 让与担保与按揭

按揭(mortgage)[①]，是指债务人或者第三人为担保特定债务的履行，将物的所有权转移或者让渡给债权人，债务人或者第三人仍然对担保物占有、使用和收益，所担保的债务履行或者清偿之后，债权人将物的所有权返还给债务人或者第三人的担保方式。按揭本意是指为担保一定款项的支付或者某种其他债务的履行，让与或者以其他形式处分财产中的某种利益。在这种担保方式中，债务人为担保债务履行而将一定财产权利转移给债权人。当债务人不履行债务时，债权人可以取得担保财产的所有权，债务人不得赎回用以担保的财产。按揭是英美法特有的担保制度，按揭的成立应满足三个条件：一是特定的财产权利的转移；二是债务人不履行债务时，债权人可以确定地取得财产的所有权；三是债务人享有赎回担保物的权利，债权人承担返还财产的义务。

最初英美法上的按揭，是以单纯继承的土地所有权让渡给担保权人的方式

① 按揭是我国香港地区学者对英国法中的“mortgage”一词的汉译，是广东话的音译。

设定的。按揭人和按揭权人之间的权利明显失衡,按揭权人对该土地上后设立的他物权享有绝对优先权。按揭权人保管、留置地产所有权契据,无须向法院申请,即可将该土地所有权转让给第三人;按揭权人还可向法院申请,取消按揭人的赎回权,并立即取得该单纯继承的土地所有权。按揭权人的上述权利,使按揭人处于明显的劣势。为平衡双方当事人的权利,衡平法院将按揭权人的利益限制在法律规定的范围内,否定了按揭权人的赎回权取消请求权。即使按揭人履行期届满而未能清偿债务的,也必须允许按揭人赎回单纯继承的土地。按揭人拥有一种将来的衡平权益,该权益的数额是土地价额与债务额之间的差额,该权益可以对抗恶意第三人。衡平法院还创设衡平赎回权,不论债务履行迟延的原因,也不论经过时间的长短,债务人均有赎回土地的权利。英国《1925 年财产法》采纳了大陆法系的不动产物权登记制度,规定除权利证书提存外,所有按揭均应办理按揭设立登记;废除债权人的赎回权取消请求权,对按揭酌情实行采取变价主义和清算主义。此后,按揭与大陆法系的抵押制度较为相似,但权利移转仍然被认为是按揭区别于大陆法系的无权利移转抵押权的重要标志。让与担保制度在功能和权利外观上,与按揭制度却有相似性。

我国的按揭制度来源于我国香港地区,我国香港地区的按揭制度有广义和狭义之分。广义的按揭制度是包括抵押、质押在内的多种担保形式的总称,狭义的按揭制度则是指以担保财产的转让为特征的担保形式,即英国法传统的按揭制度。香港地区从 1984 年之后,按揭制度不再以转移担保财产所有权为特征。

我国按揭的流行是在 20 世纪 90 年代,随着我国住房改革的不断深化,加上港资房地产企业大举进入内地,按揭特别是楼花按揭开始在内地流行。但由于我国遵循物权法定主义,在《物权法》①和《担保法》等法律中没有按揭这种物权形式,其他法律、行政法规、地方规章或有规定的,但仍视之为抵押权。② 在实践

① 在《物权法》的起草过程中,对《物权法》是否规定按揭制度,理论界和实务界存在三种观点:一是不单独规定按揭制度;二是以让与担保制度规范按揭行为;三是单独规定按揭制度。第一种观点认为,我国大陆地区的按揭制度实际上是抵押,应以抵押制度规范按揭行为。因此,《物权法》没有必要规定按揭制度。

实际上,我国的按揭制度是按照抵押制度规范操作的,按揭并不转移担保物的所有权,也不转移担保物的占有,而是通过登记的方式设定担保物权,与抵押权完全相同。鉴于此,《物权法》最终未规定按揭制度,但按揭制度仍然在我国的房地产买卖担保中运行。

② 例如,建设部在 1997 年 4 月颁布的《城市房地产抵押管理办法》中对预售商品房的抵押作了规定,该办法第 3 条规定:"本办法所称预购商品房贷款抵押,是指购房人在支付首期规定的房价款后,由贷款银行代其支付其余的购房购房款,将所购商品房抵押给贷款银行作为偿还贷款履行担保的行为。"第 27 条规定:"以预购商品房贷款抵押的,须提交生效的预购房屋合同。"第 34 条规定:以预售商品房或在建工程抵押的,登记机关应当在抵押合同上作记载,抵押的房地产在抵押期间竣工的,当事人应当在抵押人领取房地产权属证书后,重新办理房地产抵押登记。"

《北京市房地产抵押管理办法》第 5 条及《中国工商银行个人住房信贷管理办法》第 19 条,也有类似的规定。

中，按照担保内容的不同，按揭可分为楼花按揭与现楼按揭。楼花按揭，是指在房地产开发过程中，由房地产开发商与购房者先行签订商品房预售合同，支付一定比例的首期购房款，其余购房款则由购房者向金融机构申请贷款，并在所购房屋上设定担保或者由房地产开发商向金融机构充当保证人。银行实务通常将这类业务称为甲类按揭贷款。现楼按揭是指，购房者与开发商签订现房买卖合同时，由购房人向开发商支付一定比例的购房首付款，向金融机构申请贷款以支付剩余购房款，并将所购房屋的有关权属证明提交金融机构作为贷款抵押的一种购房方式。银行实务将这类业务称为乙类按揭贷款。

按揭和让与担保，分别源自英美法系和大陆法系，不仅在各自的发展沿革上存在不同，而且在具体的法律构造上也有着明显的区别。

（1）担保权人对标的物的权利性质不同。根据按揭制度的规定，按揭担保的标的物，在普通法上的所有权绝对地移转给按揭权人——按揭权人是担保物的所有权人。在合同规定的偿款期内，按揭人虽然继续占有担保的标的物，但按揭人却被视为寄托人。根据让与担保制度的规定，担保标的物的所有权只是在外观形式上转移给担保权人，担保权人并未真正取得担保标的物的所有权，本质上，仅取得担保物权。让与担保的设定人仍然是担保物的所有权人。

（2）对担保物的处分方式不同。债务履行期届满并且宽限期届满之后，按揭人仍不履行债务的，按揭权人即取得变卖担保标的物的权利。此外，按揭权人也可以选择另一种救济方式，即向法院提出申请，取消按揭人的衡平法上的赎回权，把担保标的物绝对地授予按揭权人。在让与担保，当事人可以约定实行让与担保权的方法。在没有约定的情况下，让与担保权人应当就债权额和标的物价额进行计算，将标的物处分给第三人或者归属于债权人。

（3）担保权的设定人对担保物的权利不同。按揭的设定人仅保留标的物的占有权和使用权，不能对标的物进行处分。与此相反，让与担保具有较大的灵活性，设定人不但保有对让与担保标的物的占有和使用权，而且可依双方当事人的约定处分标的物。

（4）公示方式不同。英美法上的按揭合同必须在规定的时间内向特定的机关办理登记手续，具有很强的公示性。大陆法系的动产让与担保的设定无须办理登记手续，不具有公示性。

（5）担保物返还的方式不同。在按揭中，在约定的赎回期限内，按揭人应当及时向按揭权人行使担保物赎回权。在让与担保中，债务人清偿债务后，让与担保权人应将担保物返还债务人或第三人。

按揭制度与让与担保制度虽然存在以上五个方面的不同，但却存在一个最重要的相同处，即通过担保标的物权利的移转担保债权的实现，这是按揭制度和让与担保制度共同的特点和制度宗旨。

（二）让与担保与所有权保留

所有权保留，是指买卖合同的当事人约定在买受人全部价款清偿之前，买卖合同的标的物虽已实际交付并由买受人占有和使用，但出卖人仍保留标的物的所有权，买受人仅享有标的物所有权的期待权。在买卖合同全部价款清偿后，买受人取得标的物的所有权。买受人如果不按照合同规定偿还合同价款，并损害出卖人权利时，出卖人即可取回标的物。所有权保留也是一种非典型担保方式，如果买受人不履行价款支付义务，就丧失标的物的所有权。因此，所有权保留制度与让与担保制度具有相似性，但二者又存在不同。

（1）适用的条件不同。所有权保留，仅适用于买卖合同，是为担保出卖人的债权，由买卖合同双方当事人作出的特别约定。所有权保留仅适用于买卖合同之债，其他担保债权不能适用所有权保留。让与担保，可以为适用的担保债权，法律没有限制性规定，完全基于双方当事人的约定。

（2）担保权的标的物不同。在所有权保留中，所有权保留的标的物是买卖合同的标的物。担保权的标的物与被担保的债权之间有牵连关系。在让与担保中，让与担保权的标的物与被担保债权之间没有必然的牵连关系。让与担保权的标的物，是可依法转让的所有财产或者财产权，甚至还包括第三人的财产或者财产权。因此，让与担保的标的物范围大于所有权保留的标的物。

（3）权利的移转不同。在所有权保留中，卖方所保留的仅是法律形式上的所有权，但实质的所有权已经发生变更。在让与担保中，让与担保权人所取得的仅是外观形式上的所有权，标的物的实质的所有权仍属于设定人。

（4）设定人破产的后果不同。在所有权保留中，设定人破产时，卖方仍然是担保物的所有权人，卖方可以行使取回权。在让与担保中，设定人破产时，让与担保权属于担保物权而不是所有权，让与担保设定人是担保物的所有权人，让与担保权人只能行使别除权。

第五编　占　　有

第十九章　占　　有

占有是事实还是权利,理论与实务界存在较大的分歧。大陆法系国家有两种不同的立法例,《德国民法典》认为占有是事实,而《日本民法典》则认为是权利。占有是指对物的事实上的控制和支配。[①] 占有与所有的区别主要表现为:占有仅表明对物的控制,即物在某人的控制范围内即为某人所占有,而所有则强调物的归属问题。尽管所有人对自己的物都具有控制能力,但这仅为所有权的一种表现,而占有则仅仅表明控制关系,没有其他的表现形式。实际上,占有最早是作为相对于所有而以管领物的一种形式出现的对物的控制。

第一节　占有的概念

一、占有制度的起源

现代民法中的占有制度起源于罗马法的占有(Possessio)和日耳曼法上的占有(Gewere),是两种占有制度相互影响的结果。罗马法中的占有(Possessio)是一种事实,而不是一种权利。[②] 罗马法与其他古代法律一样,占有与所有权观念并无明显的区别。罗马法上占有的成立,不仅要有对物的实际控制,而且还要有据为己有的意思。日耳曼法中的占有(Gewere)原为穿衣之意,喻为权利的外衣。日耳曼法上的占有,不仅仅是一种事实状态而是一种权利[③],这与当时日耳曼人的社会生活习惯是密不可分的。在成立蛮族王国以前,日耳曼人的生活方式是狩猎游牧。氏族占有的土地每一年相互更换一次,并没有形成所有权的观念。法律和习惯对社会秩序的维护,也是从占有的外在表象加以确定的。因此,占有本身就意味着权利。

日耳曼法上占有的效力,有防御效力、攻击效力和转移效力三种[④]:

(1) 防御效力,即权利推定效力,是指占有人可以自力防御他人对占有的侵夺或者妨害;占有物被侵夺时,占有人可以基于占有(Gewere)请求返还占有。

---

① "占有,谓对于物有事实上管领之力。"史尚宽:《物权法论》,中国政法大学出版社2000年版,第525页。

② 参见周枏:《罗马法原论》(上册),商务印书馆1994年版,第407页。

③ 参见李宜琛:《日耳曼法概说》,中国政法大学出版社2003年版,第56页。

④ 参见郑玉波:《民法物权》(第15版),三民书局1992年版,第369—370页。

（2）攻击效力，即权利的实现效力，是指较强效力的占有（Gewere）在权利的实现上优于效力较弱的占有（Gewere）。

（3）转移效力，即权利转移的效力，是指物权的转移应以占有（Gewere）的转移为要件，占有（Gewere）的转移是权利转移的前提和外在表现方式。

罗马法上的占有与日耳曼法上的占有之间的区别，主要表现在以下三个方面：

（1）占有的性质不同。罗马法上的占有是作为一种事实状态存在的。占有是一个事实，是一个不可解释的事实，而不是权利。日耳曼法上的占有是与权利相重合的概念，与权利是不可分割的。

（2）占有的方式不同。罗马法上的占有是具有排他性的，仅能成立直接占有。日耳曼法上的占有强调的是对物的实际利用状态，存在占有的多重性，不仅仅能成立直接占有，还能成立间接占有。

（3）占有的客体不同。罗马法上的占有的客体仅限于物，为有体物。日耳曼法上的占有的客体范围非常广泛，既可以是物，也可以是权利。

虽然罗马法的占有与日耳曼法的占有存在着较大的差别，但是它们本身却在相互影响，特别是在西罗马帝国灭亡，日耳曼人纷纷建立蛮族国家之后，日耳曼法逐步吸收了罗马法中的占有的观念，并使占有事实化，同时又保留了日耳曼法占有制度关于直接占有和间接占有的区分等一系列制度，最终形成了现代民法物权中的占有制度。因此，现代的占有制度是罗马法上的占有和日耳曼法上的占有制度的混合产物。

二、占有的概念及性质

占有，是指对物的事实上的支配和控制。① 关于占有的性质，无论是在立法上还是在理论上，大陆法系国家都存在较大的争议。关于占有的性质，大陆法系国家有两种立法例：

（1）事实说。以德国为代表的国家采纳了事实说，《德国民法典》认为占有是一种事实，而不是权利。②《法国民法典》及《瑞士民法典》也将占有视为一种

---

① “占有是主体对于物基于占有的意思进行控制的事实状态。”王利明：《物权法论》（修订版），中国政法大学出版社2003年版，第795页。“占有，指对于物的事实上的控制和支配。”梁慧星主编：《中国物权法研究》（下），法律出版社1998年版，第1086页。

我国《物权法草案》第266条规定：“……（七）‘占有’，指占有人对不动产或者动产的实际控制。”《物权法》并没有“占有”的定义。我国台湾地区“民法”第940条规定：“对于物有实上管领之力者，为占有人。”

② 《德国民法典》第854条规定：“物的占有，因取得对物的事实上的管领力而取得……”

“所有权是完全物权，而占有是事实性的、不依赖于占有权源的、对物的有意识的持有……”〔德〕鲍尔、施蒂尔纳：《德国物权法》（上册），张双根译，法律出版社2004年版，第32页。

事实状态。[①]

(2) 权利说。以日本为代表的国家采纳了权利说,《日本民法典》认为占有是一种权利[②],而不是事实状态。

关于占有的性质在学理上的争议,主要表现为占有是事实还是权利两种观点,即事实说与权利说两种学说。

(1) 事实说。事实说认为,占有人占有某物仅表明是一种现实的对物予以控制的事实状态。事实说有着深厚的历史基础,强调占有仅仅是通过事实关系得以保障的。根据占有要素构成的不同,事实说又分为主观说和客观说。

主观说起源于罗马法。罗马法最先将占有引入民法之中,罗马法的占有是指一种使人可以充分处分物的、同物的事实关系,同时要求具备作为主人处分物的实际意图。占有的含义是指一种对物的事实的控制。在罗马法中,占有不是一种权利而是一种事实状态。占有制度的目的,是维持公共秩序和社会安定。罗马法上的占有,可分为自然法的占有与市民法的占有。[③] 市民法占有的成立,包含体素和心素两个要件:一是体素,即对物的控制;二是心素,即将物据为己有的意思。[④] 只有包含了体素和心素两个要素才构成罗马法上的占有,将占有彻底从日常所称的"占有"中分离出来,并首次赋予占有法律上的内涵。但罗马法上的占有被限于一个狭小的范围,占有所代表的就是所有权的形象和其全部内容。罗马法的主观说为德国萨维尼[⑤]及《法国民法典》[⑥]所继受。

客观说起源于日耳曼法。日耳曼法中,占有是指对物的事实支配状态。在日耳曼法中,占有人即使没有支配占有物的意思,也不妨碍占有的成立。在黑格尔法哲学思想的影响下,耶林认为是物所包含的经济利益"先验地"论证了对占

---

① 《法国民法典》第 2228 条规定:"对自己掌管之物或行使之权利的持有或享有,或者对由他人以我的名义掌管之物或行使之权利的持有或享有,谓之占有。"

《瑞士民法典》第 919 条规定:"凡对物进行实际支配的,为该物的占有人。"

② 《日本民法典》第 180 条规定:"占有权,因以为自己的意思,事实上支配物而取得。"

③ 自然的占有是指"仅为他人保持之意思。"郑玉波:《民法物权》(第 15 版),三民书局 1992 年版,第 368 页。

④ "在占有的所有权取得中,都存在一个物理行为(körperlichen Handeln, physical act)(corpus〔体素〕或者 factum〔事实〕),同时还伴随有确定的意愿(factum〔心素〕)。"〔德〕弗里德里希·卡尔·冯·萨维尼:《论占有》,朱虎、刘智慧译,法律出版社 2007 年版,第 151 页。

⑤ 萨维尼的占有学说被称为"所有意思说",即占有就是以所有人的意思控制某种物的状态。受康德个人主义法哲学的影响,萨维尼认为占有的保护是法律对于依其意愿对财产行使权利的私人的尊重的表现,从而在人类的尊严中找到了占有存在的依据和价值。萨维尼认为承租人、保管人和借用人等,只是持有,既然物的持有人并不打算自行直接地对物行使物权,他就不是自主占有人。参见尹田:《法国物权法》,法律出版社 1998 年版,第 160 页。

⑥ 《法国民法典》在"时效与占有"编中规定占有制度。《法国民法典》第 2228 条规定:"对于物件或权利的持有或享有,称为占有;该项物件或权利由占有人自己保持或行使,或由他人以占有人的名义保持或行使。"第 2230 条进一步规定:"占有人在任何时候均应推定以所有人名义为自己占有。"可见,占有的成立由"体素"和"心素"共同构成,并形成法国民法自主占有与他主占有的学说与立法体系。

有人的保护[①];占有的保护独立于所有权本身。耶林的学说对《德国民法典》的占有制度产生了巨大的影响。[②]

主观说以个人具体意思为占有的要素,但意思变化无常,不易从外部认识;没有表现在外部的意思,则难以证明,不足以采信。客观说则简化了对占有的认定,即对占有人是否具有占有的意思不加考虑,但对没有占有的意思是否值得保护,有进一步商讨的余地。占有的构成必须具备主观与客观的统一,即占有人既要对物有事实上的控制,又要对物有管领的意思。

(2) 权利说。权利说认为,占有本身并不是一种事实状态而是一种权利。占有人对物的占有本身,表明占有人对占有物享有某种权利。权利说认为,占有既是一种利益,又受法律的保护,符合权利的定义。在交易过程中,让与人对物占有的本身即意味着对该物享有某些权利,受让人不会怀疑现实占有人权利的存在。占有的权利说,可以追溯到日耳曼法上的占有,当时的占有是与其他物权交织在一起的一种复合体,包含权利因素。

"事实说"和"权利说"是存续至今的两种主流的观点,双方争议不断。"事实说"和"权利说"均有自身的理论基础,从两种学说的历史渊源看,也有自身的合理性,是法律传统的延续。我国《物权法》并未对占有进行定义,但在物权法立法过程中曾经对占有进行界定,并将占有定性为事实状态,即对物事实上的支配和控制。

三、占有的构成要件及分类

占有的构成,应满足一定的构成要件。占有不仅要有占有人和占有物,而且还要占有的心素和体素。占有的构成要件有主体、客体、主观要件、客观要件四个方面:

(1) 占有的主体。占有的主体,是指对占有物实施占有并为占有制度所保

① 关于占有概念,耶林与萨维尼论战时指出:"占有是所有权的实现。占有是事实,所有权是权利,占有是事实上行使某种请求,而所有权是在法律上确认、实现的权利。当物为我所有时,我对物的请求是通过表达在法律中的国家意志来表现的;当物为我占有时,我对物的请求是通过我自己的意志实现。所有权是通过法律作出保障的,占有是通过事实关系来保障的。"王利明:《物权法论》(修订版),中国政法大学出版社 2003 年版,第 794 页。

② 《德国民法典》的物权法编规定占有制度,虽然没有明确规定占有的概念,但学界认为,占有是从交易实践中得到承认的主体对物的实际控制。在德国民法体系中,占有具有重要地位,作为一种事实状态,根据《德国民法典》第 854 条、第 870 条及第 2169 条的规定,占有可以转让和继承。此外,《德国民法典》还构建了占有的法律体系,将占有分为直接占有和间接占有,直接占有是指对特定物直接行使事实上支配的占有;间接占有指的是通过他人(直接占有人)为中介而行使对特定物的支配力,即基于一定的法律关系,对于事实上的占有人(直接占有人)有返还请求权,从而间接地对物进行管领和支配。在德国民法上,直接占有人和间接占有人都是占有人。但是,间接占有人的间接占有实质上已经不是一种事实状态而是一种权利,因而学界称为"双重占有"。

护的人[①],包括物的所有人,与所有人具有某种法律关系的人以及其他一切有占有能力的人。作为占有主体的占有人的范围,因时代的发展而不断发展变化。世界各国的立法例大多承认自然人和法人均可作为占有的主体。

(2) 占有的客体。占有的客体是物,且以有体物为限。[②] 对不需要占有物本身即可行使权利的财产权,仅可成立准占有。物可分为动产和不动产。不动产或者动产占有成立的认定及其效力,均存在差异。动产占有的认定标准,通常高于不动产的认定标准。在确认占有效力时,不动产已为登记制度所取代。保护占有方法不同,不动产被侵夺的,占有人应及时排除加害,取回不动产;动产被侵夺的,占有人应向加害人取回动产。

(3) 占有的主观要件。占有的主观要件即心素,是指占有人的内心意思。在罗马法中,占有是以占有意思为必要的。[③] 由于罗马法对占有的含义缺乏明确的规定,后世法学在占有的主观要件上产生严重的分歧,出现占有主观说和占有客观说两种理论。占有主观说认为,占有不仅需要事实上的管领,还须有占有意思。占有客观说,则经历了一个发展过程,即从占有意思为非独立的要素到占有的意思并无必要。但是,如果将不具有占有意思的主体与客体的偶然结合认定为占有,则不符合法律实践,也不能体现占有的权利推定力。因此,构成占有应具备占有意思这一主观要件。

(4) 占有的客观要件。占有的客观要件即体素,是指占有人的占有行为。[④] 对于占有的客观要件的认定,学界有不同的标准。事实上的管领力,最初是指人对物有实际上的接触或者物理上的控制。但是,随着社会的进步、科技的发展,事实上的管领已伴随社会发展日趋抽象化、观念化。占有不再以占有人与标的物有身体上的接触为限,即物理上的关系,只要根据一般社会观念足以认定特定物已具有属于某人实力支配之下的客观关系,即构成事实上的管领力。从客观环境上,占有人对物为控制状态;从人对物的控制时间上,必须强调人对物支配的确定性、稳定性;从空间关系上,人与物应有一定的结合关系,从而认定物为某人所支配。

---

① 我国台湾地区"民法"第 940 条规定:"对于物有实上管领之力者,为占有人。"

② 参见史尚宽:《物权法论》,中国政法大学出版社 2000 年版,第 541 页。

③ "通过其而可以取得占有的物理行为的特性现在已经得到了完全的界定;但是如果要产生占有,那么在此行为之外,必须还要附加一个明确的意志(心素)……"〔德〕弗里德里希·卡尔·冯·萨维尼:《论占有》,朱虎、刘智慧译,法律出版社 2007 年版,第 190 页。

④ "在整个占有理论之中,最为简单、最为容易界定的部分似乎就是取得占有所必需的物理行为(体控)的性质;然而,在整个罗马法之中,对于这一点的误解却最为普遍。所有的作者都认为此事实在是自身身体的直接接触,于是,对此仅承认了两种类型:对动产而言,就是把它拿在手里;对于土地而言,就是把脚踩在上面。但是,在罗马法的许多情形之中,占有也能通过并没有此种直接接触的物理行为被获得,这种行为就被认为是象征性的行为,借助于法律拟制,此种行为就能够体现真正的占有获取。"〔德〕弗里德里希·卡尔·冯·萨维尼:《论占有》,朱虎、刘智慧译,法律出版社 2007 年版,第 153 页。

占有的效力是占有制度的重要内容。占有效力的确定，是以占有的分类为前提。占有的分类是以占有的各种状态为依据，占有状态的不同占有的法律效力也存在较大的差异。

(1) 有权占有与无权占有。以占有是否具有法律上的原因为标准，占有可分为有权占有与无权占有。凡具有合法原因的占有，是有权占有。[①] 法律上的原因或者根据，学理上称为权源，也称为本权。例如，所有人、地上权人、留置权人、质权人、典权人、承租人、借用人、保管人、信托人等对标的物的占有，分别基于其享有的所有权、地上权、留置权、质权、典权、租赁权、使用权、保管权等正当权源。在法律规定或者当事人约定的期限内，所有人不得向地上权人、留置权人、质权人、典权人、承租人、借用人、保管人、信托人等请求返还所有物。无权占有则是指没有合法的原因而为的占有。例如，窃贼对赃物的占有、拾得人对遗失物的占有等。无权占有也可能是由有权占有转化而来的。例如，租赁期限内承租人的占有为有权占有，而租期届满后如果承租人仍占有租赁物，则由有权占有转化为无权占有。

有权占有与无权占有，是占有最为重要的分类。善意占有与恶意占有、无过失占有与有过失占有、瑕疵占有与无瑕疵占有等均是建立在有权占有与无权占有的分类基础上的。

区分有权占有与无权占有，有两个方面的意义：一是受法律保护的程度不同。有权占有因具有占有的权源，因而只要其权源继续存在，即受到法律的保护，他人请求交付占有物的，占有人有权拒绝。无权占有因无权源的存在，如果有权源的人请求其交还占有物，占有人则无权拒绝，而且还负有返还占有物的义务。二是有些物权的设立是以有权占有为前提。例如，留置权的设立。

(2) 直接占有与间接占有。以占有人是否直接占有物为标准，占有可分为直接占有与间接占有。直接占有，是指对物有事实上的管领力，即对物的直接控制。间接占有，是指对物缺乏直接的控制，而是基于一定的法律关系，对直接占有物的占有人享有返还请求权，因而对物有间接管领力。[②] 例如，甲将其房屋租给乙，乙作为承租人而直接占有甲的房屋，成为直接占有人；但是，甲可以根据租赁关系请求乙在租赁期限届满之后返还房屋。甲为房屋的间接占有人。留置权人、质权人、承租人对物的占有为直接占有，而留置物的所有人、出质人、出租人

---

① 有权占有，又称为有权源占有或者正权源占有。

② 《德国民法典》第868条规定："作为用益权人、质权人、用益承租人、使用承租人、保管人或者基于其他类似的法律关系而占有其物的人，由于此类关系对人暂时享有占有的权利或者负有义务时，该他人也是占有人（间接占有人）。"

我国台湾地区"民法"第941条规定："质权人、承租人、受寄人或基于其他类似之法律关系，对于他人之物为占有者，该他人为间接占有人。"

对物的占有为间接占有。

直接占有是基于一定的占有意图对物进行事实上的控制和支配，直接占有不论是基于一定的事实状态，如遗失物的拾得人对拾得遗失物的占有，还是基于一定的权利，如承租人基于租赁关系对租赁物的占有，对物的占有均表现为对物控制的客观状态。直接占有均具有一定的外在表现形式，是一种现实的占有。但是，直接占有人对物的占有在观念上不得据为己有，直接占有人对其所占有的物并不享有所有权。在产生占有的法律关系消灭之后，占有人应返还占有物，从而产生了间接占有的依据。①

间接占有是基于一定的法律关系对直接占有人享有对占有物的返还请求权，产生间接占有的法律关系通常有运送、信托、承揽、租赁等。根据这些法律关系，直接占有人从间接占有人取得对物的事实上的控制，但物的所有权仍然归属于间接占有人，因而直接占有人不得以所有的意思占有物。在产生占有的法律关系消灭之后，间接占有人享有对占有物的返还请求权，而直接占有人负有返还占有物的义务。间接占有人对物有一种间接的控制力，这种控制力表现在对占有物的返还请求权，而不是表现在对物的直接控制上。间接占有是观念上的占有，而不是现实的占有，从而间接占有导致占有的观念化。

（3）善意占有与恶意占有。以无权占有人是否知道自己有无占有的权利为标准，无权占有可分为善意占有与恶意占有。善意占有，是指误信有占有的权利且没有怀疑而为的占有。恶意占有，是指明知没有占有的权利或者对占有是否享有权利持怀疑态度而为的占有。善意占有可以转化为恶意占有，即占有人取得占有时误信为有占有的权利且对此毫不怀疑，但后来知晓其为无权占有。

区分善意占有与恶意占有，有两个方面的意义：一是根据物权法的规定，物权的取得通常以善意占有为要件。② 例如，根据取得时效制度、善意取得制度等取得所有权的，均以占有人对物的善意占有为必要。二是返还占有物的范围和依据不同。善意占有人在返还占有物时，仅返还现存利益，无须返还孳息③，并可请求偿还保管占有物所支付的必要的费用④；恶意占有人在返还占有物时，不仅返还现存利益，而且还应返还孳息⑤，对于因占有物而支付的必要费用，仅可

---

① 参见王利明：《物权法论》（修订版），中国政法大学出版社 2003 年版，第 803 页。

② 我国台湾地区“民法”第 801 条规定：“动产之受让人占有动产，而受关于占有规定之保护者，纵让与人无移转所有权之权利，受让人仍取得其所有权。”

③ 由于善意占有人是以所有意思占有标的物，而且取得占有又无过失，因而善意占有人享有收取孳息的权利。例如，《日本民法典》第 189 条规定：“善意占有人，取得由占有物所生的孳息。”

④ 我国台湾地区“民法”第 954 条规定：“善意占有人，因保存占有物所支出之必要费用，得向回复请求人请求偿还。但已就占有物取得孳息者，不得请求偿还。”

⑤ 我国台湾地区“民法”第 958 条规定：“恶意占有人，负返还孳息之义务，其孳息如已消费，或因其过失而毁损，或怠于收取者，负偿还其孳息价金之义务。”

根据无因管理请求偿还。[1]

（4）自主占有与他主占有。以占有是否以所有的意思为标准，占有可分为自主占有与他主占有。自主占有，是指对于物以所有的意思而为的占有。[2] 占有人是否为真正的所有人，并不妨碍自主占有的成立，只需占有人将占有物视为自己所有的意思即可。例如，盗窃物也可为自主占有。自主占有是支配物的一种自然意思，无行为能力人也可为自主占有。他主占有，是指对于物不是以所有的意思而为的占有。基于一定法律关系占有他人的物，均属于他主占有。地上权人、留置权人、质权人、典权人、承租人、借用人、保管人、信托人等对标的物的占有，均属于他主占有。

在一定条件下，自主占有与他主占有之间可以相互转化，房屋的承租人因购买而取得出租房屋的所有权时，由他主占有转化为自主占有。在动产交付中，占有改定使让与人从自主占有转化为他主占有。

区分自主占有与他主占有的意义是能否适用取得时效。根据《物权法》的规定因取得时效取得所有权的，仅限于自主占有，而他主占有不能适用取得时效的规定。

（5）自己占有与辅助占有。以占有人是否亲自占有为标准，占有可分为自己占有与辅助占有。自己占有，是指占有人自己对占有物进行事实上的管领。辅助占有，是指基于特定的从属关系，受他人的指示而为的占有。占有辅助关系的成立，是以受他人的指示而对物的控制为要件，占有人与占有辅助人之间存在命令与服从的从属关系。例如，雇员与雇主之间在雇佣事务上具有命令与服从关系，在占有关系上表现为占有辅助人。占有人与辅助占有人之间通常存在从属关系，占有人有权指示占有辅助人从事某种占有物的行为，而辅助占有人则完全是基于占有人的意思而为占有。[3] 可见，辅助占有人不具有独立的占有意思。

在辅助占有的情形下，占有人是通过占有辅助人对物的控制而占有物的。在某些情形下，占有辅助具有代理功能，但是代理仅适用于具有法律意义的行为，而辅助占有作为事实行为，不能简单地等同于代理。[4]

（6）无过失占有与有过失占有。以善意占有人的善意是否有过失为标准，占有可分为无过失占有与有过失占有。无过失占有，是指善意占有人对善意的占有没有过失。有过失占有，是指善意的占有人对善意的占有存在过失。

---

① 我国台湾地区“民法”第 957 条规定：“恶意占有人，因保存占有物所支出之必要费用，对于回复请求人，得依关于无因管理之规定，请求偿还。”

② 《德国民法典》第 872 条规定：“作为自己所有而占有物的人，是自主占有人。”

③ 我国台湾地区“民法”第 942 条规定：“受雇人、学徒或基于其他类似之关系，受他人之指示，而对于物有管领之力者，仅该他人为占有人。”

④ 参见王利明：《物权法论》（修订版），中国政法大学出版社 2003 年版，第 806 页。

(7) 有瑕疵占有与无瑕疵占有。以无权占有是否具有瑕疵为标准,占有可分为有瑕疵占有与无瑕疵占有。无瑕疵占有,是指以善意、无过失、和平、公然的方式为的占有。对物的占有不故意以避免他人发现的方法而为的占有,构成公然占有。否则,即为隐秘占有。有瑕疵占有,是指以暴力、隐秘的方式而为的占有。

(8) 单独占有与共同占有。以占有的人数为标准,占有可分为单独占有与共同占有。单独占有,是指一人对物的占有。共同占有,是指数人对同一物的占有。

第二节　占有的取得

占有作为一种事实行为,而不是法律行为,权利主体无须具有行为能力。占有是基于对物的实际控制而取得[①],占有取得的原因有法律行为、事实行为及自然事件。占有的取得有原始取得与继受取得两种方式。

一、占有的原始取得

占有的原始取得,是指并非基于他人现存占有而取得的占有。占有的原始取得同物权的原始取得相同,对于任何标的物,如果不是基于他人现存占有,而是以自己对物有事实上的管领力,均构成占有的原始取得。例如,遗失物的拾得、无主物的先占、埋藏物的发现、漂流物的拾得等,均为占有的原始取得。但是,占有的原始取得是一种事实状态,与标的物的所有权的取得没有必然的联系。例如,对无主物的占有,应根据先占的规定才能取得标的物的所有权。[②] 拾得遗失物,应根据拾得遗失物的规定,才能取得标的物的所有权。[③] 此外,占有的原始取得行为并不以合法行为为限,盗窃、抢夺等非法行为,也属于占有的原始取得。[④] 占有属于一种事实状态,与取得占有之后是否因占有而取得占有物的所有权,是两个不同的问题。换言之,有取得占有之后即取得所有权的情形,如无主物的占有;有取得占有之后并不能取得所有权的情形,如盗窃、抢夺等无权占有行为。

占有的原始取得人如果不能取得占有物的所有权,则成为无权占有。有权占有人可以请求无权占有人返还占有的标的物。

① 《德国民法典》第 854 条第 1 款规定:"物的占有因对物有实际控制而取得。"

② 我国台湾地区"民法"第 802 条规定:"以所有之意思,占有无主之动产者,取得其所有权。"

③ 我国台湾地区"民法"第 807 条规定:"遗失物拾得后 6 个月内所有人未认领者,警署或自治机关应将其物或其拍卖所得之价金,交与拾得人归其所有。"

④ 参见郑玉波:《民法物权》(第 15 版),三民书局 1992 年版,第 379 页。

二、占有的继受取得

占有的继受取得,是指基于他人现存的占有而取得的占有。占有的继受取得可分为占有的创设继受取得与占有的移转继受取得两种。占有的创设继受取得,是指在现存的占有之上再创设占有而取得。例如,所有人在自己的不动产上为他人设定地上权,所有人即为自己创设间接占有。占有的移转继受取得,是指他人现存的占有,不变更占有原状而受让取得的占有。例如,无权占有人将占有物返还给所有人,所有人因无权占有人的占有移转而取得占有。

(一) 继受取得的原因

继受取得的原因有占有的移转与占有的继承两种。

占有的移转,是指占有人以法律行为将占有物交付给他人,他人因交付取得占有。根据大陆法系国家立法的规定,占有移转应具备两个条件:

(1) 有移转占有的意思表示。占有虽然是事实,占有的取得不以意思表示的存在为要件,但占有的移转行为则属于法律行为,移转占有必须有意思表示的存在。

(2) 有占有物的交付。[①] 占有是对物事实上的管领力,仅有占有移转的意思表示,还不能产生占有移转的法律效力。只有在占有物交付时,才发生占有的移转的效力。但是,占有物的交付不限于现实交付[②],还包括观念交付,即简易交付[③]、占有改定[④]以及指示交付[⑤],也能产生交付的效力。

占有的继承,是指因继承导致占有由被继承人移转给继承人。因继承取得占有的,在继承开始之时,继承人取得继承标的物的占有。换言之,继承人既不以知晓继承事实的发生为必要,也无须事实上控制继承标的物或者有交付行为,更没有必要进行继承的意思表示。占有的继承,完全是基于法律的拟制,是占有的观念化。[⑥]

(二) 继受取得的效力

因继受取得事由的发生,占有的继受取得人取得标的物的占有,但占有在本质上并非权利而是事实,继受取得人所取得的占有,与前占有人的占有之间有关

---

① 我国台湾地区"民法"第946条规定:"占有之移转,因占有物之交付,而生效力……"

② 《日本民法典》第182条规定:"(一) 占有权的让与,依占有物的交付进行……"

③ 《日本民法典》第182条规定:"……(二) 受让人或者其代理人现实支配占有物时,占有权的让与,可以仅依当事人的意思表示进行。"

④ 《日本民法典》第183条规定:"代理人表示今后为本人占有自己占有物的意思时,本人因此而取得占有权。"

⑤ 《日本民法典》第184条规定:"依代理人实行占有,本人指示代理人以后为第三人占有其物,且经第三人承诺时,则第三人取得占有权。"

⑥ 参见谢在全:《民法物权论》(下册),中国政法大学出版社1999年版,第958—959页。

联性[1],是前占有的延续。占有继受包含两个方面的内容:一方面是继受人继续与前占有人为同一性的占有,另一方面又是继受人开始自己新的占有。占有继受允许继受人既可主张与前占有人的占有合并,也可单独主张自己新的占有。这是占有继受取得所特有的效力。

(1) 占有的合并。占有的继承人或者受让人主张自己占有与前占有人占有的占有合并。占有的期间是取得时效的基础,因继受取得的占有,如果不允许继受占有人合并前占有人的占有期间,则对继受人不利。例如,根据我国台湾地区"民法"的规定[2],动产取得时效为期间为5年,前占有人已为3年占有,继受人只需占有2年,即可取得动产的所有权,对继受人极为有利。但是,如果继受人单独就自己的占有为主张,则继受人的占有期间必须满5年,才能取得动产的所有权。

占有合并的主张,应注意三个方面的问题[3]:一是主张占有的合并仅限于占有的继承人或者受让人,即占有的继受取得人。占有的原始取得人并非基于他人的占有取得,与他人的占有不发生任何关联,没有主张合并的可能。二是前占有人的占有,不限于直接前占有人的占有,可以是任何前占有人。三是选择主张占有合并之后,不得任意变更。例如,原主张占有的合并,后又主张占有的分离。

(2) 占有的分离。占有的分离,是指占有的继受人将自己的占有与前占有人的占有分离,仅主张自己的占有。占有的继受人主张合并前占有人的占有时,必须继承前占有人的占有瑕疵,对继受人不利。此外,继受人已经取得标的物的占有,对物已经有事实上的管领力,可成立新的占有。因此,法律允许占有的继受人主张将自己占有与前占有人的占有相分离。

第三节 占有的效力

罗马法上占有受占有令状的保护,占有令状有占有保持令状与占有回复令状之分。[4] 占有保持令状以适法占有为前提,以禁令的形式维持占有现状为目的,既可适用于动产,也可适用于不动产。以收回所丧失的占有为目的的占有回复令状可分为暴力占有令状、容假占有令状、隐匿占有令状。[5] 暴力占有令状起初仅适用于不动产,后来开始适用于动产,包括普通暴力占有令状与武装暴力占

① 我国台湾地区"民法"第947条规定:"占有之继承人或受让人,得就自己之占有,或将自己之占有与其前占有人之占有合并,而为主张。合并前占有人之占有而为主张者,并应承继其瑕疵。"

② 我国台湾地区"民法"第768条规定:"以所有之意思,五年间和平公然占有他人之动产者,取得其所有权。"

③ 参见谢在全:《民法物权论》(下册),中国政法大学出版社1999年版,第960页。

④ 参见郑玉波:《民法物权》(第15版),三民书局1992年版,第368页。

⑤ 参见周枏:《罗马法原论》,商务印书馆1994年版,第425—427页。

有令状两种。罗马法上的占有虽可受令状的保护,但因占有为纯粹的事实,占有不具公示公信力。换言之,占有不具权利的推定效力,不存在善意取得适用的可能,也不具占有的移转效力。然而,日耳曼法上的占有则具有权利推定效力、权利移转效力与防御效力。现代民法关于占有的效力主要源于日耳曼法。

从大陆法系国家的占有制度看,占有的效力表现在占有权利推定、善意取得、占有人与回复请求人之间的关系三个方面的内容。

一、占有权利的推定

外表的现象与实质的内容,通常是一致的。占有是权利的外部表现,占有通常以真实的权利为基础,基于这种权利存在的概然性[①],即为占有权利的推定,占有人在占有物上行使某种权利,法律推定占有人合法享有这种权利。法律规定占有权利的推定意义有三个方面内容:

(1) 保护占有所包含的权利。在通常情形下,占有是基于本权,权利的存在具有概然性,特别是物权法规定的动产物权以占有为公示方式,动产的占有人推定为动产的所有权人。

(2) 维护交易秩序。占有的权利推定,可以避免证明占有人权利存在的举证困难,容易排除权利行使的妨碍,维护正常的交易秩序和社会的安定。

(3) 保护交易安全。占有的权利既然可以推定,占有又是动产物权的公示方式。与动产的占有人进行交易时,占有人无须证明自己享有权利,与占有人进行交易的第三人也无须调查占有人是否享有权利,该第三人因善意信赖占有现象与占有人进行交易的,应受到法律的保护,以保护交易安全。

占有权利的推定适用的标的范围,大陆法系国家有两种不同的立法例:

(1) 以动产为限。占有权利推定的标的仅限于动产。《德国民法典》与《瑞士民法典》等以动产为占有权利推定的标的。[②]

(2) 不以动产为限。占有权利推定的标的不限于动产,不动产也包括在内。《日本民法典》及我国台湾地区“民法”并未限定在动产上,学界认为不动产与动产均包括在内。

这两种立法例规定不同的原因是不动产登记制度的完善程度。法律规定以登记为成立要件的,则物权变动以登记为要件,而未经登记的物权则没有权利推

① 我国台湾地区“民法”第943条规定:“占有人于占有物上,行使之权利,推定其适法有此权利。”

② 《德国民法典》第1006条规定:“(1) 为有利于动产占有人,推定占有人为物的所有权人。上述规定不适用于其物被盗、遗失或者以其他方式丢失的前占有人,但占有物为金钱或者无记名证券的除外。(2) 为有利于前占有人,推定前占有人在其占有期间为物的所有权人。(3) 在间接占有的情况下,上述推定适用于间接占有人。”

《瑞士民法典》第930条规定:“(1) 动产的占有人,应推定为该动产的所有人。(2) 原占有人,应推定曾为该动产的所有人。”

定的效力。根据我国《物权法》的规定,不动产物权变动是以登记为生效要件。① 因此,对不动产的占有在我国不可能产生权利推定效力。

占有推定的效力主要有三个方面的内容:

(1) 举证责任的免除。受推定权利的占有人,免除了举证责任。与占有人争夺权利的人,应提出反证,而占有人可以直接援引推定进行抗辩,而无须证明自己为权利人。只有在对方提供反证,占有人为推翻反证时,才具有举证责任。

(2) 第三人也可援引占有的权利推定。例如,债权人对债务人占有的物进行扣押时,可以援引推定债务人为所有权人的效力。

(3) 权利的推定。权利的推定,既可为占有人的利益设定②,也可为占有人的不利益设定。例如,物的占有人推定为所有人时,则该物上的所有负担均由占有人承担。否则,物的占有人应举证为非所有人。

二、善意取得

虽然法律上推定占有人有合法的权利,但有时还不能完全保护占有人的利益。为保护占有人的利益,法律规定占有人在具备某种条件下,直接取得占有物的权利。根据占有取得权利的制度有取得时效制度和善意取得制度两种。取得时效制度,是指占有人经过一定期间,才能取得占有物的权利,动产及不动产均可适用,只是期间长短不同而已。善意取得制度,是指无须期间的经过,一经占有即可取得权利,仅适用于动产,不动产不得适用。取得时效制度和善意取得制度已经分别在第四章和第六章论述,此处不再赘述。

善意取得制度的目的,是为保护善意受让动产的占有人,即使让与人没有让与的权利,受让人也能取得动产所有权。善意取得制度旨在维护占有的公信力,以确保交易安全。虽然善意取得制度和表见代理制度均为保护交易安全,但两者适用的前提不同。善意取得制度适用于无权处分行为,而表见代理适用于无权代理行为。

三、占有人与回复请求人之间的关系

占有人与回复请求人之间的关系,是指无权占有人对回复请求人返还占有物时,所产生的权利义务关系。占有人应将占有物返还给请求权人的有两种情形:

(1) 基于某种法律关系或者法律规定的占有物返还。例如,基于典权、地上

---

① 我国《物权法》第9条规定:"不动产物权的设立、变更、转让和消灭,经依法登记,发生效力;未经登记,不发生效力,但法律另有规定的除外。"

② 《德国民法典》第1006条规定:"为有利于动产占有人,推定占有人为物的所有权人……"

权、质权、留置权等物权关系，或者基于租赁、委任、借贷等债的关系，或者基于无因管理、不当得利、侵权行为、合同解除等法律规定，占有人应将占有物返还给受领权人。

（2）不基于任何既存的法律关系的占有物的返还。无权占有人遇到有回复请求权人的请求时，应将占有物返还给回复请求权人。无权占有人未能根据时效取得制度或者善意取得制度的规定，取得占有物的所有权。但是，如果根据时效取得制度或者善意取得制度取得占有物的所有权的，占有人成为有权占有，则不发生返还问题。

在第一种情形中，占有人与受返还人之间的法律关系，可根据基本法律关系或者法律的规定来确定而无须另行约定。在第二种情形中，由于没有基本法律关系作为依据来确定当事人的权利义务，法律不能不对此作出规定。否则，无权占有人与回复请求人之间的法律关系发生纠纷，将无法可依。然而，占有物的返还，通常与无因管理、不当得利、侵权行为及合同解除等问题相伴而生，但是最终适用何种法律关系，当事人可自由选择。在发生请求权竞合时，权利人可以选择对自己有利的请求权行使。

占有物的返还问题主要涉及三个方面的问题：一是孳息是否应一并返还或者由占有人取得；二是原物灭失或者损毁无法返还时，占有人应如何承担赔偿责任；三是占有人为占有物支出费用时，是否能够请求回复请求人返还。以上三个方面的问题是占有人与回复请求人之间法律关系的中心，内容因占有人是善意还是恶意而存在差异。

（1）善意占有人与回复请求人之间的关系。善意占有人与回复请求人之间的法律关系内容的核心是权利义务。善意占有人的权利为占有物的用益权与费用的求偿权，义务为占有物减损的赔偿责任。

一是占有物的用益权。善意占有人对占有物有用益权。[①] 善意占有人用益权的适用应注意三个方面的问题[②]：第一，善意占有人对占有物有用益权，恶意占有人对占有物没有用益权。善意占有人变成恶意占有人之后，丧失用益权。第二，推定为合法所有的权利。善意占有人对占有物的用益，是根据占有的权利推定为合法所有的权利。推定权利的种类应根据占有人在占有物上行使的权利作出判断。占有人所行使的为所有权，即推定有合法的所有权；占有人所行使的为租赁权，即推定为合法的租赁权。善意的占有人根据被推定的权利，对占有物行使被推定的权利。但是，被推定的权利，在内容上必须具有用益权能。例如，

① 我国台湾地区“民法”第952条规定：“善意占有人，依推定其为适法所有之权利得为占有物之使用及收益。”

② 郑玉波：《民法物权》（第15版），三民书局1992年版，第400—401页。

所有权、典权、永佃权、租赁权等均包含用益权能。如果被推定的权利不具有用益权能,如质权、留置权等,则即使是善意占有人,也不得对占有物进行使用、收益。第三,使用及收益。对占有物的使用,是指按照物的性质进行利用。对占有物的收益,是指收取占有物的天然孳息或者法定孳息。善意占有人享有占有物的使用利益及收取孳息的权利,在返还占有物时也无须返还。

二是费用求偿权。善意占有人可以向回复请求权人请求偿还的费用,以必要、合理费用及有益费用为限。[①] 对于支出的必要、合理费用的范围没有限制,只要必要、合理费用即可请求偿还。在通常情形下,必要、合理费用从孳息中支出。[②] 对于有益费用应在占有物现存的增加价值限度内请求偿还,但如果经改良之后,增加的价值已经无存的,则占有人不得请求偿还。有益费用与必要、合理费用不同,必要、合理费用是不得不支出的费用,而有益费用的支出则完全属于占有人的任意行为,回复请求人并不当然负有返还义务。但是,由于占有人支出的费用导致占有物价值的增加,而现时价值仍然存在的,回复请求人享有占有物增加价值的利益,则应在增加范围内承担偿还费用的义务。[③]

三是占有物减损的赔偿义务。善意占有人对于占有物的灭失或者损毁,承担有限的赔偿责任。[④] 由于善意占有人对于回复请求人有返还占有物的义务,则在占有物灭失或者损毁而不能返还的情形下,善意占有人应承担赔偿责任。因占有人的占有是善意的,法律减轻占有人的损害赔偿责任,但应注意三个方面的问题:其一,应为自主占有的善意占有人。占有人不仅为善意的占有人,而且还必须为自主占有人。他主占有,即使是善意占有,也不能主张适用有限责任。其二,占有物的减损因可归责于占有人的事由。占有物的灭失或者损毁,应当可归责于善意占有人自己应负责的事由,通常是指故意或者过失,不可抗力则不包括在内。占有物的减损是不可抗力引起的,占有人不承担赔偿责任。其三,善意占有人以因灭失或者损毁所受到的利益为限承担赔偿责任。[⑤] 善意占有人对占有物因可归责于自己的事由而灭失或者损毁的,应承担赔偿责任,但是赔偿责任

---

① 我国《物权法》第243条规定:“不动产或者动产被占有人占有的,权利人可以请求返还原物及其孳息,但应当支付善意占有人因维护该不动产或者动产支出的必要费用。”

② 我国台湾地区“民法”第954条规定:“善意占有人,因保存占有物所支出之必要费用,得向回复请求人请求偿还。但已就占有物取得孳息者,不得请求偿还。”

③ 我国台湾地区“民法”第955条规定:“善意占有人,因改良占有物所支出之有益费用,于其占有物现存之增加价值限度内,得向回复请求人,请求偿还。”

④ 《瑞士民法典》第938条规定:“(1)物的善意占有人,依其被推定的权利得使用并收益该物的,对权利人无损害赔偿责任。(2)前款情形,物消灭或者受损,占有人无须赔偿。”

《日本民法典》第191条规定:“占有物因归责于占有事由而灭失或者损毁时,恶意占有人对回复人负有赔偿全部损害义务,善意占有人在因灭失或者损毁而现受利益限度内负赔偿义务。但是,无所有意思的占有人,虽系善意,亦应予以全部赔偿。”

⑤ 我国台湾地区“民法”第953条规定:“善意占有人,因可归责于自己之事由,致占有物灭失或毁损者,对于回复请求人,仅以因灭失或毁损所受之利益为限,负赔偿之责。”

的范围，在法律上应予以限制，即在所享受利益的范围内，承担赔偿责任。如果没有享受的利益，则不承担损害赔偿责任。

（2）恶意占有人与回复请求人之间的关系。恶意占有人对回复请求人的权利义务，与善意占有人不同。在量方面，恶意占有人表现为义务多而权利少；在质方面，恶意占有人则表现为义务重而权利轻。

一是占有物减损的赔偿义务。恶意占有人因可归责于自己的事由导致占有物的灭失或者损毁的，对回复请求人承担损害赔偿责任。① 恶意占有人的损害赔偿责任有三个方面的问题：其一，应为恶意占有人或者他主占有人。恶意占有不限于恶意占有人，即使是善意占有人，其占有性质发生变化的，也可成为恶意占有或者他主占有。其二，占有物的灭失或者损毁因可归责于占有人的事由。其三，承担损害赔偿责任。恶意占有人与善意占有人所承担的赔偿责任不同。对回复请求人所遭受的损害，恶意占有人承担较重的赔偿责任。

二是费用求偿权。恶意占有人因保存占有物所支出的必要、合理的费用，对于回复请求人可按照无因管理的规定请求偿还。② 恶意占有人的费用求偿权，较善意占有人的求偿权小。恶意占有人仅能就合理、必要费用请求偿还，对有益费用则不得请求偿还。③

第四节 占有的保护

占有保护是占有制度的核心问题。根据大陆法系民法的规定，占有的保护有物权法上的保护与债权法上的保护之分。占有物权法上的保护包括占有人自力救济与占有保护请求权，占有债权法上的保护包括不当得利与侵权行为损害赔偿请求权。

---

① 我国《物权法》第 242 条规定："占有人因使用占有的不动产或者动产，致使该不动产或者动产受到损害的，恶意占有人应当承担赔偿责任。"

《德国民法典》第 989 条规定："占有人自诉讼拘束发生时起，因其过失致物毁损、灭失或者由于其他原因致不能返还其物而造成的损害，对所有权人负其责任。"

《瑞士民法典》第 940 条规定："（1）物的恶意占有人须向权利人交还占有物，对因扣留物而造成的损失以及对收取的或因延误而收取的孳息负赔偿责任。（2）恶意占有人仅对其因占有而支付的费用的必要部分，有请求赔偿的权利。（3）恶意占有人在不知应向谁交还物的期间内，仅对其因过失造成的损失负赔偿责任。"

《日本民法典》第 196 条规定："（一）占有人返还占有物时，可使恢复人偿还其为保存占有物而支出的金额及其他必要费用。但是，于占有人取得孳息情形，通常必要费用归占有人负担。（二）关于占有人为改良占有物而支付的金额及其他有益费用，以其价格增加现存情形为限，可以依恢复人的选择，使其偿还支付的金额或增价额。但是，对于恶意占有人，法院可以因恢复人的请求，许以相当的期限。"

② 《德国民法典》第 994 条第 2 款、《瑞士民法典》第 940 条第 2 款及《日本民法典》第 196 条的规定。

③ 参见郑玉波：《民法物权》（第 15 版），三民书局 1992 年版，第 405 页。

一、占有人的自力救济

占有人的自力救济，是指由权利人自己或者辅助人，以强制力保护权利，从而排除实现权利障碍的行为。在通常情况下，权利的实现或者回复必须根据法律程序，不得诉诸私力。但当权利人的权利受到他人侵害而无法及时寻求司法机关救济，法律允许权利人实施私力救济。

关于占有人的自力救济权，大陆法系有两种立法例：一是法律对自力救济没有明文规定，如《法国民法典》和《日本民法典》；二是法律对自力救济有明文规定，如《德国民法典》和《瑞士民法典》。①

占有制度是以保护现有的占有状态为宗旨。在占有被他人妨害或者有被妨害的危险时，占有人虽然可以寻求司法救济，但是对占有人造成一时妨害的情形，通过诉讼程序寻求救济并不经济；在占有有被妨害的急迫的危险时，也无法及时寻求公力救济。赋予占有人自力防御，可能是一种合理、经济的制度安排。此外，占有人一旦失去占有，特别是无权占有人，通常因举证的困难而不能获得公力救济，不利于保护占有人的利益。占有作为一种需要保护的事实，私力救济和公力救济同样是必要的。只有私力救济和公力救济并行，对占有的保护才是完整的。占有人的自力救济，有占有防御权与占有物取回权两种形式。②

（1）占有防御权。占有防御权，是指对于侵夺或者妨害占有的行为，占有人以自己的力量阻止他人的侵夺或者妨害。恶意及其他有瑕疵占有的占有人，虽然也有占有防御权，但是占有如果是通过侵夺原占有人的占有而取得的，对于原占有人或者他的辅助人的取回权，不能行使占有防御权，从而保证社会秩序的稳定。

（2）占有物取回权。占有物取回权，是指占有物被侵夺后，占有人可即时排除加害人的加害行为以取回占有物，或者直接向加害人行使取回权。占有人在行使占有物取回权时，有时间上的限制。对于动产，占有人可以直接向加害人行使取回权；对于不动产，占有人则应在占有物被侵夺时立即排除加害。超过了时间限制，占有人被侵犯的占有状态就会趋于稳定而形成新的社会秩序。

---

① 《德国民法典》第859条规定："（1）占有人可以强力防御禁止的擅自行为。（2）以禁止的擅自行为侵夺占有人的动产时，占有人可以强力当场或者追踪向加害人取回其物。（3）以禁止的擅自行为剥夺土地占有人的占有时，占有人可以于剥夺后立即排除加害人而回复占有。"

《瑞士民法典》第926条规定："（1）占有人得以暴力保卫其占有物不受他人非法侵夺。（2）占有人被他人以暴力或隐蔽的方法侵夺占有物时，可以通过驱逐侵夺人重新夺回不动产，也可以向当场被发现并立即追捕到的侵夺人取回动产。（3）前款情形，占有人不得使用根据实际情况不必要的暴力。"

② 我国台湾地区"民法"第960条规定："占有人对于侵夺或妨害其占有之行为，得以己力防御之。占有物被侵夺者，如系不动产，占有人得于侵夺后，实时排除加害人而取回之。如系动产，占有人得就地或追踪向加害人取回之。"

二、占有保护请求权

占有保护请求权与物权保护请求权都有保护物权的功能，但两者并不是同一性质的请求权，主要有三个方面的区别：

(1) 请求权保护的目的不同。占有保护请求权旨在保护占有，以占有人为请求权主体；物权请求权旨在保护所有权，以所有权人为请求权主体。

(2) 请求权行使的前提不同。占有物返还请求权以占有物被侵夺为要件，而物权请求权以无权占有为要件。

(3) 请求权的效力不同。从举证责任方面看，主张占有保护请求权较为有利；从效力方面看，物权请求权是终局的、确定性的，主张物权请求权比占有保护请求权更为有力。

在物权请求权与占有保护请求权发生冲突时，两种请求权各自独立、分别行使，物权人给占有人造成损害的，承担损害赔偿责任；占有人给物权人造成损害的，同样承担损害赔偿责任。物权人与占有人之间的法律关系是决定物的归属依据，即法律上的权利义务关系而不是事实上的支配关系决定权利的归属。[①] 例如，在租赁合同期满时，承租人拒绝返还租赁物而出租人强行取回。占有不能受到法律保护，无疑肯定了物权人可以采取违反法律规定的方式取回所有物，显然有悖于现代民法禁止私力原则；如果保护占有人而不保护物权人，则又违反了物权的基本法律秩序。

与物权保护请求权不同，占有保护请求权有占有物返还请求权、占有妨害除去请求权以及占有妨害防止请求权三种。[②]

(1) 占有物返还请求权。占有物返还请求权，是指占有人在占有物被侵夺时可请求返还被侵夺的占有物。占有物返还请求权的行使，是以占有物被侵夺为要件。换言之，占有的动产被抢被盗、不动产的被侵占等外表可见的积极行动，为占有物返还请求权行使的前提条件。借用人在借用期届满后，不将借用物返还出借人的，并不构成侵夺出借人之占有；衣物被风吹入邻地，邻人拾取并占有衣物的，不构成侵夺占有；物已遗失，被拾得人占为己有的，也不构成占有被侵夺。以占有被侵夺为由而请求返还占有物时，占有人可以行使占有物返还请求权。占有人，包括直接占有人、间接占有人、自主占有人、他主占有人，其有无本权，则在所不问。即使侵夺者对占有物有实体上的权利[③]，占有人仍然可以占有

① 参见温世扬、廖焕国：《物权法通论》，人民法院社 2005 年版，第 917 页。

② 我国《物权法》第 245 条第 1 款规定：“占有的不动产或者动产被侵占的，占有人有权请求返还原物；对妨害占有的行为，占有人有权请求排除妨害或者消除危险；因侵占或者妨害造成损害的，占有人有权请求损害赔偿。”

③ 例如，所有人或者出租人。

物被侵夺为由，请求返还。占有物返还请求的相对人，为有瑕疵的占有人及其概括承受人。

（2）占有妨害除去请求权。占有妨害除去请求权，是指在占有被妨害时，占有人可以请求除去占有妨害。占有被妨害，是指以侵夺以外的方法妨碍占有人对占有物的管领。在占有被妨害的情形下，占有人并未丧失占有，妨害人也未取得占有，仅仅妨害了占有人现实的占有状态。例如，占有人所占有的房屋的门前被邻居堆放杂物，就构成占有的妨害。

（3）占有妨害防止请求权。占有妨害防止请求权，是指占有有被妨害的可能时，占有人可请求防止其妨害。占有有被妨害的可能性，指占有人的占有物将来有被妨害的危险。但是否会发生这种危险，并非根据占有人的主观意思认定，而应就具体的事实，按照一般社会观念，作出客观的判断。例如，邻地上的枯树可能倾倒，有损毁占有人所占有的房屋的危险。

占有的侵害经过一定的期间后已形成稳定状态，如果占有随时都可获得保护，不利于维护社会秩序与和平，不符合占有制度的宗旨。私力救济要求即时进行，占有保护请求权则有法律拟制期间的限制。大陆法系国家或地区的法律规定了占有请求权行使的期间，大多数立法规定的行使期限为 1 年。我国台湾地区“民法”也规定，占有请求权行使期间为 1 年。期间经过后占有保护请求权消灭，而按照本权或者侵权行为制度还可继续行使的相应权利不受影响。但是，我国《物权法》第 245 条仅规定了原物返还请求权的时效为 1 年，对其他请求权未作规定。

占有人行使占有请求权的期间为除斥期间。[①] 大陆法系各国物权法均规定，从发生侵害之日起一定期间内不行使请求权的，请求权消灭。《德国民法典》确定规定请求权行使的除斥期间为 1 年[②]，我国《物权法》也明确请求权行使的除斥期间为 1 年。[③] 根据《物权法》第 245 条的规定，占有人的原物返还请求权应在占有被侵害之日起 1 年内行使，超过 1 年而未能行使原物返还请求权的，该请求权消灭。

占有物返还请求权适用除斥期间，是基于占有保护规则强调对占有事实保

---

① “保持占有的诉讼，必须在妨害的存续期间或者妨害停止后一年内提起，这被称为除斥期间，是因为对于以事实上的管领为核心的占有权，像通常的物权那样认可长时期有物上请求权是不妥当的。”〔日〕田山明辉：《物权法》，陆庆胜译，法律出版社 2001 年版，第 147 页。

② 《德国民法典》第 864 条规定：“……如果未以起诉方式主张时，自禁止的擅自行为发生后一年内不行使而消灭……”

③ 我国《物权法》第 245 条第 2 款规定：“占有人返还原物的请求权，自侵占发生之日起一年内未行使的，该请求权消灭。”

我国台湾地区“民法”第 963 条规定：“前条请求权，自侵夺或妨害占有，或危险发生后，一年间不行使而消灭。”

护的理念,即通过赋予占有人的请求权使占有人尽快恢复对物的占有状态。如果占有物返还请求权适用消灭时效,则可能因某种事实的发生导致消灭时效的中止、中断而延长了消灭时效,从而使占有人的权利长时间处于不确定状态,不利于对占有的保护。即使占有物返还请求权因除斥期间的经过而消灭,权利人仍然可以基于其他实体权利行使请求权。因此,权利人的实体权利仍然可以获得救济。

第五节 占有的消灭

占有的取得与维持,以有事实上对占有物的管领力为唯一条件。一旦管领力丧失,则不论占有人的意思如何,占有归于消灭。占有消灭的原因有占有标的物的灭失、占有的抛弃、征用、征收等。在通常情形下,占有的消灭有基于占有人意思的丧失与非基于占有人意思的丧失之分。基于占有人的意思丧失占有而导致占有消灭的,可因交付或者单方行为而产生。例如,出让人将占有物交付给受让人的,因交付而导致出让人丧失对物的占有;所有人或者占有人抛弃所有物或者占有物的,因单方行为而导致所有人或者占有人丧失对物的占有。非基于占有人的意思丧失占有而导致占有消灭的,例如占有物的被盗窃、侵占、遗失等。

虽然占有因占有人丧失对占有物事实上的管领力而归于消灭,但如果占有人对占有物的管领力仅为一时丧失,根据一般的社会观念并不构成占有的丧失,占有并不因此而消灭。[①]

第六节 准占有

准占有,又称为权利的占有[②],是指以所有权之外的财产权为客体的占有。[③]占有与准占有的区别在于占有的标的之不同,占有的标的是有体物,而准占有的

① 我国台湾地区“民法”第964条规定:“占有,因占有人丧失其对于物之事实上管领力而消灭。但其管领力仅一时不能实行者,不在此限。”

② 我国台湾地区“民法”第966条规定:“财产权,不因物之占有而成立者,行使其财产权之人,为准占有人……”

③ 准占有是指对所有权以外的物权的占有。例如,经常通行某地或常向某地汲水,即为行使通行权和汲水权的表现,大法官是按照保护占有的办法保护那些物权。法学家据此又创设了准占有,又称为权利占有。参见周枏:《罗马法原论》,商务印书馆1994年版,第431页。但是,有的著述并未区分占有的客体是否为所有权之外的财产权。例如,“准占有,是指以财产权为客体的占有。”宁红丽:《物权法占有编》,中国人民大学出版社2007年版,第204页。

标的则是无体物。[1] 准占有的标的是专利权、商标权、著作权等知识产权以及商号权、商业秘密、特许经营权等无形财产权。[2] 准占有的构成,应当满足三个方面的要件:

(1) 准占有必须有占有的意思。准占有的成立与占有相同,必须有占有的意思,即必须有占有所有权之外的财产权的意思,准占有方可成立。换言之,准占有人缺乏行使权利的意思的,即使有占有的外观,准占有仍然不能成立。准占有必须包括心素和体素,两者缺一不可。

(2) 准占有以所有权之外的财产权为标的。占有的标的是物,而准占有的标的是权利,但仅限于财产权,人身权不包括在内。在财产权中,有因物的占有而成立的占有,如典权、租赁权等;也有不因物的占有而成立的占有,如地役权、抵押权、债权、著作权等。后一种财产权可以成为准占有的标的。

(3) 准占有人事实上行使权利。占有是对物的事实上的管领,而准占有则是对权利的事实上的行使。因一次行使而消灭的权利,不能成为准占有的标的。

准占有的效力适用占有的有关规定,如权利的推定[3]、孳息的取得、费用偿还请求权等均适用占有的相关规定。[4]

《物权法》第五编规定了占有制度,但对占有制度的规定仍然是原则性的,仍然有很多立法漏洞。虽然以一编的篇幅规定占有制度,但只有简单的 5 个条文,与大陆法系其他民法典的占有制度相比,非常简陋,如《德国民法典》有 18 个条文、《日本民法典》有 25 个条文、我国台湾地区“民法”有 26 个条文规定占有制度。

---

① “占有和准占有之区别,在于其标的不同。占有为有体物之支配,准占有在于不包含物之支配之财产权之支配,即事实上之行使。德国学者以前者为物之占有(Sachbesitz),后者为权利占有(Rechtsbesitz),可称适当。”史尚宽:《物权法论》,中国政法大学出版社 2000 年版,第 605 页。

② 罗马法的准占有对象是人役权、地役权和地上权三种。参见〔德〕弗里德里希·卡尔·冯·萨维尼:《论占有》,朱虎、刘智慧译,法律出版社 2007 年版,第 399—400 页。

③ 占有状态是对权利推定的存在和归属的外在表现方式,而不是权利变动的外在表现方式。

④ 我国台湾地区“民法”第 966 条规定:“……本章关于占有之规定,于前项准占有准用之。”

主要参考书目

李宜琛:《日耳曼法概论》,中国政法大学出版社 2003 年版。

周枏:《罗马法原论》(上下册),商务印书馆 1994 年版。

钱明星:《物权法原理》,北京大学出版社 1994 年版。

梁慧星主编:《中国物权法研究》(上下册),法律出版社 1998 年版。

陈华彬:《物权法原理》,国家行政学院出版社 1998 年版。

王利明:《物权法论》,中国政法大学出版社 2003 年修订本、2008 年修订二版。

温世扬、廖焕国:《物权法通论》,人民法院社 2005 年版。

王利明:《物权法研究》(上册),中国人民大学出版社 2007 年修订本。

梅夏英、高圣平:《物权法教程》,中国人民大学出版社 2007 年版。

王全弟主编:《物权法》,浙江大学出版社 2007 年版。

申卫星:《物权法原理》,中国人民大学出版社 2008 年版。

孙宪忠:《中国物权法总论》(第二版),法律出版社 2009 年版。

郭明瑞:《物权法》,中国法制出版社 2009 年版。

崔建远:《物权法》,中国人民大学出版社 2009 年版。

陈华彬:《民法物权论》,中国法制出版社 2010 年版。

谢在全:《民法物权论》(上下册),中国政法大学出版社 1999 年版。

史尚宽:《物权法论》,中国政法大学出版社 2000 年版。

刘志敭:《民法物权编》,中国政法大学出版社 2006 年版。

郑玉波:《民法物权》(第 15 版),三民书局 1992 年版。

梅夏英:《物权法 · 所有权》,中国法制社 2005 年版。

尹飞:《物权法 · 用益物权》,中国法制社 2005 年版。

程啸:《物权法 · 担保物权》,中国法制社 2005 年版。

韩松、姜战军、张翔:《物权法所有权编》,中国人民大学出版社 2007 年版。

房绍坤:《物权法用益物权编》,中国人民大学出版社 2007 年版。

高圣平:《物权法担保物权编》,中国人民大学出版社 2007 年版。

宁红丽:《物权法占有编》,中国人民大学出版社 2007 年版。

法律、法规及司法解释缩略语

《宪法》——《中华人民共和国宪法》
《水法》——《中华人民共和国水法》
《立法法》——《中华人民共和国立法法》
《物权法》——《中华人民共和国物权法》
《合同法》——《中华人民共和国合同法》
《公司法》——《中华人民共和国公司法》
《票据法》——《中华人民共和国票据法》
《海商法》——《中华人民共和国海商法》
《农业法》——《中华人民共和国农业法》
《森林法》——《中华人民共和国森林法》
《渔业法》——《中华人民共和国渔业法》
《担保法》——《中华人民共和国担保法》
《婚姻法》——《中华人民共和国婚姻法》
《继承法》——《中华人民共和国继承法》
《保险法》——《中华人民共和国保险法》
《信托法》——《中华人民共和国信托法》
《民法通则》——《中华人民共和国民法通则》
《企业破产法》——《中华人民共和国企业破产法》
《民事诉讼法》——《中华人民共和国民事诉讼法》
《民用航空法》——《中华人民共和国民用航空法》
《土地管理法》——《中华人民共和国土地管理法》
《矿产资源法》——《中华人民共和国矿产资源法》
《城乡规划法》——《中华人民共和国城乡规划法》
《外汇管理条例》——《中华人民共和国外汇管理条例》
《证券投资基金法》——《中华人民共和国证券投资基金法》
《农村土地承包法》——《中华人民共和国农村土地承包法》
《野生动物保护法》——《中华人民共和国野生动物保护法》
《海域使用管理法》——《中华人民共和国海域使用管理法》
《城市房地产管理法》——《中华人民共和国城市房地产管理法》
《船舶登记条例》——《中华人民共和国船舶登记条例》

《森林法实施条例》——《中华人民共和国森林法实施条例》

《土地管理法实施条例》——《中华人民共和国土地管理法实施条例》

《道路交通安全法实施条例》——《中华人民共和国道路交通安全法实施条例》

《城镇国有土地使用权出让和转让暂行条例》——《中华人民共和国城镇国有土地使用权出让和转让暂行条例》

《渔业船舶登记办法》——《中华人民共和国渔业船舶登记办法》

《民法通则司法解释》——《关于贯彻执行〈中华人民共和国民法通则〉若干问题的意见(试行)》

《合同法司法解释(一)》——《最高人民法院关于适用〈中华人民共和国合同法〉若干问题的解释(一)》

《担保法司法解释》——《最高人民法院关于适用〈中华人民共和国担保法〉若干问题的解释》

《婚姻法司法解释(二)》——《最高人民法院关于适用〈中华人民共和国婚姻法〉若干问题的解释(二)》

《物权法草案》——《中华人民共和国物权法(草案)》(2005 年 6 月 26 日第三次审议稿)

21世纪法学系列教材书目

“21世纪法学系列教材”是北京大学出版社继“面向21世纪课程教材”(即“大红皮”系列)之后，出版的又一精品法学系列教科书。本系列丛书以白色为封面底色,并冠以“未名·法律”的图标,因此也被称为“大白皮”系列教材。“大白皮”系列是法学全系列教材,目前有15个子系列。本系列教材延续“大红皮”图书的精良品质,皆由国内各大法学院优秀学者撰写,既有理论深度又贴合教学实践,是国内法学专业开展全系列课程教学的最佳选择。

- **法学基础理论系列**

法律方法阶梯	郑永流
英美法概论:法律文化与法律传统	彭　勃

- **法律史系列**

中国法制史	赵昆坡
中国法制史	朱苏人
中国法律思想史(第二版)	李贵连　李启成
外国法制史(第三版)	由　嵘
西方法律思想史(第二版)	徐爱国　李桂林

- **民商法系列**

民法总论(第二版)	刘凯湘
民法分论(待出)	刘凯湘
物权法论	郑云瑞
英美侵权行为法学	徐爱国
商法学——原理·图解·实例(第三版)	朱羿坤
商法学	郭　瑜
保险法(第三版)	陈　欣
海商法	郭　瑜
票据法教程(第二版)	王小能
破产法(待出)	许德风

- **知识产权法系列**

知识产权法(第四版)　吴汉东
商标法　杜　颖
著作权法(待出)　刘春田
专利法(待出)　郭　禾
电子商务法　李双元　王海浪

- **宪法行政法系列**

宪法学概论(第三版)　肖蔚云
宪法学(第三版)　甘超英　傅思明　魏定仁
行政法学(第二版)　罗豪才　湛中乐
外国宪法(待出)　甘超英
国家赔偿法学　房绍坤　毕可志

- **刑事法系列**

中国刑法论(第四版)　杨春洗　杨敦先　郭自力
外国刑法学概论(待出)　李春雷　张鸿巍
犯罪学(第二版)　康树华　张小虎
犯罪预防理论与实务　李春雷　靳高风
监狱法学(第二版)　杨殿升
刑法学各论(第二版)　刘艳红
刑法学总论(第二版)　刘艳红
刑事侦查学(第二版)　杨殿升
刑事政策学　李卫红
国际刑事实体法原论(待出)　王　新

- **经济法系列**

经济法学(第五版)　杨紫烜　徐　杰
经济法学(2008 年版)　张守文
经济法原理(第三版)　刘瑞复
企业法学通论　刘瑞复
企业与公司法学(第五版)　甘培忠
商事组织法　董学立
金融法概论(第五版)　吴志攀

银行金融法学(第六版) 刘隆亨
证券法学(第二版) 朱锦清
金融监管学原理 丁邦开 周仲飞
会计法(第二版) 刘 燕
税法原理(第五版) 张守文
劳动法学 贾俊玲 周长征
社会保障法(待出) 林 嘉
房地产法(第二版) 程信和 刘国臻
环境法学(第二版) 金瑞林
反垄断法(待出) 孟雁北

- **财税法系列**

财政法学 刘剑文
税法学(第四版) 刘剑文
国际税法学(第二版) 刘剑文
财税法专题研究 刘剑文

- **国际法系列**

国际法(第二版) 白桂梅
国际经济法学(第四版) 陈 安
国际私法学(第二版) 李双元
国际贸易法 冯大同
国际贸易法 王贵国
国际贸易法 郭 瑜
国际贸易法原理 王 慧
国际投资法 王贵国
国际货币金融法(第二版) 王贵国
国际经济组织法教程(第二版) 饶戈平

- **诉讼法系列**

民事诉讼法学教程(第三版) 刘家兴 潘剑峰
民事诉讼法 汤维建
刑事诉讼法学(第三版) 王国枢
外国刑事诉讼法教程(新编本) 王以真 宋英辉

民事执行法学(第二版)	谭秋桂
仲裁法学	蔡　虹

● 特色课系列

世界遗产法	刘红婴
法律语言学(第二版)	刘红婴
模拟审判:原理、剧本与技巧	廖永安　唐东楚　陈文曲

● 双语系列

普通法系合同法与侵权法导论	张新娟
Learning Anglo-American Law: A Thematic Introduction(英美法导论)(第二版)	李国利

● 专业通选课系列

法律英语	郭义贵
法律文书学	卓朝君　邓晓静
法律文献检索	于丽英
英美法入门——法学资料与研究方法	杨　帆

● 通选课系列

法学概论(第三版)	张云秀
法律基础教程(第三版)(待出)	夏利民
经济法理论与实务(第三版)	於向平　邱　艳　赵敏燕
人权法学(待出)	白桂梅

● 原理与案例系列

国家赔偿法:原理与案例	沈　岿
专利法:案例、学说和原理(待出)	崔国斌

2010 年 12 月更新

教师反馈及教材、课件申请表

尊敬的老师：

您好！感谢您一直以来对北大出版社图书的关爱。北京大学出版社以“教材优先、学术为本”为宗旨，主要为广大高等院校师生服务。为了更有针对性地为广大教师服务，满足教师的教学需要、提升教学质量，在您确认将本书作为教学用书后，请您填好以下表格并经系主任签字盖章后寄回，我们将免费向您提供相关的教材、思考练习题答案及教学课件。在您教学过程中，若有任何建议也都可以和我们联系。

书号/书名		
所需要的教材及教学课件		
您的姓名		
系		
院校		
您所主授课程的名称		
每学期学生人数		学时
您目前采用的教材	书名________ 作者____ 出版社________	
您的联系地址		
联系电话		
E-mail		
您对北大出版社及本书的建议：	系主任签字 盖章	

我们的联系方式：

北京大学出版社法律事业部

地　址：北京市海淀区成府路205号　　联系人：李铎

电　话：010-62752027　　传　真：010-62556201

电子邮件：bjdxcbs1979@163.com

网　址：http://www.pup.cn

北大出版社市场营销中心网站：www.pupbook.com